Louise J. Kaplan

Weibliche Perversionen

Von befleckter Unschuld und verweigerter Unterwerfung

Aus dem Amerikanischen
von Sabine Schulte

Hoffmann und Campe

Die Originalausgabe erschien unter dem Titel
Female Perversions bei Doubleday, New York
Copyright © 1991 by Louise J. Kaplan

Die Deutsche Bibliothek – CIP-Einheitsaufnahme

Kaplan, Louise J.:
Weibliche Perversionen: von befleckter Unschuld und
verweigerter Unterwerfung / Louise J. Kaplan.
Aus dem Amerikan. von Sabine Schulte.
– 1. Aufl. – Hamburg: Hoffmann und Campe 1991
Einheitssacht.: Female perversions ‹dt.›
ISBN 3-455-08418-4

Deutsche Ausgabe
Copyright © 1991 by Hoffmann und Campe Verlag, Hamburg
Umschlag: Lo Breier unter Verwendung eines Fotos
von Javier Vallhonrat
Satz: Utesch Satztechnik GmbH, Hamburg
Druck und Bindung: Mohndruck, Gütersloh
Printed in Germany

Für
Matilda Davidson Miller
und
Ariel Kaplan Jasevoli

INHALT

PROLOG

Das Doktor-Patient-Spiel

Die primitiven Vorstellungen von der Natur der Frau und der Natur des Mannes, die in den Perversionen zum Ausdruck kommen, spiegeln unsere höchsten Ideale von Männlichkeit und Weiblichkeit wider. Emma Bovary, die Heldin von Flauberts gleichnamigem Roman, war Gefangene der weiblichen Stereotypen, die in ihrer Gesellschaft das Idealbild der Frau ausmachten. Doch in Flauberts Roman, der einen weiblichen Namen zum Titel hat, geht es ebenso wie in diesem Buch, *Weibliche Perversionen*, gleichermaßen um die Männer, die von Frauen mit der Macht ausgestattet werden, sie zu beherrschen, und um die Korruptionen in der sozialen Umwelt, die zu einem Kriegszustand zwischen den Geschlechtern führen.

Das Leben von Flauberts Emma und die Schicksale der Frauen und Männer, die ich beschreiben werde, spielen sich daher vor dem Hintergrund der Perversionen unserer angesehensten gesellschaftlichen Institutionen ab – nämlich der Familie, der Kirche, der Mode- und Kosmetikindustrie, der pornographischen Industrie, des Warenhauses und, nicht zuletzt, der Ärzteschaft.

Wie praktische Ärzte, Psychiater, Psychoanalytiker und andere Psychologen, fast ausschließlich Männer, über männliche und weibliche Sexualität und Geschlechtsunterschiede geurteilt haben, wird für unser Verständnis der Perversionen entscheidend sein. Im Hintergrund von *Madame Bovary* und *Weibliche Perversionen* finden wir überall Ärzte.

Gustave Flauberts Vater war Arzt. In *Madame Bovary* tauchen vier Ärzte auf. Alle vier sind Männer. Jeder von ihnen hätte die Frage »Was ist eine Perversion?« anders beantwortet. Flaubert hat deutlich herausgearbeitet, wie die verschiedenen Arten des intellek-

tuellen Zugangs, die für diese vier Ärzte typisch waren, mit ihren
unterschiedlichen Idealen von männlicher Tugend verknüpft
waren. Lassen Sie uns unsere Untersuchung daher mit einem Blick
auf Flauberts Ärzte beginnen, die sich in ihrer Art, menschliches
Leiden zu betrachten, gar nicht so sehr von vielen Ärzten unserer
Tage unterscheiden.

Da ist einmal Emmas Ehemann, Charles Bovary. Sein Vater, der
Stabsarzt gewesen war (er wäre der fünfte Arzt), hatte wegen Korruption seinen Abschied nehmen müssen. »Im Gegensatz zu den
Bestrebungen der Mutter hatte er sich ein gewisses Ideal von männlicher Erziehung in den Kopf gesetzt, wonach er seinen Sohn zu
formen versuchte [...] hart, spartanisch.«[1] In Charles' Schlafzimmer durfte nicht geheizt werden; er wurde gelehrt, Rum in großen
Schlucken zu trinken und auf die Prozessionen zu schimpfen. Aber
schließlich setzte sich die Mutter durch. Ihr Mann hatte das Ehebett
verlassen und gab sich mit leichten Mädchen ab, und so konzentrierte sie ihre Gefühle und ihren Ehrgeiz auf ihren Sohn, ver-
wöhnte ihn mit Konfitüren und kandierten Früchten, lehrte ihn
lesen und kleine Romanzen auf dem Klavier zu spielen. Als er zwölf
war, setzte sie durch, daß er vom Pfarrer des Ortes unterrichtet
wurde, dann sorgte sie dafür, daß er auf ein Gymnasium kam.
Charles war ein gehorsamer Junge, der hart arbeitete, um in der
Klasse mithalten zu können. Während seines anschließenden
Medizinstudiums schrieb er in den Vorlesungen mit und lernte die
Begriffe und Sätze genauso auswendig, wie er sie gehört hatte, »wie
ein Pferd am Göpel, das mit verbundenen Augen im Kreis herum-
geht, ohne zu wissen, was es da zermalmt«[2]. Wenn man ihm die
Frage gestellt hätte, was eine Perversion sei, hätte er sich an die
Definition geklammert, die er in seinem Heft mitgeschrieben hatte.
Er hätte sie für eine dieser exotischen Krankheiten gehalten, deren
Namen er nicht verstand. Charles machte seine intellektuelle
Unselbständigkeit wett, indem er engen Kontakt zu seinen Patienten hielt. Als Landarzt, der für die einfachen Krankheiten der
einfachen bäuerlichen Familien zuständig war, war er daran
gewöhnt, daß ihm beim Aderlassen das Blut ins Gesicht spritzte.

Schmutzige Nachttöpfe, unsaubere Bettwäsche und das Röcheln Sterbender waren ihm vertraut. Er hätte zwar nie verstanden, was eine Perversion ist, hätte sich aber auch nie von jenen, die darunter litten, distanziert.

Weiter ist da der selbstbewußte Apotheker Monsieur Homais, der immer auf dem neuesten Stand ist. Homais war einmal vor den Staatsanwalt zitiert worden, weil er die ärztliche Heilkunst ohne Diplom ausgeübt hatte, und er hatte sich schon im Kerker gesehen. Wie all jene, die ständig in Versuchung sind, Regeln, Verbote und Tabus zu mißachten, war Homais von der Normalität besessen. Jede Abweichung empfand er als Angriff auf sein zwanghaftes Systematisieren und Kategorisieren. Er war erst zufrieden, wenn alle Anzeichen dafür, daß die Menschheit auf Abwegen war, in eine Liste oder Kategorie eingeordnet waren. Es machte ihm Spaß, Inventarlisten aufzustellen, Etiketten zu schreiben und seine Flaschen und den Inhalt seiner Regale neu zu ordnen. Sein größtes Vergnügen bestand jedoch darin, Abnormitäten in normale Formen zu zwängen. Hätte man ihn mit einer Frage über Landstreicherei, abweichendes Verhalten oder Perversion konfrontiert, dann wäre er in sein Labor geeilt und hätte nach einem Rezept dagegen gesucht. Doch wenn das abweichende Verhalten sich seiner Verschreibung nicht gefügt hätte, hätte er an die Zeitungen geschrieben und gefordert, man müsse den Sonderling einsperren, ihn unsichtbar machen, damit er seine Krankheiten und Wunden nicht mehr in aller Öffentlichkeit zur Schau stellen könnte. Homais fürchtete sich vor dem, was aus den Tiefen seiner unordentlichen Seele hätte aufsteigen können, und stand immer auf der Seite jener Kräfte, die danach streben, »auszurotten, mit Gewalt in [...] Formen zu zwängen oder für immer einzusperren, was immer außerhalb jener Kategorien und Normen zu existieren sich erdreistet«[3].

Dann ist da der berühmte Chirurg Monsieur Canivet, der gerufen wurde, um zu einem von Charles Bovary vorgenommenen chirurgischen Eingriff Stellung zu nehmen. Bovary hatte nämlich, angespornt von Homais' reformatorischem Eifer und Emmas Gier nach Ruhm, den Klumpfuß eines Hausknechtes in eine monströse Konstruktion aus Holz und Stahl gezwängt. Ein Blick auf diesen perversen Versuch, eine Mißbildung zu korrigieren, ein Blick auf den verdrehten Fuß, der durch den Apparat, der ihn hatte heilen sollen, brandig geworden war, genügte Canivet, um sich für eine Amputation zu entscheiden. Der Anblick von Blut ließ ihn nicht mit der Wimper zucken. Canivet war stolz auf seine Gesundheit und seine gesunde Lebensweise. Die ganze Welt hätte vor Krankheit, Deformationen, Qual und Perversionen vergehen können, ohne daß er seine berufliche Kompetenz angezweifelt hätte. Canivet betrachtete Kranke vom Standpunkt des Gesunden aus. Und deswegen zögerte er nicht. Wenn das Bein des Patienten auf andere Heilmittel nicht ansprach, wurde es amputiert. Wenn man ihn gefragt hätte, was eine Perversion sei, wäre ihm sofort klar gewesen, daß dieses Vergehen des Fleisches nichts mit seinem Körper oder seinen Begierden zu tun hatte. Er hätte sie als eine dieser Plagen betrachtet, die man beseitigen, entfernen, herausschneiden und ausmerzen muß.

Dann ist da schließlich noch Dr. Larivière, der anders ist als alle anderen. Als er Emmas leichenblasses Gesicht betrachtete, fiel eine Träne auf seine Hemdkrause. Er wußte, daß er zugeben mußte, nichts tun zu können, um den Tod aufzuhalten. Larivière gehörte der Chirurgenschule Marie-François-Xavier Bichats an, »jener heute ausgestorbenen Generation philosophischer Praktiker, die ihre Kunst fanatisch liebten und sie mit Begeisterung und Scharfsinn übten«[4]. Als Bichat lehrte, daß leben nur »die Summe der Funktionen, die dem Tod entgegenstehen«[5], sei, wollte er seinen Studenten einprägen, wie schmal die Grenze zwischen Gesundheit und Krankheit ist. Er pflegte zu sagen, daß die physischen Kräfte des Körpers und der Organe, die allein durch ihre Tätigkeit zum Tode führen, in den vitalen Kräften, die ebenso die Körperzellen bewohnen, ein Gegengewicht haben. Aber leider nutzen die vitalen Kräfte sich auch ab und sind schließlich erschöpft: »Die Zeit verbraucht sie.«[6] Als Anhänger Bichats hätte Larivière sich vielleicht gefragt, ob Perversion nicht möglicherweise weniger mit sexueller Abnormität als vielmehr mit dem Versagen der erotischen Kräfte, den Prozeß des Sterbens zu steuern und aufzuhalten, zusammenhängt – und damit hätte er recht gehabt. Außerdem war es Bichats Ziel gewesen, seine Studenten näher an den Patienten heranzuführen. Er empfahl ihnen, ihre Mitschriften durch das Öffnen von Leichen zu ergänzen. »Sie werden sofort die Dunkelheit vertreiben, die Beobachtung nicht vertreiben konnte.«[7] Wenn sie als Kliniker die Oberfläche nicht durchdringen würden, würden die Symptome sich weigern, »ihre Bedeutung darzulegen und Ihnen [statt dessen] eine Reihe von unzusammenhängenden Phänomenen bieten«[8]. So hätte Larivière, als Schüler Bichats, auch verstanden, daß die manifeste oder oberste Schicht der Perversion fast nichts über die eigentliche Bedeutung der Perversion aussagen kann. Er hätte erkannt, daß er, bevor er beginnen könnte, die Bedeutung einer Perversion zu verstehen, mit seinem Blick die Oberfläche durchdringen müßte. Larivières Blick, »der schärfer war als seine Skalpelle, drang einem geradewegs in die Seele und legte durch Scham und Ausflüchte hindurch jede Lüge bloß«[9].

Weibliche Perversionen handelt auch von unserem sonderbaren Jahrhundert der Perversion, das seine latente Dekadenz in bezug auf Sexualität und Geschlecht unter einem manifesten Streben nach sexueller Repression und Geschlechtskonformität versteckt hat. Es hat immer Männer und einige Frauen gegeben, die Sadomasochisten, Fetischisten, Transvestiten, Exhibitionisten oder Pädophile waren. Seit der Mitte des neunzehnten Jahrhunderts, in zeitlichem Zusammentreffen mit der modernen Industrialisierung und den Bemühungen um die Emanzipation der Frau, beschäftigt die westliche Welt sich vorrangig mit sexueller Normalität und Geschlechtskonformität. Die bürgerliche Familie mit ihrem Arbeitsethos und der genau festgelegten, geschlechtsspezifischen Rollenverteilung war in emotionaler Hinsicht der Mittelpunkt der industriellen Revolution. Aber kaum hatte dieses Familiensystem seine Strukturen gefestigt, als es auch schon kränkelte und moralisch und geistig zu verfallen begann. Zeitgenössische Soziologen haben die strahlende, fröhliche, gesunde, erfolgreiche, fortschrittliche bürgerliche Familie mit einem verwesenden Körper verglichen: »Der Familie ergeht es [...] zuweilen in der späten bürgerlichen Gesellschaft

nicht viel anders als der Leiche, die inmitten der Zivilisation an das
Naturverhältnis mahnt und die man entweder hygienisch einäschert
oder gar kosmetisch [...] herrichtet.«[10]

Die Alarmglocken läuteten. Wenn die bürgerliche Familie verschwinden würde, könnten die Ungeheuerlichkeiten geschlechtli-
cher Ambiguität, die von den starren Geschlechtsstereotypen so gut
in Schach gehalten worden waren, in die Sozialordnung eindringen
und damit alles, was heilig gewesen war, entweihen und alles
umstürzen, was für die Aufrechterhaltung der Strukturen einer
zivilisierten Gesellschaft wesentlich war. Wenn das abweichende
sexuelle Verhalten, von dem die Zivilisation bedroht wurde, jedoch
in Kategorien eingeordnet werden könnte, könnten die bürgerliche
Familie und die Sozialordnung, die sie repräsentierte, gerettet werden. Die besessene Erforschung der Perversion und die wachsende
Bedeutung der sexologischen Forschung im zwanzigsten Jahrhundert stellten eine Reaktion auf den Verfall der bürgerlichen Familie
im neunzehnten Jahrhundert dar. Die letzten Jahrzehnte des zwanzigsten Jahrhunderts liefern ausreichend Beweise dafür, daß die
Beschäftigung mit sexueller Normalität und Geschlechtskonformität zu einer Brutstätte für Perversionen wurde, doch mittlerweile
gab es bessere Lügen, um das zu verbergen. Den letzten Versuch,
die geschlechtliche Ambiguität, die das Los der Menschen ist, zu
unterdrücken und zu steuern, können wir in der Kommerzialisierung und Standardisierung des sogenannten abweichenden sexuellen Verhaltens beobachten. Das zwanzigste Jahrhundert endet in
einer Komformität der Perversion, die die Bedeutung erotischer
Freiheit herunterspielt.

Wie Homais waren auch die Sexologen des frühen zwanzigsten
Jahrhunderts, Krafft-Ebing, Ellis, Tardieu, Molle und Kaan, eifrig
damit beschäftigt, sexuelle Perversionen zu benennen, zusammen-
zustellen, zu katalogisieren und Listen davon anzulegen. Wie
Charles Bovary verstanden einige Ärzte überhaupt nicht, was sie so
fleißig in ihren Heften mitschrieben. Andere, wie Canivet, hielten
sich selbst für gesund, für von der »Krankheit« der Perversion nicht
befallen. Sie alle konzentrierten sich auf das manifeste abweichende

Verhalten, ohne auf den Gedanken zu kommen, den Täuschungen, die darin verborgen sind, auf den Grund zu gehen. Larivières gab es nur sehr wenige unter ihnen.

Wir jedoch wollen, wie Dr. Larivière, die Welt der Perversionen genau erforschen, die Oberfläche durchdringen und die Täuschungen, die darunter versteckt sind, bloßlegen.

KAPITEL 1

Was ist eine Perversion?

Um die Mitte des neunzehnten Jahrhunderts geriet die bürgerliche Familie in Verfall. Die Krankheiten, unter denen sie litt, wurden von den Geschlechtsstereotypen, die für ihre Erhaltung sorgen sollten, verdeckt. Zu jener Zeit begann sowohl die Wissenschaft als auch die Öffentlichkeit, sich für die Frage der sexuellen Perversion zu interessieren. Im Fin de siècle bildete sich eine neue wissenschaftliche Richtung heraus, die Sexologie. Und Mitte des zwanzigsten Jahrhunderts war die Perversion zum Gegenstand eines neuen Gewerbezweiges mitsamt Forschung und Profit geworden. Die Sexologen, die den Blick starr auf die manifesten Symptome der Perversion gerichtet hielten, wurden Meister darin, Fälle von ungewöhnlichem oder bizarrem sexuellem Verhalten zu sammeln. Sie unterschieden dieses Verhalten von normalem sexuellem Verhalten und stellten dafür diverse Bezeichnungen und Kategorien zur Verfügung.

Im Laufe unseres Jahrhunderts wurden die diagnostischen Kategorien, in die man die Perversionen einordnete, hier und da verändert. Aber zwei Dinge änderten sich nicht. Erstens ist die Ärzteschaft immer noch vor allem damit beschäftigt, abweichendes sexuelles Verhalten aufzulisten und in bestimmte Kategorien abzulegen. Zweitens sind, abgesehen von sexuellem Masochismus, wo auf etwa zwanzig Männer eine Frau kommt, in weniger als einem Prozent der als sexuelle Perversion aufgeführten Fälle die betroffenen Personen Frauen.

Wenn sie diese Zahlen hören, fühlen sich manche Leute, normalerweise Männer, durch die Andeutung, daß die Frauen den Männern irgendwie überlegen sein könnten, angegriffen. Sie behaupten, ich sei auf Statistiken hereingefallen, die, wie wir alle wissen, lügen.

Andere, normalerweise Frauen, hören diesen offenkundigen Beweis der moralischen Überlegenheit der Frau gern. Sie machen mir Vorhaltungen, weil ich in Frage stellen will, daß Frauen weniger pervers sind als Männer. Auf Fragen zu diesen merkwürdigen Statistiken wird eine Reihe stereotyper Antworten gegeben. Eine beliebte Taktik ist es, die Statistiken ins Wanken zu bringen, indem man eine Liste der Ausnahmen von der Regel vorlegt: Frauen, die die gleichen Perversionen haben wie Männer, und Frauen, die an perversen Handlungen teilnehmen, indem sie sich den abweichenden sexuellen Forderungen von Männern »widerwillig fügen«. Außerdem gäbe es mehr perverse Frauen, als die Ärzte erkennen würden. Tatsächlich seien Frauen ebenso pervers wie Männer, die Ärzte brauchten sich nur umzuschauen, und das Verhältnis von Männern und Frauen in jenen seltsamen Statistiken wäre ausgeglichen.

Eine weitere Standardreaktion besteht darin, sich zwar auf die Seite der Statistiken zu stellen, aber dann zu argumentieren, daß Frauen nicht auf Perversionen zurückgreifen müssen, weil sie ausreichend Gelegenheit haben, ihre abweichenden sexuellen Bedürfnisse an ihren Kindern abzureagieren. Ein sorgfältiger bedachtes Argument, das aber biologischen Faktoren übermäßige Bedeutung beimißt, ist, daß Männer von Androgenen wie Testosteron zu Erektionen getrieben würden. Frauen dagegen seien aufgrund ihrer durch Östrogen bedingten Zurückhaltung, ihrer genitalen Innerlichkeit und ihrer Empfindsamkeit im zwischenmenschlichen Bereich weniger geneigt, zur Lösung ihrer sexuellen und moralischen Konflikte Perversionen auszuagieren. Diesem Argument liegt die Prämisse zugrunde, daß die Statistiken über Perversionen richtig sind und als weiterer Beweis für die vielen Unterschiede zwischen Männern und Frauen dienen, für die wir gerne die Biologie und das anatomische Schicksal verantwortlich machen.

Noch ein Grund, der für das unausgewogene Verhältnis der Geschlechter bei der Häufigkeit von Perversionen angeführt wird, ist, daß Männer für einen erfolgreichen Sexualakt eine Erektion brauchen und daher ihre genitalen Ängste und Unzulänglichkeiten nicht verbergen können, während Frauen sexuelle Erregung und Orgasmus recht geschickt vortäuschen können. Frauen brauchen keine Fetische und ähnliches zu benutzen, um ihre sexuelle Leistungsfähigkeit unter Beweis zu stellen. Frauen brauchen auch keine Prostituierten anzustellen, um sich von ihnen schlagen und beherrschen zu lassen – Männer tun das gern umsonst. Bei einer weiteren Reaktion, die auf der falschen Annahme beruht, Perversionen seien spontane erotische Abenteuer im Dienste der sexuellen Befreiung, wird argumentiert, daß Frauen ebenso pervers wären wie Männer, wenn man ihnen größere sexuelle Freiheiten zugestehen würde.

Welchen Wahrheitsgehalt man diesen Standardantworten auch im einzelnen zugestehen mag, sie alle gehen am wesentlichen Punkt vorbei, nämlich an der *perversen Strategie*. Das wichtigste Kennzeichen einer Perversion ist eine mentale Strategie, die irgendein soziales Stereotyp von Männlichkeit oder Weiblichkeit in einer Weise benutzt, die den Betrachter hinsichtlich der unbewußten Bedeutungen des beobachteten Verhaltens in die Irre führt. Wenn wir Perversionen allein nach dem manifesten Verhalten beurteilen würden, ohne die Motive, die diesem Verhalten seine Bedeutung verleihen, zu untersuchen, könnten wir zu dem einfachen Schluß kommen, daß die männlichen Perversionen das Ausleben von verbotenen sexuellen Genüssen sind und weiter nichts. Da Täuschung jedoch für Perversionen so wesentlich ist, werden wir, wenn wir die Lügen, die in ihnen versteckt sind, nicht aufdecken, auf der Stelle getäuscht. Dann fallen wir sofort der perversen Strategie zum Opfer, die allgemein verbreitete, herkömmliche Definitionen von Perversion verwendet, um uns von der Wahrheit abzulenken.[1]

Was ist eine Perversion? Für die meisten Menschen, einschließlich der meisten Psychiater und Psychologen, beinhaltet der Begriff *Perversion* ein unwiderstehliches Verlangen nach irgendeinem ungewöhnlichen oder bizarren sexuellen Verhalten. Wahrscheinlich ist die erste Perversion, die einem einfällt, SM, also Sadomasochismus, Sex, zu dem Fesseln, Peitschen, Ketten und schwarze Lederstiefel gehören. Lassen Sie mich gleich zu Beginn feststellen, daß das wesentliche Element einer Perversion nicht der »abartige Sex« mit Fesseln und Lederstiefeln ist. Und eine Perversion besteht auch nicht aus dem exotischen Verschleiern und Entschleiern der Genitalien beim Striptease, aus analem oder oralem Geschlechtsverkehr, aus Geschlechtsverkehr mit Partnern desselben Geschlechts, aus Telefonmasturbation oder einer anderen dieser Varianten des erotischen Erlebens, auf die liebende oder hassende Sexualpartner sich vielleicht irgendwann einlassen, wenn sie sich dazu entschließen – oder auch nicht, wenn sie sich nicht dazu entschließen. Im Unterschied zu diesen Verhaltensweisen ist eine Perversion unausweichlich und beständig. Eine perverse Handlung wird von einer Person ausgeübt, die keine andere Wahl hat, die andernfalls von Ängsten oder Depressionen oder einer Psychose überwältigt werden würde. Die männlichen Perversionen verwenden eine manifeste Form des »abartigen Sex«, um diese sonst vernichtenden emotionalen Zustände in Schach zu halten. Daher sind diese Spielarten des Sex nur Parodien auf Abenteurertum. In Wirklichkeit dienen sie entschieden der Beschwichtigung der persönlichen Dämonen.

Sexuelle Verhaltensweisen als solche, mögen sie nun »abartig« sein oder nicht, können jedoch nicht als Schlüssel zu den weiblichen Perversionen dienen, da Frauen andere Verhaltensweisen – man könnte sagen, andere Täuschungsmanöver – anwenden, um ihre Dämonen zu besänftigen. In den meisten gebräuchlichen Definitionen aus der Vergangenheit und der Gegenwart wurden nur die offensichtlichen oder manifesten Ziele bestimmter männlicher Verhaltensweisen – sexuelle Erregung und sexuelle Leistungsfähigkeit – als Kennzeichen einer Perversion angesehen. Die darunterliegenden Motive, Phantasien, Wünsche und Bedürfnisse wurden als zweitrangig abgetan oder, noch häufiger, einfach ignoriert. Um offiziell als Perversion anerkannt zu werden – als Paraphilie, wie das neueste Etikett lautet –, *muß* die Handlung sexuelle Erregung und sexuelle Leistung zum Ziel haben. Die weiblichen Perversionen sind unserer Aufmerksamkeit entgangen, weil wir sie am falschen Ort gesucht haben. Wir haben uns von den offiziellen Definitionen in die Irre führen lassen. Die perverse Strategie besteht jedoch gerade darin, von den unterschwelligen oder latenten Motiven, Phantasien, Wünschen und Bedürfnissen abzulenken. Es sollte uns daher nicht weiter überraschen, wenn unsere offiziellen Definitionen, die ebenfalls die manifesten, bewußten Ziele in den Mittelpunkt stellen, selbst nichts anderes als Spiegel der perversen Strategie sind.

Eine Perversion ist eine psychische Strategie. Von anderen mentalen Strategien unterscheidet sie sich insofern, als sie eine Darstellung erfordert. Allgemein funktioniert die Strategie bei Männern und Frauen auf dieselbe Weise. Der Unterschied zwischen männlichen und weiblichen Perversionen besteht in den Geschlechtsstereotypen, die bei der Darstellung in den Vordergrund gerückt werden. Diese Darstellung oder Aufführung soll der Person helfen zu überleben, und zwar mit einem Gefühl des Triumphes über die Traumen der Kindheit. Die perverse Strategie ist unbewußt. Der Schauspieler, der Protagonist des Dramas, weiß nur, daß er sich gezwungen fühlt, die perverse Handlung auszuführen, und daß er in verzweifelte Angst, Panik, Aufregung oder Verrücktheit verfällt oder sogar zu Gewalttätigkeiten neigt, wenn er daran gehindert wird. Der Protagonist weiß jedoch nicht, daß seine Aufführung dazu dient, »Ereignisse« zu meistern, die in der Kindheit so aufregend, so furchteinflößend, so kränkend waren, daß sie damals nicht gemeistert werden konnten. Der Held kann sich an diese entsetzlichen Ereignisse nicht erinnern, er wagt es nicht. Statt dessen muß er sie wieder und wieder durchleben, wenn auch in verkleideter, symbolischer Form. Ein Erwachsener, gleich, ob männlich oder weiblich, der zwanghaft perverse Rituale ausführt, verwendet viel Energie und einen beträchtlichen Teil seiner Zeit auf den Versuch, jene Emotionen und Affekte zu beherrschen, die in der Kindheit überwältigend und unkontrollierbar waren. Eine Perversion ist, solange sie andauert, eine zentrale Handlung im Leben der Person.

Eine perverse Handlung unterscheidet sich stark von einer mit einem Zwangssymptom verbundenen Handlung wie Geldverdienen oder -anhäufen oder Händewaschen oder ständiges Aufräumen. Bei einer Zwangshandlung hat die Person das Gefühl, daß sie etwas in Ordnung bringt, daß sie etwas »Gutes« und moralisch Richtiges tut. Die Handlungen, zu denen sie sich gezwungen fühlt, bringen ein erhöhtes Bewußtsein von Angst und manchmal auch von Scham mit sich, aber sie dienen dazu, Schuldgefühle unbewußt zu halten. Bei einer Perversion dagegen hat die Person das Gefühl, daß sie etwas »Böses« und moralisch Verwerfliches tut. Ihr ist bewußt, daß sie unter dem Zwang steht, etwas Heimliches und Riskantes auszuführen, und daß sie sich dabei sündhaft und ungezogen und irgendwie im Widerstreit mit ihren eigenen Moralvorstellungen fühlt. Daß sie so frech der Moral trotzt, verschafft der Person aber gleichzeitig ein Hochgefühl. Sie fühlt sich tapfer und stolz statt ängstlich und beschämt. Auf diese Weise gestattet eine perverse Handlung, daß Fragen nach Sündhaftigkeit und moralische Bedenken in den Vordergrund treten und bewußt werden, aber vor allem zu dem Zweck, Scham und Angst unbewußt zu halten. Es hat allerdings den Anschein, daß die Person, ganz gleich, wie oft sie die perverse Handlung ausführt, immer wieder von niederschmetternden Vorstellungen von Verhängnis verfolgt wird und sich oft ganz bewußt fragt, warum sie für ihre Lust so leiden muß. Wie wir jedoch sehen werden, besteht ein Aspekt der perversen Strategie eben darin, Gedanken an Sünde und Schuld in den Vordergrund zu stellen, nicht als Warnschilder, die das Übertreten von Moralgesetzen verhindern sollen, sondern als wichtige Bestandteile des rituellen Spiels, das immer zumindest eine Androhung von Qual, Folter, Strafe oder Leiden enthält. Der perverse Mensch erträgt diese Furcht vor dem Leiden und sogar wirkliche Qual und sucht sie manchmal, weil er, indem er sich auf diese unangenehmen und schmerzhaften Gefühle konzentriert, die Schrecken und Kränkungen, die zentrale Aspekte seiner Kindheitstraumen waren, im Zaum halten kann.

Die männlichen Perversionen – Fetischismus, Transvestismus, Exhibitionismus, Voyeurismus, sexueller Masochismus, sexueller Sadismus, Pädophilie, Zoophilie und Nekrophilie – lenken die Aufmerksamkeit auf ungewöhnliche oder bizarre sexuelle Handlungsweisen, um auf diese Weise über die Traumen der Kindheit zu

triumphieren. Bei einer männlichen Perversion läßt die perverse
Strategie eine defensive, phallisch-narzißtische Übertreibung der
Männlichkeit ins Bewußtsein gelangen: Die meisten Männer fühlen
sich in Hochstimmung, lebendig, energiegeladen und stolz auf sich
selbst, wenn sie mit diesem vorherrschenden sozialen Stereotyp der
Männlichkeit übereinstimmen. Die besondere Strategie der männlichen Perversion besteht darin, einem Mann zu gestatten, seine
verbotenen und beschämenden weiblichen Wünsche auszudrük-
ken, indem er sie hinter einem Männlichkeitsideal verbirgt. Die
genitalen Heldentaten des Machos und die Darstellung von phantasierten, idealisierten Männern sind Verstecke für die ihn erniedrigenden weiblichen Wünsche des Mannes. Zudem erwecken diese
Zerrbilder der Männlichkeit, da sie auf Heldenmut, Aggression und
Beherrschung beruhen, gleichzeitig den Anschein eines planvollen
Vorgehens bei Handlungen, die sonst als schreckenerregende, primitive Gewalt erlebt werden würden. Bei einer männlichen Perversion ist der Geschlechtsverkehr ein Wagnis, die Erektion eine Täuschung, und Ejakulation und Orgasmus gleichen eher einem Kampf
auf Leben und Tod als dem Streben nach Lust.

Die verschiedenen Aspekte der perversen Strategie wirken
zusammen. Ein Element der Strategie besteht darin, verbotenen
Impulsen aus der Kindheit – wie dem Exhibitionismus – Ausdruck
zu verleihen, und zwar mit dem Ziel, andere verbotene Impulse –
wie aggressive Feindseligkeit – unbewußt zu halten. Ein Exhibitionist zum Beispiel zieht die riskante Handlung, seinen Penis öffentlich zu zeigen, diese trotzige Rebellion, die Strafe herausfordert und
die Möglichkeit, gefaßt oder beschämt zu werden, der furchtbaren
Kränkung vor, die ihm bewußt werden könnte, wenn er sich eingestehen müßte, daß er ein normaler Sterblicher mit ganz normalen
Geschlechtsorganen ist. Außerdem bringt der Exhibitionist primitive, rachsüchtige Aggressionen zum Ausdruck, indem er einem
Opfer den Anblick seines Penis aufdrängt. Diese Aggressionen
würden, wenn sie nicht von seinem »erotischen« Szenario verborgen und kontrolliert würden, eine überwältigende Angst in ihm
auslösen.

Der Exhibitionismus demonstriert, wie jede andere perverse Darstellung auch, einen Trick, der zum Repertoire eines jeden Zauberkünstlers gehört: Das Publikum soll seine Aufmerksamkeit auf ein ganz bestimmtes, gewagtes Kunststück richten, damit es nicht merkt, daß der Zauberer gerade etwas aus seinem Ärmel dazuschmuggelt. Während alle sich auf die anscheinend erotische Vorführung konzentrieren, werden Haß und Rache eingeschmuggelt.

Sehr oft hängt der Erfolg der perversen Darstellung von einem *doppelten* Trick ab, der Ähnlichkeit mit dem gestohlenen Brief in Poes Kurzgeschichte hat: Ein heimlicher Wunsch ist offenbart worden und lenkt den Betrachter davon ab, nach tieferen Bedeutungen zu suchen. Bei der Darstellung von sexuellem Masochismus sieht der Beobachter einen Mann, der sich um Erektion, Penetration und Orgasmus bemüht. Das Ziel des gewagten Kunststücks – des »abartigen« Sex – ist ein weithin akzeptiertes Ideal von Männlichkeit, ein Zeichen für Manneskraft, und die Handlung wird zugelassen, damit andere Aktivitäten, die eher Bestrafung nach sich ziehen und weniger zum Aufbau eines idealen Selbstbildes geeignet sind, aus dem Bewußtsein herausgehalten werden können. Wir sehen den perversen Sex, den Mann, der gedemütigt und entwürdigt wird, direkt vor uns, aber hinsichtlich seiner unbewußten Motive werden wir ganz und gar in die Irre geführt.

Verborgen bleiben dem beobachtenden oder teilnehmenden, phantasierten oder tatsächlich anwesenden Publikum und auch dem Akteur selbst seine heimlichen Wünsche, eine passive, unterwürfige, verleumdete Frau zu sein, die von einem »phallischen« Herrscher des einen oder des anderen Geschlechts gedemütigt und erniedrigt wird. Der perverse Mann übernimmt die Rolle einer erniedrigten Frau oder eines gedemütigten Kindes (Charaktere, die für den Perversen im Grunde nicht zu unterscheiden sind und die die gleichen entwürdigenden Schwächen verkörpern), tut dies aber mit dem schweigenden Einverständnis von Mitwirkenden und Zuschauern, daß die Vorführung im Dienste der erhabenen männlichen Ziele von Erektion, Penetration und Orgasmus steht. Hinter der Maske eines Mannes, der sich um eine Erektion bemüht, kann der perverse Mann so tun, als würde er von seinem Gebieter oder seiner Gebieterin gezwungen, seine verbotenen, beschämenden weiblichen und infantilen Wünsche auszudrücken. Niemand kann seine furchtbaren Geheimnisse erraten, am wenigsten er selbst.

Während sich das Interesse an Perversionen bei Männern auf ihre Manifestationen beschränkt hat, sind Perversionen bei Frauen relativ wenig beachtet worden, weil die manifesten Handlungen sich aufgrund des Geschlechtsstereotyps, das die Frau anstrebt, von denen der Männer unterscheiden und nur manchmal ein bewußtes Bemühen um sexuelle Erregung und Leistung zum Inhalt haben. Eine Frau, die unter dem Zwang steht, perverse Handlungen auszuführen, hat ein Sexualleben – manchmal ein ausgedehntes, manchmal ein beschränktes, »abartiges«, manchmal ein völlig verarmtes –, und dieses Sexualleben tritt in ihrer perversen Handlung auf. Die Perversion selbst dient jedoch dazu, die agierende Frau und ihr Publikum über die verbotenen und beschämenden Elemente in ihrem Sexualleben hinwegzutäuschen. Obwohl wir heute zugeben, daß wir die weiblichen Perversionen klinisch und theoretisch vernachlässigt haben, besteht immer noch die Tendenz, nach Frauen mit den fetischistischen Perversionen, die für Männer typisch sind, zu suchen. Da diese bei Frauen aber Ausnahmen sind, wäre es sinnvoller, die perverse Strategie auszuloten, der es so lange gelungen ist, die weiblichen Perversionen verborgen zu halten.

Meine These ist, daß Perversionen, soweit sich ihre emotionale Wirkung zum großen Teil aus festgelegten Geschlechterrollen (Geschlechtsstereotypen) ableitet, ebensosehr pathologische Formen der Geschlechtsidentität sind wie pathologische Formen der Sexualität. Das individuelle Unbewußte mit seinen infantilen Vorstellungen von den Eigenschaften der Geschlechter und die sozialen Strukturen mit ihren primitiven Vorstellungen von Männlichkeit und Weiblichkeit wirken immer geschickt zusammen. Daher werde ich, während ich die weiblichen Perversionen ausfindig mache, auf einige stereotype Vorstellungen von Weiblichkeit hinweisen.

Ein kleines Mädchen möchte von seinen Eltern geliebt, beschützt und bewundert werden. Daher versucht es, ihren Erwartungen von »Normalität« zu entsprechen, indem es sich den sozialen Konventionen seiner Umwelt anpaßt. Unglücklicherweise leiten sich viele soziale Konventionen von Geschlechtsstereotypen ab, die das Selbstwertgefühl einschränken und letzten Endes verletzen. Obwohl moderne Gesellschaften rein theoretisch flexiblere Geschlechterrollen zulassen als traditionelle Gesellschaften, lassen sie doch in ihren politischen und ökonomischen Strukturen, in religiösen Ritualen, Arzt-Patient- und Lehrer-Schüler-Verhältnissen, Gemälden, Romanen, Filmen und in der Werbung die Geschlechtsstereotypen fortbestehen, die das wichtigste Versteck für die Perversionen bilden.

Diese Geschlechtsstereotypen beruhen auf infantilen Dichotomien, die dem einen Geschlecht bestimmte, eng umgrenzte Eigenschaften und dem anderen Geschlecht gleichermaßen eng umgrenzte, aber gegenteilige Eigenschaften zuschreiben. Daher werden sie von kleinen Kindern, deren kleine Gehirne sowieso in dieser Weise denken, begierig aufgenommen. Vier- und Fünfjährige sind bereit, diese zweigeteilten Charakterisierungen der Geschlechter für die Lösung der üblichen Kindheitsprobleme zu verwenden. Eine dieser Lösungen besteht darin, daß der kleine Junge versucht, seinen Penis und seine männliche Identität zu bewahren, indem er seine erotischen Gefühle der Mutter gegenüber aufgibt, alle noch vorhandenen Spuren seiner weiblichen oder babyhaften Neigungen ablehnt und männliche Tugenden betont – Tapferkeit, Wagemut, Selbstsicherheit, Rebellion, Herrschaft, Manneskraft –, die von der Sozialordnung bestätigt und gefordert werden. In ähnlicher Weise versucht ein kleines Mädchen vielleicht, seine Kindheitsängste und narzißtischen Kränkungen abzuschwächen, indem es bestimmte Idealbilder weiblicher Tugend – Passivität, Sauberkeit, Freundlichkeit, Sorge für andere, Fügsamkeit – in seinem Verhalten betont. Wenn die Sozialordnung mit diesen infantilen Idealbildern von Weiblichkeit zusammenwirkt und man darauf besteht, daß ein Mädchen durch Unschuld und Unterwerfung zu normaler, erwachsener Weiblichkeit gelangt, lernen Mädchen sehr früh, ihre intellektuellen Fähigkeiten als »weibliche Intuition« zu maskieren und ihre aktiven sexuellen Wünsche in Koketterie und aufreizende sexuelle Unnahbarkeit umzuformen.

Diese Idealvorstellungen von den Geschlechtern sind so fest verwurzelt, daß Jungen und Mädchen in dem Glauben aufwachsen, die intellektuellen Vorgehensweisen, sozialen Rollen und Schlafzimmerpositionen der Erwachsenen seien biologisch vorherbestimmt. Beide Geschlechter sind mit den infantilen Idealvorstellungen belastet, die von Männern sexuelle Heldentaten und von Frauen sexuelle Unschuld verlangen. Bei einer Perversion arbeiten die Geschlechtsstereotypen der Gesellschaft und die infantilen Idealisierungen zusammen. Ich habe daher den Schluß gezogen, daß, wenn die männlichen Perversionen sich als verbotene sexuelle Handlungen manifestieren, die erwachsenes Sexualverhalten nachahmen und karikieren, die entsprechenden weiblichen Perversionen sich in Verhalten manifestieren werden, welches Idealvorstellungen von Weiblichkeit verkörpert und karikiert, wie Sauberkeit, Unschuld, Innerlichkeit und Unterwürfigkeit.

Da die weiblichen Perversionen so wenig erforscht worden sind, habe ich meine Suche nach ihnen damit begonnen, daß ich die Täuschungen, die bei den männlichen Perversionen auftreten, untersuchte. Daher war es notwendig, dieses Buch mit einigen Kapiteln über die Psychologie und die Perversionen des Mannes zu beginnen. Später, in den Kapiteln über die weiblichen Perversionen, rücke ich dann die Elemente der perversen Strategie, die in den Darstellungen der männlichen Perversionen zum Ausdruck kommen, stärker in den Mittelpunkt. Einige dieser Elemente habe ich bereits angesprochen: den Zwang, Kindheitstraumen zu wiederholen, das gesteigerte Bewußtsein, eine böse Tat zu begehen, das die Dämonen von Angst und Kränkung ruhig hält, die wilden Versuche der erotischen Energien, die sadistischen und gewalttätigen Energien zu bezwingen, und, vor allem, die Verwendung der sozialen Geschlechtsstereotypen zur Verhüllung von gegengeschlechtlichen Wünschen und Bedürfnissen.

Da die perverse Strategie eine Aufführung verlangt, muß es ein Drehbuch oder ein Szenario geben. Jede perverse Aufführung basiert auf einem unbewußten Szenario, mit dessen Hilfe die perverse Strategie ihr Hauptziel, nämlich eine Täuschung zum Mittelpunkt der Aufmerksamkeit zu machen, erreichen will. Die typische perverse Darstellung besteht aus einer kunstvollen Ausschmückung dieses Szenarios, die tatsächliche oder phantasierte Zuschauer über die eigentliche Bedeutung der Vorstellung hinwegtäuschen soll. Das perverse Szenario oder die perverse Phantasie ist hartnäckig und unwiderstehlich. Es verlangt nach Darstellung, denn wenn es keine Aufführungen gäbe, würde die Person möglicherweise von ihren Dämonen überfallen. Die gesamte Aufführung kann so primitiv und direkt sein, daß sie nur aus einer einzigen Handlung besteht – ein Mann streichelt ein rosa Satinpantöffelchen, während er masturbiert, ein Mann ejakuliert, während er einen weiblichen Körper zerstückelt, ein Mann zieht einen Angorapullover an. Die Aufführung kann aber auch aus einer Reihe von Szenen bestehen, die alle klar in Anfang, Mitte und Schluß gegliedert sind. In Häusern, die sich auf perverse Aufführungen spezialisiert haben, vermitteln die stereotype Art des Bühnenaufbaus, die Requisiten und die bezahlten Darsteller allen Beteiligten das beruhigende Gefühl, daß nichts allzu Gefährliches oder Unvorhergesehenes passieren kann, gestatten aber gleichzeitig ein Szenario, das so einfach oder so komplex ist, wie der Mann es wünscht. Den Schauspielern ist die unbewußte Bedeutung des perversen Szenarios, das sie aufführen, niemals klar. Nur im Laufe einer längeren Analyse oder Therapie kommen einige der unbewußten Themen, die in einem perversen Szenario enthalten sind, nach und nach ans Licht. Die Fallstudien von männlichen Perversionen in Kapitel 5 illustrieren die Vielfalt und Komplexität der psychologischen Themen, die durch die Aufführung des perversen Szenarios zum Vorschein kommen und gleichzeitig verhüllt werden.

Mit jedem Schritt dieser Erkundung der Perversionen von Männern und Frauen werden die verschiedenen Elemente der perversen Strategie deutlicher hervortreten und klarer werden, und Sie werden die perversen Skripten mit immer größerem Sachverstand lesen können. Zudem werde ich jedesmal, wenn ich einen der Texte untersuche, die Licht auf die psychische Dynamik der Perversion geworfen haben, seien es nun ein Roman von Gustave Flaubert, ein Aufsatz über Fetischismus von Sigmund Freud oder ein Aufsatz über den weiblichen Kastrationskomplex von Karl Abraham, diesen Text als neue Erfahrung im Lesen perverser Skripten betrachten. Zwangsläufig enthält jeder Text über Perversion selbst Merkmale eines perversen Szenarios, weil die perversen Phantasien des Autors durch den Gegenstand, mit dem er sich beschäftigt, geweckt werden. Jeder, der über Perversion schreibt, muß sich davor hüten, selbst der perversen Strategie zum Opfer zu fallen. Und das soll auch für meine Untersuchung der weiblichen Perversionen und für diesen Text gelten. Zum Beispiel verberge ich dem Leser an dieser Stelle einige sehr wichtige Gedanken zur perversen Strategie, die mir bereits bekannt sind. Ich werde bestimmte Aspekte der Perversion in den Vordergrund stellen, von denen ich einige später als Täuschungen identifizieren werde. Daher stelle ich mir vor, daß Sie sich bei der Lektüre dieses Buches gelegentlich in ein Kind hineinversetzt fühlen werden, das von den Geheimnissen der Erwachsenen ausgeschlossen ist. Indem ich so vorgehe, also eine Weile Geheimnisse vor Ihnen habe, versuche ich, Sie mit auf die Entdeckungsreise zu nehmen und Sie die Schritte nachvollziehen zu lassen, die ich selbst gemacht habe. Ich möchte, daß Ihr Blick langsam, Schicht für Schicht, in die Tiefe geht, damit Sie die Lügen erkennen, wenn sie Ihnen das nächste Mal begegnen.

Lassen Sie mich einige Anhaltspunkte geben, wo wir hingehen. Gleich zu Anfang wird deutlich werden, daß die männlichen Perversionen nicht der Liebe, sondern dem Haß dienen. Wen oder was perverse Männer hassen, bleibt dabei zunächst noch unklar. Eine meiner Thesen ist, daß viele Männer, ob pervers oder nicht, in ihrer Kindheit und Jugend ihre weiblichen Anteile gefürchtet oder sogar verachtet haben. In den späteren Kapiteln über weibliche Perversionen werde ich zeigen, wie bestimmte soziale Stereotypen von Weiblichkeit einer Frau als Tarnung oder Verkleidung für ihre verbotenen und beängstigenden männlichen Wünsche dienen. Ich werde die Begriffe »männlich« und »weiblich« in ihrer üblichen, stereotypen Bedeutung verwenden. Eines meiner Hauptziele bei der Untersuchung der weiblichen Perversionen ist jedoch, die Täuschungen, die in diesen sozialen Geschlechtsstereotypen vergraben liegen, aufzudecken. Denn um was es bei Perversionen auch sonst noch gehen mag, mit Sicherheit geht es um die Einschränkungen, die den menschlichen Bedürfnissen von der Gesellschaft auferlegt werden.

Im Laufe des zwanzigsten Jahrhunderts, als die Grenzen zwischen üblichem, normalem Sex und nicht üblichem, anormalem Sex mehr und mehr verwischt wurden, stellte sich heraus, daß die Kategorien der Sexologen nicht besonders hilfreich waren, wenn es darum ging, wann ein abweichendes sexuelles Verhalten zu einer Perversion wurde und wann es einfach eine Variante des normalen Verhaltens war. Wer konnte das, wenn man von den offensichtlich bizarren, antisozialen Geschlechtsakten mit Kindern, Tieren und Leichen einmal absah, entscheiden? Was war mit oralem und analem Geschlechtsverkehr? Und mit Homosexualität?

Diese diagnostische Unsicherheit hat bis zum Ende des zwanzigsten Jahrhunderts fortgedauert. 1952 veröffentlichte die American Psychiatric Association im Rahmen der Bemühungen, medizinische Konzepte von normalen und anormalen geistigen Phänomenen zu vereinheitlichen und ihnen Geltung zu verschaffen, das *Diagnostic and Statistical Manual of Mental Disorders*, bekannt als *DSM*. In diesem Handbuch wurden die sexuellen Abweichungen den psychopathischen Persönlichkeitsstörungen zugeordnet, was insofern folgerichtig war, als die meisten Perversionen als Gesetzesübertretungen galten und die maßgeblichen Stellen der damals weitverbreiteten Ansicht waren, perverse Handlungen würden von Menschen mit antisozialen und kriminellen Neigungen ausgeführt. Homosexualität wurde ebenfalls dieser Rubrik zugeordnet.

1958 wurde das ursprüngliche Handbuch überarbeitet, was zur Entstehung von *DSM* II führte, einem weiteren umfangreichen Verzeichnis von Geisteskrankheiten. Hier wurden die sexuellen Abweichungen in weniger kriminell klingende Kategorien von Persönlichkeitsstörungen eingeordnet, wie *hysterisch, narzißtisch* und *Borderline*. Von diesen Störungen waren Männer und Frauen gleichermaßen betroffen, doch es waren in erster Linie Männer, deren besondere Persönlichkeitsmerkmale zu sexueller Perversion führten. Innerhalb der nächsten beiden Jahrzehnte entstanden im Einklang mit der Sexuellen Revolution allmählich Kriterien für geistige Gesundheit, die weniger anfällig für persönliche Interpretation und soziale Voreingenommenheit sein sollten. 1980 wurde ein drittes Handbuch veröffentlicht (*DSM* III), das 1987 durch eine neu bearbeitete Auflage (*DSM* III-R) abgelöst wurde!*In diesen jüngsten diagnostischen Handbüchern werden die sexuellen Perversionen in eine eigene Kategorie gesteckt und bekommen ein, moralisch gesehen, neutraleres und würdevolleres Etikett, *Paraphilie* (von *para*, »abweichend«, und *philia*, »Liebe, Zuneigung«). Dieser neue, sterile Begriff sollte das Stigma beseitigen, das mit dem Wort *Perversion* verbunden war. Homosexualität und Oral- und Analverkehr wurden unter der Rubrik nicht mehr erwähnt, womit angedeutet wurde, daß man diese Praktiken nicht mehr für pervers hielt. Spielerisches Fesseln und einvernehmliche SM-Praktiken wurden ignoriert. Aber trotz dieses Wandels in der offiziellen Terminologie haften den Verhaltensweisen, die jetzt unter die Rubrik *Paraphilie* fallen, weiterhin Eigenschaftswörter wie *bizarr, kriminell, unnatürlich, antisozial* und *unmoralisch* an. Und das strenge, altmodische Wort *Perversion* spiegelt wider, was die Leute immer noch denken, und es ist auch der Begriff, der immer noch allgemein verwendet wird, wenn auch *sotto voce*.[2]

In der Mehrheit der US-Bundesstaaten stellen mehrere der Paraphilien, wie Pädophilie und Nekrophilie, und viele der alten Perver-

---

* Dieser Band war kaum erschienen, als schon *DSM* IV im Gespräch war, das die Mängel der beiden Versionen des dritten Handbuchs beheben sollte. Vielleicht werden wir dann, in Übereinstimmung mit den sich wandelnden Moralvorstellungen unserer Gesellschaft, zu dem altmodischen Begriff *Perversion* mit seinen moralistischen Implikationen zurückkehren. Es ist unwahrscheinlich, daß *DSM* IV oder *DSM* V die *Strategie* der Perversion untersuchen wird, denn derartige Handbücher beschäftigen sich eher mit leicht identifizierbaren Verhaltensmerkmalen als mit komplexen psychologischen Fragestellungen.

sionen, wie Oral- und Analverkehr, immer noch strafbare Handlungen dar. In jüngster Zeit ist es unter Psychiatern jedoch üblich, den Ärzten eine liberale diagnostische Praxis zu empfehlen. Die derzeitige Liste der Paraphilien geht immer noch davon aus, daß das wesentliche Element einer Perversion ist, daß sie eine notwendige Voraussetzung für sexuelle Erregung und Orgasmus ist. Sie erklärt nicht, *warum* die Perversion die Kraft hat, Erektionen zu ermöglichen, und sie liefert auch keine Gründe für die weiblichen Perversionen, bei denen sexuelle Erregung und sexuelle Leistungsfähigkeit kaum ins Auge fallen und nie die wesentlichen oder entscheidenden Elemente sind.

Ein Mann, der von einer Perversion betroffen ist, kann sich möglicherweise auch auf andere Arten sexuell betätigen, aber der perverse Drang bleibt zwingend, und die perverse Handlung erregt und befriedigt ihn am meisten. Um als Paraphilie zu gelten, muß eine Handlung zusätzlich zu ihrem zwingenden, sich wiederholenden und stereotypen Charakter mindestens eine der folgenden Verhaltensweisen einschließen: 1. sexuelle Aktivitäten, die ein nichtmenschliches Sexualobjekt zum Zweck der sexuellen Erregung verwenden, 2. sexuelle Handlungen mit Menschen, die wirkliches oder vorgetäuschtes Leiden und/oder Demütigung einschließen, und 3. sexuelle Handlungen ohne Zustimmung des Partners.

Die Frage, ob Demütigung, wirkliche oder vorgetäuschte, nur eine sexuelle Variante anzeigt oder ob sie tatsächlich Kennzeichen für eine echte Perversion ist, verlangt allerdings ganz besonderen klinischen Scharfsinn. Theoretisch gesehen, sollte der entscheidende Unterschied darin liegen, ob eine sadomasochistische Handlung zwingend ist oder ob die Sexualpartner sich freiwillig dazu entscheiden. Wann jedoch ist sexuelles Verlangen ein freiwilliger Wunsch, und ab wann wird es zu einem dringenden Bedürfnis oder einer Besessenheit?

Wenn wir unser Interesse auf das erste und auf die letzten Stichwörter der folgenden offiziellen Liste der Paraphilien – der abweichenden sexuellen Vorlieben – beschränken würden, würde sich der Gedanke aufdrängen, daß zwischen einem Mann, der einen Fetisch verwendet, um zu Erektion und Penetration fähig zu sein, und einem Mann, der zu diesem Zweck ein Kind, ein Tier oder eine Leiche benutzt, ein himmelweiter Unterschied besteht. Aber wenn wir die Perversionen in der Reihenfolge betrachten, wie sie hier vorgestellt werden, stellen wir fest, daß eine Perversion fast unmerklich in die nächste übergeht. Tatsächlich werden wir, wenn wir das, was zwischen den Zeilen eines perversen Skripts steht, allmählich verstehen, von dem nahezu willkürlichen Charakter der offiziellen Grenzziehungen überrascht sein. Normalerweise tritt bei einer perversen Aufführung eine Perversion in den Vordergrund. Das Szenario, welches um diese dominierende Perversion herum aufgebaut wird, enthält allerdings Elemente fast aller anderen Perversionen. Ein Szenario, das den Masochismus in den Mittelpunkt stellt, verwendet zum Beispiel fetischistische Requisiten und transvestitische Kleidung und wird häufig durch exhibitionistische und voyeuristische Elemente angereichert. Außerdem glaube ich, daß wir dem Verständnis der perversen Strategie wesentlich näher kommen, wenn wir die Perversionen nicht als voneinander getrennte, einzeln definierte klinische Erscheinungen betrachten, sondern vielmehr als Aufführungen, die unterschiedliche Elemente oder Aspekte der gleichen perversen Gesamtstrategie betonen sollen.

Ich beginne wieder, wo ich begonnen habe. In dem nun folgenden Katalog der Perversionen füge ich den offiziellen Definitionen zahlreiche erläuternde Bemerkungen hinzu und stelle so bereits viele der Themen vor, die ich später gründlicher behandeln werde. Diese Randbemerkungen dienen nur als Einleitung. Wenn ich meine Untersuchung der weiblichen Perversionen abgeschlossen habe, werde ich die gebräuchlichen Definitionen der männlichen Perversionen modifiziert oder zumindest erweitert haben.

Fetischismus. Grundbedingung oder notwendige Voraussetzung für die sexuelle Erregung ist, daß die perverse Person im Besitz eines unbelebten Objektes ist – eines Lederstiefels, eines Spitzentaschentuchs, eines schwarzen Korsetts – oder daß sie einen Partner findet,

der bereit ist, diesen Gegenstand zu tragen. Neben diesem Grund-
prinzip gibt es jedoch noch zahlreiche Möglichkeiten und Varianten. Zum Beispiel kann der Fetischist den Fetisch selbst tragen, oder
der Fetisch kann ein Körperteil des Sexualpartners oder der Partnerin sein – Brüste, Fußknöchel, Ohrläppchen, ein bestimmter Glanz
auf der Nase. Die Partnerin oder der Partner selbst kann in der
Phantasie des Fetischisten das verkörpern, was der Fetisch symbolisiert. Ebenso, wie nämlich ein hochhackiger Lederstiefel für eine
Frau mit einem Penis – die sogenannte phallische Frau – stehen
kann, kann eine Frau, mit oder ohne Stiefel, von ihrem fetischistischen Liebhaber mit phallischen Eigenschaften ausgestattet und auf
diese Weise für ihn zum Fetisch werden. Manche Fetischisten können nur von Polizistinnen, Nonnen, Krankenschwestern oder von
Frauen, die sich auf ihre Anweisung hin als solche verkleiden,
sexuell erregt werden. Das Szenario, das die fetischistische Perversion begleitet, kann gelegentlich die Demütigung der Partnerin
vorsehen. Aber häufiger entsteht die Demütigung dadurch, daß die
Partnerin gezwungen wird, den Fetischisten zu demütigen und zu
erniedrigen.

Das Zopfabschneiden, das im neunzehnten Jahrhundert eine
weitverbreitete Perversion war, ist heute ein Anachronismus. Wenn
wir es allerdings als eine Variante des Haar- und Pelzfetischismus
betrachten, sehen wir, daß es keine ungewöhnliche Perversion ist.
Die Mode ist zwar von Zöpfen zu kurzen Haaren und halben
Bürstenschnitten übergegangen, aber dieser Wandel hat das Haareschneiden, Haareabrasieren oder Haareausreißen als notwendige
Bedingung für sexuelle Erregung und Erektion nicht verdrängt.

Transvestismus. Transvestismus ist eine Variante des Fetischismus. Grundbedingung für die sexuelle Erregung ist dabei, daß die
Person Kleidung des anderen Geschlechts anzieht, also buchstäblich trans-vestiert (*trans*: »hinüber«, *vestis*: »Weste«). Transvestismus fand sich in vielen alten Kulturen, und Hippokrates bezeichnete es als Krankheit. Doch bis in unsere jüngere Vergangenheit,
etwa um 1930, konnten die Mediziner nicht entscheiden, welche
Spielart des Transvestierens »echter« Transvestismus war und wel-

che vielleicht ein Zeichen für Homosexualität oder möglicherweise
ein Symptom für die Disharmonie zwischen dem anatomischen
Geschlecht einer Person und ihrer Sexualität, heute von den Ärzten
als Transsexualität bezeichnet. Im Laufe der Geschichte haben
Frauen immer wieder Männerkleider getragen, um Zugang zu Bil-
dungseinrichtungen und gesellschaftlichen und politischen Positionen zu bekommen, der ihnen sonst verwehrt geblieben wäre. Das
Tragen von Kleidern des anderen Geschlechts kann also ohne weiteres auch bei Personen beobachtet werden, die nicht Transvestiten
sind. Die jüngste psychiatrische Definition ist zwar insofern verwirrend, als sie sich gegen weitverbreitete Vorstellungen von Transvestismus wendet, aber mit ihrer Hilfe gelingt es, klarzustellen, wer
Transvestit ist und wer nicht. Transvestismus wird dort definiert als
das Tragen von Kleidung des anderen Geschlechts, wobei diese
Kleidung wie ein Fetisch zur sexuellen Erregung benutzt wird. Eine
Frau, die Männerkleidung nicht aus einem inneren Zwang heraus
und zum Zweck der sexuellen Erregung trägt, ist danach also keine
Transvestitin. Und auch der Homosexuelle in Frauenkleidern, der
allgemein als Paradebeispiel für Transvestismus gilt, ist kein Transvestit. Er ist ein homosexueller Mann, im Grunde eine Verkörperung der Frau, der die Phantasien und Ängste anderer homosexueller Männer anspricht, indem er die physischen und intellektuellen
Unzulänglichkeiten der Frauen karikiert. Nach einiger Zeit wachsen manche dieser »Transvestiten« in ihre weibliche Kleidung hinein und beginnen, sich mit ihren weiblichen Neigungen wohl zu
fühlen. Dann ist ihr Transvestieren kaum noch eine Karikatur der
Weiblichkeit.

Nur ganz wenige Frauen benutzen das Transvestieren als Mittel
zur sexuellen Erregung. Der typische Transvestit ist ein heterosexueller Mann, der Frauenkleidung trägt, um eine Erektion zu
bekommen. Auf die sexuelle Erregung kann Geschlechtsverkehr
mit der Ehefrau, der Geliebten oder einer Prostituierten folgen oder
Masturbation mit anderen oder allein. Im typischen Fall ist der
Transvestit nicht promiskuitiv und führt sein Szenario mit nur ein
oder zwei Sexualpartnerinnen auf. Mit zunehmendem Alter läßt

sein Bedürfnis nach Erektionen nach, und er beschäftigt sich intensiver mit weiblicher Kleidung. Oft bleibt von seiner Perversion nur ein Interesse am Anschauen und gelegentlichen Tragen weiblicher Kleidung übrig. Für Transvestiten ist eine spezielle Richtung der pornographischen Literatur entstanden. Manche dieser Geschichten schildern romantische Begebenheiten, bei denen ein Mann von einer Frau gebeten wird, mit ihr einkaufen zu gehen und ihr zu helfen, Unterwäsche, Rüschenkleider, Angorapullover und seidene Nachthemden auszusuchen.

Wenn der Drang zum Transvestieren ruht, kleidet der Transvestit sich ausgesprochen männlich. Im Gegensatz zu Homosexuellen in Frauenkleidung und zu Transsexuellen sind Transvestiten, wenn sie keine Frauenkleidung tragen, in ihrer Aufmachung und ihrem Verhalten unverkennbar männlich. Viele sind Rennfahrer, Fallschirmspringer, Offiziere, Fußballspieler, Polizisten oder Müllmänner. Sie nehmen gerne an betont männlichen Aktivitäten teil, die sie gegen ihre weiblichen Wünsche wappnen und vor den Neigungen schützen, die sie nötigen, ihre perversen Phantasien auszuagieren. Das Verhalten des Transvestiten ist nur weiblich, wenn er Frauenkleider trägt. Bewußte und unbewußte weibliche Phantasien und Vorstellungen sind jedoch immer gegenwärtig. Manche Transvestiten tragen Korsetts, Strumpfgürtel, Spitzenhöschen oder Büstenhalter unter ihren Anzügen, verhalten sich dabei aber weiterhin betont männlich. Die Vorstellung, eine Frau zu sein (tatsächlich eine Frau mit einem Penis, da der Transvestit sich der Tatsache, daß er ein Mann ist, nur allzu bewußt ist), während er Männerkleidung trägt, kann durch kleine Symbole für Weiblichkeit unterstützt werden, zum Beispiel durch Paisley-Taschentücher, Manschetten aus Satin, seidene Krawatten oder jede Art von extravaganter Kleidung, etwa eine Generaluniform. Gelegentlich phantasiert der Transvestit seine Sexualpartnerin als beschützende, rettende, mütterliche Frau, die einen unschuldigen Jungen in Frauenkleider gesteckt hat, um ihn vor einem furchtbaren Schicksal zu bewahren. In den typischeren Phantasien spielt der Mann jedoch die Rolle eines sexuellen Novizen, der von einer dominanten Frau in Lederstiefeln und mit spitzen Brüsten – einer sogenannten phallischen Frau – dazu gezwungen wird, Frauenkleidung zu tragen. In Wirklichkeit ist diese phallische Frau, der die Rolle der mächtigen, dominierenden Demütigerin zugewiesen wird, selbst eine erniedrigte Frau, eine Prostituierte, ein Bunny, eine Ehefrau oder Freundin, die sich freiwillig oder unfreiwillig dem perversen Skript des Mannes fügt, der die Aufführung leitet und die Rechnung bezahlt.

Sexueller Masochismus. Masochistische Phantasien, die Geschlechtsverkehr und Masturbation begleiten, sind allgemein verbreitet. Die zwanghafte, wiederholte Aufführung eines masochistischen Szenarios, die es rechtfertigt, eine sexuelle Handlung als Perversion zu bezeichnen, ist jedoch vergleichsweise selten. Im Gegensatz zu Fetischismus und Transvestismus, die beinahe ausschließlich bei Männern auftreten, findet man Masochismus bei beiden Geschlechtern. Entgegen der landläufigen Meinung ist der *sexuelle Masochismus* jedoch unter Männern viel weiter verbreitet als unter Frauen (in einem Verhältnis von etwa zwanzig Männern zu einer Frau), vor allem unter homosexuellen Männern. Manche Frauen stehen innerlich unter dem Zwang, ein masochistisches Szenario auszuagieren, und brauchen dazu einen Mann, der die Rolle des sadistischen Demütigers spielt. Typischer ist aber, daß eine Frau in einem sadomasochistischen Szenario, das von einem Mann ausgedacht und geleitet wird, als bezahlte oder freiwillige Mitspielerin die Rolle der Sadistin übernimmt. Der männliche Partner verlangt, daß sie ihn fesselt, auf den Hintern schlägt, sich rittlings auf ihn setzt und auf ihn uriniert oder kotet. Die Frau gehorcht seinen Befehlen.

Der merkwürdig erscheinende Gedanke, daß sexueller Masochismus in erster Linie eine männliche Perversion ist, wird verständlicher, wenn wir uns klarmachen, daß ein wesentlicher Aspekt der perversen Strategie darin besteht, den weiblichen Wünschen des Mannes Ausdruck zu verleihen, ohne ihm dabei seine männliche Machtposition zu nehmen. Wenn Sigmund Freud den Ausdruck *weiblicher Masochismus* benutzte, bezog er sich damit auf die weiblichen Wünsche von Männern. In dem Roman *Venus im Pelz* von

Sacher-Masoch, dessen Namen Krafft-Ebing später zur Bezeichnung dieses abweichenden sexuellen Verhaltens verwandte, unterschreibt Severin, der Held, einen Vertrag, der ihn an seine Geliebte Wanda von Dunajew bindet. Sie verachtet Severin wegen seiner weiblichen Wünsche und würde ihm einen Mann vorziehen, der sie beherrschen könnte. Durch den Vertrag liefert Severin sich ihr völlig aus: »Frau von Dunajew darf ihren Sklaven nicht allein bei dem geringsten Versehen oder Vergehen nach Gutdünken strafen, sondern sie hat auch das Recht, ihn nach Laune oder nur zu ihrem Zeitvertreib zu mißhandeln, wie es ihr eben gefällt, ja sogar zu töten, wenn es ihr beliebt, kurz, er ist ihr unbeschränktes Eigentum.«[3]

Transvestismus und sexueller Masochismus sind Perversionen, die dem Mann erlauben, sich mit der degradierenden Stellung zu identifizieren, die Frauen von der Sozialordnung zugeschrieben wird, ohne daß er dabei sein Gesicht verliert. Die Handlung sieht vor, daß er sich wie eine Frau benimmt und sich in der üblichen Lage einer Frau befindet, aber er ist eine Frau mit Penis und benimmt sich nur so, um zu Erektion und Orgasmus zu gelangen. Und wie Severin sehnen der Transvestit und der Masochist sich danach, in der Situation einer Frau zu sein, die von einem mächtigen Mann beherrscht und in Besitz genommen wird.

Sexueller Sadismus. Einer weitverbreiteten Ansicht zufolge neigen Männer von Natur aus zum Sadismus. Tatsächlich aber sind Fälle von reinem sexuellen Sadismus, wie Vergewaltigung mit Verstümmelung und Lustmord, äußerst selten. Solche Handlungen sind Straftaten, und wenn der Täter gefaßt wird, wird er wie ein Verbrecher behandelt und zu einer Freiheitsstrafe verurteilt. Allerdings werden bei manchen Lustmorden die Leichen der Opfer nie gefunden und die Mörder nie gefaßt. Außerdem gibt es, wie wir wissen, mehr Fälle von abgeschwächtem Sadismus – das sind Fälle von Vergewaltigung und geschlagenen Frauen –, als gemeldet werden. Bis vor kurzem noch wurden Männer, die solche perversen Szenarien aufführten, mit Nachsicht behandelt, kaum als Perverse und jedenfalls nicht als Kriminelle. Polizist und Vergewaltiger zwinkerten sich zu: »Jungen sind nun mal so.« Es war üblich, die vergewaltigte oder geschlagene Frau für die Gewalttat verantwortlich zu machen. Man sagte etwa, sie sei eine Verführerin, die den Mann erst angelockt und dann versucht habe, ihn zu frustrieren, oder sie sei eine widerspenstige Ehefrau, die ungehorsam oder ganz einfach faul gewesen sei. Eine Frau, die einen Mann wegen Vergewaltigung vor Gericht brachte, mußte damit rechnen, selbst als Kriminelle behandelt zu werden. Man klagte sie wegen Meineids an oder stempelte sie als Hysterikerin ab, als eine dieser gehemmten Frauen, deren unbefriedigtes sexuelles Verlangen ihre Phantasie angeregt und sie dazu gebracht hatte, einen unschuldigen Mann in ihre perversen Vorstellungen mit hineinzuziehen.

In Wahrheit sind Männer nicht von Natur aus Sadisten. Wenn ihre demütigenden und beängstigenden weiblichen Wünsche jedoch zu dicht an die Oberfläche kommen, fühlen manche Männer sich zu Vergewaltigung, Verstümmelung und Mord mit Verstümmelung getrieben. Andere kommen einfach nach einem Arbeitstag oder nach einem Tag ohne Arbeit, der sie in die erniedrigende und entwürdigende Lage einer Frau versetzte, nach Hause und bestätigen sich ihre Männlichkeit, indem sie ihre Frauen schlagen und ihre Kinder mißhandeln. Diese alltäglichen Aufführungen sind meiner Meinung nach Folgen der perversen Strategie und gehören in die Kategorie sexueller Sadismus, auch wenn sie keinen Geschlechtsverkehr einschließen.

Ein Motiv für Perversionen bei Männern ist die Angst vor ihren eigenen weiblichen Wünschen. Ein weiteres ist die furchtbare Angst davor, das ganze Ausmaß an Destruktivität zu leben, das der weibliche oder ein anderer Körper in dem perversen Mann hervorruft, weil dieser Körper die Schwächen und die Weiblichkeit darstellt, die der Mann in sich selbst verachtet und fürchtet. Diese Männer geben ihren sadistischen Impulsen meistens nicht nach, sondern halten sie unter Kontrolle, indem sie einen Fetisch benutzen, weibliche Kleidung anziehen, eine masochistische Rolle in einem perversen Szenario übernehmen oder Symptome wie vorzeitigen Samenerguß und Impotenz entwickeln.

Perversionen sind ein Beispiel dafür, wie die erotischen Leidenschaften versuchen, die destruktiven Impulse zu zügeln. Und glücklicherweise wird dieses Ziel durch das Ritual des sadomasochistischen Szenarios meistens erreicht.

In der letzten Szene der *120 Tage von Sodom* des Marquis de Sade weicht die Erotik dem Destruktiven. Hier sind fünfzehn Operationen nötig, die gleichzeitig an fünfzehn Frauen durchgeführt werden müssen, um dem Protagonisten zu sexueller Erregung, Erektion und Ejakulation zu verhelfen. Die Opfer für dieses Szenario müssen zwischen fünfzehn und siebzehn Jahre alt sein, keinen Tag jünger und keinen Tag älter. Jedes Mädchen bekommt eine Nummer aufgebrannt, die angibt, wann es den Operationssaal betreten soll und welcher Operation es ausgesetzt werden soll. Es wird in einen eigens dafür konstruierten Apparat gelegt und dann entweder zerschnitten, zerrissen, geschmolzen, gekocht, gebraten, durchbohrt, vergiftet, ausgeweidet oder einer erfinderischen Kombination dieser Grundoperationen unterzogen. Ob das Mädchen nach einigen Minuten, einigen Stunden oder einigen Tagen stirbt, ist dem Helden gleichgültig, denn Voraussetzung für seine sexuelle Befriedigung ist die *gleichzeitige* Ausführung der fünfzehn verschiedenen Operationen.[4]

Diese krönende Orgie ist, ebenso wie der Rest der eintönigen, sich wiederholenden sexuellen Phantasien de Sades, nur eine Geschichte. De Sades Sadismus wird als »ästhetischer Sadismus« – Pornographie – bezeichnet. Es heißt, Pornographie diene dazu, das erotische Verlangen zu steigern. Aber auch das ist, wie alles im Bereich der Perversionen, eine Täuschung. In Wahrheit gelingt es der Pornographie, sadistische Impulse zu zügeln, indem sie die mörderischen Handlungen in einem Skript versteckt, das erotische Motive hervorhebt.

Heutzutage wird der Sadismus kaum noch ästhetisch verhüllt. In Pornofilmen und Horrorstreifen werden vor der Kamera Frauenkörper zerstückelt und Schauspielerinnen möglichst detailgetreu ermordet.

In den sadomasochistischen Phantasien, die den größten Teil der pornographischen Texte und Filme ausmachen, werden Frauen und Kinder beiderlei Geschlechts in der Rolle der Masochisten dargestellt. Diese Szenarien werden normalerweise von Männern erfunden und sollen der sexuellen Erregung von Männern dienen, die sich unbewußt mit der Person in der unterlegenen (weiblichen) Position identifizieren. Auch hier besteht das unbewußte Ziel wieder darin, den Wunsch des Mannes, eine gefügige, gedemütigte Frau zu sein, zugleich zum Ausdruck zu bringen, aber auch zu verhüllen – und sei es noch so notdürftig. Wie ich bereits erwähnt habe, verlangt, wenn es zu perversen Handlungen mit Partnern kommt, in der Mehrzahl der Fälle der Mann, daß die Frau die Rolle des Sadisten übernimmt. Auf diese Weise kann er sich in der Position des Masochisten seine unbewußten, beschämenden weiblichen Wünsche erfüllen, ohne daß jemand etwas davon merkt.

Eine Person kann eine Vorliebe für die sadistische oder für die masochistische Rolle haben, aber die meisten Paare, die bei sadomasochistischen Aufführungen mitwirken, sind zumindest gelegentlich zum Rollentausch bereit. Häufig suchen beide Partner nach einem guten »Herrn« oder einer »Herrin«, einem Meister, der seine sadistischen Neigungen völlig beherrscht und so dem Sklaven oder der Sklavin die Gewißheit gibt, daß auch seine oder ihre sexuelle Erregung nicht außer Kontrolle gerät. In vielen Fällen ist das sadomasochistische Geschehen, bei dem jemand beherrscht und erniedrigt wird, wichtiger als die Frage, wer Herr und wer Sklave ist. Der Sklave strebt bestimmte, unkontrollierbare innere Empfindungen an, die er mit Weiblichkeit und Schwäche verbindet. Sie werden auf der Oberfläche seines Körpers von einem Meister lokalisiert, der genau weiß, wie fest er die Schrauben anziehen darf und muß. Natürlich steht es ihm dabei frei, sich mit seinem Sklaven zu identifizieren.

Exhibitionismus. Exhibitionisten sind Männer, die regelmäßig von einem unwiderstehlichen Drang überfallen werden, ihre Genitalien vor fremden Frauen oder Mädchen zu entblößen, und zwar normalerweise in der Öffentlichkeit, an Orten also, wo sie das Risiko eingehen, gefaßt zu werden. Die Entblößung wird von Masturbation begleitet, die den Penis in erigiertem Zustand hält. Typische Exhibitionisten sind heterosexuelle Männer, die verheiratet sein und ganz normal Geschlechtsverkehr haben können. Frotteurismus, das Reiben und Fummeln an Brüsten oder Hintern einer Frau gegen ihren Willen, zum Beispiel in überfüllten U-Bahn-Wagen, ist eine Variante des Exhibitionismus.

Es heißt, daß obszöne anonyme Telefonanrufe eine sozialisiertere Form des Exhibitionismus darstellen. Der Anrufer wird von sexuellen Phantasien bedrängt, die denen des Exhibitionisten ähneln. Statt einer Frau den Anblick seines Penis aufzudrängen, zwingt er ihr sein Geschwätz über Größe und Bewegungen seines Penis während oder vor der Masturbation auf. Es sind auch Fälle berichtet worden, in denen Frauen obszöne Anrufe machten oder auf andere Weise einem Zuhörer, normalerweise einem Mann, manchmal aber auch einer Frau, ihre sexuellen und aggressiven Phantasien aufdrängten. Manche Paare finden, daß Masturbation am Telefon ihre sexuelle Beziehung vertieft, doch sie sind im Gegensatz zu perversen Personen nicht völlig besessen von dieser Tätigkeit.

Einige Experten behaupten, der obszöne Anruf stehe, vor allem, wenn er eine vulgäre Sprache, mit oder ohne Bezug auf »Schwänze« und »Mösen«, benutze, der Koprophilie näher, einer Perversion, bei der die Beschäftigung mit Exkrementen notwendige Voraussetzung für die sexuelle Erregung ist. Man kann sich über diese spitzfindigen Fragen streiten, offensichtlich ist aber, daß der Inhalt des Anrufs infantil ist, da die Wörter die Sexualität auf eine Zurschaustellung der Genitalien oder eine fäkale Aktivität reduzieren. Außerdem ist weniger der Inhalt des Anrufs von Bedeutung als vielmehr die Tatsache, daß ein Partner erniedrigt und gedemütigt wird (der Zuhörer) und der andere sich in der machtvollen, dominierenden Position befindet (der Sprecher).

Voyeurismus. Der Voyeur wird in der Umgangssprache als Spanner bezeichnet. Er gelangt zu sexueller Erregung, indem er heimlich halbbekleidete, unbekleidete oder sich gerade entkleidende Frauen beobachtet. Dabei versucht der Voyeur nicht, die Frauen auf seine Gegenwart aufmerksam zu machen. Das typische voyeuristische

Szenario verlangt, daß die Frau nicht weiß, daß sie beobachtet wird. Voyeure sehen Frauen lieber beim Auskleiden, Masturbieren oder beim Geschlechtsverkehr zu und masturbieren währenddessen, als daß sie selbst Geschlechtsverkehr haben. Der Lagerbestand kommerzieller Peep-Shows besteht normalerweise aus Szenen von masturbierenden Frauen oder Kindern – zur großen Enttäuschung von Gelegenheitsvoyeuren, die nach aufreizenderen Szenen suchen. Viele Frauen und Männer spielen gelegentlich Voyeur, und vielen Kindern und Erwachsenen macht es ab und zu großes Vergnügen, in Restaurants, Kaufhäusern oder Untergrundbahnen nichtsahnende Fremde zu belauschen oder heimlich zu beobachten. Doch zwischen dem Spaß an spontanen voyeuristischen Abenteuern und der Besessenheit des Spanners besteht ein großer Unterschied. Von zwanghaftem Voyeurismus bei Frauen wird nur in ganz wenigen Fällen berichtet. Die Besitzer von Peep-Shows berichten, daß jeden Tag einige Frauen hereinkommen, um zu gucken, daß aber nur sehr wenige Frauen Stammkundinnen sind.

Manche Frauen werden sexuell erregt, wenn sie Paare beim Geschlechtsverkehr oder bei der gegenseitigen Masturbation oder einfach beim An- und Auskleiden beobachten. Dieser sogenannte Voyeurismus ist jedoch selten eine besonders wichtige Beschäftigung oder die notwendige Voraussetzung für ihre sexuelle Erregung. Das Szenario ist recht variabel und wird mit anderen bereitwillig mitwirkenden Erwachsenen aufgeführt. Die sexuelle Erregung hängt dabei nicht von einem ahnungslosen Opfer ab.

Pädophilie. Sexuelle Erregung, die auf sexuellen Handlungen mit präpubertären Kindern und Jugendlichen beruht, ist immer eine kriminelle Handlung und bezieht ein unschuldiges Opfer mit ein. Der Begriff Pädophilie deckt eine Vielfalt von kriminellen Handlungen ab, deren Namen weniger mit dem Verhalten des Pädophilen als mit den lokalen gesetzlichen Bestimmungen zu tun haben und daher von Land zu Land und in den Vereinigten Staaten von Bundesstaat zu Bundesstaat variieren. Der Pädophile kann wegen Päderastie, Mißbrauch eines Minderjährigen, Verletzung der Moral eines Minderjährigen oder wegen liederlichen und unzüchtigen

Verhaltens festgenommen und verurteilt werden. Der Pädophile kann ein heterosexueller, verheirateter Mann sein, ein unverheirateter Macho, ein Homosexueller, ein Exhibitionist, ein Vater oder ein Onkel. Er kann seine Genitalien einfach vor einem ahnungslosen Kind entblößen, kann in Gegenwart eines Kindes masturbieren, das Kind veranlassen, ihn zu masturbieren, oder er kann das Kind masturbieren. Manche Pädophile stehen jedoch unter größerem Druck. Sie können sich nur befriedigen, indem sie in das Kind eindringen. Wie bei jeder Perversion gilt auch hier, daß das Kind nach dem Koitus verstümmelt oder zerstückelt werden kann, wenn es der Pädophilie nicht gelingt, den Sadismus des Mannes unter Kontrolle zu halten.

Pädophile Handlungen werden als sexueller Mißbrauch von Kindern betrachtet, selbst wenn der Mann nur in Gegenwart des Kindes masturbiert oder wenn das Kind angeblich der gegenseitigen Masturbation oder der Penetration zugestimmt hat.

Der typische Pädophile bevorzugt Jungen, aber manchmal werden auch Mädchen vorgezogen. Er bevorzugt einen Ausreißer aus einer anderen Stadt oder ein Kind, das sich verirrt hat oder ausgesetzt wurde und mit dem er keine längere Beziehung eingehen muß. In dieser Hinsicht unterscheiden Pädophile sich von Personen, die inzestuöse Handlungen begehen. Diese bevorzugen Töchter, Stieftöchter, Nichten oder die Töchter von Verwandten und Nachbarn. Wenn es sich, was meistens der Fall ist, um Männer handelt, ziehen sie weibliche Kinder vor, weil Inzest zum Teil durch eine Angst vor normalen gegengeschlechtlichen Neigungen hervorgerufen wird. Pädophile wollen zwar auch ihre Männlichkeit unter Beweis stellen, aber es gibt noch einen stärkeren Drang, der ihr Leben beherrscht, sie streben nämlich danach, alle Unterschiede zwischen der Kinder- und der Erwachsenengeneration zu verwischen. Diese Unterscheidung der beiden Personengruppen, die sich an Kindern vergreifen, ist jedoch nicht immer zutreffend. Einige Straffällige sind Mischtypen, wie Nabokovs Held in *Lolita*. Manche Pädophile heiraten zum Beispiel geschiedene oder verwitwete Mütter, um zu deren vorpubertären Kindern Zugang zu bekommen. Andere heiraten, zeugen

Kinder mit ihren Frauen und wechseln auf diese Weise von der Pädophilie zum Inzest.

Die »North American Man-Boy Love Association« (NAMBLA), eine Organisation, die Männern hilft, Jungen ihrer Wahl zu finden, ist im Telefonbuch von Manhattan aufgeführt. In Großbritannien hat sich eine Gruppe Pädophiler zum »Paedophile Information Exchange« (PIE) zusammengeschlossen. Unter den Mitgliedern des PIE befanden sich ein früherer britischer Botschafter, Angehörige des Haushaltspersonals vom Buckingham Palace, der Sohn eines Pastors, ein Pfadfinderführer und andere prominente Mitglieder der Gesellschaft. Wenn man sie nach ihren sexuellen Vorlieben fragt, äußern sich Pädophile ungewöhnlich offen über ihren Widerwillen gegenüber erwachsenen Frauen. Sie haben zwar generell eine Abneigung gegen Körper von Erwachsenen, aber die Art, wie ein Frauenkörper sie an die anatomischen Unterschiede zwischen Erwachsenen und Kindern erinnert, erfüllt sie mit Entsetzen. Sie klagen, daß der weibliche Körper sie anekelt: Wo Frauen eigentlich Genitalien haben sollten, ist nur ein schmutziges, mit Menstruationsblut gefülltes Loch. »Jungenkörper sind V-förmig, während Frauenkörper eckig sind, wie ein Sack Scheiße, der in der Mitte zusammengebunden ist«, sagen sie etwa. Oder: »Ich liebe die glatte Haut eines Jungen, Haare oder Pickel mag ich nicht. Ich mag sowas nicht anfassen, ich kann das nicht leiden.«[5]

Neuere Untersuchungen von Kindesmißbrauch in Kindertagesstätten und Kindergärten haben die Frage nach dem pädophilen Potential bei Frauen aufgeworfen. Eine Studie über Crack-Abhängigkeit bei Frauen der Unterschicht hat ergeben, daß Mütter und Großmütter unter dem Einfluß von Crack ihre eigenen Kinder und Enkel sexuell mißbrauchen oder sie, um mehr Crack zu bekommen, an Crack-Dealer verkaufen, die sie sexuell mißbrauchen. Wenn Crack auch in weiteren Kreisen der Mittel- und Oberschicht zu Abhängigkeit führen sollte, werden uns möglicherweise häufiger Fälle von Inzest und Pädophilie bei Frauen begegnen. Einige Wissenschaftler haben die Vermutung angestellt, daß Crack zu einem Zusammenbruch der Geschlechtsstereotypen führt. Ich glaube allerdings, daß Crack vor allem die perverse Strategie selbst aufbricht. Diese Substanz, die Gewalttätigkeit und Paranoia hervorrufen kann, macht den rasenden Haß, die Rachegefühle und die Verrücktheit, die normalerweise durch die perverse Strategie unter Kontrolle gehalten werden, bewußt.

Zoophilie/Sodomie. Die sexuelle Erregung entsteht durch Streicheln oder Befummeln eines Tieres oder durch Beobachten von Geschlechtsverkehr bei Tieren. Einige Experten unterscheiden zwischen Zoophilie und echter Sodomie, zu der oraler, analer oder genitaler Sex zwischen Mensch und Tier gehört. Zoophilie und Sodomie sind äußerst selten und fast nie die bevorzugten Methoden, um zu sexueller Erregung und Entladung zu gelangen. Die Kindheitsgeschichten der Männer und Frauen, die zu einer der häufigeren Perversionen getrieben werden, können sporadische sexuelle Kontakte mit Schoßtieren oder anderen Haustieren, wie Pferden, Kühen und Schafen, enthalten. Pornographische Geschichten, Filme und Fotos, die zur sexuellen Erregung von Männern bestimmt sind, stellen oft Frauen oder Kinder dar, die zu sexuellen Handlungen mit Tieren gezwungen werden.

Nekrophilie. Sexuelle Erregung, Erektion und Orgasmus sind nur mit einer Leiche oder einem verstümmelten, sterbenden Körper möglich. Normalerweise wird ein weiblicher Körper bevorzugt, aber manchem Nekrophilen reicht auch der tote oder sterbende Körper eines Mannes, Kindes oder Tieres. Soweit uns bekannt ist, ist Nekrophilie die seltenste Perversion, aber sie zeigt sehr deutlich einen Aspekt der perversen Strategie, der allen Perversionen gemeinsam ist. Im weiteren Sinne geht es nämlich bei jeder Perversion um die Abtötung und Entmenschlichung von normalerweise menschlich lebendigen und daher bedrohlich gefährlichen, unvorhersehbaren Wünschen.

Obwohl zwischen Zoophilie, Sodomie und Nekrophilie und dem vergleichsweise normal erscheinenden Fetischismus, mit dem ich diese Liste der Perversionen begonnen habe, ein himmelweiter Unterschied zu bestehen scheint, sind Schoßtiere und sterbende oder tote Menschen und Tiere daher ebenso fetischistische Objekte

wie Lederstiefel, Spitzenstrumpfgürtel oder blaue Samtmorgen-
röcke. Je stärker das lebendige Verlangen als bedrohlich, gefährlich
und unvorhersehbar empfunden wird, desto gründlicher muß der
Fetisch oder das fetischistische Objekt abgetötet werden oder desto
weiter muß es von einem Menschen entfernt sein.

Die perverse Strategie läßt sich am Fetischismus exemplarisch darstellen. In jeder Perversion steht ein Teil, ein Detail, für das Ganze.
Die perverse Strategie verwendet dieses Detail als Symbol für die
gesamte Geschichte der traumatischen Kindheitsereignisse, die zu
der Perversion führten. Wenn dieses Detail im Bewußtsein einen
wichtigen Platz einnimmt, weil es im Zentrum einer Aufführung
steht und nicht nur Gedanke oder Tagtraum ist, kann die beängstigende Geschichte selbst im Unbewußten gehalten werden. Ein
Fetisch dient dazu, die Lügen verborgen zu halten, die Aufmerksamkeit von der gesamten Geschichte abzulenken und sie auf das
Detail zu richten. Beim Fetischismus wird ein Gegenstand, wie ein
Lederstiefel, ein Spitzenstrumpfgürtel oder ein blauer Samtmorgenrock, von einem Mann bewußt dazu benutzt, seine sexuelle
Erregung zu steigern und zu einer Erektion zu gelangen – und damit
auch seine Selbstachtung zu erhöhen. Diese einfachen Gegenstände
sind jedoch, wie ich in den folgenden Kapiteln zeigen werde, komplexe Symbole, die all die verbotenen und gefährlichen Wünsche,
alle Verluste, das Verlassenwerden und die Ängste und Schrecken
der Kindheit gleichzeitig zum Ausdruck bringen und verbergen.
Während, oberflächlich betrachtet, der Fetisch einzig und allein
dazu dient, sexuelle Leistung zu ermöglichen, besteht die perverse
Strategie darin, die Aufmerksamkeit auf diese sexuelle Leistung zu
lenken und damit eine ganze Geschichte von Sehnsucht und Strafen
geheim und unbewußt zu halten.[6]
    Bei einer männlichen Perversion wird immer irgendein Fetisch
benutzt, entweder ein tatsächlicher oder ein symbolischer. Im engsten Sinne bewirkt der Fetischismus in einer männlichen Perversion
eine Verschiebung der sexuellen Wünsche. Anstelle der Gesamtper-

sönlichkeit einer Frau begehrt der perverse Mann ein Accessoire oder ein Kleidungsstück. Weil der Fetisch, tatsächlich oder in der Phantasie, vom atmenden, reagierenden, fühlenden, pulsierenden, erlebenden Körper der Frau abgelöst ist, kann er, anders als die Frau selbst, kontrolliert und manipuliert werden.[7] Ein sexueller Fetisch ist wesentlich zuverlässiger als ein lebendiger Mensch. Er erwartet weder Hingabe noch emotionale Anteilnahme. Anders als ein lebendiger weiblicher Mensch, der umworben und gewonnen sein will und gefährliche, unvorhergesehene Wünsche hat, ist ein Fetisch relativ ungefährlich, leicht verfügbar und verlangt keine Gegenseitigkeit.

Die französischen Analytiker behaupten, daß das Wort *Fetisch* von dem französischen Wort *factice* abstamme, das »künstlich« oder »nachgemacht« bedeutet. Der sexuelle Fetisch steht natürlich für künstliche oder vorgestellte Genitalien, und beim sexuellen Fetischismus geht es um die Schaffung von künstlichen Genitalien. Der mächtige Penis in immerwährender Erektion, der Phallus, ist ebenso erfunden wie die zu kurz gekommene Klitoris oder verstümmelte Vagina, die der Phallus wiederherstellen und für die er entschädigen soll.

In den meisten Kulturen werden die weiblichen Genitalien traditionell als beschädigte Organe angesehen und auch entsprechend dargestellt. Nach Ansicht des Fetischisten müssen die beschädigten weiblichen Genitalien sich endlosen Reparaturen unterziehen, damit sie als Phallus zu neuem Leben erweckt werden können. Die Frau, die der Fetischist mit diesem erfundenen Geschlechtsorgan ausstattet, wird zu der berühmten »phallischen Frau«. In der Alltagssprache benutzt man den Begriff »phallische Frau« inzwischen, um eine mächtige, autoritäre, »maskuline« Frau zu bezeichnen. Eigentlich ist die phallische Frau jedoch, wie schon gesagt, eine Frau, die ein erniedrigendes Klischee von Weiblichkeit verkörpert: ein Playboy-Bunny, ein Callgirl, eine Hure oder ein Go-go-Girl oder eine Frau, die der Forderung ihres Mannes nachkommt, ihn zu beherrschen oder auf ihn zu urinieren, die Sklavin, in deren Macht es steht, Erektionen bei ihrem Herrn hervorzurufen, weil er sich vorstellt, daß unter ihren seidenen Schleiern ein Phallus verborgen ist. Die phallische Frau ist, auch wenn sie die Rolle der Domina mit spitzen Brüsten und Pfennigabsätzen spielt, eine erniedrigte und »kastrierte« Frau, eine Frau, die vorübergehend repariert wurde, weil sie dem Mann, der die Rechnung bezahlt, zu einer Erektion verhelfen soll.

Während die Franzosen den Fetisch gern als Symbol für ihre Toleranz gegenüber abweichendem sexuellem Verhalten in Anspruch nehmen würden, wird jedoch allgemein angenommen, daß das Wort sich von dem portugiesischen *feitiço* herleitet, das »falsch« oder »Verehrung falscher Werte« bedeutet.[8] Es heißt, daß das Wort entstanden sei, um die »Verehrung für und den hohen Rang von anscheinend wertlosen Objekten, die die portugiesischen Entdecker in verschiedenen afrikanischen Religionen gefunden hatten«, zu beschreiben.[9] Marx sprach vom »Fetischcharakter der Ware«, um zu verdeutlichen, wie im Kapitalismus nutzlose Waren verehrt werden, als wären sie geweihte Gegenstände.[10]

Zu den beliebtesten sexuellen Fetischen gehören Gegenstände aus Leder – Schuhe, Handschuhe, Riemen und Gürtel. Weibliche Kleidungsstücke wie Höschen, Strumpfgürtel und Korsetts sind auch häufig, ebenso wie Gegenstände, die Ähnlichkeit mit weiblichem Schamhaar haben, wie Zöpfe, Locken, Perücken, Pelz und Samt. Ausgefallener sind Gummischürzen und -mäntel, Gegenstände aus Gummi oder Leder mit Spitzen und Schleifchen und Stricke und Peitschen mit oder ohne Stacheln.[11]* Sexuelle Fetische

---

* Robert Stoller, eine Autorität auf dem Gebiet der Erforschung sexueller Perversionen, hat versucht, die unendliche Vielfalt der fetischistischen Objekte und der erotischen Vorlieben aufzuzeigen, die angewendet werden können, um die sexuelle Leistungsfähigkeit sicherzustellen. In seiner zwei Seiten langen Liste von Fetischen führt er zum Beispiel auf: Zigarettenhalter; Fäkalien; Schnuller; Samt; ein Mann, dem ein Bein über dem Knie amputiert wurde (Personen, die eine sexuelle Vorliebe für Menschen, denen ein oder mehrere Körperteile fehlen, haben, sind nach Stoller so häufig, daß diese Erscheinung eine eigene Bezeichnung bekommen hat – *amelotatism*); Ehefrauen anderer Männer; Ehemänner anderer Frauen; Sonnenuntergänge; Wagnersche Soprane; eine Frau, die an einer Klokette zieht; Handschellen; kopulierende Fliegen; Haar – geflochten, offen, rot, blond, abgeschnitten, rasiert; Perücken; Korallenschmuck; schielende Frauen; ge-

sind häufig schwarz, vermutlich, weil der Kontrast zwischen der hellen Haut und dem dunklen Kleidungsstück als Bestätigung für die phallischen Kräfte dient, die unter dem Schamhaar der Frau versteckt sind, das immer dunkler ist als ihre Haut. Je nach Betrachtungsweise könnte das Schwarz also eine Versicherung sein, daß die Frau wirklich einen Phallus hat, während die hellere Hautfarbe andeuten würde, daß sie in der Tat beschädigt und verstümmelt ist. Da Fetische jedoch in bezug auf ihre Strategie immer mehrdeutig sind, könnte es auch umgekehrt sein. Weiß, Rot oder Rosa erfüllen oft den gleichen Zweck wie Schwarz. Außerdem bewirkt der Helldunkel-Kontrast den Eindruck von einer Grenze zwischen den Körpern und schützt so den Mann vor seinem unbewußten Wunsch, sich mit dem verachtens- und begehrenswerten Körper der »kastrierten« Frau zu identifizieren und mit ihm zu verschmelzen.

Männern, die nicht so große Angst vor dem weiblichen Körper haben, mag es genügen, den Blick auf einen Körperteil ihrer Partnerin zu richten, den sie in der Phantasie zum Fetisch gemacht haben – den Glanz auf ihrer Nase, die Rundung ihres Halses oder das blasse Stückchen Knöchel zwischen dem Saum ihres langen schwarzen Rockes und ihren schwarzen Schuhen. Für den echten Fetischisten muß der Fetisch jedoch als Requisit unbedingt vorhanden sein. Er muß greifbar, sichtbar und unbelebt sein, einen Geruch haben und dem Fetischisten immer zur Verfügung stehen. Der Fetischist kann keine sexuellen Leistungen erbringen, wenn er selbst oder seine Partnerin den Fetisch nicht während des Vorspiels und beim Koitus trägt oder sich in anderer Weise damit befaßt.

Ein Fetisch ist oft das wichtigste Requisit in einem umfassenderen sadomasochistischen Szenario, das Unterdrückung, Bewegungsunfähigkeit, Gefesselt- und Gehängtwerden einschließen kann. Diese Einschränkungen führen zu lustvollen Qualen, die von leichtem Unbehagen bis zu starken Schmerzen reichen können. Die

peitschte Pferde, die ausrutschen; abgesaugtes Blut; Reithosen; Männer, die Brüste haben wie Frauen; ein Mädchen mit glatter, mit Rasierschaum bedeckter Haut, das rasiert wird.

Korsetts, Handschuhe, Stiefel, Strapse und Schnüre gleichen einer
Rüstung, die einen Körper zusammenhält, der als undichtes Behält-
nis für zersplitterte Teile erlebt wird. Sie verbergen und enthüllen.
Sie lindern und peinigen.

Wenn er einen Fetisch erfindet, tut der Junge das normalerweise
während der Frühpubertät oder der Pubertät, zusammen mit anderen Details, die Teil seines Masturbationsrituals sind. Möglicherweise gestaltet er diesen Fetisch in Anlehnung an ein Stück Leder
oder ein »geliehenes« Spitzenhöschen, das er als Junge zur Beruhigung vor dem Einschlafen oder während der Masturbation benutzt
hat. Aber perverse Bedeutung gewinnt der Fetisch des Jugendlichen
erst im Kontext einer zwanghaften erotischen Darstellung, die
Angst und Scham lindern soll – wobei sie allerdings gleichzeitig
beunruhigende Schuldgefühle wachruft.

Während der frühen Pubertät fürchtet der Junge seine nächtli-
chen Samenergüsse und auch das beständige Drängen seines Penis,
der so leicht von allen erdenklichen Geräuschen, Gerüchen,
Anblicken, Bewegungen und Berührungen zu einer Erektion sti-
muliert werden kann. Erwachsene Männer, die alle von Zeit zu Zeit
Probleme mit ihrer Potenz haben, blicken oft mit wehmütigem
Staunen und voller Sehnsucht auf die Leichtigkeit und Häufigkeit
ihrer jugendlichen Erektionen zurück. Sie erinnern sich jedoch
nicht mehr daran, daß die Unvorhersagbarkeit der Erektionen und
die anderen seltsamen, unvorhergesehenen körperlichen Veränderungen sie in ihrer Jugend geängstigt und manchmal sogar
erschreckt haben.

Während ein erigierter Penis und ein straffer Hodensack Symbole für Stärke, Festigkeit, Macht und Männlichkeit sind, werden
fast alle anderen Veränderungen während der Pubertät des Jungen
als Zeichen für Schwäche, Schlaffheit, Passivität und Weiblichkeit
gedeutet. Die meisten der Veränderungen zu Beginn der Pubertät
sind für alle Jungen sehr beunruhigend, vor allem aber für diejenigen, die schon immer vor ihren weiblichen Wünschen Angst hatten.
Unsere Kultur unterstützt uns in dem infantilen Glauben, daß
einzig und allein der Penis das männliche Sexualorgan sei. Die

auffälligsten Veränderungen der männlichen Pubertät jedoch, die Veränderungen, die den Jungen zu einem genital funktionsfähigen Erwachsenen machen, sind das Erwachen und das Wachstum der sogenannten inneren Geschlechtsorgane – der Hoden und des Hodensacks, der Samenbläschen, der Prostata und der Cowperschen Drüsen –, Veränderungen, die den Jungen nur allzuoft an die Weiblichkeit, Passivität und Schwäche erinnern, die er mit der phallisch-narzißtischen Forschheit seiner vorpubertären Jahre überspielen konnte. Noch schwieriger wird die Sache dadurch, daß der steile Anstieg der Androgenproduktion eine plötzliche Zunahme von unstrukturierter Aggressivität verursacht, die den Jungen erschreckt, weil er fürchtet, die sadistischen Phantasien, die häufig von Bildern des weiblichen Körpers ausgelöst werden, nicht mehr im Zaum halten zu können. Die Vergrößerung der Hoden und des Hodensackes geht dem Wachstum des Penis etwa um ein Jahr voraus. Häufig betrachten Jungen die Hoden als weibliche Organe, wie Brüste oder Eierstöcke, die Bezeichnung »Eier« weist daraufhin. Auch die Flaumigkeit des ersten Schamhaars droht, die unbewußten Phantasien des Jungen, in eine Frau verwandelt zu werden, ins Bewußtsein gelangen zu lassen. Die Schlüpfrigkeit, Schmierigkeit und Klebrigkeit des ersten Ausflusses werden mit dem Babyalter in Verbindung gebracht und der hängende Hodensack mit dem weiblichen Körper und mit Weiblichkeit. Die Erfahrung der Passivität während des ersten Ausflusses und die ersten Ejakulationen sind für einen Jungen überwältigend und beängstigend. Jede dieser unvorhergesehenen, unfreiwilligen Ausscheidungen eines geheimnisvollen Ortes im Körperinnern wird mit Schmutz, Infektion und schmutzigen weiblichen Sekreten in Verbindung gebracht. Die Cowperschen Drüsen scheiden einen präejakulatorischen Schleim aus, der während der sexuellen Erregung jederzeit aus dem Penis austreten kann. Das Prostatasekret scheint aus dem Nichts zu kommen. Feuchte Träume werden mit Urinieren und Babyhaftigkeit assoziiert. Andererseits können Jungen Orgasmen haben, bevor sie zu einer Ejakulation fähig sind. Obwohl die meisten Jungen es heutzutage besser wissen, wird der Samenerguß doch noch oft als Zeichen für eine durch Masturbation hervorgerufene Verletzung angesehen.[12]

Der Fetisch dient dazu, dem Jungen die Gewißheit zu geben, daß er die geheimnisvollen Substanzen und Gefühle, die aus seinem Körper ausströmen, und den Zyklus von Erektion, Ejakulation, Orgasmus und Abschwellen beherrscht. Außerdem gibt der Fetisch dem Jungen das Gefühl, daß er seine feindseligen, aggressiven Bestrebungen dämpfen kann. Er befürchtet nämlich, daß diese seinen Penis sonst zu einem Instrument der Gewalt machen könnten.

Wenn dann erotische Empfindungen und Phantasien in den Vordergrund treten, erwecken sie normalerweise liebevollere und zärtlichere Gefühle Frauen gegenüber, und außerdem wird der Junge in seiner männlichen Identität sicherer. Zu diesem Zeitpunkt kann er den Fetisch oder das fetischistische Szenario, das er während der Adoleszenz zur Selbstbefriedigung verwendete, aufgeben, und er tut das zwar mit einigem Zögern, aber auch mit beträchtlicher Erleichterung.

Ein Mann, der bezüglich seiner Männlichkeit und maskulinen Identität unsicher bleibt, gibt seinen Fetisch aus der Adoleszenz möglicherweise niemals auf. Oft benutzt er ihn weiterhin in genau der gleichen rituellen Weise wie zur Zeit seiner Erfindung in der Adoleszenz. Fetische dienen dazu, die Fiktionen der Vergangenheit zu bewahren. Allerdings wird der Erwachsene vielleicht Möglichkeiten entdecken, die Fähigkeiten seines ursprünglichen Fetischs zu erweitern. Vielleicht kommen mit der Zeit zu dem ursprünglichen Fetisch noch andere Fetische hinzu. Das Szenario wird komplizierter.

Ein Mann, der die sexuellen Ängste seiner Jugendzeit bewältigt hat, ohne zu einem Fetisch Zuflucht zu nehmen, entwickelt vielleicht erst dann fetischistische Phantasien, wenn er in eine emotionale Krise gerät, die seine lange unterdrückten weiblichen Sehnsüchte wachruft und seine Trennungs- und Kastrationsängste verstärkt. Eine derartige Krise kann ausgelöst werden durch Heirat, Scheidung, Vaterschaft, eine zu Ende gehende Liebesbeziehung, Tod oder Krankheit eines geliebten Menschen, Verlust von Macht oder Ansehen im Beruf, Versetzung auf eine Position mit größerer Autorität oder durch eine homosexuelle Versuchung.

Im Gegensatz zu den Tieren sind wir Wesen, deren Sexualleben fast ausschließlich von der Phantasie und kaum von biologischen Instinkten bestimmt wird. Niemand von uns ist jemals ganz frei von den Konflikten oder Ängsten, die mit dem Geschlechtsverkehr verbunden sind. Jeder Mensch, der Geschlechtsverkehr ausübt, erfindet eine Phantasie, die direkt oder indirekt dazu dient, die Angst abzubauen, die Selbstachtung zu erhöhen und die Lust zu steigern. Handlungen, die im allgemeinen als pervers angesehen werden, wie Cunnilingus, Fellatio, das Tragen von Reizwäsche, Fesseln oder Gefesseltwerden, dem Partner beim Entkleiden oder beim Masturbieren zuschauen, könnten Teil einer jeden ganz normalen sexuellen Beziehung sein. Der Perverse jedoch verhält sich ganz anders als die zahllosen Männer und Frauen, die sich erotischen Phantasien hingeben und sie gelegentlich darstellen, um ihre Lust zu erhöhen. Der Perverse führt keinen Liebesakt aus, sondern einen Akt des Hasses. Er hat keine Wahl. Seine sexuellen Handlungen sind notwendig, zwanghaft, fixiert und rigide.

Normalerweise kann der Mensch, dessen Leben von einer Perversion beherrscht wird, den zwanghaften Charakter seines sexuellen Rituals nicht erkennen. Er macht sich vor, daß er aus freien Stücken handelt, und preist vielleicht sogar die Vorzüge seines einzigartigen Szenarios an. Er glorifiziert seine Sexualität, indem er sich vorstellt, daß sie ihn mit außergewöhnlichen Kräften ausstattet. Als der große Meister, der eine so ausgezeichnete Methode erfunden hat, die Kastration sowohl durchzuführen als auch zu heilen, die Schrecken von Verschmelzung und Trennung zu bannen und alle Kränkungen und Traumen der Kindheit zu beseitigen, fühlt der Perverse sich den langweiligen, vorsichtigen, anständigen Bürgern überlegen. Er verachtet diejenigen, die wegen ihrer Bravheit, moralischen Unbeweglichkeit und mangelnden Vorstellungskraft dazu gezwungen sind, sich mit den Rollen und Positionen zu begnügen, die die soziale Ordnung ihnen zugewiesen hat.

Der gesetzestreue, rechtschaffene Bürger glaubt manchmal, daß
etwas Wahres daran sei, wenn der Perverse sich als Rebell sieht.
Schließlich ist der Perverse fähig, Handlungen zu ertragen, auszuführen und auszuschmücken, die der Durchschnittsmensch sich
nur vorzustellen wagt oder die er hin und wieder heimlich probiert.
Unsere fesselnden Spielchen und unsere Nachahmungen des anderen Geschlechts sind nur zahme Annäherungsversuche an seine
vollständig ausgeführten sexuellen Rituale. Wir sind immer unsicher, welche Stellung der Perverse in der Gesellschaft hat. Ist er das
bedauernswerte Opfer einer Sozialordnung, die sich selbst erhält,
indem sie Männer zu Herrschern und Frauen zu Untergebenen
macht? Oder ist er ein Rechtsbrecher, der einen Weg gefunden hat,
die Grenzen einer sadistischen und tyrannischen Moral zu sprengen? Wie oft wird der Perverse, sowohl in der Kunst als auch in den
Medien, als Held dargestellt, als Abenteurer im Reich der Moral,
der bereit ist, alles zu riskieren, während der gewöhnliche Sterbliche
im Schutz der Normalität zusammenschrumpft.

Die deutliche Feindseligkeit des Perversen den grundlegenden
Strukturen der Zivilisation gegenüber beschämt uns in unserer feigen Ambivalenz. Er will die Unterschiede zwischen den Geschlechtern und zwischen den Generationen auslöschen, und er setzt diese
Wünsche sogar in die Tat um. Wenn wir ihn nicht für seine abscheu-
lichen Verbrechen und widernatürlichen Handlungen zum Sündenbock machen und bestrafen, idealisieren wir ihn. Er kennt das
Geheimnis des Großen Sex. Und wir sind die naiven Kinder, die
nur ahnen können, um was es dabei geht. Er ist der Rechtsbrecher,
der wir gerne wären. Wenn wir so handeln könnten wie er, dann
würden wir uns vielleicht auch trauen, die Zwänge von Geschlechterrolle, Familie, Arbeit und moralischem Gehorsam abzuschüt-
teln. Dann könnten auch wir uns von der Bürde der verbindlichen
und verantwortungsvollen Beziehungen zu anderen Menschen
befreien. Wie er könnten wir die Schranken durchbrechen, die
Barrikaden stürmen, die Grenzen des Möglichen erweitern, die
Realität ins Wanken bringen und dem Tod die Stirn bieten.[13]

Bei Perversionen geht es darum, die Realität ins Wanken zu

bringen und dem Tod zu trotzen. Aber Rebellion und Tapferkeit sind Täuschungen. Der Perverse ist nämlich rigide und konservativ. Er lebt in der Angst vor seinen Dämonen. Er ist ständig auf der Suche nach dem Geheimnis des Großen Sex und findet es nie. Perversionen sind niemals das, was sie zu sein scheinen.

KAPITEL 2

Ein Denkmal für den Kastrationsschreck

> *Lear:*
> *Vom Gürtel nieder sind's Centauren.*
> *Obschon darüber Weib:*
> *Den Göttern eignen sie nur bis zum Gürtel,*
> *Doch drunter ganz dem Teufel: dort ist Hölle,*
> *Dort Finsternis, dort ist der Schwefelpfuhl,*
> *Brennen, Sieden, Gestank, Verwesung; pfui,*
> *pfui, pfui!*
> William Shakespeare, *König Lear*,4,6

Lears Auffassung von der Frau als einem Wesen, das durch die Gürtellinie geteilt ist und darüber engelhafte Brüste und darunter teuflische Genitalien hat, ist ein nur allzu häufig anzutreffendes weibliches Geschlechtsstereotyp. Der Vergleich der Frau mit einem männlichen Krieger, der die Genitalien eines wilden Tieres besitzt, erinnert uns an die phallische Frau, die in den meisten männlichen Perversionen eine bedeutsame Rolle spielt. Das sich verändernde Frauenbild in Lears Schmährede ruft die verschiedenen Schichten der Maskierung in einer Perversion ins Gedächtnis, in der nichts so ist, wie es auf den ersten Blick zu sein scheint. Eine Madonna entfernt ihre Schleier, um ihre Bestialität zu offenbaren. Was wie Liebe aussieht, ist Haß. Ein Denkmal für das Leben erweist sich als ein Denkmal für den Tod.

Lear war weder der erste, noch wird er der letzte sein, in dessen Phantasie die Frau gespalten ist in die gute, nährende Brust über der Gürtellinie und die böse, sexuelle Verführerin unter der Gürtellinie. Während die milchspendende Wärme der Brust Nahrung und göttliche Vergebung verkörpert, steht der Schwefelpfuhl der Vagina für

ewige Verdammnis und Tod. Bei jeder Diskussion über männliche
Perversionen stoßen wir früher oder später auf den Gedanken, daß
viele erwachsene Männer, und zwar nicht nur solche, deren Leben
von der perversen Strategie bestimmt ist, Angst vor den weiblichen
Genitalien haben. Man sagt, Männer fürchteten jede Erinnerung
daran, daß sie vom Körper einer Frau geboren wurden. Man sagt,
Männer könnten den Gedanken nicht ertragen, daß sie in bezug auf
Fortpflanzung und Kinderaufzucht auf Frauen angewiesen sind.
Ein Thema kommt in verschiedenen Verkleidungen immer wieder
zur Sprache: Die Vagina, der Geburtskanal, der der Sexualität und
der Zeugung dient, hat etwas Entsetzliches an sich, etwas, das bei
Männern unaufhörlich Gedanken an die Male der Erniedrigung, der
Verstümmelung und des Todes wachruft.

Gustave Flaubert verehrte madonnenhafte Frauen, vor allem solche mit einem Säugling an der Brust, aber in Briefen an seine
Freunde verfluchte, verleumdete und schmähte er die Frau und
prahlte, sein größter Wunsch sei es, alle geheiligten Werte in den
Schmutz zu treten. Seine Kindheit und frühe Jugend verbrachte er
in der Arztwohnung in seines Vaters Krankenhaus, dem Hôtel-
Dieu. Mit seiner geliebten kleinen Schwester Caroline an der Hand
pflegte er durch Löcher im Krankenhauszaun zu spähen, um zu
beobachten, wie sein Vater Autopsien vornahm. Das war für einen
kleinen Jungen sicher ein furchterregender Anblick, um so mehr
noch, als ihm klar war, daß er etwas beobachtete, das für Kinderau-
gen verboten war. Gustave gestand einem Freund: »Denn die
schönste Frau ist kaum mehr schön, wenn sie auf dem Seziertisch
liegt, mit den Gedärmen auf der Nase, einem aufgeschlitzten Bein
und dem erloschenen Stummel einer Zigarre auf ihrem Fuß.«[1]

Als er ins Mannesalter kam, stellte er fest, daß eine ausgeprägte
Schüchternheit ihn davon abhielt, eine »gute« Frau ohne Beklom-
menheit zu berühren. Die Pantoffeln und Taschentücher seiner
Geliebten zog er ihrem Körper vor. Seinem Freund Ernest riet er:
»Aber nimm dich in acht, daß du deine Intelligenz nicht im Umgang
mit den Damen zugrunde richtest. Du wirst dein Genie auf dem
Grund einer Gebärmutter verlieren.«[2]

Die unbewußte Furcht, von der Gebärmutter verschluckt zu werden, die Flaubert so offen zum Ausdruck bringen konnte, bildet das Gegenstück zu dem unbewußten Wunsch mancher Männer, eine Frau zu sein, mit ihr zu verschmelzen, wieder in ihrem Bauch zu sein. Allein der Gedanke an die inneren Sexual- und Fortpflanzungsorgane einer Frau – Vagina und Uterus – kann die Erinnerung an den beängstigenden Wunsch wachrufen, in einem weichen, warmen, gebärmutterähnlichen Utopia, wo die harte Realität des Alltags den Frieden nicht stört, auf ewig mit der Mutter vereint zu sein. Solche konfliktträchtigen Wünsche wären lähmend, wenn man keinen Fetisch hätte, der die Fähigkeit zur Erektion und zum Penetrieren des weiblichen Körpers retten würde.

In »Fetischismus«, einem sechs Seiten langen Aufsatz, der 1927 veröffentlicht wurde, beschrieb Freud den seiner Meinung nach in der Kindheit angesiedelten Ursprung des Fetischs. In seinem eifrigen Bemühen, die unbewußte Strategie zu enthüllen, die der symbolischen Struktur des Fetischs zugrunde liegt, überging Freud einige sehr bedeutsame Einzelheiten über das Phantasieleben von kleinen Jungen. Damit unterstützte er die Geschlechtsstereotypen seiner Zeit. Freuds mangelnde Klarheit in bezug auf diese wesentlichen Einzelheiten führte zu einigen unglücklichen Fehlinterpretationen seines Aufsatzes. Einer dieser unklaren Punkte ist die Bedeutung des Begriffes *Kastration* in bezug auf das weibliche Genitale. Freud stellt schlicht fest: »Der Kastrationsschreck beim Anblick des weiblichen Genitales bleibt wahrscheinlich keinem männlichen Wesen erspart.«[3] Mit dieser Bemerkung will er anscheinend sagen, daß die Kastrationsangst eines kleinen Jungen eine mehr oder weniger natürliche Reaktion auf den Anblick der weiblichen Genitalien sei. Aber bekommt ein Kind die weiblichen Genitalien jemals zu sehen? Zu Freuds Zeiten glaubten die Eltern, Kinder seien zu unschuldig, um Geschlechtsunterschiede zu bemerken. Daher waren sie trotz ihrer viktorianischen Prüderie recht sorglos in bezug auf das An- und Auskleiden vor den Kleinen. Trotzdem sah ein kleiner Junge sicherlich nicht tatsächlich die Genitalien seiner Mutter, und bestimmt meint Freud nicht den Anblick der Vagina. Alles, was der kleine Junge vielleicht sehen mochte, war das Schamhaar seiner Mutter. Anstelle des Penis bemerkte er dessen Nichtvorhandensein. Es ist möglich, aber unwahrscheinlich, daß er flüchtig die Klitoris der Mutter zu sehen bekam und dieses Organ als eingeschrumpften oder abgeschnittenen Penis deutete.

Bis zu einem gewissen Punkt können wir Freuds Gedankengang folgen. Welcher normale kleine Junge würde schließlich nicht erschrocken reagieren, wenn er sähe, daß ein Körperteil, der so sehr ihm gehört und so wesentlich für sein Gefühl von Identität ist, fehlt? Freud erweckte jedoch den Eindruck, daß die weiblichen Genitalien ihrem Wesen nach etwas Abstoßendes an sich haben. Damit übernahm er die vorübergehende Wahrnehmung eines Vierjährigen als objektive Bewertung der weiblichen Genitalien. Selbst wenn man die Möglichkeit einräumt, daß Freud sich auf einen tatsächlichen Schreckmoment bezog, in dem ein kleiner Junge etwas Schamhaar oder sogar die Klitoris zu sehen bekam, muß man immer noch fragen, ob die Reaktion des Kindes aufgrund einer realen Wahrnehmung erfolgt oder ob sie Resultat seiner Phantasien, Ängste und emotionalen Konflikte ist.

Bis auf den heutigen Tag drücken einige Psychoanalytiker sich wie König Lear, Gustave Flaubert und vierjährige Jungen aus, so, als hätte die unvermeidliche Kastrationsangst etwas mit einer unvermeidlich abschreckenden Vorstellung von den Sexualorganen, die unterhalb der weiblichen Gürtellinie liegen, zu tun. Freud trug nicht gerade dazu bei, seinen Kollegen diese Stereotypen vom weiblichen Körper auszureden, wenn er in seinen späteren Aufsätzen über männliche Kastrationsangst und weiblichen Penisneid noch stärker dazu tendierte, die weiblichen Genitalien als kastrierte oder nichtvorhandene Organe darzustellen. Weil die Ängste, die ursprünglich der Grund für die abwehrenden mentalen Strategien des Vierjährigen waren, bestehen bleiben und im Erwachsenenalter nur allzu leicht wieder geweckt werden können, kann selbst ein intelligenter und ansonsten realistischer Erwachsener unbewußt die Furcht und das Unbehagen wiedererleben, das er als kleiner Junge verspürt hat. Freud war in dieser Beziehung keine Ausnahme.

Freuds gespaltenes Verhältnis zur Frau pflegte seine ansonsten revolutionären Theorien über die Sexualität immer wieder zu untergraben und zu zersetzen. Er war einer der wenigen Ärzte, die sich entschieden dagegen wandten, »die Homosexuellen als eine besonders geartete Gruppe von den anderen Menschen abzutrennen«[4]. Mit Nachdruck stellte er fest, daß »alle Menschen der gleichgeschlechtlichen Objektwahl fähig sind«[5]. Freud war auch nicht der Auffassung, daß Heterosexualität ein Zeichen von oder ein Beweis für Normalität sei: »Im Sinne der Psychoanalyse ist also auch das ausschließliche sexuelle Interesse des Mannes für das Weib ein der Aufklärung bedürftiges Problem und keine Selbstverständlichkeit.«[6] Wann immer Freud jedoch von seiner Mission, das Unbewußte und das Phantasieleben der Menschen zu verstehen, abwich, ließ er sich zu einer sexologischen, behavioristischen Sichtweise des Unterschiedes zwischen den Geschlechtern verleiten. Dann pflegte er genauso zu denken wie die Sexologen, gegen die er rebellierte, und über die Unterschiede zwischen männlich und weiblich so zu schreiben, als hätte er das Rezept für normale Weiblichkeit und Männlichkeit gefunden. Trotzdem war Freud kein sozialer oder sexueller Utopist, und er wich nur selten von seiner Grundannahme ab, daß im Hinblick auf das Geschlechtsleben kein Mensch völlig normal sein könne. »Somit werden wir durch die außerordentliche Verbreitung der Perversionen zu der Annahme gedrängt«, schrieb er, »daß auch die Anlage zu den Perversionen keine seltene Besonderheit, sondern ein Stück der für normal geltenden Konstitution sein müsse.«[7] Obwohl Freud wissentlich und unwissentlich seine psychoanalytischen Erkenntnisse zur Unterstützung der Geschlechtsstereotypen seiner Zeit einsetzte, war es für sein Denken kennzeichnend, daß er zögerte, Fragen der menschlichen Sexualität unter Kategorien von Normalität und Abnormität zu betrachten. Unbeeindruckt von den empörten Reaktionen seiner Kollegen, verkündete er, daß jeder Erwachsene, der einmal ein Kind gewesen sei, alle Dispositionen und Erfahrungen mitbringe, die für die Entstehung einer Perversion nötig seien. Er blieb seiner Überzeugung treu, daß sexuelle Perversionen aus der unvermeidlich

Das Modell für den Fetisch des Erwachsenen ist nicht ein wirklicher Penis, sondern ein erdachter Ersatz für einen früher imaginierten Penis. Die Kette von Schlußfolgerungen, die vom tatsächlichen anatomischen Penis bis zum imaginierten Penis führt, den männliche Kleinkinder als universal betrachten, und weiter zum fiktiven Penis, den ein älteres Kind konstruiert, um vorgestellte Lücken in der genitalen Anatomie der Mutter auszufüllen, und schließlich zum Fetisch des erwachsenen Mannes, der es ermöglicht, daß eine normale Frau mit normalen Genitalien sich in eine phallische Frau verwandelt, ist verwirrend genug. Freuds Erklärung, wie der menschliche Geist diese verschiedenen Stufen der Täuschung erreicht, versetzt einen manchmal ebenso in Erstaunen wie der Fetisch selbst. Der Fetisch besteht aus einem Gewebe von Lüge und Erfindung. Wir müssen daher bedenken, daß es im folgenden nicht um wirkliche weibliche oder männliche Genitalien geht. Es sollte uns jedoch nicht überraschen, daß männliche Analytiker, die sich im Hinblick auf die wahre Natur der weiblichen Genitalien so lange etwas vorgemacht haben, verwirrt und verwirrend werden, wenn es um den Unterschied zwischen einer tatsächlichen und einer eingebildeten Kastration geht.

Der Wunsch des kleinen Jungen, an einer falschen Deutung der Realität festzuhalten, ist das Ergebnis der verschiedenen Theorien, mit denen er die Probleme seiner Kindheit zu lösen versuchte. Zuerst tauchten Fragen über die Funktionen seiner Körperteile einschließlich seiner Genitalien auf und etwas später über die Rolle der Genitalien der Eltern bei der Erzeugung von Kindern. Diese Fragen haben für Kinder beiderlei Geschlechts große Bedeutung. Die Gefühlszentren der kindlichen Existenz sind der eigene Körper und die Beziehung zu den beiden Menschen, von denen es in bezug auf Nahrung, Fürsorge, Sicherheit, Schutz und Selbstwertgefühl ganz und gar abhängig ist. Jedes neue Baby bedeutet eine ernsthafte Bedrohung für die Stellung eines Kindes in der Familie. Das Kind muß herausbekommen, wo ein solcher Eindringling hergekommen ist oder wo er in Zukunft herkommen könnte.

Alle Eltern, die ihr Kind beobachten und ihm zuhören, werden

ohne Schwierigkeiten erkennen, wie sehr das Kind damit beschäftigt ist, das Problem zu lösen, wo die Babys herkommen, wie sie in
die Mutter hineinkommen und wie sie herauskommen. Weniger
leicht ist es für Eltern, die Tatsache zu akzeptieren, daß die anscheinend unschuldigen Fragen des Kindes mit seinen Theorien über die
geschlechtliche Anatomie und seinen Phantasien darüber, was Mutter und Vater zusammen »tun«, eng verflochten sind.

Manchen Erwachsenen fällt es schwer zu glauben, daß die sexuelle Neugier des Kindes von seinen eigenen erotischen und aggressiven Phantasien angeregt wird. Auch die Vorstellung, daß die kindliche Neugier zu den bizarren sexuellen Phantasien führen könnte,
die Psychoanalytiker Kindern zuschreiben, erscheint vielen
Erwachsenen abwegig.

Erwachsene sind, was Kinder angeht, mit sich selbst uneins.
Nicht anders als die Eltern zu Freuds Zeiten nehmen sie an, Kinder
seien völlig unschuldig und würden niemals an Sex denken. Gleichzeitig aber nehmen Erwachsene an, daß Kinder sie verstehen würden, wenn sie ihnen etwas über Geburt und Sexualität erklären. Sie
sind überrascht, wenn sie erfahren, daß Fakten und ihnen wider-
sprechende Phantasien im Kopf des Kindes nebeneinander existieren können.

Die größte Hürde auf dem Weg zu einer richtigen Einschätzung
der kindlichen Gefühle und Gedanken ist vielleicht das Bedürfnis
des Erwachsenen, im Kind die eigene verlorene Rechtschaffenheit
und Unschuld zu sehen. Unter günstigen Voraussetzungen kann
das dazu führen, daß Erwachsene alles tun, was in ihren Kräften
steht, um das Recht der Kinder auf eine behütete Kindheit zu
sichern. Es kann sogar dazu führen, daß gesellschaftliche Werte
unterstützt werden, die darauf abzielen, Geschlechtsstereotypen
und andere Bedingungen, die kleine Kinder daran hindern, zu
sexuell befriedigten, moralisch verantwortungsbewußten Erwachsenen heranzuwachsen, zu verändern. Diese sentimentale Betrachtungsweise der Kindheit hat jedoch, wie ich in späteren Kapiteln
darstellen werde, sehr oft zu Fällen von Brutalität gegenüber Kindern geführt – nicht nur zu den offensichtlicheren Fällen von kör-

perlicher Mißhandlung, sexueller Belästigung, pädophiler Verführung und Vergewaltigung, Pornos mit Kindern und hübschen Mädchen, die als Huren für Wäschereklame posieren, sondern auch zu jenen kleinen und großen Seelenmorden, die täglich mit dem Hinweis, man wolle nur sein Bestes, am Kind verübt werden.

Allerdings haben Eltern recht, wenn sie in Frage stellen, was wir Analytiker ihnen über die Gefühle und Gedanken von Kindern erzählen. Wir haben nicht immer deutlich gemacht, welche der Gefühle und Gedanken, die wir Kindern zuschreiben, aus den Phantasien und Träumen erwachsener Patienten abgeleitet wurden und welche wir unseren direkten Beobachtungen an Kindern entnommen haben. Während der letzten Jahrzehnte haben zahlreiche beobachtende Studien an Säuglingen und Kindern und viele Analysen, die mit kleinen Kindern durchgeführt wurden, sehr deutlich gezeigt, daß es ein Irrtum ist anzunehmen, daß die Phantasien Erwachsener über ihre Kindheit die tatsächlichen Ereignisse der Kindheit unmittelbar wiedergeben oder daß die tatsächlichen Ereignisse zu den späteren Phantasien führen. Die Darstellungen der Kindheit, die Erwachsene in ihren Analysen geben, bestehen aus Phantasien und Gedanken, die durch viele Schichten von Lebenserfahrung gefiltert wurden, so daß viele der tatsächlichen Kindheitsereignisse neu geordnet, durcheinandergebracht und verzerrt wurden. Zudem haben sich viele der Erinnerungen Erwachsener als »Deckerinnerungen« erwiesen – als Erinnerungen, die eigentlich von früheren oder späteren Erlebnissen herrühren, oder als Erinnerungen, die eine Wahrheit mit einer Fälschung verdecken oder weniger akzeptierbare Wahrheiten hinter Teilwahrheiten verbergen. Es erfordert oft großes Geschick, die Erinnerungen eines Erwachsenen an seine Kindheit richtig zu entschlüsseln. Oft liegt die beste Möglichkeit darin, eine Art idealer Fiktion darüber zu konstruieren, wie der Erwachsene zu dem Menschen wurde, der er jetzt ist. Was sich in der Gegenwart zwischen Analytiker und Patient abspielt, verrät viel darüber, wer der Patient jetzt ist und wie er zu dieser Person geworden sein könnte, aber diese Interaktion zwischen Arzt und Patient ist niemals eine exakte Nachbildung der

infantilen Vergangenheit des Patienten. Die ältere Methode, über
die Erinnerungen des Erwachsenen zu einer Vorstellung von der
Kindheit zu gelangen, und die neueren Methoden, die Kindheit zu
verstehen, indem man kleine Kinder beim Spielen beobachtet oder
während der Analyse ihren Phantasien und Gedanken lauscht, führen nicht zu den gleichen Versionen einer Kindheit.

Ich hatte das Glück, bei der Anwendung von allen drei psychoanalytischen Methoden beteiligt zu sein: als Psychoanalytikerin
von Erwachsenen, als Psychoanalytikerin von Kindern und
Jugendlichen und als Forscherin bei teilnehmenden Beobachtungen
von kleinen Kindern in Interaktion mit ihren Familien. Da ich selbst
mit der schwierigen Aufgabe gekämpft habe, die drei Methoden zu
entwirren und zu integrieren, kann ich gut nachvollziehen, wie
schwer es für Laien sein muß, auseinanderzuhalten, welche der
psychoanalytischen Versionen der Kindheit Darstellungen von
normaler oder durchschnittlicher Kinderentwicklung sind und welche aus der Praxis des Analytikers stammen und aus den Phantasien
und Deckerinnerungen Erwachsener abgeleitet sind.

Um diese Verflechtungen von Gedächtnis und Erinnerung,
Phantasie und Realität, infantiler Vergangenheit und Gegenwart
des Erwachsenen zu veranschaulichen, habe ich die menschliche
Entwicklung mit der Entstehung eines Häkelmusters verglichen.[9]
Die Häkelnadel bewegt sich vorwärts, indem sie alte Muster erweitert und neue Muster schafft. Während sie etwas Neues schafft,
greift die Nadel hin und wieder an bestimmten wichtigen Kreu-
zungspunkten in frühere Maschen und Muster zurück und inte-
griert so einen Teil des alten in das neue Muster. Was auch immer
früher geschaffen wurde, kann neue Bedeutung bekommen, und
manches von dem, was später geschaffen wird, wird immer den
Einfluß der früheren Muster in sich tragen. Ein Häkelmuster ohne
diese Rückwärtsbewegungen und späteren Verflechtungen wäre
langweilig. In ähnlicher Weise kommen die Vielfältigkeit und Komplexität eines Menschenlebens dadurch zustande, daß Phantasien
und Wünsche immer neue Verflechtungen von Vergangenheit,
Gegenwart und Zukunft hervorbringen können. Was den Men-

schen von höheren Säugetierarten unterscheidet, ist seine Fähigkeit, eine Lebensgeschichte zu schaffen, die sich in der Zeit vorwärts und rückwärts bewegt. Das Fortbestehen infantiler Phantasien im Geist des Erwachsenen bringt immer Regressionen *und* Verwandlungen der Phantasien durch die Weiterentwicklung des Geistes mit sich. Zum Beispiel müssen wir vorsichtig sein, wenn wir den infantilen Ursprüngen des Fetischs eines Erwachsenen nachgehen. Der Fetisch eines Erwachsenen kann, da er eine konkrete Darstellung eines erdachten oder erfundenen Genitales ist, von dem erfundenen Ersatzpenis der Kindheit abgeleitet sein, aber die Variante des Erwachsenen unterscheidet sich in vieler Hinsicht von der kindlichen Variante. Die vorläufigen Phantasien des kleinen Jungen über die weiblichen Genitalien werden die erotischen Phantasien des jugendlichen oder erwachsenen Fetischisten beeinflussen, aber diese frühen infantilen Phantasien werden sich im Laufe der geistigen Entwicklung des Mannes beträchtlich verändern.

Der kleine Junge, der seine Mutter mit einem Ersatzpenis ausstattet, entwickelt nur eine vorläufige Phantasie über das grotesk anmutende Genitale, das der erwachsene Fetischist als Schuh oder Pelzstückchen greifbar macht. Die Erfindung des kleinen Jungen besteht aus einem vagen, undeutlichen Bild und ist nur eine behelfsmäßige Lösung für einige der unvermeidlichen Kindheitsprobleme. Der Gegenstand, den der Fetischist benutzt, um zu Erektion und Penetration fähig zu sein, ist durchaus greifbar und stellt den verzweifelten Versuch der Überwindung eines lebenslänglichen Traumas dar.

Freud hat als erster festgestellt, daß kleine Jungen aus ihren Theorien über Sexualität herauswachsen können und sie vergessen, aber sie werden sie niemals ganz aufgeben. Die Theorien werden zwar unterdrückt und zeitweilig aus dem Bewußtsein verdrängt, aber als unbewußte Phantasien bestehen sie fort und sind immer bereit, ins Bewußtsein zurückzukehren, wenn die Männlichkeit des Mannes bedroht ist. Und wenn eine Kindheitsphantasie über die weiblichen Geschlechtsorgane im Geiste eines erwachsenen Mannes wieder auftaucht, ist sie im Laufe der Entwicklung mehrere

Male verändert worden und hat inzwischen alle möglichen sozialen Stereotypen und kulturellen Mythen in sich aufgenommen. Die in der Kindheit erfundenen Genitalien kehren nicht in ihrer vagen, vorläufigen Form wieder, sondern haben sich in konkrete, bizarre und groteske Bilder ausgeformt. In fetischistischen Texten und in der Vorstellung des Fetischisten taucht die »kastrierte« Mutter, mit einem imaginierten Penis ausgestattet, wieder auf – als schlampige, zahnlose Hexe mit einem Besenstiel zwischen den Beinen oder als bedrohliches, von phallischen Schlangen bedecktes, starr blickendes Medusenhaupt. Der kleine Junge erfindet den Penis für seine Mutter in einem Augenblick, in dem er um die Sicherheit und Bedeutung seines eigenen Penis fürchtet. Wenn erwachsene Männer bei einer Bedrohung ihrer männlichen Identität in Panik geraten, können sie diese infantilen Bilder der weiblichen Genitalien in ausgeschmückter Form wiederaufleben lassen und sie auf erwachsene Frauen projizieren. Und auch Frauen bringen, das werde ich in noch folgenden Kapiteln zeigen, ihre infantilen Phantasien über die anatomischen Unterschiede zwischen den Geschlechtern in ihre Beziehungen zu Männern ein.

Freuds Aufsatz »Fetischismus« ist ein Durcheinander von revolutionären Erkenntnissen über die problematische Natur der sexuellen Beziehungen der Männer zu Frauen, noch unbestimmten Formulierungen über die perverse Strategie, Auslassungen bei der Wiedergabe der kindlichen Entwicklung, Lücken im Verständnis der Geschlechter, die Freud wegen seines sturen Festhaltens an den Geschlechtermythen seiner Zeit nicht füllen konnte, und den geistigen Rückfällen, die zuließen, daß die Vorstellungen des vierjährigen Sigmund die bedeutsamen Entdeckungen des Wissenschaftlers Freud über das Wesen des Fetischs durchsetzten und unterminierten. Kurz, der Aufsatz »Fetischismus« bedient sich unbewußt der perversen Strategie und ist selbst ein fetischistisches Dokument.

Bevor wir die perverse Logik des erwachsenen Fetischisten verstehen können, müssen wir uns fragen, was einen kleinen Jungen dazu veranlassen könnte, einen Ersatzpenis für seine Mutter zu erfinden. Wenn es nicht einfach der schreckliche Anblick der weiblichen Genitalien ist, wie Freud schlicht feststellt, welche Ereignisse könnten dann zu der Phantasie führen, daß seine Mutter eine Schimäre ist – zwar noch eine Mutter, aber eine Mutter mit Penis? Welche mentalen Strategien machen es möglich, daß ein geistig gesunder, aufmerksamer, neugieriger, intelligenter Junge so eigenartige Vorstellungen über die weiblichen Geschlechtsorgane entwickelt?

Wir wollen uns einen »normalen« Jungen vorstellen und ihm bei seinen phantastischen Interpretationen der weiblichen Genitalien folgen, dabei aber im Hinterkopf behalten, daß jedes Kind ein Individuum ist und daß die menschliche Entwicklung niemals nach einem idealen, geordneten, zu erwartenden Schema verläuft. Im Säuglingsalter und in der frühen Kindheit führt der Weg zum Verstehen fast ausschließlich über die Phantasie. Erst allmählich lernt das Kind, seine Phantasien von logischeren und vernünftigeren Einschätzungen der Wirklichkeit zu trennen, und selbst dann wird sein erotisches Leben, wie ich bereits gesagt habe, immer eine Sache der Phantasie bleiben. Im Säuglingsalter und in der frühen Kindheit aber ist Phantasieren die *einzige* Methode, mit der das Kind sich die psychologische Bedeutung seiner Wahrnehmungen und Erlebnisse erklären kann. So entstehen die infantilen Phantasien über die Kastration aus der Anfälligkeit des Kindes für vorübergehende Fehldeutungen der Realität. Beim Abschluß der infantilen Phase, mit vier oder fünf Jahren, besteht das »Wissen« eines Kindes über Sexualität und Geschlecht aus einem vielschichtigen Gemisch dieser behelfsmäßigen Mißverständnisse, wobei Wirklichkeit und Phantasie ohne allzu große Konflikte nebeneinander existieren.

Auf der ersten Stufe sind die anatomischen Phantasien des Kindes unauflöslich mit den Fragen seiner eigenen Entwicklung verknüpft, die es an erster Stelle beschäftigen – Körperbild, körperliche Integrität und Selbstdefinition. Unser kleiner Junge entwickelt seine ersten Vorstellungen von der Wirklichkeit, indem er sich mit seinem Körper und den verschiedenen Körperteilen beschäftigt. Schon in sehr frühem Alter, wahrscheinlich bereits mit etwa fünf Monaten[10], studiert er eifrig die Funktion seiner Körperteile und vergleicht sie mit den Körperteilen anderer Menschen, mit Puppen und Tieren und sogar mit unbelebten Gegenständen wie Radios und Lampen.

Im Laufe der ersten Lebensjahre hat der Junge alle Funktionen seiner äußeren Körperteile entdeckt. Ein Glied – der Penis – hat immer noch etwas Rätselhaftes an sich. Der Junge hat gelernt, daß der Penis in verschiedenen Entfernungen und Mustern Pipi machen kann. Seine Eltern betrachten ihn voller Bewunderung. Etwas sagt ihm jedoch, daß sein Pipimännchen außerdem noch zu etwas da ist, das sogar noch aufregender ist, als Urin zu produzieren. Aber was könnte das sein? Der Junge besitzt so etwas wie eine Ahnung davon, denn während er gewickelt wurde, herumtobte oder seinen Penis streichelte, kratzte und drückte, hat er schon Erektionen gehabt. Sein großes emotionales Interesse an diesem beweglichen, geheimnisvollen Körperteil läßt eine weitere Frage aufkommen. Bricht er ab wie Fingernägel, oder verliert man ihn wie Haar und Kot? Oder ist er fest an seinem Platz angewachsen wie Finger und Arme und Beine? Lange Zeit hält der Junge an dem beruhigenden Glauben fest, daß alle lebenden und vielleicht sogar einige der unbelebten Objekte einen Penis besitzen. Zur selben Zeit beschäftigt ihn die beunruhigende Phantasie, daß der Penis ein abnehmbarer Körperteil sein könnte, der verschenkt oder zur Strafe fortgenommen werden kann. Doch selbst in seinen wildesten Vorstellungen kann er sich nicht ausmalen, daß irgendein lebendes Wesen ohne dieses unschätzbare, aufregende Glied geboren sein könnte. Und da der Junge seine Mutter idealisiert und sie für die mächtigste Person in seinem Leben hält, ist er überzeugt, daß sie den mächtigsten Penis von allen hat.

Der Junge sieht, daß manche Leute langes Haar und Brüste haben und Röcke, Kleider und Armbänder tragen, genau wie seine Mutter, und daß andere Leute kurzes Haar und Bärte haben und Hemden, Hosen und große Armbanduhren tragen, Zigarren rauchen und keine Brüste haben, so wie sein Vater. Er schätzt sich selbst wie seinen Vater ein, und wenn der Vater in seinem Leben eine starke und liebevolle Persönlichkeit darstellt, akzeptiert der

Junge allmählich, daß er ein Papi sein wird, wenn er einmal groß ist. Trotzdem aber liebt er seine köstliche, duftende, mächtige Mutter am meisten, und manchmal möchte er eine Mami sein, wenn er groß ist, genauso wie sie, mit Brüsten und schönen Armreifen – und natürlich einem Penis, denkt er einen Moment lang, denn er ist nicht bereit, seinen Penis aufzugeben, wie sehr er sich auch danach sehnt, eine Mami zu sein.

Wenn der kleine Junge dann zum Kleinkind herangewachsen ist und, mit dem aufregenden Penis zwischen seinen großen, starken Beinen, stolz aufrecht geht, experimentiert er mit einigen Ahnungen, wofür sein Pipimännchen noch zu gebrauchen sein könnte. Er steckt seine Finger in jedes Loch, das er finden kann, als hätte er eine dunkle Ahnung, daß sein Penis in irgendein Loch gehört. Das Kleinkind hat einige vage Vorstellungen von den Funktionen des Penis, aber Phantasien über seine Funktion als Geschlechtsorgan entwickeln sich erst später in der Kindheit, dann nämlich, wenn es in dem erotischen Dreieck zwischen ihm selbst, seiner Mutter und seinem Vater zum Außenseiter wird, in der sogenannten ödipalen Phase. Wenn der kleine Junge zuerst den Unterschied zwischen seinem sichtbaren Penis und dem nichtvorhandenen Penis seiner Mutter bemerkt, schließen diese ersten Beobachtungen und Theorien über die anatomischen Unterschiede noch *nicht* die Vorstellung ein, daß diesen Körperteilen geschlechtliche Funktionen – Geschlechtsverkehr und Zeugung – zukommen.

Die eher bedrohliche Frage, wie ein Baby in die Mutter hineingelangen könnte, läßt der Junge erst einmal beiseite und beschäftigt sich lieber damit, wie es herauskommt. Eine sehr befriedigende Theorie ist, daß Babys durch den After ausgestoßen werden, genau wie Exkremente. Diese Theorie läßt auch die Möglichkeit zu, daß der Junge selbst eines Tages ein Baby machen kann, genau wie die Mutter. Eine andere Theorie, die er auf der Grundlage seines gegenwärtigen Wunschdenkens akzeptieren kann, ist die, daß die Mutter etwas ißt, das sich in ihr entwickelt wie ein Samenkorn oder eine Pflanze, bis eines Tages ein Baby aus dem After (oder einem Schlitz in der Brust oder im Bauch) herauskommt.

Eine Zeitlang schützen seine infantilen Theorien über die Herkunft der Babys seine ursprüngliche Theorie, daß alle Wesen einschließlich der Mutter einen Penis besitzen. Sollte er das Schamhaar oder die Schamlippen seiner Mutter oder den »winzigen Penis« seines kleinen Schwesterchens zu sehen bekommen, kann er das Gesehene einfach leugnen und diese unliebsamen Bilder durch das ersetzen, was er sehen will. Es bereitet ihm keine Schwierigkeiten, sich einzureden, der Penis der Mutter sei hinter ihrem Schamhaar versteckt, vielleicht in ihrem Bauch, und die winzige Klitoris des Schwesterchens würde bald wachsen und zu einem richtigen Penis werden.

Ungefähr ein Jahr später, mit etwa drei Jahren, wenn sein Verstand zu weit entwickelt ist, um diese einfachen Verleugnungen zuzulassen, gibt der Junge seine ersten Theorien darüber, wie der Körper Babys macht, aber noch nicht auf. Er nimmt sie in die nächste Phase seiner Untersuchungen mit, wo sie weiterhin seine phantastischen Deutungen dessen, was er sieht und was er nicht sieht, beeinflussen. Was tun Mutter und Vater zusammen in ihrem großen Bett? Er möchte gerne glauben, daß sie etwas tun, das er auch tun könnte. Sie ziehen sich aus und pinkeln und zeigen ihre Hintern und machen große Kotwürste. Diese lauten, schrecklichen Geräusche hinter der Schlafzimmertür weisen allerdings darauf hin, daß sich dort noch viel bedeutendere Ereignisse abspielen. Beim Essen hat der kleine Junge gesehen, wie Mutter und Vater sich in beißende, reißende, bösartige Tiere verwandelten, und die furchtbaren Schreie und Flüche, die sie sich entgegenschleuderten, haben ihn in Tränen ausbrechen lassen. Wiederholte Erlebnisse dieser Art bestätigen seine Phantasien, daß »es tun« mit Gewalttätigkeit verbunden ist. Selbst wenn ein Kind sehr liebevolle Eltern hat, die sich kaum streiten oder anschreien, nimmt es an, daß »es tun« Beherrschung und Unterwerfung mit sich bringen. Es paßt in seine Wunschvorstellung von der Welt, daß der Vater die Mutter zwingt, sich zu unterwerfen.

In seinem Bemühen, die Rätsel der Schöpfung und der menschlichen Existenz zu verstehen, entwickelt unser knospender König

Lear ein gespaltenes Bild von der Frau. Wenn er die ganze Wahrheit akzeptieren könnte, müßte er sich vielleicht eingestehen, daß seine Mutter ihn betrogen hat. Die Vorstellung, daß seine Mutter aktives Verlangen nach dem Vater haben könnte, ist für den Jungen unerträglich. Daher muß es einfach so sein, daß der Vater die Mutter zu diesen schrecklichen Dingen, die sie nicht tun will, zwingt. Wenn man den Zustand der ehelichen Beziehungen zu Beginn dieses Jahrhunderts in Betracht zieht, mag die Realität sehr wohl die beruhigende Phantasie des Jungen, daß die Mutter es haßt, »verheiratet zu sein«, und daß sie »es« nur tut, wenn sie dazu gezwungen wird, bestätigt haben. Sich vorzustellen, daß *seine* Mutter den Vater ihm vorzieht oder daß sie »es« wirklich genießt, ist eine Kränkung, die der kleine Junge nicht ertragen könnte. Er glaubt daher lieber, daß Verheiratetsein und Kindermachen mit Kampf und all den schrecklichen, aber aufregenden Dingen zu tun haben, die Väter Müttern im Bett antun.

Wenn kleine Kinder Phantasien darüber entwickeln, was ihre Eltern im Bett tun, sind sie in ihrer Vorstellung der eine oder der andere Elternteil. Jede infantile Phantasie über den Geschlechtsverkehr der Eltern wird heutzutage als Phantasie über die Urszene bezeichnet: »Ur-«, weil diese Phantasie eine der ursprünglichen oder allgegenwärtigen menschlichen Phantasien über Sexualität ist; »-szene«, weil die Phantasie eine dramatische Handlung und als *dramatis personae* zwei Hauptfiguren und eine dritte Person, die von der Handlung ausgeschlossen ist, aufweist. Die Urszene ist eine Phantasie, die den verzerrten Eindruck eines Kindes (oder Erwachsenen) und seine persönlichen Vorstellungen von sexuellen Beziehungen wiedergibt. Die Urszene ist unvertraut. Phantasien dagegen sind alltäglich. Den meisten von uns ist bewußt, daß sie beim Geschlechtsverkehr Phantasien haben. Die meisten von uns betrachten diese sexuellen Phantasien als selbstverständlich und begrüßen sie, weil sie die Lust steigern. Jeder Erwachsene hat mindestens eine zentrale und mehrere weitere, unbewußte Phantasien über die Urszene, die er auf die erotische Situation überträgt. Diese bewußten und unbewußten erotischen Phantasien erlauben

uns, uns sowohl mit dem sich Unterwerfenden als auch mit dem
Beherrschenden zu identifizieren, sie erlauben uns, beide mächtigen
Erwachsenen (Mutter und Vater verkleidet als Haremsdame und
Scheich, Patientin und Arzt, Sekretärin und Chef) zu spielen, wäh-
rend einer schattenhaften dritten Partei implizit oder explizit die
Rolle eines hilflosen, frustrierten, erniedrigten, erregten, neugieri-
gen Zuschauers zugewiesen wird.[11]

Von dem gemeinsamen Vergnügen der Eltern – all den Unterwerfungen und Beherrschungen, diesen furchtbaren, aber erregenden
Überwältigungen – ausgeschlossen zu sein bedeutet für das Kind
eine narzißtische Kränkung. Die meisten Kinder jedoch, solche mit
ganz normalen hingebungsvollen Eltern, Kinder, deren Leben nicht
von schmerzhaften Krankheiten, Liebesentzug und anderen Arten
des Mißbrauchs bestimmt wird, erholen sich von diesem üblichen
Kindheitstrauma mit seiner unvermeidlichen Verletzung des kindlichen Selbstwertgefühls. Außerdem lernt das durchschnittliche
Kind, indem es sich auf diese Tatsachen einstellt, seine erste Lektion
darüber, wie man normalerweise mit Neid und Eifersucht, Scham,
Angst und Schuldgefühlen umgeht.

Meine Forschungen und meine klinische Arbeit haben mich zu
der Überzeugung geführt, daß die Kränkung durch die Urszene das
wesentliche traumatische Element im Ödipuskomplex ist, selbst für
das durchschnittliche Kind mit einfühlsamen Eltern, das die Möglichkeit hat, die schmerzhaften Gefühle, die durch dieses allgegenwärtige Kindheitsereignis geschaffen werden, zu meistern. Schon
am Namen ist abzulesen, daß die Theorie des Ödipuskomplex
offensichtlich auf den Phantasien des männlichen Kindes beruht
und nur begrenzt etwas darüber aussagt, wie ein kleines Mädchen
diese Kindheitsszene erlebt. Zudem ist selbst das, was man gemeinhin unter dem männlichen Ödipuskomplex versteht, eine äußerst
knappe Beschreibung der Reaktion des männlichen Kindes auf das
Wissen um die Unterschiede zwischen den Geschlechtern und den
Generationen.

Der Begriff *Ödipuskomplex* hat weithin Berühmtheit erlangt. Er
erscheint regelmäßig in Artikeln über Kindererziehung in Zeit-

schriften und Zeitungen und beeinflußt unser Verständnis von Gemälden, Theaterstücken, Romanen und den Biographien ihrer Schöpfer ebenso wie unsere Auffassung von den unbewußten Motiven aller Menschen. Der Begriff der *Urszene* jedoch, der inzwischen auch in zeitgenössischen Untersuchungen über Kunst und Literatur erscheint, muß noch in die allgemeine Gedankenwelt Eingang finden. Die meisten Menschen, einschließlich der meisten Psychologen und Psychiater, die keine Analytiker sind, sehen den Ödipuskomplex noch so einfach, wie Freud ihn ursprünglich beschrieben hat: Der Junge hegt seiner Mutter gegenüber erotische Gefühle und Wünsche und möchte seinen Vater aus dem Weg räumen. Wegen seiner Mordwünsche dem Vater gegenüber fühlt er sich schuldig und fürchtet die Rache des Vaters. Seine Kastrationsangst, die Furcht nämlich, daß sein Vater ihn kastrieren wird, veranlaßt ihn dazu, sein erotisches Verlangen nach der Mutter aufzugeben, sich mit der Macht und der Autorität seines Vaters zu identifizieren und dadurch ein Gewissen oder Über-Ich zu erwerben. Diese zwar exakte, aber auch begrenzte Darstellung davon, wie das Kind zuerst das sexuelle Dreieck erlebt, betont vor allem Schuld und Kastrationsangst und untertreibt den Gefühlsgehalt der Urszene. Diese bekannte, knappere Version hat den Vorteil, daß sie die Wünsche, die Angst und die Schuld des Kindes in den Brennpunkt rückt. Es ist leicht einsehbar, daß ein kleiner, machtloser Junge gerne glauben würde, daß sein großer, mächtiger Vater ihn als Rivalen ernst nimmt, selbst wenn das bedeutet, daß er hin und wieder unter furchtbaren Angst- und Schuldgefühlen leiden muß. In der Urszene jedoch ist das gegenseitige Verlangen der Eltern bestimmend, während das Kind, als Außenseiter, sein Ausgeschlossensein passiv und hilflos ertragen muß.

Jedes Kind entwickelt eine Anzahl von Phantasien über jene geheimnisvollen Szenen, von denen es ausgeschlossen ist. Diese Phantasien, die zuerst die infantilen Vorstellungen des Kindes von Sexualität wiedergeben und dann immer stärker die Vorstellungen von Sexualität, die ihm in seiner Kultur begegnen, machen die Urszene aus. In dieser Szene ist das Kind oder der Erwachsene, der sich als Kind fühlt, der erniedrigte und empörte Außenseiter. Die Eltern sind die Eingeweihten, die die Geheimnisse der Begierde kennen und sie dem Kind vorenthalten.

Da der Narzißmus des Kindes darauf beruht, daß es die anatomischen Unterschiede zwischen den Geschlechtern nicht vollständig erkennt, identifiziert es sich in der Urszene mit beiden Eltern. Der kleine Junge »weiß« mit etwa achtzehn Monaten, daß er männlichen Geschlechts ist. Aber selbst mit vier Jahren, wenn er begonnen hat, die Bedeutung der Geschlechtsunterschiede für Sexualität und Fortpflanzung zu erkennen, hält die Tatsache, daß er männlich ist, ihn nicht davon ab, sich zu wünschen, daß der Vater mit ihm das tun möge, was in der Phantasie des Jungen mit der Mutter tut. Für den kleinen Jungen ergibt das einen Sinn, da er zu seinem Vater aufsieht und sich auch noch sehr stark mit seiner mächtigen, geliebten Mutter identifiziert. Weil das männliche Kind seinen aufregenden Penis so überaus schätzt, leidet es ungeheuer darunter, wenn es einsehen muß, daß seine Genitalien so unscheinbar und kümmerlich sind, daß sie das Verlangen der Mutter nicht befriedigen können. Zudem ist die Mutter auch noch eine Rivalin im Kampf um die Liebe des Vaters. Und dieser Vater, den der Junge ebenfalls verehrt und liebt, hält ihn der furchtbaren Strafen und Überwältigungen, die er der Mutter des Knaben zuteil werden läßt, nicht für wert. Ein kleiner Junge kann diese narzißtischen Kränkungen nicht lange ertragen. Wenn er sich einreden kann, daß es in Wirklichkeit gar keine Unterschiede zwischen den Geschlechtern oder zwischen der Kinder- und der Elterngeneration gibt, ist sein Narzißmus gerettet, und er spürt die Wut über sein Ausgeschlossensein von der Urszene nicht mehr so stark.

Unsere erste Frage bezog sich auf die Motive, die einen kleinen Jungen dazu veranlassen, einen Ersatzpenis für seine Mutter zu erfinden. Es ist seine eigene anatomische Minderwertigkeit, die der Junge in dem nichtvorhandenen Genitale seiner Mutter wiederfindet. Nicht *ihre* Kastration, sondern das schreckliche Wissen um *seine eigenen* genitalen Beschränkungen treibt den Jungen dazu, die Mutter mit einem Ersatzpenis auszustatten. Ein anderes zwingendes Motiv ist sein Wunsch, eine Mami genauso wie seine geliebte Mami zu sein, damit der Vater ihm auch die schrecklichen und erregenden Dinge antut, die er der Mutter antut. Aber er muß natürlich eine Mami mit einem Penis sein.

Auf dieser Stufe seiner rastlosen, aber nicht immer befriedigenden Forschungen, normalerweise mit etwa vier oder fünf Jahren, muß der Junge auf seine Beobachtungen und Phantasien eine mentale Strategie anwenden, die fortgeschrittener ist als die simple Verneinung. Freud bezeichnete diese spezielle unbewußte Strategie als Verleugnung. Die eben erkannte Tatsache, daß der Geschlechtsverkehr zwischen seiner Mutter und seinem Vater, die Urszene nämlich, irgend etwas mit den anatomischen Unterschieden zwischen Mutter und Vater zu tun hat, muß so schnell wie möglich verleugnet werden. Mit dieser fortgeschritteneren, aber immer noch primitiven mentalen Strategie der Verleugnung schiebt der kleine Junge all seine beängstigenden und demütigenden Beobachtungen beiseite. Seine Lösung des Problems besteht darin, daß er seine Mutter mit einem Ersatzpenis ausstattet, denn mit dieser magischen Geste verschafft er allen an der Urszene Beteiligten im wesentlichen die gleiche genitale Ausstattung. Das nichtvorhandene Genitale der Mutter – das sonst eine kränkende Erinnerung an das erotische Verlangen der Mutter nach dem Vater und das Verlangen des Vaters nach der Mutter bedeuten würde – ist erfolgreich verleugnet worden. Jetzt, da seine Mutter ihren Ersatzpenis hat, gibt es keinen Unterschied mehr zwischen dem Jungen und der Mutter oder zwischen Mutter und Vater oder zwischen dem Vater und ihm selbst. Alle Unterschiede sind abgeschafft worden.

Das durchschnittliche Kind gibt während des Erwachsenwerdens den Glauben an dieses erdachte, künstliche Ersatzgenitale zögernd auf, aber eben dieses Ersatzgenitale dient als Modell für den sexuellen Fetisch des Erwachsenen.

Die Tatsache, daß der Fetisch des Erwachsenen nicht irgendeinem, sondern dem Ersatzpenis, der für die Mutter erfunden wurde, nachgebildet ist, ist aber noch keine hinreichende Erklärung dafür, daß viele Fetische Teile weiblicher Kleidung oder weibliche Körperteile sind. Einleuchtender wäre es, wenn der Penis durch ein Phallussymbol, also durch einen Federhalter, einen Regenschirm, eine Peitsche oder einen Stiefel mit hohem Absatz, dargestellt würde. Der Ersatz muß jedoch die beiden einander widersprechenden Phantasien, die in der Verleugnung enthalten sind, gleichzeitig darstellen können. Das Eingeständnis bestätigt die Realität: Mutter hat keinen Penis. Die Verleugnung verneint diese Realität: Mutter hat einen Penis.

Freud schrieb vielsagend, daß »der Abscheu vor der Kastration sich in der Schaffung dieses Ersatzes ein Denkmal gesetzt hat«[12]. Mit anderen Worten, der Ersatzpenis der Kindheit hat zwei Aufgaben zu erfüllen, er muß zwei gleichermaßen phantastische Phantasien zum Ausdruck bringen: Er muß über die »Kastration« der Mutter triumphieren, und er muß außerdem den Augenblick des Abscheus, den Schreckmoment, bewahren, der den kleinen Jungen zu der Erkenntnis zwang, daß es wirkliche und folgenreiche Unterschiede zwischen den Geschlechtern gibt. Diese Unterschiede zwischen dem Genitale seiner Mutter und dem Genitale seines Vaters macht der Junge für den Ausschluß von den Freuden der Erwachsenen verantwortlich. Um diese unangenehme Neuigkeit verleugnen zu können, fügt er in seine Vorstellung vom nicht vorhandenen Genitale seiner Mutter ein weiteres Bild der Mutter ein, ein Bild von dem Augenblick, bevor sie »kastriert« wurde, dem letzten Moment, in dem der kleine Junge noch die Phantasie aufrechterhalten konnte, daß er der Mittelpunkt ihrer Welt sei.

In Freuds Tagen konnte ein Kind diese unliebsame Entdeckung jederzeit machen, wenn es die Mutter beim Entkleiden oder beim Baden beobachtete, aber normalerweise kam die Erkenntnis, wenn es unter den Röcken der Mutter verbotenerweise an ihrem Körper hochsah. Viele der Ersatzpenisse, von denen Freuds männliche Patienten berichteten, errichteten solchen Gelegenheiten ein »Denkmal«. Als Ersatzpenis, nach dem der Fetisch des Erwachsenen gestaltet wird, konnten die Füße der Mutter dienen, der Geruch oder Anblick ihrer Schuhe oder Stiefel, ihre rosafarbenen Pantoffeln, ihre Strümpfe, ihr Strumpfgürtel, irgendeines ihrer Kleidungsstücke, ihr Schamhaar, eine Körperausdünstung oder eine Phantasie, die der Junge genau in dem Augenblick hatte, als er seine unerfreuliche Entdeckung machte. Deswegen kann der sexuelle Fetisch ein Fuß mit bestimmten Gerüchen sein, er kann aus weißen Schuhen oder grauen Strümpfen bestehen, aus einem schwarzen Strumpfgürtel, aus Spitzenhöschen, einer Haarsträhne oder einem Stück Pelz oder Samt, einem blauen Samtmorgenrock, einem Taschentuch oder dem Duft eines Toilettenwassers oder jeder sinnlichen Wahrnehmung, die den Moment vor dem Moment des Schreckens wieder ins Gedächnis ruft.

In den späten sechziger Jahren bestätigten Prostituierte bei Interviews, in denen sie nach den Kleidungsstücken gefragt wurden, die sie auf Wunsch ihrer wohlhabenderen Kunden tragen sollten, unabsichtlich Freuds These. Sie berichteten nämlich, daß viele Männer sich keineswegs mit der neuesten Wäschemode zufriedengeben würden, sondern statt dessen verlangten, daß die Prostituierten die Art von Reizwäsche trügen, die Frauen eine Generation früher getragen hatten, in der Zeit also, als die Männer kleine Jungen waren. »Es ist, als ob sie wollten, daß wir uns wie ihre Mütter anziehen«, sagten die Prostituierten. In London berichteten Prostituierte von einer plötzlichen Nachfrage nach Gasmasken und Bademänteln, eben jenen Kleidungsstücken, die Mütter in den Bunkern trugen, als die zur Zeit der Befragung in mittleren Jahren stehenden Fetischisten kleine Jungen von vier oder fünf waren.[13]

So genial Freuds Gedanke, daß der Fetisch ein Denkmal für einen Schreckmoment darstellt, auch sein mag, er ist irreführend. Tatsächlich ist der exakte Augenblick, an den der Fetisch angeblich erinnert, ebenso ein Mythos wie die Kastration der Mutter. Wie alle derartigen, beeindruckenden »Momente« steht auch dieser erinnerte Schreckmoment für eine ganze Reihe von Ereignissen und Eindrücken. Die Vorstellung von der Kastration der Mutter ist eine infantile Phantasie, die neue Bedeutungen bekommt, wenn der kleine Junge zum Jugendlichen und dann zum Mann wird.

Der erwachsene Fetischist ist ein Mann, der die infantile Phantasie des kastrierten/nichtkastrierten weiblichen Genitales wiederaufleben läßt, sie wahrscheinlich nie aufgegeben hat. Er läßt die Phantasie wiederaufleben, um sich seiner Geschlechtsidentität als Mann zu vergewissern, die unsicher und schwankend ist. Der erwachsene Fetischist kann seine Männlichkeit nur mit Hilfe der Phantasie behaupten, nach der es zwischen den Geschlechtern keine Unterschiede gibt. Er ist kein Psychotiker, dessen Vorstellung von der Anatomie der Geschlechtsorgane wahnhaft ist, sondern er ist gespalten. Ein Teil von ihm akzeptiert, daß die Frau keinen Penis hat, während der andere Teil dieses unerfreuliche, beängstigende Wissen verleugnet.

Die normalerweise vorübergehende Phantasie des Kindes, die seine narzißtische Kränkung darüber, daß es vom Sexualleben seiner Eltern ausgeschlossen ist, lindern soll, nimmt den perversen Erwachsenen so stark in Anspruch, daß sie sein ganzes Leben beherrscht. Seine Perversion löscht die Unterschiede zwischen den Geschlechtern aus und gestattet ihm, in einem Wolkenkuckucksheim zu leben, wo Jungen und Mädchen noch beide Geschlechter haben können, Kinder genauso erwachsen sind wie Erwachsene und Erwachsene in Wirklichkeit nur verkleidete Kinder sind.

Wenn der »Kastrationsschreck beim Anblick des weiblichen Genitales [...] keinem männlichen Wesen erspart« bleibt, wie kommt es dann, daß die große Mehrheit der Männer diesen Schrekken ausreichend genug bewältigt, um relativ angstfreie, heterosexuelle Beziehungen eingehen zu können, während manche Männer homosexuell werden und den weiblichen Körper ganz und gar meiden, und wieder andere ihre Kastrationsangst ständig abwehren müssen, indem sie einen Fetisch benutzen, der Erektion und Geschlechtsverkehr möglich macht? Freud gab zu, daß er auf diese Fragen keine Antwort hatte.

Eine ganz allgemeine Antwort findet man gewöhnlich in den sich ergänzenden und sich gegenseitig beeinflussenden Faktoren, die zur Bildung der sexuellen Identität eines jeden Mannes beitragen. Zu diesen Faktoren gehören der Grad der angeborenen Bisexualität, ein biologischer Faktor, der die Geschlechtsidentität nur insoweit beeinflußt, als er Reaktionen der Umwelt hervorruft; frühe konsti-

tutionelle Faktoren, wie die körperliche Erscheinung des Jungen
und sein Temperament; und die bewußten und unbewußten Phantasien, die diese Eigenschaften und Neigungen in den Eltern auslösen, und die Traumen, die der Junge erlitt, bevor er die Unterschiede zwischen den Geschlechtern und Generationen anerkennen
mußte. Selbst wenn wir jedoch, was niemals der Fall ist, Zugang zu
all diesen Informationen besäßen, wäre es nicht möglich, eine auch
nur mit einiger Wahrscheinlichkeit gültige Vorhersage zu machen,
welcher Junge zum Homosexuellen, welcher zum Fetischisten,
Transvestiten, Pädophilen und so weiter wird, welcher einfach ein
perverser Heterosexueller und welcher von jedem ein bißchen wird.

Wir können nachvollziehen, daß ein Junge, dem man gedroht hat,
sein Penis würde ihm fortgenommen oder beschädigt, wenn er beim
Streicheln oder Masturbieren entdeckt wurde, besonders geneigt
ist, die weiblichen Genitalien als Symbol für die schreckliche
Kastration anzusehen, die ihm bevorstehen könnte. Aber auch der
kleine Junge, der eine derartige Drohung nie zu hören bekommen
hat, projiziert seine infantilen Theorien über die Kastration auf die
weiblichen Genitalien. Ich betone erneut, daß die Phantasie über die
Kastration der Frau ihre Kraft nicht so sehr aus dem tatsächlichen
Anblick und der schreckenerregenden Vorstellung der »nichtvorhandenen« weiblichen Genitalien bezieht, wie Freuds Aufsatz her-
kömmlich interpretiert wird, sondern vielmehr aus der demütigenden Neuigkeit, die sie dem Kind mitteilt. Wie das Kind diese
Neuigkeit aufnimmt, wird zum großen Teil von anderen Dingen
bestimmt, die zu jener Zeit in ihm vorgehen. Zum Teil hängt es von
seinen infantilen Theorien über Geschlechtsverkehr, Schwangerschaft und Geburt ab, zum Teil von seinen unschuldigen Wünschen, eine Frau zu sein wie seine Mutter, größtenteils aber von
seiner vergangenen und gegenwärtigen Beziehung zu Mutter und
Vater.

Außerdem entstehen diese Wünsche und Phantasien nicht in
einem gesellschaftlichen Vakuum. Jedes Geschlechtsstereotyp, das
diese infantilen Theorien fortschreibt, macht es dem Jungen schwerer, mit der demütigenden Neuigkeit, daß er nur ein Kind ist und

nicht jedes Verlangen seiner Mutter befriedigen kann, fertig zu werden.

Wenn die Grundzüge der Geschichte von den Phantasien unseres durchschnittlichen kleinen Jungen auch ziemlich allgemeingültig sind, so gibt es doch für jede individuelle Geschichte und ihren Ausgang unendlich viele Möglichkeiten. Vieles hängt von den zahlreichen glücklichen und unglücklichen Ereignissen ab, die von Geburt an während der ganzen Entwicklung eines Kindes ins Spiel kommen können. Ist der Junge Einzelkind? Ist er der Jüngste oder der Älteste in der Geschwisterreihe? Wie viele andere Kinder wetteifern mit ihm um die Aufmerksamkeit der Eltern? Ist er der einzige Junge unter lauter Schwestern? Wächst er in einer Großfamilie mit Großeltern, Onkeln, Tanten und Vettern auf? Wird er von Kindermädchen und Erziehern oder von Mutter und Vater aufgezogen? Ist er Zeuge von Geburt oder Geschlechtsverkehr gewesen? Haben diese Szenen ihn in seinen sadistischen Phantasien bestärkt? Vermittelt das »Verheiratetsein« seiner Elten ihm Bilder von zärtlicher Liebe oder Bilder von Mißhandlungen und beängstigendem Sadismus? Gab es Fehlgeburten, Abtreibungen, sind jüngere oder ältere Geschwister gestorben? Ist während seiner Kindheit ein Elternteil gestorben oder verschwunden? Achtet der Vater die Intelligenz der Mutter, oder behandelt er sie wie eine Haushaltssklavin? Hat sein Vater eine Geliebte? Hat seine Mutter einen Geliebten? Lassen seine Eltern sich scheiden? Ist er adoptiert worden? Ist der Junge von einer Stiefmutter oder einem Stiefvater aufgezogen worden? Vermittelt seine Mutter den Eindruck, daß der Vater ihre sexuellen Wünsche erfüllt? Wächst der Junge in ärmlichen Verhältnissen auf? Ist der Vater arbeitslos? Hat die Mutter auch außerhalb der Familie Interessen, eine Arbeit, eine Karriere, eine Aufgabe? Wird die Familie von der Mutter ernährt?

Und dann gibt es jene Faktoren, die man regelmäßig in den Kindheitsgeschichten perverser Männer findet. Ist der Vater oft nicht zu Hause? Hat der Vater Angst vor seinen eigenen weiblichen Wünschen? Wächst der Junge in einer Subkultur oder sozialen Umgebung auf, die auf der Erniedrigung von Frauen aufbaut?

Bestätigen die Vorstellungen, die in seiner Gesellschaft über
Geschlechtsverkehr herrschen, seine Kindheitsphantasien von
Sadismus und Kastration? Hat seine Mutter sich mit ihren gesellschaftlichen Ambitionen und sexuellen Wünschen an ihn gewandt?
Sind sein Säuglings- und Kleinkindalter durch lange körperliche
Krankheiten, traumatische Trennungen, körperlichen und sexuellen Mißbrauch oder andere Bedrohungen seiner physischen und
geistigen Integrität gekennzeichnet? Und die wichtigste Frage:
Haben diese Mißhandlungen und Verluste in ihm Haß und Aggressionen geschürt, von denen er das Gefühl hat, daß er sie nicht
beherrschen oder steuern kann? Wird sein Leben von einem unbewußten, rachsüchtigen Haß auf seine Peiniger bestimmt sein, den er
später der Frau und ihren Stellvertretern – Kindern, Tieren, Leichen
– gegenüber zum Ausdruck bringen muß?

Neuere Untersuchungen der Perversion haben eindrucksvoll
gezeigt, wie Mißhandlungen und Verluste in frühester Kindheit
Intensität und Inhalt der Kastrationsangst des vier- bis fünfjährigen Jungen beeinflussen. Diese frühen Traumen spielen eine viel
größere Rolle, als Freud erkannt hat. Sie entscheiden mit, welcher
kleine Junge zu einer perversen Sexualität bestimmt ist und welcher kleine Junge mit der Fähigkeit aufwachsen wird, zärtliche,
erotische und aggressive Gefühle in seinen Beziehungen zu Frauen
zu vereinigen. Bereits bevor das Wissen um die elterliche Sexualität
und Fortpflanzung die schmerzhaften Affekte von Angst, Kränkung und Wut, die mit der Urszene verbunden werden, erzeugt,
hat der Junge, der für Perversionen prädisponiert ist, stark unter
anderen Traumen gelitten – dazu zählen schmerzhafte physische
Verletzungen und Krankheiten, körperliche Mißhandlungen,
sexueller Mißbrauch, psychische Quälerei, Verlust von mütterlicher oder väterlicher Fürsorge, der Verlust eines oder beider
Elternteile oder die Erwartung, daß er schon als Kleinkind an
seinen Eltern, die selbst stark unter Kindheitstraumen gelitten
haben, Elternrolle vertritt. Diese infantilen Traumen machen den
Adoleszenten oder Erwachsenen nicht nur geneigt, für die Lösung
seiner sexuellen und auf sein Geschlecht bezogenen Probleme die

perverse Strategie zu verwenden, sondern sie formen auch seine Phantasien über die Urszene.

Je schwerwiegender diese frühen Traumen sind, desto weniger ist die Person fähig, sich der perversen Strategie zu bedienen, die selbst von der Fähigkeit zu Phantasie und Symbolisierung abhängt. Manche Kinder werden von ihren Traumen so überwältigt, daß sie innerlich nur damit beschäftigt sind, den Schmerz und das Ereignis selbst auszuschließen: »Was gerade passiert, ist zu entsetzlich. Es passiert gar nicht.« In solchen Fällen phantasiert der Junge oder der Mann später eine Urszene, in der Lustmord und kaum kontrollierte Verstümmelungen stattfinden, oder er leidet unter starken Depressionen und schweren geistigen Störungen. Wenn der Junge die Traumen irgendwie mit Hilfe von Phantasie und Symbolisierung bewältigen konnte, erlaubt die perverse Urszene, die er sich schafft, eine Wiederbelebung und gleichzeitige Beseitigung dieser Traumen.

Bei einer Perversion, wo stets Verletzen und Lieben, Verlassenwerden und Wiedervereinigung miteinander verwechselt werden, wird die ansonsten von drei Personen gespielte Urszene von einer anderen Szene mit nur zwei Charakteren – einem hilflosen Kind und einem »fürsorglichen« Elternteil – überlagert. Hier kann das einst mißhandelte oder verlassene Kind entweder die Rolle des Schmerz zufügenden Elternteils oder die des verletzten Kindes übernehmen, wobei diesmal der Schmerz mit der dem ritualisierten perversen Szenario eigenen Vorsicht und Kontrolle zugefügt wird. Die damit verbundene Hoffnung lautet, daß »es diesmal nicht so weh tut«. In dem Szenario mit zwei handelnden Personen wird ein Kind mit einem verlorenen Elternteil wieder vereint und gestattet so auf von ihm kontrollierte Weise ein Verlassenwerden, das es einst hilflos und passiv erleiden mußte. Die Hoffnung dabei ist, daß »sie diesmal zurückkommt«.

In Kapitel 5, »Perverse Szenarios«, werden wir sehen, wie diese unbewußten Skripten, wenn sie bewußt gemacht werden können, immer Stücke der traumatischen infantilen Geschichte enthalten, die dem sogenannten Schreckmoment vorausging. Aber was *nach* diesem »Moment« im Leben des Kindes geschehen ist, hat diese Ereignisse von *vorher* zu einem neuen Muster geordnet. Die spätere Phantasie über die Urszene, die mit drei Personen aufgeführt wird, fungiert als neues Muster, welches die früheren infantilen Traumen umwandelt und sie mit neuen Interpretationen hinsichtlich der anatomischen Unterschiede zwischen den Geschlechtern und der Unterschiede zwischen den Generationen fortsetzt.

Ein perverses Szenario ist auch ein Versuch, Aggressionen zu steuern und zu beherrschen. Bei einem Säugling oder Kleinkind ruft jedes schmerzhafte Erlebnis einen gewissen Grad an Aggressivität hervor, denn Aggression ist das Mittel, mit dem das hilflose Kind auf physischen oder emotionalen Schmerz reagiert. Wenn ein Kleinkind zum Beispiel Angst hat und niemand da ist, der es hält und tröstet und seinen Schmerz lindert oder ihm versichert, daß gleich Hilfe kommt, erlebt es zusätzlich zu seiner Angst eine heftige Wut, die dann die Angst noch steigert.

Die Ängste der Kindheit, die bei einer normalen Entwicklung überwunden und bewältigt werden können, sind von einer Person, die für Perversionen oder schlimmere seelische Leiden prädisponiert ist, nicht zu beherrschen. Diese Kindheitsängste, die von stark traumatisierten Kindern nicht überwunden werden können, sind *Vernichtungsangst* – in den frühesten Wochen des Säuglingsalters, eine Furcht davor, nicht gehalten zu werden, auf ewig zu fallen und in Nichts zu zersplittern; *Angst vor Verlassenwerden* – mit etwa acht Monaten, eine Furcht des Kindes, daß ihm der emotionale Dialog mit dem lebenswichtigen Menschen genommen wird; *Trennungsangst* – in der Mitte des zweiten Lebensjahres, eine Furcht vor emotionaler Trennung von diesem Menschen; und *Kastrationsangst* – schließlich, mit vier oder fünf, eine Furcht des Kindes, daß ihm die genitale Kraft und Fähigkeit zur Zeugung genommen werden. Bei einer Perversion vereinigen sich die frühesten Ängste vor Vernichtung, Verlassenwerden und Trennung und schaffen eine furchtbare Angst vor dem Verlust der körperlichen Integrität und der Selbst-Identität. Unter diesen Umständen wird die schärfer umrissene Kastrationsangst, die aus der Kränkung durch die Urszene entsteht, in eine diffuse Angst vor einer Zerstörung des gesamten Körpers und des Selbst – die *Verstümmelungsangst* – verwandelt. Sehr bedeutsam ist, daß die Aggression, mit der das schwer traumatisierte Kind auf seine physischen und psychischen Leiden reagiert, ebenfalls traumatisierend wirkt. Das Kind kann diese Aggression natürlich nicht gegen seine wirklichen Eltern richten, von denen sein Überleben abhängt. Es kann nicht einmal bewußt erkennen, daß sie für sein Leiden verantwortlich sind. Unbewußt *ist* diese Wut jedoch gegen die Eltern gerichtet, gegen ihre Körper und ihre Genitalien. Die Verstümmelungsangst in einer Perversion ist das Ergebnis einer unbewußten Angst vor Rache für die Verstümmelungen, die das Kind seinen Eltern gewünscht hat. Daher leidet das schwer traumatisierte Kind unter der Angst vor seinen eigenen, gewalttätigen Aggressionen, die sicherlich eines Tages zurückkehren und seinen eigenen Körper und seine Genitalien verstümmeln werden.

Viele von Freuds Kollegen und Anhängern folgerten aus seiner Konzentration auf die Kastrationsangst, daß er die Bedeutung der anderen infantilen Ängste ausschloß oder herabsetzte. Als Reaktion darauf protestierten sie gegen die Beschränktheit von Freuds Auffassung, indem sie die Bedeutung der früheren Ängste stark übertrieben und die Bedeutung der Kastrationsangst als geringfügig hinstellten. Dieses Entweder-Oder-Denken erschwerte eine angemessene Bewertung der Bedeutung der Verknüpfungen von früheren und späteren Erlebnissen für die Ausrichtung der sexuellen Vorlieben und der Geschlechtsidentität eines Menschen. Den Kern jeder Perversion bildet das Verlangen, jedes Wissen um den Unterschied zwischen den Geschlechtern und die Unterschiede zwischen der Kinder- und der Elterngeneration zu umgehen. Perverse Szenarien sind Versuche, frühe Mißhandlungen und Verluste zu beheben, aber sie dienen auch der Kreation von Urszenen, in denen ein einst verratenes und gedemütigtes Kind die es verratenden Eltern besiegt und demütigt. Jeder Versuch, Perversionen zu verstehen, der ein perverses Szenario *ausschließlich* auf Fragen von körperlicher Integrität, Verlust und Trennung reduziert, verdeckt die ungeheure Bedeutung, die für den Perversen in der Aufhebung der Kränkungen durch die Urszene und der Vorwegnahme der Verstümmelungsangst liegt. Daher können meiner Ansicht nach Theorien über Perversion, die die Rolle der genitalen und generationsbedingten Unterschiede herabsetzen, nur in dem Sinn Erfolg haben, daß sie selbst die perverse Strategie widerspiegeln. Sie sind selbst fetischistische Fiktionen.

Zum Beispiel nehmen jene, die die Bedeutung der Geschlechtsunterschiede, der genitalen Sexualität, des Kastrationskomplexes und der Urszene für die Entstehung einer Perversion herabsetzen wollen, häufig Zuflucht zu dem Gedanken, daß sexuelle Fetische Abkömmlinge jener unschuldigen, asexuellen Schmusedecken, den sogenannten Übergangsobjekten der Kindheit, sind.[14] Dieser Gedanke ist allerdings nur teilweise richtig.

Es stimmt, daß die Fähigkeit, sich etwas Abwesendes vorzustellen und es dann durch ein Symbol auszudrücken, im menschlichen Leben schon früh auftritt. Das kleine Kind drückt sich seinen Stoffetzen mit dem eigentümlichen Geruch an die Wange und schafft sich so die Illusion von Sicherheit und Wohlbefinden, wenn es von dem süß duftenden, mütterlichen Wesen getrennt ist, das ihm normalerweise ein Gefühl von Ganzheit, Sicherheit und Wert gibt. Es überrascht daher nicht, daß ein Jugendlicher oder Erwachsener sich zur Linderung seiner sexuellen Ängste einer ähnlichen Methode bedient, wie er sie als Kleinkind anwendete, als die Trennung von der Mutter der Vernichtung, der Zersplitterung von Selbst und Identität gleichkam. Selbst wenn die Mutter nicht da ist, hat das Baby doch das Gefühl, sie sei anwesend, wenn es seine Schmusedecke hält und an ihr riecht. Der erwachsene Fetischist, der verlangt, daß seine Sexualpartnerin einen Gegenstand trägt, den er riechen, berühren und sehen kann, möchte auch unbedingt glauben, daß etwas, das *nicht da* und *nicht wahr* ist, doch da und doch wahr ist.

Anscheinend – und das ist meiner Ansicht nach der wesentliche Punkt – fügt der Fetischist seiner falschen Wahrnehmung der anatomischen Unterschiede die Aspekte von *Abwesenheit* und *Anwesen-*

heit hinzu, die eigentlich in die frühe Kindheit gehören. Ein kleiner
Junge, der die unerklärlichen Abwesenheiten und Anwesenheiten
seiner Mutter emotional nie bewältigen konnte, wird seine Ängste
vor Verlassenheit und Trennung in die spätere Zeit mit hineinneh-
men, wenn die Unterschiede zwischen den Geschlechtern Bedeutung für ihn bekommen. Als Erwachsener wird er die genitalen
Unterschiede auf eine Dichotomie reduzieren – auf die Abwesenheit von etwas oder die Anwesenheit von etwas.

Das Baby hängt der Illusion an, daß die abwesende Brust der
Mutter – und all die wichtigen und köstlichen sinnlichen Wahrnehmungen, die sie hervorruft – durch die Schmusedecke wiederhergestellt wurde. Der Fetischist hängt der Illusion an, daß das abwesende Genitale der Frau durch seinen Fetisch wieder zu einer phallischen Präsenz werden kann. Allerdings hat der Vergleich zwischen
der Schmusedecke eines Babys und dem sexuellen Fetisch eines
erwachsenen Mannes seine Grenzen. Es stimmt zwar, daß eins vom
anderen abstammt, aber es gibt einige sehr wichtige Unterschei-
dungsmerkmale zwischen einer weichen, nach Milch duftenden
Decke und einem schwarzen Lederstiefel, einem spitzenbesetzten
Strumpfgürtel, einem Stück Pelz oder einem Morgenrock aus
blauem Samt.

Zwar haben sowohl das Übergangsobjekt als auch der Fetisch mit
Magie und Illusion zu tun, aber nur der Zauber des Übergangsob-
jektes ist flexibel und kann in vielen Situationen angewandt werden.
Die Schmusedecke dient als Brücke zwischen der ganz nahen und
vertrauten »Ich«-Welt zu der fremden »Nicht-Ich«-Welt. Sie ist
vielseitig zu gebrauchen. Ein kleiner Kerl, der gerade dabei war, sich
von seiner geliebten Decke zu lösen, beharrte aber immer noch
darauf, sie mitzunehmen, sobald er fremde Leute besuchte. Wenn
sich die Tür zu einer fremden Wohnung öffnete, warf er seine
Decke über die Schwelle, wartete ein paar Sekunden und folgte ihr
dann in die Wohnung hinein. Wenige Monate später war der kleine
Abenteurer begierig darauf, neue Orte zu erforschen. Seine Decke
ließ er zu Hause. Sie hatte ihm geholfen, zu erkennen, daß fremde,
aufregende Orte auch warm, einladend und sicher sein können.

Ein Mann, der von einer perversen Phantasie getrieben wird, hat
Angst vor offenen, mehrdeutigen Räumen, die ihn an seinen
Wunsch, von der Gebärmutter verschluckt zu werden, erinnern,
und er hat auch Angst vor den weichen, freundlichen Dingen, die
ihn einladen, sich festzuhalten, und die ihn an seine beschämenden
weiblichen Wünsche erinnern. Er schätzt starke, aufrechte, unnachgiebige Strukturen, die ihn zu heldenhaft wagemutigen, tapferen
Leistungen anregen. Er hätte für seinen Fetisch nur wenig Verwendung, wenn dieser nicht die Fähigkeit besäße, seine Angst zu lindern, daß seinem Penis ein schreckliches Schicksal bevorstünde,
wenn er dieses unschätzbare Organ in die höhlenhafte Leere einer
Vagina einführen würde. Er ist jedoch so darauf versessen, seine
Männlichkeit unter Beweis zu stellen, daß er Erektionen haben *muß*
und daß er so oft wie möglich in die Vagina eindringen *muß*. Aber
wie viele Male der Spitzenstrumpfgürtel oder der blaue Samtmorgenrock ihm auch erlaubt, in dieses verbotene, gefährliche Gebiet
einzudringen, die Vagina wird nie zum sicheren Hafen werden.
Manchmal fürchtet der Fetischist die Hölle unter der Gürtellinie so
sehr, daß er nur masturbieren kann und den Liebesakt (oder ist es
ein Akt des Hasses?) nur mit seinem Fetisch, einem Kind, einem
Tier oder einer Leiche vollziehen kann.

Im perversen Szenario steht vieles zwischen den Zeilen geschrieben, das sich auf Mängel im Körperbild eines Mannes, Störungen in
seinen frühesten menschlichen Bindungen und grundlegende
Defekte in seinem Gefühl von Selbst und Identität bezieht. Trotzdem ist die Energie, welche die männliche Perversion antreibt,
genitale Erregung. Ein perverser Mann benutzt seine perverse Darstellung immer, um die Vorstellung von sich selbst als *richtigem*
Mann zu erhalten, selbst wenn er seine unbewußten Wünsche
erfüllt, eine Frau oder ein Kleinkind zu sein.

Ein weiterer Unterschied zwischen einer Schmusedecke und
einem sexuellen Fetisch liegt in der Art der körperlichen Erregung,
die mit dem jeweiligen Gegenstand verbunden ist. Zum Beispiel
besteht ein großer Unterschied zwischen den *sinnlichen* Vergnügungen des Saugens, Streichelns und Riechens, die dazu dienen, die

gesamte Hautoberfläche und die inneren Organe des Kindes zu beleben, und der konzentrierten *Erotik* der genitalen Erregung. Noch ein weiterer Unterschied besteht darin, daß die mit dem Gebrauch von Schmusedecke oder Fetisch verbundene Bestätigung jeweils verschiedene Aggressionsgrade und Aggressionsebenen beeinflußt. Das Kind nuckelt und kaut an seiner Schmusedecke herum, drückt und zerknüllt sie, trampelt auf ihr herum und wirft sie in die Ecke. Oft beachtet es sie gar nicht, und nach Jahren des zärtlichen Gebrauchs fällt sie normalerweise auseinander. Aber das Kind wendet sich seiner Decke vor allem mit zärtlichen Gefühlen zu und zerstört sie nur selten – wenn überhaupt – in einer Anwandlung von Haß oder Gewalttätigkeit. An der Decke läßt das Kind seine mit dem Wachstum zusammenhängenden Aggressionen aus, sie dient der Erweiterung seines Selbst und hilft ihm, seine sich erweiternde Welt zu beherrschen. Der sexuelle Fetisch hingegen verhindert Wachstum und steht der Erforschung der Realität im Wege, weil er ein Gegenstand ist, der für einen »Moment« des Schreckens, der Verwirrung, der Angst, der Erniedrigung und sogar des Hasses steht. Indem der Fetisch Schrecken und Haß, die sonst zu Impotenz, vorzeitigem Samenerguß oder mörderischer Vergewaltigung führen könnten, in eine Simulation zärtlicher Mißhandlung umwandelt, ermöglicht er Erektion und Penetration. Ein wesentliches Element in jedem sadomasochistischen Szenario ist, daß ein fetischähnliches Objekt vorhanden ist, welches die Angst des Mannes verringert, seinen eigenen Körper oder den Körper der Sexualpartnerin zu verstümmeln. Der Fetischist verwendet den Fetisch, um seine sadistischen Impulse zu zügeln und seine Ängste vor Verschmelzung, Trennung und Identitätsverlust zu verringern, die durch das Eindringen in den Körper eines anderen Menschen und das anschließende Erschlaffen – *le petit mort* – wachgerufen werden.

Es ist also einerseits unmöglich, die Bedeutung von Perversionen zu verstehen, wenn man nicht die Bedeutsamkeit der Angst vor Vernichtung, Verlassenwerden und Trennung anerkennt, andererseits ist es aber ebenso wichtig, im Sinn zu behalten, daß niemand zum Fetischismus oder zu anderen Perversionen getrieben wird, der nicht unter einer extremen Form der Kastrationsangst leidet, die gleichbedeutend mit Verstümmelungsangst ist.

Wenn für Fetischismus und männliche Perversionen überhaupt starke Kastrationsangst ein zentrales Motiv ist, was hat es dann mit den weiblichen Perversionen auf sich? Verspüren Frauen auch Kastrationsangst? Oder ist diese Angst Männern vorbehalten, die ein augenscheinlich leichter verwundbares Geschlechtsorgan besitzen? Was wir in den letzten Jahrzehnten über die Beziehung des Kindes zu seiner Mutter und über weibliche Sexualität und weibliche Geschlechtsidentität gelernt haben, hat unser Verständnis der bewußten und unbewußten sexuellen Phantasien von Männern erweitert und bereichert. In den frühen psychoanalytischen Untersuchungen über die Unterschiede zwischen den Geschlechtern haben eben diese Männerphantasien über weibliche Genitalien und Weiblichkeit die Art und Weise beeinflußt, wie die Analytiker die Rätsel der weiblichen Sexualität zu lösen versuchten. Nachdem wir einige der fetischistischen Phantasien untersucht haben, die in die frühen psychoanalytischen Theorien über weibliche Sexualität Eingang gefunden haben, wollen wir zu Freuds fetischistischem Aufsatz über Fetischismus und einigen weiteren Auswirkungen des männlichen Kastrationskomplexes zurückkehren. Dieses umfassendere Verständnis wird unseren Bericht über die besonderen Ursachen der männlichen Perversionen erweitern und einen guten Ausgangspunkt für die Untersuchung der weiblichen Perversionen bilden. Indem ich von der Psychologie des Mannes zur Psychologie der Frau übergehe, möchte ich das Verständnis der Geschlechter füreinander fördern. Die perverse Strategie funktioniert bei Männern und Frauen grundsätzlich in der gleichen Weise, doch es gibt wirklich bedeutsame Unterschiede zwischen den Geschlechtern, und diese Unterschiede sind in gewissem Maß für die Unterschiede zwischen den männlichen und den weiblichen Perversionen verantwortlich. Und eben diese Unterschiede können Liebe *oder* Haß zwischen den Geschlechtern hervorrufen, Anerkennung und Freude aneinander *oder* Mißtrauen und Feindseligkeit. Das Problem liegt nicht in den anatomischen Geschlechtsunterschieden, sondern in den Geschlechtsstereotypen, die mit diesen Unterschieden verknüpft werden, und in der Art, wie die perverse Strategie sich dieser Stereotypen bedient.

Freud hat seine Entdeckung des Kastrationskomplexes beim kleinen Mädchen mit einer Annahme begonnen, die die Gefühle der Frauen in bezug auf ihre Körper, ihre Wünsche und ihre Erwartungen an ihr Leben verzerren mußte. Da die Psyche eines erwachsenen Mannes so sehr von seinem aus der Kindheit herrührenden Kastrationskomplex bestimmt ist, vermuteten Freuds Nachfolger, daß ein entsprechender Prozeß für die Psyche der Frau eine ähnlich wichtige Rolle spielen müßte. Diese Vermutung, die auf einer unvollständigen Kenntnis des männlichen Kastrationskomplexes beruhte, führte sofort zu einem weiteren Problem. Wie konnte das kleine Mädchen, dem das sichtbare Genitale bereits fehlte, Angst vor einer möglichen Kastration haben? Es folgte, daß der weibliche Kastrationskomplex sich auf ein nichtvorhandenes Genitale beziehen muß, ein Genitale, das gar nicht da ist. Und so entstand die »wissenschaftliche« Begründung für die Geschichte vom weiblichen Penisneid.

Der weibliche Kastrationskomplex: die innere genitale Welt und die Angst vor der Loslösung

> *Ihr Los wäre das des »Mangels«, der »Verkümmerung«*
> *(des Geschlechts) und des »Penisneids«, gegenüber*
> *dem Penis als dem einzigen als wertvoll anerkannten*
> *Geschlecht. Sie müßte daher mit allen Mitteln da-*
> *nach streben, sich den Penis anzueignen: durch ihre*
> *etwas servile Liebe zum Vater/Gatten, der fähig ist,*
> *ihr den Penis zu geben, durch ihren Wunsch nach*
> *einem Penis-Kind, das am liebsten ein Junge sein soll,*
> *durch den Zugang zu den kulturellen Werten, die von*
> *Rechts wegen immer noch einzig und allein männ-*
> *lichen Wesen vorbehalten und aufgrund dieser Tat-*
> *sache immer männliche sind, usw. Die Frau könnte*
> *ihren Wunsch nur als Hoffnung erleben, endlich ein*
> *Äquivalent des männlichen Geschlechts zu besitzen.*
> *All dies erscheint ihrem Lustempfinden reichlich*
> *fremd [...].*
> Luce Irigaray, *Das Geschlecht, das nicht eins ist*[1]

Die frühen Psychoanalytiker waren stolz darauf, daß sie die Bedeutung des unbewußten Phantasielebens erkannt hatten. Sobald es jedoch um Genitalien ging, ließen sie sich häufig von den greifbaren biologischen Gegebenheiten, von den in der Tat ansehnlichen Unterschieden zwischen Penis und Vagina, mehr beeindrucken als von den damit verbundenen unbewußten Phantasien. Frauen wurden als das Geschlecht ohne Genitalien hingestellt. Oder, wie die feministische Psychoanalytikerin Luce Irigaray es zusammenfassend ausdrückte, als »Ce sexe qui n'en est pas un« – »Das Geschlecht, das nicht eins ist«. Die Frau kann auf die anatomischen

Unterschiede nur mit dem Neid, der Wut und der Depression eines Habenichtses reagieren. Außerdem hatten Analytiker die Angewohnheit, die Begriffe *phallisch* und *kastriert* wörtlich zu nehmen und zu vergessen, daß sie sich nur auf die infantilen Phantasien über den Unterschied zwischen den Geschlechtern beziehen. Ein Penis ist ein Körperteil. Ein Phallus ist ein fiktives Genitale, ein Symbol für Macht, und es ist eine Tatsache, daß in den meisten Gesellschaften herkömmlicherweise die mit einem Penis ausgestatteten Menschen die Macht besitzen. Männer sind jedoch nicht von Natur aus phallisch, und Frauen sind keine kastrierten Wesen – außer für einen Betrachter, der auf den genitalen Unterschied wie ein Kind reagiert. Indem die Psychoanalytiker einen Körperteil, den Penis, mit phallischer Macht und andere Körperteile, die Vagina und die Klitoris, mit kastrierter Verletzlichkeit gleichsetzten, gaben sie lediglich Machtstrukturen und Geschlechtsstereotypen ihrer Gesellschaft wieder.

Die erste umfassende Darstellung des weiblichen Kastrationskomplexes wurde von Karl Abraham, einem der engsten Anhänger Freuds, verfaßt und 1920 unter dem Titel »Äußerungsformen des weiblichen Kastrationskomplexes« veröffentlicht. Abraham meinte, die psychologischen Erscheinungen des weiblichen Kastrationskomplexes seien »so zahlreich und vielgestaltig, daß selbst eine ausführliche Darstellung ihnen nicht in erschöpfender Weise gerecht werden kann«[2]. Er war jedoch insofern gründlich, als er seiner Nachwelt einen ausführlichen Katalog der typischen Klagen der Männer und ihrer quälenden Ängste vor dem Weiblichen hinterließ.

Abrahams Liste von enttäuschten und neidischen, maskulinen und rachsüchtigen, phobischen und frigiden Frauen gibt wahrscheinlich ein gutes Bild von den psychischen Problemlösungen, die vielen Frauen zu Beginn des zwanzigsten Jahrhunderts zur Verfügung standen. Aber seine Konzentration auf das, was er für die Unzulänglichkeiten der weiblichen Anatomie hielt, betrachte ich als ein literarisches Mittel, das wie ein Fetisch, ein Stück Pelz oder eine Lederschürze, dazu dient, die Kompliziertheit weiblichen

Begehrens im dunkeln zu halten. Was Männer immer an Frauen gefürchtet haben und was Abraham in seinen Untersuchungen über das ewig rätselhafte Weib verbarg und enthüllte, sind das Weiche, Verletzliche, Passive, Empfängliche, Geheimnisvolle – eben all das Unbestimmte, das Männer glauben, in sich selbst ablehnen zu müssen, damit ihr Selbstbewußtsein und ihre männliche Geschlechtsidentität gewahrt bleiben.

Abraham beginnt seine Untersuchung über den weiblichen Kastrationskomplex mit einer Geschichte von einem kleinen Mädchen, das versuchte, die Enttäuschung über sein Geschlecht mit Hilfe eines kleinen Theaterstücks und dreier Zigarren als Requisiten zu bewältigen.[3] Seine Darstellung der Reaktion des kleinen Mädchens auf den Penismangel ist ebenso schmalspurig angelegt wie die Hypothese vom »Moment« des Kastrationsschrecks, in dem angeblich der männliche Kastrationskomplex zusammengefaßt wird. Sie spart die Gefühle und Phantasien aus, die für das kleine Mädchen mit seiner Entdeckung verbunden sind. Sie spart die Konflikte aus, die das kleine Mädchen in dieser Phase durchlebt und die es dazu veranlassen, einen Unterschied als Mangel anzusehen. Sie spart aus, wie die Eltern sich verhielten, welche Einstellung sie zu ihrer kleinen Tochter hatten und welche Ideale von Weiblichkeit sie ihr vermittelt hatten. Ich werde diese in Karl Abrahams Schilderung fehlenden Aspekte berücksichtigen. Vorher aber möchte ich Abrahams kurze, nüchterne Darstellung dieses bemerkenswerten kleinen Mädchens mit einigen Einzelheiten aus dem täglichen Leben ausschmücken.

Ein zweijähriges Mädchen führt ein Theaterstück auf, das es ganz spontan erfunden hat. Der große Bruder macht Schularbeiten. Jetzt hat das Mädchen seine Eltern für sich. Sie sitzen entspannt am Kaffeetisch und haben endlich Zeit, dem Kind Aufmerksamkeit zu schenken und an seiner Aufführung teilzunehmen. Das Mädchen beginnt sein Stück, indem es drei Zigarren aus einer Zigarrenkiste nimmt. Diese drei Zigarren sind seine einzigen Requisiten. Die Eltern sind Publikum und Mitspieler zugleich. Zuerst gibt das Mädchen dem Vater eine Zigarre. Dann gibt es der Mutter die zweite Zigarre. Jetzt haben Vater und Mutter das gleiche. Dann hält die Kleine die dritte Zigarre vor ihren Unterleib, genau zwischen ihre Oberschenkel. Ihre Mutter legt die Zigarren in die Kiste zurück. Nach ein paar Minuten führt das kleine Mädchen sein Theaterstück noch einmal auf, auf genau die gleiche Weise – und dann noch einmal. Die Wiederholung des Spiels macht deutlich, daß die Handlungen des Mädchens nicht zufällig sind. Es hat beobachtet, daß nur Männer Zigarren rauchen. Indem es seiner Mutter eine Zigarre reicht, gibt es ihr das, was der Vater hat. Mutter und Vater sind jetzt einander ebenbürtig. Mit der dritten Zigarre zeigt das Mädchen an, daß es ihnen ebenfalls ebenbürtig ist. Nach Abrahams Interpretation des Schauspiels möchte das Mädchen, daß jeder Erwachsene, gleich, ob Mann oder Frau, einen Penis hat. Es empfindet zwar seinen Mangel, aber es tröstet sich mit der Phantasie, daß es auch einen Penis bekommt, wenn es eine Mami wird.

Etwa ein Jahr später wird das Mädchen ungeduldig. Meistens ist es fröhlich, spielt und beschäftigt sich emotional mit Freunden und Familie. Aber ab und zu kehrt es zu seinem Problem zurück und stapft mißmutig und grübelnd durchs Haus. Es ist schwer, einen klaren Kopf zu behalten, wenn man so viele widersprüchliche, verwirrende Gefühle erlebt: Enttäuschung, Neid, Eifersucht, Wut, Rachsucht, Hilflosigkeit, Erniedrigung, Frustration – und Liebe. Das Mädchen entschließt sich, seinen Eltern jedenfalls zu vergeben, weil es sie zu sehr liebt, um ihnen etwas anzutun.

Sein kindlicher Verstand rechnet sich aus, daß Geschenke ein Beweis dafür sind, daß ein Mensch einen anderen Menschen liebt. Die Mutter hat dem Kind ihre Liebe gezeigt, indem sie ihm Milch aus ihrer Brust schenkte. Das Kind hat diese Liebe erwidert, indem es der Mutter Kot und Urin aus seinem Körper schenkte. Warum sollte ein liebender Vater ihm dann nicht einen Penis schenken und vielleicht auch noch ein Baby? Natürlich gehen diese Träume nicht in Erfüllung. Das Selbstwertgefühl des kleinen Mädchens, sein Machtgefühl und die Liebe zu seinem Körper – jeder Aspekt seines Narzißmus – sind einer harten Belastungsprobe unterworfen. Als dem Mädchen klar wird, daß sein Vater nicht die Absicht hat, ihm seine Wünsche zu erfüllen, begnügt es sich damit, auf einen schönen Prinzen aus seiner eigenen Generation zu warten, der ihm alles schenken wird, was es sich von seinem Vater gewünscht hatte – auf jeden Fall ein Baby, aber vielleicht auch einen Penis. Diese neue Hoffnung spornt es dazu an, eine würdige Prinzessin zu werden. Es wird zu einer Miniaturausgabe seiner Mutter und lernt jeden Tag dazu: wie man gleichmäßig und federnd geht, Hüte mit Schleiern aufsetzt, Torten backt und Hühnchen füllt, müde Rücken massiert und Kranke mit heißer Suppe füttert. Auf diese Art söhnt Abrahams neidisches und enttäuschtes kleines Mädchen sich mit seinem Schicksal aus und wächst zu einer – im Sinne Abrahams normalen – Frau heran.

Karl Abrahams Vorstellung von der normalen Frau muß in vielen Punkten hinterfragt werden, und ich werde in einem späteren Kapitel auf diese Punkte zurückkommen. Zuerst möchte ich seine Darstellung der Reaktion kleiner Mädchen auf die anatomischen Geschlechtsunterschiede erweitern und berichtigen.

Nachdem Abraham seine Abhandlung über den weiblichen Kastrationskomplex veröffentlicht hatte, beeilte eine Reihe weiblicher Analytikerinnen sich, darauf aufmerksam zu machen, daß Frauen nicht das Geschlecht ohne Geschlechtsorgan sind. Sie machten geltend, daß Mädchen von einem sehr frühen Alter an nicht nur ihre äußeren Genitalien – Klitoris, Schamlippen und Vulva – erforschen, sondern auch ein intuitives Gespür für ihre Vagina zeigen. 1924 brachte Abraham in einem Brief an Freud Zweifel an seiner früheren Darstellung des genitalen Bewußtseins beim weiblichen Kind zum Ausdruck. »Mir ist neuerdings aber eine Vermutung gekommen, ob es nicht in der frühen Kindheit bereits eine [...] *vaginale* Frühblüte der weiblichen Libido gibt«, schrieb er.[4] Was weibliche Analytikerinnen bereits beobachtet und behauptet hatten, unterbreitete Abraham Freud nun als Anregung für die Neufassung der psychoanalytischen Theorie der erogenen Zonen und der weiblichen Entwicklung. Weder er noch Freud verfolgten die Sache jedoch weiter.

Erst vierzig Jahre später, als die Kinderanalytikerin Judith

Kestenberg die Ergebnisse ihrer Beobachtungen an Säuglingen und Kleinkindern veröffentlichte, wurden diese früheren Behauptungen bestätigt. Kestenberg stellte fest, daß Kinder beiderlei Geschlechts im Alter von etwa zweieinhalb Jahren durch verschiedene Körperbewegungen und spielerische Handlungen zeigen, daß sie ein Bewußtsein von ihren inneren Genitalien haben. Sie war so überzeugt von der entscheidenden Bedeutung der beobachteten Verhaltensweisen, daß sie sich allen psychoanalytischen Konventionen widersetzte, die Existenz einer weiteren erogenen Zone verkündete und einer Entwicklungsphase des Kindes den Namen *innergenitale Phase* gab. Es ist bedauerlich, daß Kestenbergs Theorien innerhalb der psychoanalytischen Gemeinde noch keine breite Anerkennung gefunden haben.[5]

Ich selbst bin von der Stichhaltigkeit und der Bedeutung ihrer Beobachtungen beeindruckt, nicht nur, weil ich bei meinen Studien an Kleinkindern ähnliche Verhaltensweisen feststellen konnte, sondern auch, weil Kestenbergs Interpretationen dieser Verhaltensweisen durch die Phantasien bestätigt werden, die Kinder, Jugendliche und Erwachsene über die Unterschiede zwischen den Geschlechtern haben.

Es ist zu erwarten, daß Kinder ihre Aufmerksamkeit auf diejenigen Körperteile und körperlichen Erfahrungen richten, die ihren Eltern wichtig sind. Vor der innergenitalen Phase beschäftigen Eltern und Kinder sich mit den *Produkten* des Körperinneren, vor allem mit dem Essen, das in den Mund hinein- und als Kot durch den After wieder herauskommt. Im Gegensatz zu den bestimmbaren und lokalisierbaren Körperempfindungen, die man mit den Schließmuskeln von Mund und Anus kontrollieren und steuern kann, sind innergenitale Empfindungen ebenso wie Empfindungen, die von anderen inneren Organen verursacht werden, diffus und können nicht gesteuert werden.

Wenn Mutter und Vater dann mit der Zeit immer weniger auf die körperlichen Bedürfnisse des Kindes achten, stimulieren und kontrollieren sie auch seine Körperfunktionen nicht mehr so stark und erlauben so dem Kind, die Reize, die aus seinem Körperinneren stammen, bewußter wahrzunehmen. Niemand interessiert sich dafür, wo, wie oder wann das Kind innergenitale Erregungen erlebt. Auf diese Körperempfindungen gehen die Eltern nicht ein, und daher bleibt es dem Kind selbst überlassen, ihre Bedeutung herauszubekommen. Die genitalen Erregungen, die vom Inneren des Körpers ausgehen, stellen für Kinder beiderlei Geschlechts ein Rätsel dar. Kestenberg formulierte das folgendermaßen:

> Innergenitale Empfindungen sind, obwohl sie Nachklänge von Erregungen der äußeren Genitalien sind, weder lokalisierbar noch produktiv. Durch Erregung der äußeren Genitalien bei der normalen Körperpflege und durch den Druck benachbarter Organe werden bohrende vaginale Empfindungen hervorgerufen [...] Der Junge hat mit undeutlichen innergenitalen Empfindungen zu kämpfen, die von der Reizung zentraler Teile des Penis (Bulbus [Zwiebel], Crura [Rutenschwellkörper]), von Bewegungen der Hoden, Kontraktionen der Samenstränge und Druck auf Prostata und Samenbläschen herrühren können.[6]

Kestenberg beobachtete, daß Kleinkinder beiderlei Geschlechts versuchen, die Probleme, die die Unkontrollierbarkeit dieser inneren Empfindungen ihnen aufgibt, durch Externalisierung zu lösen. Sie projizieren ihre Empfindungen auf Objekte, die sichtbar und greifbar sind und kontrolliert und manipuliert werden können. Da Kinder ihre phantastischen Theorien über ihr Körperinneres nicht in Worte fassen können, können sie diese vagen, intuitiven Phantasien nur durch Verbalisierungen und Verhaltensweisen andeuten, die ihr spielerisches Erforschen belebter und unbelebter Objekte begleiten – dazu zählen Babypuppen, Lastwagen, Bälle, Bauklötze, bewegliches Spielzeug und Baukästen. Man kann beobachten, daß Kinder während der innergenitalen Phase alles verwenden, das »sich bewegt, den Anschein von Bewegung erweckt oder bewegt werden kann, das lebendig zu sein scheint und benutzt werden kann, um die inneren Bewegungen darzustellen«[7]. Dieses spielerische Erforschen, soviel Spaß es auch machen kann, hilft natürlich nicht dabei, die tiefere emotionale Bedeutung der rätselhaften innergenitalen Empfindungen zu erkennen.

Von Geburt an versucht das weibliche Kind in gleichem Maße wie das männliche, seine körperlichen Erfahrungen zu verstehen. In den frühen Lebensmonaten besteht ein Aspekt der Selbsterfahrung darin, zu erleben, was ein Körperteil tun kann und wie es sich anfühlt, wenn er etwas tut oder jemand etwas mit ihm tut. Die Reaktionen der Eltern auf den Körper des Kindes – ob sie ihn mit bewundernden Blicken liebkosen oder sein Tun und Lassen mit enttäuschtem Stirnrunzeln zurückweisen oder sich so verhalten, als würden bestimmte körperliche Erfahrungen nicht existieren – verleihen diesen Körpererfahrungen auf der Gefühlsebene Resonanz. Der zweite wichtige Aspekt der Selbsterfahrung betrifft die Phantasien und Wünsche, die im Zusammenhang mit den starken, aber verwirrenden emotionalen Bindungen an Mutter und Vater entwickelt werden. Mitte des zweiten Lebensjahres kann das kleine Mädchen seinen Körper und seine Welt mit symbolischen Mitteln deuten und darstellen, aber weiterhin vor allem durch Phantasien und Phantasiespiele und weniger durch symbolisches Denken oder Sprache.[8] Diese Einschränkung führt zu einigen interessanten und oft schmerzhaften *Fehl*deutungen. Was zuerst bloße Sinneswahrnehmung oder Spiegelung von Liebe, Enttäuschung oder Desinteresse auf seiten der Eltern war, wird jetzt in den Bereich der Phantasie hineingeholt, wo Selbsterfahrungen und Erfahrungen mit der Außenwelt mit komplexeren emotionalen Bedeutungen versehen werden.

In den späten fünfziger und in den sechziger Jahren, als Kestenberg die Bewegungen und spielerischen Aktivitäten von Säuglingen und Kleinkindern untersuchte und dabei entdeckte, daß Zweieinhalbjährige eine intuitive, sensomotorische Kenntnis ihrer innergenitalen Welt besitzen, studierte Margaret Mahler Säuglinge und Kleinkinder, die sich gerade in dem emotional belastenden Prozeß der Loslösung und Individuation befanden. Mahler war, wie Kestenberg, in zweifacher Hinsicht eine Pionierin: Sie glaubte an die entscheidende Bedeutung der vorsprachlichen Eltern-Kind-Interaktion *und* an den hohen Wert der direkten Beobachtung kindlichen Verhaltens für die Vertiefung des psychoanalytischen Verständnisses.[9]

Indem sie die Bedeutung der ersten Pflegeperson, normalerweise der Mutter, aufzeigte und die verschiedenen Reaktionen weiblicher und männlicher Kinder auf die Loslösung deutlich machte, brachte Mahler auch Licht in die Entwicklung des Gefühlslebens. Wenn diese Entwicklung fehlgeht, hat der Mensch später Schwierigkeiten, seine Aggressionen zurückzuhalten, die eigenen Grenzen, die Grenzen anderer und die von Zeit und Raum zu bestimmen, andere Menschen zu lieben, die Heranwachsenden aufzuziehen und die Toten zu betrauern. Der menschliche Dialog beginnt mit der ersten Partnerschaft des Säuglings außerhalb des Mutterleibes. Der Säugling erlebt das Glücksgefühl der Einheit mit der Mutter, die bedingungslose Liebe, die den grundlegenden Dialog der menschlichen Existenz darstellt. Die nächste Serie von Mutter-Kind-Dialogen, im Alter von etwa vier Monaten bis zu drei Jahren, ist davon abhängig, wie das Kleinkind sich aus der Symbiose mit der Mutter löst. Während es sich loslöst, lernt das Kind die Bedingungen realer Liebe kennen und gewinnt das Gefühl, daß es nur es selbst und niemand anders ist. Alle späteren menschlichen Dialoge beinhalten, neben anderen Wünschen und Bestrebungen, das Bemühen, die Sehnsucht nach der verlorenen Harmonie des Einsseins mit dem ebenso starken Bedürfnis nach Getrenntsein und Individualität in Einklang zu bringen. Wie ein Kind es lernt, diese beiden widersprüchlichen, grundlegenden menschlichen Bestrebungen miteinander zu vereinbaren, das ist die Geschichte von Loslösung und Trennung, der zweiten oder psychischen Geburt des Menschen.

Mahler und Kestenberg arbeiteten zwar unabhängig voneinander, teilten sich aber später gegenseitig ihre Ergebnisse mit, und beide erkannten die psychologischen Beziehungen zwischen den verschiedenen Entwicklungsphänomenen, die sie entdeckt hatten. Die kritische Phase im Prozeß der Loslösung und Individuation, die Phase der Wiederannäherung, beginnt mit fünfzehn bis achtzehn Monaten und wird mit zweieinhalb bis drei Jahren abgeschlossen. Der Abschluß des Loslösungs- und Individuationsprozesses und das Auftreten der innergenitalen Phase, die von Kestenberg entdeckt wurde, stimmen also zeitlich überein und beeinflussen sich, psychologisch gesehen.

Die Wiederannäherungsphase ist die Krise im Prozeß von Loslösung und Individuation. Während der Bewältigung dieser emotionalen Krise erwirbt das Kind die elementaren Grundlagen der vielfältigen Emotionen, Gedanken, Phantasien und Werte, die beteiligt sind, wenn ein Mensch in Beziehung zu einem anderen, realen Menschen tritt. Das Wesen der menschlichen Liebe ist Einssein. Die Lebenskraft der Liebe erwächst aus der Partnerschaft zweier leibhaftiger Menschen, die das Getrenntsein des anderen verstehen und respektieren. Zu Beginn der Wiederannäherungsphase weigert sich das Kind, so gern es auch zu der Glückseligkeit des Einsseins zurückkehren würde, das Gefühl des Getrenntseins aufzugeben, das dringende Bedürfnis, Körper und Geist für sich, als sein Eigentum zu beanspruchen. Wohlbefinden und Selbstwertgefühl einer Dreijährigen rühren daher, daß sie in sich genug Erfahrungen von der guten Mutter und dem guten Selbst gesammelt hat, um als getrennte Person funktionieren zu können, selbst wenn sie vielleicht neidische und haßerfüllte Gedanken den Eltern gegenüber hegt. Es kommt ihr gar nicht in den Sinn, daß sie ein stets braves Kind oder ein sich anklammerndes, hilfloses Nichts sein müßte, um sich und ihre Eltern vor ihrer Schlechtigkeit zu bewahren.

Wie eine Dreijährige den Wert ihrer Geschlechtsorgane einschätzt und wie sie lernt, den durch die Urszene hervorgerufenen Neid, die Eifersucht, die Kränkung und die Wut zu kontrollieren, wird natürlich stark davon beeinflußt sein, wie gut sie die Probleme im Zusammenhang mit Loslösung und Individuation bewältigt. Andererseits gibt die Urszene, mit ihrer Betonung der sexuellen Funktionen und der Fortpflanzungsfunktionen der Genitalien, den Rahmen ab, in dem alle früheren Erfahrungen von Körper und Selbst neu organisiert werden. Erst zu diesem Zeitpunkt, im Zusammenhang mit den Phantasien über die Urszene, die durch den Ausschluß des Kindes vom Sexualleben der Eltern hervorgerufen werden, erhalten diese Erfahrungen, die früher einfach nur kognitiv und sinnlich waren, *erotische* Bedeutung.

Abrahams erfinderisches kleines Mädchen entwarf sein Theaterstück von den drei Zigarren, während es die Krise der Loslösung und Individuation bewältigte und versuchte, Ursprung und Bedeutung der Erregungen zu erfassen, die von seiner inneren genitalen Welt ausgingen. Wir können Abrahams spärlichem Bericht nicht entnehmen, wie diese Erfahrungen möglicherweise das Schauspiel des Mädchens beeinflußt haben. Doch in jeder Diskussion darüber, wie ein kleines Mädchen auf seine Wahrnehmung der anatomischen Geschlechtsunterschiede reagiert, ist unbedingt zu berücksichtigen, ob das Mädchen einfach nur die körperlichen Unterschiede registriert, ob es die Unterschiede mit Phantasien ausschmückt, die mit dem Selbst und den anderen zu tun haben, oder ob es Deutungen mit erotischen Konnotationen vornimmt.

Ebenso wie der kleine Junge das Nichtvorhandensein des weiblichen Genitales nicht in einem einzigen »Moment« entdeckt, entdeckt auch das Mädchen den Penis nicht mit einemmal. Die Entdeckung des Penis bekommt immer wieder neue Bedeutung, mit jedem erweiterten Verständnis der Körperfunktionen, mit jeder neuen Erfahrung des erwachenden Selbst und mit jeder neuen Erkenntnis über die verschiedenen gesellschaftlichen Rollen, die Frauen und Männern zugeteilt werden. Der weibliche Kastrationskomplex beruht, ebenso wie der männliche Kastrationskomplex, nicht auf einer einzigen Reaktion in einem bestimmten Moment in der Kindheit, sondern auf Phantasien und Fehldeutungen, die im Kleinkindalter beginnen und während des ganzen Lebens immer neue Bedeutung erhalten und immer neu interpretiert werden.

Ich werde daher, ebenso wie bei meiner Diskussion des männlichen Kastrationskomplexes, einem hypothetischen, »normalen« kleinen Mädchen folgen, während es seine Entdeckungen der anatomischen Geschlechtsunterschiede mit allen möglichen vorläufigen Theorien, Phantasien und Fehldeutungen verknüpft. Das kleine Mädchen geht bei seinen Untersuchungen im Grunde nach dem gleichen Muster vor wie der kleine Junge, aber es schmückt seine Entdeckungen mit Phantasien aus, die vor allem die weibliche Entwicklung betreffen. Um es an dieser Stelle kurz zusammenzufassen: Es gibt einen weiblichen Kastrationskomplex, aber er betrifft *nicht* ein fehlendes Genitale. Der weibliche Kastrationskomplex hängt unter anderem mit Ängsten zusammen, die die Verstümmelung oder Beschädigung *weiblicher* Genitalien betreffen. Das kleine Mädchen interessiert sich vor allem für seine eigenen Genitalien, die, abgesehen von Klitoris und Vulva, *innere* Organe sind.

Das früheste Interesse jedes Kindes gilt seiner körperlichen Unversehrtheit und Ganzheit und jenen Körpererfahrungen, die zu einem kohärenten Selbstgefühl und zur Selbstachtung beitragen. Wenn daher ein anderthalbjähriges Mädchen zum erstenmal einen Penis sieht, legt seine Wahrnehmung ihm nahe, daß es anders ist als die anderen. Es fragt sich vielleicht, warum es selbst keinen hat, und kommt zu dem Schluß, daß es bestraft wird, weil es böse war. Es möchte vielleicht wie jemand sein, der einen Penis hat, oder es möchte selbst einen haben oder möchte jemandem, der einen hat, einen wegnehmen, oder es möchte im Stehen urinieren können wie sein Bruder. Keiner dieser Penis*wünsche* ist jedoch mit dem Gefühl des *Neides* verbunden, das in der späteren Kindheit, wenn die anatomischen Unterschiede zwischen Frauen und Männern, Erwachsenen und Kindern soziale Bedeutung erhalten, hinzukommt. Auch bringt die Zweijährige den anatomischen Unterschied nicht mit Geschlecht und Genitalfunktionen in Verbindung. Sie versteht nicht, daß der Penis ein Geschlechtsorgan ist.

In der Mitte des zweiten Lebensjahres, wenn nicht schon früher, erlangen Kinder mit der Erkenntnis, daß sie entweder männlich oder weiblich sind, eine grundlegende Geschlechtsidentität. Weibliche und männliche Geschlechtsidentität hängen aber außerdem mit den erotischen Bedeutungen zusammen, die den sexuellen und zeugenden Funktionen der Genitalorgane zugeschrieben werden, und mit den unterschiedlichen gesellschaftlichen Rollen der Geschlechter. Doch erst nach Bewältigung der emotionalen Konflikte, die durch die Loslösung von der Mutter entstehen, hat das kleine Mädchen die kognitive Fähigkeit, einem körperlichen Unterschied erotische Bedeutung zuzuschreiben, und die emotionale

Fähigkeit, Menschen mit *phallischer* Macht zu beneiden. Bis dahin ist der Penis etwas, das Vater, Bruder und andere Männer haben und das Mädchen nicht, und das die Mutter vielleicht hat oder auch nicht. Selbst ein so kleines Kind nimmt jedoch bereits Reaktionen wahr, die emotional und sozial bedeutsam sind und die seine späteren Deutungen beeinflussen werden.

Die Eltern des kleinen Mädchens reagieren auf seine Entdeckung der Genitalien in einem Ton, der sich erheblich von der Bewunderung unterscheidet, mit der sie die Entdeckung von Händen, Füßen, Augen, Mund, Nase und Bauchnabel begrüßt hatten. Sie wissen schließlich, daß die Genitalien bei der Unterscheidung der Geschlechter eine Rolle spielen, und reagieren auf die Genitalien ihrer kleinen Tochter mit den Werturteilen, die sie sich selbst über Haben oder Nichthaben eines Penis gebildet haben. Während das kleine Mädchen allmählich seine Beobachtungen, seine Verwunderung, seine Verwirrung und seine Wünsche im Hinblick auf Penisse mit den anderen Geheimnissen des Lebens in Zusammenhang bringt, spielt es für seine Phantasien und Wünsche eine große Rolle, welche Gefühle und Phantasien die Eltern über die Unterschiede zwischen Frau und Mann zum Ausdruck bringen. Außerdem wird das Kind, selbst wenn die Eltern noch so vernünftig oder unkonventionell sind, mit seinem infantilen Verstand die ausgesprochenen und unausgesprochenen Botschaften über Geschlechter und Geschlechtsleben auf dem Hintergrund des einen oder anderen Stereotyps interpretieren.

Das Mädchen gelangt, ebenso wie der Junge, zu der vorläufigen Vorstellung, daß ein Baby im Bauch der Mutter wächst und dann durch den Anus oder den Bauchnabel herauskommt. Es verbindet Penis und Vagina noch nicht mit der Zeugung. Wie das Baby in Mutters Bauch hineinkommt, wird noch für einige Jahre ein Geheimnis bleiben. Andere Dinge über das Kinderkriegen erfährt das kleine Mädchen jedoch unmittelbar und kaum bewußt im Zusammenhang mit seinen eigenen Körperempfindungen. Manche Mütter und Väter erzählen noch Geschichten von Störchen und

Feen, andere sagen »die Wahrheit« über die Herkunft der Babys. Aber ein kleines Mädchen kommt ganz von selbst darauf, daß es in seinem Bauch ein Baby wachsen lassen kann, so wie die Mami, und seine schöne Phantasie wird von den Erregungen bestätigt, die es im Becken und im Unterleib spürt. Genauso, wie ein kleiner Junge intuitiv erkennt, daß sein Penis zum Hineinstecken und Eindringen da ist, spürt das kleine Mädchen, daß das undeutliche, aufgeregte Flattern in seinem Körper etwas mit dem Ort zu tun hat, wo die kleinen Babys schlafen, bis sie herauskommen.

Für das Mädchen ist es besonders reizvoll, seine Klitoris zu streicheln und die Schamlippen und den Rand der Vagina zu reiben und zu drücken. Intuitiv spürt es, daß diese Erregungen sich von den Gefühlen in Zehen, Augen, Nase, den Armen oder der Brust unterscheiden. Aber es ist sich seiner Sache nicht sicher. Außerdem kann es nicht unterscheiden, von welchem inneren Ort die Babys und wo die Fäzes herkommen. Während es lernt, seine Schließmuskeln zu beherrschen, merkt es, daß man eine bestimmte Fülle im Körperinneren in der Gewalt hat und eine andere nicht. Es lernt, daß es den Druck der Fäzes durch eigene Anstrengung, durch Anhalten und Herauslassen, regulieren kann. Doch die angenehme Erregung der äußeren Organe, die sich über das sich ausdehnende und zusammenziehende mittlere Organ der Vagina bis nach ganz innen in den Uterus hinein ausbreitet, läßt beunruhigende innere Empfindungen entstehen, die nicht gesteuert werden können. Im Gegensatz zu den Verdauungsprodukten scheinen die Substanzen, die diese Erfahrungen hervorrufen, schwer faßbar zu sein, und sie können nicht mit Hilfe eines Schließmuskels festgehalten oder ausgeschieden werden. Das kleine Mädchen steckt den Kopf zwischen die Knie, in der Hoffnung, vielleicht sehen zu können, was sich da drinnen abspielt. Die unergründliche Tiefe und die unkontrollierbare Erregbarkeit seiner inneren genitalen Welt vermitteln ihm ein Gefühl des Unheimlichen, eine Ahnung von beängstigenden, höhlenartigen Räumen. Diese aufregenden und manchmal erschreckenden, unerklärlichen Erfahrungen wecken die Neugier des Mädchens, bereichern sein Phantasieleben und vergrößern sein Gefühlsspektrum.

Im Zuge seiner unermüdlichen Forschungen betrachtet das kleine Mädchen auch den Penis des Bruders, den dieser ohne Zögern jedem zeigt, der sich dafür interessiert, mit neuen Augen. Dieses Glied, das das Mädchen einst nur mit einem leicht besorgten »Wo ist denn meiner?« registrierte und manchmal auch haben wollte, wird jetzt zum Anlaß für beunruhigende Fehlschlüsse.

Zu diesem Zeitpunkt, mit etwa zweieinhalb Jahren, vergleicht das Mädchen sich mit Bruder, Vater und seinen kleinen männlichen Freunden und stellt fest, daß ihm etwas fehlt. Jetzt verbindet es andere Unvollkommenheiten, die es an sich erfährt, mit dem Fehlen eines Körperteils. Jetzt hat es auch Angst, denn in seiner Phantasie erlebt es seinen Zustand als Vergeltung für seine bösen Phantasien und Gedanken. Seine verschiedenen Deutungen der anatomischen Geschlechtsunterschiede beruhen zum Teil auf seinen Empfindungen von innergenitaler Verletzlichkeit, zum Teil aber auch auf einigen psychologisch bedeutsamen Ereignissen, die zur selben Zeit auftreten. Im Zusammenhang mit den Bemühungen des Mädchens, sich von der Mutter zu lösen und ein eigenständiges Selbst zu werden, entstehen emotionale Konflikte. Die Phantasien, die durch diesen unvermeidlichen emotionalen Aufruhr hervorgerufen werden, beeinflussen seine Interpretation der Tatsache, daß es keinen Penis hat.

Das Mädchen und seine Mutter machen harte Zeiten durch. Für das Mädchen ist es unabdingbar geworden, auf seinem Getrenntsein von der Mutter zu bestehen. Es weigert sich, auch nur irgend etwas zu tun, das die Mutter von ihm verlangt. Mit seinen heftigen Erklärungen »Nein!«, »Meins!« und »Ich will nicht!« bringt es sich selbst und seine ganze Umgebung aus der Fassung. Diese Proteste können ihm für Momente, manchmal sogar für mehrere Tage hintereinander mehr bedeuten als seine Fähigkeit, Dinge zu benennen oder schwierige Wörter, wie zum Beispiel Kühlschrank oder Eichhörnchen, richtig auszusprechen. An manchen Tagen ist die Wut des kleinen Mädchens auf seine Mutter mit einer dunklen Wolke vergleichbar, die beide einhüllt. Während die Wolke sich herabsenkt, verliert das Mädchen aus den Augen, von wem die

Wut kommt. Es erlebt seine Mutter als furchterregendes Wesen,
das sich von kleinen Mädchen ernährt. Die Furcht des Mädchens
verwandelt seine Wut in einen schrecklichen Zorn, der es in jene
Zeit zurückversetzt, als es vor lauter Zorn nur beißen und reißen
konnte.

Wenn Sie jemals erlebt haben, wie eine Zweieinhalbjährige einen
Wutanfall durchmacht, verstehen Sie vielleicht, daß für ihren infantilen Verstand die Frustration und die Wut, die sie abreagiert, das
gleiche Ausmaß haben, als wenn sie die Welt und alle Menschen
darin verschlänge und zerstörte. Diese wilde, destruktive Wut, die
durch keine Zärtlichkeit und keine Anteilnahme zu besänftigen ist,
ist blind und ungerichtet. Sie wird noch nicht mit Neidgefühlen in
Zusammenhang gebracht und auch nicht mit der erotischen Bedeutung, die sie im Kontext der Urszene erhält. Während der Wiederannäherungsphase stellt diese verzehrende Wut eine Seite der emotionalen Ambivalenz dar, durch die die Gefühle des kleinen Mädchens seiner Mutter gegenüber charakterisiert sind.

Auf der anderen Seite stehen ganz andere, aber auf ihre Art
ebenso beängstigende Gefühle. Sie beruhen auf den Phantasien und
Wünschen, die mit den warmen, weichen, schluckenden Empfindungen von Mund und Bauch verbunden sind. Das kleine Mädchen
würde seine furchterregende Wut und einsame Unabhängigkeit
gern aufgeben und sich auf Mutters Schoß einkuscheln oder sogar
noch tiefer, vielleicht wieder in ihrem Bauch, wo die anderen Babys
sind. Oder noch lieber würde es sich von einem weichen, leeren
Bauch verschlucken lassen, in dem es keine beunruhigenden Penisse
und keine potentiellen Rivalen gibt, mit denen man fertig werden
muß. Das Mädchen sehnt sich manchmal danach, in diesem warmen
Bauch zu sein und noch einmal geboren zu werden – diesmal aber
als liebes kleines Mädchen, das die Macht hat, seine geliebte, schützende Mutter glücklich und fröhlich zu machen. Doch diese Wünsche bringen eine weitere Angst mit sich. Was wäre, wenn sie
tatsächlich wahr würden? Die verwirrende Sehnsucht, verschluckt
zu werden, und ihre entgegengesetzte Angst machen es dem kleinen
Mädchen schwer, sich von der sanften Dunkelheit des Abends in

einen ruhigen Schlaf »verschlucken« zu lassen. Nach einer Nacht voller undeutlicher, gruseliger Träume von dunklen Höhlen und Ertrinken und In-der-Toilette-Hinuntergespültwerden wacht das Mädchen morgens mißmutig auf, entschlossen, so oft »*Nein!*« und »*Meins!*« und »*Ich will nicht!*« zu schreien, wie es nur kann. Und nicht nur das: Wenn es auf der Toilette sitzt, weigert es sich, der gemeinen Mutter, die ihm keinen Penis gegeben hat, ein Fäzesbaby zu schenken. Der Ärger des Mädchens darüber, daß es auf einen Penis verzichten muß, vermischt sich mit seinen Konflikten im Prozeß der Loslösung von der Mutter. Immer wieder verbindet sich seine Wut über das Nichthaben mit den eigenwilligen *Neins* und *Meins* und verwandelt ein lebhaftes, waches, neugieriges kleines Mädchen in ein verwirrtes und verwirrendes, schlechtgelauntes, nicht zufriedenzustellendes, untröstliches kleines Ungeheuer, das man nur schwer liebhaben kann.

Die Phantasie, einen Penis zu bekommen, verschafft dem kleinen Mädchen möglicherweise vorübergehend Befreiung von seiner intensiven Haßliebe zur Mutter. Ein Penis wäre eine greifbare Bestätigung dafür, daß es anders ist als die Mutter, und würde die Angst vor den Verschmelzungswünschen verringern. Ein Penis wäre eine größere, äußere Klitoris, mit deren Hilfe das Mädchen die Reize und Spannungen in seinem Körperinneren lokalisieren und entladen könnte. Manchmal ist der Wunschtraum, einen Penis zu haben, tröstend und beruhigend. Manchmal aber macht er das Mädchen noch schwieriger und unvernünftiger als sonst. Dann ist es sicher, daß die Mutter unter ihrem Schamhaar einen Penis hat, und wenn es beim gemeinsamen Baden nicht in ihr Schamhaar greifen kann, zerrt und reißt es an ihrer Bluse, ihrem Rock oder ihrer Kette und versucht, sie zu zwingen, ihm das zu geben, was sie allen anderen schon gegeben hat. Obwohl das Mädchen ärgerlich verlangt, die Mutter solle ihm wiedergeben, was sie ihm vorenthalten oder fortgenommen hat, sehnt es sich weiterhin nach der Geborgenheit in ihren Armen. Aber die Mutter kann ihm nichts recht machen: Sie sagt auf die falsche Art guten Tag und auf Wiedersehen, sucht genau das verkehrte Polohemdchen aus, serviert den

falschen Nachtisch, kauft nicht das richtige Müsli, legt die Puzzle-
teile zu genau hin, zieht das kleine Mädchen zu schnell an oder zu
langsam, hält es zu fest oder nicht fest genug. Wenn das Mädchen sich in seinem Losgelöstsein von der Mutter
sicherer fühlt und seine physische und emotionale Individuation so
weit fortgeschritten ist, daß es die elterliche Fürsorge und die einfachen Gesetze der Kinderstube internalisiert hat, wird es zuversichtlicher, daß es die Gegenwart der Eltern nicht mehr braucht, um
gefüttert oder saubergehalten zu werden, spielen zu können und
sich bewundert und geliebt zu fühlen. Mit drei Jahren hat das
durchschnittliche Mädchen erfahren, daß es das, wozu es früher die
Eltern brauchte, jetzt selbst tun kann. Es ist aus seinem früheren,
erniedrigenden Zustand von physischer und emotionaler Abhängigkeit herausgewachsen. Während dieser ersten Phase der »Macht-
ergreifung« hat das kleine Mädchen, ebenso wie der kleine Junge,
vorübergehend ein gewaltiges Selbstbewußtsein. Es hat angefangen,
seine Aufmerksamkeit auf die Klitoris zu richten, und empfindet
seine Macht über dieses Organ der Entladung als sehr beruhigend,
denn die ziehenden, unerklärlichen innergenitalen Empfindungen
sind ihm immer noch ein Rätsel.

Das kleine Mädchen fühlt sich in dieser Phase seines Lebens
allmächtig und will von seinen Grenzen nichts wissen. Mit diesem
ganz und gar phantasierten phallischen Machtgefühl stellt es sich
manchmal vor, mit dem Vater um die Gefühle der Mutter zu
konkurrieren. Wie ich in Kapitel 2 bereits hervorgehoben habe,
finden sich Mädchen und Jungen, auch wenn sie schon »wissen«,
daß sie entweder weiblich oder männlich sind, noch nicht ganz mit
dem Gedanken ab, daß sie nur ein Geschlecht haben können. In
seinen ersten Phantasien über die Vorgänge im elterlichen Schlafzimmer wünscht ein Junge sich manchmal, vom Vater in der gleichen Weise geliebt zu werden wie die Mutter. Ein Mädchen
wünscht sich manchmal, daß es die Mutter so lieben könnte, wie der
Vater es tut. Und diese Wünsche sind verständlich, wenn wir
berücksichtigen, wie sehr Kinder beide Eltern lieben und bewundern und wie stark sich sowohl Mädchen als auch Jungen in den

ersten Monaten und Jahren ihres Lebens mit der eigenen Mutter identifizieren.

Das kleine Mädchen von drei oder vier Jahren identifiziert sich in der Urszene ohne Schwierigkeiten mit beiden Elternteilen. Während es sich vorher nur Fäzesbabys vorstellen konnte, befaßt es sich jetzt in Gedanken mit der Möglichkeit, daß das, was die Eltern miteinander tun, mit dem Kindermachen zusammenhängen könnte, und gelegentlich hat es vielleicht die flüchtige Phantasie, daß es ebenso die Fähigkeit hat, ein Baby in die Mutter zu legen, wie der Vater. Dieser *phallische* (Kestenberg würde ihn als außergenital bezeichnen) Wettbewerb, bei dem das kleine Mädchen zur Niederlage verurteilt ist, hat einen deutlich erotischen Beigeschmack. Das Nachlassen der phallischen Ambitionen gegenüber der Mutter leitet das nächste emotional aufgeladene Drama in der Kindheit des Mädchens ein.

Während einige Monate zuvor Mädchen und Jungen noch beide Geschlechter spielen und sowohl dem Vater als auch der Mutter gegenüber erotische Wünsche hegen konnten, wird in dem entscheidenderen späteren Urszenendreieck die Mutter als unüberwindliche Rivalin im Kampf um das erotische Verlangen des Vaters und der Vater als unüberwindlicher Rivale im Kampf um das erotische Verlangen der Mutter erkannt.

Die Urszene wird jetzt zu einem traumatischen Ereignis, das die Unterschiede zwischen dem Kind und den Erwachsenen deutlicher hervorhebt. Die fürsorgliche, liebevolle, heilige, asexuelle Mutter wird zu einem erwachsenen, sexuellen Wesen. Das Mädchen gibt den Wettstreit mit dem Vater auf und überträgt die erotischen Phantasien, die es in bezug auf die Mutter hatte, auf ihn. Auch hier muß es unterliegen. Eine Vier- oder Fünfjährige kann den sexuellen Wettbewerb gegen die Mutter nicht gewinnen. Die Eltern ihrerseits halten sich an das Inzestverbot und schützen das Kind vor frühzeitiger Berührung mit der Sexualität der Erwachsenen. Das Mädchen aber sieht den Grund für seinen Ausschluß von der Urszene nicht in seiner Unreife, sondern in seiner physischen Minderwertigkeit. Jetzt erweckt die genitale Macht der Eltern seinen Neid, und der

Verlust seiner Allmacht versetzt es in ohnmächtige Wut. Jetzt, da das kleine Mädchen deutlicher sieht, daß es von der aufregenden Sexualität der Eltern ausgeschlossen ist, erhalten die *sinnlichen Empfindungen* des Kleinkindalters *erotische* Bedeutung. Erotik ist eine körperliche Erfahrung, die mit Phantasien verbunden ist, welche die lebenspendenden Funktionen der Sexualität und der Zeugung den Genitalorganen zuordnen.

Schon immer hat das Mädchen die sekundären Geschlechtsmerkmale der Erwachsenen – Schamhaar, Brüste, Hodensack – mit einem gewissen ehrfürchtigen Staunen betrachtet. Jetzt erkennt es darin die Unterschiede zwischen der genitalen Anatomie des Kindes und der der Eltern. Da das Mädchen die Beschränkungen der Eltern kaum richtig einschätzen kann und da es kein Vertrauen hat, daß es seine eigenen Beschränkungen in Zukunft überwinden wird, erlebt es diese anatomischen Unterschiede als narzißtische Kränkungen. Die idealisierte Macht und die Eigenschaften der Eltern stehen seiner eigenen phantasierten Minderwertigkeit gegenüber. In Wirklichkeit ist es nicht minderwertig, sondern nur kleiner, und seine Genitalien entsprechen nicht denen der erwachsenen Eltern. Aber für seinen kindlichen Verstand bedeutet das Ausgeschlossensein von der Urszene, daß es minderwertig ist und daß die Eltern ihm überlegen sind. Es ist neidisch auf die Mutter, die die Kinder und den Penis bekommt, und es haßt den Vater, der diese »Trophäen« verschenkt und sie ihm vorenthält. Manchmal sind Neid und Wut auch umgekehrt verteilt. Das Mädchen hat seinen Wunsch, die Liebesbeziehung mit der Mutter fortzusetzen, noch nicht ganz aufgegeben und beneidet den Vater daher um den Besitz des eindrucksvollen Genitales, das ihn für die Mutter so anziehend macht, und es ist wütend auf die Mutter, weil diese sich nach dem sehnt, was der Vater ihr geben kann, und das Mädchen wie ein Nichts behandelt, das gar nichts zu bieten hat.

Die Genitalien der Mutter sind ein Hinweis auf ihre sexuelle Macht und ihre Fortpflanzungsfähigkeit und auf den Generationsunterschied zwischen Kind und Erwachsenen. Die Genitalien des Vaters werden als Symbole der Macht und der Autorität idealisiert, die das Kind ausschließen. Außerdem stellt es sich den Penis als ablösbares Glied vor, das als Trophäe des Begehrens und der Bewunderung weitergegeben werden kann. Der Penis, um den das kleine Mädchen seinen Vater beneidet, ist ein fiktives Genitale – ein Phallus. Und diesen vorgestellten und idealisierten Penis möchte es seinem Vater stehlen, damit die Mutter es wieder liebhat und niemanden sonst. Dieser idealisierte Penis ist es auch, den die Mutter in der Vorstellung des kleinen Mädchens vom Vater bekommt und den es der Mutter stehlen möchte.

In seinem Gekränktsein darüber, daß es von dem Austausch von genitalerotischer Lust und erotischer Macht ausgeschlossen ist, konzentriert das kleine Mädchen die ungerichtete, blinde Wut auf die Mutter, die es während der Loslösung und der Individuation erlebt hat, nun auf die verhaßten und mit Neid betrachteten Genitalien von Vater und Mutter. Gleichzeitig fürchtet es die moralische Überlegenheit der Eltern. Es ist das böse, ungezogene Kind, das Strafe verdient, und sie sind die Richter, die die Strafe festsetzen. Für den kindlichen Verstand ist Gerechtigkeit hart und strafend. Das *lex talionis* – Auge um Auge, Zahn um Zahn – regiert. Die Strafe für seine auf die Genitalien gerichtete Wut und seinen Neid besteht daher darin, daß es selbst kastriert wird.

Das durchschnittliche Kind geht zu sozial angepaßteren, abgeschwächten Vorstellungen von Feindseligkeit und Aggression über und gelangt damit auch zu humaneren Auffassungen von Gerechtigkeit und Moral. Aber in dieser Lebensphase, im Alter von vier bis fünf Jahren, erwacht sowohl in Jungen als auch in Mädchen die Furcht vor der Rache der beneideten und gehaßten, idealisierten und verehrten Eltern. Sein Verstand sagt dem Jungen inzwischen, daß sein Penis nicht wie Kot abfallen kann. Aber er hat diese Fehldeutung durch die Phantasie ersetzt, der rächende, mächtige Vater könne sein Genitale beschädigen, verstümmeln oder entfernen, um den Jungen für seinen Wunsch, bei der Mutter den Platz des Vaters einzunehmen, zu bestrafen.

Wenn wir das sexuelle Dreieck aus der Sicht des Mädchens betrachten, bekommen die Mutter-Tochter-Beziehung und die

Rache der Mutter größere Bedeutung. Der weibliche Kastrationskomplex unterscheidet sich also vom Kastrationskomplex des Mannes in mancherlei Hinsicht – und das ist, wie wir in späteren
Kapiteln noch sehen werden, entscheidend für die weibliche Erotik
und für Gestalt und Inhalt der weiblichen Perversionen. Ich habe
bereits darauf hingewiesen, daß, abgesehen von der Klitoris, den
Schamlippen und dem Scheideneingang, die nur indirekt an der
Fortpflanzung beteiligt sind, die sexuellen und die Fortpflanzungsorgane der Frau im Körperinneren liegen. Für das Mädchen bezieht
sich die Vorstellung von der Kastration daher auf innere Organe.
Der Junge fühlt sich durch Kastration bedroht, weil sein Penis
sichtbar ist, während das Mädchen sein ganzes Körperinneres als
bedroht empfindet. Zudem ist im Falle des Mädchens die Person,
die sich durch Kastration rächt, die Mutter, dieselbe Mutter, der
gegenüber es in der Krise der Loslösung und Individuation so
ambivalente Gefühle erlebt hat.

Ich habe im vorangehenden Kapitel hervorgehoben, daß diese
traditionelle Sichtweise des ödipalen Dramas mit ihrer Betonung
von Rache und Kastration zwar exakt ist, die schmerzhaften und
verwirrenden Gefühle des Kindes aber nicht ausreichend berücksichtigt. Wie die Ängste des kleinen Jungen sind auch die Ängste des
kleinen Mädchens vor Rache *zum Teil* Abwehrphantasien, die
andere erschreckende Gefühle fernhalten sollen. Die Urszene, in
der das kleine Mädchen die ausgeschlossene Dritte ist, ist das entscheidende Trauma ihrer Kindheit. Die Kastrationen und Verstümmelungen, die alle Kinder sich als Vergeltung für ihre sündhaften
erotischen Wünsche, ihren Neid und ihre Wut vorstellen, dienen
zum Teil als Schutz vor den Kränkungen der Urszene. Manchen
Kindern wird mit schweren physischen Strafen gedroht, die einer
Kastration gleichkommen. Andere Kinder werden von gewalttätigen Eltern mißbraucht und haben allen Grund, Kastrationsphan-
tasien zu entwickeln. Aber selbst Kinder mit einfühlsamen, nicht-
strafenden Eltern erleben ein gewisses Maß an Kastrationsangst.
Ein Kind übertreibt seine Schuld und die Wut der Eltern häufig, um
die narzißtische Kränkung, die darin liegt, ein Wesen mit kleinen,

unzulänglichen Genitalien zu sein, abzuschwächen. Angst und Schuld sind schmerzhafte Affekte, die, selbst in der Kindheit, Scham fernhalten und die Person davor schützen, sich klein, unzulänglich und hilflos zu fühlen. So beängstigend die kindlichen Phantasien über Vergeltungsmaßnahmen der Eltern auch sein mögen, dem Narzißmus ist es zuträglicher, wenn man sich in der Rolle des Rivalen sieht, der es wert ist, besiegt zu werden, als wenn man sich vorstellt, ein kümmerlicher, genital benachteiligter Außenseiter zu sein.

Die Erkenntnis der genitalen Fähigkeiten und Privilegien von Vater und Mutter bringt einen Zusammenbruch der Allmachtsgefühle des kleinen Mädchens mit sich. Es gibt nicht viel, das es über seine gegenwärtige narzißtische Kränkung hinwegtrösten könnte, und die Tatsache – die ihm inzwischen schmerzlich bewußt geworden ist –, daß das männliche Geschlecht in seiner Sozialordnung höhere Wertschätzung genießt als das weibliche, ist einer Heilung dieser narzißtischen Wunde auch nicht eben förderlich. Dazu kommt noch, daß das fragwürdige Versprechen, daß es einmal Babys haben wird wie die Mutter, geheimnisvolle und vielleicht schmerzhafte physische Veränderungen in seinem Körperinnern in Aussicht stellt. Angesichts der Ängste, die das Mädchen in bezug auf eine Kastration seiner inneren Geschlechtsorgane hat, sind diese Versprechen von zukünftigen Fähigkeiten zu Sexualität und Fortpflanzung nicht besonders beruhigend.

Die frühen Psychoanalytiker nahmen mit Recht an, daß es einen weiblichen Kastrationskomplex gibt, aber sie irrten sich, als sie diesen Komplex als Reaktion des weiblichen Kindes auf seinen Penismangel deuteten. Frauen haben eigene Genitalien: eine Vagina *und* eine Klitoris und eine ausgedehnte innergenitale Welt. Schon als kleine Kinder spüren sie diese inneren Organe und beschäftigen sich emotional stark damit. Der weibliche Kastrationskomplex ist nicht einfach die Reaktion darauf, keinen Penis zu haben, sondern er ist vielschichtiger und komplizierter. Er entsteht aus dem Schuldgefühl für die verbotenen Wünsche beiden Eltern gegenüber, aus der narzißtischen Kränkung, die darin liegt, daß das Mädchen sich diese Wünsche nicht erfüllen konnte, und aus dem erniedrigenden Gefühl, von der den Erwachsenen vorbehaltenen Sexualität ausgeschlossen zu sein. Und wenn das Mädchen vorher schwere Traumen und Mißhandlungen erlitten hat, werden diese späteren Ängste und die narzißtische Wunde sich zu einem Gemisch aus Ängsten vereinigen – vor Vernichtung, Verlassenwerden, Trennung und Kastration –, aus Ängsten vor der Verstümmelung, die die allmächtigen Götter an seinem Körper vornehmen könnten als Vergeltung für *alle* Wünsche und Phantasien der Kindheit.

Als Abwehrreaktion auf den Kastrationskomplex unterdrückt und leugnet das kleine Mädchen die ursprüngliche Kenntnis, die es von seiner geheimnisvollen, unkontrollierbaren und *verletzlichen* innergenitalen Welt hatte, und konzentriert seine genitalen Erregungen und Phantasien auf Klitoris und Vulva, die beherrschbarer und sichtlich unversehrt sind. Manchmal stellt es sich den Scheideneingang vielleicht als Eingang zu einem »heimlichen Garten« vor, in dem sich Babys und verlorene Penisse verstecken. Aber bis die physischen Veränderungen der Pubertät, vor allem die Menstruation, die innergenitale Welt wiedererwecken, wird sie abwehrend unterdrückt.

Die gängige psychoanalytische Erklärung, daß das Mädchen sich aus Wut auf die Mutter und aus Enttäuschung über die beiden gemeinsame genitale Minderwertigkeit dem Vater zuwendet, ist überflüssig und sagt wenig aus, es sei denn, in der Entwicklung liegen Traumen vor. In solchen Fällen kann es zu dieser Art der emotionalen Übertragung kommen. Unter normalen Umständen jedoch gehen die auf den Vater gerichteten erotischen Wünsche des kleinen Mädchens aus seinen Identifikationen mit der Mutter hervor. Seine vielfältigen positiven Identifikationen mit der Mutter im Hinblick auf ihre Sexualität und ihre Fähigkeit, Kinder zu bekommen, verstärken im Mädchen den Wunsch, in der Beziehung zum Vater eine Mami zu sein. Die Schwierigkeiten, die das Mädchen während der Phase der Loslösung und Individuation hat, hängen mit seiner ausgesprochenen Ambivalenz der Mutter gegenüber zusammen. Als Reaktion auf seinen Kastrationskomplex unter-

drückt das Mädchen seine innergenitale Welt, um die furchteinflö-
ßenden Phantasien von mütterlicher Vergeltung zu ersticken. Ein
Grund für die Hinwendung zum Vater besteht darin, daß das
Mädchen sich von ihm Bestätigung und Schutz vor der vergeltenden
Mutter erhofft. Aber trotz dieser mehr oder weniger typischen
Folgen seiner Kindheitskonflikte hat das Mädchen es in vielerlei
Hinsicht besser als der kleine Junge, weil es die Möglichkeit zu einer
engen Beziehung mit dem gleichgeschlechtlichen Elternteil hat –
selbst wenn diese konfliktreich und manchmal mit Angst verbun-
den ist.

Als sie die starke Ambivalenz in der Beziehung zwischen Mutter
und Tochter erkannten, behaupteten einige zeitgenössische Psychologen, die Entwicklung des Mädchens würde konfliktfreier verlaufen, wenn die Mutter bei der Kindererziehung nicht die führende
Rolle spielen würde. Natürlich wäre es für alle Beteiligten, für
Mütter und Väter, weibliche und männliche Kinder gleichermaßen,
vorteilhafter, wenn Väter sich besser in Kinder hinein versetzen
könnten und sich in der versorgenden Rolle wohler fühlen würden
und wenn Mütter sich ihre Befriedigung und ihre Selbstachtung
nicht ausschließlich durch Kinderbetreuung verschaffen würden.
Wenn Väter stärker in die Kinderversorgung und Mütter stärker in
die gesellschaftlichen Abläufe eingebunden wären, könnten die
infantilen Geschlechtsideale nicht so gut mit den Geschlechtsstereotypen der Sozialordnung kollaborieren. Wenn die Mütter
jedoch ihre versorgende Funktion ganz an die Väter abtreten würden, würde das die positiven Resultate einer vorübergehenden und
der Entwicklungsphase gemäßen Ambivalenz vereiteln. Wenn das
Mädchen die Möglichkeit hat, seine Mutter in die Lösung seiner
emotionalen Konflikte mit einzubeziehen, vergrößerte es die Bandbreite und die Anpassungsfähigkeit seiner emotionalen Reaktionen.
Es ist ein liebevoller Kampf, und wenn er auf seiten der Mutter mit
mitfühlendem Verständnis gekämpft wird, verstärkt er die Harmonie zwischen Mutter und Tochter, vertieft und festigt ihre Beziehung und trägt dazu bei, daß das Mädchen zuverlässige, schützende
Bemutterung internalisiert – die Gegenwart eines Über-Ichs, das

liebt und geliebt wird. Mit dieser verinnerlichten schützenden Mutter und einer tatsächlichen fürsorglichen Mutter, die für Trost und Unterstützung noch zuverlässig zur Verfügung steht, empfindet das Mädchen weniger Schuldgefühle und weniger Angst wegen seiner auf den Vater gerichteten erotischen Wünsche und Phantasien, und es gelingt ihm besser, seine Unabhängigkeit von den Eltern *allmählich* zu erlangen.

Wir wissen, daß ein kleiner Junge darunter leidet, daß er sich so schnell von seiner Mutter trennen muß und nicht genug Gelegenheit hat, seine Ambivalenz ihr gegenüber aufzulösen. Wir vergessen leicht, daß ein wesentlicher Aspekt seines Kastrationskomplexes sich auf die Angst vor Vergeltung von seiten der Mutter bezieht, deren »nichtvorhandenes« Genitale im kleinen Jungen Neid auf ihre Fähigkeiten zu Sexualität und Fortpflanzung hervorruft und außerdem eine ohnmächtige Wut, weil sie ihn an seine eigene genitale Unzulänglichkeit erinnert. Im nächsten Kapitel werde ich zeigen, daß Beziehungen zwischen Männern im allgemeinen und die Identifizierung des Jungen mit den vorgestellten phallischen Kräften des Vaters im besonderen häufig auf dem gemeinsamen Neid auf die Frau und auf der Furcht vor der Frau beruhen. Daher gründen sich Unabhängigkeit und Selbstsicherheit des kleinen Jungen allzuoft auf einem infantilen Ideal davon, wie ein richtiger Mann sein sollte. Er hat nur sehr wenig Gelegenheit, die weiblichen und die männlichen Aspekte seiner Identität zu integrieren.

Bei dem derzeitigen Stand der Dinge in unserer Gesellschaft darf das kleine Mädchen normalerweise länger in seiner Phantasiewelt verharren, und darum wird es von dem kleinen Jungen beneidet, denn er steht sehr bald unter dem Druck, ein richtiger Mann sein zu müssen. Ein Mädchen muß auf die Phantasien und Wünsche seiner Kindheit nicht so endgültig verzichten wie ein kleiner Junge. Sein Denken entwickelt sich allmählicher, und es hat daher mehr Möglichkeiten, dessen infantile, strenge und absolute Züge, das Entweder-Oder, abzuschwächen. Die Chance zu Zärtlichkeit, zu Mitgefühl und dauerhafter Zuneigung in der Mutter-Tochter-Beziehung, die so wichtig für Mitleid und Mitgefühl im Denken des kleinen

Mädchens sind, sollte man Frauen nicht nehmen. Statt dessen sollten Jungen solches Feingefühl verstärkt vermittelt bekommen, sowohl von Müttern als auch von Vätern. Es ist wichtig, die Täuschungen, die im »Gesetz des Phallus« liegen, bloßzustellen. Die Lösung ist aber nicht, Mütter und Mütterlichkeit abzuschaffen, sondern die seelenverkrüppelnden Brüche zwischen den fürsorgenden und gesetzgebenden Funktionen im Kind, in der Familie und in der Gesellschaftsordnung zu heilen.

Mir ist klar, daß ich hier von dem Ideal einer im großen und ganzen positiv gefärbten Beziehung zwischen Mutter und Tochter ausgehe. Wir wissen jedoch, daß in der Mutter-Tochter-Beziehung vieles schiefgehen kann. Alles, was zu einem Verlust der schützenden Bemutterung führen könnte – Selbsthaß der Mutter, Depression, emotionale Nichtverfügbarkeit, Vernachlässigung oder physische Mißhandlung des Kindes oder physische Krankheiten und andere Angriffe auf die körperliche und emotionale Unversehrtheit des kleinen Mädchens –, verschärft und verlängert die zu erwartende Ambivalenz, die ein kleines Mädchen seiner Mutter gegenüber erlebt, und verschlimmert damit seine Kastrationsangst.

Wenn die Mutter sich einen Jungen gewünscht hat, der ihre eigenen vereitelten Pläne verwirklichen soll, und statt dessen zu ihrer Enttäuschung ein kleines Mädchen bekommen hat, dem der Penis und die phallischen Kräfte, nach denen die Mutter sich sehnte, fehlen; wenn dem Mädchen jedesmal, wenn es seinem Eigensinn oder seiner Enttäuschung Ausdruck verlieh, das Gefühl vermittelt wurde, es sei ein gemeines, häßliches, dummes kleines Mädchen; wenn das Mädchen mit Einläufen oder scheußlich schmeckender Medizin dazu gezwungen wurde, seine Fäzesbabys herzugeben, obwohl es die Kontrolle über das Weggeben oder Festhalten dieser Geschenke behalten wollte; wenn die Mutter nicht fähig war, die verwirrenden Gefühle, die aus den Konflikten der Tochter herrührten, zu ertragen, und statt dessen mit Wut darauf antwortete; wenn die Mutter in Situationen, in denen das Mädchen sich nach Streicheln und Schmusen und Hautkontakt sehnte, anderweitig beschäftigt war und nicht zur Verfügung stand; wenn dem kleinen Mäd-

chen die Neugier auf seine Genitalien als böse und schmutzige
Sexualität ausgelegt wurde; wenn seine Hände festgebunden oder in
Handschuhe gesteckt wurden, damit es seine »schmutzigen« Geni-
talien nicht berühren konnte; wenn der Vater sich nur aus süßen
weiblichen Kleinkindern etwas machte und überhaupt kein Inter-
esse an selbstbewußten, unabhängigen, heranwachsenden kleinen
Mädchen hatte; wenn der Vater auf die verführerischen Reize des
Mädchens reagierte, indem er es sexuell mißbrauchte; wenn der
Vater zu den tyrannischen Patriarchen gehörte, die von kleinen
Mädchen Reinheit und Jungfräulichkeit fordern, aber gleichzeitig
nicht hinsehen, wenn ihre Söhne, Stiefsöhne oder Brüder mit Händen und Penissen in ihre Töchter eindringen; wenn das kleine
Mädchen in einer Welt aufwuchs, in der ihm jeden Tag bestätigt
wurde, daß Frauen das unerwünschte, erniedrigte Geschlecht sind –
dann wird die primitive Wut des Mädchens, die seine früheren
Entdeckungen der genitalen Unterschiede begleitete, sich jetzt an
dem Neid und den Kränkungen, der Eifersucht und den Depressionen festmachen, die durch das Drama der Urszene ausgelöst werden, durch ein Drama, das auf den ersten, vorläufigen Versuchen
eines kleinen Kindes beruht, seine weiblichen und männlichen
Identifikationen miteinander in Einklang zu bringen und zu integrieren. Wie ich bereits gesagt habe, hat das Mädchen den Vorteil,
daß es sich über lange Zeit hinweg mit dem gleichgeschlechtlichen
Elternteil identifizieren kann. Zu welchen Problemen und Konflikten diese Identifizierung auch führen mag, das weibliche Kind fühlt
sich normalerweise im Hinblick auf seine Geschlechtsidentität
sicherer als das männliche.

Trotz dieser anfänglichen Vorteile, die das kleine Mädchen durch
die Identifikation mit seiner Mutter genießt, besteht die Wahrscheinlichkeit, daß seine infantilen Phantasien über die Geschlechtsunterschiede durch die Geschlechtsstereotypen, die ihm
im Laufe des Erwachsenwerdens aufgedrängt werden, bestätigt
werden. Der Kastrationskomplex des Mädchens besteht fort, weil
weibliche Wünsche und Ziele sich mit den sozialen Rollen, die
Frauen traditionell zugeschrieben werden, nicht vereinbaren lassen.

Mit anderen Worten: Frauen machen ihr Leben lang körperliche und geistige Erfahrungen, von denen ihnen gesagt wird, daß sie nur Männern erlaubt seien. Männer machen selbstverständlich entsprechende »weibliche« Erfahrungen, die sie verleugnen müssen, um sich dem Männlichkeitsideal der Gesellschaft anzupassen.[10]

KAPITEL 4

Andere Denkmäler:
der männliche Kastrationskomplex

Männer haben ebenfalls innere Genitalien. Wie ein Junge seine innere genitale Welt erlebt, das hat großen Einfluß auf seine Phantasien über die Unterschiede zwischen den Geschlechtern, seine Reaktionen auf den Prozeß der Loslösung und Individuation, seine späteren Reaktionen auf die Kränkungen durch die Urszene und seine Einstellung zum Weiblichen und zur Weiblichkeit in der Jugend und im Mannesalter.

Das Gefühl von Freiheit und Hochstimmung, das der Junge empfindet, wenn er während der Loslösung und Individuation von seiner Mutter fortschießt, dient dazu, seinen inneren Konflikt zu überspielen, denn er wünscht sich gleichzeitig, ein Teil seiner mächtigen Mutter zu bleiben. Auch seine Vorstellung von sich selbst, der zufolge er zu der gleichen Gruppe gehört wie sein Vater und nicht zu der gleichen Gruppe wie seine Mutter, ist sehr beruhigend für ihn. Der zweijährige Junge sehnt sich, häufiger, als er sich oder anderen eingestehen will, nach dem liebevollen Beistand seiner Mutter, und er möchte immer noch von ihren duftenden Armen umschlossen und darin herumgetragen werden. Sosehr er auch auf seiner Unabhängigkeit und Autonomie bestehen mag, er wünscht sich auch, seiner Mutter so nah zu sein, daß er das Gefühl hat, in ihr zu sein. Aus seiner Sehnsucht, mit der Mutter zu verschmelzen, entsteht die Phantasie, einen Körper zu haben wie sie, einen Körper mit einer inneren Höhle, in der man ein Kind machen und austragen kann. Sein Verlangen, die Mutter/eine Mutter/in der Mutter zu sein, ist manchmal so stark, daß es für Momente sogar die Furcht vor dem Verlust seines Penis ausschaltet. Aber nicht für lange Zeit. Und hier liegt das andere Motiv, das den Jungen zwingt, einen

Ersatzpenis für seine Mutter zu erfinden. Er begegnet der Angst vor seinen weiblichen Wünschen mit der Vorstellung, daß seine Mutter auch einen Penis hat. Jetzt gibt es keinen Unterschied mehr zwischen ihnen. Er kann eine Mutter sein, ein Kind machen, wieder in der Mutter sein und doch einen Penis haben.

Die rätselhaften Genitalien der Frau erinnern den Mann an seine Wünsche, so geliebt zu werden, wie eine Frau geliebt wird, und Organe zu haben, mit denen man Kinder machen kann wie eine Frau – und an seine Unfähigkeit, das Gewünschte zu erlangen. Wie wir gesehen haben, ist das ein wichtiger Grund dafür, daß erwachsene Männer das, was sie als »kastrierte und kastrierende« Vagina ansehen, so fürchten. Ein kleiner Junge beneidet seine Mutter um ihre Fähigkeit, Kinder zu machen, und möchte sie manchmal »kastrieren«. Diese furchterregenden Phantasien und Wünsche veranlassen den kleinen Jungen auch dazu, seine geliebte, heilige Mutter mit einem Ersatzpenis auszustatten. Mit diesem Geschenk entschädigt er sie für die sadistischen Wünsche, die er ihr gegenüber hegt.

Ein Junge braucht außerdem den Glauben an eine *phallische* Mutter, damit er seine weiblichen Wünsche aufrechterhalten kann, ohne dabei seinen Penis aufgeben zu müssen. Ein Junge wünscht sich, eine Mama zu sein, aber eine Mama mit Penis. Für einen Erwachsenen beinhaltet diese fetischistische Phantasie, die im Transvestismus am deutlichsten Gestalt annimmt, die Vorstellung, eine Frau zu sein, aber eine Frau mit Penis. In der Ablehnung und der abwehrenden Verleugnung der weiblichen Genitalien entdecken wir weitere Ängste. Der Mann hält seine eigene innere genitale Welt für rätselhaft und schwer erfaßbar. Die Phantasien und Wünsche, die mit dieser Welt verbunden sind, stellen eine starke Bedrohung für die männliche Identität dar.

Diese mysteriöse Innenwelt entspricht der mysteriösen innergenitalen Welt der Frau. Im Embryo entstehen die Hoden aus dem gleichen Gewebe wie die Eierstöcke, und der Hodensack entwickelt sich aus Gewebe, das bei weiblichen Embryos zu den äußeren Schamlippen wird. Wie der obere Teil der Vagina, die Gebärmutter und die Eierstöcke, so werden auch die männlichen inneren Genitalien – die Hoden – und die innersten Genitalien – Prostata, Samenbläschen und Samenstränge – erst während der Pubertät reif und funktionsfähig. Trotzdem sind diese Organe auch im unausgereiften Zustand durch ein ausgedehntes Netz von Nerven mit dem Penis verbunden, und sie machen in einer Weise auf ihre Existenz aufmerksam, die sich von der Arbeitsweise der anderen inneren Körperstrukturen unterscheidet.

Die inneren Erregungen können für den Jungen sehr beunruhigend sein, nicht nur, weil sie unkontrollierbare Empfindungen von Fülle und Verlust entstehen lassen, sondern auch, weil in ihnen die Wünsche, eine Mami zu sein und wie eine Mami Babys zu haben, mitschwingen. Kestenbergs Studien über männliche Kleinkinder geben weder Aufschluß über die Intensität der innergenitalen Erregungen noch über das Ausmaß, in dem sie das Phantasieleben des Jungen beeinflussen. Ohne Frage hat der Junge jedoch Kenntnis von seinem Hodensack, den Hoden und der Tatsache, daß diese zur Hälfte äußeren innergenitalen Organe manchmal mit Weiblichkeit und anderen beschämenden, beängstigenden Phantasien verbunden sind, die aus dem Bewußtsein verbannt werden müssen. Diese Phantasien sind so beängstigend, daß viele erwachsene Männer in einer Weise denken und handeln, als sei der Penis ihr einziges Geschlechtsorgan.

Bereits 1923 hatte Freud vermerkt:

> Es ist übrigens merkwürdig, ein wie geringes Maß von Aufmerksamkeit der andere Teil des männlichen Genitales, das Säckchen mit seinen Einschlüssen, beim Kinde auf sich zieht. Aus den Analysen könnte man nicht erraten, daß noch etwas anderes als der Penis zum Genitale gehört.[1]

Daß so deutlich sichtbare Körperteile wie der Hodensack verleugnet und mißachtet werden, hätte Psychoanalytiker stutzig machen sollen. Bis in die späten fünfziger Jahre jedoch, als die Psychoanalytikerin Anita Bell dieses merkwürdige Ignorieren gründlich untersuchte[2], wurde mehr oder weniger stillschweigend akzeptiert, daß der Penis das einzige Geschlechtsorgan sei, das im Denken und in

der Vorstellung des Mannes einen bedeutsamen Platz einnehme.
Bell untersuchte zahlreiche pädiatrische Filme über männliche Kinder und befragte beinahe zwei Dutzend Kollegen, die männliche Kinder und Jugendliche behandelt hatten. Was sie erfuhr, bestätigte ihren Verdacht, daß Hodensack und Hoden in der Psychologie des Mannes eine wesentliche Rolle spielen, und zwar »in den Bereichen Lust-Unlust, der Entwicklung des Kastrationskomplexes, des Körperbildes und der weiblichen Identifikationen«[3]. Außerdem stimmten Bells Ergebnisse mit den Entdeckungen überein, die Kestenberg in jenen Jahren über die innergenitale Phase kleiner Jungen machte, und bestätigten sie indirekt.

Gewöhnlich sind bis zum ersten oder zweiten Lebensjahr und normalerweise spätestens bis zum Alter von sechs Jahren die Hoden in den Hodensack hinabgewandert. Aber da bei neunzig Prozent aller männlichen Kinder der Leistenkanal bis zum Alter von etwa sechs Jahren offenbleibt, können sich die Hoden vorübergehend wieder zurückziehen und scheinbar verschwinden. Angst oder Kälte kann bis zum sechsten Lebensjahr und bei manchen Männern während der ganzen Adoleszenz und selbst noch im Erwachsenenalter diesen Rückzug der Hoden hervorrufen. Die Hoden, die für den kleinen Jungen als »Bällchen« oder »Nüsse« sichtbar sind, die in ihren Säckchen liegen, können also von Zeit zu Zeit völlig verschwinden, und man kann sie nicht willkürlich zur Rückkehr veranlassen. Selbst wenn die Hoden sich nicht mehr zurückziehen, bewegen sie sich weiterhin unwillkürlich als Reaktion auf Furcht, Kälte, Ärger oder Stuhlgang.

Allein vom physisch-anatomischen Standpunkt her sollte offensichtlich sein, daß die Einheit von Hodensack und Hoden für den männlichen Kastrationskomplex eine wesentliche Rolle spielt. Die Hoden können verschwinden. Der Hodensack liegt, anatomisch gesehen, nahe am Anus und sieht für ein Kind manchmal wie Kot aus, der abbricht und herunterfällt. Männer aller Altersstufen stellen sich manchmal vor, daß ihr Hodensack den Brüsten der Frau entspricht. Aufgrund ihres Aussehens und ihrer Funktion als Samenproduzenten lassen Hodensack und Hoden sich leicht mit

Weiblichkeit in Zusammenhang bringen. Während mit dem Penis in erster Linie erotische Lust assoziiert wird, berichten kleine Jungen und erwachsene Männer, daß das Streicheln des Hodensacks mit sanftem Wohlbehagen verbunden ist. Ein Erwachsener berichtete seinem Therapeuten erfreut:»Es ist, als wenn der Hodensack der weibliche Teil von mir wäre. Wenn ich die weichen Bälle in der Hand halte, fühlt sich das angenehm und beruhigend an. Sie hängen wie ein weicher, schlapper Hintern.«[4] Kleine Jungen, deren Eltern den Hoden und dem Hodensack Beachtung schenken, äußern offen ihre Meinung. »Guck mal, ich habe eine Nuß«, sagte ein Zweijähriger zu seinem Vater.[5] Als er seine zweite »Nuß« entdeckt hatte, erklärte sein Vater ihm, daß darin der Samen zum Kindermachen sei.»Oh, gut, dann kann ich auch Kinder machen«, sagte der Junge.[6] Obwohl ihr unreifer Verstand den Hodensack noch als höhlenähnliches Gebilde, in dem Babys ausgetragen werden können, fehldeutet, sind manche Jungen zumindest in der Lage, ihn als bedeutsamen Teil ihrer genitalen Anatomie anzuerkennen. Ein aufgeweckter Fünfjähriger klärte seine dreijährige Schwester auf, indem er ihr stolz seinen Hodensack zeigte.»Siehst du, das sind zwei, mit einem macht man Jungen und mit einem Mädchen.«[7]

In verschiedenen Schöpfungslegenden wird die Frau aus Teilen eines Mannes geboren.[8] Eva wird aus Adams Seite herausgenommen. Einige verehrte, mächtige weibliche Gottheiten sind aus den Schädelhöhlen männlicher Götter entstanden. Zeus verschluckte die schwangere Maia, und einige Monate später entsprang seinem Kopf Pallas Athene – in einigen Sagen waffenstarrend und mit einem Schild, auf dem mit weit offenstehendem Mund, steinernem Blick und Schlangenhaaren die bedrohliche Medusa abgebildet war. Einige Göttinnen sind direkt aus den Hoden auf die Welt gekommen. Aphrodite zum Beispiel war die Tochter von Uranus. Kronos, sein jüngster Sohn, hatte ihm die Hoden abgeschnitten und sie ins Meer geworfen, wo sie von Substanzen aus dem Meer ernährt wurden, die die Essenz von Aphrodites Wesen bildeten. In vielen Kulturen werden die Hoden mit Zeugungskraft verbunden, und die Männer sind stolz darauf. Insofern werden die Hoden auch mit

Männlichkeit assoziiert, aber nur unter besonderen Umständen und besonderen Bedingungen. Zum Beispiel können in Kulturen, wo die Fähigkeit des Mannes, eine Frau zu schwängern, als Beweis für seine Männlichkeit angesehen wird, die Hoden höhere Wertschätzung genießen als der Penis. Wenn die Hoden als Teil des Penis gesehen werden können, etwa, wenn Tänzer, Schauspieler oder Stierkämpfer ihre Genitalien mit einem Hosenbeutel zusammenhalten oder wenn Penis und Hoden in engen Jeans als fest zusammengehaltene Einheit erscheinen, gelten sie als Zeichen für Männlichkeit. Bell bemerkte, daß dem Papst während der Inthronisierungszeremonie gesagt wird: *Habit testicularis et bene pendentis* (Habe Hoden und lasse sie gut hängen).[9] Trotzdem geht die Tendenz eher dahin, den Hodensack, die Hoden und die innersten Genitalorgane mit der unergründlichen Frau und ihren unergründlichen inneren Hohlräumen zu assoziieren.

Es ist kein Wunder, daß Männer den Penis überbewerten. Er verschwindet nie, ist eindeutig männlich und wird mit Heldentaten beim Urinieren und der erotisch lustvollen und kulturell hoch angesehenen Leistung der Erektion assoziiert. Von früher Kindheit an begegnen die meisten Jungen der Unergründlichkeit ihrer inneren genitalen Welt, indem sie ihre Emotionen und ihr Phantasieleben auf ihr verläßlicheres äußeres Genitale, den Penis, richten. Da die Leidenschaften, Ängste und Demütigungen, die mit der Urszene assoziiert werden, die Angst vor den weiblichen Neigungen verstärken, werden die undeutlichen Empfindungen von »innerem Raum« jetzt außerdem mit einer schimpflichen, verbotenen Weiblichkeit verbunden.

Die Tendenz kleiner Jungen, die Kräfte des Penis zu überschätzen und ihre innere genitale Welt zum Schweigen zu bringen, wird oft durch die normalen, entwicklungsbedingten Konflikte verstärkt, die jeder Junge auf dem Weg zu einer männlichen Geschlechtsidentität lösen muß. Loslösung und Individuation sind beim Jungen insofern problematisch, als er seine Unabhängigkeit von einer Mutter erklären muß, mit der er physisch verbunden war, von der er aber, wie er bald erkennt, physisch verschieden ist. Er hat das Gefühl, daß er, um seine Identität als männliches Wesen zu festigen, die Trennung von der Mutter schnell und entschieden durchführen muß. Daher hat ein Junge im allgemeinen weniger Gelegenheit, seine ambivalente Haltung der Mutter gegenüber allmählich zu klären, als ein Mädchen. Intensität und Qualität der Kastrationsangst eines kleinen Jungen spiegeln wider, in welchem Maß er seine Wünsche, eine Mami zu sein und noch eine Weile im Babyalter zu verweilen, als verboten und beschämend ansieht. In einer Familie, wo diese zu erwartenden, vorübergehenden Wünsche mit Mißtrauen oder sogar Entsetzen betrachtet werden, wird ein kleiner Junge sich besonders gedrängt fühlen, seiner Mutter eher zu entfliehen, als sich allmählich von ihr zu lösen.

Mit vier oder fünf Jahren wird der Junge sich in einer fast vollständigen Ablehnung der Weiblichkeit von seiner Mutter abwenden und Einstellungen und Werte, Kraft und Macht seines Vaters übernehmen und sich damit identifizieren, um seinen Penis vor dem imaginierten väterlichen Zorn zu schützen angesichts seiner schimpflichen weiblichen Wünsche, seine Selbstachtung zu bewahren. Diese Identifikation mit der Kraft des Vaters dient dem guten Zweck, eine Bindung zwischen Sohn und Vater zu schaffen, die für beide Generationen beruhigend und bestätigend ist. Es ist ein Unglück für den Jungen und für die Frauen, die er lieben wird, daß sein beruhigendes Gefühl der Zugehörigkeit zu einer starken und mächtigen, phallischen, männlichen Welt nur allzuoft dadurch gestärkt wird, daß er die Furcht des Vaters vor Frauen und sein Mißtrauen ihnen gegenüber übernimmt. Durch die Überidealisierung des Vaters und seiner Kräfte beteiligt sich der Junge an einem unausgesprochenen Haß auf die Mutter und an ihrer Herabsetzung.

In Bindungen zwischen Männern werden traditionell die Geschlechtsstereotypen der Kindheit aufrechterhalten. Trotzdem hat ein Junge, der ein positives Bündnis mit seinem Vater schließen konnte, eine viel größere Chance, zu einer angemessenen Meinung über das weibliche Geschlecht zu kommen, als ein Junge, der einen *wohlwollenden* Vater entbehren mußte. Die Abwesenheit einer

Vaterfigur kann sich auf die Bildung der männlichen Geschlechtsidentität des Jungen ebenso verheerend auswirken wie ein tyranni-
scher und mißhandelnder Vater oder ein Vater, der vor seinen
eigenen weiblichen Wünschen Angst hat. Es leuchtet ein, daß ein
Junge ohne einen emotional verfügbaren Vater Schwierigkeiten
hätte, die Einsicht, daß er im Leben seiner Mutter nicht den Mittelpunkt bildet, zu bewältigen. Der Junge möchte die Phantasie beibe-
halten, daß die Mutter nur ein Anhängsel von ihm sei, und er
möchte weiterhin glauben, daß der Vater in ihren Gefühlen und
Wünschen keine Rolle spielt, daß sie zu ihrem Glück nichts weiter
braucht als ihren geliebten Sohn. Wenn die Mutter diese Vorstellungen ihres Sohnes unterstützt, ermutigt sie ihn, jedem Wissen um die
Urszene aus dem Weg zu gehen. Dann hängt er für immer an ihren
Schürzenbändern und hält sich weiterhin in einem Garten Eden auf,
in dem es eigentlich keine oder jedenfalls keine wesentlichen Unterschiede zwischen den Generationen gibt. In der späteren Kindheit
oder in der Adoleszenz, wenn es unvermeidlich wird, daß der Junge
die Bedeutung, die der Vater im Leben der Mutter hat, erkennt,
muß er plötzlich einsehen, daß er aus einem Verlangen zwischen
Mutter und Vater entstanden ist, und dann macht es ihn wütend,
daß er von der Mutter so hintergangen wurde. Der Junge leidet jetzt
unter dem demütigenden Verrat seiner Mutter stärker, als er früher
darunter gelitten hätte, und die Aggressionen, die er gegenüber
beiden Elternteilen verspürt, weil sie ihn getäuscht haben, entsprechen einer Kraft, die am liebsten die ganze Welt zerstören würde.

Der Junge wächst also in beiden Fällen – wenn er aus seiner
Bindung an die Mutter in die Sicherheit seiner Identifikationen mit
dem mächtigen, phallischen Vater flieht und auch, wenn er für
immer auf infantile Weise an die Mutter gebunden bleibt – mit
einem zerbrechlichen Selbstbewußtsein und einer unsicheren
männlichen Geschlechtsidentität auf.

Der Schlüssel dazu, daß ein Junge seine Sexualität in ihrem gan-
zen Umfang akzeptiert, ist seine Identifikation mit wohlwollenden
Aspekten seines Vaters, dem wohlwollenden, liebevollen inneren
Vater, der gütig und fürsorglich ist, nährt und unterstützt und

Unreife, Verletzlichkeit, Weichheit und Empfindsamkeit zuläßt. Ein Junge, der einen zornigen, tyrannischen Vater als Vorbild für seine eigene Macht und Kraft internalisiert hat, oder ein Junge, dessen Vater nicht gegenwärtig war, um ihm zu helfen, sich von einer verschlingenden, besitzergreifenden Mutter zu lösen, wird größere Angst vor seinen weiblichen Wünschen haben und daher auch die Vagina und alles Weibliche mehr fürchten. Er wird die Frau als gefährliche Männerfängerin wahrnehmen, deren ganzes Wesen auf Wegschnappen, Verschlucken, Besitzen und Verschlingen ausgerichtet ist – darauf, ihm seine Männlichkeit zu stehlen und sich seine Genitalien anzueignen. Auf dem Höhepunkt der erotischen Hingabe, wenn die aktive, pulsierende, männliche Erektion mit den passiveren (weiblichen) ejakulatorischen Spasmen und den Ausdehnungen und Kontraktionen im Becken ausklingt, sehnt der Mann sich danach, seinen passiven, empfänglichen, weiblich-babyhaften Wünschen nachzugeben. Ein Mann, der diese Empfindungen und Wünsche jedoch fürchtet, wird sich lieber wieder schnell aus der verführerischen, verschlingenden Vagina zurückziehen. Für ihn ist die Erektion das Leben, und Ejakulation und Erschlaffung sind der Tod.

Judith Kestenberg hat einmal darauf hingewiesen, daß nichts besser geeignet ist, in einem männlichen Jugendlichen Gewalttätigkeit zu provozieren, als Bemerkungen, die ihn mit einer Frau oder einem Baby vergleichen oder ihn an die inneren Räume erinnern, aus denen er stammt. Wenn der Junge sich in seiner Männlichkeit sicherer fühlt, neigt er weniger dazu, auf solchen Spott mit Gewalt zu reagieren oder Frauen und weibliche Wünsche als »Kinderkram« oder »zurückgeblieben« abzutun. Trotzdem erinnern Frauen Männer durch ihre bloße Existenz an ihre beängstigenden weiblichen Wünsche.

Kestenberg stellte fest: Die »extreme Verleugnung des ›Innen‹ macht den Mann unfähig, sich mit Frauen zu identifizieren; sie veranlaßt ihn dazu, phallische Frauen zu wählen, und macht ihn anfälliger für Perversionen, die *auf Externalisierung beruhen*«[10] [Hervorhebung von mir; L.J.K.]. Kestenberg deutet an, daß Jungen bereits auf einer frühen Altersstufe die Neigung erwerben, das, was ihnen an sich selbst unergründlich und vieldeutig erscheint, in die Außenwelt zu verlegen. Auch weibliche Kinder externalisieren während der innergenitalen Phase ihre inneren genitalen Empfindungen. Aber schon in diesem frühen Alter ist es für kleine Mädchen typisch, daß sie ihre rätselhaften inneren Empfindungen ausdrücken, indem sie mit ihren Bezugspersonen schmusen, sich streicheln lassen und andere Formen des Körperkontakts suchen – während es für kleine Jungen typisch ist, daß sie das nicht tun. Mit zwei Jahren haben Kinder beiderlei Geschlechts bereits einige Grundzüge der Geschlechtsstereotypen verinnerlicht. Und diese rudimentären Geschlechtsideale stimmen mehr oder weniger damit überein, wie zweijährige Mädchen und Jungen die Konflikte lösen, die ihre geheimnisvolle, innere genitale Welt hervorruft. Die Jungen gehen als Entdecker in die Welt hinaus. Die Mädchen, selbst die unternehmungslustigeren, bleiben zu Hause, bauen Nester für ihre Puppen und schmusen mit ihren Stofftieren. Wie bequem ist es doch, diese frühen Unterschiede auf Gene und Hormone zurückzuführen und sie für Anweisungen der Natur zu einem normalen Männerleben oder einem normalen Frauenleben zu halten: Männer sind fürs Abenteuer geboren, und Frauen sind dazu geboren, das Nest zu schmücken und mit kleinen Babys zu schmusen.

Welches Mißgeschick Frauen auch als Folge ihrer Anpassung an die Geschlechtsstereotypen widerfahren mag, in der Regel sind sie für Verwirrungen in bezug auf ihre Geschlechtsidentität weniger anfällig als Männer. Frauen leiden darunter, daß sie erniedrigt und gedemütigt werden, und wünschen sich in diesem Zusammenhang vielleicht, die Vorteile der Männer zu genießen. Aber es sind eher die Männer, die unter ihren verbotenen und beschämenden Wünschen, weiblich zu sein, leiden. Außerdem können diese Wünsche in Männern einen mörderischen Neid erwecken und damit Furcht vor Vergeltung von seiten der Frauen.

Das anhaltende Interesse, das männliche Philosophen bei dem Versuch an den Tag legen, zu entschlüsseln, wer Frauen eigentlich sind und was sie eigentlich wollen, kann man als Ablenkungsmanö-

ver deuten, mit dem die männliche Neugier auf das eigene geheimnisvolle Innere zerstreut werden soll. Männer, die die Endgültigkeit
der Unterschiede zwischen den Geschlechtern und den Generationen nicht akzeptieren können, werden ihre Konflikte mit Hilfe von
Aufführungen nach außen verlagern, in denen wirkliche Charaktere, wirkliche Bühnenbilder und spezielle Requisiten – Fetische –
auftreten. Und manchmal braucht ein Mann nichts als seinen
Fetisch, denn im Fetisch sind Drama, Charaktere, Bühnenbild und
die ganze Geschichte der verlorenen Wünsche und verworrenen
Vorstellungen der Kindheit enthalten.

Gegen Ende seines »Fetischismus«-Aufsatzes erzählt Freud eine
kleine Geschichte.[11] Er beschreibt den Fetisch eines Mannes, einen
Schamgürtel, der zur damaligen Zeit auch als Schwimmhose getragen wurde. Dieses Kleidungsstück verdeckte die Genitalien vollständig und verbarg damit den Unterschied zwischen den
Geschlechtern. Freuds scheinbar unkomplizierte Geschichte enthält einige Unklarheiten. Nur eins scheint sicher: Das betreffende
Kleidungsstück wird von Männern getragen. Doch wer trägt in
diesem Fall den Schamgürtel? Der Mann oder seine Sexualpartnerin? Normalerweise wird der Fetisch entweder von der Frau getragen, oder der Mann streichelt, beriecht oder betrachtet den Fetisch
nur. Freuds Bemerkungen dazu sind nicht sehr hilfreich. Er erklärt,
daß die Verwandlung dieses Schamgürtels in einen Fetisch durch
das Feigenblatt einer Statue inspiriert worden war, die der Mann als
Kind gesehen hatte. Diese erklärende Bemerkung vergrößert die
Unklarheit nur. Wir könnten vermuten, daß das Feigenblatt zur
Bedeckung der Genitalien einer männlichen Statue diente, aber
gelegentlich werden Feigenblätter auch dazu verwendet, die Realität der weiblichen Genitalien zu verdecken. An diesem Punkt in
Freuds Geschichte ist sowohl das Geschlecht des Schamgürtelträ-
gers als auch das Geschlecht der Statue unklar. Normalerweise läßt
der Leser sich von Freuds Ungenauigkeit nicht aufhalten und
nimmt an, daß eine Frau den Fetisch getragen hat, daß weibliche
Genitalien verdeckt wurden und daß das Feigenblatt eine weibliche
Statue schmückte. Beim genaueren Lesen entdeckt man jedoch, daß

der Mann selbst den Fetisch getragen hat und daß es *seine* Genitalien waren, die verborgen wurden.

Das nächste Kapitel wird zeigen, daß Fetische meistens geschaffen werden, damit der Mann seine verbotenen, beschämenden weiblichen Wünsche ausdrücken und trotzdem männlich bleiben kann. Aber Freuds Geschichte vom Schamgürtel enthüllt einige weitere Motive in männlichen Perversionen. In den fetischistischen Phantasien, die ich bisher besonders hervorgehoben habe, stellt sich der Mann unbewußt vor, er sei eine Frau, aber eine Frau mit Penis. Wie sehen jedoch die Phantasien eines Mannes aus, der ein Suspensorium als Fetisch trägt, eines Mannes also, der einen Mann darstellt? Indem er seine Genitalien mit einem Kleidungsstück maskiert, das genitale Ambiguität zuläßt, aber trotzdem beruhigend männlich ist, identifiziert sich der Held von Freuds kurzer Falldarstellung mit einem mächtigen, idealisierten, phallischen Mann. Freuds Geschichte sagt letztlich aus, daß der Fetischist sich mit seinem Vater identifiziert, mit der Stellung seines Vaters in der Welt, mit der Stellung seines Vaters beim Geschlechtsverkehr und mit der Einstellung seines Vaters zum weiblichen Geschlecht.

Wenn ein Mann ein männliches Kleidungsstück als Fetisch verwendet, hat er teil an der Geschlechtlichkeit seines Vaters. Freuds Fetischist hat ein »Denkmal« anderer Art geschaffen als ein Fetischist, der ein weibliches Kleidungsstück benutzt, um zu Erektion und Penetration zu gelangen. Dies »Denkmal« steht nicht für das nichtvorhandene Genitale seiner Mutter und den letzten Moment, bevor er aus dem Garten Eden vertrieben wurde, sondern es stellt seinen Vater und das mächtige und *überlegene* Geschlechtsorgan seines Vaters dar. Viele Fetischisten halten an dem infantilen Glauben fest, daß die Gewalttätigkeit des Vaters das verstümmelte Genitale der Mutter geschaffen hat. Ein Fetischist, der ein männliches Kleidungsstück trägt, beteiligt sich also an einem gewalttätigen, sadistischen Sexualakt. Solche Männer beneiden Frauen sehr, konkurrieren stark mit ihnen und fürchten daher die Rache der Frau für die Verstümmelungswünsche, die sie ihr gegenüber hegen. Für sie ist die verstümmelte Vagina ebenso eine vergeltende, verstümmelnde Vagina, die berüchtigte *vagina dentata* (»gezahnte Vagina«). Durch ihre Beteiligung an den phantasierten sadistischen Handlungen des Vaters versichern diese Männer sich ihrer Männlichkeit, aber diese Identifizierung verstärkt nur ihre Angst vor Verstümmelung. Sie leben in ständiger Furcht vor irgendeinem schrecklichen Vergeltungsakt der Frauen.

Ob der Fetischist nun ein weibliches Kleidungsstück verwendet oder ein männliches, in jedem Fall bringt er seine Feindseligkeit der Frau gegenüber zum Ausdruck. Er würde sie gern kastrieren, und gleichzeitig verehrt und idealisiert er sie. Der Fetisch schützt die Frau vor dem ganzen Ausmaß seiner Feindseligkeit. Und der Fetisch schützt ihn selbst vor seinen weiblichen Wünschen *und* davor, daß er seine feindseligen, kastrierenden Wünsche auslebt *und* vor der Rache der Frau.

Jeder Fetischist verehrt seinen Fetisch und behandelt ihn gleichzeitig mit Feindseligkeit und Verachtung. Freud weist darauf hin, daß diese gespaltene Haltung exemplarisch vom *coupeur de nattes* dargestellt wird, dem Perversen, der sexuell nur dann etwas leisten kann, wenn er einer Frau eine Locke abschneidet, ein Stückchen Seide aus einem ihrer Kleider herausschnippelt oder, in zivilisierterer Form, ihr Taschentuch stiehlt. Als weitere Variante dieser gespaltenen Haltung sieht Freud den chinesischen Brauch an, den weiblichen Fuß erst zu verstümmeln und ihn dann wie einen Fetisch zu verehren.

Dieser chinesische Brauch führt Freud zum letzten Satz seiner Abhandlung über den Fetischismus. Allein dieser abschließende Satz, eine Art literarischer *coupeur* oder chinesischer Verstümmelung, reicht aus, um Freuds ambivalente Haltung der Frau und ihren geheimnisvollen Genitalien gegenüber zu enthüllen. Freud erklärt: »Schließlich darf man es aussprechen, das Normalvorbild des Fetisch ist der Penis des Mannes, wie das des minderwertigen Organs der reale kleine Penis des Weibes, die Klitoris.«[12] Bezieht Freud sich auf eine kindliche Phantasie, auf die fetischistische Phantasie eines Erwachsenen oder auf seine eigene, nicht zu verdrängende infantile Vorstellung von den weiblichen Genitalien? Freuds

Vertrautheit mit der Wirkungsweise des Unbewußten befreite ihn nicht von einer typischen, wenn auch unbewußten Haltung den weiblichen Genitalien gegenüber, einer Haltung, die gleichzeitig idealisierende Verehrung und Feindseligkeit ausdrückt.

Das Denkmal für den Abscheu vor der Kastration, das Freud beschreibt, ist ein Denkmal für eine weitere typische Phantasie über die anatomischen Unterschiede zwischen männlichen und weiblichen Genitalien. Die Phantasie der Wiederherstellung, die im Zopfabschneiden am deutlichsten zum Ausdruck kommt, aber in allen Perversionen irgendwo auftaucht, ist ebenso machtvoll wie die Phantasie der Verstümmelung. Ein abgeschnittener oder nichtvorhandener Penis kann, wenn er durch abgeschnittenes Haar symbolisiert wird, nachwachsen. Ein sexueller Fetisch stellt immer die beiden gleichermaßen phantastischen Phantasien von phallisch und kastriert dar. Äußerlich betrachtet, schneidet der *coupeur de nattes* einer Frau Haare ab, aber auf symbolischer Ebene kastriert er sie. Im Gegensatz zu den Genitalien, die sonst vielleicht weggeschnitten werden könnten, kann Haar nachwachsen. Der Fetisch des *coupeur*, das abgeschnittene Haar der Frau, befähigt ihn zu Erektion und sexueller Leistung, und der *coupeur* kann sich vorstellen, daß sein Penis durch den Akt der Penetration die kastrierte Frau heilt. Bei dieser phantastischen Gedankenfolge wird der anatomische Penis als Phallus imaginiert – *als idealisierter, fiktiver Penis mit magischen Kräften* –, ist also eher eine Art Fetisch als das Glied eines lebendigen Menschen mit ganz normalen Stärken und ganz normalen Schwächen.

Bei vielen perversen Patienten, sowohl männlichen als auch weiblichen, bin ich auf die Phantasie gestoßen, ein erigierter Penis sei ein magischer Fetisch, der die Macht habe, die Kastration einer Frau zu »reparieren«. Der Mann möchte für seine feindseligen Wünsche der Frau gegenüber Wiedergutmachung leisten. Ständig repariert er Frauen mit seinem Phallus (oder anderen imaginierten phallischen Kräften), und ständig bereut er, daß er diese Belastung auf sich genommen hat. Die Frau wiederum ist auf der Suche nach dem perfekten phallischen Mann, dessen erigierter Penis sie reparieren kann, und nach einer Weile beklagt sie sich, daß wieder einmal einer dieser magischen Penisse seine Aufgabe nicht erfüllt habe. Der magische Phallus ist selbstverständlich ebensosehr ein fiktives Geschlechtsorgan wie die kastrierte Vagina.

Jede Perversion ist ein Versuch, die Grenzen zwischen dem Realen und dem Nicht-Realen aufzuheben. Doch auch jene, die, wie Freud, ihr Leben der Aufgabe widmen, das Nicht-Reale zu enthüllen, stehen selbst mit einem Fuß in diesem magischen Gebiet. Freuds abschließender Satz über die Minderwertigkeit des *realen kleinen Penis* kommt einer Verleugnung der Bedeutung der tatsächlichen weiblichen Genitalien gleich. Die weiblichen Genitalien sind das Symbol für die unliebsame Nachricht, daß Mutter und Vater ein Verlangen teilen, von dem das Kind ausgeschlossen ist. In Wirklichkeit hat die Mutter Genitalien, die von Bedeutung sind, und der Vater begehrt sie deswegen. Der kleine Junge wetteifert natürlich mit der Mutter um die Liebe seines Vaters. Er beneidet sie um die Macht, die sie über seinen geliebten, mächtigen Vater hat, und würde sich ihre Genitalien lieber unbedeutend und kümmerlich, notfalls kastriert, vorstellen.

Im ersten Teil seines Aufsatzes erklärt Freud, warum und wie ein Teil des weiblichen Körpers oder ein weibliches Kleidungsstück zum Modell für den typischen sexuellen Fetisch werden kann. Zum Abschluß seines Aufsatzes wählt Freud ein männliches Kleidungsstück als Denkmal für den Kastrationsschreck. Wenn er zu Beginn sagt, daß der Fetisch des Erwachsenen nach dem Ersatzpenis gestaltet werde, den der kleine Junge für seine Mutter erfindet, so schließt er mit der Bemerkung, daß das Vorbild für den Fetisch das überlegene männliche Genitale sei. Diese Feststellungen widersprechen sich nicht, denn der Fetisch wird nach den fiktiven Genitalien beider Elternteile gestaltet. Trotzdem legen die Art und Weise, wie Freud männliche und weibliche Geschlechtsorgane einander gegenüberstellt, und die Unklarheiten hinsichtlich des Geschlechts in der Geschichte vom Schamgürtel nahe, daß ein Gedankenschritt fehlt, daß Freud dem Leser bestimmte Zusammenhänge, sie mögen ihm bewußt gewesen sein oder nicht, nicht enthüllt. Als Freud den

Schluß seines Aufsatzes über Fetischismus formulierte, war noch etwas anderes als bloße Frauenfeindlichkeit im Spiel. Unmittelbar vor seinen Überlegungen zur Vateridentifizierung, die in der Verwendung des Schamgürtels als Fetisch zum Ausdruck kommt, stellt Freud einen Vergleich an zwischen einem Sohn, der den Tod seines Vaters leugnet, und dem Fetischisten, der die weiblichen Genitalien leugnet. Er schreibt über seinen Patienten: »In allen Lebenslagen schwankte er zwischen zwei Voraussetzungen, der einen, daß der Vater noch am Leben sei und seine Tätigkeit behindere, und der entgegengesetzten, daß er das Recht habe, sich als den Nachfolger des verstorbenen Vaters zu betrachten«.[13] Diese Gedanken standen höchstwahrscheinlich in Zusammenhang mit Freuds Gefühlen zum Tod seines eigenen Vaters, den er lange vor der Abfassung dieses Aufsatzes als »das bedeutsamste Ereignis, den einschneidendsten Verlust im Leben eines Mannes«[14] bezeichnet hatte. Die Verbindung zwischen Reaktionen eines Sohnes auf den Tod seines Vaters und einer Theorie über sexuelle Fetische sollte nicht kommentarlos übergangen werden. Der Mann, der seine eigenen Träume und unbewußten Phantasien so eingehend untersuchte und dabei *seinen* Ödipuskomplex entdeckte, kann solche Assoziationen nicht gleichmütig hingenommen haben. Für einen kleinen Jungen ist es nur eine köstliche, gefährliche, Schuldgefühle erzeugende und narzißtisch befriedigende Kindheitsphantasie, die ihm selbst real genug erscheint, wenn er im Kampf um die Zuneigung und die Wünsche seiner Mutter über seinen Vater triumphiert. Aber für einen Erwachsenen konnte es eine reale, unmittelbare Gefahr darstellen, wenn er durch sein Insistieren auf den unvermeidlichen, in der Natur der Sache liegenden Perversitäten der menschlichen Sexualität ständig die vorherrschenden sexuellen Konventionen in Frage stellte. Freuds unliebsame Erkenntnisse brachten ständig Thron und Altar in Gefahr, und ihm war klar, daß er seine Kollegen zu panischen und feindseligen Reaktionen reizte. Sein Vater Jakob war in seinen religiösen und politischen Überzeugungen unorthodox gewesen und hatte seinen Sohn zu intellektueller Originalität ermutigt, indem er dessen unausgereifte Ideen immer wieder in

Frage gestellt hatte. Aber selbst der unerschrockene, provozierende
Freud war sicherlich gelegentlich besorgt, wenn er die medizinischen Autoritäten seiner Zeit angriff. Als kühner Entdecker des
unbewußten Phantasielebens pflegte Freud darauf zu bestehen, daß
man Probleme der menschlichen Sexualität niemals unter dem
Gesichtspunkt vorschriftsmäßiger Normalität betrachten solle. Als
ganz normaler Mann, der auf die Einflüsterungen jener phantastischen, grotesken Leitbilder der Kindheit reagierte, die aus dem
Bewußtsein verbannt, aber nie vollständig aufgegeben werden,
befand Freud sich manchmal in Übereinstimmung mit den Machtstrukturen und Geschlechtsstereotypen seiner Zeit. Daher schließt
ein Aufsatz, der mit einem beherzten Eingeständnis der phantastischen Vorstellungen beginnt, die die infantilen Phantasien und
Wünsche eines Mannes hinsichtlich der weiblichen Genitalien ausmachen, mit einer Verleugnung, einer Bestätigung jener phantastischen Verzerrungen: »das Normalvorbild [...] des minderwertigen
Organs [ist] der reale kleine Penis des Weibes, die Klitoris.«
    Freud hatte natürlich auch eine Mutter – Amalie Nathansohn
Freud. Und mehr als einmal erklärte er, daß keine Liebe an die Liebe
einer Mutter zu ihrem Sohn heranreichen könne. Amalie war im
Begriff, ihren zweiundneunzigsten Geburtstag zu feiern, als Freud
»plötzlich« die Eingebung zu »Fetischismus« hatte. Zwei Wochen
später schickte er den Aufsatz an seinen Verleger. Amalie war es
gewesen, die die Kreativität ihres einmaligen Sigi gehegt und
gepflegt hatte, indem sie seine intellektuellen Ambitionen zum
emotionalen Mittelpunkt ihres Lebens und zum räumlichen Mittelpunkt ihres Haushalts gemacht hatte, in dem sein Arbeitszimmer
ein geheiligter Ort war.
    Freud war mit sich selbst uneins hinsichtlich der Bedeutung der
Mutter im Leben des Sohnes und der Identifikation des Sohnes mit
den fürsorgenden und zeugenden Funktionen der Mutter. In der
ersten Hälfte des »Fetischismus«-Aufsatzes nimmt die Beziehung
zwischen Mutter und Sohn eine zentrale Stellung ein, doch zum
Schluß, nachdem Freud die konfliktbeladenen Gefühle eines Sohnes zu seinem toten Vater in Erinnerung gerufen hat, pflichtet er

dem Gesetz des Phallus bei. Bindungen zwischen Männern dienen Männern als Beruhigung und Bestätigung, weil sie, abgesehen von den Vorteilen, die sie mit sich bringen, die Angst vor den weiblichen Identifikationen des Mannes und den Neid auf die Macht der Frau und die Furcht vor ihr unterdrücken.

Und doch fängt Freuds Gleichsetzung von Tod und Kastration trotz all ihrer mystifizierenden und störenden Ambivalenz und obwohl es ihr gelingt, eine Tatsache zu verdunkeln, etwas sehr Bedeutsames ein, das ebenfalls als fetischistische Fiktion verkleidet ist. Ein perverses Szenario läßt immer Raum für die Darstellung der Reaktion eines Kindes auf den Tod, das Verschwinden oder die Abwesenheit eines geliebten Elternteils. Freud hatte der ersten Beziehung des Kindes, nämlich der Beziehung zur Mutter, in seinen Theorien nicht genügend Beachtung geschenkt. Diese idealisierte, bedingungslose, vollkommene Liebe geht immer verloren, wenn die Fortpflanzungsfähigkeit und die sexuellen Kräfte der Mutter entdeckt werden. Hinter dem abwesenden und wiederhergestellten Penis steht der Schatten einer verlorenen und wiederauferstandenen mütterlichen Brust, das unkontrollierbare und verwirrende Kommen und Gehen der Mutter, das die Person, die den Fetisch besitzt, scheinbar unter Kontrolle gebracht hat. Der sexuelle Fetisch dient, wie alle Fetische, dazu, Abwesenheiten und Verluste jeglicher Art darzustellen – Kastrationen, Vernachlässigungen, Trennungen, Krankheiten, Verlassenheit, Vernichtung, Tod –, und ebenso steht er für die Kräfte, die diagnostizieren, schützen, lindern, heilen, in Ordnung bringen, reparieren und wieder zum Leben erwecken können. Der sexuelle Fetisch ist in der Tat ein vielseitiges Denkmal.

KAPITEL 5

Perverse Szenarios

> *Männer haben manchmal das Gefühl, daß ihr Penis sie beherrscht, auf Abwege führt, daß er sie dazu veranlaßt, abends Frauen um ihre Gunst zu bitten, deren Namen sie morgens lieber wieder vergessen möchten. Ob unersättlich oder unsicher, ständig fordert er Beweise für seine Potenz und bringt damit unerwünschte Komplikationen und häufige Abweisungen in das Leben eines Mannes. Empfindsam, aber unverwüstlich, mit einem Minimum an Überredung Tag und Nacht gleichermaßen verfügbar, hat er zielstrebig, wenn auch nicht immer kunstvoll, seit Ewigkeiten seine Aufgabe erfüllt, unaufhörlich suchend, tastend, schwellend, forschend, eindringend, pochend, erschlaffend und nach mehr verlangend. Da er seine lüsternen Absichten nie verheimlicht, ist er das aufrichtigste Organ des Mannes.*
>
> Gay Talese, *Thy Neighbor's Wife*[1]

Die perverse Strategie läßt sich am Fetischismus exemplarisch darstellen. Der Fetisch dient dazu, von der gesamten Geschichte abzulenken, indem er uns auf ein Detail aufmerksam macht. Indem er unsere Aufmerksamkeit auf den Penis lenkt und erklärt, der Penis sei das aufrichtigste Organ des Mannes, führt Talese ganz unabsichtlich die perverse Strategie vor. Der Grad der Fixierung eines Mannes auf seinen Penis ist ein Maß dafür, wie sehr er etwas anderes abwehren will: vielleicht einen anderen, weniger gefeierten Körperteil, vielleicht eine körperliche Erfahrung, auf die man sich weniger leicht konzentrieren kann, weil sie weicher und unbestimmbarer ist als eine harte, männliche Erektion, vielleicht den weniger männlichen Wunsch, der unterwürfige Partner zu sein, der von einem

Penis penetriert wird. Sehr wahrscheinlich sind die so offensichtlich »lüsternen Absichten« eines Penis, der »unaufhörlich suchend, tastend, schwellend, forschend, eindringend, pochend, erschlaffend und nach mehr verlangend«, seine Aufgabe erfüllt, dazu da, die unbewußten Wünsche des Mannes zu verbergen. Doch schließlich muß Talese das alles gemerkt haben. Fragt er sich nicht, ob der Penis nun »unersättlich oder unsicher ist«? Warum *fordert* der Penis *Beweise* für seine Potenz? Wir nehmen an, daß ein Mann um so mehr auf der Täuschung des ewig erigierten Penis beharrt, je größer seine Angst vor seinen passiven, weiblichen Wünschen ist. Bei Perversionen dienen die sexuellen Vorführungen, die die Aufmerksamkeit des Schauspielers und des anonymen Publikums (des vorgestellten oder tatsächlichen Zuschauers) fesseln, dazu, die heimliche Erfüllung jener Wünsche und Phantasien zu ermöglichen, die als beschämend und beängstigend erlebt werden.

Der Herr aus dem letzten Kapitel, dessen Erektion davon abhing, daß er einen Schamgürtel trug, hatte sich an seinen Fetisch gewöhnt und war in keiner Weise darüber beunruhigt, daß er eine so zentrale Rolle in seinem Sexualleben spielte. Er wäre erstaunt und zweifellos leicht belustigt gewesen, wenn ihn jemand nach dem Symbolgehalt seines Fetischs gefragt hätte. Die symbolische Bedeutung eines Fetischs kann nur durch die Interpretation des perversen Szenarios, in dem der Fetisch auftritt, entschlüsselt werden. Die meisten Männer betrachten, ebenso wie der Besitzer des Schamgürtels, ihren Fetisch oder ihre fetischistische Perversion nicht als besorgniserregend. Sie leisten Widerstand, wenn man versucht, deren Bedeutung zu erforschen, denn schließlich ist der Fetisch eines Mannes sein Verbündeter. Er wird geschaffen, weil er den Mann davor bewahrt, sich der Wünsche und Phantasien bewußt zu werden, die ihn ängstigen und demütigen würden. Die Perversion hält die Ängste, die Depression und den Wahnsinn zurück, die ihn sonst befallen könnten. Aber wie können wir den Kode der perversen Strategie entschlüsseln, wenn sein Wert gerade darin liegt, alle durch eine beruhigende Täuschung zu bezaubern?

Viele der Männer, die einschlägige Häuser, Massagesalons oder schmale Gäßchen als Schauplätze für ihr perverses Szenario benutzen, tun das in dem Bemühen, ihr häusliches Leben nicht mit ihren perversen Wünschen und Begierden zu beschmutzen. Außerdem erreichen sie, indem sie von kommerziellen Schauplätzen, standardisierten Requisiten und professionellen Erniedrigern und Beherrschern Gebrauch machen, daß die persönlichen Elemente der Perversion *ent*persönlicht werden, und damit schaffen sie eine bessere Verkleidung, als wenn sie diese gefährlichen Angelegenheiten dem Zufall überlassen würden. Allerdings werden viele perverse Szenarios auch in häuslicher Umgebung aufgeführt. Die Partnerin des Fetischisten, das entmenschlichte, fetischisierte Liebesobjekt, ist häufig die Ehefrau, eine Freundin oder eine Nachbarin. Und üblicherweise ist die Partnerin – wenn wir die wehrlosen Kinder, Schoßtiere, das Stallvieh und die Leichen außer acht lassen, die manchmal als Fetisch dienen – eine zustimmende oder zumindest hilfsbereite erwachsene Person. Obwohl die häuslichen perversen Schauspiele ebenso ritualisiert sind wie jene, die auf standardisierten Bühnen mit standardisierten Requisiten und erfahrenen, gemieteten Schauspielern aufgeführt werden, stellen sie die individuellen Themen eines perversen Szenarios mit feineren Einzelheiten und größerer Klarheit dar.

In einer perversen Darstellung erscheint *eine* Perversion, zum Beispiel Exhibitionismus, als vorherrschend. In jedem Skript sind jedoch immer auch Elemente von anderen Perversionen enthalten, wenn schon nicht als deutlich gekennzeichnete Auftritte, dann zumindest als geflüsterte Hinweise, flüchtige Schatten, nebensächliche Requisiten oder Hintergrundtönungen. Jeder Mann schafft sich ein persönliches Skript, in dem die verschiedenen Nuancen von Fetischismus, Transvestismus, Exhibitionismus, Voyeurismus, Masochismus und Sadismus im ersten Akt vielleicht abgeschwächt auftreten und dann im zweiten oder dritten Akt hell beleuchtet werden. Doch in jedem Skript wird etwas oder jemand als Fetischobjekt behandelt, und aus diesem Grund wird der Fetischismus als Prototyp aller sexuellen Perversionen angesehen.

Und immer finden wir zumindest eine Spur Sadomasochismus. Je fachkundiger wir im Deuten der Skripten werden, desto klarer wird uns werden, daß jede Perversion ein Versuch ist, jene potentiell mörderischen Impulse auszudrücken und dabei gleichzeitig zu beherrschen, die dazu drängen, zu zerkauen, zu zerreißen, zu zersprengen, zu zerhacken, zu verbrennen und durchzureißen, um aus Mund, Bauch, Anus und Vagina ein einziges Loch zu machen. Indem er alle Grenzen zwischen den Körperteilen zerstört, merzt der Perverse alle Unterschiede zwischen den Geschlechtern und damit auch zwischen den Generationen aus. In den sadomasochistischen Untertönen kommt das paradoxe Wesen der Perversion deutlich zum Ausdruck. Perversion ist eine Verletzung gesellschaftlicher Regeln, durch die die Aggressionen gesteuert und damit die Strukturen der Gesellschaftsordnung geschützt werden – meistens jedenfalls.

Erst wenn die Perversion die ihr zugrundeliegenden beschämenden, beängstigenden, verbotenen und gefährlich unvorhersehbaren Impulse, Phantasien und Wünsche nicht mehr genügend verkleiden oder steuern kann, kommt es zu Wahnsinn, Tobsuchtsanfällen, Gewalttätigkeit, Vergewaltigung, Verstümmelung, Inzest und Mord. Darüber hinaus sind die sadomasochistischen Motive, die wesentlicher Bestandteil jedes perversen Szenarios sind, auch Verkleidungen für noch tieferliegende Bedeutungen. Was aussieht wie die Suche nach Lust am Schmerz oder an der Erniedrigung, entpuppt sich als ritualisierte Wiederaufführung eines infantilen Traumas. Das eigentliche Ziel der meisten sadomasochistischen Darstellungen ist nicht die Lust am Schmerz, sondern ein sich wiederholender Kreislauf von Verlieren und Wiederfinden von Liebe, von Kastration und Wiederherstellung, von Verlassenwerden und Wiedervereinigung, von Tod und Auferstehung.

Um einige der unbewußten Motive und Bedeutungsebenen, die in einem perversen Szenario enthalten sind, zu veranschaulichen, habe ich vier Fälle ausgewählt, über die zwischen 1920 und 1980 in der psychoanalytischen Literatur berichtet wurde. Ich werde diese sachlichen Fallberichte kurz in erzählender Form wiedergeben, in

einer Sprache und Reihenfolge, die nichtprofessionellen Lesern den
Zugang erleichtert. Um jeweils eine zusammenhängende Geschichte darbieten zu können, habe ich das Fallmaterial mit Gegebenheiten aus dem täglichen Leben ausgeschmückt und bestimmte
Einzelheiten ausgelassen, die von den Themen, die ich beleuchten
möchte, ablenken würden. Um Punkte, die in den Berichten der
Analytiker implizit enthalten sind, zu betonen oder um die Daten
aus einem etwas anderen Blickwinkel zu betrachten, habe ich hier
und da das Fallmaterial um kurze eigene Kommentare ergänzt.
(Diese sind kursiv gedruckt.)

Jeder der vier Analytiker hat berücksichtigt, daß frühkindliche
Traumen sich auf das Ausmaß der Kastrationsangst des Patienten
auswirken. Die Analytiker waren sich auch darüber im klaren, wie
die weiblichen Wünsche und Phantasien eines Mannes seine Wahrnehmung der weiblichen Genitalien beeinflussen. Weniger klar war
den Analytikern, wie das Trauma der Urszene zeitlich zurückgreift,
um frühere Kindheitstraumen in die Gegenwart und unter seine
Herrschaft zu bringen. Da unsere übliche Orientierung in der Zeit
uns ihr Fortschreiten bewußt werden läßt, ist es immer leichter, sich
vorzustellen, wie ein Ereignis das, was später kommt, beeinflussen
könnte. Außerdem beharren wir in unseren Vorstellungen von
Kausalität üblicherweise darauf, daß ein früheres Ereignis ein späte-
res Ereignis verursacht, und nicht umgekehrt. Man benötigt etwas
mehr Vorstellungskraft und das Wissen über die Erfindungsgabe
des menschlichen Gedächtnisses, um zu erkennen, wie spätere
Ereignisse die Interpretation der Vergangenheit beeinflussen können. Denken Sie an das Bild des Häkelmusters, mit dem ich die
Vorwärts- und Rückwärtsbewegungen der menschlichen Erinnerung und Phantasie beschrieben habe. Alle Analytiker äußerten sich
zu dieser Möglichkeit des *retroaktiven* Traumas, selbst wenn sie
nicht deutlich machten, wie es sich auf die Perversion ihres Patienten auswirkte.

Die meisten zeitgenössischen Analytiker erkennen an, daß das
Trauma der Urszene die früheren Kindheitstraumen in eine neue
Perspektive rückt, indem es sie in eine Situation versetzt, in der sie

erotisch und genital gedeutet werden. Was zum Beispiel orale Deprivation im Säuglingsalter war, wird nun zu einem Trauma genitaler Unzulänglichkeit. Das Trauma der Urszene beruht nicht nur auf den sadomasochistischen Phantasien und den Phantasien von Unterwerfung und Beherrschung, die das Kind an das Sexualverhalten der Eltern knüpft, sondern auch darauf, daß es von dieser aufregenden imaginierten Szene ausgeschlossen ist und daß es sich im Vergleich mit den mächtigen Eltern seine eigene anatomische Minderwertigkeit eingestehen muß. Die meisten Kinder überwinden diese unvermeidliche Kränkung, indem sie moralisch und intellektuell Fortschritte machen. Der verletzte Narzißmus des Kindes wird dann geheilt, wenn es sich mit der Autorität und der Macht beider Eltern identifiziert und erkennt, daß es die Erfüllung von erwachsenen sexuellen Wünschen auf die Zukunft verschieben muß. Ein Kind jedoch, das bereits zu stark traumatisiert ist, um das Wissen, daß die Mutter *aktives* Verlangen nach dem Vater hat, ertragen zu können, neigt später als Erwachsener zu Perversionen. Meistens stellen wir bei Fällen von Perversion fest, daß die Eltern insgeheim dem Wunsch des Kindes, das Wissen um die Rolle des Vaters im Leben der Mutter auszulöschen, Vorschub leisteten, indem sie den Eindruck vermittelten, der Vater zähle nicht. In anderen Fällen entdecken wir einen tyrannischen, übertrieben männlichen Vater, der vor seinen unbewußten weiblichen Wünschen Angst hatte.

Der einer Perversion zugrundeliegende Wunsch besteht darin, die Kenntnis von den Unterschieden zwischen der Generation der Erwachsenen und der der Kinder auszulöschen. Der perverse Jugendliche oder Erwachsene wird sein perverses Szenario so einrichten, daß er für immer in einem Wolkenkuckucksheim lebt, in dem es keine wirklichen oder bedeutsamen Unterschiede zwischen den Geschlechtern und keinen Unterschied zwischen der Sexualität des Kindes und der des Erwachsenen gibt.

Um seinen Zweck zu erfüllen, muß ein perverses Skript mehrere Triumphe gleichzeitig ermöglichen. Erstens muß das Skript dafür sorgen, daß die Kränkungen der Urszene übersprungen werden.

Das schafft es auf zwei Arten: indem es die Unterschiede zwischen Eltern und Kindern ausstreicht und indem es genitalen Sex auf ein Geschenk des Babys an die Mutter reduziert. Daher übernimmt im üblichen perversen Szenario der Protagonist die Rolle eines Elternteils oder beider Eltern, während jemand anders das ausgeschlossene Kind spielt. Dem Perversen ist bewußt, daß er die sexuellen Normen seiner Gesellschaft übertritt, der Ausgeschlossene jedoch ist ein Vertreter der Gesellschaft selbst, normalerweise Vater oder Mutter, der Analytiker oder der redliche Bürger, der das Rezept für den Großen Sex nicht kennt.

Zweitens muß die perverse Strategie für eine Behebung früherer Traumen sorgen. In dieser Nebenhandlung sind die Akteure ein Kind und ein Elternteil, wobei die Rollen vertauscht werden, so daß ein früher mißbrauchtes und traumatisiertes Kind jetzt die Rolle des mißbrauchenden Elternteils übernimmt. Die Sexualpartnerin, die »Geliebte«, wird gedemütigt, indem sie ausgeschlossen, fortgeworfen und verlassen wird. Die Partnerin ist aber auch ein Kind, das physischen oder psychischen Mißhandlungen ausgesetzt ist, wobei der Protagonist jetzt jedoch als Elternteil verkleidet ist, der Fürsorge und Liebe schenkt.

Drittens muß die perverse Strategie, wann immer möglich, für die Aussöhnung zwischen dem Kind und dem geliebten Allmächtigen sorgen, der es verlassen, mißbraucht, gequält, in den Schmutz gezogen und erniedrigt hat.

Der Große Sex benutzt bei einer männlichen Perversion zwar den Penis und die Vagina, aber er reduziert Sexualität auf infantile Handlungen, wie heimliches Anschauen und Entblößen, Wickeln und Verhauen, Urinieren und Koten, Unterwerfen und Beherrschen und eine unendliche Vielfalt individueller Variationen zu diesen infantilen Themen. So beseitigt er sowohl das frühkindliche Trauma als auch das ödipale Trauma der Urszene.

In den folgenden perversen Szenarios werden zwar Penisse und Vaginas benutzt, aber beim Großen Sex geht es darum, eine Frau nach Alkoholgenuß zu demütigen, Haare abzuschneiden, Reithosen zu tragen und an Mutters Schürzenbändern zu hängen.

Alle vier Analytiker waren davon beeindruckt, wieviel Sadismus sich im Verhalten der Sexualpartnerin gegenüber zeigte. In diesen vier Fällen wurde der Sadismus allerdings durch die Symbolik in den perversen Skripten der Patienten kontrolliert. Daher habe ich als Kontrast zu diesen Fällen die wesentlich kürzeren Fallgeschichten zweier Männer aufgenommen, die schließlich inhaftiert wurden, weil sie ihre sadistischen Impulse nicht genügend in der Gewalt hatten. Diese Fälle folgen auf den Fall von Mr. G. Meine Kommentare dazu sind spekulativ und beruhen vor allem auf meiner Kenntnis anderer, ähnlicher Fälle, in denen der weibliche Körper tatsächlich verstümmelt wurde.[2]

DER FALL MR. G.
»Jetzt geh' zur Hölle! Ich bin fertig.«[3]
Nach einer mehrmonatigen Ehe, die aus einem gewissen Maß an zärtlicher Zuneigung und einer langen Reihe mißlungener Penetrationsversuche bestand, schuf Mr. G. ein Skript, das ihm zwar nicht das ermöglichte, was die meisten Männer als vollständige sexuelle Befriedigung ansehen, das ihm aber zumindest dazu verhalf, seiner Manneskraft Ausdruck zu verleihen und dabei gleichzeitig heimlich eine Reihe versteckter infantiler Wünsche zu erfüllen. Da seine Frau sich nach einiger Zeit weigerte, weiter mitzuspielen, mußte Mr. G. bei anderen Frauen Erfüllung suchen. Sein Skript sah eine kontrollierte Darstellung der Traumen vor, die er als verletzliches, wehrloses Kind erlitten hatte. Was für den kleinen George ein Trauma gewesen war, wurde durch das perverse Szenario des erwachsenen Mr. G. in einen Triumph verwandelt.

Mr. G.s Skript verlangte eine anpassungsfähige Frau. Um für die weibliche Hauptrolle in Frage zu kommen, mußte eine Frau so aussehen, als könnte sie sich von einem Frauentyp in einen anderen verwandeln. Im Laufe der verschiedenen Szenen von Mr. G.s Skript erkennen wir, daß Erektion, Ejakulation und Orgasmus für ihn davon abhingen, ob es ihm gelungen war, eine Situation zu schaffen, in der eine vornehme, elegante, reinliche Frau auf die Stufe einer Prostituierten herabgesetzt werden konnte. Wenn der Plan funktio-

nieren sollte, durfte die Frau von Mr. G.s Absichten nichts ahnen.
Er konnte sie nicht nach ihren Interessen fragen. Er konnte ihr auch
keine Anweisungen geben, wie sie sich benehmen sollte. Sie mußte
das Verhalten, das er benötigte, ganz von selbst an den Tag legen.
Mr. G. mußte allein anhand des Äußeren abschätzen, ob eine Frau
fähig war, die Rolle seines fetischisierten Objektes zu spielen.
Zwingend notwendig war, daß die Frau Schuhe mit mäßig hohen
Absätzen trug. Schwarze Schuhe waren nach Mr. G.s Ansicht
widerlich. Braune Schuhe, die etwas Reizvolles, aber Verbotenes an
sich hatten, erfüllten ihren Zweck recht gut. Weiße Schuhe allerdings waren ideal, weil die Verwandlung von Reinheit in besudelte
Erniedrigung daran deutlich zu beobachten war. Soweit mögen
Mr. G.s Anforderungen recht alltäglich erscheinen und für die
durchschnittliche Frau leicht zu erfüllen sein. Seine nächste Bedingung war spezifischer, konnte aber möglicherweise immer noch
von zumindest der Hälfte der vornehmen Frauen im London nach
dem Ersten Weltkrieg erfüllt werden. Die Frau mußte ein rosiges
Gesicht haben, vor allem mußte ihre Nase leicht gerötet sein. Dieses
Merkmal zeigte Mr. G., ob es seine potentielle sexuelle Gesellschaf-
terin nach alkoholischen Getränken gelüstete. Obwohl auch alle
anderen fetischistischen Elemente notwendig waren, war die *leichte*
Rötung der Nase für die Aufführung von Mr. G.s Skript entscheidend. Die Frau durfte keine puritanische Abstinenzlerin sein. Doch
sie durfte auch keins jener vulgären Weiber sein, die sich gewohn-
heitsmäßig bis zum Exzeß betranken. Mr. G. stellte fest, daß seine
Wahrnehmungsfähigkeit ihn in bezug auf dieses Kriterium selten
im Stich ließ. Außerdem stattete die Ungewißheit, wieviel Alkohol
die Frau wohl vertragen würde, Mr. G.s Skript mit genau dem
richtigen Maß an Intrige, Spannung, Angst und Aufregung aus.
Würde die leicht gerötete Nase anschwellen und rot anlaufen?
    Mr. G. sah die Frau in einem Museum, einer Bibliothek, einem
Konzertsaal oder an einem anderen respektablen und kulturell
hochstehenden Ort, und wenn er sich vergewissert hatte, daß
soziale Schicht, Schuhe und die Rötung der Nase seinen Anforderungen entsprachen, näherte er sich ihr und lud sie zum Essen ein.

Ein zufälliger Beobachter hätte an Mr. G.s Verhalten seiner Begleiterin gegenüber nichts Ungewöhnliches bemerkt. Im Laufe des Essens pflegte Mr. G. ihr verbale Avancen zu machen, dabei achtete er aber darauf, sich vorsichtig auszudrücken und nicht aufdringlich zu erscheinen, um der Frau nicht zu nahe zu treten und sie nicht auf seine Absichten aufmerksam zu machen. Etwa zur Mitte des Essens hin, nicht vorher, lud Mr. G. die Frau ein, ein Glas Wein mit ihm zu trinken. Wenn sie seinen Vorschlag annahm, geriet Mr. G. langsam in sexuelle Erregung. Noch war der Ausgang ungewiß: Die Frau mußte sich jetzt auf ganz bestimmte Art betrinken. Trotzdem reichte die Tatsache, daß sie ein Glas Wein annahm, als Hinweis darauf, daß der zweite Akt beginnen konnte – die Szene mit der Trinkerin. Und wenn die Frau diese Szene nicht richtig spielte, konnte Mr. G. sich immer noch damit trösten, daß es morgen abend wieder eine vornehme Dame mit weißen oder braunen Schuhen, rosigem Gesicht und leicht geröteter Nase geben würde.

Als nächstes wurde der Mund der Frau einer eingehenden Prüfung unterzogen. Mr. G. schenkte der Frau ständig Wein nach und studierte dabei mit wachsender Besorgnis die Form ihres Mundes. Er bezwang seine Unruhe, indem er selbst ein oder zwei Gläschen Wein trank. Wenn die Frau schließlich Anzeichen von Trunkenheit zeigte, die Mr. G. immer als sexuelle Euphorie ähnlich seiner eigenen deutete, fühlte er sich sicherer. Die Anzeichen bestanden in einer »Schlaffheit des Mundes«, einer »Unordnung der Frisur oder des Kleides«[4] und einer verstärkten Rötung und Schwellung der Nase. Allmählich sah die vornehme Dame ein wenig verkommen aus.

An diesem Punkt brauchte Mr. G. nur noch wenige Beweise für die Bereitschaft der Frau, weiterhin in seinem sexuellen Drama mitzuspielen. Er mußte seine inzwischen betrunkene Begleiterin dazu verführen, einen kleinen Spaziergang an der frischen Luft mit ihm zu machen. Mr. G. war jetzt sexuell erregt und achtete auf jede Kleinigkeit im Verhalten der Frau. Ihr torkelnder Gang und ihr Bedürfnis zu urinieren waren die Signale, auf die er wartete. Wenn diese Zeichen kamen, wußte Mr. G., daß er die Frau dazu bringen konnte, so lange weiterzugehen, bis sie dem »Fallen und Zusammenbrechen«[5] nahe war. Dann war es ihm ein leichtes, sie zu überreden, sein Hotelzimmer aufzusuchen. Nun endlich konnten die Schuhe mit den mäßig hohen Absätzen ihre Rolle spielen. Während Mr. G. sich in seinem Zimmer für die vollständige Erektion und die Ejakulation bereitmachte, betrachtete er voller Verlangen die Schuhe der Frau, die nach dem langen Spaziergang und durch den torkelnden, stolpernden Gang der Frau verdreckt und verdorben waren. Nachdem er der Frau die Schuhe ausgezogen und einige Minuten gewartet hatte, damit sie abkühlen konnten (Mr. G. konnte es nicht ertragen, Schuhe anzufassen, wenn sie gerade erst vom Körper der Frau entfernt worden waren, »wenn sie noch warm waren und rochen«[6]), stellte er sie am Fußende des Bettes auf, und zwar so, daß er die Spitze des einen Schuhs und den Absatz des anderen sehen konnte. Die Augen auf die Damenschuhe gerichtet, begann er zu masturbieren. Die Frau selbst berührte er nur selten, und er sprach auch kaum mit ihr. Im Geiste ging Mr. G. jedes köstliche Detail der erotischen Dinnerszene und des spannenden Spaziergangs zum Hotel noch einmal durch. Wenn er zu den Schuhen am Fußende des Bettes kam, bemühte er sich, möglichst schnell zu ejakulieren. Einen Moment nach dem ejakulatorischen Triumph schleuderte Mr. G. wütend die Schuhe zur Seite und schickte die Frau voller Verachtung fort: »Jetzt geh' zur Hölle! Ich bin fertig.«[7]

Die Szenen, die zu diesem Augenblick des Triumphes führten, waren zwar erotisch aufgeladen und erregend, aber den Orgasmus erlebte Mr. G. als wenig lustvoll. Trotzdem war er hochbefriedigt über die erfolgreiche Inszenierung seiner Verführungsszenen. Er sagte seinem Analytiker, die Masturbation sei nur eine Methode, »das Klingelzeichen zum Niedergehen des Vorhangs zu geben«[8]. Er vertiefte sein Gefühl von Macht und narzißtischer Befriedigung, indem er sich am nächsten Morgen vorstellte, die Frau fühle sich physisch krank und der Abend voller Ausschweifung und Erniedrigung habe sie auch psychisch gekränkt. Mr. G. gestand, er habe ein lustvolles Gefühl der Bosheit. Er gratulierte sich außerdem zu seinem Geschick im Umgang mit Frauen.

Mr. G.s Mutter war Alkoholikerin gewesen. Sie war an Alkoholmißbrauch gestorben, als George sieben Jahre alt war. Ihr Verhalten George gegenüber war von kurzen Perioden übertriebener, gefühlsduseliger körperlicher Nähe gekennzeichnet, die mit langen Perioden der Feindseligkeit und Vernachlässigung abwechselten. Der Kreislauf von Nähe und Ablehnung hatte bereits begonnen, als George noch ein Säugling gewesen war. Nachdem Mrs. G. ihren Sohn beinahe vier Monate lang so oft wie möglich gestillt hatte, trank sie so stark, daß der kleine George einer Amme übergeben werden mußte. Als George im Kleinkindalter war, entblößte seine Mutter ganz unbekümmert ihren Körper vor ihm. Wenn sie unter Alkoholeinfluß stand, legte sie Wert darauf, im Beisein ihres kleinen Sohnes zu urinieren und zu koten, und anschließend pflegte sie sich für den Rest des Tages in ihr Schlafzimmer zurückzuziehen. Während der langen Phasen von Vernachlässigung tröstete George sich über die Abwesenheit seiner Mutter hinweg, indem er mit ihren Schuhen spielte. Manchmal zog er ihre Schuhe an und stolperte im Haus umher. Oft ging es ihm erst besser, wenn er einen der Schuhe seiner Mutter in den Mund steckte.

Georges Vater tat leider wenig, um den Jungen von dieser Beschäftigung abzuhalten. Tatsächlich trug er, um den Kummer seines Sohnes zu lindern, bewußt dazu bei, daß George Frauenschuhe mit tröstender mütterlicher Gegenwart assoziierte. Der Vater wies den kleinen George an, die Schuhe der Mutter nicht anzuziehen, sondern statt dessen das Spiel »Mutters Pantoffeln holen«[9] zu spielen. Um dieses Spiel spannender zu machen, versteckte der Vater die Pantoffeln in einem Karton. George machte es großen Spaß, die versteckten Pantoffeln zu suchen und sie seiner Mutter zu geben, wenn sie zum Abendessen wieder auftauchte. Dieses Spiel verschaffte George jetzt, da er älter war, größere Befriedigung, als nur die Schuhe seiner Mutter zu tragen. Bei den seltenen Gelegenheiten, in denen seine Mutter in verspielter, mütterlicher Stimmung war, ließ sie George auf ihrem hübschen, pantoffelbekleideten Fuß reiten.

Als George fünf Jahre alt war, ermunterte sein Vater ihn, ein wenig Wein zu den Mahlzeiten zu trinken. Wieder hatte er dabei die Absicht, seinen kleinen Jungen aufzuheitern, und es gelang ihm sogar, sich über die besorgten Proteste der Mutter hinwegzusetzen. Dieser Gewohnheit wurde jedoch ein Ende bereitet, als George, der berechtigterweise das Gefühl hatte, daß Alkohol im Kampf um die Liebe seiner Mutter der stärkste Rivale war, mehrmals so kräftig auf den Rand des Weinglases biß, daß es in seinem Mund zersplitterte. Als George mit fünf Jahren nachts aus dem Elternschlafzimmer ausgeschlossen wurde, stellte er sich vor, wie seine Eltern dort drinnen ungezogen zusammen Wein tranken. Nach dem Tod seiner Mutter nahm George ihren Platz im Ehebett ein. Unter den zärtlichen Liebkosungen des Vaters, mit denen dieser den Sohn über den Verlust der Mutter hinwegtrösten wollte, empfand George beschämende Lust und feindseligen Ärger.

Während seiner Kindheit und Adoleszenz besaßen Schuhe und Alkohol auffällig hohe Bedeutung für George. Als seine Mutter noch lebte, schenkte sie ihm ein Paar von ihren Schuhen, die er tragen sollte, damit er sich während seiner ersten Schultage nicht allein fühlte. Aber es dauerte nicht lange, bis seine Klassenkameraden ihm klarmachten, daß echte Jungen in der Schule keine Damenschuhe trügen. George begann sich seiner hübschen Schuhe zu schämen. Weil er seine Mutter nicht kränken wollte, löste er das Problem, indem er gegen die Schuhe trat und sie beschmutzte, bis sie so verdorben waren, daß er sie nicht mehr tragen konnte. Von da an zog er es vor, Jungenschuhe zu tragen, aber nur solche, deren Form ein wenig an Frauenschuhe erinnerte. Immer wenn er ein neues Paar brauchte, wurde er aufgeregt, und sobald er die neuen Schuhe hatte, machte er sich daran, sie zu beschmutzen. Mit sechzehn Jahren entschloß er sich, mit Alkohol zu experimentieren, weil er Alkoholgenuß für eine Einführung in die sexuell erregenden Szenen hielt, die sich zwischen Erwachsenen abspielten. Das Gefühl der Trunkenheit versetzte ihn in Hochstimmung. Aber seine besonderen Räusche hob er sich für die Tage auf, wenn er ein neues Paar Schuhe bekam.

Im Alter von neunzehn Jahren sah George, der noch jungfräulich war, eines Tages, wie die Haushälterin Wein trank. Der Anblick versetzte ihn in sexuelle Erregung, und er beschloß, ihr einen Streich zu spielen. Er bereitete ein Getränk aus Gin zu, den er wie Wein färbte, und verleitete die Angestellte dazu, bis zur Bewußtlosigkeit zu trinken. Dann trug er sie in ihr Bett, ging in sein eigenes Zimmer und masturbierte zum ersten Mal. Etwa zur selben Zeit entdeckte er zu seiner großen Freude, daß seine neue Stiefmutter abends gern ein paar Drinks zu sich nahm. Und, Wunder über Wunder, man konnte ihr mit nichts größere Freude bereiten als mit einem neuen Paar Schuhe. Voller Hingabe führte George Situationen herbei, in denen er seine Stiefmutter zum Trinken verleitete. Dann lieh er sich ihr neuestes Paar Schuhe aus, ging damit in sein Zimmer, stellte sie am Fußende seines Bettes auf und masturbierte, so schnell er konnte.

Georges sexuelle Hochgefühle fanden ihr Ende, als er begann, sich wegen der Folgen der Masturbation für seine körperliche und geistige Gesundheit Sorgen zu machen. Er entschloß sich, zu heiraten und ein normales Sexualleben zu beginnen. In der Ehe (mit einer sehr anständigen, abstinenten, blassen jungen Dame) litt er jedoch von Anfang an unter Ejaculatio praecox. Er konnte seine Frau nicht penetrieren. Nach einigen Monaten, in denen der Koitus immer wieder mißlungen war, kam er auf die Idee, seine Frau zum Essen auszuführen. Er bestand darauf, daß sie bei dieser Gelegenheit ihre Hochzeitsschuhe aus weißem Satin tragen sollte. Dann inszenierte er zum ersten Mal die Szenenfolge, die schließlich zur einzigen Möglichkeit für ihn wurde, zu Erektionen und Ejakulationen zu gelangen. In jener Nacht schaffte er es, seine Frau zu penetrieren und die Erektion beinahe zwei Minuten lang aufrechtzuerhalten. Als seine Frau am nächsten Morgen aufwachte, fühlte sie sich krank, und sie schämte sich sehr, weil sie soviel getrunken hatte. Sie klagte ihrem neuerdings potenten Mann: »Ich habe meine Weiblichkeit verloren.«[10] Danach wurde Mr. G. eifersüchtig, wenn er sich vorstellte, daß seine Frau sich mit anderen Männern betrank.

Mr. G.s wiederholte Versuche, das erwähnte Szenario mit seiner

Frau durchzuspielen, führten immer häufiger zu alkoholischen Exzessen seinerseits und zu großer Besorgnis auf seiten seiner Frau. Bald fügte sie sich seinen Wünschen nicht mehr und versuchte statt dessen auf jede nur erdenkliche Weise, seinen Alkoholkonsum einzuschränken. Er widersetzte sich aber ihren Bemühungen und mußte schließlich feststellen, daß er den Tag mit einer Flasche Gin oder Whisky begann und auch beendete. Nach einer Weile ließ er sich überreden, sich wegen seines Alkoholismus in psychotherapeutische Behandlung zu begeben. Seine sexuelle Perversion, die er jetzt mit fremden Frauen ausagierte, tauchte in der Behandlung eine ganze Weile gar nicht auf.

Die Eile, mit der Mr. G. die letzte Szene seines Szenarios aufführte, spiegelte seine Charakterstruktur wider. Im Alltagsleben war er ungeduldig darauf bedacht, den lustvollen Teil eines Erlebnisses so schnell wie möglich hinter sich zu bringen. Jedes potentiell lustvolle Erlebnis wurde von beinahe bewußten Gedanken wie »Bring es hinter dich!« »Mach fertig!« »Leg es weg!«[11] begleitet.

Mr. G. aß hastig und schlang sein Essen ohne großen Genuß hinunter. Wenn er sich betrank, konsumierte er die großen Alkoholmengen gern so schnell wie möglich. Er masturbierte immer hastig und voller Ärger und Unwillen. Er war bekannt für seine bissigen Bemerkungen und knirschte mit den Zähnen, wenn jemand ihn in Wut brachte. Der beißende Sadismus, der mit allen lustvollen Handlungen verbunden war, ließ sich leicht bis auf die Wut seiner Kindheit zurückverfolgen. Selbst in Momenten mütterlicher Nachsicht hatte seine Mutter es immer eilig gehabt, zu ihren eigenen Vergnügungen zurückzukehren. Vom kleinen George wurde erwartet, daß er alle Tätigkeiten – Essen, Urinieren, Koten – so schnell wie möglich ausführte. »So, ich habe meine Pflicht getan«, schien die Mutter zu sagen, »jetzt geh' mir aus den Augen.«

Als Mr. G.s Perversion schließlich ans Licht kam, konnte sein Analytiker einige der Kindheitstraumen, die in Mr. G.s Szenario vorkamen, interpretieren. Während Mr. G. beim Essen seine Begleiterin musterte, um Anzeichen für ihre sexuelle Erregung zu entdecken – eine rosige Nase, die anschwoll und rot wurde –, erwartete er gespannt das Erscheinen ihres versteckten Penis – des weißen Schuhs, der zum besudelten und entwürdigten Schuh wurde. Diese Szene wurde als Weiterentwicklung des Kindheitsspiels »Mutters Pantoffeln holen« gedeutet. Mr. G.s Analytiker ließ sich jedoch von den Themen »phallische Frau« und »Kastrationsangst« nicht so vereinnahmen, daß er die anderen Aspekte im Schuhfetischismus seines Patienten nicht entdeckt hätte. Zum Beispiel erkannte er aufgrund der Assoziationen seines Patienten zu der besonderen Anordnung der Frauenschuhe, daß der eine Schuh (dessen Spitze zu sehen war) die Brustwarze darstellte und der andere (dessen Absatz zu sehen war) den Penis. So repräsentierte das Paar Schuhe die dargebotene und zurückgezogene Brustwarze und den sichtbaren und nicht sichtbaren Penis. Dieser Analytiker hatte ein Gespür für die Komplexität von Mr. G.s perversem Skript, daher konnte er darlegen, wie die frühen Traumen von Verlassenwerden und Trennung und der Einfluß der Kastrationsangst in Mr. G.s Darstellung der Urszene sich wechselseitig beeinflußten. Ich bezweifle, daß Analytiker, die sich immer noch über die jeweilige Bedeutung von präödipalen und ödipalen Erlebnissen für die Entstehung einer Perversion streiten, das Gesamtbild besser wiedergeben können, als Mr. G.s Analytiker das 1924 getan hat. Dem Analytiker zufolge wird die »Brustwarze« – also die befriedigende oder frustrierende Beziehung des Säuglings zu seiner ersten Pflegeperson – zum ordnenden Mittelpunkt seiner Beziehungen zur Außenwelt und zu anderen Menschen. Der »Penis« andererseits bildet für das männliche Kind den Kern seines Selbstwertgefühls, den Mittelpunkt seines Narzißmus, seines Selbstbildes und seiner Identität. Indem der perverse Erwachsene seinen Penis und seine genitale Leistung zur Steigerung seines Narzißmus einsetzt, kompensiert er den frühen Mangel an Bemutterung. »Es besteht die Tendenz, den Entzug des Objektfetischs (Brustwarze) durch lustvolles Interesse am Subjektfetisch (Genitale) zu kompensieren.«[12]

Ich bin, wie Mr. G.s Analytiker, davon überzeugt, daß männliche Perversionen generell und weibliche Perversionen zum Teil fetischistische Szenarios mit Penissen und Vaginas benutzen, um die Depri-

vationen und Traumen der Kindheit zu kompensieren. Das Szenario bedient sich genitaler Leistung, aber weniger mit dem Ziel des sexuellen Lustgewinns als vielmehr in der Absicht, über das infantile Trauma zu triumphieren. Die Phantasie über die Urszene verleiht den früheren Traumen einen genitalen Aspekt, während die Traumen, die aus mangelnder Fürsorge resultieren, Inhalt und Form der Urszene mitgestalten.

Die wichtigsten emotionalen Bestandteile von Mr. G.s perversem Skript waren die Erniedrigung und die sadistische Rache an einer Mutter, die Hoffnung auf Belohnung in ihm geweckt und sich ihm dann entzogen hatte: »*Jetzt geh' zur Hölle! Ich bin fertig.*« *Er bemühte sich, diese Deprivationen mit einer perversen Darstellung zu kompensieren, die ihm, wenn schon kein orales oder genitales Vergnügen, dann doch wenigstens den Triumph der Rache bereitete. Mr. G. machte aus den Traumen des Verlassenwerdens und der Trennung einen narzißtischen Triumph, indem er Frauen so behandelte, wie er einst als hilfloses Kind behandelt worden war.*

Der klinische Fall des Mr. G. illustrierte als einer der ersten die Rolle, die frühkindliche Traumen bei der Schaffung eines perversen Szenarios spielen. Mr. G.s Analytiker zeigte, in welcher Weise Mr. G.s kindliches Sexualleben und seine Charakterstruktur als Erwachsener mit dem Zwang verbunden waren, die ritualisierte Fassung der infantilen Traumen beständig zu wiederholen. Und obwohl der Analytiker nicht explizit darauf aufmerksam machte, daß Mr. G.s Darstellung wie die Urszene strukturiert ist, ist diese Tatsache doch an der Demütigung von Mr. G.s Partnerinnen zu erkennen, die verführt und dann fortgeschickt, fortgeworfen wurden, die von den sexuellen Freuden, die er selbst genoß, ausgeschlossen blieben. Der Analytiker betonte, daß Mr. G. sich an seiner Mutter »*für die Hinterhältigkeit, mit der sie ihn mit seinem Vater betrogen hatte*«*, rächte, indem er* »*ihre Sexualität entlarvte und sie als Prostituierte bloßstellte*«[13]*. Mr. G. reduzierte die Urszene auf die Inszenierung eines erotischen Dinners (die Brustwarze erscheinen lassen) und rächte sich dann, indem er den Schuh wegwarf und die Frau hinauswarf (die Brustwarze bestrafen).*

Der Vater half dem kleinen George nicht, den Tod der Mutter zu verstehen. Statt dessen benutzte er seinen kleinen Sohn dazu, sich selbst zu trösten, und versuchte mit allen möglichen Mitteln, den Verlust für sich und seinen Sohn zu leugnen. Mr. G. kam nie darüber hinweg, daß er seine Mutter so früh verloren hatte. Aber nun war sie immer bei ihm, wenn er eine seiner Verführungen inszenierte. Das eigentliche Ziel von Mr. G.s sadomasochistischer Darstellung war nicht die Lust am Schmerz, sondern ein sich wiederholender Kreislauf von Verlieren und Wiederfinden von Liebe, von Kastration und Wiederherstellung, von Verlassenwerden und Wiedervereinigung, von Tod und Auferstehung.

Manche Skripten werden weniger gewissenhaft ausgeführt als das des Mr. G. Weder gelingt es ihnen so elegant, den sadistischen Angriff auf den Körper der Frau gleichzeitig zu gestalten und im Zaum zu halten, noch enthalten sie eine so komplexe Symbolisierung der Urszene. Manche Männer sind in der Kindheit so stark traumatisiert worden, daß sie kaum fähig sind, sich ein perverses Szenario auszudenken, sondern gleich zu Wahnsinn, Tobsuchtsanfällen, Vergewaltigung und Verstümmelung übergehen.

Krafft-Ebings Liste von Lustmorden[14] beginnt mit dem Deutschen Andreas Bichel, der junge Mädchen vergewaltigte und sie dann mit der Präzision eines Metzgers tötete. »Ich kann sagen, daß ich während des Öffnens so gierig war, daß ich zitterte und mir ein Stück wollte herausgeschnitten und gegessen haben«, berichtet Bichel.[15] In London wurden zwischen 1887 und 1889 zahlreiche Frauenleichen gefunden, die von einem Unbekannten aufgeschlitzt und verstümmelt worden waren. Man nannte den Unbekannten Jack the Ripper (»Aufschlitzer«). Zuerst schnitt er seinen Opfern die Kehle durch, dann schlitzte er ihnen den Bauch auf und betastete ihre Eingeweide. Einigen seiner Opfer schnitt er die Genitalien ab und versteckte sie entweder oder riß sie in Stücke und ließ sie bei dem Leichnam zurück. Der berüchtigte Vacher, auch ein »Aufschlitzer«, strangulierte seine Opfer, schnitt ihnen die Kehle durch, schlitzte ihnen den Bauch auf, verstümmelte die Leichen, vor allem deren Genitalien, und befriedigte schließlich sein sexuelles Verlan-

gen an den Toten. Der Italiener Vincenz Verzeni, der sich an die
Zahl seiner Opfer und die verschiedenen Verstümmelungen, die er
ihnen beigebracht hatte, nicht mehr erinnern konnte, gestand nach
seiner Verurteilung zu lebenslänglichem Kerker:

> Incredibilem voluptatem habui feminas suffocans, erectiones tum
> sensi atque vera libidine affectus sum. Vel vestimenta mulierum
> olfacere voluptatem mihi adtulit. In suffocando feminas maiorem
> voluptatem inveni quam in masturbando. [Es bereitete mir unglaub-
> liches Vergnügen, Frauen zu ersticken, ich hatte dann Erektionen
> und befand mich in einem Zustand wirklicher Lust. Sogar an den
> Kleidern der Frauen zu riechen machte mir Vergnügen. Frauen zu
> ersticken bereitete mir größere Lust als Selbstbefriedigung.] Bei dem
> Trinken des Blutes der Motta empfand ich großes Wohlgefallen. Es
> gewährte mir auch großen Genuß, den Ermordeten die Haarnadeln
> aus dem Haar zu ziehen. Die Kleider und Eingeweide nahm ich aus
> Lust, sie zu beriechen und zu betasten.[16]

Leger, ein weiterer Lustmörder, hatte nur ein einziges Opfer, denn
er wurde sofort gefaßt und zu lebenslänglichem Gefängnis verurteilt. Das Opfer war ein zwölfjähriges Mädchen. Erst vergewaltigte
er sie, dann verstümmelte er ihre Genitalien, riß ihr das Herz aus der
Brust, aß davon, trank das Blut und begrub schließlich die Überreste des Körpers.

Solche extremen Beispiele für sexuellen Sadismus hält man für
äußerst selten. Da wir aber nur Berichte von den Fällen haben, in
denen die Männer gefaßt wurden, sind Fälle, in denen der Körper
der Sexualpartnerin teilweise oder völlig zerstört wird, damit der
Mann zu Erektion und Orgasmus gelangen kann, wahrscheinlich
häufiger, als die offiziellen Statistiken angeben.

DER FALL MR. N.
Durchtränkendes Blut, stockendes Blut[17]

In den späten vierziger Jahren kam Mr. N., nachdem er eine junge
Frau ermordet und zerstückelt hatte, in ein französisches psychia-
trisches Gefängniskrankenhaus. Mehrere Jahre zuvor war er nach
Verbüßung einer Haftstrafe für den Mord an einer Freundin aus
dem Gefängnis entlassen worden. Der erste Richter hatte Mr. N.

eine milde Strafe auferlegt, weil er das Verbrechen als normalen *crime passionnel* [Mord aus Eifersucht] betrachtete, den die Frau durch ihr verführerisches Verhalten provoziert hatte. Zwischen den beiden Morden hatte Mr. N. ein friedliches, ereignisloses Leben als niederer Beamter geführt. Nur wenige Momente nach dem Tod der zweiten Frau begann Mr. N. mit der Aufführung eines sexuellen Szenarios, das ein überlegtes, wenn auch hektisches Zerschneiden, Ausweiden und kannibalistisches Zerstören verschiedener Körperteile zum Inhalt hatte. Erst als der Körper beinahe vollständig zerstört war, gelang es Mr. N. endlich, zum Orgasmus zu kommen.

Mr. N. war erleichtert, daß er wieder im Gefängnis war, und wollte mit dem Psychiater, dem sein Fall übergeben worden war, zusammenarbeiten. Sosehr Mr. N. sich auch bemühte, er konnte sich in keiner Weise an seine Kindheit oder seine Eltern erinnern. Allerdings konnte er die blutigen Verstümmelungen auf seine Erlebnisse im Ersten Weltkrieg zurückführen. Er berichtete dem Psychiater, er sei während des Krieges Krankenträger gewesen. Er erinnerte sich, daß es ihm besondere Lust bereitet hatte, zu spüren, wie das Blut der Verwundeten seine Uniform durchtränkte. Bald nach dieser Erkenntnis merkte er, daß seine Lust sich noch wesentlich steigerte, wenn das Blut durch seine Unterwäsche sickerte und langsam an seinem Körper verkrustete. Wie viele Sadisten und auch viele andere, verhaltenere Perverse litt Mr. N. unter Hypochondrie. Er bildete sich immer ein, er habe innere Verletzungen oder andere Krankheiten. Als er entdeckt hatte, daß es ihm außerordentliche Lust bereitete, blutgetränkte, steif werdende Unterwäsche zu tragen, begann er, Schlachthöfe zu besuchen. Dort versuchte er, wie viele Hypochonder seiner Zeit, seine eingebildeten Krankheiten zu heilen, indem er warmes Blut trank. Obwohl Mr. N. eigentlich kein Vampir war, war allein der Gedanke an das Bluttrinken beruhigend und sehr erotisch für ihn.

Glücklicherweise wurde Mr. N. diesmal nicht wegen guter Führung entlassen. Aber wie er vor seinem Aufenthalt im Gefängniskrankenhaus ein braver Bürger gewesen war, so blieb er auch bis zu seinem Tod ein mustergültiger Gefangener und Patient.

Die drei Analytiker, die über Mr. N.s Fall berichteten, machten nur auf die orale Aggression und die infantilen kannibalistischen Phantasien aufmerksam, die seiner Faszination für Blut und Zerstückelung zugrunde lagen. Sie vermuteten, Mr. N.s unverhüllter Sadismus sei ein Zeichen dafür, daß seine Persönlichkeits- und Ich-Struktur so primitiv sei, daß er kein mit Symbolen ausgestattetes Szenario konstruieren könne. Wenn, wie es bei Fällen von offenem sexuellem Sadismus typisch ist, so wenig geistige Aktivität zwischen dem mörderischen Impuls und seiner Ausführung steht, kann man annehmen, daß auch die Fähigkeit, Symbole zu schaffen, mangelhaft ausgebildet ist.

Mr. N. konnte über seine inneren emotionalen Erlebnisse nur sehr wenig berichten, aber er sagte seinen Ärzten gerade genug, um uns eine Ahnung von einigen der Tat vorausgegangenen Überlegungen zu geben. Und wo es Vorüberlegungen gibt, besteht auch noch eine Fähigkeit zu symbolischem Denken. Ich bin der Meinung, daß wir uns von der Unverblümtheit von Mr. N.s Szenario nicht täuschen lassen und nicht annehmen sollten, daß es zu dem manifesten, blutrünstigen Kannibalismus überhaupt kein Skript gab.

So barbarisch Mr. N.s symbolisches Werk auch war, ich möchte doch einige Vermutungen darüber anstellen. Stellen Sie sich einen Augenblick Mr. N.s wachsende sexuelle Erregung vor, wenn das Blut, das seine Uniform durchtränkt hat, in seine Unterwäsche einsickert und allmählich trocknet und fest wird. Stellen Sie sich vor, daß die Veränderung des Blutes von flüssig zu fest die »Handlung« ist und das Blut selbst Charaktere und Requisiten darstellt. Vielleicht steht diese einfache Handlung für Mr. N.s eigene Verwandlung von einer »kastrierten« Frau in einen potenten phallischen Mann. Vielleicht brachte Mr. N., als er zum ersten Mal merkte, daß die Verwandlung seiner Uniform in »blutige Fetzen« ihm Lust bereitete, unbewußt eine barbarische Symbolisierung seiner beschämenden weiblichen Wünsche zum Ausdruck.

Außerdem können wir in Mr. N.s Beschäftigung mit blutigen Uniformen und zerstückelten Frauenkörpern vielleicht den Ursprung seiner krankhaften Sorge um seine körperliche Gesundheit

*entdecken. Nach allem, was ich über die psychischen Vorgänge bei
Sadisten weiß, scheint es mir nicht zu weit hergeholt, wenn man die
Theorie aufstellt, daß Mr. N.s Hypochondrie die Ängste widerspiegelte, die sich auf das unergründliche, geheimnisvolle, weiche, diffuse und – infolge seiner starken weiblichen Wünsche – möglicherweise einem Eindringling zugängliche Innere seines eigenen Körpers
bezogen. Mr. N. wählte nicht die Rolle des Kämpfers, sondern die
des Pflegers. Im Gewand des freundlichen, fürsorglichen Kranken-
trägers konnte er ungestraft genießen, wie das Blut der verwundeten
Soldaten auf seinem Körper fest wurde. Nach seiner Entlassung
konnte er in der Pose des männlichen Liebhabers Sexualpartnerinnen zerstückeln und ohne jedes Bewußtsein von Scham oder Angst
in ihrem Körperinneren herumwühlen. Allein die Tatsache, daß
Mr. N.s erotische Erregungszustände mit dem Tragen von blutigen
Uniformen, mit dem Verstümmeln anderer menschlicher Körper
und mit Bluttrinken verbunden waren, legt nahe, daß die Ängste,
die zu Mr. N.s Perversion führten, selbst auch primitiver und furcht-
barer waren als die üblichen, allgegenwärtigen Kindheitsängste.
Obwohl wir über seine Kindheit nichts wissen, würde ich aufgrund
seines Verhaltens als Erwachsener vermuten, daß zu der Zeit, als er
die genitalen Unterschiede entdeckte, primitive Ängste vor Vernichtung und Verlassenwerden seine Beobachtungen beeinflußten.*

*Meine These lautet, daß sadomasochistische Szenarien, die Selbst-
verstümmelungen oder Verstümmelungen anderer enthalten, geistige Schöpfungen von Personen sind, die im Kleinkindalter durch
Verletzungen ihrer körperlichen Integrität schwer traumatisiert
wurden. In einigen Fällen, die mir bekannt sind, war der übliche,
lustvolle Hautkontakt, der die Oberfläche des kindlichen Körpers
zum Leben erweckt, fast überhaupt nicht vorhanden. Und oft
kamen zu diesem frühen Fehlen von lebenspendender Stimulierung
später sexuelle oder gewalttätige Angriffe auf den Körper des Kindes
hinzu. In manchen Fällen führte die elterliche Vernachlässigung zu
Unfällen und Verletzungen, die schmerzhafte und langwierige ope-
rative Eingriffe und Behandlungen erforderten. Menschen, die so
stark mißhandelt wurden, haben nie das Gefühl, daß sie innerhalb*

der Grenzen ihrer Haut sicher zusammenhalten. Sie haben nie das Vertrauen, daß die Behältnisse, die sie als ihre Körper bezeichnen, stark genug sind, um sie vor »eindringenden« Mächten zu schützen. Als Erwachsene schaffen sie ein perverses Szenario, um das, was sie als auslaufenden Körperinhalt erleben, zu beherrschen und zu steuern. Bei Männern werden diese auslaufenden Substanzen – Schleim, Urin, Kot, sogar Sperma – unbewußt mit hilfloser Abhängigkeit und verletzlicher Weiblichkeit gleichgesetzt. Die Verstümmelung eines Körpers ist für den Akteur beruhigend, so primitiv und furchtbar sie dem Zuschauer auch erscheinen mag, denn er kann sich dabei seiner eigenen Körpergrenzen, seiner Selbst-Identität und seines männlichen Narzißmus sicherer fühlen.

Wie es bei allen Objekten und Substanzen, die als Fetisch dienen, der Fall ist, repräsentierte das Blut, das in Mr. N.s perversen Szenarios eine so wichtige Rolle spielte, sowohl Verlassenwerden als auch Wiedervereinigung, Kastration und Wiedergutmachung, Tod und Auferstehung.

Eine sadistische Handlung enthält per definitionem immer eine Spur von Erotik. Mr. N. hatte zwei sadistische Morde begangen, sadistisch, weil er sich zu den erotischen Bestandteilen bekannte, die einen einfachen Mord von einer sadistischen Handlung unterscheiden. (Vielleicht sind vorsätzliche Morde nie »einfache Morde«.) Aber soweit wir wissen, war Mr. N.s Leben, anders als das der meisten Sadisten, nicht von dem Bedürfnis bestimmt, das Szenario immer wieder aufzuführen. Ein Jack the Ripper, der *wiederholt* Frauen ermordet, um zu einer Erektion zu gelangen, beherrscht seine sadistischen Impulse weniger gut. Trotzdem braucht ein Perverser, der seine sadistischen Impulse nicht unterdrücken kann, kein gewalttätiger Jack the Ripper und auch kein Mr. N. zu sein. Andere Männer bringen Frauen und ihren Körpern ebenso feindselige Gefühle entgegen und erfinden raffinierte Methoden, dem Körper einer Frau Schaden zuzufügen und dabei zur Erektion zu gelangen.

DER FALL MR. O.
»Vielleicht passiert es diesmal/nicht.«[18]

Auch Mr. O. war ein Mann, dessen erotisches Verlangen nicht stark genug war, um die mörderischen Elemente in seinem perversen Szenario ausreichend zu dämpfen. Seine Aufführungen wurden jedoch stärker von Symbolen beherrscht als die von Mr. N. Wann immer möglich, versuchte Mr. O., auf Dächern zu masturbieren. Mit der einen Hand stimulierte er seinen Penis, mit der anderen schleuderte er Ziegelsteine auf Frauen, die unten auf der Straße vorbeigingen. Allein der Gedanke, daß einer seiner Steine eine Frau treffen *könnte*, verschaffte Mr. O. Erektion und Orgasmus. Ob der Stein die Frau tatsächlich traf, war ihm relativ gleichgültig. Für ihn zählte der Augenblick, in dem er den Ziegelstein warf und sich fragte, ob er wohl auf eine Frau fallen würde oder nicht. Von dieser Ungewißheit hing seine Erregung ab. Die Möglichkeit, daß man ihn bei seiner kriminellen Handlung festnehmen könnte, erhöhte die erregende Spannung. Wenn ein Ziegelstein sein Ziel traf, wartete Mr. O. immer auf Anzeichen von Schock bei den Vorübergehenden, bevor er zu entkommen versuchte. Der schockierte Ausdruck eines Gesichts ließ nach der sexuellen Nachmittagsvorstellung den Vorhang fallen. Mr. O. wurde schließlich gefaßt. Er enthüllte jedoch niemals, weder sich selbst noch anderen, die Phantasien und Wünsche, die er durch sein Masturbationsritual zum Ausdruck brachte.

Wieder möchte ich auf der Grundlage der wenigen Daten und meiner Vertrautheit mit anderen, ähnlichen Fällen Vermutungen über Mr. O.s perverses Skript anstellen. Ich nehme an, daß der schockierte Gesichtsausdruck seines Opfers oder eines Beobachters für Mr. O. etwas mit den traumatisierenden Szenen seiner Kindheit zu tun hatte, in denen er das Opfer brutaler Überraschungsangriffe von seiten Erwachsener war. Mr. O.s Identifizierung mit einer »möglicherweise« verstümmelten Frau spiegelte das traumatische Erlebnis wider, daß sein Körper penetriert wurde, möglicherweise von einem Familienmitglied. Die Ungewißheit, die seiner Aufführung besondere Dramatik verlieh und die Spannung steigerte –

»Vielleicht passiert es diesmal/nicht« –, ist ein wesentliches Element in Mr. O.s zweifelhaftem Triumph über sein Kindheitstrauma. Männer wie Mr. N. und Mr. O. identifizieren sich stark mit den verstümmelten Frauen, die sie angreifen. Aufgrund früherer, schwerer Traumen sind sie dafür prädisponiert, die weiblichen Genitalien als schreckliche Wunde und die Urszene als Überraschungsangriff zu interpretieren. Bei ihren eingeschränkten sexuellen Eskapaden können sie sich ihrer männlichen Identität versichern und sich für einen Augenblick wie unversehrte, geschlossene, ganze Männer fühlen, ohne sich dabei mit dem potentiell gefährlichen Körper einer lebendigen, atmenden, fühlenden, aktiv begehrenden Frau beschäftigen zu müssen.

DER FALL MR. R.
Der triumphierende Haarabschneider[19]

Mr. R., ein berufstätiger Mann von Ende Zwanzig, Ehemann und Vater eines kleinen Jungen, litt stark unter seinem Haarfetischismus. Genauer gesagt, war es nicht der Fetischismus, der ihm Probleme bereitete, sondern die Tatsache, daß seine Frau das fetischistische Szenario, das er erfunden hatte, nicht mehr mit ihm aufführen wollte. Seiner beruflichen Verpflichtungen wegen, die ihn mit führenden Persönlichkeiten seiner Gemeinde in Kontakt brachten, machten ihm seine schlampige Kleidung, die schlechte Körperpflege und einige »ekelhafte« Angewohnheiten, wie in der Nase zu bohren und das Sekret zu essen oder es in seine Kleidung und die Polster seines Wagens zu schmieren, schwer zu schaffen. Im Laufe der Behandlung, während Mr. R.s Analytikerin diesen Symptomen auf den Grund ging, entdeckte sie seine Perversion.

In der Einleitung zu Mr. R.s Fall erwähnt die Analytikerin beiläufig, daß der Fetisch zwar normalerweise mit dem Phallus gleichgesetzt wird, daß er aber »auch für den Uterus oder die Vagina stehen kann«[20]. Sie ermutigte ihren Patienten, seine weiblichen Identifikationen und die Beziehung zwischen diesen Identifikationen und seinen blutrünstigen, sadistischen Phantasien zu erforschen. Ihr Eingehen auf die verschiedenen Nuancen seiner weibli-

chen Wünsche und weiblichen Identifikationen hat unser Wissen
über Perversion um spezifische Erkenntnisse erweitert. Ich habe
mich unwillkührlich gefragt, ob Mr. R.s Analytikerin ihre Nachfor-
schungen energischer anging, weil sie eine Frau war, oder ob der
ängstliche, schüchterne Mr. R. sich einer Frau gegenüber leichter
äußern konnte. Mr. R.s Fall ist einer der wenigen Fälle von Perver-
sion, bei dessen Beschreibung ausdrücklich auf den Neid des Mannes
auf die weiblichen Genitalfunktionen und auf die Beziehung dieses
Neides zum sogenannten männlichen Sadismus aufmerksam
gemacht wird.

Mr. R. konnte nur zum Orgasmus gelangen, wenn er seiner Frau
während des Vorspiels oder gelegentlich auch, wenn er sie bereits
penetriert hatte, eine Haarsträhne abschnitt. Außerdem phantasierte er bei seinen täglichen Masturbationen, daß er einer Frau die
Haare abschnitt. Ab und zu hatte er beim Masturbieren auch die
Phantasie, er würde einem Mann die Haare schneiden. Wenn er
durch die Stadt ging, spähte er in jeden Frisiersalon, an dem er
vorbeikam, in der Hoffung, eine Frau zu sehen, der gerade die
Haare geschnitten wurden. Wenn seine sexuellen Ängste zunahmen
oder sein Beruf besonders anstrengend wurde, begab er sich zu
einem der Herrenfriseure, bei denen eine Friseuse angestellt war. In
solchen Zeiten mußte er sich von einer Frau die Haare schneiden
lassen, damit seine Angst nicht unerträglich wurde.

Mr. R. machte seiner Frau ganz genaue Vorschriften für ihre
Frisur. Sie mußte einen Pony tragen (als Äquivalent zu Männlichkeit, also nicht kastriert), und hinten mußte das Haar ihr in weichen
Wellen auf die Schultern fallen (als Äquivalent zu Weiblichkeit, also
kastriert). Mr. R. schnitt aus Illustrierten Bilder von Frauen mit
einem derartigen Haarschnitt aus und schlug seinen weiblichen
Angestellten vor, ihr Haar doch vielleicht auch auf diese Art zu
tragen. Da die Frauen an das merkwürdige Verhalten ihres Chefs
gewöhnt waren, ignorierten sie seine Vorschläge einfach. Obwohl
er ein strenger Vorgesetzter war, erkannten die Frauen, daß er als
Mann schüchtern und ängstlich war und sie nie zu den verrückten
Sachen zwingen würde, die er manchmal andeutete.

Bevor Mr. R. seine Frau, eine hübsche, fügsame junge Dame, kennenlernte, hatte er mit verschiedenen Freundinnen befriedigende sexuelle Beziehungen gehabt. Er hatte sich zu aggressiven Mädchen mit langen blonden Haaren hingezogen gefühlt. Mehrere dieser Frauen bekannten ihm gegenüber, daß sie bisexuell seien. Das schreckte Mr. R. in keiner Weise ab. Das Wissen um ihre relative Gleichgültigkeit Männern gegenüber befreite ihn von der Aufgabe, sie sexuell zu befriedigen. Abgesehen von seiner Perversion und seiner Schlampigkeit, bereitete Mr. R. seiner Frau kaum Schwierigkeiten. Er war ihr treu und verhielt sich ihr und ihrem gemeinsamen Sohn gegenüber freundlich und rücksichtsvoll. Sie ihrerseits war im Gegenzug dazu nur allzu bereit, alles zu tun, um ihren Mann glücklich zu machen. Manchmal allerdings hatte Mr. R., wenn er seiner Frau die Haare schnitt, die erschreckende Phantasie, dabei Stücke aus ihrer Kopfhaut herauszuschneiden. Im Laufe der Jahre wurden diese sadistischen Phantasien zunehmend stärker, und Mr. R.s Forderungen wurden so dreist, daß seine Frau sie nicht mehr erfüllen konnte. Als seine Analytikerin eines Tages seinem Wunsch, seine Perversion gutzuheißen, nicht nachkommen wollte, reagierte er auf diesen Ausdruck ihrer Macht mit Wut, die er aber nicht an der Analytikerin, sondern an seiner Frau ausließ. Als er abends nach Hause kam, verlangte er, seine Frau solle sich von ihm den Kopf kahlscheren und glattrasieren lassen. Als er ihr Zögern bemerkte, wies er sie darauf hin, daß sie in der Zeit, in der ihr Haar nachwachsen würde, einfach eine attraktive Perücke tragen könnte. Ihre Weigerung steigerte seine Anspannung so sehr, daß er zu weinen begann. Er beschuldigte seine Frau, sie versuche, ihn zu entmannen. Er war erstaunt, daß diese Auseinandersetzung eine Phantasie in ihm hervorrief, die seinem Selbstbild vom rücksichtsvollen Ehemann, vom passiven, sanften Mann, der vor den meisten Menschen Angst hatte, überhaupt nicht entsprach. Er stellte sich vor, wie er seine Frau packte, sie auf das Bett drückte und auf sie einhackte. Doch selbst in der Phantasie gelang es dem freundlichen Mr. R., seine Frau vor dem vollen Ausmaß seiner Wut zu schützen. Er stellte sich vor, daß sie sich befreite, nach seinen Hoden griff und mit aller Kraft versuchte, sie abzureißen.

Nach dieser beunruhigenden Zurückweisung durch seine Frau (und seine Analytikerin) und der noch beunruhigenderen Phantasie, die darauf folgte, wartete Mr. R. einige Tage, um seinen Vorschlag dann abzuwandeln: Vielleicht könnte er den Kopf seiner Frau *und* seinen eigenen Kopf kahlscheren? Mit diesem Vorschlag hoffte er, zwei Dinge zu erreichen. Einmal, dachte er, würde er seine Frau dazu bewegen, dem Kahlscheren zuzustimmen. Zum anderen malte er sich aus, daß sein Haar schneller nachwachsen würde als das seiner Frau. Auf diese Weise würde er sich beweisen können, daß er stärker und besser wäre als seine Frau (und als die Analytikerin). Aber wieder machte seine Frau ihm einen Strich durch die Rechnung. Sein neuer Vorschlag gefiel ihr ebensowenig wie der alte.

Mr. R. blieb nichts anderes übrig, als seine Impulse zu zügeln. Er mußte sich mit bloßem Haareschneiden zufriedengeben. Aber er konnte der Versuchung nicht widerstehen, seiner Frau die Haare immer dichter an der Kopfhaut abzuschneiden. Schließlich begann er, sich für ihr merkwürdiges Aussehen zu schämen. Er beklagte sich über ihre Einfallslosigkeit, wenn es darum ging, passende Hüte und Tücher zu finden, um sein Werk zu verdecken. Erst da lehnte sie sich offen gegen ihn auf. Wenn er sie unbedingt verstümmeln wolle, protestierte sie, dann dürfe ihm auch ihr Aussehen nicht peinlich sein.

Eines Abends konnte Mrs. R. es nicht mehr ertragen. Sie lehnte es kategorisch ab, sich das Haar weiterhin so dicht an der Kopfhaut abschneiden zu lassen. Ihre unnachgiebige Haltung versetzte Mr. R. in einen Zustand unerträglicher Spannung. Diesmal weinte er nicht. Er beschwor auch keine sadistischen Phantasien herauf, um die Aggressionen, die er seiner Frau gegenüber verspürte, zu beherrschen. Statt dessen verbrachte er den ganzen Abend im Badezimmer und schor sich Kopf und Körper vollständig kahl. Sein erschreckendes, lächerliches Aussehen beunruhigte ihn in keiner Weise, aber noch Wochen später machte es ihm Schwierigkeiten, bei der Masturbation zur Ejakulation zu gelangen. Bis seine Haare nachgewachsen waren, war er beim Geschlechtsverkehr impotent. Nach einer Weile begann Mr. R., sich an Kindheitserlebnisse zu erinnern. Bei diesen ersten Erinnerungen ging es ausschließlich um Haare und Haareschneiden. Haar war offensichtlich der Schutzschild, der Mr. R.s Kindheitstraumen gleichzeitig verbarg und enthüllte, so lange, bis er bereit war, sie zu Bewußtsein kommen zu lassen. Am lebendigsten und emotional bedeutsamsten war die Erinnerung, wie seine Mutter ihr langes, goldblondes Haar in der Sonne trocknete. Um die Haare unter dem Deckhaar zu trocknen, ließ sie sich ihr Haar vor das Gesicht fallen. Als Kleinkind war Robert über das Verschwinden ihres Gesichts zutiefst erschrocken, aber gleichzeitig faszinierte es ihn auch. Wie groß war seine Erleichterung, wenn das Gesicht der Mutter endlich wieder erschien. Auf einen Vetter, von dem es immer hieß, er habe »schöne Locken«, war Robert sehr eifersüchtig. Er selbst fühlte sich ungeliebt und unerwünscht. Seine Eltern beklagten sich stets, daß Robert der einzige in der Familie sei, der keine »schönen Locken« habe. Es stimmte. Robert hatte ganz glattes, sandfarbenes Haar. Sein Vater hatte gewelltes Haar und außerdem wunderbar lockiges Schamhaar, das den kleinen Robert faszinierte.

Als Robert vier Jahre alt war, hatten er und ein Spielkamerad eines Nachmittags großen Spaß daran, sich gegenseitig die Haare zu schneiden. Robert wurde ausgeschimpft und sollte zur Strafe so lange »komisch aussehen«, bis sein Haar nachgewachsen war. Etwa zu dieser Zeit erfand Robert ein neues Haarspiel. Er brachte das kleine Mädchen von nebenan dazu, sich von ihm Schlamm in die Haare schmieren zu lassen. Dies Spiel bereitete beiden großen Spaß, bis die Mutter des kleinen Mädchens den Übeltäter erkannte und Roberts Eltern Bericht erstattete. Während seiner ganzen Kindheit schnitt die Mutter Robert einen mädchenhaften Bubikopf mit einem Pony über der Stirn, und sein Vater unternahm nichts dagegen. Mit zwölf Jahren begann Robert, sich über seinen Mädchenhaarschnitt zu ärgern, und verlangte, daß er zu einem richtigen Herrenfriseur geschickt würde. Bis zum Beginn seiner Analyse hatten die Erinnerungen an Haar und Haareschneiden alle anderen Einzelheiten aus seiner Kindheit überblendet, darunter auch die Tatsache, daß er mehrfach Zeuge des elterlichen Geschlechtsverkehrs gewesen war. Erst als seine Erinnerungen an Haar und Haareschneiden vollständig ausgeschöpft waren, begann Mr. R. schließlich, sich an andere Details aus seiner Kindheit zu erinnern. Als er zehn Jahre alt war, wurde eine kleine Schwester geboren. Robert war es gelungen, in bezug auf alles, was mit Sexualität zu tun hatte, völlig ahnungslos zu bleiben, und die merkwürdige Anatomie seiner kleinen Schwester verwirrte ihn. Er fragte sich auch, wo genau sie eigentlich hergekommen war. Nachdem er fast ein Jahr lang über diesen Problemen gebrütet hatte, wagte er es, seine Eltern zu bitten, ihm die Unterschiede zwischen Jungen und Mädchen zu erklären. Aber seinen hochanständigen Eltern war es viel zu peinlich, ihm die gewünschte Aufklärung zu geben. Sein vier Jahre älterer Bruder sagte ihm, Mädchen sähen von vorn genauso aus wie Jungen von hinten. Damit war Roberts Assoziation weiblicher Genitalien mit schmutzigen, stinkenden Analfunktionen mehr oder weniger bestätigt. Bald darauf wurde er von Pruritus ani (Afterjucken) befallen, der immer wieder auftrat, auch als Mr. R. bereits erwachsen war. Über Sexualität oder Genitalien wurde kein Wort mehr verloren, bis Robert dreizehn war und sein Vater beschloß, daß es an der Zeit sei, ihn aufzuklären. Er nahm Robert für ein Gespräch von Mann zu Mann auf die Seite und warnte ihn vor zwei Dingen: Erstens dürfe er niemals masturbieren, und zweitens dürfe er niemals ein Mädchen in Schwierigkeiten bringen. Damit war Roberts sexuelle Aufklärung abgeschlossen.

Doch Robert setzte seine sexuellen Forschungen auf eigene Faust fort. Ein Jahr nach der Belehrung durch seinen Vater versuchte er, während eines Spaziergangs ein Mädchen aus der Nachbarschaft zu überreden, sich von ihm die Haare schneiden zu lassen. Er beharrte darauf, wenigstens eine Strähne abschneiden zu dürfen, nur um ihr zu zeigen, wie der Friseur ihr Haar schneiden solle. Zwischen dieser erotischen Handlung und Mr. R.s erster sexueller Erfahrung vergingen fünf dürre Jahre. Er erinnerte sich auch daran, daß er mit achtzehn ungefähr ein Jahr lang ein Draufgänger gewesen war, mehr oder weniger der Held unter seinen gleichaltrigen Freunden. Er konnte nicht verstehen, wie und warum er zu einem so schüchternen und ängstlichen Mann geworden war. Bis zum Alter von neunzehn Jahren masturbierte Mr. R. nicht. Mit einundzwanzig versuchte er, mit einer Prostituierten zu verkehren, war aber impotent. In diesem Jahr wurde Mr. R. klar, daß seine Erektionen und Orgasmen von der Mitwirkung einer Partnerin abhängig waren, deren Körper und emotionale Einstellung eine Kombination männlicher und weiblicher Eigenschaften darstellen konnte. Eine Weile brachten aggressive Frauen mit langem, blondem Haar dieses Kunststück fertig. Doch nach der Hochzeit mit seiner fügsamen, unterwürfigen Frau wurden Haar und Haareschneiden zur Besessenheit für ihn. Da die geschlechtliche Ambiguität seiner Partnerinnen ihm in der Vergangenheit den Geschlechtsverkehr ermöglicht hatte, fand diese Ambiguität auch Eingang in sein Haarschneide-Szenario.

Mr. R. wußte nur, daß er seiner Frau Haare abschneiden *mußte*, wenn er nicht unter unerträglicher Angst und Spannung leiden und unfähig zum Geschlechtsverkehr sein wollte. Seiner Analytikerin zufolge brachte er durch das Haareabschneiden zwei unbewußte Wünsche zum Ausdruck, deren jeder eine eingebaute Beruhigung enthielt. Erstens konnte Mr. R. seine eigenen Kastrationsängste beschwichtigen:»Ich werde meiner Frau die Haare schneiden. Aber Haare können (im Gegensatz zu Genitalien) immer wieder nachwachsen. Damit beweisen sie, daß die Kastration wiedergutgemacht werden kann.«[21] Zweitens konnte er sich versichern, daß seine Frau zwar stark, mächtig und phallisch sei, aber doch nicht ganz so mächtig wie er.»Ich werde ihr die Haare abschneiden und den Penis finden. Aber ich kann ihr die Haare immer wieder schneiden und beweisen, daß ich mächtiger bin als sie.«[22] Manchmal war es zu schwierig – zu Hause wie auch im Sprechzimmer der Analytikerin –, das Gleichgewicht der Kräfte aufrechtzuerhalten. Mr. R. vermied daher tagelang, manchmal wochenlang, jeden Kontakt zu seiner

Frau und masturbierte lediglich. Er fand heraus, daß er seine Anspannung lindern konnte, wenn er sich vorstellte, er könnte beide Geschlechter gleichzeitig sein und bräuchte gar keine Sexualpartner. Und vielleicht könnte er auch seine Analyse allein durchführen und bräuchte keine Analytikerin.

Mr. R. begann sich darüber zu beschweren, daß seine Analytikerin sich in seine Perversion einmische. Ihre mächtigen, penetrierenden Deutungen gaben ihm allmählich das Gefühl, besiegt und wertlos zu sein. Er wünschte sich, sich aus seiner Abhängigkeit von dieser Autoritätsperson befreien und sich selbst heilen zu können. Ähnliche Vorstellungen von absoluter Unabhängigkeit hatte er auch in bezug auf seine berufliche Situation. Früher war sein Vater sein Geschäftspartner gewesen, aber er hatte ihn gefeuert, weil er sich zu sehr eingemischt hatte. Obwohl Mr. R. ständig überarbeitet und erschöpft war, konnte er keinen Partner in seiner Firma dulden. Er mußte alles selbst unter Kontrolle haben. Nachdem er beschlossen hatte, daß er ohne seine Frau und ohne seine Analytikerin auskommen könnte, wurde ihm sein Wunsch, gleichzeitig beide Geschlechter zu sein, deutlich bewußt. Er stellte sich vor, daß er seinen Penis in den Mund nehmen und so einen geschlossenen Kreis bilden könnte. Er erkannte, daß er sich danach sehnte, eine Verschmelzung von männlich und weiblich zu sein. Manchmal träumte er, er habe Brüste wie eine Frau und einen Penis wie ein Mann. Er beneidete Frauen um ihre Fähigkeit, schwanger zu werden und Kinder zu bekommen.

Nachdem Mr. R. zusammen mit seiner Analytikerin diese Phantasien untersucht hatte, verbesserte sich sein Zustand für eine Weile erheblich, und er gewann das Vertrauen wieder, daß seine Analytikerin ihm helfen könne. Etwas später jedoch traten seine sadistischen Phantasien erneut in den Vordergrund, und sein Haarfetischismus intensivierte sich wieder. Er konnte mit seiner Frau nur sexuell verkehren, wenn er sie ganz und gar beherrschte, und er verlor jegliches Verlangen nach ihr, wenn sie auch nur das geringste Zeichen für eigene sexuelle Bedürfnisse zeigte. Weil er sich eingestehen konnte, daß er sich selbst immer noch für einen »komisch aussehenden Jungen« hielt, konnte er auch zugeben, daß er in bezug auf sein Aussehen stark mit seiner hübschen Frau konkurrierte. Diese Einsicht brachte ihn zu der Erkenntnis, daß er seinen Penis für eine zerstörerische Waffe hielt, mit der er eine Frau während des Koitus verletzen konnte. Jetzt erinnerte Mr. R. sich an weitere Einzelheiten aus seiner Kindheit. Ihm fiel wieder ein, daß er sich gewünscht hatte, ein Christkind zu sein, denn wenn er ein Christkind gewesen wäre und seine Mutter Maria, wäre das der Beweis dafür gewesen, daß sein Vater niemals mit seiner Mutter geschlafen hatte. Schließlich erkannte Mr. R., daß seine Eltern, selbst seine bewunderte, emotional distanzierte, engelgleiche Mutter, Geschlechtsverkehr gehabt hatten. Daraufhin erinnerte er sich, daß er, als er sechs Jahre alt gewesen war, einmal dazugekommen war, als seine Eltern miteinander geschlafen hatten. Er hatte keine Ahnung, was sich zwischen ihnen abspielte, aber er wußte, daß er davon ausgeschlossen war und daß er im Zimmer nichts zu suchen hatte. Der sechsjährige Robert machte sich, wie er es immer tat, seinen eigenen Reim auf die Szene. Da sein Vater ihn gerade am Tag zuvor festgehalten und ihm mit Gewalt Medizin eingeflößt hatte, war er sich sicher, daß »es« etwas damit zu tun hatte, daß der Vater der Mutter mit Gewalt etwas einflößte. An der Wand neben dem Bett seiner Eltern hing das Bild eines griechischen Priesters mit langem, wallendem Haar. Dieser Priester stellte für Robert das perfekte Neutrum dar, zölibatär und bisexuell. Der sanfte kleine Robert wollte die gewalttätigen, schrecklichen Dinge, die sein Vater tat, ganz bestimmt nicht tun. Statt dessen wollte er Priester werden, wenn er erwachsen war. Als Kind wünschte er sich, ebenso wie jetzt als Erwachsener, ein guter, freundlicher Mensch zu sein. Er war sehr beunruhigt, als er kurz nach der Geburt seiner Schwester einen unwiderstehlichen Drang verspürte, Kaninchen und Katzen zu töten. Als Erwachsener verhielt er sich schüchtern, freundlich und rücksichtsvoll. Seine Träume waren jedoch voll von Bildern, in denen Menschen überfahren und verstümmelt wurden, und seine sexuellen Phantasien waren gewalttätig und sadistisch.

Während er sich an Bruchstücke aus seiner Kindheit erinnerte, stellte Mr. R. von sich aus, vermutlich ohne Anregung von seiten seiner Analytikerin, einige Theorien über die Bedeutung seiner Perversion auf. Er hatte sich manchmal gewundert, daß er kein Schuhfetischist war, wie die anderen Perversen, von denen er gehört hatte. Nach einer Weile erkannte er, daß offenbar Haar wirklich der richtige Fetisch für ihn war. Es diente ihm als Symbol für die Genitalien und erlaubte ihm so, seine Kastrationswünsche und Kastrationsängste auszudrücken und gleichzeitig seine Aufmerksamkeit auf »höhere Dinge« zu lenken, fort von den Genitalien, die so nah an den »niedrigen, schmutzigen Dingen« lagen. Mit Hilfe dieser Strategie konnte er einerseits die »schmutzigen Dinge« durch Verschmieren von Nasenschleim und Tragen stinkender Kleidung zum Ausdruck bringen und andererseits die »höheren Dinge« dadurch, daß er seiner Frau die Haare abschnitt. Er vermutete, daß er sein eigenes Haar vielleicht abschnitt, weil er sich eigentlich wünschte, eine feste Säule, ein Kraftbolzen zu sein, aber zugleich fürchtete, daß er seine Kraft als gefährliche Waffe einsetzen könnte. Er sah, daß seine Frau seiner Mutter ähnlich war, und fragte sich, ob er mit dem Haareabschneiden vielleicht versuchte, »seine Mutter aus seiner Frau herauszuholen«[23]. Bei anderer Gelegenheit überlegte er, daß er vielleicht auch versuchte, seine Frau zu dem erniedrigenden Bild des »komisch aussehenden« Jungen zurechtzustutzen, das er aus der Kindheit von sich hatte. Er erinnerte sich daran, daß sein Vater ihn zum sonntäglichen Mittagsschlaf häufig zu sich ins Bett genommen hatte, und fragte sich, ob sein Bezug zu Haar vielleicht seine Angst vor Homosexualität verdecken sollte. Mr. R. erkannte, daß die gefährlichen, unvorhersehbaren Sehnsüchte, die er bis dahin auf seine Frau projiziert hatte, für seine eigenen weiblichen Wünsche und Begierden standen. Er hatte das Gefühl, daß seine Analytikerin ihm geholfen hatte, seine Männlichkeit zu erkennen, die er bis dahin mit Sadismus und Gewalt assoziiert hatte. Er gestattete sich nun, im Beruf mit seinen Kollegen zu konkurrieren, mit dem Ergebnis, daß er viel besser mit ihnen auskam. Er war seinen Freunden gegenüber herzlicher und emotional stärker betei-

ligt und behandelte seine weiblichen Angestellten weniger herablas-
send. Er entwickelte weiterhin Phantasien über das Haareabschneiden, wenn er im Streß war, aber er verspürte nie mehr den Drang, sie
auszuagieren. Nach wie vor zeigte er jedoch außergewöhnliches
Interesse an den Frisuren seiner Frau, die ihre Haare aber jetzt ganz
nach ihrem eigenen Geschmack trug.

*Mr. R.s Haarschneide-Szenario gestattete ihm, den Teil seiner
Frau zu attackieren, der die Genitalien symbolisierte. Da seine
Angriffe jedoch im Rahmen einer ritualisierten Aufführung erfolg-
ten, konnte er seine Frau vor tatsächlicher Verstümmelung der
Genitalien schützen. Gleichzeitig regulierte sein perverses Szenario
das labile Gleichgewicht zwischen seinen männlichen und seinen
weiblichen Wünschen. Zudem entwickelte Mr. R. eine Urszenenphantasie, in der er sich mit beiden Geschlechtern identifizieren
konnte – mit einer Mutter, die vom Vater kastriert wird, und mit
einem Vater, dessen Penis die Mutter kastriert. Das Kind, das einst
ausgeschlossen gewesen war, wurde zum triumphierenden »Haareabschneider«, der endlich das geheime Rezept für den Großen Sex
entdeckt hatte.*

DER FALL MR. B.
Reithosen[24]

Seit seiner frühen Kindheit hatte Mr. B. Tagträume gehabt, daß er
Offizier werden und sich auf dem Schlachtfeld auszeichnen würde.
Wenn er erst alt genug wäre, würde sein intelligenter, kraftstrotzen-
der Vater, der den kleinen Billy wegen seiner relativ unbedeutenden
intellektuellen Fähigkeiten verachtete und ihn immer als Schwächling und Mamasöhnchen angesehen hatte, erkennen, daß sein Sohn
liebenswert und bewundernswert war, dessen war er sich sicher. Er
stellte sich vor, wie er sein Gewehr in alle Richtungen leer schießen,
alle deutschen Soldaten um sich herum niedermähen und dann der
Liebling von General Patton, seinem Idol, werden würde. Als er
endlich alt genug war, begann er die Ausbildung in der Kadettenanstalt. Doch Mr. B. war schüchtern und fand zu den prahlerischen,
offenherzigen jungen Männern seiner Truppe keinen Kontakt. Im

theoretischen Unterricht schnitt er immer schlecht ab, und sobald er den Fuß auf den Übungsplatz setzte, erstarrte er. Er konnte sich in keine Richtung, weder vorwärts noch rückwärts, noch nach rechts oder links, bewegen. Er konnte keinen einzigen Schuß abgeben. Dem Militärpsychologen gestand er, er habe Angst, daß ihm seine Hoden weggeschossen würden. Er wurde bald wegen intellektueller und emotionaler Untauglichkeit und Feigheit aus der Kadettenanstalt entlassen.

Das Gefühl tiefer Erniedrigung, unter dem Mr. B. litt, nachdem er sich erst hatte eingestehen müssen, wieviel Angst er gehabt hatte, und anschließend erkannt hatte, daß er vielleicht nie wieder die Möglichkeit haben würde, die Liebe und Bewunderung seines Vaters zu erringen, führte zu einer schweren Depression, die ihn veranlaßte, einen Analytiker aufzusuchen.

Zu Beginn der Analyse war Mr. B. dreiundzwanzig. Er hatte weder mit Frauen noch mit Männern sexuelle Beziehungen gehabt, obwohl er beide Möglichkeiten ernsthaft in Erwägung gezogen hatte. Sein Sexualleben bestand darin, daß er sich Lederkleidung anzog und masturbierte. Er machte sich weder über die emotionale Leere seines Sexuallebens noch über seinen Fetischismus Gedanken. Letzteren hielt er für so unwichtig, daß er ihn seinem Analytiker gegenüber ein ganzes Jahr lang nicht erwähnte.

Nachdem Mr. B.s Depression etwas abgeklungen war und er seine Erniedrigung wegen der Entlassung aus der Kadettenanstalt nicht mehr so stark empfand, berichtete er, daß er sich schon seit längerer Zeit mit Reitkleidung beschäftigte, und zwar nicht nur mit den verschiedenen ledernen Kleidungsstücken, die er beim Masturbieren trug, sondern auch mit den Reithosen, die von Frauen getragen wurden. Allein der Anblick einer Frau in Reithosen erregte ihn. Seine sexuelle Erregung wurde noch verstärkt, wenn die Wadenmuskeln der Frau so groß und fest waren, daß sie unter den Reithosen den Eindruck einer Schwellung erweckten, wenn die Frau außerdem eng anliegende Stiefel trug, wenn die Reithosen an der Innenseite der Knie mit Wildleder besetzt waren und, vor allem, wenn sie so geschnitten waren, daß an beiden Seiten eine deutliche Wölbung entstand. Außerdem kaufte Mr. B. zwanghaft lederne Reithosen. Er dachte ständig an Reithosen, durchstöberte Kaufhäuser auf der Suche nach der richtigen Sorte Reithosen und kam manchmal mit einem halben Dutzend lederner Reithosen nach Hause. Er machte sich Sorgen darüber, was seine Eltern wohl denken mochten, wenn sie den Stapel Reithosen entdecken würden, den er in seinem Kleiderschrank versteckt hatte. Daher war er nicht nur ständig damit beschäftigt, lederne Reithosen zu kaufen, sondern er ertappte sich auch dabei, wie er in abgelegenen Stadtteilen nach Mülltonnen und Gäßchen suchte, wo er seine Reithosen loswerden könnte. An lederne Reithosen zu denken, Einkäufe zu planen, sie zu sammeln, zu tragen und fortzuwerfen nahm Mr. B. ganz und gar in Anspruch. Und ab und zu pflegte er ein Paar seiner Lieblingsreithosen anzuziehen, verführerisch durch bestimmte Seitenstraßen zu schlendern und sich vorzustellen, er würde einen starken, hübschen Mann ansprechen, der ihn vielleicht lieben würde.

Mr. B. interessierte sich zwar vor allem für Lederreithosen, aber er war auch von ledernen Jacken, Handschuhen und Hüten und von Schußwaffen und schnellen Autos fasziniert.

Daneben hatte Mr. B. noch eine weitere Vorliebe, die ihm sehr weiblich schien und anscheinend im Widerspruch zu seinem Interesse an Lederwaren stand. An manchen Tagen überkam ihn das Verlangen, Haar zu streicheln, und er hatte oft die Phantasie, er würde über das Haar seiner Traumfrau streichen, einem »Park Avenue Girl« [nach der Park Avenue, einer Straße in New York City, die für ihren modischen, eleganten, luxuriösen Stil bekannt ist; Anm. d. Übers.] mit langem, blondem Haar, einem Mädchen, das für ihn unerreichbar war. Als Mr. B. zusammen mit seinem Analytiker seine Phantasie genauer erforschte, erkannte er, daß blonde, unerreichbare Mädchen die weibliche Seite seines eigenen Selbst darstellten, die Weiblichkeit, die er durch seine Beschäftigung mit Reithosen, Lederwaren und Schußwaffen zu unterdrücken suchte. Indem er sich vorstellte, er sei der Bewunderer dieser langhaarigen Schönheiten, versetzte er sich in die männliche Rolle, identifizierte sich aber gleichzeitig mit der Frau, deren langes, seidiges Haar er streichelte. Als er eines Tages von seinem Verlangen sprach, Haar zu streicheln, fiel ihm ein, daß, als er vier Jahre alt war, viel Aufhebens von seinem eigenen langen, blonden, seidigen Haar gemacht wurde. Nun tauchten auch andere Erinnerungen an seine frühe Kindheit auf.

Mr. B. erinnerte sich, daß er mit fünf oder sechs Jahren mit seiner Mutter und seiner Tante, beide blonde Frauen skandinavischer Abstammung, nach Skandinavien in Urlaub gefahren war. Eines Tages sah der kleine Billy zu, wie seine Mutter und seine Tante ihre Reitkleidung ablegten und ihre Badeanzüge anzogen. In dem Augenblick, als sie Stiefel und Reithosen auszogen, erschienen sie Billy als zwei völlig andere Frauen. Er erkannte sie kaum wieder. Dies war einer jener magischen »Schreckmomente«, nach denen Analytiker in den Erinnerungen ihrer Patienten suchen. Mr. B.s Analytiker interpretierte das Bild von den Frauen in Reithosen als den berüchtigten letzten Augenblick, in dem der kleine Junge die Phantasie, daß seine Mutter einen Penis hat, noch aufrechterhalten kann. Dem Analytiker zufolge, der eine führende Autorität in der Forschung über die »phallische Frau« war, hatten die Wölbungen auf beiden Seiten der Reithosen Billy zu der Phantasie veranlaßt, daß seine Mutter und seine Tante phallische Frauen waren – zwar Frauen, aber Frauen mit Penis.

Unerklärlich erscheint mir, daß Mr. B.s Analytiker weder den Reithosenfetischismus noch die Kastrationsangst seines Patienten mit dessen Angst, daß ihm die Hoden *weggeschossen werden könnten, in Verbindung brachte. Die Wölbungen an den Seiten der Reithosen hatten bestimmt Ähnlichkeit mit zwei Hoden, vielleicht auch mit zwei Brüsten. Natürlich kann jedes Kleidungsstück dazu dienen, eine Frau mit Penis darzustellen. Die Deutung der Wölbungen als Hoden und Brüste ist aber zumindest erwähnenswert und verdient vielleicht auch ernsthafte Beachtung, selbst in einer sehr kurzen Darstellung des Falles. Bis vor kurzem ignorierten psychoanalytische Schriften über die männliche Kastrationsangst jede Diskussion über die Hoden und richteten ihre Aufmerksamkeit ausschließlich auf »das aufrichtigste Organ des Mannes«, den Penis.*

Wie wir jedoch inzwischen wissen, werden im Phantasieleben von Männern Hoden und Hodensack oft mit Weiblichkeit assoziiert. Außerdem wird der zuverlässigere, sichtbare und kontrollierbare Penis abwehrend als »Gegenmittel« gegen die beschämenden weiblichen Wünsche eines Mannes imaginiert. Mr. B.s Analytiker war die Stärke der weiblichen Wünsche seines Patienten nicht unbekannt. Daher hätten sowohl der Fallbericht als auch die Analyse nur gewinnen können, wenn er die mögliche Rolle der Hoden und des Hodensacks im Phantasieleben seines Patienten untersucht hätte.

Jedenfalls teilt Mr. B.s Analytiker uns mit, daß die Wölbungen in der Reithose seiner Mutter den kleinen Billy sehr neugierig machten. Etwas sagte dem kleinen Jungen aber, daß diese Neugier ungezogen war. Trotzdem stellte er seiner Tante viele Fragen über die geheimnisvollen Wölbungen, und jedesmal erklärte sie ihm geduldig, wie Reithosen zugeschnitten und genäht werden. Diese Antworten befriedigten den kleinen Billy jedoch nicht, und kurz nach dem »Schreckmoment« traute er sich nicht mehr ins Wasser, weil er Angst hatte, daß die Fische ihn verschlucken würden. Mutter und Tante versuchten, ihn zu beruhigen, indem sie ihm erklärten, daß die Fische im See doch viel kleiner seien als er selbst. Aber diese Logik stellte ihn ebensowenig zufrieden wie die Erklärungen seiner Tante zur Anfertigung von Reithosen. Sein Penis (und seine Hoden) war schließlich viel kleiner als die Fische. Seitdem wurde Billy von Träumen verfolgt, in denen Haie mit weit aufgerissenen Mäulern im Wasser auf ihn zuschwammen. Wenn er draußen den Abort benutzte, hatte er große Angst, daß etwas aus dem dunklen Loch kommen und ihn verletzen könnte. Mr. B. sagte, er habe sich in dieser Phase seiner Kindheit wie »ein Wurm unter Riesen«[25] gefühlt.

Dann erinnerte Mr. B. sich an andere dramatische Ereignisse, die dem »Schreckmoment« vorangegangen waren. Im Alter von zwei und drei Jahren war es sehr schwer für ihn gewesen, von seiner Mutter getrennt zu sein oder allein im eigenen Bett zu schlafen. Bis er vier Jahre alt war, hatte seine Mutter oft bei ihm geschlafen. Außerdem hatte sie ihn wie ein Mädchen angezogen und nie sein schönes, langes, blondes, seidiges Haar schneiden lassen. Als er vier Jahre war, fuhren seine Eltern für längere Zeit in Urlaub und ließen ihn mit einem Kindermädchen allein. Billys Beziehung zu seiner Mutter war bis dahin ungewöhnlich eng gewesen, und für die Gegenwart des Vaters hatte es in seinem und in ihrem Leben kaum Anzeichen gegeben. Mr. B. erinnerte sich, daß er unter diesem plötzlichen Verlassenwerden von seiten der Mutter sehr gelitten hatte. Kurz nachdem seine Eltern wiedergekommen waren, schenkte seine Mutter ihm ein kleines Brüderchen. Zweifellos hatte Billy die Wölbung im Bauch seiner Mutter schon lange vorher wahrgenommen.

Aus den Bemerkungen von Mr. B.s Analytiker im Fallbericht wird deutlich, daß er den Anteil zu würdigen wußte, den Verlassenheits- und Trennungsangst und weibliche Identifikation an der Schreckreaktion seines Patienten hatten, als seine Mutter und seine Tante sich in »kastrierte« Frauen verwandelten. »Lebensgeschichtlich gesehen, kann die prägenitale Identifikation mit der phallischen Mutter in der phallischen Phase trotz der neuen Realität (der Penislosigkeit [der Mutter]) nicht aufgegeben werden, denn die Trennung von der Mutter wird als ebenso große, wenn nicht sogar größere, Gefahr erlebt wie der Verlust des Penis. Beide Gefahrenmomente, d.h. Trennung und Kastration, werden durch den fetischistischen Kompromiß abgewehrt.«[26] *Indem Mr. B. eine Reithose zum Fetisch machte, gelang es ihm, die Ängste vor Verlassenwerden, Trennung und Kastration abzuschwächen, denn dadurch stärkte er seine Identifikation mit der phallischen Mutter und die Identifikation mit dem übermännlichen Vater. In der Urszenenphantasie, mit der er seine Masturbationen begleitete, identifizierte er sich mit beiden Eltern in der Urszene. Obwohl sein Analytiker es nicht erwähnt, ist es sicherlich von großer Bedeutung, daß Billy die Reise mit Mutter und Tante ein Jahr nach der Geburt des kleinen Rivalen antrat. Zweifellos drückten seine Fragen zu den Reithosen sein Verlangen aus, zu erfahren, wo kleine Babys herkommen. Wie hing die Anwesenheit dieses neuen Babys mit der Bedeutung des Vaters im Leben der Mutter zusammen? Kamen Babys aus vorgewölbten Körperteilen heraus? Wuchsen Babys im Hodensack von kleinen Jungen? Würden die Fische im See versuchen, seine Hodensackbabys aufzufressen, so, wie er am liebsten den kleinen Rivalen in der Wölbung im Bauch seiner Mutter aufgefressen hätte?* Kurz nachdem Mr. B. sich an das traumatische Verlassenwerden im Zusammenhang mit der Ankunft seines kleinen Bruders erinnert hatte, wurde er sich einer weiteren Erinnerung bewußt, diesmal aus der beginnenden Pubertät. Zu jenem späteren Zeitpunkt hatte Billy wiederholt die Phantasie, »mit seinem langen blonden Haar nackt vor seinem Vater zu tanzen, und der untere Teil seines Körpers war undeutlich«[27]. Im Zusammenhang mit der Erinnerung an diese Phantasie dachte Mr. B. daran, welche Ehrfurcht er immer vor dem großen roten Penis seines Vaters gehabt hatte, wie sehr er diesen Penis gehaßt hatte und wie sehr er sich von seinem übermännlichen Vater eingeschüchtert gefühlt hatte. Während er über seine konfliktgeladenen Gefühle zu seinem Vater nachdachte, erschien ihm dieses ehrfurchtgebietende Wesen in einem Traum, der in einer heidnischen, germanischen Festhalle spielte. Sein Vater war einer von vielen barbarischen, riesenhaften, zottigen wilden Bären von »wahrhaft epischen Ausmaßen«. »Wie sehr ich sie beneidete. Ich war wie eine Krume auf dem Fußboden«[28], erinnerte sich Mr. B.

Als Billy auf die Adoleszenz zuging, hatte er den Wünschen seiner Mutter folgen und Künstler werden wollen. Aber in der Pubertät begann er, seine künstlerischen Ambitionen für viel zu weiblich zu halten. Er wünschte sich sehr, seinem Vater zu gefallen und durch männliches Verhalten seine Liebe und Bewunderung zu erringen. Da ihm jedoch eine enge Beziehung zu seinem Vater immer versagt geblieben war, konnte er nur versuchen, seines Vaters Gang, den großen Schnurrbart, Pfeife, rauhe Sitten und Kleidung nachzuahmen. In seinem Bemühen, zu verstehen, was einen richtigen Mann ausmachte, begeisterte er sich für Schußwaffen und schnelle Autos. Aber die langhaarige, blonde Schönheit mit den undeutlichen Genitalien, die ihm selbst als langhaarigem, blondem Jungen, vereint mit der langhaarigen, blonden Mutter, ähnelte, sehnte sich immer noch danach, daß der Vater sie sexuell begehren würde. Sie-Er konnte nicht zum Schweigen gebracht werden. Verzweifelt hatte Billy mit der Ausbildung an der Kadettenschule begonnen. Er war fest entschlossen gewesen, seinem übertriebenen Männlichkeitsideal gerecht zu werden. Schließlich fand Mr. B. in einem Kompromiß Ersatz für seine Reithosen. Dieser Kompromiß ermöglichte ihm auch, seinen Wunsch, eine blonde, »kastrierte« weibliche Schönheit zu sein, mit seiner karikaturhaften Vorstellung von Männlichkeit zu verbinden. Obwohl er aufgrund seiner unbewußten weiblichen Wünsche und seiner unbewußten Beschäftigung mit Kastration besondere Angst vor Menschen mit physischen Mißbildungen hatte, heiratete er eine Frau mit einem durch Kinderlähmung verkrüppelten Bein. Sie war Graphikerin von Beruf und erfüllte damit die Wünsche von Mr. B.s Mutter. Doch gleichzeitig war sie, wie sein Vater, sehr dominant und Mr. B. intellektuell weit überlegen. Mit ihrem verkrüppelten Bein und ihrer gebieterischen, männlichen Art verkörperte sie die Verleugnung, die Mr. B. mit seiner Faszination für Reithosen zu erreichen versucht hatte. Sie war sowohl kastriert als auch phallisch/nicht kastriert. In der Beziehung zu seiner Frau konnte Mr. B. das fügsame, weibliche, seidenhaarige Kind sein und gleichzeitig auch, da er mit dieser Fetisch-Frau den Geschlechtsakt vollziehen konnte, ein richtiger Mann wie sein Vater.

DER FALL MR. K.
Schürzenbänder[29]

Mr. K. war zwölf Jahre lang glücklich verheiratet gewesen. Er erklärte seinem Analytiker jedoch, daß er, trotz ihres ansonsten guten, normalen, gesunden, produktiven Ehelebens, mit seiner Frau kein Kind zeugen könne. Eigentlich hätten ihre sexuellen Probleme bereits vor vielen Jahren angefangen, nämlich in der Hochzeitsnacht, als Mr. K. keine Erektion bekommen konnte. Nach ein oder zwei Jahren ehelicher Enthaltsamkeit hatten die Eheleute sich entschlossen, sich an eine Klinik zu wenden, die auf Eheberatung spezialisiert war. Die Bruchstücke sexuellen Wissens, die Mr. K. während dieser Sitzungen aufschnappte, hatten zu einer

interessanten, aber geheimnisvollen Offenbarung geführt. Zu seinem großen Erstaunen hatte er entdeckt, daß er eine Erektion
bekommen konnte, wenn er eine Schürze trug und dabei ein
bestimmtes Ritual vollzog. Die Ahnung von diesem Schürzenritual
schien aus ferner Vergangenheit zu stammen, Mr. K. konnte sich
allerdings nicht genau erinnern, von woher oder von wann.
Mrs. K. war über die Entdeckung ihres Mannes nicht sehr erfreut.
Der Eheberater half ihr jedoch, zu verstehen, daß sie, wenn sie ihren
Mann liebte und gern ein Kind haben wollte, in ihre Rolle einwilli-
gen und den Anweisungen ihres Mannes Folge leisten solle.
Mrs. K. folgte also dem Skript ihres Mannes und begann das
ritualisierte Vorspiel, indem sie ihn ausschimpfte, weil er seine
Schürze nicht trug. Er widersprach ihr, und sie wurde immer heftiger. Schließlich drückte sie ihn auf das Bett herunter und zwang ihn,
seine Schürze zu tragen. An diesem Punkt bekam Mr. K. eine
Erektion. Dann mußte Mrs. K. die Schürze so fest wie möglich
zubinden, damit ihr Mann in sie eindringen konnte. Die einzige
Variante zu diesem Skript bestand darin, daß das Ritual ab und zu
damit begann, daß Mrs. K. eine Schürze trug und Mr. K. zwang,
ihre Schürze zu tragen. Mr. K. stellte sich dann vor, daß er gezwungen würde, die Schürze einer Frau zu tragen. Damit war für ihn
unbewußt die Bedeutung verbunden, daß er eine Frau sei, aber eine
Frau mit Penis – die typische Phantasie des Transvestiten.
    Wie bei den meisten Fällen, die auf den ersten Blick wie rein
fetischistische Perversionen aussehen, war die Grenze zwischen
Fetischismus und Transvestismus für Mr. K. kaum auszumachen.
Außerdem erkannte sein Analytiker, daß in seinem Szenario noch
eine weitere Perversion verborgen war, nämlich Exhibitionismus.
Es stellte sich heraus, daß Mr. K. seine sexuelle Leistung durch die
Aufführung des Schürzenskriptes nur begrenzt verbessern konnte.
Daher war es notwendig, daß er einen Spezialisten nach dem anderen aufsuchte, seinen impotenten Penis vorführte und verkündete,
daß er als Mann nicht ernst zu nehmen sei.
    Das Schürzenritual verbesserte die sexuelle Beziehung des Paares
insofern, als es Mr. K. ermöglichte, eine Erektion zu haben und

seine Frau zu penetrieren. Er konnte jedoch weder ejakulieren noch
zum Orgasmus kommen. Es gab keine Anzeichen dafür, daß er
seine Frau begehrte. Er konnte sie sexuell nicht befriedigen. Er
konnte sie nicht schwängern. Mrs. K. machte ihm deutlich, daß sie
das Schürzenritual nur erduldete. Sie lag einfach da und hoffte, daß
seine Erektion vielleicht heute abend zu Ejakulation und Schwangerschaft führen würde. Mrs. K. konnte sich nur selbst befriedigen,
während sie im Fernsehen romantische Filme sah. Mr. K. belustigte
die Methode, mit der seine Frau den Orgasmus erreichte. Er fand sie
»sehr merkwürdig«, tolerierte sie aber.

In einer der Kliniken hatte ein Therapeut Mr. K. geraten, sich die
Tatsache zunutze zu machen, daß er bei zwei immer wiederkehren-
den Träumen ejakulieren konnte. In dem einen Traum mußte er sich
beeilen, um irgendwo hinzukommen, und konnte sein Bein nicht in
die Hose stecken. Seine Erregung und Angst wurden immer stärker,
er ejakulierte und wachte auf. Im anderen Traum mußte er rennen,
um einen Zug zu erreichen. Mr. K.s Angst, nicht schnell genug
laufen zu können, führte ebenfalls zu Orgasmus und Erwachen.
Der Sexualtherapeut riet ihm, einen Behälter an seinem Penis zu
befestigen und auf diese Weise während seiner feuchten Träume den
Samen aufzufangen. Das gelang Mr. K. auch dreimal, doch das
Traumritual hatte, wie das Schürzenritual, nur begrenzten Erfolg,
denn Mr. K. schaffte es jedesmal, den Samen zu spät in die Klinik zu
bringen. Er schien fest entschlossen, eben jenes Ergebnis des
Geschlechtsverkehrs zu vermeiden, welches ihm die Unterschiede
zwischen den Geschlechtern und den Generationen hätte deutlich
machen können. Mit jenem Aspekt des Kastrationskomplexes, der
in dem Wissen bestand, daß der Vater die Mutter schwängern und
daß die Mutter ein Kind austragen und gebären konnte, wollte
Mr. K. nichts zu tun haben.

*Insgesamt gesehen, stimme ich der Deutung von Mr. K.s Analyti-
ker zwar zu, doch ich möchte die Beziehung zwischen der Intensität
von Mr. K.s weiblichen Wünschen und seiner Angst vor der Ejakulation deutlicher herausarbeiten. Es besteht kein Zweifel daran, daß
das wenig kontrollierbare, spontane »Auslaufen« seines Spermas*

und das Erschlaffen des Penis eine Verwirklichung seiner unbewuß-
ten weiblichen Wünsche darstellten und ihm daher Angst machten.
Auf der anderen Seite hätte eine Ejakulation seine Männlichkeit
bestätigt. Die Ejakulation wäre nämlich, wie seinem Analytiker mit
der Zeit klar wurde, der Beweis für seine Fähigkeit zur Vaterschaft
gewesen. In jedem Fall war die Ejakulation also eine Bestätigung für
etwas, das Mr. K. entschieden leugnete – die Unterschiede zwischen
den Geschlechtern und den Generationen.

In Mr. K.s Szenario stand aber noch mehr auf dem Spiel, als
durch das unübersehbare, fetischistische Transvestieren sichtbar
gemacht werden konnte. Der Fetischismus führte nur teilweise zum
Erfolg, nur insoweit nämlich, als er Mr. K.s Wunsch erfüllte, wei-
terhin an den Schürzenbändern seiner Mutter zu hängen. Im
Moment der Ejakulation mußte der Fetischismus versagen, damit
Mr. K.s Wunsch erfüllt werden konnte, seinen Penis weiterhin als
harmlosen, infantilen Penis zur Schau stellen zu können. Ich
befinde mich daher in völliger Übereinstimmung mit der Annahme
des Analytikers, daß Mr. K.s »Verweigerung« der Vaterschaft das
grundlegende psychische Motiv für seine perverse Strategie war.
Ich möchte diese Annahme nur durch den Hinweis ergänzen, daß
die psychische Verweigerung von einer primitiven physischen Angst
vor Ejakulation unterstützt wurde. Mr. K. hatte in früher Kindheit
gelernt, daß er die weiblichen und männlichen Aspekte seiner Per-
sönlichkeit nur unter Kontrolle halten konnte, wenn er im Zustand
eines kleinen Jungen verharrte, der die Begierden Erwachsener
nicht kennt.

In Mr. K.s Kindheitsgeschichte zeigen sich die engen Verbindun-
gen zwischen Psyche und Physis. Als Karl mit fünf Jahren die
Kontrolle über seine Ausscheidungsorgane verlor, war das ein unbe-
wußter Versuch, die genitale Funktion des Penis zu leugnen. Karls
kindliche »Impotenz« diente dazu, die Unterschiede zwischen den
Geschlechtern zu leugnen und mit seiner Mutter eins zu bleiben,
sowohl emotional als auch physisch.

Karl war das letzte Kind seiner alternden Eltern und der einzige
Junge. Seine drei Schwestern lebten noch zu Hause, waren aber viel

älter als er. Die Mutter seines Vaters lebte bis zu ihrem Tode, als
Karl fünf Jahre alt war, ebenfalls im Haus. Als Mr. K. über wichtige
Ereignisse seiner Kindheit nachsann, erinnerte er sich, daß seine
Mutter, aber manchmal auch sein Vater ihn gezwungen hatten,
sobald er aus der Schule kam, eine Schürze anzuziehen. Er sollte
sich beim Essen oder Spielen nicht schmutzig machen. Daß er
gezwungen wurde, eine Frauenschürze zu tragen, war erniedrigend
für Karl, doch als er sah, daß auch sein Vater nicht protestierte,
wenn die Mutter ihm befahl, beim Essen eine Schürze zu tragen,
lehnte er sich nicht dagegen auf. Zu diesem Zeitpunkt hatte die
Mutter kein sexuelles Verlangen mehr nach ihrem Mann. Sie
beherrschte ihn, als wäre er auch nur ein schmutziger kleiner Junge
– und der Vater ließ das zu.

Mr. K. fragte sich, ob sein eigenes Verhalten vielleicht dazu beigetragen hatte, daß seine Mutter in bezug auf seine Sauberkeit so
überbesorgt war. Obwohl es dem kleinen Karl nicht paßte, daß er
gezwungen wurde, ein weibliches Kleidungsstück zu tragen, wollte
er doch auch nicht akzeptieren, daß er dabei war, ein großer Junge
mit dem Penis eines großen Jungens zu werden. In den Monaten
bevor er zur Schule kam, weigerte er sich, Unterhosen zu tragen.
Ständig beschmutzte er seine Hosen mit Urin und Kot. Mr. K.
erinnerte sich daran, welches Vergnügen es ihm bereitet hatte,
seinen Penis an der Hose zu reiben. Die Urintropfen und der Kot
versicherten ihm, daß sein Penis noch da war. Aber seiner Mutter
zeigte er seinen Penis nur in seiner Funktion als »Toilettenpenis«.
Und jeden Tag untersuchte sie pflichtbewußt seine Hosen nach
schmutzigen »Spuren« und wusch sie dann ebenso pflichtbewußt.
Selbst wenn sie ihren Ärger zeigte, bestätigte sie Karl doch, daß er
immer noch Mamis kleiner Junge war. Mr. K.s Analytiker faßte
dieses perverse Szenario folgendermaßen zusammen: »Der Voyeurismus der Mutter wurde durch das exhibitionistische Verhalten des
Kindes befriedigt.«[30]

Hinzu kam, daß die Schürze, die Karl am Tisch und zum Spielen
tragen mußte, nicht einfach irgendeine Schürze war. Es war eine
Schürze, die seine Mutter in dem Monat, als er zur Schule kam, extra

für ihn entworfen hatte. Der Stoff stammte von einem Arbeitsan-
zug, den Karls Großmutter, die im vorhergehenden Sommer
gestorben war, immer im Haus getragen hatte. So überreichte seine
Mutter ihm genau in dem Alter, in dem er seine Theorie vom
universalen Penis als falsch hätte erkennen müssen (und das Zusam-
menleben mit Mutter, Großmutter und drei älteren Schwestern
hätte diese Erkenntnis unumgänglich machen sollen), einen Fetisch,
eine Schürze, die aus eben jenem Overall eines Arbeiters hergestellt
worden war, der zur Ambiguität der Erscheinung seiner Großmutter beigetragen hatte. Es war »ein Geschenk, das aus dem ›Körper‹
einer anderen Frau herausgeschnitten worden war, die wie ein
Mann gekleidet gewesen war«[31]. Mr. K. konnte sich nicht daran
erinnern, was mit seiner Kinderschürze geschehen war. Sie war
schließlich einfach verschwunden.

Als Mr. K. sich an seine Kindheit erinnerte, beeindruckte und
erstaunte es ihn, auf welche Weise die Schürze in seinen sexuellen
Ritualen wieder aufgetaucht war. Seine neue Schürze, die wie ein
Talisman über dem Ehebett hing, schaffte es nicht, ihn zu einem
Vater und seine Frau zu einer Mutter zu machen. Der Fetisch barg,
obwohl er Mr. K. zu männlichen Erektionen verhalf, immer noch
die Vorstellung von einem schmutzigen kleinen Jungen in sich, der
nur einen Toilettenpenis hatte, einen Penis, der niemals gebraucht
werden würde, um eine Frau sexuell zu befriedigen oder ein Kind
zu zeugen. Auf diese Weise erlaubte die Schürze Mr. K., so zu
handeln, als wäre er ein richtiger Mann, während sie ihn gleichzeitig weiterhin davor schützte, die Unterschiede zwischen den
Geschlechtern anerkennen zu müssen. Wie alle Fetische war sie
zum Ersatz für das »Etwas« geworden, das sowohl da war als auch
nicht da war. Mr. K. konnte seinen phallischen Wahn aufrechterhalten: »Unter der weiblichen Kleidung befindet sich ein Penis.«
Gleichzeitig funktionierte die Schürze nie wie ein echter Fetisch.
Mr. K. ahmte eigentlich nur einen echten Fetischisten nach. Die
Schürze diente dazu, Mr. K. vor der beängstigenden, lebenspendenden Verantwortung der Vaterschaft zu schützen. Nachdem Mr. K.
zu verstehen begonnen hatte, daß der Ursprung seiner gegenwärti-

gen Notlage in seiner Kindheit lag, entschied er plötzlich, daß er besser daran täte, eine Spezialklinik für Retortenbabys aufzusuchen. Mr. K. verließ seinen Analytiker genauso, wie er vorher die Eheberater und Sexualtherapeuten verlassen hatte, und verkündete damit eindrucksvoll das Unvermögen dieses letzten Gliedes in einer langen Kette von Vaterfiguren.

Der Analytiker kam zu dem Schluß, daß Mr. K.s halbherzige Versuche, seiner Frau Lust zu bereiten und ein Kind zu zeugen, die Funktion der Vaterschaft verhöhnt hatten. Mr. K. konnte sich als erwachsener Mann mit Ehefrau verkleiden, ohne jemals anzuerkennen, daß es zwischen ihm und seiner Mutter oder zwischen der Generation der Kinder und der Eltern wirkliche Unterschiede gab. Karls Mutter hatte seine infantilen Phantasien, daß sie kein aktives sexuelles Verlangen nach dem Vater hatte, unterstützt. Der Vater hatte, da er »seine Autorität nicht einsetzte, um Mutter und Sohn zu trennen«[32], ebenfalls eine nicht unwichtige Rolle bei der Aufrechterhaltung des pathologischen Bündnisses zwischen Mutter und Sohn gespielt.

Mr. K. erfand das fetischistische, transvestitische Szenario erst, als er sich entschieden hatte, daß er wenigstens allen zeigen wollte, wie gern er seine Frau schwängern würde. Seine eigentliche Perversion stammte jedoch, wie sein Analytiker später erkannte, aus der Zeit, als er begann, seinen impotenten Penis in den verschiedenen Kliniken für Sexualtherapie zur Schau zu stellen. Damit verkündete er unbewußt, durch seine eigene Unfähigkeit zu erwachsener Sexualität und Vaterschaft, daß sein Vater ihn verraten hatte.

In der Darstellung der Primärszene durch das Schürzenritual identifizierte Mr. K. sich mit dem Vater, der gezwungen wurde, eine Frauenschürze zu tragen, und gleichzeitig brachte er, indem er seine Fähigkeit zur Vaterschaft ständig unterdrückte, seine unbewußte Wut auf den Vater zum Ausdruck, der seine Vaterrolle nicht erfüllt hatte. Mr. K. hatte die Traumen der Kindheit in einen Triumph verwandelt. Natürlich ist es, außer in einer Perversion, in keiner Weise ein Triumph für einen kleinen Jungen, wenn er seinen Vater besiegt, oder für einen Mann, wenn er das Verlangen seiner

Frau nach sexueller Intimität und Mutterschaft nicht erfüllt. Und so konnte Mr. K., obwohl er, physisch gesehen, zum Mann heranwuchs, einen Mann nur nachahmen, und das auch nur, wenn er sicher an seiner Mutter Schürzenband hing.

KAPITEL 6

Weibliche Stereotypen und die weiblichen Perversionen

Zu Beginn des zwanzigsten Jahrhunderts veränderten Frauen sich auf eine Weise, die Männer argwöhnisch und unruhig machte. 1920, als Karl Abraham seine Abhandlung über den weiblichen Kastrationskomplex schrieb, hatten viele Frauen bereits ihre persönliche Unabhängigkeit erklärt und protestierten gegen die Beschränkungen, die die bürgerliche Familie ihnen mit ihrer Forderung nach Häuslichkeit und Erfüllung häuslicher Pflichten auferlegte. Damals gab ein neues Phänomen, das auf seine Art ebenso heimtückisch und gefährlich war wie der Mythos von der kastrierten und kastrierenden Vagina, Männern eine weitere Möglichkeit, Frauen einzuschüchtern und auf ihrem Platz zu halten: der Mythos von der normalen Weiblichkeit.

Eines der wichtigsten Machtinstrumente der Sozialordnung ist die Lehre von der Normalität, vor allem dann, wenn es um geschlechtsspezifisches Verhalten geht. Wenn es sein muß, macht die Gesellschaft, der ausschließlich daran gelegen ist, ihre eigenen Strukturen aufrechtzuerhalten, von infantilen Phantasien über Geschlechtsunterschiede Gebrauch, um die gesellschaftlichen Rollen von Männern und Frauen unverändert zu erhalten. Abraham war besonders empfänglich für die Beschäftigung des zwanzigsten Jahrhunderts mit Normalität, für die Manie, normale Weiblichkeit und normale Männlichkeit zu definieren, für den fetischistischen Drang, menschliche Sexualität mit ihren Mehrdeutigkeiten in fest umrissene Kategorien zu stecken, und für die Geschlechtsstereotypen, die immer zur Hand sind, wenn es darum geht, die infantilen Mythen über den Unterschied zwischen den Geschlechtern fortzuschreiben.

Wenn Karl Abraham sich umsah, betrachtete er mit sorgenvollem Blick die Frauentypen, die ihn umgaben. Er sah neidische junge Damen mit bohrenden Sonnenschirmchen und rastlosen Gartenschläuchen, Medusen mit starren Blicken, die einen Mann und seinen wehrlosen Penis in Stein verwandeln konnten, Hausfrauen, die sich für die Enttäuschungen ihrer Kindheit rächten, indem sie immer wieder den Appetit ihres Mannes anregten und dann das Essen anbrennen ließen (oder indem sie zu Verabredungen zu spät kamen oder keinen vaginalen Orgasmus hatten), frigide Frauen, die ihre Ehemänner impotent machten, maskuline Frauen, die das kindliche Streben nach der männlichen Position nie aufgegeben hatten und die als Erwachsene jetzt die Frechheit besaßen, durch die Straßen zu marschieren und in Sprechchören ihre feministischen Anliegen zu vertreten. Die Reihe der unzufriedenen, nörgelnden, verdrossenen Frauen, die sich weigerten, sich mit der normalen weiblichen Haltung passiv-unterwürfiger Erwartung auszusöhnen, schien kein Ende zu nehmen. Was war mit der normalen Frau geschehen, dem süßen, passiven Weibchen, der Mutter, die ihre Kinder und ihren Mann mit Keksen, Streicheln, Milchbrei und Wiegenliedern beglückte?

Allen Berichten zufolge war Abraham ein freundlicher, gutherziger Mann, der den ernsthaften Wunsch hatte, Frauen zu helfen, ihre Kindheitskomplexe zu überwinden und zu einer seiner Ansicht nach befriedigenderen, *normalen* Weiblichkeit zu gelangen. Er war überzeugt, daß ein kleines Mädchen trotz all der Kränkungen und Enttäuschungen, die es in der Kindheit erlebt hatte, zu einer ziemlich normalen Frau heranwachsen konnte. Das Leben einer Frau konnte ruhig und friedlich verlaufen, wenn sie sich nur mit ihrer normalen Geschlechterrolle zufriedengab. Sie konnte die Kränkungen ihrer Kindheit überwinden, wenn sie ihrem Ehemann gegenüber eine erwartungsvolle Haltung einnahm, sich passiv der sexuellen Befriedigung hingab und ein Kind als Geschenk von ihm empfing – wenn schon nicht den Penis selbst. »Der Kastrationskomplex entfaltet somit keinerlei störende Wirkungen«[1], schreibt Abraham. Die Frau wird die Geschenke, auf die das kleine Mädchen so lange gewartet hatte, bekommen, wenn sie ihren Wunsch, ein Mann zu sein, aufgibt und erwartungsvoll, empfangsbereit und passiv ist. Abraham beklagt sich, daß Frauen selten in der Lage seien, die normale Stellung einzunehmen, die ihnen zukomme. Der Wunsch, ein Mann zu sein, hielte sie davon ab, zu normaler Weiblichkeit zu gelangen. Bei den Frauen, die der Normalität am nächsten kämen, drücke sich der Wunsch, ein Mann zu werden, nur in gelegentlichen Träumen aus. Am anderen Ende des Spektrums jedoch zeigten Frauen eine pathologische Manifestation ihres Kastrationskomplexes – den Penisneid. Abraham leitet seine Liste der erwachsenen Frauen mit krankhaftem Penisneid mit dem Fall einer gekränkten Braut ein, die ihren Ehemann in der Hochzeitsnacht beinahe erwürgt hätte. Die Braut ist eins von Abrahams kleinen Zigarrenmädchen, das zu einer romantischen Prinzessin heranwuchs und erwartete, daß alle Ungerechtigkeiten der Kindheit in der Beziehung mit ihrem Mann wiedergutgemacht werden würden. Aber ihr erster Geschlechtsverkehr war ein schreckliches Erlebnis. Der eindringende Penis war eine furchtbare Bestätigung ihrer schlimmsten kindlichen Befürchtungen, daß es tatsächlich deutliche Unterschiede zwischen den Geschlechtern geben könnte. Sie versuchte, ihre Tränen und ihre Wut über diese erneute Kränkung zurückzuhalten. Schließlich gelang es ihr einzuschlafen, aber sie wurde wieder aufgeschreckt durch einen unwiderstehlichen Drang, die Finger um den Hals des Gatten zu legen, ihn zu würgen, Stücke von seiner Haut abzubeißen und seinen Körper gewaltsam auf jede nur denkbare Weise anzugreifen. Glücklicherweise liebte diese Jungvermählte ihren Mann genügend und war hinreichend neurotisch, gehemmt und schuldbewußt, um ihre Fassung wiederzugewinnen, bevor sie ihre mörderischen Impulse in die Tat umsetzen konnte.[2]

Abraham zufolge waren diese mörderischen Impulse der armen Braut eine Reaktion darauf, daß sie mit den Unterschieden zwischen den Geschlechtern konfrontiert wurde. Der Akt der Penetration erinnerte sie an das Unrecht, das sie von ihrem betrügerischen Vater erlitten hatte, der ihr nie ein Kind geschenkt hatte – und auch keinen Penis. Bei dieser Auslegung reduzierte Abraham wieder einmal alles auf den anatomischen Unterschied. Auch wird deutlich, daß Abraham die Reaktion der Braut vom Standpunkt des enttäuschten Ehemannes aus beurteilte, der erwartet hatte, daß sein eindringender Penis die Braut reparieren, glücklich machen und erfüllen würde. Abraham erkannte nicht, daß das Verlangen des Bräutigams, durch den Gebrauch seines Penis seine Männlichkeit unter Beweis zu stellen, möglicherweise dem Wunsch der Braut zuwiderlief, ihre Weiblichkeit in einer auf zärtlicher Gegenseitigkeit beruhenden Beziehung zu leben, in der alle ihre erotisch empfindsamen Organe zum Leben erweckt und ins Spiel gebracht würden. Die Pflicht des Bräutigams bestand darin, sich zu beweisen, indem er seine Männlichkeit unter Beweis stellte. Die Pflicht der Braut bestand darin, sich durch ihre Freundlichkeit, Geduld und die Bereitschaft, sich willig von ihm aufklären zu lassen, zu bestätigen. Wenn sie in einer anderen Zeit aufgewachsen wäre, wäre es ihr vielleicht statthaft erschienen, selbst aktiv an ihrer erotischen Erfüllung mitzuwirken. Aber in diesem altmodischen Flitterwochen-Szenario wiederholten sich für beide Partner die Demütigungen und Enttäuschungen der Kindheit. Sein Penis konnte die Frau nicht befriedigen. Ihre langjährige Erwartung, daß eines Tages ein schöner Prinz ihr alles bringen würde, was ihr in der Kindheit geraubt und von dem sie ausgeschlossen worden war, wurde wieder einmal schmerzhaft enttäuscht.

Abraham beeilt sich, seinen Lesern zu versichern, daß diese *archaische Rache* der Braut keine häufige Lösung des aus dem Penisneid erwachsenden Konfliktes sei.[3] Die meisten Frauen seien in der Lage, zivilisiertere Heilmittel für ihre Enttäuschungen zu finden. Manche Frauen – die männlichen Typen – lösten das Problem, indem sie gar nicht erst versuchten, sich mit ihrer normalen weiblichen Rolle zufriedenzugeben. Sie akzeptierten die Unumgänglichkeit des Unterschiedes zwischen den Geschlechtern nicht. Statt dessen würden sie, wie Abraham sagt, homosexuell und neigten in ihren erotischen Beziehungen mit Frauen zur Übernahme der männlichen Rolle. Oder ihr Wunsch, ein Mann zu sein, fände in einer »sublimierten« Form Ausdruck. Diese Frauen gingen männlichen Berufen nach und pflegten männliche Beschäftigungen. Im Zusammenhang mit dieser Gruppe macht Abraham aus seinen Gefühlen für emanzipierte Frauen keinen Hehl. Er schreibt: »Bewußt wird aber die Weiblichkeit nicht verleugnet; vielmehr pflegen diese Frauen zu proklamieren, die von ihnen gepflegten Interessen seien keineswegs männliche, sondern ebensowohl weibliche. Sie vertreten die Anschauung, daß die Zugehörigkeit eines Menschen zum einen oder anderen Geschlecht für seine Leistungen besonders auf geistigem Gebiet irrelevant sei. In der Frauenbewegung der neueren Zeit ist dieser Frauentyp stark vertreten.«[4]

Nun, um die Wahrheit zu sagen, alle kleinen Zigarrenmädchen befassen sich mit einer fetischistischen Phantasie. Wenn jeder in der Familie die gleiche Zigarre hat, herrscht Gleichheit. Dann gibt es keine Unterschiede zwischen den Geschlechtern oder den Generationen. Eines der vielen Probleme, die Abrahams Version des weiblichen Kastrationskomplexes mit sich bringt, ist jedoch, daß sie nicht begründen kann, warum ein kleines Zigarrenmädchen zu einer rachsüchtigen Braut wird, die sich vor ihrer Enttäuschung in den Zorn flüchtet, und warum ein anderes zu einer Frau wird, die weiterhin phantasievoll Wege findet, für die soziale Gleichstellung der Geschlechter zu kämpfen.

Aber wieder beruhigt Abraham uns. Die große Mehrheit der Frauen suche weder Zuflucht bei primitiver Gewalt oder Homosexualität, noch verfolge sie feministische Zielsetzungen oder gehe männlichen Beschäftigungen nach, um eine Lösung für ihren Kastrationskomplex zu finden. Statt dessen entwickle die durchschnittliche Frau etwas, das Abraham und die Analytiker seiner Zeit für eine neurotische Lösung hielten.

Abrahams Darlegung macht deutlich, daß er, wie die meisten Analytiker und anderen Ärzte, über Perversionen bei Frauen nicht viel nachgedacht hat. Das Märchen von den Unterschieden zwischen den Geschlechtern, dem Abraham beipflichtete, ist selbst heute noch weit verbreitet. Demnach geht es Männern, normalen wie perversen, um Sex, während es normalen Frauen eher um Liebe und Beziehung geht. Nur die männliche Frau mit aktivem Sexualverlangen und nicht unterdrückten männlichen Wünschen werde von Perversionen angezogen. Abraham weist auf Frauen hin, die oralen und analen Geschlechtsverkehr bevorzugen und sogar genießen. Dazu bemerkt er schlicht und einfach, diese sexuellen Reaktionen seien Ausdruck einer Perversion, die auf dem Penisneid beruhe. Nach seiner Argumentation sind oraler und analer Geschlechtsverkehr keine sexuellen Varianten, sondern Mittel, um den genitalen Kontakt zu vermeiden, der Frauen an ihre genitale Minderwertigkeit erinnern würde. Abraham erkannte nicht, daß einige der neurotischen Lösungen, die er beschrieb, sehr gut Widerspiegelungen der perversen Strategie sein konnten. Wie Abraham beruhigt war, wenn er an die deutliche Trennung zwischen Normalität und Abnormität, Männlichkeit und Weiblichkeit glauben konnte, so hielt er auch Perversion und Neurose gern für klar voneinander getrennte klinische Erscheinungen.

Abraham gab sich damit zufrieden, daß die meisten Frauen relativ harmlose, unbewußte neurotische Strategien entwickelten, um ihren Kastrationskomplex zu bewältigen. Diese Strategien pflegten der Frau ein gewisses Maß an Leiden aufzuerlegen und vielleicht auch den nächsten Familienangehörigen, die dieses Leiden mit ansehen mußten. Aber sie hatten den Vorteil, daß sie jedes gewalttätige Ausagieren, eine Umkehrung der Sexualrollen oder Ausbrüche aus dem Status quo der Geschlechter verhinderten.

Abraham zufolge führt eine Gruppe von Frauen ihre unbewußten Phantasien, ein Mann zu sein oder ein männliches Geschlechtsorgan zu besitzen, fort. Abraham spricht hier von dem *Wuncherfüllungstypus*. In der anderen Gruppe äußert sich die neurotische Umwandlung des Kastrationskomplexes in einer unbewußten Ablehnung der weiblichen Rolle und dem verdrängten Wunsch nach Rache an dem privilegierten Mann. Hier spricht Abraham vom *Rachetypus*. In der Regel gilt, daß diese beiden Lösungsmöglichkeiten für den weiblichen Kastrationskomplex einander nicht ausschließen, sondern sich, jeweils in unterschiedlicher Gewichtung und von unterschiedlicher Intensität, in ein und derselben Frau ergänzen.

Die vorherrschende unbewußte Phantasie, die der Lösung im Sinne der Wunscherfüllung zugrunde liegt, ein Euphemismus für den sogenannten Männlichkeitskomplex bei Frauen, ist »Ich bin im glücklichen Besitz eines männlichen Gliedes und übe die männliche Funktion aus!«, oder »Ich bekomme eines Tages das ›Geschenk‹ [des Penis], ich bestehe unbedingt darauf!«.[5] Nach Abraham agiert jede Frau, die annimmt, sie sei einem Mann gleich, oder die das Recht auf Gleichheit fordert, ihre maskulinen Wünsche aus. Aus seiner Sicht waren die Symptome, die sie möglicherweise entwickelte, um solche verbotenen männlichen Wünsche zu zügeln und zu verstecken, neurotische Kompromißbildungen. Die Symptome, oft typische »Frauenleiden«, verbargen die männlichen Wünsche. Die Frauenleiden waren ein Beweis dafür, daß die Frau einer inneren, männliche Wünsche verbietenden Autorität gehorchte, aber gleichzeitig schmuggelten sie eben diesen Wunsch in maskierter Form ein. Als Beispiel für diese Form des neurotischen Kompromisses führt Abraham den Fall einer Frau an, die unter Rötung und Schwellung der Nase litt, wenn sie sexuell erregt war. Abraham betrachtet dieses Symptom als Äquivalent zu einer Erektion, die vom Genitalbereich ins Gesicht verlegt wurde. Jeder könne sehen, daß diese Frau unter einer weiblichen Schwäche leide, aber niemand sei in der Lage zu erkennen, daß es sich um einen verkleideten Ausdruck ihrer Männlichkeit handle. Andere Frauen klagten mit gewissem Stolz über einen unkontrollierbaren, starren Blick, den sie unbewußt mit einer Erektion gleichsetzten. Abraham berichtet: »Wie die männlichen Exhibitionisten mit ihrer Perversion unter anderem den Zweck verfolgen, Frauen durch den Anblick des Phallus zu erschrecken, so suchen jene Frauen unbewußt den gleichen Effekt durch ihr starres Auge zu erzielen.«[6] In dieselbe Kategorie wie diesen medusenhaften Frauentyp ordnet Abraham die sanfte Frau ein, die ständig mit ihrem rüschenbesetzten Sonnenschirmchen im Gras herumstochert, und andere Frauen, die ihre nährende Weiblichkeit zur Schau stellen, indem sie ihre gepflegten Gärten gießen, wobei sie diese Handlung aber mit einem männlichen Gartenschlauch ausführen. Während das alles etwas altmodisch und absonderlich erscheint, enthalten Abrahams Beschreibungen der neurotischen weiblichen Typen bestimmte interessante Perversitäten, die Aufmerksamkeit verdienen.

Abraham beschrieb alltägliche Symptome von Frauen und merkte dabei nicht, daß er in Wirklichkeit eine Strategie vorführte, die bei den weiblichen Perversionen eine Schlüsselrolle spielt. Ich bin der Überzeugung, daß bei den weiblichen Perversionen die Betonung von stereotypen weiblichen Verhaltensweisen als Tarnung dessen dient, was die Frau bei sich selbst als verbotenes männliches Verlangen erlebt. Und obwohl Abraham zeigen wollte, daß Neurose und Perversion sich voneinander unterscheiden, verwendete er die Analogie zwischen der männlichen Perversion des Exhibitionismus und der »neurotischen« Medusa mit ihrem kastrierenden, starren Blick.

Abraham hatte insofern recht, als Frauen tatsächlich lernen, ihre intellektuellen und sexuellen Wünsche hinter Leiden oder konventionellem weiblichem Verhalten zu verbergen. Wie wir jedoch in späteren Kapiteln noch sehen werden, sind die Motive für diese alltäglichen weiblichen Maskeraden komplexer, als Abraham erkennen konnte. Ebenso wie Männer lernen, ihre verbotenen weiblichen Wünsche hinter einem Stereotyp von Männlichkeit zu verbergen, so lernen Frauen, ihre verbotenen männlichen Wünsche hinter stereotypen weiblichen Eigenschaften wie Unschuld, Schwäche und dem Hang zur Selbstaufopferung zu verstecken. Auch Frauen benutzen Geschlechtsstereotypen, um die Wünsche und Sehnsüchte auszudrücken, die ihnen verboten sind, und in eben diesen Stereotypen normaler Weiblichkeit werden wir die weiblichen Perversionen entdecken.

Abrahams weiblicher Rachetypus benutzt die gleiche Verkleidungsmethode. Abraham gibt uns einen Hinweis darauf, wie Frauen ihre sadistischen Impulse Männern gegenüber steuern. Die eher angepaßte Frau kann die Aggression und den Sadismus, die sich in ihren unbewußten Wünschen ausdrücken, den Besitzer des begehrten Penis zu entmannen, nicht ertragen. Einige wenige Bräute, Töchter und Schwestern verstümmeln und ermorden die Männer, die sie beneiden, tatsächlich. Aber die meisten tun das nicht. Die typische, eher sanfte und fürsorgliche Frau muß ihren unbewußten Wunsch, ihren Mann, Vater oder Bruder zu entmannen oder zu verstümmeln, tarnen. Sie beginnt sich vor Situationen zu fürchten, die sie in Versuchung bringen könnten, denen, die sie liebt, etwas anzutun. Sie entwickelt eine Phobie und vermeidet ängstlich solche Situationen und Orte, die Situationen und Orte symbolisieren, in oder an denen sie ihre rachsüchtigen Gefühle ausagieren könnte.[7] Eine Phobie schränkt den Lebensraum der Frau ein, schützt aber die körperliche und geistige Gesundheit ihrer Familie. So kann die Frau ihre Rachegelüste befriedigen, indem sie sich bewußt vorstellt, daß Vater, Bruder, Ehemann oder Sohn überfahren werden und dabei einen Arm oder ein Bein verlieren. Sie denkt ständig an all die schrecklichen Dinge, die ihren geliebten Männern zustoßen könnten. Aber um das schlechte Gewissen, das diese rachsüchtigen Gedanken ihr verursachen, zu beruhigen, schützt sie ihre Lieben vor solchen furchtbaren Schicksalen, indem sie selbst niemals Auto fährt, niemals reitet, niemals zur Schule geht oder eine Arbeit annimmt oder bei irgendeiner Tätigkeit mit ihnen konkurriert, zumindest nicht erfolgreich. Eine Frau, die ihren Kastrationskomplex auf diese Weise bewältigt, legt zwar ein angemessenes, normales weibliches Verhalten an den Tag, aber unbewußt »genießt« sie die bewußten Rachephantasien, in denen ihre Lieben verstümmelt werden.

Abraham fährt fort, indem er bemerkt, daß die Angst – das heißt also der verkleidete Wunsch –, den Körper eines Mannes zu verstümmeln, sich umkehren und sich als besonderes Interesse an physisch verstümmelten oder emotional verkrüppelten Männern äußern kann.[8] Ich glaube, daß bei diesem als neurotisch bezeichneten sexuellen Interesse eines der charakteristischen Täuschungsmanöver der perversen Strategie vorliegt. Eine Vermeidung, die durch unbewußte Schuldgefühle motiviert war, wird durch die Beschäftigung mit der Verstümmelung ersetzt. Dadurch wird der Sadismus Männern gegenüber unter Kontrolle gehalten, und Angst- und Schuldgefühle werden verringert. Die Frau gestattet sich sexuelle Erregung, aber nur dann, wenn der Mann hinkt, eine Augenbinde

trägt oder durch Unfall oder Amputation einen Arm oder ein Bein
verloren hat. Während ein unversehrter Mann die volle Wucht ihres
Hasses und ihrer Rachsucht zu spüren bekommen könnte, bleibt
ein verstümmelter Mann davor bewahrt. Unser Wissen über die
männlichen Perversionen sagt uns, daß diese »neurotische« Lösung
mit einem fetischistischen Kunstgriff arbeitet. Mr. B., dessen Leben
vom Tragen, Sammeln und Fortwerfen von ledernen Reithosen
bestimmt war, bewältigte seinen Kastrationskomplex schließlich,
indem er eine dominierende Frau mit einem durch Kinderlähmung
verkrüppelten Bein heiratete. War diese Lösung seiner Konflikte
nun ein neurotischer Kompromiß, oder war es einfach nur eine
gesellschaftlich besser angepaßte Perversion? Ich würde sagen, letzteres. Außerdem sind alle Perversionen zum Teil von dem Wunsch
bestimmt, den geliebten Menschen vor dem verstümmelnden Sadismus des Liebenden zu schützen. Die Wahl eines Liebhabers oder
Ehemannes aufgrund dieses unbewußten Motives unterscheidet
sich sicherlich nicht sehr von der Auswahl eines fetischistischen
Liebesobjektes bei einer männlichen Perversion.

Gegen Ende seines Aufsatzes gelangt Abraham zu den Frauen,
die sich nach außen hin am wenigsten gewalttätig zeigen, aber seiner
Ansicht nach unbewußt die rachsüchtigsten sind – die frigiden
Frauen, die er mit Prostituierten vergleicht. »Die Frigidität ist gera-
dezu eine Voraussetzung für das Verhalten der Dirne«, schreibt
Abraham.[9] Im Gegensatz zur Prostitution, einer Beschäftigung,
die, mit seltenen Ausnahmen, auf die unglückliche Unterschicht
beschränkt ist, ist Frigidität unter normalen Frauen der Mittel- und
Oberschicht weit verbreitet. Sie halten sich von der Straße fern und
finden häuslichere, alltägliche Methoden, ihre Ehegatten und Liebhaber zu entmannen. In der Regel ist die frigide Frau bewußt bereit,
ihre weibliche Rolle zu übernehmen. Sie zeigt Angst vor
Geschlechtsverkehr oder Heirat und scheint mit ihrem vielsagend
niedergeschlagenen Blick alle nur erdenklichen sexuellen Genüsse
zu versprechen. Aber just in dem Moment, bevor der Mann in sie
eindringen will, oder vielleicht ein paar Minuten später, im Moment
seines Orgasmus, enttäuscht sie den Mann. »Ich habe nicht bekom-

men, was mir versprochen wurde. Jetzt gebe ich dir nicht, was ich versprochen habe.« Abraham zufolge ist Frigidität eine geniale Strategie, um den Wert und die Bedeutung des Penis herabzusetzen.

Bei seiner Diskussion der rachsüchtigen, entmannenden weiblichen Frigidität erinnert Abraham an einen analogen sexuellen Racheakt bei Männern. Er weist seine Leser auf einen früheren Aufsatz hin, in dem er eine häufige männliche Potenzstörung, die Ejaculatio praecox, mit der weiblichen Frigidität vergleicht.[10] In dieser 1917 verfaßten Abhandlung beschreibt Abraham die vorzeitige Ejakulation folgendermaßen: »Hinsichtlich des entleerten Stoffes ist sie eine Ejakulation, hinsichtlich des Modus der Ausstoßung dagegen eine Miktion.«[11] In den Kindheitsgeschichten männlicher Patienten, die unter vorzeitigem Samenerguß litten, stieß Abraham auf Kleinkinder, die nur schwer zur Sauberkeit zu erziehen waren, auf Jungen, die bis in die späte Kindheit das Bett näßten, und auf Männer, die auf Erregungen aller Art mit Harndrang reagierten. Abraham beschreibt die unter Ejaculatio praecox leidenden Männer folgendermaßen: »Außerstande, auf dem Wege kraftvoller männlicher Aktivität die höchste Lust zu erwerben, sind sie der für sie stärksten *Lust* des passiven Fließenlassens hingegeben.«[12]

Wie die frigide Frau sich durch Passivität am Mann rächt, so gibt der vorzeitig ejakulierende Mann durch seine sexuelle Passivität seine sadistisch-rachsüchtige Haltung Frauen gegenüber zu erkennen. Viele dieser Männer scheinen ihrem Wesen nach lethargisch, energielos und unmännlich zu sein. Andererseits aber sind einige besonders energiegeladen. Sie verrichten alles in großer Hast, ob es nun Essen, Trinken, Spielen, Sport, Arbeit oder Geschlechtsverkehr ist. Einige dieser leicht erregbaren, unter allzu hastiger Ejakulation leidenden Männer neigen zu Streitereien, Wutausbrüchen und Gewalttätigkeit und schlagen und beschimpfen ihre Ehefrauen und Geliebten. In den lethargischeren, passiveren Typen wirkt der unterschwelligen Bereitschaft zur Gewalttätigkeit ein ganz anderer Charakterzug entgegen – die Feigheit. In ihren Träumen haben diese feigen Männer oft die Phantasie, die Frau durch den Koitus zu töten. Aber sie bringen ihre Partnerin genausowenig um wie die reizbaren, übererregbaren, vorzeitig ejakulierenden Männer. Sie bringen die Frau nur um ihren sexuellen Genuß.

Da die Ejaculatio praecox die Lust der Frau eher verringert als steigert, schützt sie das männliche Geschlechtsorgan vor der Kastration durch einen rachsüchtigen Vater. »Mein Vater braucht keine Angst zu haben, ich bin immer noch ein kleiner Junge und eigentlich noch gar kein Mann. Er kann die Frau behalten. Ich behalte die Mutter.« Es überrascht nicht, daß Männer, die unter diesem Symptom leiden, auch seltsame Vorstellungen von den weiblichen Geschlechtsorganen haben. Sie fürchten, daß sie während des Geschlechtsaktes ihren Penis in der Vagina verlieren könnten. Sie zeigen sich beim Koitus sehr ungeschickt und bevorzugen erfahrene Frauen, die ihnen helfen können, den Penis in die Vagina einzuführen – ähnlich wie der kleine Junge es genoß, wenn die Mutter ihm beim Urinieren den Penis hielt. Auf diese Weise bringt der Mann der Frau gegenüber eine Art kindlicher Liebe zum Ausdruck, doch indem er sie dann *ante portas* mit einer Substanz besudelt, die er dem schmutzigen Urin gleichsetzt, drückt er gleichzeitig seine Feindseligkeit aus. Bei einer anderen, leichter erkennbaren Perversion geht der Mann mit seinem infantilen Hokuspokus noch einen Schritt weiter. Er übernimmt die »feminine« Rolle und mietet eine Prostituierte, die auf ihn uriniert oder kotet.

Wie sehr unter vorzeitiger Ejakulation leidende Männer die Vagina auch fürchten mögen, sie betrachten sie gleichzeitig als minderwertiges Organ. Sie schätzen den Wert des Penis besonders hoch ein. Abraham stellt fest, ohne dabei allerdings den Bezug zu sich selbst zu sehen: »Nicht wenige der an Ejaculatio praecox Leidenden sind Verächter der Frauen im allgemeinen; sie können nicht genug über die ›Unvollkommenheit‹ des Weibes spotten. In manchen Fällen äußert sich diese Einstellung in einer mit heftigen Affekten betonten Gegnerschaft gegen die heutige Frauenbewegung.«[13]

Abraham hat offensichtlich einen wesentlichen Grund dafür erkannt, daß bestimmte Männer Frauen verachten. In den nächsten Abschnitten enthüllt er unabsichtlich weitere Motive für die männliche Verachtung gegenüber der Frau. Er führt seine Untersuchung der Ejaculatio praecox fort, indem er bestimmte Teile des männlichen Geschlechtsapparates mit Weiblichkeit und bestimmte Teile des weiblichen Geschlechtsapparates mit Männlichkeit gleichsetzt. In den Abschnitten, in denen Abraham vorzeitige Ejakulation mit Frigidität vergleicht, verwendet er bereits die gleich falsche Deutung der weiblichen Anatomie, die er dann auch dem Aufsatz über den weiblichen Kastrationskomplex zugrunde legt. Bei der Frigidität hat die Klitoris, nach Abraham ein männliches Organ, der Vagina ihre Fähigkeit zur Erregbarkeit abgenommen. Bei der Ejaculatio praecox ist die Erregbarkeit des Penis verlorengegangen, so daß die Sexualität des Mannes ihren spezifisch männlichen Charakter verloren hat.

Ejaculatio praecox und weibliche Frigidität entsprechen einander sogar in noch weitergehendem Maße. Neben der mangelhaften genitalen Empfindlichkeit besteht nämlich bei den Patienten häufig eine besondere Erogeneität des Dammes und der rückwärtigen Partien des Skrotums. Diese Gegend entspricht aber entwicklungsgeschichtlich dem Introitus vaginae und seiner Umgebung. Das Verhältnis zwischen Ejaculatio praecox und weiblicher Frigidität wäre nunmehr so zu formulieren: Die dem Geschlecht entsprechende Leitzone hat die ihr zukommende Bedeutung an diejenige Körperpartie abgegeben, welche das Äquivalent der Leitzone des anderen Geschlechts darstellt.[14]

Bei seinen Bemühungen, dem Geheimnis des Weibes auf die Spur zu kommen, bedient sich Abraham der typisch männlichen Phantasie, daß die *inneren* Genitalorgane des Mannes eigentlich weiblich seien. Die Art, wie Abraham männliche und weibliche Geschlechtsorgane anatomisch voneinander abgrenzt, bestätigt meine These, daß Männer, wenn sie dem Penis eine außergewöhnlich hohe Wertschätzung zukommen lassen, damit ihre eigenen passiven, femininen und infantilen Wünsche abwehren. In den drei Jahren, die zwischen der Abfassung seiner Abhandlungen lagen, änderte Abraham seine Sichtweise kaum. Gestützt auf zeitgenössische Anatomielehrbücher, erklärt er 1917, daß das Perineum des Mannes, da es ein passives Organ sei, das Äquivalent eines weiblichen Geschlechtsorgans darstelle; die Klitoris hingegen, als aktives

Organ, sei das Äquivalent eines männlichen Geschlechtsorgans.
1920 wiederholt er bei der Untersuchung des Zusammenhangs
zwischen dem weiblichen Kastrationskomplex und der Frigidität
diese Behauptung:»Im Falle der Frigidität ist in der Regel die
Lustempfindung an die Clitoris gebunden, während die Vaginal-
zone der Lustempfindung entbehrt. Die Clitoris entspricht entwicklungsgeschichtlich dem männlichen Genitale.«[15]*
Abraham erklärt, daß in einigen Fällen die Vagina ihre Empfin-
dungsfähigkeit ganz verloren habe. In anderen Fällen sei die Emp-
findungsfähigkeit zwar erhalten geblieben, bereite aber kein Lust-
gefühl. Die Kontraktionen des weiblichen Organs, die normalerweise einen Orgasmus anzeigen würden, blieben aus.»Gerade diese
bedeuten ja die volle, positive Reaktion des Weibes auf die männliche Aktivität, *die restlose Bejahung des normalen Verhältnisses der
Geschlechter*« [Hervorhebung von mir; L. J. K.].[16]

* 1966 widersprach Mary Jane Sherfey der immer noch vorherrschenden Lehrmei-
nung, die Klitoris sei ein männliches Organ. Als Beweis für ihre Behauptungen
zitierte sie Anatomiebücher über den menschlichen Embryo, die zeigten, daß
Männer und Frauen ursprünglich mit weiblichen Genitalien ausgestattet sind.
»Die weibliche Entwicklung vollzieht sich gradlinig, [...] deshalb kann man die
maskuline Entwicklung als eine ›Abweichung von der grundsätzlich weiblichen
Strukturierung‹ betrachten [...]. Embryologisch gesehen ist es durchaus richtig,
im Penis eine wuchernde Klitoris, im Skrotum eine übertrieben große Schamlippe,
in der weiblichen Libido die ursprüngliche Libido usw. zu sehen.« (Mary Jane
Sherfey, *Die Potenz der Frau. Wesen und Evolution der weiblichen Sexualität*
[1966, 1972] [Köln: Kiepenheuer & Witsch, 1974]. Aus dem Amerikanischen von
Eva Bornemann. Die Übersetzung folgt der 2. Auflage, S. 84 f.) Zwei Jahre später
wurde Sherfeys Beweisführung mit dem Argument in Frage gestellt, sie habe die
Anatomielehrbücher nicht im Zusammenhang zitiert. Sherfey behauptete zu
Recht, daß die Klitoris kein männliches Organ sei und daß klitorale Empfindungen
für die sexuelle Erregung der Frau ebenso wichtig seien wie vaginale Empfindungen. Aber Argumente für das Primat der Weiblichkeit sind das, was Simone de
Beauvoir als »Widerspruch gegen den Penis« bezeichnet hätte. Theorien, die
behaupten, daß männliche Organe eigentlich weibliche Organe seien, sind nur
Spiegelungen der Theorien, die behaupten, weibliche Organe seien eigentlich
männliche Organe. Weibliche Geschlechtsorgane sind weiblich, und männliche
Geschlechtsorgane sind männlich. Andererseits werden beim Erwachsenwerden
in jedem Menschen gegengeschlechtliche Wünsche wach. Das Problem für beide
Geschlechter besteht in der Angst vor diesen Wünschen und darin, wie diese Angst
das Verständnis füreinander beeinträchtigt.

Nun will ich zwar nicht behaupten, daß vorzeitige Ejakulation und Frigidität an sich schon Perversionen seien, aber ich bestehe darauf, daß diese weitverbreiteten sexuellen Funktionsstörungen, die gemeinhin als neurotisch bezeichnet werden, *Elemente* der perversen Strategie aufweisen. Zum Beispiel sind sie ganz sicherlich Strategien, die sadistische Wünsche dem anderen Geschlecht gegenüber sowohl verdecken als auch enthüllen. Sie töten die Lust ab und tarnen einen Akt des Hasses als Liebesakt. Sie sind Versuche, den Geschlechtsakt zu einem Akt infantiler Tugend machen: Für den vorzeitig Ejakulierenden ist Sexualität ein Urinieren, das ihn weiterhin an Mutters Schürzenzipfel bindet, als lieben kleinen Jungen, der für seinen Vater keine Herausforderung darstellt; für die frigide Frau bedeutet Sexualität tugendhafte Unterwerfung, die jedem versichert, daß sie nur ein passives, sauberes kleines Mädchen ohne böse, aktive klitorale Erregungen ist, die von den Eltern bestraft werden könnten. Der Mann äußert bei der sexuellen Funktionsstörung unbewußt seine Wünsche nach Passivität und Unterwerfung, verdeckt sie aber, indem er versucht, sich wie ein richtiger Mann zu verhalten. Bei der weiblichen sexuellen Funktionsstörung ist die Frau unbewußt aktiv und dominant, verdeckt das aber, indem sie versucht, eine tugendhafte Frau zu spielen, die sich nicht sehr viel aus Sex macht. Abraham war der Verwandtschaft zwischen Frigidität und Prostitution auf der Spur. Indem sie die aktive, dominierende Rolle übernimmt und den Anschein erweckt, daß ihr an Sex genausoviel oder sogar noch mehr gelegen sei wie dem Mann, macht die Prostituierte, die trotz ihres vorgegebenen sexuellen Interesses typischerweise frigide ist, etwas bewußt, das ihren anständigen Schwestern aus der Mittelschicht nicht bewußt ist – den Wunsch nämlich, *mehr* zu sein und potenter zu sein als ein Mann. Der Kastrationskomplex, der sich in der Frigidität äußert, hängt mit der Frustrierung männlicher Wünsche und natürlich mit dem Penisneid zusammen. Aber weitere Aspekte der Frigidität sind die Angst, aktive sexuelle Wünsche in einer Gesellschaft zu äußern, die»netten«Frauen solche Wünsche verbietet, und der Neid auf diejenigen, denen die Konvention das Recht zugesteht, im Bett und anderswo in der Welt aktiv zu sein, einzudringen und zu erobern.

Abraham konzentriert sich bei seiner Darstellung des weiblichen Kastrationskomplexes und seiner Auswirkungen auf das Sexualleben der Frau nur auf die äußerlichen genitalen Ungleichheiten. Ich habe das als typisch männliches Verteidigungsmanöver interpretiert, das dazu dient, die beängstigend verschwommenen Grenzen zwischen biologischer Männlichkeit und biologischer Weiblichkeit, zwischen Männlichkeit und Weiblichkeit überhaupt, deutlich zu machen. Abraham erklärt: »Das Mädchen hat primär keineswegs ein Minderwertigkeitsgefühl hinsichtlich seines Körpers und vermag daher zunächst nicht anzuerkennen, daß er, mit demjenigen des Knaben verglichen, einen Defekt aufweise. Unfähig, eine *primäre* Benachteiligung seiner Person anzuerkennen, bildet das Mädchen, wie wir oftmals feststellen können, die Vorstellung: ›Ich habe ursprünglich ein Glied wie die Knaben gehabt, aber es ist mir genommen worden.‹«[17] In diesen Beschreibungen des Penisneids bleibt immer unklar – und Abraham war bestimmt nicht der einzige Analytiker, der sich so unklar ausdrückte –, ob von dem vorübergehenden Gefühl eines kleinen Mädchens, daß es benachteiligt sei, die Rede ist oder von einer real existierenden Benachteiligung. Ich kann mir nicht vorstellen, daß die Unklarheit nur aus einer Nachlässigkeit bei der Formulierung herrührt, vor allem, da sie von einem Analytiker stammt, der es besser wissen sollte.

Wenn wir ihn beim Wort nehmen, sagt Abraham, daß Frauen ihre anatomische *Benachteiligung* in einen weniger kränkenden psychologischen Verlust umwandeln. »Ich bin mit einem Penis geboren worden, aber jemand hat ihn mir gestohlen« ist eine Phantasie, die der Selbstachtung förderlicher ist als die Überzeugung »Ich bin ohne Penis geboren worden«. Abraham zufolge erlaubt die Phantasie, daß der Penis ihr gestohlen wurde und daß sie ihn zurückbekommen würde, der Frau, weiterhin zu glauben, sie sei mit der gleichen körperlichen Ausstattung wie ein Mann geboren. In Abrahams vereinfachter, biologistischer Sichtweise der weiblichen Psyche tröstet das Mädchen sich mit der Vorstellung, seine »Benachteiligung« sei durch einen Verrat entstanden.

Tatsächlich haben kleine Mädchen, häufig und bewußt, und

erwachsene Frauen, zumindest gelegentlich und unbewußt, die Phantasie »Ich habe ursprünglich ein Glied gehabt, aber es ist mir genommen worden«. Wenn Abraham jedoch behauptet, diese Phantasie sei die Reaktion auf eine »primäre Benachteiligung«, verwechselt er tatsächliche genitale Unterschiede mit der infantilen Phantasie, phallisch oder kastriert zu sein. Seine Theorie des weiblichen Kastrationskomplexes stellt eine Leugnung oder bestenfalls Nichtbeachtung der Existenz der weiblichen Genitalien dar – und damit all des unwillkommenen Wissens über die weibliche *und* die männliche Entwicklung, das die Anerkennung von Klitoris, Scheideneingang und inneren weiblichen Genitalien mit sich bringen würde. Abraham bleibt im wesentlichen bei der Kindheitsphantasie stehen, daß fürsorgliche Frauen und hingebungsvolle Mütter keine aktiven sexuellen Wünsche haben, daß die sexuellen Wünsche normaler, femininer Frauen nur durch einen Mann und seinen Penis zum Leben erweckt werden können. Seine Darstellung des weiblichen Kastrationskomplexes ist ein weiteres Beispiel dafür, wie infantile Phantasien über die Unterschiede zwischen Penis, Klitoris und Vagina im Erwachsenen fortbestehen und als Rechtfertigung für soziale Konventionen und kulturelle Mythen von der biologischen Überlegenheit des männlichen und der damit einhergehenden Minderwertigkeit des weiblichen Sexualorgans benutzt werden können.

Da wir jetzt jedoch erkennen, daß die vorübergehende Phantasie vom gestohlenen Penis nur ein Teil einer komplizierten Vorstellung des kleinen Mädchens ist, die sich aus zahlreichen vorläufigen Fehldeutungen über den Unterschied der Geschlechter zusammensetzt, stellt sich die Frage: Was will die *Frau* wirklich, was ist es, von dem die *Frau* glaubt, es sei ihr gestohlen worden?

Die *verbotenen* männlichen Wünsche einer Frau haben auf ihr Leben die gleiche verheerende Wirkung wie die verbotenen weiblichen Wünsche auf das Leben eines Mannes. Erwachsene Frauen und Männer wollen den Zugang zu den Teilen ihrer selbst wiedergewinnen, denen zu mißtrauen und die zu fürchten sie gelernt haben, während sie vom Kind zum Erwachsenen heranwuchsen.

Doch sie leiden unter dem Gefühl, daß sie einmal etwas besessen haben – Kräfte, Wünsche, Sehnsüchte, die ihnen als den kleinen Menschen, die sie waren, wesentlich schienen – und daß diese Schätze gestohlen wurden. In einer Gesellschaft, in der die Machtverhältnisse zwischen den Geschlechtern tatsächlich ungleich verteilt sind, ist die Unterscheidung zwischen männlichen und weiblichen Genitalien eine bequeme Methode, alle Arten von Unzufriedenheit und Gefühlen der Ungerechtigkeit und Enttäuschung zu symbolisieren. Wenn die Phantasie vom gestohlenen Phallus (einem erfundenen Geschlechtsorgan, dem in Phantasien und Träumen soziale Trophäen wie Autos, Handtaschen, Smaragde, Babys, Gemälde, Nerzmäntel entsprechen) tatsächlich in der Analyse einer Frau auftaucht, dient sie als Symbol für eine Macht, die für viele Enttäuschungen und Verluste entschädigen könnte, die Frauen normalerweise erleiden.

An erster Stelle unter diesen schmerzhaften Verlusten stünde der Verlust der tröstenden, schützenden Mutter des Kleinkindalters und der Verlust der positiven Wertschätzung der Mutter in einer Sozialordnung, die Frauen abwertet. Analytiker haben guten Grund, sich zu fragen, warum so viele Mädchen und Frauen, deren Mütter in Wirklichkeit stark, intelligent, beschützend, großzügig und zärtlich sind oder waren, in ihren Phantasien Mutterbilder von entwürdigten Dienerinnen, hysterischen Wirrköpfen und rachsüchtigen, verrückten Hexen schaffen. Es ist nicht ungewöhnlich, daß das Mädchen beim Übergang von der Familie in ein größeres gesellschaftliches Umfeld seine Identifikationen mit den liebenden, schützenden und bewunderten Aspekten der Mutter zu hinterfragen beginnt. Wenn das Mädchen entdeckt, daß seine starke und geliebte Mutter nur die Sklavin im Haushalt ist oder vom Vater als keifende Hexe angesehen wird, beginnt es, die weiblichen Aspekte des eigenen Selbst abzulehnen. Wesentlich förderlicher für das Selbstwertgefühl ist es dann, sich mit dem Vater zu identifizieren und ihn als Ritter in schimmernder Rüstung zu idealisieren, der das Mädchen vor der rachsüchtigen Hexenmutter retten wird, die darauf aus ist, die Sexual- und Fortpflanzungsorgane ihrer Tochter zu verstümmeln. Diese weitverbreitete Lösung, die darin besteht, sich vor der »bösen« Mutter zum »guten« Vater zu flüchten, verstärkt jedoch nur die Angst der Frau, ihre Sexual- und Fortpflanzungsorgane könnten verstümmelt werden, weil sie es gewagt hat, mit der Mutter zu wetteifern. Daher wird sie mit dieser Ablehnung der Mutter und der Anerkennung der Überlegenheit des Vaters auch die inzwischen internalisierten Quellen von Liebe, Schutz und Bewunderung verlieren, die ursprünglich von ihrer Mutter herrührten. Der Verlust der schützenden Erfahrung, von innen her bemuttert zu werden, gehört zu den schwerwiegendsten Verlusten, die die meisten Frauen im Laufe des Erwachsenwerdens erfahren.

Manche Frauen übertreiben ihre männlichen Identifikationen, indem sie Weiblichkeit generell ablehnen. Als Entschädigung für den schmerzhaften Verlust der internalisierten guten Mutter verlangen sie nach der Macht, die Männer haben, und verachten alles, was sie an Weiblichkeit erinnert. Auf diese Weise werden manche Frauen tatsächlich zu den verrückten Hexenmüttern der nächsten Generation. Andere jedoch geben die umfassenderen und zuträglicheren Identifikationen mit der Mutter auf und wenden sich den übertriebenen infantilen Idealen von weiblicher Tugend zu – Sauberkeit, Bescheidenheit, Fügsamkeit und Passivität.

Ich würde das Verlangen, das als Neid auf einen idealisierten Phallus zum Ausdruck kommt, als ein starkes Bedürfnis nach Aspekten des Selbst deuten, die im Laufe der Bemühungen, eine normale Frau zu werden, verlorengegangen sind. Es besteht jedoch ein Neidgefühl jenen gegenüber, die solche Kräfte nicht aufgeben mußten. Das Mädchen, das in einer Gesellschaft mit fest definierten männlichen und weiblichen Rollen aufwächst, entdeckt jeden Tag von neuem, daß der Weg zum Frausein mit preisgegebenen Aspekten seines eigenen Selbst gepflastert ist. Manchmal, wie gesagt, werden die Geschlechtsstereotypen es dazu veranlassen, seine Weiblichkeit abzulehnen. Es wird versuchen, Frauen in jeder Weise herabzusetzen, um die Macht zu erlangen, die Männer haben. Häufiger ist jedoch die umgekehrte und gleichermaßen unglückliche

Lösung. Wenn das Mädchen nämlich seinen infantilen Kastrationskomplex durch die Übernahme der Geschlechtsstereotypen seiner Gesellschaft bewältigt hat, lernt es, seine maskulinen Wünsche und Identifikationen abzulehnen. Dieses Ergebnis ist verhängnisvoll für die weibliche Entwicklung. Das Mädchen entdeckt, daß eine Reihe intellektueller Wünsche und sexueller Begierden, die es als Teil seiner selbst geschätzt hatte, als männlich angesehen werden. Es lernt, daß solche Wünsche und Begierden sich für tugendsame kleine Mädchen nicht schicken und daß es, wenn es einen Mann abbekommen will, besser daran tut, seine Identität in zwischenmenschlichen Beziehungen, Kochen, Putzen und der Sorge um andere zu suchen. Spätestens mit dem Eintritt in die Pubertät muß es seine aktiven sexuellen Wünsche und seine intellektuellen Ambitionen aufgeben oder so gut verstecken, daß niemand etwas davon merkt. Wie ich zeigen werde, hat ein typisches weibliches perverses Szenario die Maskierung als erniedrigte, unterwürfige Frau zum Inhalt, hinter der die verbotenen und gefährlichen »männlichen« Wünsche versteckt werden.

Ein Mädchen kann während seiner Entwicklung zu einer »normalen Frau« leicht in das Muster verfallen, sich selbst als Angehörige des schwachen Geschlechts, seinen Verstand als nebulöse, bedrohliche Angelegenheit und seine sexuelle Stellung als abhängig und unterwürfig anzusehen. Es bekommt Angst davor, die eigenen, lebendigen Kindheitserfahrungen von emotionaler Unabhängigkeit und intellektueller Kraft zu akzeptieren. Die aktiven erotischen Wünsche, die so sehr Teil seiner selbst gewesen waren, sind phallische Wünsche, die nur Männern zustehen. Das Mädchen gibt sein aktives sexuelles Verlangen und seine intellektuellen Bestrebungen auf in der Erwartung, daß seine Wünsche und Sehnsüchte eines Tages durch die Beziehung zu einem Mann erfüllt werden.

Diejenigen Frauen, die ihr Selbstgefühl nur dadurch erlangen konnten, daß sie sich in die Rolle der normalen Frau zwängten, fühlen sich tatsächlich betrogen. Sie haben das Gefühl, daß sie einmal etwas hatten, ein kostbares, wunderbares Empfinden von Ganzheit und narzißtischer Vollständigkeit, daß dieser Schatz ihnen aber gestohlen wurde. Manche Frauen werden verrückt, weil sie ihre Schätze verloren haben und nun viel weniger sein müssen, als sie einmal hätten sein können. Andere Frauen beschließen, sich an der Welt und an sich selbst zu rächen, indem sie alles Weiche, Zarte, Nährende und Gütige an sich selbst ablehnen und statt dessen eine Karikatur von Männlichkeit nachzuahmen suchen und schroff, grausam, raubgierig und tyrannisch werden. Wieder andere haben es, oft unter großen Schwierigkeiten, geschafft, die intelligenten, vernünftigen, klugen, neugierigen, kühnen, dominanten, mutigen Teile ihrer selbst zu erhalten. Diese Frauen müssen erfahren, daß sie ihre Eigenschaften, Wünsche und Begierden besser hinter den weiblichen Klischees von intellektueller Schwäche und übertriebener Fügsamkeit verstecken sollten, damit sie ihnen nicht noch gestohlen werden.

Trotzdem, seit Abraham seine Liste von frustrierten, rachsüchtigen Frauen aufgestellt hat, ist viel geschehen. Frauen haben die Sonnenschirmchen und Gartenschläuche, die Abraham als Symbole für ihre unterdrückten männlichen Wünsche ansah, fortgeworfen; sie haben Karrieren verfolgt und sind Berufen nachgegangen, die ihre Mütter und Großmütter für unweiblich gehalten hätten; sie haben ihre erotische Unternehmungslust entdeckt.

Leider jedoch haben sich die Vorstellungen von phallisch und kastriert, die zu Beginn unseres Jahrhunderts herrschten, und die männlichen und weiblichen Geschlechtsstereotypen jener Zeit nicht allzusehr verändert. Obwohl die heutigen Frauen sich, äußerlich gesehen, stark von ihren Geschlechtsgenossinnen zu Anfang des Jahrhunderts unterscheiden, versuchen sie immer noch, die Verluste zu begreifen, die sie im Laufe des Erwachsenwerdens erfahren haben. Und jetzt, nachdem der Höhepunkt der sexuellen Befreiung überschritten ist, machen sich nur noch wenige Frauen vor, daß erotische Freiheit und erhöhte erotische Sensibilität ihre Beziehungen zu Männern verbessern könnten. Es gibt mehr Sex, Sex genug und in einer Vielzahl von Variationen, in Pornozeitschriften, Pornofernsehsendungen und ganz normalen Filmen. Aber kommerzialisierte Sexualität, Sexualität als Konsumgut, ist nicht das gleiche wie befreite Sexualität. Sie ist einfach ein weiterer, weiter in die Irre führender Weg, an den Vorstellungen von den Geschlechtern festzuhalten. Männer scheinen Frauen jetzt, da sie in Beruf und Sexualität größere Entscheidungsfreiheiten haben, mehr zu fürchten als jemals zuvor. Die Märchen von den anatomischen Unterschieden bestehen weiter und sorgen weiterhin für Mißtrauen und sexuellen Antagonismus der Geschlechter. Glücklicherweise sind die Ursprünge dieser Märchen und die Gründe für ihre Ausbreitung und Langlebigkeit neu bewertet und neu interpretiert worden. Dazu haben vor allem die Bemühungen weiblicher Analytiker und feministischer Schriftstellerinnen beigetragen. Unglücklicherweise waren einige dieser Neubewertungen daran beteiligt, die alten Tyrannen wiederaufleben zu lassen, wenn auch in neuer Gestalt.

1922 hat Abrahams Analysandin Karen Horney in ihrer Abhandlung »Zur Genese des weiblichen Kastrationskomplexes«[18] einen ersten Versuch unternommen, die Theorie ihres Analytikers kritisch zu beurteilen. Horney hat nicht alle Probleme gelöst, die sich aus Abrahams provozierenden Thesen ergaben, und sie hat sich auch mit einigen der grundlegenden Fragen, die ich aufgeworfen habe, nicht befaßt. Aber sie hatte den Mut, die Voraussetzungen für Abrahams Ansichten über die weibliche Psyche zu hinterfragen. Da Horney sich selbst in der Ausbildung zur Analytikerin befand, wollte sie sich Abraham und Freud gegenüber respektvoll zeigen. Ihre Argumente wurden daher, wie sie sich ausdrückte, »in etwas Watte gepackt«[19].

Nach Horneys Argumentation konnte das, was man für so selbstverständlich gehalten hatte, daß es keiner weiteren Erklärung mehr bedurfte – das Benachteiligungsgefühl der Frau aufgrund ihrer genitalen »Benachteiligung« –, nicht hingenommen werden. Das »bisherige Resultat der Untersuchungen«, meinte sie, »welches doch nichts weniger besagen würde, als daß die eine Hälfte des Menschengeschlechts unzufrieden sei mit ihrer Geschlechtsrolle und diese Unzufriedenheit nur unter günstigen Verhältnissen überwinden könne, [ist] nicht nur für den weiblichen Narzißmus, sondern auch für das biologische Denken recht unbefriedigend«.[20]

Horney wollte den Kastrationskomplex und den Penisneid nicht in Frage stellen, sondern sie suchte nach einer zufriedenstellenderen Erklärung für den Penisneid. Beim Nachdenken über ihre Analyse bei Karl Abraham und ihre eigene Arbeit mit mehreren weiblichen Patienten kam sie zu der Ansicht, daß die Entwicklung des kleinen Mädchens von Anfang an weiblich ist. Ein kleines Mädchen wird *nicht* als kleiner Mann geboren, der durch den Zauberstab des Penisneids in eine normale, mütterliche kleine Frau verwandelt werden muß. Penisneid ist das Ergebnis der enttäuschten sexuellen Liebe des kleinen Mädchens zu seinem Vater, und *nicht* umgekehrt, wie Abraham behauptet hatte. Das kleine Mädchen wendet sich *nicht* dem Vater zu, um einen Penis zu bekommen. Sein Verlangen nach einem Kind von ihm entspringt *nicht* dem Wunsch nach einem Ersatz für den verlorenen Penis. Es wird *nicht* zu einer kleinen Frau, weil sein Wunsch, ein kleiner Mann zu sein, nicht befriedigt worden ist. Das entscheidende emotionale Ereignis im Leben eines kleinen Mädchens ist, wie Horney erklärt, daß sein weibliches Verlangen nach dem Vater nicht erfüllt wird. Diese ödipale Frustration veran- laßt das Mädchen, Aspekte seiner angeborenen weiblichen Natur aufzugeben, die Identifikationen mit der Mutter als unbrauchbar abzulehnen und sich dann mit den vorteilhafteren, idealisierten Eigenschaften zu identifizieren, die es seinem Vater zuschreibt. Horneys Ansicht nach ist die schädlichste Folge des weiblichen Kastrationskomplexes, daß viele Frauen dazu verleitet werden, ihre »angeborene« Weiblichkeit abzulehnen und zur Abwehr männliche Charakterzüge anzunehmen.

Horney war auf der richtigen Fährte, als sie nicht einsehen wollte, daß der Penisneid seinen Ursprung in den Reaktionen des kleinen Mädchens auf seine biologische Minderwertigkeit haben soll. Sie hatte recht, wenn sie darauf beharrte, daß es bei den entscheidenden Fragen um den psychischen Kontext und die Folgen dieses Neides geht. Es ist ein großer Unterschied, ob der Penisneid auf einem Gefühl von angeborener, anatomischer Minderwertigkeit beruht oder ob er als Reaktion des Mädchens auf die Enttäuschung seiner kindlichen Wünsche entsteht.

Doch Karen Horney ging nicht weit genug. Sie versuchte zu beweisen, daß kleine Mädchen sich »natürlicherweise« ihrem Vater zuwenden, und nicht aus Enttäuschung über die Mutter. Es stimmt zwar, daß es neben der Enttäuschung über die Mutter mit ihren ebenfalls minderwertigen Geschlechtsorganen auch noch andere Gründe dafür gibt, daß Mädchen sich dem Vater zuwenden, aber Horneys Annahme, daß weibliche Babys mit einer angeborenen Weiblichkeit auf die Welt kommen, aufgrund derer sie sich zum anderen Geschlecht hingezogen fühlen, war irreführend, falsch und, wie ich meine, versteckt frauenfeindlich. Bei Menschen, bei denen die Phantasie eine so große Rolle für das erotische Verlangen spielt, ist die weibliche Vorliebe für das männliche Geschlecht genausowenig biologisch gegeben wie jede andere weibliche Eigenschaft.

Ein Mensch wird als weibliches oder männliches Wesen geboren, und während der Pubertät vollziehen sich im Körper tiefgreifende hormonelle Veränderungen, die zur Vermännlichung oder zur Verweiblichung des Körpers führen, je nach dem biologischen Geschlecht. Weiblichkeit und Männlichkeit jedoch sind gesellschaftliche Konzepte, die von geschlechtsspezifischen Rollen, Idealbildern von den Geschlechtern und Konventionen abhängen. Eine Frau erwirbt ihre Weiblichkeit, während sie in einer Familie und Gesellschaftsordnung aufwächst, in der alle möglichen Klischees, Phantasien und Idealvorstellungen von den Geschlechtern herrschen. Die Verweiblichung ihres Körpers während der Adoleszenz wird ihre Weiblichkeit entscheidend beeinflussen. Aber selbst während der Pubertät, wenn die Biologie so eine wichtige Rolle für die Ausprägung der Geschlechtsidentität spielt, sind Körper und Geist des heranwachsenden Mädchens keine leere Leinwand, die man beliebig füllen kann. In Gesellschaften von Jägern und Sammlern wird der jugendliche Körper aufgeritzt, verstümmelt und zu einer normierten Weiblichkeit oder Männlichkeit zurechtgeschnitzt. Der Körper wird buchstäblich beschrieben, um auf Abwege geratene sexuelle Wünsche und uneindeutige Geschlechtsidentifikationen unter Kontrolle zu bringen. Trotzdem, selbst in diesen Gesellschaften, für deren Fortbestehen eine beinahe absolute Geschlechtskonformität notwendig ist, stellen die Einritzungen und Verstümmelungen einen Versuch dar, Gegensätze zu versöhnen – Kreise und gerade Linien, Sonne und Mond, hart und weich, Vorfahren und Nachkommen, männlich und weiblich, Vergangenheit und Zukunft.

In modernen Gesellschaften wird die Jugendliche in der Pubertät auf psychologischer Ebene »beschrieben«. Das Geschriebene kann daher theoretisch später neu interpretiert und revidiert werden. Die Weiblichkeit eines weiblichen Kindes entsteht allmählich, im Laufe des Kleinkindalters, der Kindheit und der Adoleszenz, in einem Prozeß der Auseinandersetzung mit den Konventionen seiner Gesellschaft. Wenn ich sage, daß Weiblichkeit dem Mädchen nicht angeboren ist, will ich damit nicht ihre Bedeutung herabsetzen. Sich mit sozialen Konventionen auseinanderzusetzen und sie zu akzeptieren ist nicht gleichbedeutend mit Resignation oder Kapitulation oder einer erzwungenen Anpassung an ein Geschlechtsstereotyp. Ich wende mich dagegen, daß bei den Theorien von angeborener, »natürlicher« Weiblichkeit stereotype weibliche Eigenschaften stillschweigend als gegeben vorausgesetzt werden. Wann immer der Mythos von ursprünglicher Weiblichkeit auftaucht – und das war in jedem Jahrhundert mindestens einmal und in unserer Zeit zwei- oder dreimal der Fall –, ist er mit reaktionären gesellschaftlichen Strömungen und mit Geschlechtsstereotypen von Weiblichkeit verbunden. Einige der typischen Frauenfiguren sind die jungfräuliche Mutter, die Hüterin des Herdes, die perfekte Mutter und die Kindsbraut, und einige der typischen Eigenschaften sind mütterliche Geschlechtslosigkeit, intellektuelle Unschärfe, ständige Fürsorglichkeit und Unterwürfigkeit.

Weiblichkeit im psychologischen Sinne schließt immer einen gewissen Grad der Identifikation mit der Weiblichkeit des Vaters (und der Mutter *und* des Vaters des Vaters) sowie der Männlichkeit der Mutter (und des Vaters *und* der Mutter des Vaters) ein. Schon allein aus diesem Grund umfaßt die Weiblichkeit einer Frau männliche Eigenschaften, Identifikationen, Wünsche und Ideale. Eine

Frau, die nach reiner Weiblichkeit strebt, kann nur eine Karikatur von Weiblichkeit erreichen – eine Weiblichkeit, die, wie ich in späteren Kapiteln zeigen werde, eine Perversion der weiblichen Geschlechtsidentität ist. Frauen, die sich Geschlechtsstereotypen nur anpassen, sind auf einer Vorstufe der Geschlechtsidentität stehengeblieben. Auf der anderen Seite ist eine Frau, die eine Reihe der unvermeidlichen Konflikte des Menschen bewältigt und auf diese Weise ihre Weiblichkeit gefunden hat, eine interessante, dynamische und komplizierte Persönlichkeit, die fähig ist, in sich selbst die Männlichkeit *und* die Weiblichkeit ihres Vaters oder die Weiblichkeit *und* die Männlichkeit ihrer Mutter wachzurufen, und die immer wieder neu bestimmen kann, wer sie ist und was sie vom Leben will.

Psychologisch bedeutsam sind die Fragen, wie aus dem kleinen weiblichen Menschen eine Frau wird und welche Art von Frau er in den einzelnen Lebensstadien darstellt. Die Biologie garantiert nur eine Sicherheit, daß der Mensch entweder männlich oder weiblich ist. Und wenn diese Sicherheit bezüglich des eigenen Geschlechts erreicht ist, was erst im Alter von etwa achtzehn Monaten der Fall ist, ist die Geschlechtsidentität bereits von Geschlechtsstereotypen durchsetzt. Wie ich bereits geschildert habe, neigen zweijährige Jungen dazu, die Probleme, die sie mit ihrem Geschlecht haben, zu externalisieren, während kleine Mädchen im gleichen Alter derartige Probleme eher durch Schmusen, Streicheln und andere taktile Erfahrungen lösen. Mit zwei Jahren sind Kinder bereit, ganz »natürlich« ihre Geschlechterrollen zu übernehmen. Trotzdem bedeutet diese Bereitschaft nicht, daß Menschen aufgrund ihrer anatomischen Unterschiede für diese Rollen bestimmt wären.

Bei der Antwort auf die Frage nach der Natur der Frau schwankte Karen Horney. In ihren frühen Abhandlungen beschreibt sie das kleine Mädchen als »von Natur aus« kokett, affektiert und verführerisch. In ihren späteren Aufsätzen verdammt sie die sogenannten natürlichen weiblichen Eigenschaften als soziale Geschlechtsstereotypen. Im Laufe der Jahre kehrte Horney sich immer stärker von ihrer ursprünglichen, betont biologischen Sichtweise ab und wandte sich einem soziologischen Ansatz zu. Das unbewußte Phantasieleben, das diese beiden Ansätze in Beziehung setzt, ist ihr jedoch immer entgangen.

Horneys Revision der psychoanalytischen Theorie hat die Versuche der Frauen, Alternativen zu den patriarchalischen Idealen und Ideologien zu formulieren, die der weiblichen Entwicklung mißgünstig, manchmal ausgesprochen feindselig gegenüberstehen, in hohem Maße unterstützt. Ob eine Frau von Karen Horney gehört hatte oder nicht, es lag etwas in der Luft, das die Art, wie Frauen über ihr Frausein dachten, veränderte. Frauen, die sich ihrer Körper und ihrer Menstruation geschämt hatten, Frauen, die ihre Mütter und ihre Weiblichkeit abgelehnt hatten, um in eine von Männern beherrschte Gesellschaft hineinzupassen, sprachen endlich mit ihrer eigenen Stimme darüber, wie sie ihre Körper erlebten, und über die vielfältigen Arten, wie sie mit ihrem eigenen Verstand die Welt deuteten. Die Fähigkeit, als Frau zu anderen Frauen über die Belange von Frauen sprechen zu können, war ein wesentlicher erster Schritt in der Frauenbewegung. Aber es war nur ein erster Schritt, und wie bei jeder anderen Gelegenheit in der Geschichte, wenn Frauen den zweiten oder dritten Schritt hätten machen können, zögerten sie an dieser Stelle und zogen sich dann langsam, aber sicher auf den Mythos von naturgegebener Weiblichkeit zurück.[21]

Es sieht wie eine Ironie des Schicksals aus, daß der Mythos gerade jetzt wieder an Bedeutung gewinnt, da Frauen ihre Forderungen nach Macht, Selbständigkeit und Autorität durchsetzen und beginnen, das Gesetz des Phallus im Familienleben zu untergraben und starken Einfluß auf Erziehungssysteme, gesetzgebende Institutionen und politische Strukturen auszuüben. Wieder einmal bedienen jene Kräfte sich des Mythos, die feministischen Anliegen ablehnend gegenüberstehen und solche politischen Bewegungen und Gesellschaftstheorien unterstützen, die Frauen der Herrschaft über ihren Körper und ihren Geist berauben. Die Bewegung gegen die Abtreibung gründet sich beispielsweise auf einem Mythos von naturgegebener Weiblichkeit, der besagt, daß Frauen zur Mutterschaft bestimmt seien und daß Sexualität und sogar die Fortpflanzung selbst Männersache seien. Mich interessieren jedoch weniger diese offensichtlich frauenfeindlichen Tendenzen, sondern ich frage mich, warum bestimmte Frauen gerade diesen Moment in der Geschichte gewählt haben, um ihre männlichen Wünsche und Ziele zugunsten einer »weiblichen Bestimmung« aufzugeben. Wovor fürchten sie sich? Es muß wohl so sein, daß manche Frauen wieder einmal glauben möchten, es gäbe so etwas wie die gute, tugendhafte Sache der Frauen und die schlechte, sadistische Sache der Männer. Es muß wohl so sein, daß sie sich davor fürchten, Macht zu übernehmen und ihren intellektuellen Bestrebungen und aktiven sexuellen Wünsche nachzugehen.

In ihrem Bemühen, das, was sie als ihre angeborene Weiblichkeit ansehen, zu bestätigen und zum Ausdruck zu bringen, sind viele Frauen dazu übergegangen, Männer und Männlichkeit abzuwerten. Sie verkünden, daß nur jene verhexten Frauen, die sich zu Wettbewerben mit dem idealisierten phallischen Mann verleiten lassen, sich des Wunsches nach Macht in einer phallozentrischen Welt schuldig machen. Von diesen »vermännlichten« Frauen heißt es, sie stünden im Dienste der männlichen Verschwörung, die sich zum Ziel gesetzt habe, die Erde zu beherrschen, in sie einzudringen, sie zu verletzen, zu erobern und zu zerstören, kurz, ihr das anzutun, was Männer zu allen Zeiten Frauen angetan hätten. Männlichkeit wird mit Raubgier gleichgesetzt, Weiblichkeit mit Nähren und Fürsorge.

Diese neuesten Mythen von naturgegebener Weiblichkeit erweisen sich als Widerspiegelungen von Abrahams Vorstellungen von normaler Weiblichkeit. Abraham behauptete, daß Frauen, die die männliche Seite ihrer Persönlichkeit nicht unterdrücken könnten, keine vollwertigen Frauen seien. Manche Feministinnen sind der Ansicht, daß eine Frau, wenn sie logisches Denken und Intellektualität zu sehr betont, ihre Weiblichkeit verrät und ihre Seele verarmen läßt. Wieder scheint eine Ironie darin zu liegen, daß die Psychoanalytikerin Helene Deutsch, die von Feministinnen mit gutem Grund als Verräterin betrachtet wird, 1944 zum Mythos der naturgegebenen Weiblichkeit beigetragen hat:

Besonders die »Intellektualität« der Frau geht sehr weitgehend auf Kosten wertvoller Qualitäten. Sie nährt sich aus den Säften des Gefühlslebens und hat als Folge entweder eine Verarmung desselben im ganzen oder bestimmter spezifischer Gefühlsqualitäten [...]; denn die Intuition ist die Gottesgabe an die weibliche Frau; alles Forschende und Erkennende, alle jenen Formen und Arten menschlicher Kulturstrebungen, die eine strenge Objektivität erfordern, sind, mit wenigen Ausnahmen, ein Gebiet des männlichen Intellekts, seiner geistigen Potenz, mit der die Frau selten erfolgreich konkurrieren kann. Alle Beobachtungen weisen in dieser [sic!] Richtung, daß die intellektuelle Frau vermännlicht ist; sie ist diejenige, die an Stelle des warmen, fühlenden Wissens ein kaltes, unproduktives Denken eingesetzt hat.[22]

Welche Form er auch annehmen mag, der Mythos der naturgegebenen Weiblichkeit steht immer auf seiten der sozialen Konventionen, die die Positionen – die sexuellen wie die sozialen – von Herrschaft und Unterwerfung als männlich beziehungsweise weiblich festlegen. Unbewußt werden solche Positionen als phallisch beziehungsweise kastriert interpretiert. Horney und Deutsch hätten sich selbst jeweils an den entgegengesetzten Enden des psychoanalytischen Spektrums eingeordnet, und ihre Auffassungen von der weiblichen Entwicklung waren diametral entgegengesetzt. Die beiden Psychoanalytikerinnen waren sich jedoch insofern gleich, als weder Horney mit ihrer späteren Betonung der soziologischen Aspekte noch Deutsch mit ihrer biologischen Sichtweise die enge Zusammenarbeit zwischen der Sprache sozialer Indoktrination und der Sprache des Unbewußten erkannten. Sie unterschieden nicht zwischen biologischen Tatsachen und unbewußten Phantasien über diese Tatsachen. Sie zogen die unbewußten Phantasien, die in die Schaffung der phallischen und kastrierten Schimären eingingen, nicht ausreichend in Betracht.

In anatomischen Lehrbüchern werden der Penis, die Klitoris und das undifferenzierte embryonale Gewebe, aus dem beide hervorgehen, als phallisch angesehen. Aus diesen Büchern holten Freud und Abraham sich ihre wissenschaftlichen Begründungen dafür, daß sie die Klitoris als offensichtlich kümmerlichen Penis und alles andere als prächtigen Phallus deuteten. Man kann immer bestimmte biologische Fakten heranziehen, um bestehende soziale Konventionen zu stützen. Und eine soziale Konvention oder ein Ideal kann immer auf eine biologische Notwendigkeit zurückgeführt werden. Noch verwirrender wird die Sache dadurch, daß eine Phantasie manchmal als wissenschaftliches Faktum aufgeputzt daherkommt und sich plötzlich in einem Anatomielehrbuch oder einem Handbuch der geistigen Störungen wiederfindet. Traditionell und in vielen religiösen Ritualen wurde das erigierte männliche Fortpflanzungsorgan als Fruchtbarkeitssymbol angesehen. Es ist offensichtlich, daß der Phallus durch diese Überbewertung zu einer Karikatur der Männlichkeit wird. Der Phallus, das ewig aufgerichtete männliche Geschlechtsorgan, ist immer dazu verwendet worden, die sexuelle Vitalität von Frauen und, wie ich behauptet habe, die Vitalität der inneren Geschlechtsorgane von Männern zu leugnen. Der Phallus sagt aus, daß der Penis das einzige Organ ist, das aktiv an der Zeugung teilnimmt, während die anderen Fortpflanzungsorgane von Männern und Frauen (abgesehen von der »männlichen« Klitoris) passiv bleiben. In alter Zeit wurde verheirateten Frauen geraten, sie sollten sich, wenn sie schwanger werden wollten, eine Stunde oder notfalls auch einen Tag lang auf eine Bank in der Form eines erigierten Penis setzen.

Der Phallus wird immer noch allgemein als Symbol für Fruchtbarkeit, Potenz und Autorität angesehen. Und das männliche Geschlechtsorgan wird immer noch weithin als Bild für phallische Macht verwendet. Gegenstände, die wie erigierte Penisse geformt sind, wie geschwollene Nasen, Sonnenschirmchen und Gartenschläuche, werden als »phallische Symbole« verstanden. Wenn im alltäglichen Sprachgebrauch die Begriffe *Penis* und *Phallus* austauschbar verwendet werden, ist das eine Sache. Aber ein Psychoanalytiker dürfte vom anatomischen Penis als Äquivalent des Phallus nur bei einer Vermengung von Umgangssprache und Fachsprache reden – trotzdem tun es immer noch viele.

Als Freud für die Entwicklungsphase, die der oralen und der analen Phase folgt, den Begriff phallische Phase prägte, wuchs die

Verwirrung. Bezog Freud sich auf den Besitz oder Nichtbesitz eines anatomischen Körperteils oder auf die kindliche Deutung dieses Habens oder Nichthabens oder auf die regressive Vorstellung eines Erwachsenen von der Anatomie der menschlichen Genitalien? In diesem Punkt sind Freuds Texte so widersprüchlich und unklar wie die zerhackten, doppelt verneinten Texte des Unbewußten, wo die Unterscheidung zwischen dem tatsächlichen, anatomischen Penis, dem fiktiven Phallus und dem Fetisch ebenfalls nie ganz deutlich ist.

Phallisch scheint jedoch genau das richtige Wort für die phantastischen Kräfte zu sein, die kleine Jungen und Mädchen ihrem Verstand und ihren Körpern zuschreiben, wenn sie etwa drei bis vier Jahre alt sind. Die phallische Phantasie gestattet ihnen, alles an ihren Körpern zu leugnen und fortzuschieben, das passiv, unergründlich, unkontrollierbar und verletzlich ist. Sie bilden sich ein, daß sie alles wissen und alles können. Indem sie diese phallische Position einnehmen, kompensieren sie alle Erniedrigungen der Kindheit. Sie stellen sich vor, daß sie die produktiven, potenten, maßgeblichen, herrschenden, eindringenden Eroberer der Welt sind. Sowohl kleine Jungen als auch kleine Mädchen übertreiben diese Eigenschaften, um ganz sicherzugehen, daß ihr Wunsch, in Mutters Bauch zurückzukehren, nicht erfüllt wird. In diesem Lebensabschnitt idealisieren sowohl kleine Mädchen als auch kleine Jungen den Penis als Phallus, als ehrfurchtgebietendes, ständig erigiertes Glied, das abnehmbar ist und wie eine Trophäe in der Familie herumgereicht werden kann.

Die Schwierigkeit liegt nicht in der unbewußten Bedeutung von *phallisch* und *Phallus* oder in der Tatsache, daß kleine Kinder die Kräfte dieses fiktiven Genitals falsch interpretieren und übertreiben. Die ernsthaften Schwierigkeiten, das Mißtrauen und der Streit zwischen den Geschlechtern, beginnen damit, daß die Sozialordnung diese Kräfte zu Fähigkeiten bestimmt, die jenen vorbehalten sind, die den anatomischen Penis besitzen. Das Dilemma, dem das kleine Mädchen sich auf seinem Weg zur Frau gegenübersieht, rührt nicht daher, daß es zwischen seinen und den männlichen Genitalien anatomische Unterschiede gibt, sondern daher, daß diesen Unter-

schieden von der Gesellschaft eine bestimmte Bedeutung zugeschrieben wird. Wenn Vorhandensein oder Fehlen des Penis zum
Maßstab wird, mit dem Menschen als sexuell aktiv oder passiv,
phallisch oder kastriert, machtvoll oder angreifbar, geachtet oder
entwürdigt, dominant oder unterwürfig eingestuft werden, dann
sind wir bei den für beide Geschlechter problematischen Fragen.
Diese Kategorisierungen und dichotomen Deutungen der anatomischen Unterschiede werden zuerst von kleinen Kindern vorgenommen, die verstehen wollen, wie ihr Körper funktionieren und wo
die Babys herkommen. Später werden sie dann festgeschrieben,
weil die Sozialordnung diese infantilen Dichotomien zur Unterstützung der Rollenbilder von Mann und Frau verwendet.

Der Kerngedanke meiner These über die sexuellen Perversionen
ist, daß diese Perversionen eigentlich Pathologien der Herausbil-
dung von Geschlechtsstereotypen sind. Wenn die infantilen Phantasien von phallisch und kastriert in die gesellschaftlichen Vorstellungen von Weiblichkeit und Männlichkeit übernommen werden,
werden sie in jenen grotesken Zerrbildern des Geschlechtslebens
wieder lebendig, die bei Männern das Etikett *Perversion* erhalten
haben.

Während Freud davor gewarnt hat, Heterosexualität als Beweis
für Normalität anzusehen, nahm Abraham an, daß Heterosexualität
für ein normales Geschlechtsleben eine selbstverständliche Voraussetzung sei. Abraham war, wie gesagt, ein großzügiger und freundlicher Mann und in bezug auf die meisten klinischen und theoretischen Fragen ein recht wagemutiger Analytiker. Obwohl ich ihn als
Beispiel für einen irregeführten und unbewußt frauenfeindlichen
Analytiker benutzt habe, bin ich überzeugt, daß er bewußt den
Frauen nur helfen wollte, ihre natürliche biologische Bestimmung
zu erfüllen. Weil er selbst ein Opfer der Geschlechtsstereotypen
seiner Zeit war, konnte er nicht sehen, daß die normalen weiblichen
Eigenschaften, die er Frauen zuschrieb – Passivität, Fügsamkeit, die
erwartungsvolle Haltung dem Mann gegenüber und die üblichen
Rollen in Ehe und Familie –, auch als Perversion zum Ausdruck
kommen konnten. Ich behaupte, daß die gesellschaftlichen Ideal-

vorstellungen von normaler Weiblichkeit von der perversen Strategie zu Verstecken für einige der weiblichen Perversionen gemacht
werden.

Perversionen dienen der Betonung regressiver Ergebnisse des
Kastrationskomplexes gegenüber den fortgeschritteneren und weniger stereotypisierten, unbeständigeren und weniger starr fixierten
Geschlechtsidentifikationen und sozialen Idealvorstellungen, die
Mädchen und Jungen im Laufe der Adoleszenz erwerben. Die
gegenwärtige Definition von Perversion ist, wie ich gezeigt habe,
aus der Psychologie des Mannes abgeleitet und basiert auf dem
infantilen Ideal von männlicher Tugend und Männlichkeit. Im vor-
angegangenen Kapitel habe ich dargestellt, wie die perversen Szenarios von Männern sich auf die Erektion konzentrieren, um einer
Reihe anderer, verborgener Themen Ausdruck zu verleihen, vor
allem solcher, die mit beschämenden weiblichen Wünschen und
sadistischen Neigungen dem weiblichen Körper gegenüber zusammenhängen. Der perverse Mann spürt nur den Drang, ein bestimmtes sexuelles Szenario zu wiederholen, aber die weiblichen Wünsche
oder die Feindseligkeit und der Sadismus, die seinen Liebesakten
zugrunde liegen, sind ihm nicht bewußt.

Manche perverse Frauen sind ganz offensichtlich »böse Mäd-
chen« mit »abartigen« sexuellen Gelüsten. Da sie ihre Wünsche in
eindeutig sexuellen Szenen ausagieren, kann man diese gefallenen
Frauen leicht erkennen und ihr Verhalten als pervers abstempeln.
Zum Beispiel verwandeln ein Callgirl, eine Prostituierte oder ein
Go-go-Girl durch die Art, wie sie sich mit Strapsen, schwarzen
Strümpfen und Lederstiefeln herausputzen, ihren Körper in das
fetischistische Objekt, das einen Mann erregt. Sie willigen in die
Entwürdigung ihres Körpers ein und rächen sich dafür, indem sie
einen wehrlosen, impotenten Mann erniedrigen. Aber jede Frau ist
fähig, sich in ein Objekt zu verwandeln, das herumgereicht, wegge-
geben und empfangen werden kann.[23]

In bestimmten, gesellschaftlich sanktionierten, sexuellen Beziehungen wird die Frau ermutigt, ihren Körper als Ware zu betrachten, als Behältnis für phallische Trophäen wie Jugend, Schönheit

und Luxus. Wenn sie nun ihre intellektuellen und sexuellen Kräfte mit den phallischen Trophäen, die von ihr abgelöst, ihr fortgenommen und gestohlen werden können, gleichsetzt, wird sie alles tun, was in ihrer Macht steht, um der Welt vorzutäuschen, daß sie nur eine hilflose, passive, leidende, absolut weibliche Frau sei. Manche Frauen maskieren sich als normale weibliche Frau – die gehorsame Ehefrau, die nährende Mutter, die passive, gefügige Geliebte, die erwartungsvolle Empfängerin von phallischen Gütern –, so daß niemand jemals das Ausmaß ihrer männlichen Wünsche erahnen kann. Da die Tugenden, die eine Frau begehrenswert machen, von der Sozialordnung festgelegt sind, kann jede zur Schau gestellte Normalität zur Tarnung einer Perversion dienen. Die gute Ehefrau, die passiv den Penis in der Vagina erwartet, und die gute Mutter, die ihr Leben der Sorge für die Kinder widmet, sind ebenso wahrscheinlich an einem perversen Szenario beteiligt wie der »abartige« Pornostar.

Ein Fetisch ist die Verkörperung einer vorgestellten phallischen Trophäe. Daher kann jedes Objekt, dem ein Wert zugeschrieben wird, das ablösbar und ersetzbar ist und von einer Person an die andere weitergereicht werden kann, als Fetisch dienen. Insofern, als der anatomische Penis als Objekt vorgestellt wird, das fortgegeben oder -genommen, verliehen oder gestohlen werden kann, das ablösbar und ersetzbar ist, unterscheidet er sich nicht von Fäkalien, Kindern, Geschenken, Amuletten oder Geld, die alle fetischisiert werden können. Manche Frauen fühlen sich in ihrer weiblichen Identität nur dann bestätigt, wenn sie sexuell erregt sind und in einer Beziehung zu einem Mann stehen, den sie als phallischen Mann anerkennen. Sie sehen sich selbst als beschädigt an und stellen sich vor, daß die Männer, mit denen sie Geschlechtsverkehr haben, Besitzer des magischen Phallus sind, der sie reparieren kann. Indem sie den Penis als Phallus betrachtet, verwandelt die Frau ihn in einen Fetisch. Sie entmenschlicht den Mann und interessiert sich nur für seinen Penis. Im Gegensatz zum anatomischen Penis mit seinen normalen Schwächen und Stärken ist der Phallus ein Fetisch, der dazu dient, Kastrationen und Kränkungen wiedergutzumachen.

Jeder sexuelle Akt, bei dem Menschen oder menschliche Körperteile benutzt werden, als wären sie phallische Trophäen, die hergeben oder fortgenommen werden können, ist eine perverse Transaktion. Wenn der Ehemann ihr nicht die sexuelle Lust verschafft, die sie erwartet hat, kann eine Frau sich rächen, indem sie ihre Kinder zur sexuellen Befriedigung benutzt. Wenn sie die phallische Trophäe eines Kindes nicht von ihrem Ehemann bekommt, kann sie sich für eine Weile ein Baby ausleihen oder eines stehlen und versuchen, es zu behalten. Die sogenannte mütterliche Erotomanie des Kinderraubes ist eine Perversion, weil sie ein menschliches Wesen gebraucht und mißbraucht, als wäre »es« eine phallische Trophäe.

Da Männer gelernt haben, das, was sie in sich selbst fürchten, nach außen zu kehren, neigen sie dazu, ihre perversen Szenarios auf einer Bühne mit echten Personen als Darstellern und greifbaren Fetischen als Requisiten aufzuführen. Brennpunkte eines derartigen perversen Szenarios sind der erigierte Penis und seine Leistungen. Das liegt nicht daran, daß Männern keine größere Bandbreite erotischer Ausdrucksmöglichkeiten zur Verfügung steht, sondern hauptsächlich daran, daß der typische Mann sich vor den anderen, rätselhafteren, unkontrollierbaren und daher »weiblichen« Aspekten seiner Geschlechtlichkeit fürchtet. Bei Frauen sind die Quellen der Lust nicht so offensichtlich und leicht lokalisierbar wie bei Männern. Ein Mädchen kann sich auf die Klitoris konzentrieren, um dem Wissen um seine weniger kontrollierbare und weniger greifbare innere genitale Welt auszuweichen. Die erotischen Empfindungen der erwachsenen Frau dehnen sich jedoch auf ein weites Netz von äußeren und inneren Hautoberflächen aus, die emotional und physisch eng mit ihren rätselhaften inneren Geschlechtsorganen verbunden sind. Dieses erotische Potential wird ihr durch den Eintritt der Menstruation in Erinnerung gerufen. Wenn sie dieses Ereignis nur als weiteren Beweis für ihre »Kastration« ansieht, bleibt ihr die äußere Haut ihres Körpers als »Ort«, an dem sie die rätselhafteren sexuellen Erregungen, die von ihrem Körperinneren ausgehen, ausagieren kann. Bei der »leichten Selbstverstümme-

224   *Weibliche Stereotypen und die weiblichen Perversionen*

lung«, der Magersucht und anderen Beschädigungen des Körpers, wie Haare ausziehen, Operationssucht und einigen Formen der kosmetischen Chirurgie, werden die Haut oder der ganze Körper zum Schauplatz der Darstellung. Mit Hilfe von Phantasie und Symbolisierung werden Haut, Haar oder der Körper selbst zu Darstellern, Bühnenbild und Requisiten, zu dem »Ort«, wo das Verlassenwordensein als Kleinkind wiedergutgemacht werden kann, dem »Ort«, an dem eine Frau beide Geschlechter in der Urszene spielen kann.

Obwohl bei weiblichen Perversionen die sexuelle Erregung nicht immer oder nicht normalerweise im Vordergrund steht, sollte es uns nicht überraschen, wenn wir Phantasien, Motive und Verkleidungen finden, die denen, die von perversen Männern benutzt werden, entsprechen. Bei einer anderen weiblichen Perversion wird »Fraulichkeit« selbst als Maske benutzt, hinter der die verbotenen männlichen Wünsche der Frau versteckt werden. Auf die perversen Elemente in der sexuellen Funktionsstörung der Frigidität habe ich bereits hingewiesen, vor allem auf die sadistische Rache, die als konventionelle weibliche Tugend verkleidet ist. Auf ähnliche Weise versteckt beinahe jede weibliche Perversion rachsüchtige, sadistische Wünsche unter einem Mantel von weiblichem Masochismus.

Meiner Ansicht nach ist der Mythos der ursprünglichen, naturgegebenen Weiblichkeit selbst eine Verkleidung für die verbotenen und beängstigenden männlichen Wünsche und Begierden, die »nette« Frauen nicht haben sollten. Die konventionellen weiblichen Eigenschaften sind raffinierte Verstecke für das, was die Frau sich als gestohlene phallische Trophäe vorstellt. Wenn die Uniform eines Polizisten, Generals oder eines Geschäftsmannes, der Transvestit ist, ein wahrscheinliches Versteck für die verbotene Weiblichkeit des Mannes ist, so ist es nur folgerichtig, wenn man die verbotene Männlichkeit der Frau unter den raschelnden Petticoats des konventionell weiblichen Typus zu suchen beginnt.

KAPITEL 7

Die Versuchungen der Emma Bovary

Man darf nicht an Götzen rühren:
Die Vergoldung bleibt einem
an den Fingern kleben.
Gustave Flaubert, *Madame Bovary*[1]

Als Jugendlicher schrieb Flaubert an seinen Freund Ernest Chevalier:»Ich seziere unaufhörlich; das macht mir Spaß, und wenn ich endlich die Koruptheit in einer Sache entdeckt habe, die man für rein hielt, den Krebs an den schönen Stellen, hebe ich den Kopf und lache.«[2] Jahre später gestand er seiner Geliebten, der Dichterin Louise Colet:»Ich suche unter dem schönen Schein nach dem häßlichen Untergrund; und ich trachte danach, unter widerlichen Oberflächen verborgene Adern von Hingabe und Tugend zu entdecken. Das ist eine recht nützliche Manie, die einen dort Neues sehen läßt, wo man es nie vermutet hätte.«[3] Louise kannte Gustaves Vorliebe für das Paradoxe, seine Art, das zu verherrlichen, was er scheinbar umstürzte, und das zu untergraben, was er scheinbar verherrlichte. Der unverbesserliche heimliche Romantiker Flaubert wurde offiziell als führender Kopf der realistischen Schule betrachtet. Insofern paßte es nur zu gut, daß er ins Zentrum seines ersten Romans eine Heldin stellte, die von ihren romantischen Vorstellungen dazu getrieben wurde, die Grenzen ihrer sozialen Realität, die sie zur Ehefrau in der Provinz bestimmte, zu überschreiten. Mit seiner Entscheidung, einen konventionellen Frauentyp als Protagonistin zu wählen, verschaffte Flaubert seiner »gutartigen Manie« einen großen Spielraum. Während ein Mann seine Sexualität frei erforschen konnte, mußte eine Frau immer gegen die Begierden, die sie verlockten, und gegen den Anstand, der sie zurückhielt, kämpfen. Madame Emma Bovary war durch die vertraglich festgelegten Verpflichtungen, die mit dem Titel *Madame* verbunden waren, gebunden. Emmas ehebrecherische Leidenschaften und die Vernachlässigung ihrer mütterlichen Pflichten machen sie zu einer subversiven Kraft, einer Bedrohung für die Strukturen der bürgerlichen Familie. Ob wir Emma nun bewundern oder nicht, jedenfalls sympathisieren wir mit ihrem Verlangen, ihre unrealistischen Vorstellungen zum Ausdruck zu bringen. Gleichzeitig zeigen die Banalität und die Wirkungslosigkeit ihrer Regelverletzungen, daß sie ein Opfer der Mittelmäßigkeit ihrer Umwelt ist.

Man nahm an, daß *Madame Bovary* Flaubert als heilsame Versenkung in die Banalität dienen sollte, als Versuch, den theologischen Mystizismus, der die sadomasochistischen Phantasien in *Die Versuchung des heiligen Antonius* nur eben verhüllte, aus seinem Werk zu tilgen. »Ich bin jetzt in einer ganz anderen Welt, nämlich der der aufmerksamen Beobachtung der banalsten Details. Mein Blick ist über die Schimmelflechte der Seele gebeugt.«[4] Die erotischen Extravaganzen des Heiligen sollten von der stoischen Unpersönlichkeit der Madame eingeschlossen werden. Doch Flaubert handelt in seinem Roman – genauso wie seine Heldin – ständig seinen erklärten Absichten zuwider. In einem Roman, der das Leben eines banalen Frauentypus schildert, gelang es Flaubert, ohne daß er es beabsichtigt hätte, seiner Manie für Perversionen freien Lauf zu lassen.

Ich möchte hier nicht zu einer der »wilden Analysen« von Emmas Charakter oder dem Charakter ihres Schöpfers ansetzen. Ich werde *Madame Bovary* jedoch als Grundlage für die Entwicklung einiger meiner Gedanken über das Wesen der weiblichen Perversionen benutzen. Als ich darüber nachzudenken begann, dieses Buch zu schreiben, entschloß ich mich, *Madame Bovary* wieder zu lesen. Das war kein Zufall. In der einen oder anderen Form, direkt oder indirekt, in jedem Charakter und jeder Wendung der Ereignisse, stieß ich in dem Roman auf die individuellen und sozialen Faktoren, die die perverse Strategie unterstützen, und außerdem auf einige Prototypen weiblicher Perversionen, die ich bereits in meiner klinischen Praxis und während meiner Forschungstätigkeit entdeckt hatte. Da ich meine Patientinnen nicht zur Illustration dessen, was ich über die weiblichen Perversionen herausfand, mißbrauchen wollte, war ich froh, als ich Flauberts Vorliebe für perverse Szenarios entdeckte. Außerdem zielte Flauberts Verurteilung der Geschlechtsstereotypen seiner Zeit in dieselbe Richtung wie meine These, nämlich, daß diese Stereotypen zentrale Aspekte der perversen Strategie sind.

Beinahe auf jeder Seite der *Madame Bovary* kommt in irgendeiner Form ein Fetisch vor: Es waren nicht nur die falschen Glaubenssätze und täuschenden Ideologien des sozialen Fortschritts, die die moderne Welt infiltrierten, sondern außerdem ein ganzes Sortiment fetischistischer Götzenbilder aus dem täglichen Leben, die Banalitäten, die zu etwas gemacht werden, das sie gar nicht sind – Servietten in der Form von Bischofsmützen, bäuerliche Eintopfgerichte mit exotischen Namen, grünseidene Zigarrendöschen, Wiegen in der Form von Booten, Uhren mit eingelegtem Schildpatt und damaszierte Gewehre. *Madame Bovary* stellt die sozialen Konventionen und die sozialen Fetische bloß, die den perversen Strategien von Männern und Frauen Gestalt geben und sie fortbestehen lassen. Doch Flaubert fühlte sich Emma mit ihren Schwächen nicht überlegen. Wie Emma, deren Vorstellungen von Perfektion immer enttäuscht wurden, wußte Flaubert, der sich mit jedem Wort und jedem Satz quälte, daß er die Perfektion, nach der er strebte, nicht würde erreichen können.

Flaubert warnte seinen Freund Ernest Feydeau: »Spare dir deinen Priapismus für den Stil auf, f... dein Tintenfaß.«[5] Fünf Jahre früher hatte er in einem Brief an Louise Colet geschrieben: »Ich [...] gestehe, daß ich Gott sei Dank kein Geschlecht mehr habe. Bei Bedarf finde ich es wieder, und das genügt.«[6] Während Flaubert an *Madame Bovary* arbeitete, war ihm immer daran gelegen, seine fixen Ideen, Vorlieben, Manien und Schwächen vor Louise Colet auszubreiten, deren Körper er weniger als ein halbes Dutzend Mal im Jahr liebkoste, aber deren Pantoffeln er wie einen Schatz in einer

Schreibtischschublade aufbewahrte. Manchmal unterbrach er seine
Arbeit, um sie zu streicheln. Eines Abends schrieb Flaubert wiederum einen seiner Bekenntnisbriefe. Von schlechtem Rum
berauscht, verglich er verschiedene Stile in der Literatur mit verschiedenen Schuhmoden. Die Atmosphäre des Fetischismus, die
seinen neuen Roman kennzeichnete, bestimmt auch die letzten
Seiten seines Briefes an Louise Colet.

Wie schade, daß ich nicht Professor am Collège de France bin! Ich
würde dort eine Vorlesung über diese große Frage der Stiefel und ihr
Verhältnis zu den Literaturen halten. »Ja, der *Stiefel enthält eine
ganze Welt*«, würde ich sagen, usw. Was für hübsche Vergleiche
könnte man nicht zwischen dem *Kothurn*, der *Sandale* usw. anstellen!
Was für ein schönes Wort: *Sandale!* und wie eindrucksvoll, nicht
wahr? Die mit den wie Mondsicheln hochgezogenen Spitzen, die mit
funkelnden Pailletten bedeckt und von großartigen Verzierungen
ganz erdrückt sind, ähneln indischen Gedichten. Sie kommen vom
Ganges. Mit ihnen geht man durch Pagoden, über Dielen aus Aloe,
die vom Rauch der Räucherpfannen geschwärzt sind, nach Moschus
duftend stehen sie in den Harems auf den mit verwirrenden Arabes-
ken geschmückten Teppichen umher. Das läßt an endlose Hymnen
denken, gesättigte Liebe ... Die *Marcoub* des Fellachen, die rund wie
der Fuß eines Kamels und gelb wie Gold ist, die große Nähte hat und
den Knöchel umschließt, Fußbekleidung des Patriarchen und des
Hirten, der Staub steht ihr gut an. Und steckt nicht das ganze China
in dem mit rosa Damast verzierten Schuh einer Chinesin, auf dessen
Oberleder Katzen gestickt sind?
[...] Alles [an Schuh und Literatur der Régence] ist kümmerlich,
leichtfertig, geschraubt. Der Absatz ist so hoch, daß es am festen
Auftreten fehlt; keine Basis mehr! Und andererseits stopft man die
Waden aus, eine schlaffe philosophische Füllung (Raynal, Marmon-
tel, usw.). Das Akademische verjagt das Poetische, Herrschaft der
Locken (Pontifikat des Monsignore de la Harpe). Und jetzt sind wir
der Anarchie der *Schuhflicker* ausgeliefert. Wir haben die Beinschie-
nen gehabt, die Mokassins und die Schnabelschuhe. Ich höre in den
schwerfälligen Sätzen der Herren Pitre-Chevalier und Emile Souve-
stre, beides Bretonen, das unerträgliche Schlurfen der keltischen
Galoschen. Béranger hat die Halbstiefel der Grisetten bis auf die

Nähte abgenutzt, und Eugène Sue zeigt immer wieder die schiefge-
tretenen dreckigen Stiefel der Messerstecher. Der eine riecht nach
verbranntem Fett und der andere nach Kloake. Auf den Sätzen des
einen finden sich Talgflecken und auf dem Stil des anderen finden
sich ganze Streifen von Scheiße. [...] Man muß diesen ganzen Dreck
ins Wasser werfen und zu den kräftigen Stiefeln oder bloßen Füßen
zurückkehren, und ich muß vor allem diese schusterliche Abschwei-
fung beenden. [...] Gute Nacht.[7]

Emma verstößt gegen die Normen, sie weigert sich, ihr Verhalten
den für eine Ehefrau in der Provinz geltenden Vorschriften anzupassen, nur um einem anderen weiblichen Stereotyp zu entsprechen. Sie will eine Sklavin der Liebe werden. Wenn wir an Flauberts
Neigung zu Paradoxien denken, lassen wir uns von Emmas weiblichen Maskeraden nicht hinters Licht führen. Unter der Oberfläche
von Emmas Geschichte werden wir, wie es bei jedem perversen
Skript der Fall ist, das Unerwartete an Orten finden, an denen wir es
am wenigsten erwarten. Wir beginnen aber notwendigerweise mit
der Oberfläche, mit Emmas Versuch, ihrem Leben einen Sinn zu
geben, indem sie sich Rodolphe Boulanger hingibt. In ihrer Liebe
zu ihm werden ihre Träume Wirklichkeit.

Der hartherzige Rodolphe verdient die sklavische Anbetung der
armen Emma nicht. Er hat viel Zeit in der Gesellschaft von Frauen
verbracht, und Emmas Wert schätzt er kalt berechnend ein. Ihre
sehnsüchtige Seele achtet er nicht sonderlich hoch, er hört nur ihr
banales Liebesgeflüster. Für Rodolphe Boulanger ist Emma Bovary
nur eine gelangweilte Hausfrau. »Sie möchte natürlich lieber in der
Stadt wohnen und alle Abende Polka tanzen! Arme, kleine Frau!
Das lechzt nach Liebe wie ein Karpfen auf dem Küchentisch nach
Wasser. Drei schöne Worte, und sie ist verliebt in einen, da bin ich
sicher! das wäre eine zärtliche Angelegenheit! bezaubernd!... Aber
wie wird man sie nachher wieder los?«[8]

Rodolphe ist ganz anders als Emma, die es wagt, sich morgens,
wenn Charles frühzeitig das Haus verlassen hat, ebenfalls aus dem
Haus zu schleichen; Emma, die atemlos über die umgepflügten
Felder läuft, in denen sie mit ihren feinen Stiefelchen fast versinkt,

nur um eine Stunde mit Rodolphe verbringen zu können; Emma,
die bereit ist, alles zu riskieren, um ihren Illusionen Leben einzu-
hauchen. Rodolphe seinerseits fürchtet sich vor Nähe und kann die
Unordentlichkeit der Liebe nicht ertragen. Wenn sich unter den
raschelnden Röcken die wirkliche Frau zeigt, kann ein Mann wie
Rodolphe sein Interesse nicht aufrechterhalten. »Der Zauber der
Neuheit fiel nach und nach von ihr ab wie ein Kleid«[9] und legte die
»ewige Eintönigkeit der Leidenschaft, die sich immer derselben
Form und Sprache bedient, in ihrer ganzen Nacktheit«[10] bloß.
Wenn Emma von ihrer Leidenschaft spricht – »Ich bin deine Magd
und deine Geliebte! Du bist mein König! Mein Abgott! Du bist so
gut! so schön! so klug! so stark!«[11] – unterscheiden ihre Worte sich
in seinen Ohren nicht von denen seiner früheren Geliebten. Rodolphe kann nur annehmen, daß Emmas Hingabe der gleiche weibliche
Betrug ist. Die gelangweilte Hausfrau ist eine domestizierte Sirene.
Unten drunter sind alle Frauen gleich. In seiner Beschränktheit
kann Rodolphe nicht verstehen, daß »die Überfülle der Seele [...]
manchmal in den leersten Bildern überfließt«[12].

Ein halbes Jahrhundert, nachdem *Madame Bovary* veröffentlicht
worden war, klagte die amerikanische Schriftstellerin Edith Wharton in einem Brief an ihren unbeständigen Liebhaber William Morton Fullerton, wie trivial ihre Metaphern seien. Nach einer leidenschaftlichen Nacht, in der Edith mehr von sich preisgegeben hatte,
als sie für möglich gehalten hätte, war Morton erst zufrieden, nachdem sie auch ihre innersten Gedanken enthüllt hatte. Sie begann
ihren Brief der gehorsamen Enthüllungen damit, daß sie die Unterschiede zwischen sich und Morton erklärte – wie er seine Gefühle
ausgelebt hätte, während sie ihre sorgfältig gehütet hätte.

Und ich habe solche Angst, daß die Schätze, die ich so gern für dich
auspacken möchte, die von verzauberten Inseln auf Zauberschiffen
zu mir kamen, für dich nur das altbekannte rote Baumwolltuch und
die Perlen des gewitzten Händlers sind, der überall auf der Erde
Geschäfte gemacht hat und genau weiß, was er bei sich haben muß,
um dem einfachen Eingeborenen Freude zu machen – ich habe
solche Angst davor, daß ich oft und oft meine glänzenden Schätze

wieder in ihre Kiste packe, damit ich nicht sehen muß, wie du sie vor meinen Augen belächelst![13]

Edith eröffnete Fullerton, sie könne in seinen Armen nicht sprechen,»weil alle Worte in mir zu pochenden Pulsen geworden zu sein scheinen und alle meine Gedanken zu einem großen goldenen Dunstschleier«[14]. Etwas später schwor sie sich in Erinnerung an Fullertons achtlos hingeworfene Bemerkung, sie habe die unglückliche Angewohnheit,»die abgedroschensten Platitüden mit einer Miene triumphierender Entdeckung«[15] aufzutischen, niemals mehr etwas unzensiert aus ihrem Herzen in die Feder schlüpfen zu lassen. Mit Mitte Vierzig wurde Edith Wharton von Mortons Kritik ebenso wirksam zum Schweigen gebracht wie mit zwölf von der geringschätzigen Bemerkung ihrer Mutter über die erste Zeile ihrer ersten Geschichte. Die zwölfjährige Edith Jones hatte ihre Geschichte mit einer Beobachtung über einen unaufgeräumten Salon begonnen, und die Bemerkung ihrer Mutter dazu war gewesen:»Salons sind immer aufgeräumt.«[16] Nach diesem Kommentar traute Edith sich erst drei Jahre später wieder, eine Geschichte zu erfinden, diesmal eine Novelle mit dem Titel *Fast and Loose*, die sie vor ihrer Mutter geheimhielt und nur ihrer besten Freundin zeigte, einem Mädchen, das ihr sehr ähnlich war und es wagte, intellektuelle und literarische Ambitionen zu haben. Doch dann verfaßte Edith selbst eine Kritik, die viel vernichtender war als alles, was ihre Mutter hätte vorbringen können.»Alle Charaktere sind mißlungen, die Handlung ist blutleer, der Stil ist geistlos, die Dialoge sind verschwommen, die Gefühle sind schwach, und das ganze Ding ist ein Fiasko.«[17] Im nächsten Jahr sorgte ihre Mutter, die die Gedichte der Tochter sammelte, dafür, daß ein Band Gedichte veröffentlicht wurde. Anders als erzählende Prosa, die auf realen Ereignissen und Tatsachen beruhen mußte, gab Lyrik die Regungen der Phantasie wieder, daher schickte sich die Beschäftigung mit Lyrik für ein Mädchen. Bis 1890 publizierte Edith weiter nichts. Ein Jahrzehnt verbrachte sie damit, sich als echte New York-Newporter Debütantin aufzuputzen, sich den Hof machen zu lassen, sich zu verloben, über die

Demütigung eines gebrochenen Verlobungsversprechens und
Krankheit und Tod ihres geliebten Vaters hinwegzukommen, zu
heiraten, die Hochzeitsnacht und die drei Wochen nichtvollzogener
Ehe zu erleiden, dann die Vollziehung der Ehe, von da an eine Ehe
ohne Sexualität, einen »Nervenzusammenbruch« und den ersten
der vielen psychischen Zusammenbrüche ihres Mannes.

1908, in dem Jahr, als sie sich in Fullerton verliebte, war sie eine
ungeheuer reiche Erbin, hochgeschätzte Autorin von Bestsellern
und Vertraute von Teddy Roosevelt und Henry James. Sie machte
die literarischen Träume ihrer Kindheit wahr. Der Inhalt ihrer
frühen Kurzgeschichten und Romane zeigt deutlich, daß sie gegen
die Fallstricke einer stereotypisierten Weiblichkeit angekämpft
hatte. Sie hatte sich geweigert, nur ein schmückender Gegenstand
zu sein; sie hatte sich geweigert, als zerbrechliches, unschuldiges,
liebliches Ding zu erscheinen. Die erste Runde in ihrem Kampf,
ihren Kräften treu zu bleiben, hatte sie gewonnen. Etwas hielt sie
jedoch immer noch davon ab, die Zügel ganz in die Hand zu
nehmen.

In Fullertons Gegenwart fühlte sie sich kraftlos und unfähig zum
Schreiben. Selbst das Lesen wurde unmöglich, weil jede Seite mit
seinem Namen bedeckt war. Edith beschloß, sich selbst wieder in
die Hand zu bekommen, aber im Feuer ihrer Leidenschaft fand sie
kein Selbst mehr, an das sie sich hätte halten können. »Diese Prise
Asche, die mir durch die Finger rinnt? Oh meine freie, stolze,
furchtlose Seele, wo bist du?«[18]

Wenn eine Frau von Welt wie Edith Wharton in Gegenwart eines
Fullerton so die Orientierung verlieren konnte, überrascht es nicht,
daß Madame Bovarys provinzielles Gehirn von Boulanger völlig
vernebelt wurde. Wie verwirrte sie die Mischung aus Frauenrollen,
die er ihr zuschrieb – Madonna, Freundin, Schwester, Geliebte. An
dem Tag, als sie sich Rodolphe zum erstenmal hingab, hatte Emma
ihre Berufung gefunden. Sie gehörte in die »lyrische Schar dieser
ehebrecherischen Frauen«[19]. Emma fand sich selbst, indem sie sich
in einem Stereotyp verlor. Sie tauschte die Zwänge des Hausfrauen-
daseins gegen die Tyrannei des Ehebruchs ein. Die schwesterlichen

Stimmen der Ehebrecherinnen sangen ihr vor und bezauberten sie.
Endlich sollte sie die Freuden der Liebe kennenlernen,
jenen Rausch des Glücks, auf den sie schon nicht mehr gehofft hatte.
Sie war dabei, in eine wunderbare Welt einzutreten, in der alles
Leidenschaft, Ekstase, Taumel sein würde; eine blaue Unermeßlich-
keit umgab sie, die Gipfel des Gefühls funkelten in ihren Gedanken,
und der Alltag lag weit unten, im Schatten zwischen diesen Höhen.[20]

Doch Emmas Liebesbeteuerungen, ihre Ekstasen, ihre Verzük-
kung, ihre Banalitäten ermüdeten Rodolphe. Nach einigen Monaten war er so gelangweilt, daß er keine »süßen Worte« oder »stürmischen Liebkosungen«[21] mehr für sie hatte. Als Emma klar wurde,
daß Rodolphes Leidenschaft für sie nachließ, verstärkte sie ihre
Bemühungen:

So schien ihre große Liebe, in der sie ganz untergetaucht war, sich
allmählich zu verlieren, wie ein Fluß, der in seinem Bett versickert,
und sie sah den Schlamm auf dem Grund. Sie wollte es nicht glauben
und verdoppelte ihre Zärtlichkeit.[22]

Emmas Überzeugung, daß ihr Leben ohne Rodolphe sinnlos sei,
ihre Bereitschaft, ein Teil von ihm zu werden, ihre Sehnsucht, sich
seinen Wünschen und Bedürfnissen ganz zu fügen, ihre Verleugnung des schlammigen Grundes sind für die Haltung mancher
Frauen den Männern gegenüber, die sich ihre sklavische Bewunderung gern gefallen lassen, nichts Ungewöhnliches. Das deutsche
Wort *Hörigkeit*, für das es weder im Englischen noch im Französischen eine genaue Entsprechung gibt [engl. *horigkeit* oder *extreme
submissiveness*, d. Übers.], beschreibt Emmas Haltung Boulanger
und Ediths Haltung Fullerton gegenüber. Wenn diese unterwürfige
Abhängigkeit von einer idealisierten Autorität, die für kleine Kinder in der Beziehung zu ihren Eltern typisch ist, zu einem wesentlichen Bestandteil einer Beziehung zwischen Erwachsenen wird, liegt
eine Perversion vor.

Krafft-Ebing unterschied als erster zwischen sexuellem Masochismus, der typischer für Männer sei, und sexueller Hörigkeit, die
typischer für Frauen sei. Seiner Meinung nach ist sexuelle Hörigkeit
jedoch keine Perversion. Als Krafft-Ebing entdeckte, daß, neben

dem Fetischismus, der sexuelle Masochismus bei Männern die am weitesten verbreitete Perversion ist, fragte er sich, warum nur »verhältnismäßig wenige Fälle von Masochismus der Frau in der Wissenschaft«[23] bekannt seien. Die Erklärung, die er für diese Entdekkung gab, bestätigte die Geschlechtsstereotypen seiner Zeit und verdeckte das Wesen des weiblichen Begehrens. Krafft-Ebing bemerkte, man finde »bei dem Weibe eine instinktive Neigung zur freiwilligen Unterordnung unter den Mann«[24].

Beim weiblichen Geschlecht ist die Unterordnung unter das männliche eine fast normale Erscheinung. Infolge seiner passiven Rolle bei der Fortpflanzung und bei den seit langer Zeit bestehenden Zuständen sind für das Weib mit der Vorstellung sexueller Beziehungen überhaupt die der Unterwerfung oder doch Unterordnung verbunden. Sie bilden sozusagen die Obertöne, die die Klangfarbe weiblicher Gefühle bestimmt.[25]

Danach sei eine Neigung zur Unterordnung unter den Mann (die, wie Krafft-Ebing einräumte, teilweise auch eine Anpassung an seit langem bestehende soziale Zustände ist) eine fast normale Begleiterscheinung der weiblichen Sexualität. Masochismus bei Frauen sei nur eine pathologische Steigerung der instinktiven Neigung der Frau zur Unterwerfung. Sexueller Masochismus sei jedoch etwas völlig anderes. Sexueller Masochismus sei eine Perversion, und Frauen neigten kaum dazu, ihrem instinktiven Hang zur Unterwerfung auf diese Weise Ausdruck zu verleihen.

Diese Überlegungen zu den Unterschieden zwischen Frauen und Männern brachten Krafft-Ebing auf das Phänomen der Hörigkeit. Er stellte fest: »So zahlreich [...] die Beispiele männlicher Hörigkeit sind, so muß doch jeder unbefangene Beobachter zugeben, daß sie an Zahl und Gewicht gegen die weiblicher Hörigkeit weit zurückbleiben.«[26] Der Grund für diesen Unterschied zwischen den Geschlechtern war Krafft-Ebing klar: Für Männer sei Liebe nur eine Episode, während für Frauen, die schließlich keine anderen bedeutsamen Interessen hätten, die Liebe zu einem Mann der Hauptinhalt des Lebens sei – so lange, bis sie Kinder hätten. Im Gegensatz zu sexuellem Masochismus ist, Krafft-Ebing

zufolge, geschlechtliche Hörigkeit »an sich nichts Krankhaftes; die
Elemente, aus denen sie entsteht, Liebe und Willensschwäche, sind
nicht pervers«.[27] Demnach ist die Hörigkeit von Frauen zwar *anor-
mal*, weil sie eine Übersteigerung einer normalen weiblichen Eigenschaft ist, aber sie ist nicht als Perversion anzusehen. Allerdings
können männliche Frauen, die aufgrund ihrer »hyperästhetischen«
Veranlagung dazu tendieren, Liebe zu sexualisieren, die Grenze
zwischen der nur anormalen sexuellen Hörigkeit und dem perversen sexuellen Masochismus überschreiten. Krafft-Ebings Ansichten
zu diesem Gegenstand mögen zwar überholt erscheinen, sie sind
aber immer noch weit verbreitet. Männer (und maskuline Frauen)
neigen danach von Geburt an dazu, Liebe zu sexualisieren, während
normale, weibliche Frauen zu der reinen Liebe und der Schwäche
tendieren, die sie in die sexuelle Hörigkeit führen.

Der erste der beiden von Krafft-Ebing dargestellten Fälle von
sexueller Hörigkeit ist der Fall X., der Fall eines Mannes, der
»früher gesund« und »ohne Erscheinungen geistiger Störungen«
war. Trotzdem hatte er seit einigen Jahren »unter dem faszinierenden Einfluß einer Mätresse, die ihn an sich zu locken gewußt hatte
und ganz beherrschte«, gestanden. »Jenes Weib wußte durch
Erweckung von Eifersucht und die Erklärung [...] den schwachen
und liebestollen X. so weit zu treiben, daß er zum Mörder an Weib
und Kindern wurde.«[28] Krafft-Ebing stellt diesen Mann als Opfer
einer lasterhaften Frau hin. Im zweiten Fall geht es um Frau X.,
sechsunddreißig Jahre alt und Mutter von vier Kindern. Im Gegensatz zu X., der wehrloses Opfer einer Frau ist, wird Frau X. als
Opfer ihrer eigenen degenerierten Weiblichkeit hingestellt. Frau X.
war nie ganz gesund gewesen. Mit fünf Jahren hatte sie masturbiert,
und während ihrer Kindheit und Jugend war sie nervös, erregt und
neurasthenisch gewesen. Während der ersten neun Jahre ihrer Ehe
mit einem viel älteren Mann litt Frau X. unter unbefriedigtem
sexuellem Verlangen und »ergab sich immer mehr der Masturbation«. Schließlich erlag sie einem Mann, »in dessen Armen sie jene
Befriedigung fand, nach der sie so lange geschmachtet hatte«[29].
Doch jetzt wurde sie von Schuldgefühlen gequält, weil sie die

eheliche Treue gebrochen hatte, und sie lebte ständig in der Furcht, wahnsinnig zu werden oder Selbstmord zu begehen. Sie unternahm wiederholt erfolglose Versuche, die Verbindung zu ihrem Liebhaber abzubrechen, und gleichzeitig war ihre größte Angst, daß sie ihn verlieren könnte.

Immer tiefer geriet sie in Abhängigkeit von dem andern, der, seine Macht erkennend und mißbrauchend, sich nur so zu verhalten brauchte, als wolle er sie verlassen, um sie schrankenlos zu besitzen. Er nutzte diese Hörigkeit der Frau nur zur Befriedigung seiner sexuellen Begierden aus, allmählich selbst in perverser [*sic!*] Weise, ohne daß die hörige Sklavin imstande gewesen wäre, ihm irgendeinen Wunsch zu versagen.[30]

In den frühen vierziger Jahren behandelte die Psychoanalytikerin Annie Reich mehrere Frauen, deren unterwürfige Abhängigkeit von Männern so stark war, daß sie als Hörigkeit gelten konnte. In jedem dieser Fälle war der Alltag der Frau von Phantasien durchdrungen, die sie an ihren Hexenmeister fesselten. Ihre sexuelle Abhängigkeit bildete das Zentrum ihrer Existenz, und sie hielt nichts anderes in ihrem Leben für sinnvoll oder der Mühe wert. Reich nahm an, daß es auch Männer geben müsse, die ähnliche Einstellungen Frauen gegenüber zeigten – das bekannte Szenario aus dem »Blauen Engel«. Sie fand diese alles beherrschende, übertriebene Unterwürfigkeit jedoch nur bei Frauen.[31] Wie wir am Ende dieses Kapitels sehen werden, erklärt diese weibliche Perversion einige der Phantasien im perversen Szenario des »Blauen Engels«, von dem es heißt, es sei typisch für Männer.

Inzwischen ist die hörige Frau schon fast legendär. In den letzten Jahrzehnten des zwanzigsten Jahrhunderts suchen Frauen, die die Sklavinnen ihrer Liebe sind, immer häufiger therapeutische Hilfe. Und Bücher, die die Misere von Frauen beschreiben, die »zu sehr lieben« oder die sich hartnäckig in den falschen Mann verlieben, sind zu Bestsellern geworden.

Zu Krafft-Ebings Zeiten hatte die durchschnittliche Frau wenig Gelegenheit, ihre romantischen Träume, sich einem dominierenden, mächtigen Mann zu unterwerfen, in die Realität umzusetzen.

Sie mußte ihre Begierden *und* ihre Qualen im Zaum halten und unter der Maske der normalen, ordentlichen, gefügigen Hausfrau verstecken, der vollkommen weiblichen Frau, dem Idealbild der Weiblichkeit. Die normale Frau fand sich damit ab, die Ziele ihrer Kindheit zu erreichen, indem sie gegenüber dem Mann, der sie liebte oder heiratete, eine passiv-erwartende, fügsam-bewundernde Haltung einnahm. Diese »bereitwillige« Unterordnung entstand jedoch nicht aus einer »instinktiven Neigung«, wie Krafft-Ebing behauptete, sondern sie war für die Frau, die einen Gatten und Kinder haben wollte, lebenswichtig. Nach Abrahams Vorstellungen ist das »normale reife Weib [...] mit seiner eigenen und des Mannes Sexualrolle, insbesondere mit den Tatsachen der männlichen und weiblichen Genitalität, ausgesöhnt; es begehrt die Befriedigung in passiver Funktion und verlangt nach dem Kinde. Der Kastrationskomplex entfaltet somit keinerlei störende Wirkung.«[32] Wenn ihre Unterordnung nicht *extrem* wird, unterscheidet sich Abrahams normale Frau, die überlebt, indem sie sich der passiven, gefügigen Rolle anpaßt, die die Gesellschaft ihr zuweist, nicht sehr von Emma Bovary, Edith Wharton, Frau X., Reichs Patientinnen und den zahllosen Frauen unserer Zeit, die hartnäckig den falschen Mann lieben.

Die hörige Frau hat inzwischen die Freiheit gewonnen, ihre geistigen und sexuellen Abhängigkeiten mit jedem Mann, den sie sich aussucht, gründlich zu erkunden. Während Geschlechtsverkehr mit einem langweiligen Gatten vielleicht bestenfalls eine Pflichtübung war, kann Sex mit dem richtigen Mann jetzt eine außerordentlich intensive Erfahrung sein. Und heute verlangt die Konvention nicht mehr, daß die Frau sich mit einem in sexueller Hinsicht tolpatschigen Ehemann belastet oder sich mit Schuldgefühlen quält, wenn sie ihren ehelichen Pflichten nicht nachkommt. Trotzdem stellen wir fest, daß Schmerzen und geistige Qualen im sexuellen Szenario der befreiten Frau eine ebenso große Rolle spielen wie für Krafft-Ebings Frau X.

Das Hörigkeitsskript beginnt mit einer Täuschung, einem dominierenden Thema, das uns von der gesamten Geschichte ablenkt –

einem fetischistischen Kunstgriff. Wenn die hörige Frau ihrem Therapeuten oder ihrer Therapeutin zum erstenmal ihre Geschichte erzählt, berichtet sie, daß die Leidenschaft für einen Mann ihre Seele zu Asche verbrannt habe. Diesen Mann habe sie, weil er ihr außergewöhnliche sexuelle Lust bereite, zum einzigen erkoren, der in ihre Vagina eindringen dürfe. In diesen frühen Stadion der Therapie scheint die Frau die Therapeutin zu fragen:»Ist diese Lust erlaubt oder verboten?« Das Schwergewicht liegt auf den Themen Sünde und Schuld. Eine Frau ist mit einem netten, rücksichtsvollen, aber sexuell und sozial wenig reizvollen Mann verheiratet und hofft, daß die Therapie sie von ihren Schuldgefühlen befreien und ihr damit die Erlaubnis geben werde, mit ihrem Liebhaber durchzubrennen. Eine andere Frau ist nicht verheiratet, möchte jedoch ihren feurigen, aber unbeständigen Liebhaber heiraten. Eine dritte Frau möchte sich von dem Mann, der sie in Abhängigkeit hält, befreien und in Zukunft Körper und Seele nur noch einem fürsorglichen, rücksichtsvollen Mann anvertrauen, sie kann jedoch die sexuelle Ekstase, die sie mit ihrem Liebhaber erlebt, nicht aufgeben. Wie verschieden die Frauen ihre Notlage auch darstellen mögen, jede betont ihre Suche nach sexueller Lust. Im Moment stehen die Schuldgefühle für die Frau im Vordergrund, während sie die Qualen, die Mißhandlungen und die Erniedrigungen, die sie erleidet, als zufällige, unglückliche Begleiterscheinungen ihrer Suche nach sexueller Lust betrachtet. Wenn diese Qualen beseitigt werden könnten, könnte sie ihre Lust uneingeschränkt genießen:»Wenn ich für die Liebe nur nicht so leiden müßte.«

Die Frau ist sich nicht darüber im klaren, daß ihre Qualen ein wesentlicher Bestandteil ihrer Lust sind, daß sie aktiv Situationen schafft, die für sie quälend sind. Sie quält sich, indem sie sich vorstellt, ihr Liebhaber sei mit anderen Frauen zusammen. Sie lebt in ständiger Furcht, weil sie Hinweise auf ihr Verhältnis gibt, die ihr Ehemann entdecken könnte. Sie läßt sich genau die Worte und Sätze entschlüpfen, die mit Sicherheit die Verachtung oder den Zorn ihres Liebhabers wecken. Sie schätzt das Gute in ihrem Leben als wertlos und jämmerlich ein, damit sie ihrem wunderbaren Liebhaber wertlos und benachteiligt gegenübertreten kann. Sie braucht einige Zeit, um zu erkennen, daß sie sich diese Qualen sucht, daß sie sich selbst herabsetzt, daß sie in einem Zustand demütigender Unterwürfigkeit bleiben muß, damit ihr Liebhaber seine dominierende Position behalten kann.

Hörigkeit ist, wie alle Perversionen, eine Ganztagsbeschäftigung. Eine Frau, die unter Hörigkeit leidet, lebt nur für die Momente der ekstatischen *unio mystico*, des sexuellen Einsseins, bei dem der mächtige Phallus des Mannes ihr weibliches Selbst bestätigt. Ohne diesen ist sie erbarmungslos selbstkritisch. Sie sieht sich zum Beispiel als dick und schlampig, mit zu kurzen Beinen und zu langer Nase. Sie weiß nie, wie sie sich kleiden soll, ihre Frisur ist langweilig, ihre Arbeit unbedeutend, und sie ist gesellschaftlich nutzlos und intellektuell unredlich. Sie gibt gern zu, daß sie ohne ihren Liebhaber ein Nichts ist. Sie spricht über den erigierten Penis ihres Liebhabers wie der Fetischist von den rosa Satinpantöffelchen seiner Geliebten. Nur wenn dieser Penis in ihr steckt oder in ihr stecken könnte, fühlt sie sich vollständig, ganz, gut und lebendig. Da sie überzeugt ist, daß niemand sie selbst, als das minderwertige Wesen, für das sie sich hält, lieben könne, daß nur ein phallisches Wesen Liebe verdiene, kommt sie mit dem Penis ihres Liebhabers bewaffnet zur Therapeutin. Er ist das Zeichen ihrer Macht über die Therapeutin. Sosehr sie sich auch nach Mitleid und Verständnis sehnt, sie ist überzeugt, daß nur Macht und Herrschaft einen Menschen wertvoll machen. Daher stellt sie lieber stolz ihren Widerstand gegen die Moral zur Schau, lieber quält und beherrscht sie die Therapeutin mit ihrem furchtbaren Schicksal, als daß sie zugeben würde, wie sehr sie sich davor fürchtet, verlassen zu werden. Als Sklavin der Liebe weiß sie nur allzugut, daß Liebe immer entzogen werden kann, Macht jedoch ewig währt.

Die hörige Frau ist an ihren Liebhaber gebunden, weil nur ein ewig erigierter Penis, ein Phallus, ihre Weiblichkeit bestätigen kann. Wenn sie ihn in sich hat, ist sie zwar eine Frau, aber keine gewöhnliche Frau wie ihre Mutter, ihre Schwestern, ihre Freundinnen oder ihre Therapeutin. Wenn alles genau stimmt, bestätigt der Blick ihres

Liebhabers ihr ihre Existenz, vor allem aber ihre außergewöhnliche
Weiblichkeit:»Keine andere Frau kann das für mich tun, was du für
mich tust. Ohne dich bin ich nichts. Du bist Jedefrau, Madonna,
Schwester, Freundin, Geliebte, Engel.« In ihrem Leben zählen nur
jene magischen Momente, in denen sie von der phallischen Aura
ihres Liebhabers umgeben ist.

Den ganzen Tag wartet sie auf die Wiedervereinigung mit ihrem
Liebhaber, der vielleicht, aber nur vielleicht, abends eine Stunde
lang mit ihr zusammensein wird. Wenn die Sklavin der Liebe von
ihrem Liebhaber getrennt ist, fühlt sie sich, als wäre sie nicht exi-
stent oder als würde sie in einer leeren Welt leben. Ohne ihn drohen
die furchtbaren Ängste, die Depression und der Wahnsinn, die sie
immer verdrängt hält, bewußt zu werden. Zu Beginn einer derartigen Beziehung hat die Frau nur eine flüchtige Ahnung von bevor-
stehendem Unglück, und sie begründet dieses unangenehme Gefühl
mit ihrer Sündhaftigkeit, der notwendigen Geheimhaltung und
ihrem Schuldgefühl wegen ihres heimlichen Verhältnisses. Später
nehmen quälende Gefühle und die Ahnung von einer bevorstehen-
den Katastrophe ernsthafte Ausmaße an. Trennungen vom Geliebten lösen Panikgefühle aus. Ist sie zu lange von dem Mann, der ihr
ganzes Wesen wieder aufrichtet, getrennt, wird sie von namenloser,
schrecklicher Angst überwältigt. Um diesen Gefühlen von Tod und
Leere zu entgehen, bewegt sie sich manchmal ziellos von Ort zu
Ort. Und währenddessen wartet sie ständig auf ihn, denkt an ihn,
bereitet ihren Körper für ihn vor, prahlt vor ihren Freundinnen mit
seiner Schönheit und seinem Charme und beklagt sich bei ihnen,
wie schlecht er für sie sei. Früher oder später findet dann die
magische Wiedervereinigung statt, und damit werden ihr Selbstwertgefühl, ihr Wohlbefinden und ihr Gefühl von Lebendigkeit
wiederhergestellt.

Gar nicht so selten kommt es vor, daß der Mann nach den ersten
Tagen oder Monaten der Ekstase Desinteresse vortäuscht oder
tatsächlich impotent wird. In Fällen von sexueller Hörigkeit steht
der Geschlechtsverkehr häufig mit der Zeit immer weniger im
Mittelpunkt der Beziehung. In der Anfangsphase der Abhängigkeit

spielt übersteigerte Erotik eine große Rolle für die Frau, aber später ist es nicht mehr die Fähigkeit des Liebhabers, ihr Lust zu bereiten, sondern der Einfallsreichtum, mit dem er Situationen von Unterwerfung und Beherrschung schafft, der sie an ihn bindet.

Aber mit der kritischen Überlegenheit, die den Leuten eigen ist, die sich in allen Situationen zurückhalten, entdeckte Rodolphe in dieser Liebe andere Genüsse. Er hielt jedes Zartgefühl für unbequem. Er behandelte Emma ohne jede Rücksicht. Er machte aus ihr ein gefügiges und verderbtes Wesen. Es war eine Art einfältiger Anhänglichkeit, die sie alles an ihm bewundern ließ, die sie mit Wollust erfüllte und mit einer Seligkeit, die ihren Geist betäubte; und ihre Seele tauchte unter in dieser Trunkenheit und ertrank darin, ganz zusammengeschrumpft.[33]

Je länger der Mann sich verweigert, je größer seine emotionale Distanz und je länger seine Abwesenheiten sind, desto wertvoller wird er der Liebessklavin. Je mehr er die Frau vernachlässigt oder ihr droht, sie zu verlassen, desto mehr fügt sie sich seiner Macht. Je tiefer ihre Gefühle von Verlust und Verzweiflung sind, desto größer ist ihre Ekstase bei der Wiedervereinigung. Die Frau läßt sich in einen Zustand tiefer Erniedrigung, Verzweiflung und Panik versetzen, um sich dann zu sexueller Ekstase erheben zu lassen. Indem der Mann seinen Penis gewährt oder verweigert, ermöglicht er ihr diese Zyklen von Kastration und Wiederherstellung, Verlassenwerden und mystischer Wiedervereinigung, Tod und Auferstehung.

Warum läßt eine Frau sich überhaupt auf solche Bedingungen ein? Warum hält sie die Beziehung zu einem Mann aufrecht, der sie immer wieder erniedrigt und mißbraucht? Es ist schwer zu glauben, daß eine Frau, die in einem Szenario sexueller Hörigkeit gefangen ist, Freundlichkeit, Zärtlichkeit, Befriedigung oder Lust nicht annehmen könnte, ohne dabei Qualen auszustehen.

Wir beobachten in diesen Szenarios eine Kraft, die stärker ist als die Suche nach Lust. Und die Frau ist auch nicht auf der Suche nach Schmerz. Die manifeste erotische Lust und der psychische Schmerz der Hörigkeit führen den Beobachter in die Irre. Die latenten Elemente in einem perversen Szenario können nicht nur aus der

Sprache von Lust und Schmerz, Verlangen und Befriedigung abgeleitet werden. Perverse Aufführungen handeln von verzweifelten Bedürfnissen. Die Schauspielerinnen und Schauspieler benutzen Penisse und Vaginas nur zur Darstellung der sich wiederholenden Kreisläufe von Kastration und Wiederherstellung, Verlassenwerden und Wiedervereinigung, Tod und Auferstehung.

Bei einer Perversion ist der Zwang, ein Trauma zu wiederholen, entschieden stärker als die Suche nach Lust oder das Bedürfnis, Schmerz zu vermeiden. Wer Trost, Anteilnahme oder Verständnis anbietet, muß hilflos zusehen, wie nach und nach ein ganzes Leben aufgefressen wird von dem Versuch, diese Zyklen von Kastration und Wiederherstellung, Verlassenwerden und Wiedervereinigung, Tod und Auferstehung aufrechtzuerhalten, bis manchmal die gefürchteten Strafen folgen. Es sieht aus, als suche die Sklavin der Liebe nach Kastration, Verlassenwerden und Tod mit den Mitteln von Liebe und Lust. Der einzige, der sie vor dem furchtbaren Schicksal, das sie erwartet, retten kann, ist ein Tyrann, der genau weiß, wie das prekäre Gleichgewicht kalkuliert werden muß, ein hartherziger Mensch, der weiß, wie man die Zyklen in Bewegung hält.

Letzten Endes geht es im Hörigkeitsskript um unerträgliche Verluste, tiefe Depression und Tod. Es hat den verzweifelten Versuch zum Inhalt, eine traumatische Situation zu meistern, eine Reihe von Kindheitstraumen, die so unauslöschlich sind, daß die Freuden und Befriedigungen, die das Leben bieten könnte, aufgegeben werden, damit die Traumen bewältigt werden können.

Das Spiel, das mit Penissen und Vaginas aufgeführt wird, ist eine für Erwachsene abgewandelte Fassung des Kinderspiels »fort – da«.[34] Etwa mit achtzehn Monaten beginnt das Kind, das selbstbestimmte Kommen und Gehen der Mutter bewußt wahrzunehmen. Während das kleine Kind manchmal das Gefühl hat, es könne ohne die Mutter nicht weiterleben, kommt und geht die Mutter, wann es ihr gefällt. Das kleine Mädchen möchte das Verschwinden der Mutter ertragen können, ohne wie ein Baby weinen und protestieren zu müssen. Daher erfindet es ein Spiel, das ihm das Gefühl vermittelt, den Kreislauf von Verlust der Liebe und Wiederkehr der Liebe selbst bestimmen zu können. Zuerst braucht es noch seine Eltern als Mitspieler. Es nimmt alle seine Spielsachen und wirft sie Stück für Stück in die Ecken, unter die Betten und hinter die Türen, so daß die ganze Familie damit beschäftigt ist, sie zu suchen, aufzuheben und ihm wiederzugeben.

Sigmund Freud beobachtete an seinem kleinen Enkel, daß er die Freude und Befriedigung, die er empfand, wenn er seine Spielsachen fortschleuderte und wieder holen ließ, mit einem lauten, langgezogenen »o-o-o-o« ausdrückte. Übereinstimmend kamen er und die Mutter des Kindes zu dem Urteil, das unartikulierte »o-o-o-o« hieße in der Sprache des kleinen Jungen »fort«. Eines Tages hatte das Kind gelernt, das Spiel allein zu spielen. Es beschäftigte sich mit einer hölzernen Spule an einem Bindfaden, zog diese aber nicht wie einen Wagen hinter sich her, sondern warf sie über den Rand seines verhängten Bettchens. Der Junge beobachtete das Verschwinden der Spule und sagte dabei bedeutungsvoll »o-o-o-o«. Dann zog er am Faden, bis die Spule wieder über dem Bettrand erschien, und begrüßte sie mit einem freudigen »da«.

Der Unterschied zwischen dem Kinderspiel »fort – da« und dem Hörigkeitsspiel der Erwachsenen liegt darin, daß letzteres todernst ist und nie zu Ende gespielt werden kann. Außerdem sind die Zyklen, die im Spiel der Erwachsenen ständig wiederholt werden, stark erotisch aufgeladen und voller moralischer Implikationen, da sie statt mit Spulen an Bindfäden mit Genitalien dargestellt werden. Im »fort – da« des Erwachsenen geht es um eine Liebe, die einmal gegeben, und eine Liebe, die einmal fortgenommen wurde, aber das in Situationen, in denen das Kind den Verlust weder verstehen noch bewältigen konnte. In perversen Szenarien wird zwar das Normale ins Außergewöhnliche gesteigert, aber sie spielen sich nicht außerhalb der Grenzen menschlicher Erfahrung ab.

Erwachsenwerden besteht normalerweise aus einer Reihe von emotionalen Verlusten, für die man durch eine Reihe von Gewinnen entschädigt wird. Zuerst bekommt das Baby die bedingungslose Liebe, die Säuglinge im Normalfall bei ihren Bezugspersonen auslösen. Die Mutter spiegelt alles, was das Baby tut, in einer Weise, die ihm das Gefühl gibt, die Welt ringsumher selbst erschaffen zu haben. Doch schon nach kurzer Zeit wird vom Baby erwartet, daß es sich mit seinen Wünschen und Kräften in den Tagesablauf der Familie einfügt und sich den Wünschen und Kräften seiner Eltern anpaßt. In der normalen Familie herrscht eine unausgesprochene Übereinkunft zwischen Eltern und Kind, daß der Verlust der spiegelnden Liebe mit einer neuen Art der Liebe und dem Stolz und dem Machtgefühl vergolten wird, die aus dem Erlernen neuer Fähigkeiten und dem Beherrschen neuer Techniken erwachsen. Langsam, aber sicher tauscht das durchschnittliche Kind Teile seiner selbst, die ihm das Gefühl vermittelten, großartig und mächtig zu sein, gegen Eigenschaften ein, die besser in seine soziale Umwelt passen. Doch alle Kinder sind kleine Perverse. Sie halten das, worauf sie anscheinend verzichtet haben, hinter den normalen Teilen ihrer Person versteckt, und schmuggeln ständig Lust ein, Lust, die sie aus der Niederlage gewinnen. Hinter den neurotischen Kompromißbildungen und den sogenannten normalen Einstellungen jedes Erwachsenen lauert eine Perversion.

In die Geschichte eines jeden Menschen sind Finden und Verlieren von Liebe, Betrauern von Verlusten, Wiederfinden von verlorenen Lieben und Verewigen vergangener Lieben in gegenwärtigen Lieben eingeschrieben. Wir alle haben Verletzungen und Erniedrigungen erlitten, die fortdauern und unser Leben als Erwachsene durchsetzen. In manchen Fällen rufen sie Verzweiflung hervor, jenes monotone Wiederholen von Verlieren und Wiedergewinnen der Liebe, vom Erniedrigen anderer und von eigener Erniedrigung. Diese Überreste der Traumen können jedoch auch, wie es oft geschieht, zu Veränderungen ansporgen, sie können Herausforderungen darstellen, die uns Anstrengungen unternehmen lassen, die verlorenen Vollkommenheiten der Kindheit wiederzufinden.

Manche Kinder jedoch haben eben ausreichend widerspiegelnde Liebe erhalten, um zu überleben, aber selten soviel, wie sie sich wünschten, und selten zur richtigen Zeit. Sie können nicht verstehen, daß sie einmal, manchmal oder ab und zu Momente der

Bewunderung und zärtlichen Fürsorge erlebt haben, daß die Eltern sie nun aber nicht mehr für die Dinge loben, für die sie das Kind ab und zu geliebt hatten. Das kleine Mädchen versucht herauszubekommen, warum es so fallengelassen, warum es ausgestoßen wurde. Es kann sich nicht vorstellen, daß der Grund dafür in der Schwäche, dem Versagen oder der Grausamkeit von Mutter oder Vater liegt, sondern es glaubt, daß es selbst schuld ist, weil es böse war, wertlos ist oder ein Verbrechen begangen hat. Von diesem Zeitpunkt an fragt sich das Mädchen immer wieder: »Was habe ich Böses getan oder gewünscht, daß ich diese Verbannung verdiene? Warum haben sie mir meine Kräfte geraubt? Worin bestanden sie? Wo sind sie?« Es fühlt sich in keiner Weise für seine furchtbaren Verluste entschädigt. Es ist überzeugt, daß die Eltern es nicht mehr lieben, weil es dumm, häßlich und ganz und gar wertlos ist. Wenn dieses kleine Mädchen erwachsen wird, hat es das Gefühl, ein Nichts zu sein. Und wenn die erwachsene Frau tatsächlich Kräfte besitzen sollte, wird sie diese gut versteckt halten, damit sie ihr nicht noch einmal gestohlen werden.

Aber sie rächt sich. Sie lernt, wie sie aus ihrer Niederlage Lust ziehen kann. Nach außen ist sie sauber und ordentlich, aber in ihrem Schrank, ihren Kommodenschubladen und ihrem Zimmer herrscht ständiges Chaos. Sie lutscht am Daumen, bis sie fünfzehn ist, und treibt ihre Mutter damit zur Verzweiflung. Sie reißt sich Haare aus, bis sie fast kahl ist. Sie hungert sich fast zu Tode. Mit diesen Verbrechen verleiht sie dem frühen Liebesentzug einen Sinn. Mit diesen trotzigen Vergnügungen verschafft sie sich Gerechtigkeit. Ihre Perversion, die sie zuerst geheimhält, die aber in dem chaotischen Zimmer, den verschrumpelten Daumen, den kahlen Stellen auf dem Kopf und dem ausgezehrten Körper bald für alle Welt sichtbar wird, ist ihr Triumph. Und durch den zur Schau gestellten Selbsthaß und das Leiden wird sie zu einer Demonstration der Macht, zur Rache an denen, die dem Mädchen ihre Liebe entzogen haben.

Wenn das Mädchen heranwächst, findet es ein heimliches Vergnügen an Szenarios, die die Zyklen vom Verlieren und Wiederfinden von Liebe wiederholen. Jeder Geschlechtsakt ist ein Vergehen und ein erneuter Versuch, die Vergehen, die es als Kind begangen hat, zu verstehen. Der Geschlechtsakt der erwachsenen Frau ist jedesmal ein Racheakt, der sich gegen diejenigen richtet, die ihr erst Liebe gegeben und sie dann fortgenommen haben. Jedesmal erwartet sie die furchtbare Strafe, die mit Sicherheit folgen wird – die Kastration, das Verlassenwerden, die Leere. Immer wieder versucht sie, den Grund für die Verluste, die sie als Kind erfahren hat, zu begreifen.

Eine Frau, die von ihrer eigenen Wertlosigkeit überzeugt ist, kann nur sexuelle Lust erleben, wenn sie phantasiert, Teil einer mächtigeren Persönlichkeit zu sein und dadurch ihre Unzulänglichkeit zu überwinden. Doch derartige Idealisierungen müssen zwangsläufig Neid hervorrufen. Wenn die Frau das Gefühl hat, nur als Anhängsel eines idealisierten phallischen Wesens überleben zu können, wird sie diesem früher oder später seine Macht verübeln und neidisch darauf werden.

Es gibt Augenblicke, in denen die hörige Frau sich ihrer Wut und ihres Neides bewußt wird. Mit seiner außergewöhnlichen Macht ähnelt der Geliebte den allmächtigen Eltern, die ihr auch Liebe gaben und sie dann verweigerten, die fortgingen und erst wiederkamen, wenn sie außer sich war. Der großartige Liebhaber, dem sie absolute Macht über sich gegeben hat, ist im typischen Fall ein Ausbeuter, ein Narzißt und oft ein erfahrener Könner, der seine Macht über solche Frauen ausnutzt. Und die Frau arbeitet mit ihm zusammen, indem sie ihren eigenen Wahrnehmungen, die seine Herrlichkeit Lügen strafen könnten, keinen Glauben schenkt. Ihr unbewußter Neid könnte ihren Gott zwar zerstören, aber sie muß ihm seine Machtposition sichern. Eine Möglichkeit, einen Tyrannen an der Macht zu halten, ist die Vorstellung, daß er sich einen anderen Sklaven suchen könnte. Und diese Phantasie von der rivalisierenden Sklavin – wie sie aussieht, wo sie lebt, was sie tut – wird zu einen neuen Quälerei, die aber das Bild des Allmächtigen weiterhin in altem Glanze erstrahlen läßt.

Manchmal ist der Tyrann jedoch ein Mann wie jeder andere, ein

Mann, der jeden Morgen zur Arbeit gehen muß und erst spätabends wiederkommt, ein Mann, dessen Interesse an Philosophie ihn wie einen mächtigen Gott, aber gleichzeitig abwesend und fern erscheinen läßt, ein gewöhnlicher Mann, dessen Fortgehen und Wiederkommen für die Frau wichtiger sind als seine Anwesenheit. Sein physisches und emotionales Kommen und Gehen, das von der Frau als Geben und Entziehen von Liebe gedeutet wird, macht ihn zum Tyrannen. Bei der Hörigkeit ist das erotische Verlangen nicht auf eine reale Person gerichtet, sondern auf eine Situation von Tyrannei. Mann oder Frau passen als Sexualpartner nicht aufgrund ihrer tatsächlichen Eigenschaften zusammen, sondern aufgrund ihrer Fähigkeit, absichtlich oder unabsichtlich die Rolle des tyrannischen Spielleiters im »Fort – da«-Spiel zu übernehmen.

Aus diesem Grund kann Emma Rodolphe nicht widerstehen. Weil er so kalt, rational und berechnend ist, kann er in Emma den Hang zur Unterwerfung wecken. Als Rodolphe zu dem Schluß kommt, daß Emma sich nach Liebe sehnt, plant er ihre Verführung im Wald von Yonville anscheinend weniger um seines sexuellen Vergnügens als um ihrer Aufklärung und Erziehung willen. Trotzdem fragt er sich im selben Moment auch schon, wie er sie wieder loswerden wird. Die Gefahr, verlassen zu werden, ist ein wesentlicher Bestandteil in jedem perversen Skript. Ohne diese ständige Bedrohung könnte der Herr den Sklaven nicht beherrschen.

Die Perversion muß die jeweiligen Rollen von Herr und Sklave schützen und die Grausamkeit des Herrn durch ein festgelegtes Skript zügeln können. Die perverse Darstellung bietet Raum für körperliche Verletzungen und Verstümmelungen, für die Drohung, vom Herrn getrennt zu werden, für die Drohung, verlassen und vernichtet zu werden, und für die Todesdrohung. Die Sklavin willigt in die Bindung ein, weil sie darauf vertraut, daß der Herr diese Bedrohungen im Griff hat. Ein Tyrann muß immer potent sein, sonst fühlt sich die Sklavin kastriert und verlassen. Ein Rodolphe kann seine Machtposition nur erhalten, weil eine Emma sich ihm unterwirft. Wenn die Sklavin beginnt, den »Schlamm auf dem Grund« zu sehen, verdoppelt sie ihre Anstrengungen, das Bild ihres

Tyrannen rein zu erhalten. Die Realität ist ein schwacher Gegner
für die Phantasie von der Einheit mit dem perfekten Mann, der alles
widerspiegelt, was die Frau jemals sein wollte. Der schlammige
Grund kann immer durch die Phantasie des ewig erigierten Phallus
verschleiert werden, der in der mystischen Vereinigung beiden
Liebenden gehört.

Täglich hören Analytiker in der einen oder anderen Form von dem
extremen Perfektionismus der tapferen Frau, die zu ihnen gekommen ist, um sich mit ihren inneren Dämonen auseinanderzusetzen
und den Grund für das sich ständig wiederholende Szenario zu
erkennen, das ihr Leben auffrißt. Dieser Frau bereitet es überhaupt
keine Schwierigkeiten zu bekennen, wie wertlos sie ist. Sie gesteht
ganz offen, daß sie mit ihrem Aussehen oder mit den Ergebnissen
ihrer Arbeit nie zufrieden ist. Eine von Annie Reichs Patientinnen
bekannte, sie könne nie ein Heft in der »richtigen« Größe finden,
um darin höchst komplizierte wissenschaftliche Fakten in der richtigen Reihenfolge einzutragen. Eine andere Patientin benötigte
tagelang, um das richtige Kleid, die richtigen Schuhe oder die richtigen Worte für einen Brief zu finden. Wieder einer anderen Patientin
gelang es, nachdem sie jahrelang nach dem richtigen Heft gesucht
und an einer wissenschaftlichen Abhandlung über das Wesen der
Realität gearbeitet hatte, ihr persönliches und philosophisches
Dilemma dadurch zu lösen, daß sie den von ihr verehrten Philosophen heiratete. Sie war sich sicher, daß sie durch ihre außergewöhnliche Leidenschaft für ihn das Wesen der Realität entdecken
würde.

Hörigkeit ist ein Ausdruck der weitverbreiteten sozialen Mythen
über die jeweils spezifisch weiblichen und männlichen Kräfte. Die
besondere Art der Perfektion, um die die unter Hörigkeit leidenden
Frauen sich bemühen, kann nur durch Geschlechtsverkehr mit
einem Superstar erreicht werden, einem Mann mit gewaltigem
Hirn, gewaltig viel Geld, einem gewaltigen Namen und einem
gewaltigen Penis.

Es spielt keine Rolle, ob die Größe des Mannes und seine Unfehlbarkeit in der Realität bestätigt werden. Es gibt genug fetischistische Vorstellungen in der Gesellschaft, so daß jeder Mann der perfekte Phallus für eine Frau werden kann. Jeder Mann in Uniform eignet sich – Generäle, Feuerwehrleute, Polizisten, Richter. Je nachdem, welche Wirkung ein soziales Stereotyp auf das Unbewußte der Frau ausübt, kann der ewig erigierte Penis auch einem Farbigen, einem Italiener, einem Iren, einem Rabbiner, einem Priester, einem Krüppel, einem tätowierten Mann oder einem Mann mit einer Augenbinde zugeschrieben werden.

Die Frau hat den Phallus des großen Mannes mit der Hingabe und Leidenschaft geschaffen, die man braucht, um eine Symphonie zu komponieren, ein Bild zu malen, ein Theaterstück aufzuführen oder eine Maschine zu erfinden. Die Frau besitzt diese Talente vielleicht, hat aber Angst, sie der Welt zu zeigen.

Edith Wharton konnte sich von ihrer Bezauberung durch den Mann, den sie mit dem magischen Phallus ausgestattet hatte, erholen. Sie erlebte die geringschätzige Reaktion ihrer Mutter zwar als Liebesverlust, doch sie fühlte sich dadurch auch herausgefordert. Edith Jones konnte ihre freche Erzählung *Fast and Loose* schreiben und ihren perversen Sieg dann in eine schlaue Niederlage verwandeln, indem sie ihr Werk schärfer kritisierte, als ihre Mutter es jemals gekonnt hätte. Ihre Mutter betrachtete ihre »langen Wörter« mißtrauisch und beschuldigte sie, »weniger Herz« zu haben als ihre Brüder. Sie nannte Edith Puss oder Pussy, und fast alle folgten ihrem Beispiel, nur ihr Bruder Harry, der die Intelligenz unter den Rüschenkleidern ahnte, machte sich einen Spaß daraus, die Pussy zu necken, indem er sie John nannte.[35]

Edith entdeckte, wie die kühle Sachlichkeit ihrer Mutter die literarischen Ideen ihres Vaters zum Versiegen gebracht hatte. »Ich habe mich gefragt, was die Sehnsucht, die einmal in ihm keimte, erstickt hat und was für ein Mensch er eigentlich einmal werden sollte.«[36] Ediths Vater hatte seine Sehnsucht nach dem Ungebundenen und Phantasievollen an seine Tochter weitergegeben, und sie war zu der festen Überzeugung gelangt, sie sei dazu bestimmt, eines Tages seine Wünsche in die Tat umzusetzen. Dieses unbewußte

Band zwischen Edith und ihrem Vater nahm der Kritik der Mutter höchstwahrscheinlich den Stachel. Ihre Worte unterdrückten Ediths literarische Ambitionen nicht, sondern wirkten als Ansporn. Anders stand es um Ediths sexuelle Bestrebungen. Bis zum Alter von fünfundvierzig Jahren hielt sie ihre Sexualität versteckt. Und selbst dann konnte Mrs. Wharton sich sexuelle Erfüllung nur in einer heimlichen Beziehung mit einem Mann gestatten, dessen sprunghaftes Kommen und Gehen sie quälte. Nach zwei Jahren erklärte sie, ihr »eigenes Selbstwertgefühl« ließe diese grausame, launische Behandlung von seiner Seite nicht zu. »Mein Leben war besser, bevor ich dich kannte«, schrieb sie an Fullerton. »Das ist, für mich, die traurige Schlußfolgerung aus diesem traurigen Jahr. Und es ist bitter, das zu dem einzigen Wesen zu sagen, das man jemals d'amour geliebt [*sic!*] hat.«[37] Sie schreibt ihm, wie sehr es ihm an der Fähigkeit zur völligen Selbstaufgabe mangelt, zum *aimer d'amour*, der Liebe, bei der man sich selbst ganz hingibt. Zweieinhalb Jahre nach diesem wütenden, halbherzigen Versuch, sich von Fullerton zu befreien, fand Wharton ihr Selbstbewußtsein und ihr Vertrauen in den treffenden Bildern ihrer eigenen, offenen und unverblümten Sprache wieder. In dem Brief, den sie daraufhin an Fullerton schrieb, enthüllte sie die Verbindungen zwischen seiner Oberflächlichkeit, seinem literarischen Dandyismus und der Falschheit seines *aimer d'amour*. Nachdem Wharton Fullertons gestelztes Manuskript über internationale Politik gelesen hatte, riet sie ihm, sich »eine offenere Ausdrucksweise anzueignen«[38]. Wenn sie einst seine literarischen Fähigkeiten gerühmt hatte, die wunderbare Art, in der er »in Menschen und Dingen das Wesentliche vom Überflüssigen trennen konnte«[39], so erklärte sie nun, sein Werk sei »mit all dem schweren Blech des *Times*-Jargons verhüllt – dieser wortreichsten und pedantischsten aller toten Sprachen [...] Du hast zuviel Französisch gelesen und zuviel *Times*. Ich kann dich gar nicht genug drängen, beide Sprachen für ein paar Wochen aufzugeben und zum Englischen zurückzukehren.«[40]

Wharton war nur leicht von der Hörigkeit berührt worden. Im Alter von fünfundvierzig Jahren hatte sie sich gestattet, sich der sexuellen Ekstase des *aimer d'amour* gerade so lange hinzugeben, daß Fullerton sie »von einer langen Lethargie, einer stumpfen Ergebenheit in konventionelle Beschränkungen, einer unnötigen Selbstauslöschung«[41] erwecken konnte. Ihre Fähigkeit zur Hingabe hatte ihr ermöglicht, in Fullertons Armen ein großes sexuelles Repertoire zum Leben zu erwecken, das ihren erfahrenen Liebhaber überraschte. Er meinte, sie sei seinen früheren und gegenwärtigen Geliebten zumindest ebenbürtig, eine wahre George Sand in der Maske einer anständigen amerikanischen Dame.[42]

Hörigkeit weist Ähnlichkeiten mit der romantischen Liebe auf, die ebenfalls in der *unio mystico* zur Ekstase gelangt, zu einer sexuellen Leidenschaft, die so intensiv ist, daß sie die Grenzen zwischen den Liebenden auflöst. Der Unterschied besteht darin, daß in der romantischen Liebe, dem wahren *aimer d'amour*, der gegenseitigen Hingabe, das mystische Einssein von beiden erlebt wird. In dieser sexuellen Partnerschaft muß keiner der Beteiligten die Rolle des Sklaven oder des Herrn übernehmen, außer vielleicht gelegentlich im Spiel, um die Lust zu erhöhen. Im Falle der Hörigkeit dagegen steht die Erotik im Dienst der psychischen oder physischen Quälerei. Die normale, romantische Verliebtheit wird zu einer Perversion, wenn »die einzig mögliche sexuelle Erregung in dem Gefühl besteht, im Vergleich mit der Großartigkeit des Partners völlig unbedeutend zu sein«[43]. In diesem Fall haben wir es mit der moralischen Tyrannei zu tun, die ein wesentlicher Aspekt der perversen Strategie ist.

Die Merkmale, die Whartons Affäre mit Fullerton von einer leidenschaftlichen Liebe unterscheiden und zu einer perversen Leidenschaft machen, sind ihr Beharren auf ihrer Wertlosigkeit und ihre Bereitschaft, seine Tyrannei über sie zu akzeptieren. Außerdem wissen wir aus ihren Tagebüchern, Briefen und aus ihrer Dichtung, daß die Themen Sünde und Schuld sie sehr beschäftigten. Auch vor und nach der Affäre mit Fullerton erfand sie keine Liebesgeschichte, die nicht für eine der beteiligten Personen psychisch und physisch sehr quälend war. Im Konflikt zwischen ihrem Verlangen und den Autoritäten beschwichtigte Edith Wharton immer die

Autoritäten. Ihre Erotik konnte nur in einer verbotenen Beziehung
gedeihen, in der ihr Sünde und Schuld bewußt waren. Aber was
blieb dann unbewußt? Warum beharrte Edith Wharton so sehr darauf, daß ihre Schätze
überhaupt nichts wert waren? Warum verschluckte sie ihre schönen
Worte aus Rücksicht auf einen Mann, der ihrer Erkenntnis nach die
Poesie der Liebe sowenig zu schätzen wußte? Wir fragen: »Warum
beharren so viele moderne Frauen darauf, daß sie verkrüppelt und
kastriert, daß sie ein Nichts sind?«

Die Bindung der Sklavin an ihren Herrn ist eine Tarngeschichte,
unter der sich eine Vielzahl von Bedeutungen verbirgt. Die Perversion der sexuellen Hörigkeit stellt das Stereotyp weiblicher Unterwürfigkeit mit seinem gesteigerten Bewußtsein von Sünde und
Schuld und seiner äußersten Erniedrigung in den Vordergrund, um
die Angst zu beschwichtigen und andere beschämende Vergehen
verborgen zu halten. Im Szenario der Hörigkeit sind latent einige
Themen enthalten, die in den anderen Perversionen, denen wir
begegnen werden, deutlicher und manifest werden.

Ein Aspekt sexueller Hörigkeit ist ein gesteigertes Schuldbe-
wußtsein aufgrund sündhafter Sexualität. Andere Schuldgefühle
bleiben unbewußt. Selbsterniedrigung und Demütigung dienen als
Tarnung für ein beschämendes Gefühl, das Macht mit Gier und
raubgieriger sexueller Virilität assoziiert – einer Karikatur der
Männlichkeit. Einer der Gründe, warum die hörige Frau solche
Angst vor ihren Kräften hat, liegt darin, daß sie Macht mit Betrug
und Verrat verbindet, mit Rebellion und Trotz, mit Sadismus und
Dominanz. Ich vermute, daß jemand durch diese Verherrlichung
des Leidens und der Wertlosigkeit für Schätze, die er gestohlen hat,
bezahlt. Jemand hält die köstlichen Kräfte, von denen alle annehm-
men, daß sie aufgegeben wurden, versteckt.

Wir stellen zum Beispiel manchmal fest, daß eine Patientin, deren
Leben durch ihre Bindung an die großen Männer, die sie immer
mißbrauchen, aufgezehrt wird, sich gleichzeitig ein anderes Leben
aufgebaut hat, eines, in dem sie zur Herrin geworden ist. Während
sie unter ihrer erotischen Knechtschaft litt, hat sie mit ihrer Firma

viel Geld verdient, ist eine erfolgreiche Ärztin geworden, hat Hunderte von Bildern für eine Ausstellung vorbereitet oder Vorträge über Mikrobiologie gehalten. Diese mit Macht und Herrschaft verbundenen Aktivitäten würden große bewußte Angst hervorrufen, wenn die Frau nicht etwas tun würde, um die Götter zu beschwichtigen. Und doch bleibt immer ein unbewußtes Schuldgefühl, weil sie die Götter übertroffen hat, die die Macht haben, Liebe zu entziehen. Wenn ihre Mutter ihr Leben lang in der Küche oder im Süßwarenladen der Familie geschuftet hat, steht es der Frau nicht zu, als Besitzerin eines Delikatessengeschäftes ein Vermögen zu machen. Sie würde bestimmt kastriert und verlassen werden, wenn sie für dieses furchtbare Vergehen nicht bezahlen würde, indem sie die leidende Geliebte eines Frauenhelden wird, der sie zu einem gefügigen, verderbten Wesen macht. Eine wirklich weibliche Frau darf sich ihrem treulosen Liebhaber passiv hingeben, aber sie hat nicht das Recht, Neurochirurgin zu werden, wenn ihr Vater Apotheker ist und ihre beiden Brüder einfache Landärzte sind. Eine Frau, deren Eltern das Konzentrationslager überlebt haben, darf kein Guggenheim-Stipendium erhalten, es sei denn, sie bezahlt teuer dafür, daß ihre Ambitionen überlebt und gewonnen haben. Sie darf keinen großzügigen, rücksichtsvollen Mann heiraten, sondern lediglich einen hartherzigen Narzißten, der sie mißhandelt und ihre Seele zu Asche werden läßt. Und manchmal muß sie sogar die Triumphe ihres Ehrgeizes und ihres Intellekts opfern, bevor sie das Gefühl hat, überleben zu dürfen. Und daher erlaubt sie ihrem Liebhaber vielleicht, wenn sie das Gefühl hat, sie hätte nicht genug für ihre Triumphe bezahlt, ihre Talente zu mißbrauchen und zu zerstören, so, wie er ihre Seele mißbraucht und zerstört.

Unter dem Deckmantel eines entsagungsvollen Lebens, das von den »Autoritäten« beobachtet werden kann, schmuggelt die hörige Frau ein anderes, heimliches Leben ein. Edith Wharton, die sich vorübergehend von Fullertons brillantem Geist hatte zum Schweigen bringen lassen, beschwichtigte zwar die Götter, bereitete sich aber währenddessen darauf vor, über die »unaufgeräumten Salons« ihrer Kindheit und die ehebrecherischen und inzestuösen Liebesbeziehungen zu schreiben, die ihre Mutter entsetzt hätten, und für *The Age of Innocence* den Pulitzer-Preis zu erhalten. Unter dem Deckmantel des Leidens blüht das Verbrechen. Die Sklavin bezahlt für ihre verbotenen Beschäftigungen, indem sie ihrem Herrn ihre Seele ausliefert. Zu diesen verbotenen Beschäftigungen gehören einmal ihre Sexualität und zum anderen ihre intellektuellen Aktivitäten. Und noch etwas kommt hinzu. Wenn echte Macht ein Verbrechen ist, das Kastration und Verlassenwerden nach sich zieht, gibt es eine weitere Möglichkeit, mächtiger zu sein als die allmächtigen anderen, die die Macht haben, Liebe zu entziehen. Die Sklavin der Liebe verwandelt ihre Niederlage in einen Sieg und den Sieg des Herrn in eine Niederlage. Sie ist stolzer auf ihr selbstgeschaffenes Leiden, als er jemals auf seinen Mißbrauch ihres *aimer d'amour* sein kann. Es erfüllt sie mit Stolz, daß sie das Gefühl der Hilflosigkeit überwinden kann, indem sie ihre Freunde, ihren Mann oder ihre Therapeutin so manipuliert, daß sie mit Sadismus, Schuldgefühlen oder Hilflosigkeit reagieren. Ihr Stolz auf ihre Versklavung durch ihren Liebhaber macht alle anderen impotent. Und wenn sie sich auch von ihrem Liebhaber beherrschen und tyrannisieren läßt, so begreift sie doch irgendwie, daß sie, indem sie sich ihm ausliefert, größere Macht über ihn besitzt, als wenn sie sich gegen ihn auflehnte. Indem sie sich nicht gegen ihre Versklavung wehrt, beweist sie, daß sie alles ertragen kann. Sie ist stolz darauf, eine Ausnahme zu sein, ein ganz besonderes Opfer des Schicksals. Die Narben am Handgelenk, die Peitschenstriemen, die von Zigaretten herrührenden Verbrennungen, der kahle Kopf, die Zurschaustellung ihrer masochistischen Unterwürfigkeit ihrem Herrn gegenüber sind Zeichen ihres Triumphs.

In diesem Sinn sind das Leiden und die Selbsterniedrigung, die Begleiterscheinungen der Hörigkeit und anderer weiblicher Perversionen sind, Methoden, um der Vergeltung zu entgehen. Liebe soll durch Leiden erkauft werden, der allmächtige andere soll besänftigt werden, damit die lebenswichtige Beziehung zu ihm aufrechterhalten werden kann. Das Leiden dient der Verführung eines kritischen, abweisenden anderen. Und dieses Thema findet sich in jeder Perversion, gleich, ob männlich oder weiblich, denn die Wertlose oder der Wertlose muß immer die Hoffnung aufrechterhalten, daß die Liebe eines Tages wiederkehren wird. Wenn die perverse Frau Trennungs- und Kastrationsangst, Depression und Wahnsinn überleben will, muß sie weiterhin glauben können, daß die allmächtigen Götter, die sie in der Kindheit verlassen haben, nicht für immer verschwunden sind.

Emmas Affäre mit Rodolphe findet ihren Höhepunkt im Verlassenwerden. Rodolphe verläßt Emma am Vorabend ihrer geplanten Flucht und stürzt sie damit in eine tiefe Depression. Monate später, nachdem Emma fast völlig wiederhergestellt ist, trifft sie Léon Dupuis, der früher einmal in sie verliebt gewesen war. Sie vollendet ihre Genesung, indem sie unbewußt eine Situation schafft, die es Léon ermöglicht, sie zu verführen. Die Sklavin hat ihren Meister beobachtet, und als er sie verließ und damit von ihrer Abhängigkeit befreite, behielt sie ihn für immer bei sich, indem sie sich mit seinen Kräften identifizierte und seine Art nachahmte. Emma hat einiges über Unterwerfung und Herrschaft gelernt, und sie setzt ihr Wissen ohne Zögern in ihrer nächsten Liebesaffäre ein. Von Anfang an übernimmt sie die Initiative. Léon findet seine Seele in Emma. Er richtet sich ganz nach ihren Ansichten, ihrem Geschmack und ihren Wünschen, und »schließlich war eher er die Geliebte als sie. Sie hatte so zärtliche Worte für ihn und küßte ihn auf eine Art, daß sich seine Seele hinreißen ließ. Wo hatte sie nur diese Verderbtheit her, die in ihrer Tiefe und Verborgenheit beinahe unkörperlich war?«[44] Emma manipuliert die Distanz zwischen ihnen, sie bestimmt Schauplätze und Zeiten für die Zwischenspiele von Verliebtheit, Erregung und Vollzug.

Für Léon ist Emma eine Dame von Welt. Sie ist die Liebende der Romane, die er gelesen hat. Sie ist die *Odaliske im Bad*, die Burgherrin, die *Blasse Frau von Barcelona* – und »vor allem war sie sein Engel«[45].

Nach einigen Monaten bekommt der Leibeigene Angst vor der Macht des feudalen Tyrannen und wird vorsichtig. Léon versucht, sich gegen seine Bezauberung, gegen das Aufgehen in Emmas Persönlichkeit zu wehren. »Und dann empörte er sich auch gegen die ständig zunehmende Unterdrückung seiner Persönlichkeit. Er grollte Emma wegen dieses immerwährenden Sieges. Er zwang sich sogar, nichts für sie zu empfinden, dann hörte er das Knarren ihrer Stiefel und fühlte sich schwach werden, wie ein Trunksüchtiger beim Anblick starker Getränke.«[46]

Und eines Tages, als Léon nicht in ihrem Hotelzimmer erscheint, hat Emma in ihrer Wut nur Verachtung für ihn übrig: »Er besaß keinen Heldenmut, er war schwach, banal, weicher als eine Frau und obendrein noch geizig und feige.«[47]

So, wie man gelegentlich von Frauen sprechen kann, die unter männlichen Perversionen – Fetischismus, Transvestismus, Exhibitionismus, Masochismus – leiden, so könnte man auch sagen, daß ein Mann, der unter Hörigkeit leidet, von einer weiblichen Perversion befallen ist. Charles Bovary, der im Sterben eine Haarlocke von Emma umklammert hält, und Emmas zweiter Liebhaber, Léon Dupuis, haben ihre weiblichen Anteile in einem Szenario sexueller Abhängigkeit von Emma gefunden, das dem Szenario des »Blauen Engels« entspricht.

Charles war von einer Mutter erzogen worden, die von ihrem Mann, seinem Vater, emotional im Stich gelassen worden war. Sie hatte sich die Erfüllung ihrer Wünsche von ihrem Sohn erhofft.

> Die Mutter schleppte ihn immer mit sich herum; sie schnitt ihm Bilder aus, erzählte ihm Geschichten, unterhielt ihn mit endlosen Monologen, in die sie ihre melancholische Lustigkeit und ihre geschwätzige Zärtlichkeit legte. In ihrer großen Einsamkeit übertrug sie auf dieses Kind alle ihre eitlen, zerbrochenen Hoffnungen. Sie träumte von angesehenen Stellungen, sie sah ihn schon erwachsen, schön, geistreich, als Beamten in der Straßenbauverwaltung oder in der Justiz.[48]

Ebenso hatte Emma gedacht, sie würde in der Ehe mit einem Arzt ihre Erfüllung finden. Aber vom Tag ihrer Hochzeit an war offensichtlich, daß Emma dominieren würde und daß Charles ihr gehorchen und sie bewundern würde. »Man hätte glauben können, er sei am Vorabend noch Jungfrau gewesen, während die junge Frau nichts zeigte, was irgend etwas erraten ließ.«[49] Charles war von Emmas weiblichen Reizen bezaubert und konnte es nicht lassen, ständig ihre Ringe, ihren Kamm, ihre Busentücher zu berühren. »Seine Welt reichte nicht über den seidenen Saum ihres Unterrocks hinaus.«[50]

Charles Baudelaire war der erste, der auf die eigenartige Mischung aus männlichen und weiblichen Zügen in Emmas Charakter aufmerksam machte. Er erkannte, daß Flaubert diesem weiblichsten aller Wesen eine große Portion männliches Blut mitgegeben hatte, und meinte, dieses seltsame androgyne Geschöpf beherberge, wie Pallas Athene, die in voller Rüstung dem Kopf des Zeus entsprungen war, all die verführerischen Reize einer Männerseele in einem bezaubernden weiblichen Körper.[51]

Mitten in seinen Bemerkungen zu der fetischistischen Austauschbarkeit von Substanzen in *Madame Bovary* – Dinge, die in Menschen, Menschen, die in Dinge verwandelt werden, Männer, die zu Frauen werden, Frauen, die zu Männern werden – weist Vargas Llosa auf die moralische Ambiguität in Emmas Charakter hin. Korruption wird als Tugend mißverstanden und Egoismus als Wohltätigkeit. Vargas Llosa überschreibt diesen Abschnitt mit »Madame Bovary, der Mann«. Er zeigt, wie der Mangel an Bestimmtheit in Emmas Moral von dem Fließenden und Unsicheren in ihrer sexuellen Identität widergespiegelt wird, das sich unter ihrer exquisiten Weiblichkeit ein entschlossener Mann verbirgt.[52]

Als Folge von Emmas Bereitschaft, auf Rodolphes erotische Forderungen einzugehen, begann ihr gesamtes Verhalten sich zu verändern. »Ihre Blicke wurden kühner, ihre Reden freier; sie beging sogar die Unschicklichkeit, sich an Monsieur Rodolphes Seite mit einer Zigarette im Mund sehen zu lassen, *wie um den Leuten zu trotzen*; und die, die noch zweifelten, hatten keinen Zweifel mehr, als sie eines Tages in eine Art Herrenweste gepreßt aus der *Schwalbe* stieg.«[53]

Indem Charles sich Emmas männlichen Kräften unterwarf, konnte er seine verbotenen weiblichen Bestrebungen zum Ausdruck bringen und sich doch seine Männlichkeit bestätigen. Gleichzeitig konnte er ungestraft die weibliche Art, die ihm verboten war, bewundern. Wenn er sich von Emmas Gesten, ihrer Kleidung oder ihrer Frisur bezaubern ließ, konnte er seine Seele in Weiblichkeit einhüllen, ohne daß jemand es merkte. Genaugenommen ist ein Hörigkeitsszenario weder Frauen noch Männern vorbehalten. Die Haltung extremer Unterwürfigkeit, die Emma Bovary in ihrer Affäre mit Rodolphe Boulanger einnahm, diente als Versteck für ihre männlichen Ambitionen. Charles Bovary, der sich danach sehnte, sich in einer sexuellen Bindung zu einer Frau zu verlieren, die ihn dadurch beherrschte, daß sie nicht verfügbar war, war bestrebt, seine weiblichen Wünsche zu erfüllen. Da ein zentrales Ziel der perversen Strategie darin beseht, die Unterschiede zwischen den Geschlechtern und zwischen den Generationen zu leugnen, ist es in einem perversen Szenario unerheblich, wer das gedemütigte Kind und wer der allmächtige Elternteil ist, wer oben und wer unten ist, ob Penis oder Vagina den magischen Phallus darstellt und wer männlich und wer weiblich ist. Die Rollen sind austauschbar. Der Unterwürfige identifiziert sich mit den Kräften des Dominierenden. Der Dominierende lebt im Unterwürfigen die Teile seiner selbst aus, die er als verboten und beschämend erlebt. Diese Phantasien von der Verwandlung in das andere Geschlecht oder in die andere Generation sind bewußt oder unbewußt in jeder sexuellen Beziehung vorhanden. Bei einer Perversion jedoch werden wir Zeuge einer Tyrannei der Geschlechterrollen, eines zwanghaften, sich wiederholenden, stereotypen Szenarios, in dem männliche Wünsche sich als Karikatur unterwürfiger Weiblichkeit und weibliche Wünsche sich als Karikatur vitaler Männlichkeit verkleiden müssen.

In Flauberts *Emma Bovary* findet man Neues an Stellen, an denen man es nicht erwartet. Das äußere Erscheinungsbild, die seidenen Unterröcke, die Strohhüte mit den flatternden Schleiern, die feinen Busentücher aus Spitze, die algerischen Schärpen, die religiöse Melancholie und die romantischen Klischees sind Emmas Schwächen und gleichzeitig ihre stärksten Waffen. Damit tarnt sie ihren dominierenden Geist, ihren Wunsch, den Schleier der Illusion zu durchdringen. Flaubert schreibt: »Ein Mann ist doch wenigstens frei; er kann alle Leidenschaften auskosten, die Welt durchreisen, Hindernisse überwinden und selbst das fernste Glück erobern. Eine Frau ist immer gebunden. Bewegungslos und unbeweglich zugleich steht sie zwischen den Verführungen der Sinnlichkeit und dem Zwang der Sitte.«[54] Emma maskierte sich als hörige *femme évaporée*, um vor der Welt und vor sich selbst ihre aktiven sexuellen Wünsche und ihre intellektuellen Ambitionen zu verbergen, die in ihrer Welt Privileg der Männer waren.

KAPITEL 8

Maskeraden

Ich könnte gar nicht ungeschickter sein.
Und – und – (Hier zögerte sie und
suchte nach einem Wort, und wenn
wir »Liebe« vorschlagen, irren wir
vielleicht, aber sicherlich lachte sie und
errötete und rief dann aus:) eine Kröte
von Smaragden!
Orlando, die/der sich fragt, wer sie/er ist[1]

Als in den ersten Jahren dieses Jahrhunderts Vita Sackville-West, verkleidet als junger Mann namens Julian, Piccadilly entlangschlenderte und in den Cafés des Palais Royal saß, erkannte in dieser Gestalt niemand die wohlerzogene Ehefrau des Diplomaten Harold Nicolson. Als Julian, als Liebhaber Violet Keppels, die bald Denys Trefusis heiraten sollte, stellte Vita sich gerne vor, was die Leute denken würden, wenn sie wüßten, daß der hübsche Junge mit dem *voyou*-Äußeren »die schweigsame und spöttisch dreinblickende Frau [war], der sie vielleicht bei einem Diner oder einem Ball begegnet waren«[2]. Zweifellos beruhte Vitas Genugtuung zu einem großen Teil auf ihrer Fähigkeit, andere an der Nase herumzuführen. »Nie habe ich etwas so zu schätzen gewußt wie dieses Leben: die Heimlichkeit, das Versteckspielen, die ständigen Hintergedanken und die kecke Herausforderung gegenüber jedem Polizisten, an dem ich vorüberging.«[3] Als in Monte Carlo ein Elternpaar Julian als Anwärter für die Hand ihrer Tochter ins Auge faßte und ein französischer Offizier Kriegserinnerungen mit *ihm* austauschte, war Vitas Triumph vollkommen.

Als Enkelin einer spanischen Tänzerin und eines englischen

Lords, als Tochter ihrer unehelichen Tochter, die den reichen, adeligen Neffen ihres Vaters geheiratet hatte, wuchs Vita in Knole auf, einem schloßähnlichen Herrenhaus, das angeblich so viele Treppen hatte wie das Jahr Wochen und entsprechend dazu 365 Zimmer. Paläste waren ihr wichtiger als Menschen, und sie gab zu, daß sie ihre Hunde mehr liebte als ihre Freunde. Sie verachtete die Schwarzen, die Juden, das Proletariat und die Mittelschicht. Demokratie war eine Seuche, *la populace* eine Bedrohung. In ihren Gartenartikeln für *The Observer* schrieb sie für ihre einfachen Leser in den Vorstädten über Gärten, die mit Wallgräben umgeben waren. In dem Garten, den sie und Harold anlegten, nachdem sie Lady und Lord Nicolson geworden waren, gab es einen Wallgraben, einen Wallgrabenweg, eine Lindenallee zwischen Nußgarten und Rosengarten, zweihundert Alpenveilchen und ein Vogelhaus. Vita pflegte ihre Blumen, Bäume und Vögel voller Zärtlichkeit und Fürsorglichkeit.[4] Vitas weibliche Geliebte erfaßten intuitiv die moralische und sexuelle Ambiguität, die Vita so bezaubernd machten. Violet kritzelte auf einen Zettel:»Die obere Hälfte deines Antlitzes ist so rein und ernst – beinahe kindlich. Und die untere ist so herrschsüchtig, sinnlich, beinahe brutal – es ist ein unsinniger Gegensatz und außerordentlich symbolisch für deine Jekyll-und-Hyde-Persönlichkeit.«[5] Es war jedoch ein ungleicher Wettstreit, denn dem guten Dr. Jekyll wurde in Vitas Vorstellungen über die Geschlechter kurzer Prozeß gemacht. Abgesehen von ihrer beständigen Zuneigung zu ihrem Mann und dem gelegentlichen Aufflakkern zärtlicher Besorgnis um ihre Verehrer, die bereit waren, ihretwegen alles aufzugeben, zeigte Vita ihre weibliche Seite nur selten. Dr. Jekylls Betätigungsfeld waren der Garten, die Artikel über den Garten, die Vögel und die Hunde. Vita machte sich die schroffe, dominierende Persönlichkeit des Mr. Hyde zu eigen und tat ihr Bestes, um jedermann, auch sich selbst und ihre beiden Söhne, daran zu hindern, den fürsorglichen, nährenden, konventionellen Dr. Jekyll zu erkennen.

Auch Virginia Woolf war eine der Geliebten, deren Verständnis für Vitas komplizierte Wünsche in schriftlicher Form überliefert ist.

In einem Brief an Vita fragt sie sich, ob nicht ein »zurückhaltendes, gedämpftes Etwas« in ihr sei, ob etwas wie eine »zentrale Durchsichtigkeit« sie nicht beim Schreiben zuweilen im Stich lasse.[6] Nach der Lektüre dieses Briefes schreibt Vita an ihren Mann: »Verdammtes Weib, sie hat den Finger genau auf den wunden Punkt gelegt. Es ist da etwas Gedämpftes. Was ist es, Hadschi? Etwas, das nicht lebendig wird. Ich brüte und brüte darüber nach und habe das Gefühl, als taste ich in einem dunklen Tunnel umher.«[7] In *Orlando*, dem Roman, den Vitas Sohn Nigel als den »längsten und bezauberndsten Liebesbrief der Literatur«[8] bezeichnen sollte, gewährt Virginia ihrer Freundin Vita mehrere Leben als Junge und als Mann, läßt sie unbekümmert von einem Geschlecht zum anderen wechseln, verkleidet sie in einen leidenschaftlichen elisabethanischen Jüngling und einen sexuell erfahrenen Herzog im Dienste König James' und verwandelt sie später in eine hinreißende Frau, deren Gestalt »die Kräftigkeit eines Mannes mit der Anmut eines Weibes«[9] vereinte, in einen türkischen Botschafter, der sich »in das türkische Jäckchen und die weite Hose gekleidet [hatte], die von beiden Geschlechtern getragen werden können«[10], und sich mit Ketten von Smaragden und Perlen schmückte. Danach wird Orlando nach England zurückgebracht und erlangt Zutritt zum literarischen Kreis um Alexander Pope. Seine/ihre frühen Vormittage verbringt er/sie in der Bibliothek in einem »chinesischen Gewand zweideutigen Schnittes«, anschließend arbeitet er in Kniehosen im Garten, mittags nimmt sie in geblümtem Taffet Heiratsanträge entgegen, nachmittags besucht er in einem Talar Gerichtshöfe, und abends durchstreift er, als adeliger Herr gekleidet, auf der Suche nach Abenteuern die Straßen und Gäßchen von London.[11]

Nigel schätzte die Vielseitigkeit dieses öffentlichen Liebesbriefes, er wußte, was er seiner Mutter bedeutet hatte. »Virginias Genie hatte Vita einen einzigartigen Trost dafür gebracht, daß sie als Mädchen geboren wurde, für den Ausschluß von ihrem Erbe, für den Tod ihres Vaters zu Beginn jenes Jahres. Für sie war das Buch nicht einfach ein glänzendes Maskenspiel oder ein historischer Festzug. Es war eine Gedenkmesse.«[12]

In ihren autobiographischen Bekenntnissen machte Vita ihre widersprüchlichen Gefühle ihrer Mutter gegenüber deutlich, die sich häufig auf dem Kontinent befand, wo sie ihren Liebhaber besuchte. Sie schrieb:»Meine Mutter [pflegte] mich zu kränken [...], indem sie sagte, sie könne meinen Anblick nicht ertragen, denn ich sei so häßlich«[13], und »obwohl sie der unbegreiflichste Mensch auf Erden ist, ist sie gewiß auch der bezauberndste, und ich liebe sie innig«[14]. Die kleine Vita war entschlossen, »robust und abgehärtet und so jungenhaft zu sein wie nur möglich. Ich weiß, daß ich zu anderen Kindern grausam war – ich entsinne mich, daß ich ihnen Glaserkitt in die Nasenlöcher stopfte und einen kleinen Jungen mit Brennesseln schlug.«[15] Mit neun Jahren verfaßte sie ein Testament, das den Eindruck ihrer Wildheit bestätigte. Ihrer Mutter und ihrer Gouvernante vermachte sie V-förmige Broschen, ihrem Vater ihr Pony und ihren Wagen, ihre Kricket-Ausrüstung und ihren Fußball und einem Nachbarjungen ihre Spielsachen: »Meine Rüstung. Meine Degen und Flinten. Meine Festung. Meine Soldaten. Meine Werkzeuge. Meinen Bogen mit Pfeilen. Mein Taschengeld. Meine Zielscheibe.«[16]

Nach der stürmischen Affäre mit Violet verkleidete Vita sich nie wieder als Julian. Sie zog sich aufs Land zurück und erschien häufig in der traditionellen Tracht Kents – grobes Herrenhemd, Lederjacke mit großen Taschen und derbe Cordhosen, die in die kniehohen, schweren Arbeitsstiefel gesteckt wurden.

Ich stimme Robert Stoller zu, daß eine Transvestitin, wie jede andere *offen* männliche Frau, »ihr Leben lang den Tagtraum [hat], daß sie, wenn sie ein Mann wäre und keine Frau, die Vergangenheit ungeschehen machen und eine liebende Mutter in einer erotischen Partnerin finden könnte«[17]. Vielleicht waren einige dieser Mütter und Töchter in Vita Sackville-Wests sexuellen Beziehungen mit Frauen gegenwärtig. Suchte Vita in ihren Partnerinnen eine liebende Mutter? Hoffte sie immer, daß ihre Mutter sie vielleicht lieben würde, wenn sie ein Mann wäre? Schon als kleines Mädchen wußte Vita, daß sie das Schloß mit den 365 Zimmern niemals erben würde, weil sie ein Mädchen war. Obwohl sie das einzige Kind war, würde Knole an den nächsten männlichen Erben übergehen müssen. Wünschte sie sich immer, daß sie eines Tages die Trophäe der Macht erhalten würde, die das Zeichen für wahre Mutterliebe gewesen wäre? Weder ihre eigenen autobiographischen Bekenntnisse noch der »Liebesbrief« von Virginia Woolf, der Vita am Schluß nach Knole zurückführt, geben uns eine eindeutige Antwort auf diese Fragen. Es ist nicht einmal völlig sicher, daß Vita eine echte Transvestitin war. Wir wissen aber, daß Vita Sackville-West sehr früh lernte, ihre Weiblichkeit, die sie mit abstoßender Verletzlichkeit gleichsetzte, hinter den Verkleidungen und Einstellungen eines brutalen, männlichen Typus zu verstecken. Sicherlich liegt in Vitas Bedürfnis, ihre weibliche Identität in einer Karikatur von Männlichkeit zu finden, in ihrer Gleichsetzung von Nähren und Hingabe mit einer Empfänglichkeit für Demütigungen, in ihrer Einteilung der Welt in phallische und kastrierte Wesen ein perverser Zug.

Wir haben uns inzwischen an den Anblick von Frauen in Jeans, Hosenanzug, langer Hose oder Herrenanzug mitsamt Herrenoberhemd und Schlips gewöhnt. Oft sind diese Frauen dabei nach der neuesten Mode gekleidet und machen damit ganz deutlich, daß die Dame in Hosen eine sehr weibliche Frau ist. Während eines mehr oder weniger bewußten »So-tun-als-ob« hat eine Frau vielleicht die Phantasie, daß sie ein stolzer Cowboy oder ein lässig eleganter Fred Astaire sei. Die ganze Sache entspricht mittlerweile durchaus den Konventionen.

Doch selbst jetzt, da auch Männern gestattet wird, sich bis zu einem gewissen Grad androgyn zu kleiden – mit Ohrringen, Goldkettchen, Halstüchern, Rüschenhemden und Handtaschen –, zieht ein Mann, der ganz und gar weiblich gekleidet ist, noch die allgemeine Aufmerksamkeit auf sich. Man nimmt an, er sei ein Homosexueller in Frauenkleidung, jemand, der es reizvoll findet, sich als Karikatur von Weiblichkeit darzustellen. Ihn umgibt immer noch ein Element von Spiel und Schein.

Die Handlungen eines Transvestiten sind jedoch nicht spielerisch. Er ist ernsthaft, verschwiegen, und normalerweise ist ihm überhaupt nicht daran gelegen, sich selbst oder seine weibliche Garderobe öffentlich zur Schau zu stellen. Doch er ist ständig mit weiblicher Kleidung beschäftigt. Unter seinem Anzug trägt er einen Büstenhalter und ein Spitzenhöschen. Er durchstreift die Kaufhäuser und schwelgt im Betrachten, Beriechen und Befühlen von Höschen, Negligés, Blusen und Abendkleidern. Er kann nicht genug davon bekommen, Frauenkleidung zu berühren, zu kaufen, zu stehlen, sie auf Fotos zu betrachten und Beschreibungen davon zu lesen. Er ist ganz damit beschäftigt, sein nächstes Masturbationsritual zu planen, zu entscheiden, welche Kleider er tragen wird und wann und wo und ob er sie stehlen soll oder nicht. Er liest alle Modezeitschriften. Er fotografiert sich in Frauenkleidung.

Er versteht die Motive nicht, die seinem Verhalten zugrunde liegen. Ihm ist nur bewußt, daß Damenmode ihn fasziniert und daß er manchmal einen Zwang verspürt, sich Frauenkleider anzuziehen. Wenn er diesem Drang widersteht, überkommen ihn Ängste oder Depressionen, und er hat sogar das Gefühl, ein wenig verrückt zu sein.

Ein Transvestit ist ein heterosexueller Mann, der seine weiblichen Wünsche fürchtet. Er ist stolz auf seine männliche Identität. Außerdem ist er einer jener Männer, die wegen der Stärke ihrer weiblichen Wünsche ganz besonders von den weiblichen Genitalien entsetzt und von der Überlegenheit der männlichen Genitalien beeindruckt sind. Sein Problem besteht darin, wie er sein Verlangen, abhängig, verletzlich und unterwürfig zu sein, befriedigen und sich gleichzeitig bestätigen kann, daß er immer noch ein mächtiger, dominierender Mann ist. Dieses Kunststück gelingt dem Transvestiten, indem er sich als phallische Frau verkleidet, als Karikatur einer Frau, die unter ihren Röcken einen Penis hat. Sein blauer Wollrock, die beige Seidenbluse, der Angorapullover, die kobaltblauen Ohrringe und das beige Alligatortäschchen bieten unter modischem Aspekt eher einen traurigen Anblick, aber sie machen eine strategisch bedeutsame psychologische Aussage: »Ich bin eine Frau, aber eine Frau, die nicht kastriert worden ist.

Unter diesen wunderschönen weiblichen Kleidungsstücken ist ein
Penis.« Wenn ein kleines Mädchen Jungenkleider trägt, denkt sich niemand etwas dabei. Aber sobald ein kleiner Junge sich auch nur einen
Seidenschal um die Taille bindet, ist er schon verdächtig. Sollte er
seinem Kostüm noch weitere weibliche Accessoires hinzufügen
oder anfangen, sich jeden Tag wie ein Mädchen zu kleiden, dann
flüstern die Nachbarn sich bereits zu, daß der arme kleine Kerl sich
ja ganz unsicher sein müsse, ob er nun ein richtiger Junge sei oder
nicht. Die meisten Kinderpsychologen würden dem Urteil der
Nachbarn zustimmen. Wenn wir in dieser Frage genauer sein wollten, müßten wir hinzufügen, daß der Junge sehr gern ein richtiger
Junge sein möchte.

Ich unterscheide zwischen diesem Jungen und einem Jungen, der
diesbezüglich wählen kann, der nur gelegentlich die Kleider seiner
Schwester oder seiner Mutter anprobiert. Hier beziehe ich mich auf
einen kleinen Jungen, der einen *Zwang* verspürt, weibliche Kleidungsstücke zu tragen, und manchmal sogar bewußt denkt, daß er
vielleicht gerne ein Mädchen wäre. Dieser Junge muß von unüberwindlicher Angst befallen sein, einer Mischung aus Angst vor Verlassenwerden, Trennungs- und Kastrationsangst. Der Schal, der
Rock, das Stück Spitze, das seidige Kleid beruhigen ihn hinsichtlich
einer Reihe von Dingen, die für kleine Jungen sehr wichtig sind:
Seine Körperteile sind alle da und unversehrt; er hat seine Mutter
wiedergefunden und ist wieder mit ihr vereinigt; wie dieses herrli-
che, allmächtige weibliche Wesen hat er einen Penis unter seinem
Rock; wie seine bewundernswerte Mutter wird er von seinem Vater
begehrt; wie seine phallische Mutter kann er sich jetzt seinem Vater
fügen, ohne sich wie eine kastrierte Frau zu fühlen; sein furchterregender Vater braucht sich keine Gedanken zu machen, ob er seinen
kleinen Rivalen wohl kastrieren müßte, denn der Junge ist nur ein
süßes, untaugliches kleines Mädchen; es gibt keine erniedrigenden
Unterschiede zwischen dem Jungen und seinem Vater oder dem
Jungen und seiner Mutter; alle sind gleich. Wenn der kleine Junge
das Tuch oder den Rock seiner Mutter trägt, ist er hinsichtlich all

dieser Probleme und Ängste beruhigt. Nur dann kann er weiterhin ein richtiger Junge sein.*

Ein Junge, der zu weiblich ist, kommt in den Ruf, homosexuell zu sein. Und wenn er darauf besteht, Röcke zu tragen, wird diese Diagnose bestätigt. Nach einer Weile wird der Junge lernen, seine Kostümierung geheimzuhalten. Und er wird sich nicht mehr zu seinem Wunsch bekennen, ein Mädchen zu sein. Dann kommt die Aufregung wegen der Heimlichtuerei und des Gefühls, ein Verbrechen zu begehen, zu der Erregung, sich zu verkleiden, noch hinzu. Später, während der Adoleszenz, wird das Anlegen von Frauenkleidern Teil seines Masturbationsrituals werden.

Einem kleinen Mädchen dagegen ist es gestattet, spielerisch die Rolle eines Jungen zu übernehmen und Jungenkleider zu tragen. Jeder geht davon aus, daß sie nur so tut, als ob, und niemand macht sich größere Sorgen über ihre Verkleidungen, bis sie in die Adoleszenz kommt. Dann soll sie ihre Zigarren und Cowboyhüte vergessen und eine gesellschaftlich akzeptierte weibliche Rolle annehmen, was sie zur allgemeinen Erleichterung normalerweise auch tut.

Eine Transvestitin unterscheidet sich von anderen Frauen, die Männerkleidung tragen, durch ihre unbewußten Motive und ihr Phantasieleben. Es hat immer Frauen gegeben, die Männerkleidung getragen haben, und zu bestimmten Zeiten in der Geschichte haben viele Frauen das getan. In einem Bericht heißt es, daß im sechzehnten Jahrhundert ein Mädchen sich als Mann verkleidete, in ein anderes Dorf zog, dort den männlichen Beruf eines Webers ausübte, sich in eine Frau verliebte und sie heiratete.[18] Das Paar lebte fünf Monate lang zusammen, und die Frau war zufrieden, »wie es

---

* Folgestudien über Jungen, die in früher Kindheit begannen, Frauenkleider zu tragen, legen nahe, daß nicht alle diese Jungen als Erwachsene Transvestiten werden. Viele werden Homosexuelle. Doch die Männer, die an diesen Untersuchungen teilnahmen, sind vielleicht nicht für alle Jungen repräsentativ, die weibliche Kleidung tragen und den Wunsch äußern, ein Mädchen zu sein. Ich habe den Eindruck, daß, ohne Therapie, die Mehrzahl der Jungen, die zwanghaft weibliche Kleidung tragen, tatsächlich zu Transvestiten wird, daß einige von ihnen Homosexuelle werden und anderen eine heterosexuelle Anpassung gelingt, wobei sie aber weiterhin perverse Szenarios mit transvestitischen Elementen aufführen.

heißt«[19]. Die Sache wurde dem Gericht übergeben, und die Transvestitin wurde gehängt, »weil sie durch unzulässige Hilfsmittel
ihren geschlechtlichen Mangel wettgemacht hatte«[20]. Im siebzehnten Jahrhundert änderte eine Frau namens Marie ihren Namen in
Marin, legte Männerkleidung an und erklärte, eine zweiunddreißig
Jahre alte, verwitwete Mutter heiraten zu wollen, die »er« als
Geliebte befriedigte. Die Liebenden wurden vor Gericht gestellt
und des Verbrechens der Sodomie für schuldig befunden. Marin
sollte bei lebendigem Leibe verbrannt werden. Er legte Berufung
ein und beharrte weiterhin darauf, daß er ein richtiger Mann sei. Ein
Arzt ging der Sache auf den Grund und fand Marins »männliches
Organ«. Er brachte es sogar dazu, Samen auszustoßen, der nicht
wäßrig war wie der einer Frau, sondern »dicklich und weiß wie der
eines Mannes«[21]. Dieser Arzt, Jacques Duval, hatte ein Buch über
Hermaphroditen geschrieben, in dem er erklärte, daß alle Körper
sowohl männliche wie auch weibliche Elemente enthalten. Demnach »sind die männlichen und die weiblichen Geschlechtsstruktu-
ren nicht radikal voneinander verschieden, sondern im Grunde
identisch – nach außen gekehrt und sichtbar beim Mann, nach innen
gekehrt und verborgen bei der Frau«[22].

Aus dem Holland des siebzehnten und achtzehnten Jahrhunderts
sind uns 119 Fälle von Frauen überliefert, die versuchten, sich als
Männer auszugeben. Diese Frauen hatten sich bewußt entschieden,
für einen Zeitraum von mehreren Tagen bis zu einem Dutzend
Jahre Männer darzustellen. Ihre Motive waren ähnlich wie die der
Frauen früherer Jahrhunderte, die sich als Männer verkleidet hatten. Viele wollten Soldat werden, entweder aus patriotischen Gründen, aus Abenteuerlust, weil sie ihren Männern im Heer oder in der
Marine nahebleiben wollten, oder weil sie mehr Geld verdienen
wollten, als sie es mit einer weiblichen Beschäftigung gekonnt hätten. Andere waren Lesbierinnen oder, wie man sie in jenen Jahrhunderten nannte, Tribaden. Da Tribadismus eine Sünde und ein
schweres Verbrechen war, war es für eine Frau, die eine andere Frau
liebte, ratsam, sich als Mann zu verkleiden.[23] In Untersuchungen
über die ungewöhnlich hohe Zahl der Frauen, die sich im Zeitraum

von etwa 1600 bis 1800 als Männer verkleideten, wird vermutet, daß dieses Phänomen mit bestimmten Männerängsten in bezug auf die Veränderung weiblicher Verhaltensweisen zusammenfiel.»Männliche Ängste vor ›Frauen an der Spitze‹ sind in der Geschichte des Westens periodisch immer wieder ausgebrochen, und einer der Zeiträume, in denen das Gefühl der Unsicherheit am größten war, scheinen die Jahrzehnte um 1600 gewesen zu sein.«[24] Während dieser Periode schien die Öffentlichkeit sich ganz besonders mit den Gefahren zu befassen, die von Hexen, selbstsicheren Frauen und weibischer Kleidung bei Männern ausgingen. Man befürchtete zunehmend, daß die Welt in ein Chaos gestürzt würde,»wenn die ordnungsgemäßen Grenzen zwischen unterlegen und überlegen, Mann und Frau, Herrscher und Beherrschten nicht eingehalten würden«[25]. Es gibt jedoch bei dieser Häufung von Fällen gegengeschlechtlicher Kleidung bei Frauen keine Anzeichen für Motive oder Phantasien, die es rechtfertigen würden, diese Frauen als»Transvestitinnen« zu bezeichnen.

In unserer Zeit können die von Frauen getragenen Kleidungsstücke sogar noch weniger als Hinweis darauf dienen, ob die Frauen Transvestitinnen sind, nur gelegentlich Männerkleidung tragen oder sehr modebewußte, sehr weibliche Frauen sind. Sally, eine von Stollers Patientinnen, hatte jedoch eine Phantasie, die ihr Grund zu der Annahme gab, sie sei vielleicht Transvestitin.[26]

Seit ihrer Pubertät hatte Sally beim Tragen männlicher Kleidungsstücke sexuelle Erregung verspürt. Außerdem hatte sie ein damit verbundenes Masturbationsritual erfunden, das ihr phantastische Orgasmen verschaffte. Mit elf Jahren hatte Sally bereits gemerkt, daß sie ihre sexuelle Erregung verstärken konnte, wenn sie Levi's-Jeans anzog. Etwa ein Jahr später entdeckte sie, daß sie Erregung und Orgasmus noch weiter steigern konnte, wenn sie Stiefel trug.

Mit vierzig Jahren konnte Sally sich noch an die erregende Spannung beim langsamen Hochziehen ihrer Levi's und an die erotischen Empfindungen erinnern, die immer stärker wurden und ihren Höhepunkt in einem Superorgasmus fanden,»in dem sagenhaften

Moment, wenn die Innennaht im Schritt gegen meine Schamgegend stieß«[27]. Sie erinnerte sich auch deutlich an die Phantasien, die sie hatte, während sie ihre Jeans hochzog. Sie stellte sich dann vor, daß sie zu einem jungen Mädchen zärtlich war, daß sie es in den Armen hielt, wiegte und ihm das Gefühl gab, geborgen zu sein. Dann, gleich nach ihrem Superorgasmus, zog Sally schnell ihre restlichen Kleidungsstücke an und stolzierte in Jeans und Männerstiefeln aus dem Haus. Das sanfte, verletzliche, traurige Mädchen fühlte sich jetzt stark, selbstbewußt, mächtig und attraktiver als jeder Junge oder Mann, den es kannte.

»Das Tolle ist, daß ich genau diese Gefühle auch heute noch haben kann, viele Jahre später«[28], sagte Sally. Sie ist inzwischen dreimal geschieden, hat gelernt, leibhaftige süße junge Mädchen zu verführen, zu lieben und zu verlassen, und ist dabei ihren Levi's und ihrem Levi's-Ritual treu geblieben. Wie schon als Zwölfjährige wartet sie mit dem Anziehen ihrer Jeans, bis sie das Verlangen in ihren Brüsten, ihren Eingeweiden und ihren Genitalien spürt.

Ich trage jetzt fast nur noch Stiefel, so, wie sie heutzutage Mode sind, und sie passen nach wie vor zu meiner Stimmung und machen, daß ich mich in mir selbst geborgen fühle, aber sie erregen mich nicht sexuell. Die einzige Ausnahme sind meine Levi's. Es gibt jetzt Levi's für Frauen, und ich besitze mehrere davon. Ich hatte nie sexuelle Gefühle, wenn ich Damenhosen getragen habe, selbst wenn die Hosen einen Schlitz hatten und wie Herrenhosen aussahen. Keine anderen Herrenhosen erregen mich. Nur die blauen Levi's-Jeans.[29]

Wenn Sally Levi's-Jeans trug, gelang es ihr immer, das Mädchen ihrer Wahl zu verführen, ein Mädchen, das jung und hübsch war, langes, seidiges, schwarzes Haar hatte und aussah, als wäre es noch nicht von Männern benutzt worden, ein Mädchen, das »noch nie Mutter geworden war«[30]. Sally erklärt, warum diese Beziehungen so wichtig für sie seien: »Sie zu besitzen gibt mir ein Gefühl der Macht. Ich weiß nicht genau, was ich mit ›Macht‹ meine, aber ich kann das Gefühl nur so beschreiben. Ich glaube, wenn ich wirklich ein Mann wäre, wäre ich mächtig.«[31]

Obwohl Sally sich in ihren Levi's stark, mächtig und männlich fühlt, zeigt die Phantasie, die das Ritual des Anziehens begleitet, zwei verschiedene *Frauen*: eine mütterliche, phallische Frau, die ein Mädchen liebt, *und* ein trauriges, verletzliches Mädchen, das sicher und warm von den Armen einer zärtlichen, beschützenden Mutter gehalten wird. Wenn wir uns weiter umsehen, entdecken wir noch mehr Frauen in Bluejeans. Wie Vita Sackville-West, die von ihrer Mutter an Kindermädchen und Gouvernanten weitergereicht wurde, hatte auch Sally eine Mutter, die sie ablehnte, eine Mutter, die ihr ab und zu Zärtlichkeit gewährte und ihr dann ihre Liebe entzog. Beide Mütter hatten anscheinend wenig für mütterliche Fürsorge in der Kinderstube übrig, ließen aber Unabhängigkeit und Auflehnung bei ihren Töchtern zu. Sally war mit zwölf schwanger und mußte sich einem Schwangerschaftsabbruch unterziehen. Fast immer findet sich bei der ungewollten Schwangerschaft eines Teenagers der Wunsch, wieder mit der Mutter vereint zu sein, und gleichzeitig ein Rachegefühl, das sich auf die Mutter richtet, weil sie ihre Liebe entzogen hat.

Vitas Söhne Nigel und Harold lebten getrennt von Mutter und Vater mit ihrer Kinderfrau in einem kleinen Haus. Nigel schreibt: »Der Höhepunkt eines jeden Tages kam gegen sechs Uhr nachmittags; dann liefen wir zum Haus hinab, wo wir unsere Mutter über ihrem gerade in Arbeit befindlichen Buch antrafen, nachsichtig die Unterbrechung gestattend, ein wenig unsicher, wie sie uns unterhalten könne.«[32] Nigel betrachtete diesen Tagesablauf als aristokratische Tradition. Die meisten adeligen Jungen und Mädchen wurden ebenso behandelt. Vita war von ihrer Mutter so behandelt worden und schrieb über sie: »Mutter wurde nicht weicher oder sanfter, ebensowenig wie sie mir gegenüber sanft wurde, wenn ich weinte; und doch kann sie wunderbar weich werden, wenn man nur die richtige Saite in ihr berührt – ich habe das oft bei anderen Menschen bemerkt.«[33] In Virginia Woolf, die von Vita als Engel bezeichnet wurde, fand sie den zerbrechlichen, verletzlichen Teil ihrer selbst, den begrabenen Teil, die »zentrale Durchsichtigkeit«, die so zurückhaltend, so gedämpft war. »Virginia ist sehr lieb, und ich empfinde sehr stark, daß ich sie beschützen muß. Die Vereini-

gung dieses glänzenden Verstandes mit diesem zerbrechlichen Körper ist sehr liebenswert. Sie hat ein liebes und kindliches Wesen.«[34]
Wenn es beängstigend und erniedrigend ist, als bedürftig angesehen zu werden oder darum zu bitten, daß jemand sich um einen kümmert, oder zuzugeben, daß man das Verlangen hat, seine Seele den Armen einer liebenden Mutter zu überlassen, dann ist es ein guter Trick, Bluejeans oder Reithosen und Arbeitsstiefel anzuziehen. Eine andere geniale und befriedigende Lösung ist es, so wie Vita Sackville-West die Rolle des strahlenden Helden zu spielen, vor allem für eine Frau, die sich nie von der Kränkung erholte, daß ihre Mutter ihre Liebhaber dem kleinen Mädchen, das sie so sehr bewunderte, vorzog.

Wenn Transvestismus auch bei Männern und Frauen verschiedene Formen annimmt, so bringt die grundlegende transvestitische Phantasie doch einen Aspekt der perversen Strategie zum Vorschein, der in jeder Perversion latent vorhanden ist. Die transvestitische Phantasie setzt eine infantile Vorstellung von Männlichkeit ein, um das zu verbergen, was als beschämende und furchterregende Weiblichkeit empfunden wird. Verallgemeinert kann man sagen, daß die Karikaturen von Männlichkeit und Weiblichkeit, die in der transvestitischen Phantasie zum Ausdruck kommen, in jeder perversen Strategie zu finden sind, die ein Geschlechtsstereotyp sichtbar und manifest werden läßt, um andere Geschlechtsstereotypen, die als beschämend und beängstigend erlebt werden, verborgen zu halten. Jede männliche Perversion enthält eine Verkleidung als Mann oder eine Nachahmung von Männlichkeit, und jede weibliche Perversion enthält eine Verkleidung als Frau oder eine Nachahmung von Weiblichkeit.

Es ist noch nicht sehr lange her, daß George Zavitzianos, einem kanadischen Psychoanalytiker, an den Szenarios zweier Patienten, einem Mann und einer Frau, etwas Ungewöhnliches auffiel. Obwohl diese merkwürdige Erscheinung in vielen Fallgeschichten aufgetaucht war, hatte bis dahin noch niemand daran gedacht, sie genauer zu betrachten oder zu hinterfragen. Nachdem Zavitzianos einige Jahre lang die psychologische Bedeutung dessen, was er

beobachtete, zu klären versucht hatte, erkannte er, daß er es möglicherweise mit einer bis dahin unbekannten Form der Perversion zu
tun hatte. Er wagte es, diese recht perverse Perversion *Homöo-*
vestismus [amerik.: *homeovestism*] zu nennen, und bezeichnete
damit das Tragen von Kleidungsstücken des eigenen Geschlechts.[35]

Bei Zavitzianos' männlichem Patienten, dem zwanzigjährigen
Larry, war dem Homöovestismus eine transvestitische Kindheitsge-
schichte vorausgegangen. Larry hatte zeitweise die Kleider seiner
Mutter angezogen und sich mit den bunten Bändern und feinen
Schürzenkleidern seiner älteren Schwester geschmückt. Als er sieben
Jahre alt war, kam seine Mutter mit einer schweren Krankheit ins
Krankenhaus, und seitdem transvestierte er fast täglich. Einige Jahre
später, als er die ersten körperlichen Anzeichen für die Pubertät an
sich bemerkte, versuchte er, die beschämenden weiblichen Wünsche
seiner Kindheit zu überwinden, indem er seine Männlichkeit
betonte. Er entdeckte jedoch zu seiner Bestürzung, daß er nur eine
Erektion bekommen konnte, wenn er ein Suspensorium trug. Als
sein Körper allmählich männliche Formen annahm, begann Larry,
seinen Penis mit den Penissen anderer Männer in seiner Umgebung
zu vergleichen – mit dem seines älteren Bruders, denen der Jungen im
Umkleideraum der Turnhalle und mit dem seines Vaters. Ihre
Penisse erschienen ihm ehrfurchtgebietend, sein eigener hingegen
klein und kümmerlich. Larry war überzeugt, daß er sich Männlichkeit nur ausborgen konnte. Beim Masturbieren trug er ein Suspensorium, das Penis und Hoden bedeckte, und er verbrachte viele Stunden vor dem Spiegel und phantasierte, daß auch er einen großen,
mächtigen Penis hätte, wie die phallischen Männer, die er so beneidete und bewunderte. Larrys Homöovestismus in der Adoleszenz
deutete bereits auf die homosexuellen Beziehungen hin, die schließlich sein hauptsächliches sexuelles Betätigungsfeld wurden. Als er
erwachsen war, konnten ihn nur solche Partner erregen, die den
wunderbaren phallischen Mann darstellten, der er so gerne gewesen
wäre. Ab und zu fand er auch eine passende weibliche Partnerin.
Insgesamt gesehen aber ließ sich das Szenario der phallischen Spiegelung einfacher und direkter mit einem Mann durchführen.[36]

Aufgrund seiner Erkenntnisse über Larrys Szenarios gab Zavitzianos zu bedenken, daß *einige* der herkömmlicherweise angeführten Fälle von männlichem Fetischismus, darunter auch der Fall des Mannes mit dem Schamgürtel am Ende von Freuds klassischem Aufsatz über Fetischismus, tatsächlich Fälle von Homöovestismus sein könnten. Die Grenzen zwischen Fetischismus, Transvestismus und Homöovestismus sind fließend. Wenn ein Mann vom Betrachten oder Streicheln eines weiblichen Kleidungsstückes dazu übergeht, das fetischistische Kleidungsstück tatsächlich zu tragen, hat er wahrscheinlich die Grenze zwischen Fetischismus und Transvestismus überschritten. Und wenn der Gegenstand, den der Mann zur Steigerung seiner sexuellen Leistungsfähigkeit verwendet, ein männliches Kleidungsstück ist, könnte man von Homöovestismus sprechen. Folglich könnte jeder Mensch, der Kleidungsstücke seines eigenen Geschlechts trägt, ein Homöovestit sein.[37]

Die seltsame Auffassung von einer sexuellen Perversion, die als Homöovestismus bezeichnet wird, gibt uns einen wichtigen Hinweis auf das Prinzip, das den weiblichen Perversionen zugrunde liegt. Ebenso wie nicht jeder, der gegengeschlechtliche Kleidung trägt, ein Transvestit ist, so ist natürlich auch nicht jeder, der Kleider seines eigenen Geschlechts trägt, ein Homöovestit. Doch wir gehen mit Sicherheit am Wesen der perversen Strategie vorbei, wenn wir konventionelle, dem Geschlecht entsprechende Kleidung als Zeichen dafür betrachten, daß ihr Träger frei von Geschlechtskonflikten ist. Die Grundregel ist, daß man Perversionen nie für das halten sollte, was sie zu sein scheinen. Der typische Transvestit trägt die Spitzenhöschen und den Strumpfgürtel unter seiner Uniform oder seinem Anzug; er versteckt seine weiblichen Wünsche und kleidet sich nur privat wie eine Frau. Eine Frau, die sich wie ein Mann kleidet, kehrt vielleicht ihre Männlichkeit heraus, um ihre weiblichen Wünsche zu verbergen. Eine Frau wie Emma Bovary, die genauso handelt und sich genauso kleidet, wie es ihrer Rolle entspricht, kann eine Homöovestitin sein, eine Frau, die sich ihrer Weiblichkeit nicht sicher ist, eine Frau, die Angst hat, ihre männlichen Bestrebungen offen zuzugeben.

Zavitzianos' weibliche Patientin, Lillian, hatte ihre Analyse nicht etwa begonnen, um von ihrem Homöovestismus geheilt zu werden.[38] Sie war mit zwanzig vom Dekan ihres College an Zavitzianos überwiesen worden, weil sie stahl. Im Laufe ihrer Analyse, die sechs Jahre dauerte, wurde eine lange Reihe weiterer Vergehen aufgedeckt. Lillians Lieblingsbeschäftigungen waren Einkaufen und hemmungsloses Geldausgeben. Und obwohl ihre Mutter sie mit Geschenken und Geld überschüttete, stahl Lillian Geld und fälschte Schecks. Sie war Kleptomanin und stahl auch Bücher, Unterwäsche, Strümpfe, Schmuck, Kleider »und alles, was ihr Auftreten als Frau unterstreichen konnte«[39]. Seit ihrem dreizehnten Lebensjahr war sie promiskuitiv, sie stellte sich vor, eigene Kinder zu haben, und paßte gern auf Kinder auf. Doch beim Babysitten fügte Lillian den Säuglingen und Kleinkindern Schmerzen zu, masturbierte die Jungen und umarmte die kleinen Mädchen so fest, daß sie weinten. Ihr Homöovestismus kam in gelegentlichen zwanghaften Impulshandlungen zum Ausdruck. Sie putzte sich dann zu der geschätzten, wertvollen phallischen Frau heraus, die sie gern sein wollte. »Lillian hatte die Neigung, das Verhalten von Frauen, die sie beneidete oder bewunderte, nachzuahmen, und sie neigte auch dazu, sich wie jene zu kleiden. Meistens waren diese Frauen verheiratet oder schwanger. Besonders erregend fand sie es, sie zu bestehlen.«[40]

Ursprünglich empfand Lillian weder Scham- noch Schuldgefühle bei ihren Handlungen, sie spürte nur eine Art gespannter Erregung und ein Gefühl der Macht. Sie willigte in die therapeutische Behandlung ein, weil sie sich sicher war, daß sie den Therapeuten mit einer erfundenen Geschichte an der Nase herumführen und ihn so dazu bringen könnte, ihr wieder Zugang zum College zu verschaffen, ohne daß sie ihre Gefühle und Gedanken erforschen müßte. Aber Zavitzianos blieb hartnäckig, und nach und nach enthüllte Lillian ihre Kindheitsgeschichte und die unbewußten Motive ihrer jugendlichen Delinquenz.

Jede Einzelheit in Zavitzianos' Bericht über Lillians Persönlichkeit als Jugendliche und Erwachsene ergibt im Kontext ihrer frühen

Beziehungen innerhalb der Familie einen Sinn. Lillians Mutter
machte keinen Hehl aus ihrer Enttäuschung, daß sie keinen Jungen
geboren hatte. Als Lillian geboren wurde, war sie deprimiert und
vielleicht emotional erschöpft. Lillian wurde daher selten berührt,
gestreichelt oder liebkost. Obwohl die Mutter ihr sehr hübsches
und lebhaftes Baby allmählich liebgewann, konnte sie es nicht
ertragen, das kleine Mädchen öfter als unbedingt notwendig zu
berühren. Noch schlimmer wurde die Sache dadurch, daß eine der
kompensatorischen Handlungen der Mutter darin bestand, ihre
kleine Tochter zu masturbieren. Diese Masturbationen waren in der
hochambivalenten Beziehung zwischen Mutter und Kleinkind die
einzige Quelle gemeinsamen Vergnügens.

Als Lillian drei Jahre alt war, wurde sie von einem kleinen Bruder
aus dem elterlichen Schlafzimmer verdrängt. Während der Schwangerschaft war die Mutter wieder voller Hoffnung gewesen und
daher geduldiger und liebevoller mit ihrer Tochter umgegangen.
Lillians Anteilnahme an der Schwangerschaft ihrer Mutter war der
Höhepunkt ihrer Kindheit. Die Geburt des Bruders brachte ihr
dann unliebsame Neuigkeiten. Auf den Anblick seines Penis und
auf die wieder einsetzende Menstruation der Mutter reagierte sie
mit starker Angst. Lillians Mutter war seit der Geburt ihres Sohnes
ganz und gar mit dessen Pflege beschäftigt. Für die kleine Lillian
war es offensichtlich, daß es ihrer Mutter Spaß machte, mit ihm zu
schmusen und ihn zu liebkosen. Lillian hatte nun gar keine Mutter
mehr. Selbst die traumatischen, erregenden Empfindungen, wenn
die Finger ihrer Mutter ihre Klitoris und ihre Schamlippen gestreichelt hatten, fehlten. Zu Lillians Kastrationsangst kamen Angst vor
Verlassenwerden und Trennungsangst hinzu. Lillian versuchte sich
zu trösten, indem sie Kleider ihrer Mutter trug und sie vorn mit
Kissen ausstopfte. Auf diese Weise rief sie sich die Zeit ins Gedächtnis zurück, als sie sich mit ihrer aufregenden, schwangeren Mutter
vereint fühlte.

Lillians Mutter hatte sich auf das Baby gefreut. Sie hatte es genossen, ihre kleine Tochter bei sich zu haben, wenn sie Umstands-
kleider einkaufte. Gegen Ende der Schwangerschaft hatte die Mut-

ter auch begonnen, Lillian vorzulesen. Lillian war inzwischen aus dem Babyalter herausgewachsen, zu einem sehr gesprächigen kleinen Mädchen geworden und forderte ihre Mutter körperlich nicht mehr so stark. Ihr Interesse an Sprache und Büchern wurde gern gesehen. Doch als das Brüderchen geboren wurde, hörte das Vorlesen zusammen mit allem anderen, das Lillian mit der Mutter geteilt hatte, plötzlich auf. So, wie ein anderes Kind vielleicht eine weiche Schmusedecke als Ersatz für die Gegenwart der Mutter benutzt hätte, begann Lillian nun, Bücher mit ins Bett zu nehmen. Sie umgab sich mit Büchern, hielt einige in den Armen und tat so, als würde die Mutter ihr vorlesen. Dann schlief sie langsam ein.

Es verging fast ein ganzes Jahr, bis jemand auf den Gedanken kam, Lillian wieder vorzulesen. Eines Tages, als Lillian Interesse am Lesenlernen zeigte, übernahm der Vater das Amt des Vorlesers. Obwohl er seiner kleinen Tochter bis dahin wenig Aufmerksamkeit geschenkt hatte, machte es ihm Spaß, sie lesen zu lehren. Als Lillian jedoch auf ihres Vaters Schoß saß und den Geschichten lauschte, die er ihr vorlas, und die magischen Buchstaben betrachtete, auf die er zeigte, reagierte sie wie die meisten Kinder, die als Säuglinge und Kleinkinder sexuell mißbraucht worden sind. Die sexuellen Phantasien, die anderen kleinen Mädchen kaum bewußt sind, überwältigten sie, so daß sie das Schmusen, die Wärme und den Schutz, die der Vater ihr jetzt zusammen mit dem Leseunterricht bot, nicht als behaglich und angenehm empfinden konnte. Lillian strengte sich sehr an, um den Impuls, den Penis ihres Vaters zu berühren, festzuhalten oder zu schlucken, zu unterdrücken. Nur indem sie sich intensiv auf die Wörter im Buch konzentrierte und manchmal so tat, als würde sie die Wörter ebenso lesen wie ihr Vater, gelang es ihr, diese beunruhigenden Gedanken und Empfindungen zu vertreiben.

Lillians frühe Kindheit verlief unglücklich, und ihr Kummer, ihre Einsamkeit und das Gefühl der Erniedrigung nahmen noch zu, als sie sich der Adoleszenz näherte. Zwangsläufig bemerkte sie, daß ihr Körper zu dem Körper einer »gewöhnlichen« Frau heranwuchs. Als Jugendliche konnte Lillian ihre Gefühle von körperlicher Desintegration, Verlust und Verlassenwerden nur überwinden, indem sie Frauenkleidung stahl und die Kleidungsstücke wo und wann immer möglich trug. Ihre Anfälle von Kleptomanie und Homöovestismus fielen mit dem Beginn ihrer Menstruation zusammen. Lillian konnte ihrem Analytiker erklären, daß sie sich, wenn sie schöne und teure Kleider trug, wie ein Kind aus einer anderen Familie fühlte – bedeutend und reich. Sie pflegte sich vorzustellen, daß sie das Kind anderer Eltern wäre, die sie bestaunten und ihren kleinen Körper mit bewundernden Blicken liebkosten. Auf einer weniger bewußten Ebene erfüllten die Empfindungen, die sie hatte, wenn ihr Körper sich in diesen herrlichen Kleidern befand, ihren lebenslangen Wunsch, von der Haut ihrer Mutter aufgenommen zu werden und zurück in ihren weichen Bauch zu gelangen. Auf diese Weise konnte Lillian mit dem wunderbaren Körperteil wiedergeboren werden, der in ihrer Vorstellung das Brüderchen für die Mutter so wertvoll machte. Dann würde sie ewige Liebe finden und wieder mit ihrer Mutter vereint sein.

In Lillians Kopf gab es zwei Lillians, die sich gelegentlich trennten, vor allem, wenn sie klaute. Die eine war ein liebes, nettes, normales Mädchen, das nie masturbierte und nie stahl, ein höfliches, reiches Mädchen der Oberschicht, das tolle Kleider trug und eine wunderbare Mutter hatte, von der es bewundert wurde. Die andere war ein unglückliches, vernachlässigtes Mädchen, ein schlimmes, schmutziges Mädchen, das masturbierte und die Gegenstände stahl, von denen es das Gefühl hatte, sie seien ihm gestohlen worden. Die gute Lillian sah zu, wie die böse Lillian stahl; die gute Lillian war Komplizin der bösen Lillian, weil sie diese so gut deckte.[41] Wenn Lillian Frauenkleider und Schmuck stahl, stahl sie die beiden Geschenke ihrer Kindheit, die ihr genommen worden waren: die Brustwarze, die ihr nicht unbeschränkt gegeben worden war, und die aufregenden, begehrenswerten Genitalien, die ihr gestohlen worden waren, als ihr Bruder ihre Mutter gestohlen hatte.

In den gestohlenen Kleidern und dem gestohlenen Schmuck erlebte Lillian sich als seltenes, kostbares Juwel, als Smaragd von unvergleichlicher Größe und Form. Die samtigen und seidigen Kleidungsstücke sorgten auf ganz direkte Weise für die Hauterotik, die Lillian als Kind verweigert worden war. Außerdem gab der Hautkontakt mit der teuren Kleidung Lillians verschwommenem, unscharfem Körperbild feste Umrisse und zentrierte die diffusen innergenitalen Empfindungen, die durch die Menstruationszyklen wieder geweckt worden waren.

Lillian war promiskuitiv heterosexuell.[42] Sie machte den ersten Schritt, oft schon beim ersten Treffen. Normalerweise waren die Jungen jünger als sie. Es war ihr unmöglich, bei ihren sexuellen Begegnungen irgendwelche Zärtlichkeit aufzubringen, und sie konnte den rachsüchtigen Sadismus, der beim Geschlechtsverkehr in ihr geweckt wurde, kaum unterdrücken. Trotzdem verwendete sie während ihrer heterosexuellen Abenteuer keinen Fetisch und fühlte sich auch nicht unter dem Zwang, gestohlene Frauenkleidung oder Schmuck zu tragen, um zu sexueller Erregung zu gelangen. Der erigierte Penis ihres jeweiligen Liebhabers reichte aus, um ihr zu bestätigen, daß sie ein bewunderungswürdiges, wertvolles kleines Mädchen mit Penis war. Die einst so erschreckenden, verbotenen Phantasien des kleinen Mädchens auf dem Schoß seines Vaters konnten jetzt relativ straflos in die Wirklichkeit umgesetzt werden. Wenn Lillian den Penis ihres Liebhabers ergriff und daran zog, Fellatio praktizierte, ihn steif machte und zum Orgasmus brachte oder den erigierten Penis einfach nur ansah, konnte sie sich einreden, daß sie den Penis in sich aufnahm und dadurch ihre eigenen beschädigten Genitalien reparierte. Lillian war nicht hedonistisch – sie hatte keine sexuellen Empfindungen, weder war sie erregt, noch hatte sie Orgasmen. Sie war frigide, aber ihre Fähigkeit, bei ihren Liebhabern Erektionen und Orgasmen hervorzurufen, verschaffte ihr ein ungeheures Machtgefühl und narzißtische Befriedigung. Sie stellte sich vor, daß sie sich »das Erlebnis des Jungen einverleibt« hatte und daß »seine Macht und seine Lustgefühle eigentlich ihre seien«.[43] Mit ihrem extensiven, rigiden, ritualisierten heterosexuellen Sexualleben zählte Lillian zu jenen Frauen, die glauben, daß der anatomische Penis ein magischer Phallus sei, der Kastration heilen und Trennung rückgängig machen könne. Mit ihrem Homöovestismus verkörperte Lillian die phallische Mutter, um die Angst vor

Verlassenwerden, die Trennungs- und die Kastrationsangst zu
überwinden, die ebenso groß waren wie die Verstümmelungsangst,
die ein charakteristisches Merkmal von Perversionen ist.

Wenn wir keinen Zugang zu Lillians Innenleben und ihren perversen Phantasien hätten, könnten wir ihre Heterosexualität, wenn
nicht als völlig »normal«, so doch als Zeichen ihrer sexuellen Befreiung ansehen. Die gute Lillian war das »normale« Mädchen, das
seine Weiblichkeit unter Beweis stellte, indem es ungeheure narzißtische Befriedigung in sexuellen Beziehungen zu Männern suchte
und fand und teure Frauenkleider trug.

Ist die arme, mutterlose Emma Bovary nun einfach eine durchschnittliche, gelangweilte, unbefriedigte Ehefrau, die sich für einen
köstlichen ehebrecherischen Nachmittag feinmacht, oder ist sie eine
Homöovestitin in der Verkleidung eines banalen weiblichen
Typus?

> Und während sie die liebende und tugendhafte Gattin spielte,
> erglühte sie beim Gedanken an dessen [Rodolphes] schwarzes Haar,
> das in einer Locke auf die gebräunte Stirn fiel, an dessen kräftige und
> doch so geschmeidige Gestalt, beim Gedanken an diesen Mann mit
> seinem geübten Verstand, seinem leidenschaftlichen Begehren! Für
> ihn feilte sie ihre Nägel mit der Sorgfalt eines Ziseleurs, für ihn
> konnte sie nicht genug *Cold Cream* verbrauchen und nicht genug
> Patschuli in die Taschentücher gießen. Sie überlud sich mit Armbän-
> dern, Ringen und Halsketten. Wenn sie ihn erwartete, füllte sie die
> großen blauen Glasvasen mit Rosen und schmückte das Zimmer und
> sich selbst wie eine Kurtisane, die einen Prinzen erwartet. Das
> Dienstmädchen hatte immer zu waschen [...]
> [...] Barchentunterröcke, Busentücher, Halskrausen, Beinkleider
> mit Schnürbund, die über den Hüften weit waren.[44]

Emmas Gedanken und Handlungen in dieser Szene könnte man als
Ausdruck einer typisch homöovestitischen Phantasie ansehen,
denn jede konventionell weibliche Frau, die mit Armbändern, Ringen und Ketten, mit Unterwäsche aus Satin und gerüschter Spitze
geschmückt ist, hat vielleicht unbewußt die Phantasie, sich die
phallischen Kräfte des Mannes, den sie verehrt, anzueignen, oder

stellt sich vor, ihren wertlosen, unzulänglichen Körper in den Körper einer phallischen Frau zu verwandeln. Außerdem erfaßt das Konzept des Homöovestismus mit seiner Implikation der Nachahmung des eigenen Geschlechts vielleicht besser, was geschieht, wenn eine Frau sich feinmacht, um sich als wertvolle sexuelle Ware darzustellen, als der Begriff des *Exhibitionismus*, der, fachlich gesehen, nur in jenen seltenen Fällen angemessen ist, in denen Frauen die Rache für die Verluste und Demütigungen ihrer Kindheit zum Ausdruck bringen, indem sie ihre Genitalien vor widerstrebenden männlichen Opfern entblößen. Öffentlichkeit und Psychiater gleichermaßen bezeichnen Stripteasetänzerinnen und Darstellerinnen in Pornofilmen oder Modelle für Pornozeitschriften häufig als Exhibitionistinnen. Während die Befriedigungen, die der Exhibitionismus bietet – genitale Bestätigung und Rache am anderen Geschlecht sowie »leicht verdientes« Geld und sogar Befriedigung von schauspielerischem Ehrgeiz –, eine gewisse Rolle dabei spielen, daß Frauen sich zu diesen Beschäftigungen hingezogen fühlen, agieren jedoch die zahllosen Frauen, die sich mit Reizwäsche, Schleiern oder durchsichtigen Kleidungsstücken aufputzen, um in eindeutigen, aufreizenden Haltungen zu posieren, deshalb so, weil sie sich selbst bestätigen wollen, daß sie nicht verlassen oder vernichtet werden. Ihre Existenz steht auf dem Spiel. Der fetischisierte Körper der Darstellerin im Pornofilm ist alles, was von einem kleinen Mädchen übriggeblieben ist, das nie verstehen konnte, warum ihm alle Liebe entzogen wurde.

Eine Frau, die, freiwillig oder unfreiwillig, an der Darstellung fetischistischer Skripts oder männlicher Pornographie teilnimmt, wird als Opfer angesehen. Es stimmt, daß sie Opfer einer Sozialordnung ist, die Männern erlaubt, Frauen auszubeuten, und sie sogar dazu ermutigt. Es stimmt jedoch auch, daß sie in ein Vergeltungsszenario verwickelt ist und sich an jenen rächt, denen die Macht gegeben wurde zu verlassen und zu verstümmeln. Diese einander widersprechenden Haltungen von Hörigkeit und Rachsucht sind charakteristisch für die Prostituierte, das Callgirl, den Pornostar, der sich bereitwillig in Abhängigkeit zu seinem Zuhälter begibt, in Abhängigkeit zu Kunden, zum Regisseur oder jedem Mann, der diese Frauen herumkommandiert und versklavt. Mit kalter Berechnung, hohen Stiefeln und spöttisch-süßem Geplauder triumphiert sie über ihre Demütigungen, indem sie die Hunderte von anderen Männern, die von ihren sexuellen Gunstbezeigungen abhängig sind, erniedrigt und ausbeutet. Jetzt kann sie diejenige sein, die Liebe gibt und fortnimmt. Doch andere Motive sind für diese Frauen, die in ihrer Not überall nach einer liebenden Mutter suchen, entscheidender. Wenn sie sich in einen Fetisch verwandelt, ein entmenschlichtes Objekt, das Männern Erektionen und Ejakulationen ermöglicht, kann eine machtlose, hilflose, gesellschaftlich benachteiligte Frau ein starkes Machtgefühl empfinden. Und wenn wir diese Szenarios genauer betrachten, erkennen wir noch weitere Motive. Die erregten Reaktionen der Männer auf ihren Körper bestätigen der Frau, daß sie tatsächlich existiert. Ein wesentlicher Beweggrund dafür, daß sie sich an der Fetischisierung ihres Körpers beteiligt, ist daher ihre Angst vor dem Zersplittern ihres Körpers, vor der Auflösung in Nichts – die Angst vor Vernichtung.

Olympia, Pin-up-Girl, Stripteasetänzerin und Go-go-Girl, betonte in ihrem Interview mit Stoller, daß die Bezeichnung *Exhibitionistin* auf sie und Frauen ihresgleichen nicht ganz zuträfe. Und ich glaube, daß sie damit recht hat und daß sie ebenfalls recht hat, wenn sie meint, daß sie eine Frau nachahmt. Olympia erbot sich, ihre Lebensgeschichte zu erzählen, und zeichnete das bewegende Porträt einer Frau, die sich ihr Existenzrecht verdiente, indem sie sich in einen Fetisch verwandelte. Stoller schlug für das Verhältnis zwischen der Frau, die als Fetisch handelt, und dem Mann, der sie als Fetisch benutzt, eine Formel vor: »Der weibliche Masochismus paart sich mit dem Machismo.«[45] Olympia verkörpert das geistig beschränkte, blonde Starlet mit großem Busen und dickem Hintern, das Go-go-Girl, das Pin-up-Girl, die phallische Frau, die nackt oder halbnackt posiert, die Männer damit wild macht und bis zum letzten Augenblick verbirgt, ob sie phallisch oder kastriert ist, ob sie Liebe gibt oder Liebe nimmt.

Olympia war überzeugt, daß ihr naturgegebene Weiblichkeit

fehlte, und entschied sich daher, sich als Frau zu verkleiden. Bevor sie ihren Beruf entdeckte, hatte sie sich in ihrem Körper immer unwohl gefühlt. Sie erklärte Stoller, daß sie viel weiblicher als die Durchschnittsfrau auftreten könne, weil sie sich ihrem Handwerk so intensiv widme und sorgfältig weibliche Bewegungen und Kleidungsstile studiere. Sie scheint sich ihres gespaltenen Selbstbildes bewußt zu sein: »Ich habe immer gedacht, ich hätte die Grazie eines Lastwagenfahrers, aber ich habe entdeckt, daß es nichts mit Grazie zu tun hat, sondern daß man lernen muß, wie etwas geht, indem man es genau beobachtet. Ich könnte Ihnen zum Beispiel zwei Arten zeigen, wie man auf dem Fußboden sitzen kann, einmal graziös, wie eine Tänzerin, und einmal wie ein Bauer.«[46]

Olympia beschreibt ihren Körper als Behälter oder bestenfalls als Werkzeug, mit dem sie ihr Handwerk ausübt – nämlich Männer sexuell zu erregen. »Ohne den Behälter könnte ich mich völlig auflösen und, über das ganze Universum verstreut, an einer Milliarde Orten gleichzeitig sein.«[47] Sie stellt sich vor, daß sie mit Kleidung, Frisur und Körperhaltung das Äußere ihres Körpers mit Weiblichkeit schmückt.

Olympias Bericht über ihre Beziehung zu ihrer Mutter ist wahrscheinlich eine retrospektive Fiktion, die Art von Kindheitsgeschichte, die eine Jugendliche oder eine erwachsene Frau erfinden könnte, um ihre gegenwärtige Notlage zu verstehen. Trotzdem ist das, was Olympia uns erzählt, eine zutreffende Version der Phantasien der erwachsenen Olympia über ihre Mutter. Ihr Bericht kann als Teilwahrheit angesehen werden, die andere, beängstigendere Einzelheiten verdeckt. Olympia ist sich sicher, daß der Anblick ihrer nackten Mutter sie bereits als kleines Kind sexuell erregte. Sie schlief bei ihrer Mutter, und ihre Mutter ging gern nackt im Haus umher. Olympia behauptet, daß sie als Kind ihre Augen überanstrengte, weil sie sich so sehr bemühte, durch das Schamhaar ihrer Mutter zu sehen, um herauszubekommen, was darunter war. Außerdem liebte Olympias Mutter kleine Scherze. Sie pflegte einen Hut aufzusetzten und Handschuhe und einen Gürtel anzuziehen, weiter nichts, und dann so zu tun, als wollte sie einkaufen gehen.

Olympia erinnert sich, daß sie sich bereits mit fünf Jahren für Go-go-Tanzen interessierte. Sie legte ihre Kommodenschubladen umgekehrt auf den Fußboden und tanzte nackt darauf.

Unter Olympias Erinnerungen an ihre Kindheit sind auch einige Szenen, die mit dem Gang zur Toilette zu tun haben: Sie spielte manchmal einen Hund, der im Hof »Gassi« ging, und sie begleitete ihren Vater in die Männertoilette, damit ihr »Piephahn« nicht von den Rasierklingen schwingenden Unholden verstümmelt werden konnte, die sich nach Ansicht ihrer Eltern in der Damentoilette versteckten. In der wohlmeinenden Absicht, Olympia vor Sexualverbrechern zu schützen, brachten die Eltern sie genau in die Situation, die für ein kleines Mädchen traumatisch sein mußte. Bei ihren Versuchen, unter das Schamhaar ihrer Mutter zu sehen, war Olympia zwar frustriert worden, doch sie konnte ungehindert die Reihe der pinkelnden Penisse betrachten. Olympia beschreibt diese Tätigkeit als eine der »Lieblingsbeschäftigungen« ihrer Kindheit.[48] Sie beschließt diese Erinnerungen mit folgendem Kommentar: »Ich hatte ganz schöne Schwierigkeiten als Kind. Eine Zeitlang war ich selbstmordgefährdet, weil ich mich nie mit meinem Körper verbunden fühlte. Ich fühlte mich einfach völlig losgelöst von meinem Körper; ich fühlte mich wie ein völlig abgetrenntes Wesen.«[49]

Ein lebender Fetisch zu sein gestattet Olympia, Kontakt zu ihrem Körper zu haben. Sie betrachtet ihr Tanzen und Modellstehen als kreative Handlungen, die direkt aus ihrer sexuellen Energie entstehen. Sie möchte auch Science-fiction-Literatur schreiben, eine weitere Form der Kreativität, durch die sie ihre sexuellen Phantasien zum Ausdruck bringen könnte. Zum Beispiel sieht Olympia die weiblichen Geschlechtsorgane als nicht vorhanden an. In ihren Betrachtungen über die Unterschiede zwischen den Geschlechtern sind Frauen gegenüber Männern im Vorteil, weil Männer sich ständig Sorgen wegen ihrer genitalen Unzulänglichkeit machen. Sie argumentiert wie Karl Abraham: Wenn nichts da ist, brauchen Frauen sich auch um nichts Sorgen zu machen. Ihre Phantasien über die vaginale und ovariale Leere inspirieren sie zu einer Science-fiction-Handlung:

Es wäre doch interessant [...], wenn es eine Verbindung gäbe, wenn
Menschen mit allem in der Natur verbunden wären. Wie ein schwarzes Loch im Raum, so daß an dem Tag, an dem ein schwarzes Loch
im Raum aktiviert würde und das ganze Universum einsaugen
würde, alle Vaginas in der Welt auch aktiviert würden und einsaugen
würden, aber in kleinerem Umfang: Teppiche hochziehen, den ganzen Schnickschnack, und alle würden ihr Inneres nach außen stülpen
und verschwinden.[50]

So, wie männliche Pornographie Rache an Frauen übt, ist Olympias
kreative Phantasie von der Zerstörung der Welt eine zum Leben
erwachte *vagina dentata*, ein Alptraum von archaischer Rache.
Olympias Phantasie von der Rache der Vagina und die männliche
Phantasie, den Penis in der gefürchteten Vagina zu verlieren, greifen
ineinander. Ihr fiktiver Genitalapparat erreicht jedoch mehr, als den
Penis nur gefangenzuhalten und zu verschlucken. Wenn der Phallus
für die unbezahlbaren Schätze steht, jene Trophäen der Macht, die
in der Sozialordnung am höchsten bewertet werden, so erweist
Olympias vaginale Saugöffnung sich als würdiger Gegner. Die
Saugkraft der vaginalen Leere stülpt alle Gegenstände von sozialem
Wert, insbesondere die Ausstattung des gemütlichen patriarchalischen Haushalts, von innen nach außen und läßt sie für immer
verschwinden.

Frauen wie Olympia, zu denen auch die Kultfigur Marilyn Monroe gehört, sind in Körpern gefangen die nur durch die Nachahmung von Weiblichkeit lebendig werden können. Diese weiblichen
Darsteller von Weiblichkeit werden von ihren rigiden sexuellen
Szenarios ebenso beherrscht wie die Männer, die sie erobern, fesseln
und bedienen. Sie wissen, daß sie verloren sind. Stoller sagt: »So
sind sie gegen jene, die ihnen Verbindung versprechen, nicht
gewappnet. Sie sind nicht nur bereit, als Fetisch zu dienen; sie haben
gar keine andere Wahl.«[51] Weil nur wenige von uns dem nagenden
Gefühl entgehen, daß die meisten Menschen ihre Sexualität bestenfalls teilweise ausleben, tröstet es uns, daran zu glauben, daß die
Olympias, Marilyn Monroes und Emma Bovarys Revolutionärinnen sind, daß sie Mittel und Wege zeigen, um die Grenzen des

Möglichen zu erweitern und die Realität ins Wanken zu bringen. Doch in einer Sozialordnung, die ihre Strukturen erhält, indem sie das Sexualleben trivialisiert, sind unsere fetischisierten Heldinnen die prosaischsten Waren von allen. Als fetischistische Requisiten von Präsidenten und Königen, von berühmten Männern und aristokratischen Boulangers, von Literaten wie Fullerton und von Bankiers, von Feuerwehrleuten und Richtern sind die fetischisierten Olympias und Marilyns die augenfälligsten Opfer eines Warenfetischismus, der jeden Winkel der Sozialordnung durchdringt.

Die Modebranche, ein Eckpfeiler des modernen industriellen Wirtschaftssystems, versteckt die weibliche Perversion, sich wie eine Frau zu kleiden, und die männliche Perversion des Transvestismus wie Poes gestohlenen Brief dadurch, daß sie sie in aller Öffentlichkeit stattfinden läßt. Natürlich ist nicht jeder Designer ein latenter Transvestit, und nicht jedes Modell oder jede Frau, die Modellkleider trägt, ist eine Homöovestitin. Die Modebranche, die von den Stereotypen der Weiblichkeit (und der Männlichkeit) lebt, steht nach Art der perversen Strategie für die vielen anderen gesellschaftlichen Institutionen, die auf der Grundlage einer Machtstruktur existieren, in der manchen Menschen eine abhängige, passive, weibliche Position und anderen eine mächtige, dominierende, männliche Position zugewiesen wird. Sie macht die verschiedenen Arten sichtbar, auf die infantile Phantasien über Weiblichkeit und Männlichkeit von der Gesellschaft zur Sicherung ihrer eigenen Strukturen eingesetzt werden können.

Viele Männer mit transvestitischen Phantasien hatten als Kinder Phasen, in denen sie weibliche Kleidung anzogen. Als Erwachsene tragen sie jedoch möglicherweise niemals Frauenkleider, um sich ihre Männlichkeit und genitale Tüchtigkeit zu bestätigen. Statt dessen entwickeln sie Phantasien, Frauen in Frauenkleidung zu kleiden und ihre Mängel zu beheben. Solche Männer sind so von der Phantasie, Frauen zu reparieren, in Anspruch genommen, daß man bei ihnen mit Recht von einem Pygmalion-Komplex sprechen kann. Weil viele dieser Männer außerdem wie Pygmalion besondere Gaben haben, verstehen sie es in ihrer Besessenheit ausgezeichnet, das Rohmaterial eines Frauenkörpers in ein betörendes Bild der Weiblichkeit zu verwandeln.

Man findet Pygmalions nicht nur in der Modebranche oder unter Männern. Ein Pygmalion kann ein Professor sein, ein Filmregisseur, ein Psychiater, ein Chirurg, der Schönheitsoperationen durchführt, ein Casanova, ein Vater oder eine Mutter, jeder Mann oder jede Frau, der oder die Verstümmelungsängste durch die Phantasie bewältigt, mit seinen oder ihren phallischen Kräften ein verwundetes, kastriertes Wesen zu reparieren.

Pygmalions sind Meister darin, ein etwas ungepflegtes, schlecht gekleidetes, unmodisch pummeliges Wesen zu entdecken, das auch intellektuell weniger leistet, als es könnte, und sofort zu erkennen, daß es ihren Pygmalion-Phantasien entspricht – eine Frau, die glaubt, daß sie eine Reparatur nötig habe, eine Frau, die sich vorstellt, daß ein Mann oder sein magischer Phallus sie reparieren könne. Die Galatea aus Fleisch und Blut liefert sich mit Körper, Seele und Geist an Pygmalion aus und gestattet ihm, ihr unvollkommenes Selbst zu seinem Bild von der perfekten Frau umzuformen. Manche Pygmalions sind zwar nicht völlig impotent, haben aber Schwierigkeiten, ihre Erektionen aufrechtzuerhalten, und sind häufig nicht fähig, in der Vagina zu ejakulieren. Diese genitalen Hindernisse halten sie aber nicht davon ab, sich einzubilden, sie seien ideale Liebhaber. Bewaffnet mit der Phantasie, daß sie eine schadhafte Frau reparieren, sind Pygmalions zumindest manchmal fähig, einer Frau sexuell Lust zu bereiten und sogar selbst zum Orgasmus zu gelangen. Das bestmögliche Szenario für den durchschnittlichen Pygmalion ist jedoch eines, das ihm gestattet, seine Reparaturphantasien auszuagieren, ohne sich auf den potentiell gefährlichen Geschlechtsverkehr einlassen zu müssen.

Dem Pygmalion unserer Zeit bereitet nichts so großes Vergnügen, wie ein ungeformtes Mädchen zu einer hochgeschätzten, sexuell aufreizenden Frau umzuformen – der idealen phallischen Frau, die er gerne wäre. Er gibt sich der Leidenschaft hin, ihren Körper zu schmücken, ihre Schuhe, Handschuhe und Hüte auszusuchen, ihre Frisur zu verändern, ihre Eßgewohnheiten zu kontrollieren, ihre

Tischsitten zu beaufsichtigen, ihre Sprache zu verbessern, ihre
Gedanken zu lenken und ihre Konflikte zu analysieren – bis zu dem
Augenblick, in dem die Frau endlich seiner Vorstellung von einer
idealen Frau entspricht. Dann verliert er das Interesse. Wie Professor Henry Higgins, Shaws Frauenhasser, verläßt er seine Mario-
nette, sobald er seine Reparatur vollendet hat. Er hat dabei überhaupt kein Schuldgefühl, sondern fühlt sich durchaus ehrbar und im
Recht, denn schließlich hat er aus dem schmuddeligen Mädchen
etwas viel Besseres gemacht, und er wendet sich seinem nächsten
Projekt zu. Solange eine bemitleidenswerte Eliza bereit ist, sich
zu einer Prinzessin aufbauen zu lassen, ist es unwahrscheinlich,
daß der Mann mit dem Pygmalion-Komplex bewußt unter seinen
sexuellen Schwierigkeiten oder unter seinen Geschlechtskonflikten leidet.

Männer, die die Phantasie entwickeln, beschädigte Frauen zu
reparieren, werden von unbewußten Bildern und Phantasien von
verstümmelten Körpern, von »kastrierten« Männern und Frauen,
verfolgt. Diese Phantasien sind Ausdruck ihrer unbewußten Feindseligkeit den Frauen gegenüber, denen sie bewußt helfen wollen. In
der Modebranche wird diesen erschreckenden unbewußten Phantasien durch die Mode, die für Frauen entworfen wird, Ausdruck
verliehen. Da in unserer Gesellschaft Mode überall sichtbar ist, sind
die Pygmalions unter den Modeschöpfern in der Lage, das an die
Öffentlichkeit zu bringen, was unbewußt in vielen sozialen Institutionen, Industriezweigen und Berufen, die sich dem Reparieren von
Frauen verschrieben haben, vor sich geht. Wie wir in späteren
Kapiteln sehen werden, wird selbst die Elternschaft, eine unserer
geheiligtesten sozialen Institutionen, manchmal zu einem perversen
Unternehmen, das darauf abzielt, ein Kind zu reparieren, weil das
Kind den Eltern als Spiegel für das ideale Selbst dienen soll, das sie
sein möchten. Es gibt viele Eltern, die sich für Pygmalions halten,
die ein perfektes Kind formen können. Bei dieser Perversion der
elterlichen Funktion schließt die Reparatur des Kindes die Indok-
trinierung eines Geschlechtsstereotyps ein und ist außerdem eine
Entschädigung für die unbewußte Feindseligkeit dem Kind gegen-

über, die die Eltern sonst möglicherweise unverhüllter ausdrücken würden.

Bewußt beschäftigen sich die Pygmalions der Modebranche, ebenso wie die guten Eltern, die gern begnadete Bildhauer wären, mit Vorstellungen von Satinkleidern, eleganten Hosenanzügen und toupierten Frisuren. Man muß jedoch gar nicht besonders tief in ihre Phantasien eindringen, um zu erkennen, daß diese Pygmalions Frauen unbewußt als erniedrigte, schmutzige, blutende Kreaturen ansehen. Die bestrafenden Modetrends, die die Pygmalions der Modebranche für Frauen erfinden, wie Humpelröcke, Schuhe für den eingebundenen Fuß der Chinesin, Korsette und Fischbeinkragen, sind verkappter Ausdruck eines »Schreckmoments«, der in Haß verwandelt wurde. Dieser aus Angst entstandene Haß kommt, nur geringfügig besser getarnt, auch in den durchsichtigen Blusen, den Federn und den Flaumstolas zum Ausdruck, der Frauen wie Spielzeug aussehen läßt, wie schmückendes Beiwerk, wie Wesen, die nicht ernst zu nehmen sind.

Die meisten Pygmalions, ob sie nun unterrichten, kosmetische Operationen durchführen oder Mode entwerfen, verwenden viel Energie darauf, für ihren unbewußten Sadismus dem »schwachen Geschlecht« gegenüber Schadenersatz zu leisten. Pygmalions leisten ständig Reparationen, zügeln ihre Vergeltungswünsche und halten Frauen unter Kontrolle, indem sie ihnen die Überzeugung vermitteln: »Ohne mich bist du nichts.«

Olympia ist immer von ihrem Gefolge umgeben, von Friseur, Tanzlehrer, Stimmlehrer, Kostümbildner, Inspizient, Werbeagent und Choreograph, der den Befehl ausgibt: »Gib dein Sexleben ganz auf, damit wir deine Energie umlenken können.«[53] Olympia stimmt ihren Pygmalions zu, wenn sie sagen, daß sie nicht existieren würde, wenn sie sie nicht geschaffen hätten. »Alles, was ich bin, ist die physische Gestalt in der Nummer. Ohne sie wäre ich nichts.«[54]

Unter ihrer makellosen Haut sind viele der Modelle Olympias und Elizas, die Angst und Depression mit der Phantasie überwinden, daß sie repariert werden können. Und unter ihren besonders männlichen oder pseudoweiblichen Mänteln sind einige der Fotografen, Friseure und Designer, die Modelle zur perfekten Frau des Jahres machen, echte Pygmalions.

Mit dem Aufkommen der Frauenbewegung sind die Designer vorsichtig geworden. Christian Lacroix gestand Michael Gross, dem Reporter der *New York Times*: »Heutzutage ist es ganz unmöglich, einer Frau zu befehlen: ›Das trägst du.‹« Gross berichtet, die Frauenbewegung habe die früheren Diktatoren in »Alchimisten« verwandelt, die »Sehnsüchte zu Kleidern machen«.[55]

Er läßt die Alchimisten für sich selbst sprechen. Emanuel Ungaro verkündet, daß die Frauen, denen er dient, ihn faszinieren: »Ich könnte stundenlang über Frauen sprechen. Warum sind sie so unbegreiflich?« Selbst Yves St. Laurent macht seine symbolische Verbeugung vor den Wünschen der Frauen: »Die Frauen wählen. Wir müssen erspüren und erahnen, was Frauen wollen.« Belustigt übernimmt der Reporter das Stichwort von Ungaro und St. Laurent und führt Freud an: »Wie Freud einst fragte: Was wollen Frauen?« Azzedine Alaïa weiß es. Frauen »wollen beides sein, frei und weiblich«. Kenzo stimmt dem zu. Frauen sind heute »freier [...] Sie wissen, was sie wollen, was sie können. Deswegen hat sich auch die Mode gewandelt. Die Botschaft heißt Freiheit.«

Issey Miyake meint zum Thema Freiheit, seine Kleider und Anzüge seien das Ergebnis einer engen, unausgesprochenen Zusammenarbeit zwischen seinen befreiten Designs und der befreiten Frau: »Ich versuche, frei zu sein. Die Frauen müssen auch frei sein.« Außerdem würde Miyake den Frauen gern bei ihrem Befreiungskampf helfen. Er sagt, wenn er könnte, würde er an jede seiner Schöpfungen ein Etikett heften mit der Aufschrift: »Nehmen Sie diese Kleider mit, wie Sie wollen.«

Als Sprecherin der weiblichen Minderheit im Modegeschäft geht Sonia Rykiel auf die Widersprüche in einer Frauenseele ein. Ob klein, groß, dick oder dünn, die meisten Frauen seien genau wie Sonia. Sonias Idealfrau ist »zerbrechlich, aber stark«. Sie steht im Beruf, muß aber gleichzeitig Männer, Kinder und Häuser versorgen. »Das versuche ich mit meinen Kleidern zu erklären. Es sind Kleider für den Alltag. Das ist das wirkliche Leben der Frau.«

St. Laurent, dem Pionier des Hosenanzugs, ist diese Vorstellung von domestizierter Weiblichkeit zuwider. Die Tugenden der Zerbrechlichkeit beeindrucken ihn nicht. Vor allem möchte er nicht, daß seine Frauen gleich aussehen. »Ich mag es, wenn eine Frau arrogant und verwegen ist. Eine Frau, die arrogant ist, sieht keiner anderen ähnlich.« Auch Ungaro fühlt sich von weiblicher Arroganz angezogen, vielleicht sogar noch mehr als St. Laurent. Ungaros Frau muß eine wandelnde sexuelle Provokation sein. »In ihrer Art der Verführung liegt etwas sehr Gemeines.« Wirklich befreite Frauen seien »weibliche Don Giovannis [...], die] die Menschen um sich herum erobern«. Ungaro erkennt, daß er ein Bildhauer ist, der Frauen schafft, eine Art Pygmalion. Er vergleicht sich mit Michelangelo, der, als sein David vollendet war, fragte: »Warum sprichst du nicht?« Gross, der den Haß unter Ungaros Liebe zu Frauen entdeckt, kommentiert: »Besonders bei männlichen Modeschöpfern kann die Grenze zwischen Anbetung und feindseligem Angriff verschwimmen.«

Jean-Paul Gaultier trifft genau den Ton, der seinen Galateas gefällt: »Frauen können alles, was Männer können, und sie können es manchmal besser.« Er beschreibt seine Idealfrau als »die Tochter derjenigen, die die Frauenbewegung in Gang gesetzt hat«, und sein Ideal von der befreiten Frau sieht so aus: »Sie weiß um ihre Macht, aber sie setzt sie gezielt ein, plötzlich und überraschend. Ich hasse die Vorstellung von Unterwürfigkeit.« Wenn es um seine Gedanken über weibliche Macht geht, bleibt dieser moderne Fürsprecher der befreiten Töchter der »Women's Lib« aus strategischen Gründen vieldeutig. »Viele junge Mädchen ziehen sich an wie Prostituierte, aber innerlich können sie rein, puritanisch, streng und zurückhaltend sein. Die Kodes ändern sich.«

Von Vita-Julian und Sally mit ihren Levi's-Jeans über die homöovestitisch-kleptomanische Lillian und Emma in ihren Barchentunterröcken, Olympia, die Frauen nachahmt, und die Galatea-Elizas, die sich Männern unterwerfen, die beschädigte Frauen reparieren, über die Töchter der Frauenbewegung, die Don Giovanni nacheifern und sich nur ihren Modeschöpfern unterwerfen, gelangen wir schließlich zu den Frauen, die insofern befreit sind, als sie ihre intellektuellen und künstlerischen Begabungen einsetzen, die aber trotzdem das Gefühl haben, daß sie ein schreckliches Schicksal erwartet, wenn sie sich nicht als sich selbst erniedrigende weibliche Typen maskieren. 1929 teilte die Psychoanalytikerin Joan Riviere ihren Kollegen und Kolleginnen mit, daß einige mächtige, befreite Frauen sich als Frauen verkleideten.

Zu Beginn des zwanzigsten Jahrhunderts waren die meisten Frauen, die intellektuelle Ziele verfolgten und Berufen nachgingen, offen »männliche« Frauen. Abraham entdeckte sie sofort. In jenen Tagen wagten nur wenige, außergewöhnlich mutige Frauen, sich vorzustellen, daß sie Philosophinnen, Ärztinnen, Bildhauerinnen, Dichterinnen, Komponistinnen, Musikerinnen, Bankiers oder Direktorinnen von Gesellschaften werden könnten. Weil diese Frauen sich von den durchschnittlichen Frauen unterschieden, zögerten sie nicht, sich selbst oder ihre Begabungen für die Welt sichtbar zu machen. Aber bereits nach kurzer Zeit wurde eben diese Sichtbarkeit weiblicher Kräfte als Bedrohung für die Sozialordnung angesehen, und manche Frauen beeilten sich, in den verschiedenen unbewußten Verkleidungen Schutz zu suchen.

In ihrem Aufsatz »Womanliness as a Masquerade«[56] beschreibt Riviere, auf welche Weise Frauen einige Jahre, nachdem sie endlich die Erlaubnis bekommen hatten, »männliche« intellektuelle Ziele zu verfolgen, ihre Geschlechtskonflikte lösten. Statt diese Frauen, die mit ihrer Mißachtung der weiblichen Tugenden möglicherweise eines Tages die Gesetze des Landes bedrohen würden, offen zu unterdrücken, fand die Gesellschaft eine Art Kompromiß. Frauen konnten so männlich sein, wie sie wollten, wenn sie nur weiterhin ihre Weiblichkeit aufrechterhielten. Die Sozialordnung stellte zwar neue Rollen für Frauen bereit, aber die Frauen mußten einen Weg finden, ihren männlichen Ambitionen nachzugehen und trotzdem weiterhin für weibliche Frauen gehalten zu werden. »Es wäre schwer zu sagen, ob die Mehrzahl der Frauen, die heute berufstätig sind, hinsichtlich Lebensweise und Charakter eher weiblich oder eher männlich sind. Im Universitätsleben, in wissenschaftlichen Berufen und im Geschäftsleben trifft man ständig auf Frauen, die alle Kriterien einer vollständigen weiblichen Entwicklung zu erfüllen scheinen.«[57]

Wer sind diese Wunderwesen mit der »vollständigen weiblichen Entwicklung«? Sie bilden die Schar der von Berufs wegen intellektuell engagierten Frauen, die außerdem Ehefrauen und Mütter und ausgezeichnete Hausfrauen sind, die ein aktives gesellschaftliches Leben führen und am kulturellen Leben ihrer Gemeinde beteiligt sind, Frauen, deren Kleidung und Frisuren – ob sie nun Hosen und Kurzhaarschnitte tragen oder nicht – untadelig und unverkennbar weiblich sind. Noch dazu unterhalten sie ausgezeichnete sexuelle Beziehungen zu ihren Ehemännern, mit häufigem Geschlechtsverkehr und zahlreichen Orgasmen.

Joan Riviere übersetzte Freuds Werke ins Englische und war eine seiner begabtesten und originellsten intellektuellen »Töchter«, sie war Anhängerin von Melanie Klein und Zeitgenossin Karen Horneys und akzeptierte nicht, daß alle Frauen, die so tadellos weiblich waren, tatsächlich so wenig Probleme mit ihrer Weiblichkeit haben sollten, wie sie sich selbst und andere glauben machten.

Wenn wir einmal beginnen, unter die Oberfläche zu schauen, erkennen wir die Frau, die ihre Weiblichkeit zur Tarnung verwendet, sofort. Riviere beschreibt eine Patientin, die äußerlich alle Anzeichen für eine »vollständige weibliche Entwicklung« zeigte. Doch ein Symptom verriet ihre Maskerade. Die Patientin war hoch angesehen, wurde gut bezahlt und war sehr erfolgreich. Sie bereiste Europa und hielt Vorträge, in denen sie für die intellektuellen und kulturellen Belange stritt, die ihr am Herzen lagen. Auf jeden ihrer großen Auftritte folgte jedoch ein schwerer Angstanfall. Manchmal konnte sie vor Angst die ganze Nacht lang nicht schlafen. Sie stellte sich vor, was sie vielleicht Unpassendes gesagt oder getan haben konnte und welche furchtbaren Konsequenzen das haben mochte. Rivieres Patientin war bewußt, daß sie sich in ihrer Furcht vor Strafe wie eine Verbrecherin fühlte, aber sie konnte sich nicht erklären, welcher Art ihr Verbrechen wohl gewesen sein könnte. Weil die

Angst nach ihren Vorträgen ständig wuchs, hatte sie zunehmend
das Bedürfnis nach Bestätigung. Schließlich entwickelte sie ein
anderes Symptom, das an die Stelle der Angst und der Schuldgefühle trat. Sobald sie ihren Vortrag beendet hatte, verspürte sie den
Drang, bei einem Mann, der Zeuge ihres Auftritts gewesen war,
Aufmerksamkeit und Lob zu suchen. Der Mann hatte nur selten die
Fähigkeit, ihre Leistung zu beurteilen. Es reichte aus, daß er älter
war – eine Art Vaterfigur. Zuerst mußte die Patientin sicherstellen,
daß ein väterlicher Typ ihre intellektuelle Überlegenheit anerkannte. Sie mußte hören, wie er ihren geistigen Kräften Tribut
zollte, aber noch wichtiger war, daß er implizit die öffentliche
Präsentation ihrer eindrucksvollen Begabung billigte. Wenn diese
Bestätigungen abgehakt waren, ging sie schnell zum nächsten Punkt
über. Sie verwandelte sich in eine hüftenschwingende, mit den
Wimpern klappernde Verführerin. Jetzt brauchte sie ein Zeichen
des Mannes, daß sie sexuell attraktiv war.

Die Patientin wählte intuitiv Männer aus, die sich gut dafür
eigneten, dieses Skript mit ihr aufzuführen. Es waren freundliche
Vaterfiguren, aber gleichzeitig Männer, die sich vor solchen Frauen
fürchteten, die möglicherweise tatsächlich sexuelle Forderungen an
sie stellen würden. Es war klar, daß die Patientin die Verführungs-
szene nur spielte, daß sie eine jener harmlosen flirtenden Frauen war,
denen der Mann gefahrlos Aufmerksamkeit schenken konnte. Auch
die »männliche« Intelligenz der Rednerin trug zur Beruhigung der
Männer bei, so daß sie darauf vertrauten, daß diese Versucherin keine
echten sexuellen Leistungen von ihnen erwarten würde.

Wenn nicht die schweren Angstanfälle, die schlaflosen Nächte
und später die zwanghaften, erniedrigenden Nachahmungen von
Weiblichkeit nach ihren öffentlichen Reden gewesen wären, wäre
die Patientin vielleicht ihren Konflikten gegenüber blind geblieben.
Sicherlich wäre sie sich irgendwie ihrer Rivalität zu Männern
bewußt gewesen, doch sie hätte keinen Grund gesehen, die Maske
der Weiblichkeit abzulegen. Bis ihr auffiel, daß ihre intellektuellen
Fähigkeiten und ihre lächerlichen Flirts nach den Vorträgen miteinander unvereinbar waren, hatte die aufgrund des gesellschaftlichen

Kompromisses entstandene Weiblichkeit, die so sehr Teil ihres Charakters war, die Konflikte in bezug auf ihre geschlechtliche Identität, die ihre Angstanfälle hervorriefen, wirkungsvoll zugedeckt.

Doch warum sollte eine intelligente Frau wie Rivieres Patientin sich selbst bestätigen, indem sie sich zwanghaft wie ein kokettes, dümmliches Mädchen benimmt? Warum sollte eine Frau, die die echten Güter hat, das Gefühl haben, daß diese Güter gestohlene Güter seien? Einen Grund für die Maskerade liefert, wie ich bereits andeutete, die Sozialordnung, die sich durch die zunehmende Sichtbarkeit mächtiger Frauen bedroht fühlte. Doch wie immer bei diesen Maskeraden gibt es auch hier ein Zusammenwirken zwischen den infantilen Idealbildern von Weiblichkeit und Männlichkeit und der Sozialordnung mit ihren primitiven Geschlechtsstereotypen.

Rivieres These war, daß ihre Patientin ihre Weiblichkeit als <u>Maske</u> benutzte, sowohl um den Besitz von Männlichkeit, den sie unbewußt als Diebstahl der phallischen Kräfte ihres Vaters deutete, zu verstecken, als auch um Vergeltungsmaßnahmen abzuwenden, die drohten, wenn jemand herausfinden würde, daß sie diese Kräfte besaß – »wie ein Dieb seine Taschen umwendet und bittet, daß man ihn durchsuchen möge, um zu beweisen, daß er die gestohlenen Güter nicht bei sich hat«[58].

Riviere betonte, daß es keine scharfe Grenze zwischen »echter Weiblichkeit« und Maskerade gäbe. Sie deutete an, daß Weiblichkeit immer dann Maskerade sei, wenn sie als Mittel zur Vermeidung von Angst und Vergeltung eingesetzt würde.

Die Vergehen, die Rivieres Patientin so zu schaffen machten, waren infantile Vergehen, die auf unbewußten infantilen Phantasien beruhten. Ich habe Joan Rivieres klassischen Aufsatz als Schablone für die Fälle aus meiner eigenen Praxis benutzt, in denen Frauen es für nötig gehalten haben, ihre intellektuellen Stärken unter einer Maske selbsterniedrigender Weiblichkeit zu verbergen, und eine Geschichte über die infantilen Phantasien einer Frau verfaßt, die ich Janet nennen möchte. Wie bei allen Geschichten, die auf der Analyse erwachsener Frauen aufbauen, handelt es sich auch hier nicht um eine exakte Wiedergabe dessen, was die Frau bewußt oder unbewußt als kleines Kind fühlte oder dachte. Außerdem sind aus verschiedenen Fallgeschichten *zusammengesetzte* Geschichten, so wie die, die ich gleich vorstellen werde, im Hinblick auf eine tatsächliche Kindheitsgeschichte noch weniger wahrheitsgetreu als die üblichen rekonstruierten Fassungen. Ein annähernd lebensnahes Bild kann nur aus den zahllosen kleinen Details zusammengesetzt werden, die für jedes Individuum einmalig sind. Diese Details lasse ich jedoch aus und beschränke mich auf einen Umriß, eine typisierende Darstellung. Ich muß daher zugeben, daß dieses Mittel des zusammengesetzten Porträts etwas Fetischistisches an sich hat, da es all die verschiedenen Janets, die es darstellt, enthüllt, aber gleichzeitig verborgen hält.

Wie dem auch sei, wir wollen einmal annehmen, daß »Janet« als jüngste von drei Töchtern geboren wurde. Die Mutter hatte sich diesmal ganz besonders einen Jungen gewünscht. Als Janet zur Welt kam, warf ihre Mutter einen Blick auf das Baby und entschied, daß es den Sohn gut ersetzen könne. Janet war von Geburt an aufgeweckt, lebhaft, neugierig, voller Eifer, hartnäckig und entschlossen, zu bekommen, was sie wollte. Seit die Mutter selbst ein kleines Mädchen gewesen war, hatte die Welt sich verändert. Inzwischen konnte ein kleines Mädchen danach streben, mehr zu werden als nur Ehefrau und Mutter, Krankenschwester oder Kindergärtnerin. Daher entsprach es völlig dem Lauf der Zeit, daß Janets Mutter ein weibliches Kind wählte, das ihre eigenen, nichtausgelebten männlichen Ambitionen verwirklichen sollte. Und so, wie Janet veranlagt war, bereitete es ihr keine Schwierigkeiten, den Phantasien ihrer Mutter zu entsprechen. Die Folge dieser unbewußten Abmachung zwischen Janet und ihrer Mutter war, daß Janet die Phase der Loslösung und Individuation ohne große Probleme hinter sich brachte. Selbst während der normalerweise anstrengenden und schwierigen Wiederannäherungsphase begrüßte die Mutter Janets *Neins* und *Meins* als Bestätigung dafür, daß Janet zu einem ganz besonderen Mädchen heranwachsen würde. Janets *Nein*sagen wurde daher nur selten durch ein angemessenes *Nein*sagen von seiten der Mutter beantwortet, und die für das Säuglings- und Kleinkindalter typischen Enttäuschungen, Frustrationen und Demütigungen brauchte Janet nur sehr selten zu ertragen. Janet war die Königin des Kinderzimmers, und ihr selbst war das genauso klar wie ihren beiden Schwestern und ihrem Vater. Während dieses herzliche Einvernehmen zwischen Mutter und Tochter für Frieden in der Kinderstube sorgte, hegte der Rest der Familie, besonders der Vater, im Hinblick auf dieses fabelhafte kleine Mädchen gemischte Gefühle, und auch das spürte Janet.

Janet war kein traumatisiertes Kind. Aber der besondere Status, den ihre Mutter ihr übertragen hatte, war eine Täuschung, für die Janet in ihrer späteren Kindheit und im Erwachsenenleben bitter bezahlen mußte. Ihr wurde die Möglichkeit genommen, die normalen Kindheitsängste vor Verlassenwerden und Trennung durchzuarbeiten und zu bewältigen und die Aggressionen, die diese schmerzhaften Gefühle hätten hervorrufen können, nach und nach zu bezähmen. Glücklicherweise brachten ihre ausgeprägt aggressiven Strebungen Janet dazu, trotz der ungewöhnlichen Nähe zur Mutter ihre Individualität und ihr eigenständiges Selbst zu behaupten. Das Problem war, daß Janet weiterhin der Phantasie anhing, sie könne jeden Wunsch ihrer Mutter erfüllen, die Mutter sei eine Erweiterung ihres eigenen Selbst, ein Besitz, der ihr allein gehörte. Als es daher für Janet Zeit wurde, die Anwesenheit des Vaters im Leben der Mutter zu akzeptieren und zu erkennen, daß es ihr verboten und außerdem unmöglich war, die Mutter so zu besitzen, wie der Vater es tat, konnte sie diese unvermeidliche Niederlage nicht gleichmütig hinnehmen. Janet war entschlossen, ihre Mutter für sich zu behalten, und konnte nicht akzeptieren, daß ihr Vater Kräfte hatte, die sie nicht besaß. Außerdem begehrte sie jetzt ihren Vater und wünschte sich, anstelle der Mutter ihn und seine Kräfte selbst zu bekommen. Anders als andere kleine Mädchen, die ebenfalls solche Wünsche haben, war die Königin des Kinderzimmers überhaupt nicht darauf vorbereitet, daß irgend etwas ihre Sonderstellung beeinträchtigen könnte, und noch weniger vorbereitet war sie auf die unliebsame Neuigkeit, daß sie nur eine ganz kleine Prinzessin war, die noch einen langen Weg vor sich hatte, bis sie die sexuellen Potenzen und die Fortpflanzungsfähigkeit einer Königin besitzen würde.

Janet versuchte, all dem durch Phantasien abzuhelfen. Ihre erste Phantasielösung half nicht lange, aber doch für eine Weile, und besänftigte in manchen Momenten ihre eifersüchtige Wut – wenigstens ein bißchen. Da sie ihren Vater um seine Kräfte beneidete, glaubte sie, sie könne ihn dazu verführen, ihr diese Kräfte zu überlassen, wenn sie sich wie eine kleine Prinzessin benähme. Da sie auf ihre Mutter zornig war, weil diese sie so grausam getäuscht hatte, begann sie, die Mutter für eine böse Stiefmutter zu halten, die die Liebe des Vaters gar nicht verdiente. Janet konnte die häßlichen Tatsachen fortzaubern, indem sie eine besondere Variante einer verbreiteten Kinderphantasie erfand, einer Phantasie, die in verschiedenen Verkleidungen in den Märchen von »Schneeweißchen und Rosenrot« und »Schneewittchen« auftaucht. Seit Jahrhunderten möchten kleine Mädchen diese Märchen vorgelesen bekommen – immer und immer wieder. Die Phantasie, den Phallus oder die magischen Kräfte zu bekommen, die der König-Vater irrtümlicherweise der bösen Stiefmutter gegeben hatte, die sie nicht verdiente, war sehr befriedigend für Janet. Der König versicherte ihr, sie sei die Schönste im ganzen Land und verdiene seine Liebe am meisten. Außerdem schützte der König sie vor der eifersüchtigen Rache der Königin. Er sagte:»Meine magischen Kräfte gebe ich dir. Sie gehören dir und nicht der bösen Königin und ganz bestimmt nicht deinen beiden gemeinen, häßlichen Schwestern.«

Doch die Dinge entwickeln sich für Schneeweißchen und Schneewittchen nicht immer so gut wie im Märchen. Eigentlich tun sie es nie, und kleine Mädchen fühlen sich schuldig, weil sie solche ungezogenen Phantasien haben. Im wirklichen Leben taucht der König nicht als hübscher Prinz wieder auf, um die Prinzessin zu heiraten, und die kleine Janet pflegte Angst zu haben, daß ihr Vater sie bestrafen würde, weil sie sich immer noch wünschte, bei der Mutter seinen Platz einzunehmen. Die böse Königin stürzt nicht von einer

Klippe und verschwindet, und Janet befürchtete, daß ihre Mutter sich eines Tages rächen und die Kräfte, die von Rechts wegen ihr gehörten, zurückholen würde. Und die unbeschwerte Märchenversion verträgt sich auch nicht mit den Vergeltungstaten und Racheakten, die Janet als gerechte Strafen für ihren Wunsch, über beide Eltern zu triumphieren, heraufbeschwor.

Der Lösungsweg, den das Märchen anbot, half hier nicht weiter. Janet beobachtete zu gut und war zu schlau, um leugnen zu können, daß ihre Mutter und ihr Vater ein Sexualleben führten, von dem sie ausgeschlossen war. Außerdem war ihre eifersüchtige Wut so groß, daß sie auf friedliche Weise nicht bewältigt werden konnte. Die unbewußte Abmachung, die Janet und ihre Mutter getroffen hatten und die beinhaltete, daß Janet die unbefriedigten Wünsche ihrer Mutter erfüllen würde, spielte für die Intensität und den gewalttätigen Inhalt der unbewußten Phantasien, die durch Janets Ausschluß von der Urszene hervorgerufen wurden, eine große Rolle. Die Kränkung durch den Ausschluß von der Urszene erweckte die Ängste vor Verlassenwerden und Trennung, die durch die Phantasie, Mutters ein und alles zu sein, außer Kraft gesetzt worden waren, jetzt mit großer Intensität wieder zum Leben, und gleichzeitig wurden gewalttätige und furchterregende Aggressionen frei.

Äußerlich gesehen, verhielt sich die vierjährige Janet wie ein sehr zorniges, mißmutiges, unzufriedenes kleines Mädchen, dem man nichts recht machen konnte. Sie erfand alle möglichen Arten, zu ihrer Mutter gemein zu sein. Sie behandelte sie wie eine Dienstmagd, für die sie nichts als Verachtung übrig hatte. Sie quälte die Mutter, indem sie sich an ihr festklammerte und jedesmal einen Wutanfall bekam, wenn die Mutter ihre Aufmerksamkeit anderen zuwandte. Sie drangsalierte ihre Schwestern so unbarmherzig, daß diese ihrerseits begannen, sie zu hassen und sich gegen sie zusammenzuschließen. Ihrem Vater vergab Janet etwas bereitwilliger. Bei allem Stolz und aller Unabhängigkeit erlaubte sie ihm doch, sie auf seinem Schoß sitzen zu lassen und ihr vorzulesen, wenn sie besonders traurig war. Aber auch er konnte ihr kaum etwas recht machen, und sie verlor oder zerstörte alle Geschenke, die sie von ihm bekam.

Janets Eltern wußten, daß ihr etwas zu schaffen machte. Sie deuteten ihre Wutanfälle und ihr unausstehliches Verhalten als Zeichen für Schwierigkeiten mit dem Erwachsenwerden – was sie auch waren. Doch niemand, auch Janet selbst nicht, hätte aufgrund ihres Verhaltens erkennen können, wie schlecht es ihr ging und was sich in ihrem Unbewußten abspielte.

Um Janets Wut in ihrem ganzen Ausmaß begreifen zu können, müssen wir verstehen, welche unbewußte Bedeutung das alles für sie hatte. Janets eifersüchtige Wut entsprach in ihrer Intensität im Unbewußten einer Zerstörung all dessen, das ihren kindlichen Wünschen entgegenstand. Außerdem spüren kleine Mädchen ihre innere genitale Welt, und daher vermuten selbst kleine Mädchen wie Janet, die sehr früh die phallische Macht abwehrend überschätzen, daß auch Mütter innere Genitalien besitzen. Die denkbar beste Rache für den Verrat der Mutter ist es, ihr Inneres zu penetrieren und zu verschlingen und all die übriggebliebenen Babys aufzufressen und den Penis auch – den glorreichen Phallus, den der Vater der Mutter geschenkt hatte. Dann hackte die kleine Janet obendrein noch ihrem Vater den Penis ab, damit er seine Macht über die Mutter verlöre. Kurz, sie zerstörte jeden Körperteil, den ihre Eltern hatten und der ihr fehlte, vor allem jene Genitalien, die die Mutter den Vater und den Vater die Mutter begehren ließen. Janet hatte mit ihrem vierjährigen Verstand, in dem zwischen sadistischen Phantasien und tatsächlichen Verbrechen nie eine eindeutige Trennungslinie besteht, rachsüchtig die Genitalien der beneideten und gehaßten Eltern zerstört und sich den Phallus des Vaters triumphierend selbst angeeignet. Da ein Phallus kein Penis ist, sondern ein vorgestelltes, ablösbares Glied, kann er mehrere Male und auf verschiedene Arten zerstört und trotzdem noch in Besitz genommen werden. Wenn jedoch die Mutter den Phallus geschenkt bekommen und die kleine Janet ihn der Mutter gestohlen hat, ist die Mutter diejenige, die eine diesem Verbrechen angemessene Strafe erfinden muß. Eines Tages wird die Mutter, die jetzt zu einer wahnsinnigen Hexenmutter geworden ist, in der sich Janets eigener wahnsinniger Neid und ihre Wut spiegeln, den Körper ihrer Tochter zerstören, ihr Inneres ver-

verschlingen, ihr schönes Gesicht verstümmeln, ihre Sexualorgane zerschneiden, damit sie keine Kinder bekommen kann, sie foltern und ihre Kinder fressen – wenn sie es wagen sollte, doch welche zu bekommen. Derartige Phantasien kann man nicht lange ertragen, auch unbewußt nicht. Früher oder später müssen für die Wut und die Enttäuschung, aus der die Wut hervorgegangen ist, eine andere, vernünftigere Lösung gefunden werden.

Manche kleinen Mädchen mit ähnlichen unbewußten Phantasien lösen das Problem ihrer furchtbaren, eifersüchtigen Wut und der furchtbaren, vergeltenden Wut der Eltern, indem sie zu einem stereotypen Bild vom guten, sauberen, braven, gehorsamen kleinen Mädchen Zuflucht nehmen. Janet war jedoch nicht bereit, ihre Ambitionen und Begabungen zu verstecken, um die Götter zu besänftigen.

Wie kann ein kleines Mädchen für die Vergehen gegen seine Eltern büßen, ohne die Kräfte, die es ihnen in seiner Vorstellung geraubt hat, wieder herzugeben? Die kleine Janet überwand ihre eifersüchtige Wut, indem sie eine kluge Strategie entwickelte, mit deren Hilfe sie beide Eltern besänftigen und doch weiterhin über sie triumphieren konnte. Zuerst erfand Janet eine Möglichkeit, ihre Mutter versöhnlich zu stimmen, eine ganz normale, freundliche, großzügige Mutter, die in Janets Träumen und unbewußten Phantasien in ihrer rachsüchtigen Wut der grausamen Stiefmutter Schneeweißchens ebenbürtig geworden war. Janets unbewußte Strategie zur Beschwichtigung der Mutter verlieh ihrer Maskerade – der Perversion ihres Charakters, wenn Sie so wollen – Form und Richtung.

Die Strategie der kleinen Janet bestand darin, ihre gestohlene »Männlichkeit« zu behalten, aber die Götter an der Nase herumzuführen, indem sie ihre Entschlossenheit, ihre Hartnäckigkeit, ihre Intelligenz und ihren Ehrgeiz zum Wohle ihrer Mutter einsetzte. Von nun an benahm sie sich ihrer Mutter gegenüber wie ein mächtiger, beschützender Vater. Indem sie ihre wütende Mutter auf diese Weise beschwichtigte, gab sie ihr zurück, was sie ihr gestohlen hatte, und triumphierte trotzdem immer noch über den Vater, weil sie ein größerer und besserer Papi wurde, als er es war. Janet war eine echte, sich aufopfernde Tochter-Mutti und gleichzeitig der majestätische, mächtige Sohn-Vati, den ihre Mutter sich gewünscht hatte. Nachdem Janet in die Schule gekommen war, las sie ihrer Mutter voller Stolz vor. Es dauerte nicht lange, bis sie viele Probleme lösen konnte, die für ihre intellektuell gehemmte Mutter unüberwindliche Hindernisse darstellten. Als Jugendliche half sie ihrer unfähigen Mutter, kaputte Toaster, Stereoanlagen und Fernsehgeräte zu reparieren. Nur sie konnte die Brillen und Schlüssel finden, die ihre zerstreute Mutter verlegt hatte. Die stolze Mutter andererseits, deren Narzißmus durch diese Tochter, die so kompetent und dominierend war wie ein Sohn, befriedigt wurde, gestand Janets Überlegenheit mit Freuden ein. Sie prahlte vor ihren Freundinnen mit ihrer brillanten, schönen Tochter – der Rednerin auf der Abiturfeier, der Doktorin summa cum laude, der Professorin, der weltberühmten Vortragsreisenden, der potentiellen Nobelpreisträgerin.

Als Janet zur Jugendlichen herangewachsen war, war ihre infantile Phantasie, männlich, aber auch tugendhaft weiblich, ein Sohn, aber auch eine Tochter, ein mächtiger Vati, aber auch eine mächtige Mutti zu sein, zu einem festverwurzelten Bestandteil ihrer Charakterstruktur geworden. Sie brauchte sich nur noch umzusehen, ob sie diese infantile Phantasie in der Welt der Erwachsenen mit ihren gesellschaftlichen Konventionen nutzbringend einsetzen könnte.

Um noch einmal auf zuvor Gesagtes zurückzukommen, die Idealvorstellung von der passiven, fügsamen Frau, die einfach die Gesetzgebung des Vaters befolgte und zu Hause blieb, die Kinder versorgte und die Möbel polierte, fand auch in den zwanziger Jahren nicht bei jeder Frau Anklang. Eine ganze Reihe von Frauen rebellierte gegen dieses bürgerliche Ideal von Weiblichkeit, und es wurde im Rahmen der Sozialordnung notwendig, eine Möglichkeit zu finden, die Frauenrechtlerinnen, die durch die Straßen marschierten und behaupteten, den Männern ebenbürtig zu sein, zu beschwichtigen. Man beschloß, daß Frauen ihre »männlichen« Ambitionen zum Ausdruck bringen durften, aber nur dann, wenn sie beweisen konnten, daß sie dabei immer noch tugendhafte, sich aufopfernde weibliche Typen blieben. Jetzt, gegen Ende des Jahrhunderts, ist die Sozialordnung immer noch damit beschäftigt, sich mit der emanzipierten Frau abzufinden, der Frau, die verlangt, daß sie dem Mann gleichgestellt wird. Daher ist selbst heute noch die infantile Strategie, sich als weiblicher Typus zu maskieren, im Hinblick auf die Sozialordnung einleuchtend und statthaft.

Als Janet erwachsen war, setzte sie das, was sie unbewußt meinte, gestohlen zu haben, weiterhin ein und stellte es in den Dienst der Frauen, die weniger Glück gehabt hatten als sie selbst. Sie verhielt sich sehr aufopfernd und widmete sich ganz und gar den Frauen, die ihre Hilfe brauchten – ihren beiden älteren Schwestern, ihren Studentinnen und ihren weniger begabten Kolleginnen. Als Gegenleistung verlangte sie nur Dankbarkeit und die Bestätigung, daß sie ihnen überlegen war. So lange, wie die Frauen akzeptierten, daß sie die Mächtige, Dominierende war, genossen sie ihren Schutz und ihre Freigebigkeit. Wenn Janets Überlegenheit jedoch nicht anerkannt wurde, gerieten die begrabenen Leidenschaften ihrer Kindheit wieder an die Oberfläche. Zu Hause, in der Abgeschlossenheit ihres Arbeitszimmers, bekam sie Wutausbrüche, stellte aber nur fest, daß sie etwas ängstliche und sehr feindselige Gefühle irgendeiner Frau gegenüber hegte, die hübscher oder klüger war als sie – das konnte eine Kollegin, eine Freundin oder eine flüchtige Bekannte sein. Normalerweise aber erhielt Janet den Dank und die Anerkennung, die sie brauchte. Es gab um sie herum genug Frauen, um die sie sich kümmern, denen sie helfen und die sie retten konnte. So blieb ihre erbitterte Rivalität Frauen gegenüber meist verborgen.

Janet bezahlte einen hohen Preis dafür, daß sie ihr Leben nach diesem Schema lebte. Ihr Bedürfnis, zu beschwichtigen und etwas an den hilflosen, »weiblichen« Frauen in ihrem Leben wiedergutzumachen, kannte anscheinend keine Grenzen. Für ihre Mutter konnte sie nie genug tun. Sie pflegte einen Abend mit Mann und Kindern zu opfern, um zu versuchen, einer Freundin in einer Krise zu helfen. Sie vernachlässigte ihre eigenen wissenschaftlichen Arbeiten, um die mittelmäßige Arbeit einer Studentin umzuschreiben. Nach einem anstrengenden Tag, an dem sie unbegabte Studentinnen gerettet hatte, fuhr sie manchmal noch fünfzig Meilen weit, um ihrer kranken Schwester zu helfen, die Kinder zu versorgen, und anschließend eilte sie nach Hause, um für ihre eigene Familie das Abendessen zuzubereiten. Die Anstrengungen, die diese ständigen Beschwichtigungen und Wiedergutmachungen mit sich brachten, erschöpften sie. Janet litt gelegentlich unter unerträglichen Rückenschmerzen, die sie aber fröhlich herunterspielte. Sie war kein mitleiderregender Schwächling. Wie Joan Riviere im Hinblick auf ihre Patientin formulierte: Der Kunstgriff der Beschwichtigung und Wiedergutmachung wurde »zu Tode geritten, und manchmal ritt er sie fast zu Tode«[55].

Janet war respektiertes und bewundertes Mitglied einer lebendigen intellektuellen Gemeinschaft. Außerdem war sie, im Rahmen ihres Berufes, Feministin, die sich erfolgreich für die gesellschaftlichen und kulturellen Belange der Frauen einsetzte. Die etablierten, festangestellten männlichen Professoren an ihrem College waren davon beeindruckt, wie sie ihre intellektuelle Brillanz durch angemessene Unterordnung unter ihre Autorität mäßigte, und betrachteten sie als Heilige. Ihre jüngeren männlichen Kollegen, die sich unbewußt durch die große Zahl der Aufsätze und Bücher, die sie schrieb, bedroht fühlten, machten Scherze über die Große Mama, die man sowieso nicht ernst nehmen müsse. Doch einige ihrer gleichermaßen brillanten und unabhängigen Kolleginnen durchschauten ihre Maskerade und wußten, daß Janet in all ihrer anmaßenden Heiligkeit und mit all ihren ach so gerechten feministischen Anliegen nur ein verkleideter Großer Papi war.

Nach einem langen Tag voller Beschwichtigungen und Wiedergutmachungen war die unverzagte Janet bereit für Sex. Denn sosehr sie für alle hilflosen Frauen den Großen Papi spielen mußte, sosehr mußte sie sich auch ihrer Weiblichkeit versichern, indem sie sooft wie möglich Geschlechtsverkehr hatte. Es war wichtig, daß sie mehr sexuelle Lust erlebte als die Frauen, die ihr, wie ihre Mutter, unterlegen waren. Außerdem war sie entschlossen, sich nicht von ihrem Mann übertrumpfen zu lassen. Sie wollte immer mehr Sex als er. Er durfte nicht vor ihr zum Orgasmus kommen. Vor Impotenz fürch-

tenz fürchtete sie sich wie nur irgendein Mann. Im Bett spielte sie, ebenso wie in dem Maskenspiel nach ihren Vorträgen, die Rolle der unterwürfigen Frau. Unter dem Deckmantel untadeliger Weiblichkeit inszenierte sie jedoch das sexuelle Szenario und beraubte ihren Ehemann seiner aktiven Männlichkeit. Sie war tüchtig. So, wie sie Kekse backte, das Silber polierte, den Flügel wachste, Delikatessen einkaufte, die richtigen Bücher erwarb, Dinnerpartys und Theaterbesuche organisierte, das Haushaltsgeld abrechnete und die Rechnungen bezahlte, so kümmerte sie sich auch zuvorkommend um die sexuellen Bedürfnisse ihres Mannes. Sie praktizierte eifrig Fellatio und war eine phantasievolle Bettgenossin. Obwohl ihr eher passiver Mann nie viel von ihr verlangte und weniger ihn vielleicht entlastet hätte, tat Janet alles, um sicherzustellen, daß er ihr einen erigierten Penis präsentieren konnte. Sie setzte ihre weiblichen Künste beinahe so ein, wie ein Mann einen Fetisch verwenden würde – eher, um der Angst zu entgehen, denn als Mittel, sich sexuelle Lust zu verschaffen. In Janets Schlafzimmer gab es viel sexuelle Leistung, aber nur sehr wenig weibliche *jouissance*. Sex war eine Übung im Dominieren und Penetrieren. Jede Geste war in jedem Augenblick konzentriert, bestimmt, phallisch. In Janets erotischem Skript war weder Zeit noch Raum für spannungsgeladene Absencen, für Zerstreutes, Unbestimmtes oder Rätselhaftes.

Niemand, der diesen Bericht über Janets Leben liest, würde daran zweifeln, daß ihre Strategie viel weniger qualvoll und schwierig ist als die Strategien einer Olympia oder einer Sally oder all der vielen Frauen, die ihre Geschlechtskonflikte durch Hörigkeit und ein Leben in sexueller Abhängigkeit lösen. Janet hatte nur erniedrigende Wutanfälle, wenn sie merkte, daß eine andere Frau ihr an Schönheit oder Kraft überlegen war, sie hatte gelegentlich Rückenschmerzen und wurde als Ergebnis ihrer täglichen Wiedergutmachungsversuche oft von Müdigkeit überwältigt, doch ihre Maskerade schützte sie vor jenen Gedanken und Gefühlen, die sie sehr hätten quälen können, wenn sie ihr bewußt geworden wären. Ihre Maskerade, ihre Charakterperversion, war insofern äußerst erfolgreich, als sie ihre infantilen »Verbrechen«, ihre Schuldgefühle, ihre

Angst vor Vergeltung und alle Enttäuschungen und Kränkungen ihrer Kindheit verbarg. Janets weibliche Verkleidung diente als Tarnung für die gesamte Geschichte ihrer Kindheit. Sie war die Spur, die von einer komplizierten Geschichte voller Verluste, Niederlagen, schlauer Taktiken, erfolgloser Versuche der Selbsttäuschung und der phantasierten, triumphierenden Usurpation der phallischen Kräfte der Erwachsenengeneration übriggeblieben war. Nun arbeitet allerdings jede psychologische Strategie auf diese Weise – Phobien, paranoide Verdächtigungen, eifersüchtige Wutanfälle, fixe Ideen, zwanghafte Rituale ebenso wie hysterische Lähmungen. Warum also nenne ich Janets Maskerade eine Perversion?

Zuerst einmal betone ich, daß man die sogenannte normale Weiblichkeit und die perverse Maskerade der Weiblichkeit nie deutlich voneinander abgrenzen kann. Jeder erwachsene Mensch hat eine Perversion, die neben seinen oder ihren neurotischen oder normalen Lösungen der Geschlechtskonflikte herangewachsen ist. Janets perverse Strategie stellt eher eine Stufe im Entwicklungsprozeß einer typischen Neurose dar als eine ausgewachsene Perversion. Trotzdem weisen die Strategien, die Janets infantile Phantasie vom gestohlenen Phallus zum Ausdruck bringen und verdecken, in wesentlichen Punkten die charakteristischen Merkmale dessen auf, was ich als Perversion bezeichnen würde. Die übliche Kindheitsphantasie von der Usurpation der genitalen Kräfte der Eltern wurde für Janet zu einem verborgenen Teil ihres Alltagslebens; ihre weibliche Maskerade war eine Ganztagsbeschäftigung; ihr zwanghafter Charakter war Folge des Versuchs, eine starr dichotome Sichtweise von Männlichkeit und Weiblichkeit zu bewältigen. Janets Beschwichtigungen und Wiedergutmachungen zeigten, daß diese weiblichste aller Frauen, die es schaffte, sich der Welt als Musterbeispiel einer erfolgreichen Erwachsenen zu präsentieren, Männlichkeit immer noch mit phallischer Kraft und Weiblichkeit mit kastrierter Verletzlichkeit verwechselte. Außerdem war ihre Kastrationsangst, ihre unbewußte Phantasie, daß als Vergeltung für ihre Kindheitsphantasien ihre eigenen Genitalien zerstört würden, so stark, daß *ein Teil* ihrer Kraft aus den primitiveren Ängsten vor Verlassenwerden und Trennung stammen mußte, die der für alle Perversionen charakteristischen Verstümmelungsangst entsprechen.

Janets innerpsychisches Abkommen erforderte im weiteren große Anstrengungen, erfüllte aber insofern seinen Zweck, als es nur einen Überrest dessen sichtbar werden ließ, um das es eigentlich ging. Janets Charakterperversion wirkte sich so lange erfolgreich aus, bis sie so mächtig und berühmt wurde, daß sie ihre Kräfte vor aller Welt zur Schau stellen konnte. Danach jedoch drohten die Angst im Anschluß an ihre Vorträge und ihre vagen Ahnungen von zu erwartender Vergeltung für ihr Verbrechen des intellektuellen Machtbeweises alles bloßzustellen. Daher erfand sie schnell eine Strategie, die ihre Angst und ihre Schuldgefühle ersetzen und die bösen Vorahnungen von Verbrechen und Strafe beseitigen sollte. Janets Theaterspielen nach ihren Vorträgen, ihre perverse Darstellung – »Bestätige mir, daß ich meine Kräfte verdiene, aber nimm das alles nicht zu ernst, denn in Wirklichkeit bin ich nur eine kastrierte Frau« – war Ausdruck einer Maskerade, die ihr ganzes Leben bestimmte. Die Erniedrigung, die darin lag, sich als unwürdige Frau darzustellen, war nur ein kleiner Preis für die Beschwichtigung der anderen, beängstigenderen Gefühle, die sie nach ihren gelungenen, brillanten Vorträgen keinen Schlaf finden ließen. Janets Selbsterniedrigung – »Siehst du, ich habe überhaupt nichts« – beruhigte ihr Gewissen, das ihr daraufhin die Erlaubnis gab, ihre Kräfte zu behalten.

Zu Joan Rivieres Zeiten stellten Frauen wie Janet noch Ausnahmen dar. Heute begegne ich ihnen überall, in meiner Praxis und unter Freundinnen und Kolleginnen. Viele brillante, erfolgreiche Frauen deuten ihre Kräfte unbewußt als von ihnen gestohlene phallische Trophäen. Sie demonstrieren zwar ihre Begabungen und erreichen ihre Ziele, doch sie haben immer Angst, daß etwas Schreckliches passieren könnte, wenn sie die Götter nicht besänftigen. Sie ertragen die Macht, die sie sich so schwer verdient haben, nur, wenn sie sich ihren männlichen Kollegen gegenüber als Heilige, als sich selbst erniedrigende, opferbereite, masochistische Frauen darstellen. Sie

üben ständig Wiedergutmachung an anderen Frauen, indem sie sich
wie der Große Papi benehmen, der die Macht hat, sie zu retten. Sie
betrachten Sex als Übung in Macht und Herrschaft und haben vor
innergenitaler Erregung genausoviel Angst wie nur irgendein
männlicher Macho.

Jetzt, am Ende des zwanzigsten Jahrhunderts, ist es Frauen,
jedenfalls scheinbar, gestattet, ihre intellektuellen und erotischen
Ziele zu verwirklichen. Trotzdem herrscht immer noch eine Atmosphäre, die viele Frauen davor zurückschrecken läßt, offen ihre
intellektuellen Fähigkeiten und ihr aktives sexuelles Begehren zu
zeigen. Eine Frau fürchtet, sehr oft zu Recht, daß sie bestraft würde,
wenn sie es mit Autoritäten aufnähme oder in Rollen und Berufen
Erfolg hätte, die traditionell als männlich definiert werden. Bei einer
Frau wie Janet, die ihre intellektuellen Gaben und Talente sowieso
unbewußt als gestohlene Kräfte interpretiert, steigert sich diese
Furcht vor Vergeltung noch. Es ist zwar ratsam für eine Frau, sehr
genau über den potentiellen Neid und die Furcht nachzudenken,
die sie wahrscheinlich in Männern und anderen Frauen erwecken
wird, wenn sie ihre Kräfte zeigt, doch nicht jede Frau wird sich mit
Weiblichkeit maskieren, ihren Verstand als ungefährlichen geistigen Nebel anpreisen oder sich als unterwürfiger oder masochistischer weiblicher Typus darstellen. Nur eine Janet, die Macht unbewußt mit dem Raub phallischer Trophäen gleichsetzt, wird es für
notwendig halten, die Götter durch eine Strategie zu versöhnen, bei
der sie ihre verbotenen »männlichen« Bestrebungen unter einer
Karikatur von Weiblichkeit versteckt. Und auch heutzutage wird
eine Janet in ihren perversen Strategien bereitwillig durch die primitiven sozialen Geschlechtsstereotypen unterstützt, die immer
noch als Idealvorstellungen von Weiblichkeit und Männlichkeit
aufrechterhalten werden. Wenn Janet ihre Maske sich selbst erniedrigender Weiblichkeit aufsetzt, merkt niemand etwas, am wenigsten
sie selbst.

KAPITEL 9

Gestohlene Güter

*Das Geld – als das äußere, nicht aus dem Menschen
als Menschen und nicht von der menschlichen Gesellschaft als Gesellschaft herkommende allgemeine –
Mittel und Vermögen, die Vorstellung in die Wirklichkeit und die Wirklichkeit zu einer bloßen Vorstellung zu machen, verwandelt ebensosehr die wirklichen menschlichen und natürlichen Wesenskräfte in
bloß abstrakte Vorstellungen und darum Unvollkommenheiten, qualvolle Hirngespinste, wie es andererseits die wirklichen Unvollkommenheiten und
Hirngespinste, die wirklich ohnmächtigen, nur in der
Einbildung des Individuums existierenden Wesenskräfte desselben zu wirklichen Wesenskräften und
Vermögen verwandelt.*
Karl Marx, »*Ökonomisch-philosophische Manuskripte
III, Abschnitt Geld*«, 1844[1]

Kleptomanie, das impulsive Stehlen von materiellen Gütern, unterscheidet sich von gewöhnlichem Diebstahl durch die erotische Erregung, die die Tat begleitet. Die Psychoanalyse hat ein ganzes
unbewußtes Phantasieleben aufgedeckt, das der Kleptomanie
zugrundeliegt und sie begleitet. Allerdings existiert in der psychoanalytischen Auffassung von der Kleptomanie eine Legende, der
man ebenfalls Aufmerksamkeit schenken muß. Sie setzt sich aus
einer Mischung aus Teilwahrheiten zusammen, die aus der üblichen
Fehlinterpretation der genitalen Unterschiede zwischen Männern
und Frauen abgeleitet wurden. Zum Beispiel heißt es häufig, Kleptomanie sei der Prototyp der weiblichen Perversionen und daher
das Gegenstück zum Fetischismus, dem Prototyp der männlichen
Perversionen.[2] Diese Analogie zwischen Kleptomanie und Feti-

schismus beruht auf der Vorstellung, Frauen seien genitale »Habenichtse«, die unter Penisneid leiden, Männer dagegen genitale »Besitzer«, die unter Kastrationsangst leiden. Daher sei der Fetisch des
Fetischisten ein Gegenstand, der der genitalen Bestätigung diene, ein
Ersatz für den nichtvorhandenen Penis der Frau; und die von der
Kleptomanin gestohlene Ware sei ein Gegenstand, der der Rache
diene, ein Ersatz für einen gestohlenen Penis. Der Fetischist strebe
nach Erektion und Penetration. Die Kleptomanin strebe nach rachsüchtiger Entmannung derer, die sie beraubt haben und die in ihrer
Vorstellung im Besitz dessen sind, was sie nicht hat. »Ich habe das
Recht, ihnen das zu stehlen, was sie mir einst fortgenommen haben.«

Selbst nachdem Psychoanalytiker erkannt hatten, daß es männliche Kleptomanen gibt, hieß es, diese Diebstähle seien Versuche, das
überlegene Genital des Vaters zu erwerben. Obwohl es deutliche
Hinweise darauf gibt, daß die symbolische Struktur des von einem
Kleptomanen gestohlenen Gegenstandes der Struktur jedes anderen
Fetischs sehr ähnlich ist, besteht die psychoanalytische Legende
fort, die gestohlenen Waren seien Penisse. Beim Fetischismus sind
der blaue Samtmorgenrock und die grünen Ohrringe Denkmäler
für Fehlendes und für Verluste, die auf jeder Ebene des Erlebens
stattgefunden haben. Bei der Kleptomanie sind die gestohlenen
Güter ebenfalls vielfältiges Fehlendes und vielfältige Verluste. Fehlendes – ja, Fehlen von Liebe, von Gefühlen der Ganzheit, der
Zugehörigkeit und des Wohlbefindens, aber sicherlich nicht Fehlen
eines tatsächlichen Penis. Verlust – ja, Verlust einer Macht, die alle
Kleinkinder in ihrer Vorstellung besitzen, die bestimmte Erwachsene tatsächlich haben und die viele andere in großen Mengen zu
haben scheinen, aber sicherlich nicht Verlust des anatomischen
Penis.

Die fein säuberlich gezogenen Trennlinie zwischen Fetischismus
und Kleptomanie ist künstlich. Manchmal stehlen männliche Fetischisten die Gegenstände, die ihnen sexuelle Leistungsfähigkeit
ermöglichen. Manchmal verwenden Kleptomanen beiderlei
Geschlechts ihre gestohlenen Trophäen als Fetische, die ihnen sexuelle Erregung ermöglichen. Wie wir sehen werden, entstand die

Interpretation der Kleptomanie als Ausdruck von Penisneid auf dem Boden derselben sozioökonomischen Bedingungen wie der Warenfetischismus, der Menschen ermutigt, Dinge als Ersatz für Gefühle und andere Menschen zu benutzen. Beim Fetischismus werden abgetötete, entmenschlichte Objekte als Ersatz für lebende, erregte Personen verwendet.

Fetischismus gestattet es, materielle Güter als Ersatz für Gefühle einzusetzen. In diesem Sinne ist Kleptomanie, ebenso wie jede andere Perversion, ein Teilaspekt des Fetischismus, nicht jedoch eine gesonderte Störung, die eher durch Penisneid als durch Kastrationsangst hervorgerufen wird.

Kleptomanen, ob Männer oder Frauen, sind stärker damit beschäftigt, den Gefahren für ihr psychisches Überleben zu entkommen, als erotisches Vergnügen zu suchen. Für den durchschnittlichen Kleptomanen sind Erregung und ein grundlegendes Gefühl der Sicherheit nicht voneinander zu trennen. Manchmal stehlen Kleptomanen, wenn sie gerade im Begriff sind, ängstlich oder depressiv zu werden. Die Erregung, die sie beim Stehlen spüren, und die Waren, die sie stehlen, geben ihnen das Gefühl, nicht verlassen oder vernichtet zu werden. Sie stehlen zum Beispiel, anstatt sich Sorgen um ihre Arbeit zu machen, Möbel auszusuchen, die Frisur zu ändern, ein Referat zu schreiben oder in einer Schlange zu warten. Die Aufregung und das Risiko beim Stehlen versetzen sie in Hochstimmung und vermitteln ihnen ein Gefühl der Macht. Das beruhigende Gefühl, das der Besitz einer gestohlenen Trophäe ihnen verschafft, beugt der Angst vor, der Erniedrigung, warten zu müssen, und der Enttäuschung darüber, daß sie bei irgendeinem Unternehmen versagt haben. Wenn ihr Bedürfnis nach emotionaler Sicherheit nicht befriedigt wird, reagiert die Kleptomanin manchmal mit Gewalt. Der Diebstahl verhindert schlimmere Zerstörung, indem er feindselige und sadistische Gefühle dämpft. Die Gewalt hat mit denen zu tun, die die Kleptomanin beraubt haben, mit den allmächtigen elterlichen Göttern ihrer infantilen Vergangenheit, deren Bilder sie sich erhalten möchte. Daher ist der Diebstahl ein Racheakt, der jene Räuber vor dem ganzen Ausmaß der gewalttä-

tigen Destruktivität der Kleptomanin schützt. Es scheint ihr, als
existierten die Räuber in der Gegenwart, und sie spürt, daß sie das
Kaufhaus, das Museum, das Büro oder die Bibliothek, die sie
bestiehlt, verachtet: »Ich bin beraubt worden, deswegen habe ich
das Recht zu stehlen.«

Was der Kleptomanin eigentlich geraubt wurde und was sie
stiehlt, die Gefühle und Phantasien, die ihren Diebstahl begleiten,
und die Zusammenhänge zwischen dem Diebstahl und den Berau-
bungen und Demütigungen ihrer Kindheit, werden erst deutlich,
wenn man ihr ganz persönliches, unbewußtes Skript liest.

Es gibt jedoch einige prototypische kleptomanische Skripten. Sie
machen deutlich, daß die Diebstähle mit Anklagen zu tun haben,
mit dem Stehlen von Befriedigungen, die vorenthalten wurden, und
mit Risiko, Betrug, Triumph, Rache und Gewalt. In der Kleptomanie ist der Penisneid, der manchmal in einem Traum oder einer
Phantasie auftaucht, in Wirklichkeit eine verkleidete Anklage gegen
die Eltern, die dem Kind jene Befriedigungen vorenthalten haben,
die es ihm ermöglicht hätten, sich geliebt, bewundert, sicher und
behütet zu fühlen. Das beraubte und vernachlässigte Kind interpretiert jedes Vorenthalten von Befriedigungen als Rechtfertigung für
den Diebstahl jener Trophäen der Macht und der Liebe, die ihm
nicht gewährt wurden. Und all diese persönlichen Phantasien von
Macht und Liebe, die bei der Kleptomanie mit phallischen Symbolen verknüpft werden, könnten auch in andere Machtsymbole inve-
stiert werden. In einer Sozialordnung jedoch, in der Warenfetischismus die Regel ist und der größte Teil der tatsächlichen sozialen und
ökonomischen Macht in den Händen einiger mächtiger, überlege-
ner Männer liegt, empfindet die Kleptomanin rachsüchtigen Neid
und erlebt die gestohlenen Güter als phallische Trophäen.

Bei der Kleptomanie findet der perverse Akt in der Öffentlichkeit
statt. Der Diebstahl ist eine Anklage gegen die soziale Umwelt und
ein rachsüchtiger Angriff auf ihre Traditionen, ihr Gefüge und ihre
Denkmäler, ähnlich wie Vandalismus und Pyromanie. Der Schauplatz des Diebstahls – Warenhaus, Hotel, Museum, Nachtklub,
Friedhof – ist das emotionale Äquivalent einer beraubenden, fru-

strierenden Brust. Bei der Kleptomanie wird eine Sehnsucht, die einmal mit einer Beziehung zu einem Menschen verbunden war, auf ein Ding, eine Ware, übertragen.

In jeder Perversion werden Gefühle und Wünsche verlagert, indem sie von lebenden, teilnehmenden Partnern auf entmenschlichte, fetischisierte Objekte übertragen werden. Kleptomanie beleuchtet die Verlagerung von Aggression, Lust, Neid, Rachsucht, Angst, Depression und Wahnsinn von menschlichen Beziehungen auf materielle Güter. Die Ökonomie der Psyche mit ihren unbewußten Ausgleichskonten für Liebe und Macht und die sozioökonomische Struktur mit ihrem willkürlich definierten Gleichgewicht von Unterwerfung und Herrschaft treffen in der Kleptomanie zusammen.

In modernen Gesellschaften, in denen eigentlich jede Dimension des menschlichen Lebens und Fühlens allmählich vom Warenfetischismus, den Marx 1847 beschrieb, durchdrungen wird, ist es unumgänglich, daß ein materielles Gut – ein Steak, ein Cowboyhut, ein Regenschirm, ein Rubinring, ein schwarzes Seidenkleid – auch als Ersatz für wechselseitig freigebig gewährte Fürsorge, Liebe, Bewunderung und erotische Erfüllung dienen kann. Heutzutage ist selbst die Sexualität nur eine Ware und wird, wie eine Ware, als Ersatz für andere Gefühle und Wünsche benutzt.

Warenfetischismus ist ein Artefakt aus einem noch nicht lange zurückliegenden Stadium der Entwicklung der Autorität in menschlichen Gemeinschaften. Wir sind von der uneingeschränkten Herrschaft der Stammesältesten zur Tyrannei des Konsums fortgeschritten. Während dieser Entwicklung hat die Familie eine bedeutsame Rolle dabei gespielt, den Kindern die politischen und sozioökonomischen Werte der Gesellschaft zu vermitteln. Jedes soziale System schafft sich eine Familienstruktur, die seinen Status quo bewahrt. Je nachdem, wieviel Macht die Herrschenden im Staat haben, bekommt die Familie mehr oder weniger Macht über das Kind. Wenn die Stammesältesten, der Stadtstaat, die Kirche, der Lehnsherr oder der Zar mit absoluter Macht ausgestattet sind, übernehmen die Eltern weniger Verantwortung und haben weniger Macht über ihre Kinder. Aber welche Form die Familie auch im

Laufe der Geschichte angenommen haben mag und wie schwach
oder stark sie in Relation zu anderen sozialen Institutionen auch
gewesen sein mag, sie hatte immer die Funktion, die ungeformten,
ungezähmten Wünsche der jüngeren Generation mit den Gesetzen
des Landes in Einklang zu bringen.

Unser heutiges Gesetz ist das Gesetz des Konsumismus mit
seiner Anbetung der Dinge. Von früher Kindheit an lernen unsere
Kinder, daß materielle Güter ein Ersatz für Sicherheit, Selbstwertgefühl und Liebe sind und daß Sex auch nur eine Ware ist, die auf
dem Markt erworben werden kann. Manche sagen, und vermutlich
haben sie damit recht, daß das Gesetz des Konsumismus nichts
anderes sei als die alte Tyrannei des Patriarchats in ihrer neuesten
Verkleidung. Wie dem auch sei, die Auswirkungen der Konsumhal-
tung auf das Familienleben und die Beziehungen zwischen Kindern
und Eltern müssen noch untersucht und bewertet werden. Wir
wissen allerdings, daß zwischen Familienstruktur und Sozialstruk-
tur subtile Verbindungen bestehen und daß das, was dem Kind in
der Familie geschieht, sich auch auf die Gesellschaft auswirken
kann. Werden die Familien der Zukunft dem Gesetz des Konsumismus widerstehen und es untergraben? Oder ist das Kaufen (oder
Stehlen) von Sicherheit, Bewunderung, Liebe, Macht und Sex doch
viel einfacher als der Umgang mit komplexen Beziehungen zu
gefährlich lebendigen und unberechenbaren Menschen?

Zu allen Zeiten und an allen Orten teilt die soziale Umwelt sich
dem Kind schon vor der Geburt mit, und zwar indirekt durch
Geräusche und Bewegungen, die in die Gebärmutter eindringen,
und direkt durch die Substanzen, die der Fötus im Mutterleib
aufnimmt. Die Geräusche, Bewegungen und Substanzen können
dem Kind als Ausdruck von Liebe und Schutz oder von Haß und
Zerstörung erscheinen. Für das Neugeborene ist die Welt, in die es
eintritt, eine gute Welt und das Selbst ein gutes Selbst, wenn die
Liebe und der Schutz der haltenden mütterlichen Umgebung ihm
die Welt so nahebringen, daß es das Gefühl hat, sich mit ihr in
Einklang zu befinden. Wenn sich ein Säugling jedoch nicht als
gehalten erlebt oder das Gefühl hat, daß er zu oft fallengelassen

wird, wird er zu einem gierigen und rachsüchtigen Kind. Der Hunger und die panische Gier des Säuglings richten sich später auf die soziale Umwelt. Aus dem beraubten und vernachlässigten Kind wird ein Erwachsener, der glaubt, die einzige Möglichkeit, gehalten zu werden, bestehe darin, zu zerkauen, zu zerreißen, herauszureißen, aufzuschlitzen, auszunehmen, zu packen und zu entreißen, zu betrügen und zu rauben. Das alles geschieht mit dem Gefühl, dazu berechtigt zu sein: »Ich habe das Recht, mir zu nehmen, was ich nicht bekommen habe.«

Der Impuls, das, was nicht freiwillig gegeben wurde, zu stehlen, spielt in allen Perversionen eine Rolle. Ob bei einer Patientin Fetischismus, Transvestismus, Homöovestismus oder Hörigkeit im Vordergrund stehen, immer ist ein Element von Kleptomanie beigemischt. Früher oder später taucht in jeder Therapie einer Perversion ein Diebstahl oder eine Reihe von Diebstählen auf, entweder phantasiert oder tatsächlich ausgeführt. Ich habe bereits auf Fälle von weiblichen Perversionen hingewiesen, in denen Kleptomanie Teil einer umfassenderen perversen Strategie war.

Lillian (von der in Kapitel 8 die Rede war), deren dominante Perversion der Homöovestismus war, begann mit ihrem homöovestitischen Verhalten im Alter von drei Jahren, als sie sich über den Verlust ihrer schwangeren Mutter hinwegtröstete, indem sie deren Kleider anzog und sie mit Kissen ausstopfte. Die Mutter gab ihr diese Kleider nicht, sondern Lillian mußte sie stibitzen und ihre Mutter-Imitation heimlich aufführen. Später, als Lillian menstruierte, überkam sie der unwiderstehliche Drang, die Samtkleider und Smaragdketten zu klauen, die es ihr ermöglichten, sich als mächtige, wertvolle, begehrenswerte Frau zu fühlen. Ich habe noch nicht erwähnt, daß Lillian eine kurze Zeit lang auch Exhibitionistin war. Sie nahm das auffällige Sportkabrio ihres Vaters und brauste mit überhöhter Geschwindigkeit dichtbefahrene Highways entlang, um den entsetzten Lastwagenfahrern ihre Menstruationsbinden und ihre blutenden Genitalien zu präsentieren.

In der Perversion wird das einst ausgeschlossene kleine Mädchen zur triumphierenden Frau, die den beraubenden Eltern ihre Macht stiehlt und diese dazu benutzt, anderen das anzutun, was ihr einst angetan wurde, es wird zu einer Frau, die die anderen so demütigt und ängstigt, wie sie selbst einst gedemütigt und geängstigt wurde. An Lillians Fall haben wir gesehen, wie ein kleines Mädchen alle seine früheren infantilen Verluste mit genitalen Verlusten gleichsetzen kann. Während der Schwangerschaft ihrer Mutter hatte sie die Mutter völlig für sich. Mit der Geburt des Bruders verlor sie die Mutter ganz und gar. Außerdem war die Schwangerschaft ein Hinweis darauf, welche Rolle der Vater im Leben der Mutter spielte. Wie sehr die arme kleine Lillian ihren Vater um seine Macht beneidete! Und als sie dann an einer Stelle, wo sie überhaupt nichts hatte, bei ihrem Bruder einen Penis sah, brach ihre Phantasie, daß sie für ihre Mutter der Mittelpunkt der Welt sei, zusammen. Es war klar, daß die Mutter dem Bruder alles gegeben hatte, was sie Lillian vorenthalten hatte – schmusen, Wiegenlieder, Beachtung und einen Penis. Stehlen war für die erwachsene Lillian eine Bestätigung ihrer Existenz und ein rachsüchtiger Triumph über die Mutter, die sie beraubt hatte. Wir haben gesehen, daß die erotische Erregung, die Lillians kleptomanische Anfälle begleitete, aus einer langen Phase der Vernachlässigung im Kleinkindalter entstanden ist, die durch die vorzeitige und daher traumatische Erotisierung ihrer Genitalien noch verschlimmert wurde. Die Kombination aus Vernachlässigung und sexuellem Mißbrauch erweckte Lillians Genitalien zum Leben, während ihrem restlichen Körper – Haut, Muskeln, Mund und Augen – Sicherheit, Liebe und Anregung verweigert wurden.

Für ein vernachlässigtes und sexuell mißbrauchtes Kind wie Lillian sind alle Körperteile untereinander austauschbar, und jeder Körperteil läßt sich gegen eine Ware eintauschen. Selbst der Penis war für Lillian nur ein Gegenstand, der ihrer Selbstbestätigung diente. Für die vielen Männer, mit denen sie Geschlechtsverkehr hatte, empfand sie überhaupt nichts. Der erigierte Penis des Mannes war ihr Beweis genug, daß sie geborgen war und geschätzt und geliebt wurde. Obwohl sie diese Penisse natürlich nicht stahl, war deutlich, daß sie den erigierten Penis nur als weitere phallische Trophäe betrachtete, die dazu diente, sie zu reparieren und sie vor

Depressionen und Ängsten zu schützen. Nicht die erotische Befriedigung besänftigte Lillians Ängste vor Verlassenwerden, Trennung
und Kastration, sondern die Phantasie, jene Sicherheit, Liebe und
Macht erlangt zu haben, die ihr als Kind vorenthalten worden
waren. Ihre Rache richtete sich jedoch gegen den jeweiligen Liebhaber, sie behandelte ihn, als wäre er ein Nichts. Lillian führte ihre
Diebstähle in einer gesellschaftlichen Umwelt aus, in der die Austauschbarkeit von materiellen Gütern und Geborgenheit, Liebe und
Macht zu der Phantasie verleitet, daß Dinge und Teile von Dingen
für das Fehlen menschlicher Beziehungen entschädigen können.

Olympia (deren Fall ebenfalls in Kapitel 8 besprochen wurde)
war zwar keine Kleptomanin, aber mit ihrer Science-fiction-
Geschichte von der einsaugenden Vagina erfaßte sie die Austauschbarkeit von Körperteilen und Waren genau. Sie glaubte, sie gehöre
zu dem Geschlecht mit dem fehlenden Geschlechtsorgan. Und ihrer
Meinung nach war der Penis eine Last. Das Genitale schaffte nur
Probleme mit der Potenz. Mit ihrer Leere, andererseits, konnte sie
die phallische Macht verhöhnen. Olympia wußte, daß die Güter der
materiellen Welt, die Haushaltstrophäen der patriarchalischen
Ordnung, ihre Feinde waren. Als Pin-up-Girl stellte sie großherzig
ihren Körper zur Schau. Aber ihre Science-fiction-Phantasien zeigten deutlich, daß sie für jene, die bekommen hatten, was ihr geraubt
worden war, nur Neid und Verachtung übrig hatte. Die Tatsache,
daß man ihr Gehaltenwerden, Schutz, Genährtwerden und das
Gefühl, etwas wert zu sein, vorenthalten hatte, deutete sie als Verweigerung phallischer Kraft. Ihr Körper war nur ein Behälter. Der
Gegensatz zwischen ihrer eigenen Leere und den Kräften, die anderen gegeben worden waren, stand ihr schmerzhaft deutlich vor
Augen. Olympia erfaßte intuitiv Marx' These, daß Haushaltsgegen-
stände Fetische sind. Da Warenfetische nicht mehr in erster Linie als
Objekte betrachtet werden, unterliegen sie nicht den Gesetzen, die
sonst die Beziehungen zwischen Gegenständen regeln. Sie sind den
künstlich erzeugten Wertrelationen des Marktes unterworfen und
daher wie geschaffen dafür, durch Trick, Betrug oder Raub erworben zu werden. Olympia hatte das Gefühl, es sei ihr gutes Recht,

alle Waren, die die patriarchalische Ordnung versinnbildlichen, jene Ordnung, die sie ihres ureigensten Wesens beraubt hatte, einzusaugen und zu zerstören.

Tony Tanner bemerkt in seiner Abhandlung über *Madame Bovary*: »An einem bestimmten, nicht festgelegten Punkt braucht der Fetisch keinen Bezug zu einer Frau oder Frauen überhaupt zu haben [...] sondern verbindet sich direkt mit den Objekten.«[3] Er erklärt diese Verlagerung der Gefühle folgendermaßen: Der Warenfetischismus »kann immer größere Bereiche der Einstellung des Individuums zum Leben allgemein erfassen, und auf diese Weise kann er die Art und Weise des Fühlens und Handelns einer ganzen Gesellschaft durchdringen«[4]. Vargas Llosa, der der *Madame Bovary* erklärtermaßen verfallen ist, geht in die gleiche Richtung, wenn er schreibt:

> In *Madame Bovary* deutet sich die Entfremdung an, die hundert Jahre später in den entwickelten Gesellschaften Männer und Frauen erfaßt (aber besonders letztere, wegen ihrer Lebensbedingungen): konsumieren, um die Angst zu vertreiben, die Leere, die das moderne Leben im Menschen hinterläßt, mit Gegenständen zu bevölkern. [...] Im Falle Emma Bovarys kündigt sich schon dieses außergewöhnliche Phänomen der modernen Welt an, durch die die Diener und Werkzeuge des Menschen, die Dinge, zu ihren Herren und Zerstörern werden.[5]

Anders als Olympia, die ihre Inspiration direkt aus ihren schmerzhaften Erfahrungen in der materiellen Welt empfing, übernahmen die beiden Theoretiker Tanner und Vargas Llosa ihre Interpretationen von Marx:

> Als diese *verkehrende* Macht erscheint es [das Geld] dann auch gegen das Individuum und gegen die gesellschaftlichen etc. Bande, die für sich *Wesen* zu sein behaupten. Es verwandelt die Treue in Untreue, die Liebe in Haß, den Haß in Liebe, die Tugend in Laster, das Laster in Tugend, den Knecht in den Herrn, den Herrn in den Knecht, den Blödsinn in Verstand, den Verstand in Blödsinn.[6]

Im Fall von Janet (in Kapitel 8 besprochen), die eine Maske erniedrigender, aufopfernder Weiblichkeit verwendete, um ihre beruflichen Ambitionen und intellektuellen Kräfte zu verstecken, steht zwi-

schen den Zeilen etwas über die Art und Weise, wie die
Geschlechtsstereotypen der Sozialordnung mit unbewußten Phantasien über phallische und kastrierte Wesen zusammenwirken. In
Janets Fall besaßen die Vernachlässigungen in der Kindheit ein
übliches, zu erwartendes Ausmaß. Der Diebstahl der phallischen
Trophäe war ein eingebildetes Ereignis, welches nur in ihrem unbewußten Phantasieleben Bedeutung hatte. Aber selbst unter diesen
Umständen bekam die infantile Phantasie, eine phallische Trophäe
zu stehlen, später eine umfassendere, gesellschaftliche Bedeutung,
die Janets infantile Lösung ihrer Geschlechtskonflikte einleuchtend
erscheinen ließ. Niemand wächst mit Vorstellungen auf, in denen
Männlichkeit und Weiblichkeit deutlich voneinander abgegrenzt
sind. Die geschlechtliche Identität eines Menschen ist immer in
gewissem Umfang mit Konflikten belastet. Sie besteht aus dem
Zusammenspiel von infantilen Phantasien, unbewußten Konflikten, Werten und Einstellungen der Familie und der Art, wie die
Geschlechtskonventionen der Sozialordnung zuerst die Familienstruktur durchdringen und dann später nur allzuoft mit den infantilen Geschlechtszuschreibungen kollaborieren. Janet wuchs in einer
sozialen Umgebung auf, die es Frauen gestattete, genauso wie Männer intellektuelle und berufliche Karrieren zu verfolgen. Trotzdem
fürchtete Janet die Rache der Männer, mit denen sie konkurrierte,
und die Rache der Frauen, über die sie triumphierte. Auf individueller Ebene entsprang diese Furcht vor Rache Janets heftigem Neid
auf die Macht ihre Vaters und ihrer Wut auf die Mutter, die das
bekam, was der Tochter vorenthalten wurde. Die Wut und das
Gefühl der Demütigung, die durch den Ausschluß von der Urszene
hervorgerufen wurden, weckten den Zorn der kleinen Janet und
veranlaßten sie zu der infantilen Strategie, der Mutter gegenüber die
Rolle des Papis zu spielen. Als Erwachsene konnte sie immer noch
dieser Große Papi sein, aber nur in der Maske einer sich selbst
erniedrigenden, sich aufopfernden Frau. Im Laufe ihrer Analyse
verstand Janet allmählich, daß sie *nur* eine Frau war, nicht anders als
ihre Mutter und ihre Schwestern. Diese Kränkung führte zu einer
Phase der Kleptomanie. Die kleptomanischen Zwischenspiele

gestatteten es ihr, die schrecklichen Kindheitsphantasien zum Ausdruck zu bringen, die so schmerzhaft und beängstigend waren, daß sie sich nicht daran erinnern konnte. Statt imaginierte Trophäen aus dem Bauch ihrer Mutter zu stehlen, stahl sie Bücher aus der Universitätsbibliothek. Diese Diebstähle und ihre Phantasien und Träume, in denen sie mir und aus meiner Bibliothek etwas stahl, waren ein Schlüssel zur Bedeutung ihrer Symptome und ihrer Kindheitsphantasien vom gestohlenen Phallus. Janet stahl nicht einfach irgendwelche Bücher, sondern unverständliche, komplizierte Werke, die von Männern geschrieben worden waren, die auf Janets Gebiet berühmt waren. Diese Diebstähle vermittelten Janet ein ungeheures Triumphgefühl, vor allem, da die Bibliothekarin eine sehr passive und wenig ehrgeizige Frau war, die zur Professorin Janet als einer potentiellen Nobelpreisträgerin aufschaute. Sie war so leicht zu täuschen. Manchmal beobachtete Janet, wie ein anderer, weniger schlauer Dieb am Ausgang der Bibliothek vom Wächter festgehalten wurde. Mit ein ganz klein wenig Angst, einem frechen Zwinkern und einem koketten Lächeln ging Janet tapfer an diesem Hüter der Schätze vorbei. Er verbeugte sich zum Spaß und winkte sie mit einem flirtenden Lächeln im Gesicht hinaus. Janet deutete das als Erlaubnis, das zu stehlen, was der mitleiderregenden Bibliothekarin gehörte. Janet war inzwischen eine äußerst erfolgreiche Frau, die alle Vorteile ihrer sozialen Schicht und ihrer Stellung in der Welt genoß, doch sie war immer noch damit beschäftigt, die Erwachsenen hinters Licht zu führen und nach Möglichkeiten zu suchen, um von ihnen die Erlaubnis zu bekommen, das zu behalten, was sie gestohlen hatte. In Janets Fall dienten die kriminellen Handlungen dazu, ihr die Erinnerung an ihre Kindheitstraumen zu ermöglichen; die Diebstähle waren hilfreich für den Fortgang ihrer Analyse. Trotzdem blieben sie selbstverständlich auch reale Diebstähle, die das Wesen der Kleptomanie und ihre Beziehung zu den Institutionen der Sozialordnung zum Ausdruck brachten. Janets infantile Lösung paßt in unsere Gesellschaftsordnung, die auch gegen Ende des zwanzigsten Jahrhunderts intellektuelle Ambitionen immer noch als männlich ansieht und berufstätige Frauen wie Janet als

Mannweiber betrachtet, die darauf aus sind, sich männliche Güter und männliche Herrschaftsgebiete anzueignen.

In bestimmten wesentlichen Punkten unterscheidet sich Janets emotionale Situation nicht sehr von der der Jeanne d'Arc, die gleichfalls wagte, sich mit Männern auf deren ureigenstem Territorium zu messen. Solange Jeannes Streben sich nur auf Frömmigkeit und spirituelle Kommunikation richtete, interessierte es kaum, daß sie sich die Haare abschnitt und Männerkleidung anzog. Aber sobald sie ihre männlichen Ambitionen zeigte, geriet sie in Gefahr. Ihre heiligen Stimmen wurden nun von ihren Feinden als Stimmen des Teufels interpretiert. Und als sie auf dem Schlachtfeld triumphierte, bekam sie die gerechte Strafe.

Janet hatte, weil sie den unbewußten Wunsch hegte, das zu stehlen, was der Vater der Mutter geben konnte, gute Gründe, die Rache von Männern und von Frauen zu befürchten. Diese Kindheitsängste wurden dann in einer sozialen Situation, in der Männer sowieso sehr viel Furcht vor Frauen empfinden, bestätigt. Janet hätte sich kaum Sorgen zu machen brauchen, wenn sie sich auf ihr selbstaufoperndes Verhalten gegenüber Mutter, Schwestern und anderen, weniger glücklichen Studentinnen und Kolleginnen beschränkt hätte. Davon bekam sie nur Rückenschmerzen und Erschöpfungszustände. Ihre Angstzustände und ihre schlaflosen Nächte begannen jedoch, als sie es wagte, brillante und kluge Vorträge zu halten, als sie es wagte, offen mit ihren Kollegen und Kolleginnen zu konkurrieren. Ihre Symptome traten auf, als sie ihre phallischen Trophäen zur Schau zu stellen begann.

Psychoanalytiker haben die von der Kleptomanin gestohlenen Güter als Triumph der beraubten Frau über ihren Penisneid interpretiert. Die gestohlene phallische Trophäe wurde als Triumph über die Natur und über das anatomische Schicksal angesehen: »Was die Natur mir vorenthalten hat, habe ich gestohlen.« Aber eben dieses Beharren auf den Naturgesetzen und der anatomischen Bestimmung hat dazu geführt, daß das psychoanalytische Wissen über Geschlechtsidentität und ihre Beziehung zur Perversion für mehrere Jahrzehnte unverändert auf demselben Stand bleiben

konnten. Freud selbst machte seine Leser oft warnend darauf aufmerksam, daß die Begriffe *weiblich* und *männlich* schwer zu fassen
seien und leider allzuoft gemäß den Konventionen als passiv und
aktiv mißverstanden würden. An anderen Stellen jedoch setzte er
die sozialen Konventionen von Aktivität und Passivität mit der
anatomischen Bestimmung durch Samen und Eizellen, Penis und
Vagina, männlich und weiblich gleich. Die Psychoanalytiker gingen, wie die meisten anderen Leute auch, von der Annahme aus, die
Geschlechtsstereotypen von Weiblichkeit und Männlichkeit würden die Gesetze der menschlichen Natur wiedergeben, und Männer
seien demnach zum Herrschen und zum Penetrieren und Frauen
zum Nachgeben und Empfangen bestimmt.

Es ist wahr, daß Kleptomanie häufiger bei Frauen als bei Männern festgestellt wird. Die diesbezüglichen Statistiken gelten für
viele moderne Gesellschaften. Die Gründe jedoch, warum Frauen
mit größerer Wahrscheinlichkeit Ladendiebstähle begehen und
Männer sich mit größerer Wahrscheinlichkeit Einbrüche, Raub-
überfälle und Betrugsdelikte zuschulden kommen lassen, haben nur
sehr wenig mit den unterschiedlichen Bestimmungen der genitalen
Habenichtse und der genitalen Besitzer und sehr viel mit der Art zu
tun, wie Wissenschaftler (meistens Männer) den Zusammenhang
zwischen weiblicher Anatomie und weiblicher Macht gesehen
haben. Kleptomaninnen sind keine Penisdiebinnen, sondern sie
gehören zu den vielen Frauen, die gelernt haben, Warenfetische als
Ersatz für menschliche Beziehungen einzusetzen, die gelernt haben,
Dinge zu benutzen, um Angst, Depression, Wahnsinn und Gewalttätigkeit von sich fernzuhalten.

Die Deutung der Kleptomanie als Penisneid entstand, wie ich
bereits zu Beginn dieses Kapitels gesagt habe, auf dem Boden der
gleichen sozioökonomischen Bedingungen, die Menschen dazu
verleiten, Dinge als Ersatz für andere Menschen zu benutzen. In der
Geschichte gab es immer wieder Zeiten, in denen es Frauen gestattet
war, die Macht in Händen zu halten und sich in Politik und
Geschäftsleben, Kunst und Literatur, Wissenschaft und Familienleben gleichberechtigt mit den Männern zu äußern. Männer waren

jedoch immer nur kurz in der Lage, das Verlangen der Frauen nach politischer, gesellschaftlicher, intellektueller und ökonomischer Macht nicht mit dem Wunsch gleichzusetzen, Männern ihre Männlichkeit zu rauben. Männer sind besessen von diesen infantilen Phantasien über das Mannweib. Sie sind überzeugt, daß die Kastrierten darauf aus sind, die Phallischen zu kastrieren. Und wenn man die infantilen Phantasien in Betracht zieht, wonach der Penis des Vaters ein verstümmelndes Organ ist, das die Verstümmelung der Mutter hervorgerufen hat, ist es kein Wunder, daß Männer sich vor der Rache der Frauen fürchten. Sie halten in ihren Männerbünden zusammen, damit die beneideten und gefürchteten Frauen keine Chance bekommen, die Güter und Kräfte zu stehlen, die »von Rechts wegen« ausschließlich Männern gehören. Die Frau, die den Penis stiehlt, ist eine Schöpfung von Männern, die in der Vorstellung von der Macht des Phallus Schutz vor Ängsten, Schuldgefühlen, Scham und Wahnsinn suchen und daher in ständiger Furcht vor dem Verlust dieser Macht leben. Wann immer es darum ging, herauszubekommen, warum ökonomische Macht, künstlerische Fähigkeiten, wissenschaftlicher Scharfsinn, kriminelle Tendenzen und sexuell abweichendes Verhalten bei Männern und Frauen ungleich verteilt waren, fesselten die Phantasien über phallisch und kastriert Wissenschaftler – es waren bekanntlich in der großen Mehrzahl Männer – an verschiedene Vorstufen des Wissens über die Beziehung zwischen Geschlecht und Macht.

Bis etwa zur Jahrhundertwende, als die Kriminologie den Status einer Sozialwissenschaft erhielt, war immer wieder beiläufig bemerkt worden, daß Frauen nur einen sehr kleinen Anteil an der kriminellen Bevölkerung ausmachten. Als diese Tatsache schließlich einer näheren Betrachtung unterzogen wurde, wurden die einzelnen Punkte beinahe in der gleichen Weise behandelt und durchdacht, in der heutige Wissenschaftler mit dem Problem der niedrigen Rate sexueller Perversionen bei Frauen umgehen. Wenn ich nun in den nächsten Abschnitten die Geschichte dieses Gedankengangs verfolge, könnte der Leser für Kriminalität auch das Wort *Perversion* einsetzen.

Kriminalität wurde, ebenso wie Perversion, als männliche
Domäne betrachtet. In den Theorien, die Erklärungen für die
geringe Kriminalitätsrate unter Frauen anboten, wurde versucht,
Gründe dafür zu finden, daß eine große Zahl von Frauen nicht, eine
geringe Zahl von Frauen hingegen doch an kriminellen Aktivitäten
beteiligt war. In beiden Fällen fand man die Gründe in den Defizi-
ten der körperlichen Entwicklung der Frau und nur selten, wenn
überhaupt jemals, in einer Überlegenheit der moralischen Entwicklung der Frau. Gelegentlich schlug ein kühner Geist vor, die niedrige Kriminalitätsrate unter Frauen als ein Zeichen für die moralische Integrität der Frauen anzusehen, ebenso, wie heutzutage die
niedrige Perversionsrate unter Frauen manchmal als Zeichen für
größere Tugendhaftigkeit und höheren moralischen Adel der
Frauen interpretiert wird. Allerdings war in der Diskussion um
kriminelle Frauen das Argument gebräuchlich, spezifische weibliche *Schwächen* seien für die niedrige Kriminalitätsrate in der weiblichen Bevölkerung verantwortlich.

   1899 schrieben C. Lombroso und W. Ferrero in ihrem Werk *Das
Weib als Verbrecherin und Prostituierte* die geringere Verbreitung
der Kriminalität unter Frauen einer geringeren Aktivität der Groß-
hirnrinde zu, wodurch »eher motorische oder sexuelle Anomalien
[sic!] als die Kriminalität«[7] bedingt seien. Und was die weiblichen
Kriminellen anging, so wurden sie, wie ihre kriminellen Brüder, als
atavistische Rückfälle betrachtet. Als Lombroso und Ferrero ent-
deckten, daß Frauen in Gefängnissen nicht die gleichen Merkmale
aufwiesen, die normalerweise geborene Kriminelle kennzeichneten
– Muttermale, Greiffüße, Behaarung, verformte Schädel und merkwürdige Gesichtsproportionen –, waren sie verblüfft. Allerdings nur
kurzzeitig. Aufgrund der wenigen physischen Ähnlichkeiten zwischen geborenen männlichen Kriminellen und weiblichen Gefäng-
nisinsassen, wie großer Wuchs und Muskelkraft, entschieden Lombroso und Ferrero, daß weibliche Kriminelle Scheinmänner seien,
genetische Relikte aus einer Zeit, als die Frauen sich noch nicht ganz
von den Männern unterschieden. Der Grund, warum weibliche
Kriminelle weniger Anzeichen für angeborene Degeneration zeig-

ten, wurde in einem weiteren, sogar noch pathologischeren Mangel gesehen: Die weiblichen Geschöpfe der Spezies Mensch hätten sich weniger weit von ihrem Ursprung fortentwickelt, Frauen seien also zu primitiv, um Anzeichen für Degeneration zu entwickeln. Andererseits konnten Frauen größere Gesetzestreue an den Tag legen als Männer, aber nur aufgrund ihres naturgegebenen Konservativismus – diese »eigenthümliche konservative Tendenz des Weibes« liege »in der Unbeweglichkeit des Ovulum gegenüber der Beweglichkeit der Spermatozoen« begründet.[8]

Obwohl spätere Soziologen und Psychologen die Formulierungen von Lombroso und Ferrero atavistisch, unwissenschaftlich und vielleicht sogar lächerlich fanden, hielten sie jedoch an der Tendenz des Gedankengangs der beiden Autoren fest und steckten ihn nur in ein neues Gewand. Ob die Sozialwissenschaftler nun von biologischer oder sozialer Determiniertheit ausgingen, in jedem Fall waren sie sich einig darüber, daß weibliche Frauen aufgrund ihrer weiblichen Schwächen – Passivität, geringere Intelligenz und Mangel an Zielstrebigkeit – unfähig zur Kriminalität seien, während männliche Frauen von ihrem Hunger nach männlicher Macht zur Kriminalität getrieben würden. Hier und da war unter den Statistiken und Theorien auch eine Alternative zu finden: Frauen seien vielleicht in ebenso hohem Maße mit krimineller Veranlagung und Energie ausgestattet wie Männer.

Aber wenn sich herausstellen sollte, daß Frauen von ihrer Anlage her ebenso kriminell waren wie Männer, wie sollten die Wissenschaftler dann erklären, daß Frauen weniger Verbrechen begingen als Männer? Hier war man wieder am Ausgangspunkt angelangt, und wieder lag eine Antwort parat, die sich in ihrem Geist nicht sehr von den Argumenten Lombrosos und Ferreros unterschied. Im Gegensatz zu Männern, die offen und unverstellt kriminell seien, hätten Frauen eine größere Fähigkeit, ihre kriminellen Aktivitäten zu verbergen.[9] In diesem Punkt stimmten weibliche Kriminologen ihren männlichen Mentoren ganz und gar zu. Im großen und ganzen unternahmen sie jede nur denkbare Anstrengung, um Fakten zu sammeln, die diese Einschätzung der Frau bestätigen würden. Sie argumentierten, daß Frauen im allgemeinen weniger ehrlich seien als Männer. Weibliche Straffällige seien hinterhältiger als männliche Straffällige und bewiesen größeres Geschick dabei, Tatsachen zu verschweigen, ihre Taten zu leugnen, Einzelheiten zu verfälschen und die Belegschaft der Gefängnisse und Krankenhäuser, in die sie eingewiesen würden, zu täuschen. Als Zeugin dafür, daß diese Gedanken über weibliche Hinterlistigkeit nicht das Ergebnis männlicher Voreingenommenheit waren, wurde Margaret Sanger zitiert, die erklärte, Verschwiegenheit sei eine der legitimsten weiblichen Künste.[10]

Es wäre kleinlich und außerdem unwissenschaftlich gewesen, diese Fakten und Deutungen der weiblichen Natur zu präsentieren, ohne den Versuch zu unternehmen, einen Zusammenhang zwischen der Natur der Frau und den entsprechenden psychologischen Beweggründen zu suchen. Alle notwendigen Beweggründe wurden gefunden, und zwar, wie üblich, am nächstliegenden Ort – in der weiblichen Anatomie. Man schloß ganz einfach, die Schwächen der Frau – ihre kleinere Statur, ihre geringere Muskelkraft, ihre menstruationsbedingten Stimmungsschwankungen – machten es notwendig, daß sie Zuflucht in der Unehrlichkeit suchte, auch in bezug auf ihre kriminellen Neigungen. Alle Betroffenen waren sich einig, und die Statistiken bekräftigten es, daß Mord, Überfall, Raub, Einbruch und Autodiebstahl männliche Verbrechen seien. Wenn man jedoch das Element der weiblichen Hinterlist in Betracht zog, mußten selbst diese seit langem feststehenden Wahrheiten in Frage gestellt werden.

Es mußte zugegeben werden, daß die Fakten vielleicht nur durch die Statistik erzeugt wurden. Gesetzeshüter waren Frauen gegenüber bekanntlich ritterlich und nachsichtig. Und die Frauen selbst hielten ihre Verbrechen geheim. Diese beiden Tatsachen konnten als Begründung dafür dienen, daß Frauen selten verhaftet wurden, was wiederum die Verzerrungen in den Statistiken erklärt hätte. Diese Argumentationsbasis machte es schwer, weiterhin Vertrauen in die weiblichen Kriminalstatistiken zu haben. Trotz allem waren sich die Wissenschaftler jedoch nach wie vor ihrer grundlegenden

Annahme relativ sicher: Bestimmte kriminelle Aktivitäten konnten Frauen zugeschrieben werden – Prostitution, Ehebruch und Abtreibung, Kindesmord und Ladendiebstahl. Ladendiebstahl wurde immer als eines der Verbrechen angeführt, die mit der biologischen Veranlagung der Frau zusammenhingen.

1950 packte Otto Pollak, ein amerikanischer Soziologe, den Stier bei den Hörnern. Sein Buch *The Criminality of Women* wurde als Klassiker, als Perle wissenschaftlicher Objektivität gepriesen. Pollak wollte die weitverbreiteten Halbwahrheiten über die kriminelle Frau nicht einfach hinnehmen, und er wollte auch nicht auf irgendeine unbewiesene biologische Deutung hereinfallen. Er meinte, die Besonderheit der weiblichen Kriminalität müsse eng mit den Beschränkungen, die der Frau in der modernen Gesellschaft auferlegt seien, verknüpft sein.

Trotzdem akzeptierte Pollak von Anfang an die Halbwahrheit, daß Frauen von Natur aus hinterlistiger, verschwiegener, betrügerischer und heuchlerischer seien als Männer. Obwohl er ein Meister seines Faches war, stellte er ohne Zögern fest, daß man bei dem Versuch, die größere Neigung der Frauen zur Verschwiegenheit zu erklären, der Rolle der physiologischen Unterschiede nicht genug Aufmerksamkeit geschenkt hätte. Interessanterweise brachte er, wie viele derjenigen, die die Statistiken für männliche und weibliche Perversionen zu erklären versuchen, weiblichen Betrug mit der weiblichen Sexualität in Zusammenhang. Er erklärte, daß es einem Mann unmöglich sei, sexuelle Erregung vorzutäuschen. Ein Mann müsse eine Erektion haben, um den Geschlechtsakt ausführen zu können, und könne nicht verbergen, wenn er kein Verlangen habe.

Der Körper der Frau erlaubt solche Verstellung jedoch in gewissem Maße, und das Fehlen des Orgasmus beeinträchtigt nicht ihre Fähigkeit, am Geschlechtsakt teilzunehmen. Es ist nicht zu leugnen, daß dieser grundlegende physiologische Unterschied sehr gut einen großen Einfluß auf das Maß an Vertrauen haben kann, das die beiden Geschlechter in den möglichen Erfolg von Verschwiegenheit setzen, und daher auch auf ihre diesbezüglichen Charakterstrukturen.[11]

Pollak erwähnte nicht, und es schien ihm auch gar nicht klar zu sein,
daß der Vortäuschung des Orgasmus eine lange persönliche
Geschichte der Charakterentwicklung in einer Sozialordnung vorausgeht, die Frauen ein aktives Ausleben ihrer Sexualität verweigert. Pollak versucht, die Tatsache der weiblichen Hinterlistigkeit
mit dem Standpunkt eines Wissenschaftlers in Einklang zu bringen.
Aber immer wieder unterliegt seine soziologische Methode seiner
ambivalenten Haltung Frauen gegenüber. Er erkennt, daß die
Gesellschaft Frauen immer wieder Verschwiegenheit befiehlt und
empfiehlt. Bei Männern werde Verschwiegenheit immer als Heimlichtuerei und Abweichung betrachtet. Für Frauen dagegen sei sie
eine »Notwendigkeit und ein soziales Gebot«[12]. Pollak wies die
Erkenntnisse anderer Soziologen, daß manche Verbrecherinnen
»Anfälle von Wahrheitsliebe«[13] zeigten, zurück: »Diese Fälle soge-
nannter Wahrheitsliebe sind Fälle von Verrat, der von weiblichen
Informanten aus Bosheit oder Furcht begangen wird, und Verrat ist
selbst ein Akt der Unaufrichtigkeit und der Täuschung.«[14]
   Der männliche Dieb ist ein Spezialist, der sich an seine Methode
hält und bei seinem Fach bleibt. Die Diebin, die keine Regeln kennt
und sich nicht spezialisiert hat, außer auf Diebstähle, die mit ihrem
Beruf als Prostituierte zu tun haben, gibt »den geplagten Detektiven
immer neue Rätsel«[15] auf. Falsche Beschuldigungen wegen sexueller
Belästigung und Vergewaltigung seien Formen des Meineids und
Straftaten, zu denen Frauen, vor allem unverheiratete Frauen, eher
neigten als Männer. Pollak macht die Gesetzeshüter auf die psychischen Beweggründe dieser Verbrecherinnen aufmerksam: »Wie oft
mag die Anklage, die eine unverheiratete Frau [wegen sexueller
Belästigung oder Vergewaltigung] gegen einen Mann vorbringt, auf
ein Erlebnis hindeuten, das sie bewußt fürchtet und verabscheut,
nach dem sie sich unbewußt aber sehnt.«[16]
   Während der Menopause, wenn die Frauen endlich von ihrem
Hang zu Verbrechen, die mit sexueller Heimlichtuerei, sexueller
Unterdrückung und sexueller Rache zusammenhängen, befreit
sind, verlieren sie an Attraktivität und lassen sich Verbrechen
zuschulden kommen, die auf hohe Erregbarkeit und Ruhelosigkeit

zurückzuführen sind, wie Brandstiftung, Ruhestörung und der
berüchtigte Ladendiebstahl.

Insgesamt gesehen haben Verbrecherinnen wegen der Beschränkungen, denen die Frau aufgrund ihrer gesellschaftlichen Rolle
unterworfen ist, bestimmte Typen von Opfern bevorzugt – Kinder,
Ehemänner und Liebhaber, Nachbarn und andere Menschen, zu
denen sie engen Kontakt haben. Während es stimmen mag, daß
Frauen meistens Leute bestehlen, die sie kennen, zeigt die hohe Rate
von Ladendiebstählen und Taschendiebstählen bei weiblichen Kriminellen, daß zumindest manche Frauen, trotz der Beschränkungen, die den Frauen im allgemeinen auferlegt sind, fähig sind, auf
den öffentlichen Bereich überzugreifen. Pollak behauptet, daß diese
heimtückische Ausbreitung der Kleptomanie im Zweiten Weltkrieg
gefährliche Ausmaße angenommen habe, als Frauen nämlich
begonnen hätten, die Arbeitsstellen zu übernehmen, die vorher von
Männern besetzt gewesen waren. Die Emanzipation der Frau und
die neuen gesellschaftlichen Rollen, die ihr zugestanden wurden,
hatten große Bedeutung für den Rückgang der Verbrechen gegen
Ehemänner, Liebhaber und Kinder und für die stetige Zunahme bei
Eigentumsdelikten von Frauen, wie – zum wiederholten Mal –
Ladendiebstahl.[17]

Obwohl Pollak sich durchgängig um eine objektive soziologische
Haltung bemüht, aus der heraus er die Schwachstellen der biologischen Theorien über weibliche Kriminalität aufzeigen will, verfällt
er immer wieder in einen Reduktionismus, der an Lombroso und
Ferrero erinnert. Wiederum wird hier der objektive männliche
Wissenschaftler von den gängigen Stereotypen über die weibliche
Natur zu subjektiven Urteilen verführt. Pollak war wie besessen
von der Vorstellung des rätselhaften Inneren der Frauen, ihrer
verborgenen Genitalien und ihrer heimlichen Menstruationen. Er
überwand seine Voreingenommenheit weit genug, um zu erkennen,
daß die den Frauen zugewiesenen sozialen Rollen Versuchungen
und Gelegenheiten zu den heimlichen Verbrechen bereitstellen, die
für weibliche Kriminelle typisch sind. Pollaks soziologische
Erkenntnisse sind leider von seinem Argwohn Frauen gegenüber

durchdrungen. Als er über die unzähligen Methoden nachsinnt, mit denen die Gesellschaft die »heimlichen« Verbrechen der Frauen provoziert und fördert, kommt er auf geheimnisvolle Weise zu einem Schluß, der seinen stichhaltigeren Argumenten implizit widerspricht. Frauen, so folgert er, neigten ebenso zur Kriminalität wie Männer: »Man kann nur staunen über das maskierte Wesen der weiblichen Kriminalität, das die Ergebnisse so verschleiern kann, daß man den Eindruck gewinnt, Frauen seien weniger kriminell als Männer.«[18]

Soziologisch gesehen, urteilt Pollak am besten, wenn er die sozialen Vorkehrungen und Kräfte beleuchtet, die dazu dienen, in Frauen bestimmte Wünsche zu wecken und dann mit diesen Wünschen verbundene Gelegenheiten für kriminelle Aktivitäten zu eröffnen. In einem Punkt hatte Pollak recht: Das kriminelle Vergehen, das als Ladendiebstahl bezeichnet wird und das psychologisch Interessierte für eine als Kleptomanie bezeichnete Perversion halten würden, liegt in der gesellschaftlichen Rolle begründet, die Frauen, den hauptsächlichen Käufern und Verbrauchern materieller Güter, zugewiesen wird.

Sehr reiche Frauen kaufen einfach ein und kaufen dann noch mehr ein und stehlen sogar ein paar Trophäen, hin und wieder, wenn sie sonst depressiv oder ängstlich werden würden. Weniger reiche Frauen sind Kleptomaninnen, bei denen an die Stelle einer Erfahrung von Verlust oder Angst der Impuls tritt, das zu stehlen, dessen sie sich beraubt fühlen. Und wirklich arme Frauen stehlen einfach, was ihre Familien an Nahrungsmitteln und Kleidung brauchen, und gelegentlich etwas dazu – ein Schmuckstück, eine Schallplatte, ein Fläschchen Parfüm –, irgendeine kleine Trophäe, um die Härte des Verlusts zu mildern. Moderne Verkaufstechniken nutzen die Rolle der Frau als Käuferin aus und erzeugen Bedürfnisse, die Frauen zu Diebstählen verleiten. Waren werden in einer Weise ausgestellt und angepriesen, daß Frauen sich visueller Versuchungen erwehren müssen, bevor sie überhaupt zu den Gegenständen gelangen, die sie ursprünglich kaufen wollten.

Monsieur Lheureux, der Glückshändler, besitzt mit Werbefachleuten und Modeschöpfern von heute große Ähnlichkeit. Er weckte Emma Bovarys Bedürfnis nach Luxusgütern, die sie sich nicht leisten konnte, indem er, wie Tanner es ausdrückte, »versuchte, die Unbestimmtheit des erotisch-emotionalen Begehrens in eine bestimmte Gier nach einer Unzahl unnötiger Waren zu verwandeln«[19]. Es ist nur logisch, daß in modernen Gesellschaften Fabriken und Aktiengesellschaften die Hauptanziehungspunkte des männlichen Verbrechens bilden, während Heim und Warenmarkt – Kaufhaus und Kaufladen – die Hauptschauplätze des weiblichen Verbrechens abgeben. Der Warenfetischismus der modernen Industriegesellschaften lebt davon, daß Frauen ans Haus gefesselt sind und von Kindheit an darauf trainiert werden, die Befriedigung aller ihrer Wünsche in materiellen Gütern zu finden. Frauen haben die Rolle zugewiesen bekommen, ihre Wohnungen mit weichen Sesseln und hübschen Vorhängen zu dekorieren. Sie sollen die Dekorationen und Schmuckstücke, die Männeraugen gefallen, auf ihren Körpern tragen. Sie sollen ihre Körper mit den Kleidungsstücken kostümieren, die sie erregend und verführerisch machen. Jede gefährliche Gefühlsregung, die Frauen dazu veranlassen könnte, sich gegen ihre häusliche Gefangenschaft aufzulehnen, kann durch eine Ware besänftigt werden. Wenn Frauen an den ihnen zugewiesenen Plätzen verharren sollen, ist es notwendig, daß sie nicht zuviel denken und nicht zu tief fühlen. Furcht, Trauer, Wut, Schrecken, Kummer, soziale Ambitionen und moralische Probleme können durch Gegenstände, durch Warenfetische, ferngehalten werden.

Emma Bovary konnte Traurigkeit und Verlust nicht gut ertragen. Wenn etwas sie belastete, suchte sie nach Ablenkung und Zerstreuung – Romane, Lieder, Blumen, Kämme, eine Vase, Armbänder, Abonnements für Modezeitschriften, einen Unterrock, eine neue Affäre. Wenn ihre Angst oder ihre Depressionen sich dadurch nicht vermeiden oder mildern ließen, was sowieso bestenfalls für kurze Zeit möglich war, mußte Emma sich wohl oder übel in Gefühlen von Verlust und Ungerechtigkeit des Lebens ergehen, bis sich ein neuer Zeitvertreib bot. Weil sie das Gefühl hatte, zur Veränderung ihrer Existenzbedingungen fehle ihr die Macht, vertraute sie schließlich auf die Macht des Goldes, die sie in einem Zustand erotomanischer Erregung halten und so von Verlust und Enttäuschungen ablenken sollte.

Gold war jedoch Emmas letzte Zuflucht. Bereits im Kloster hatte sie versucht, sich von schwierigen Gedanken und Gefühlen abzulenken. Als sie zum Beispiel vom Tod ihrer Mutter erfuhr, weinte sie die ersten Tage viel. Dann ließ sie sich eine Haarlocke ihrer Mutter einrahmen und bat darum, später in demselben Grab wie ihre Mutter beerdigt zu werden. Sie stellte Betrachtungen über Leben und Tod an und wanderte im Geiste in den Lamartineschen Gefilden umher, lauschte den Harfenklängen, den Schwanengesängen, dem Fallen der Blätter, den reinen Jungfrauen und der Stimme des Ewigen. Schließlich war sie überrascht, daß sie »den inneren Frieden wiedergefunden und nicht mehr Traurigkeit im Herzen als Falten auf der Stirn hatte«[20].

Während ihrer Klosterzeit brauchte Emma bereits greifbaren Ersatz für ihre Gefühle und Bedürfnisse. Sie liebte die Düfte des Altars, den Glanz der Kerzen und die Blumen. Sie liebte die Musik wegen der romantischen Begleittexte und die Literatur wegen ihrer sinnlichen Wirkung, die Predigten wegen der Gleichnisse vom himmlischen Bräutigam, vom Gemahl und von der ewigen Hochzeit und das von spitzen Pfeilen durchbohrte Herz Jesu.

Emma entwickelte eine Leidenschaft für Romane, die von einer alten Näherin ins Kloster eingeschmuggelt wurden. Sie lernte Maria Stuart, Heloise, Agnès Sorel, Jeanne d'Arc und andere unglückliche und berühmte Frauen kennen, die »sich für sie, Kometen gleich, von der finsteren Unendlichkeit der Geschichte«[21] abhoben. Ihre Freundinnen ließen sie heimlich ihre Bücher lesen, und ihre Augen waren von den Namen der unbekannten Autoren, die ihre Werke meist als »Graf« oder »Vicomte« gezeichnet hatten, wie geblendet.

Emmas Hochzeitstorte bedeutete einen Triumph über die Monotonie der natürlichen Welt, der Inbegriff eines Warenfetischs.

Der Unterbau aus blauer Pappe stellte einen Tempel mit Säulengängen dar und ringsherum, in Nischen, die mit Sternen aus Goldpapier übersät waren, standen Stuckfiguren; im zweiten Stock erhob sich ein Burgturm aus Biskuit, umstellt von allerlei kleinen Befestigungen aus Engelwurzstengeln, Mandeln, Rosinen und Orangenschnitzen; auf der obersten Plattform endlich, die eine grüne Wiese darstellte mit Felsen, mit Seen aus Konfitüre und mit Schiffen aus Haselnußschalen, war ein kleiner Amor zu sehen, der sich auf einer Schaukel aus Schokolade wiegte, deren Pfosten statt in Kugeln in zwei natürlichen Rosenknospen endeten.[22]

Und dann wurden sie und Charles auf Vaubyessard, zum Marquis d'Andervilliers, eingeladen. Was das Schloß Vaubyessard an materiellen Gütern zu bieten hatte, ließ die Hochzeitstorte mit dem kleinen Amor als dürftig erscheinen. Als Emma den Speisesaal betrat, war sie umhüllt vom Duft der Blumen, der Tischwäsche, des Fleisches und der Trüffeln. Sie sah silberne Platten, Kristall, Servietten, in der Form von Bischofsmützen gefaltet, rote Hummerscheren und Wachteln, die noch im Federkleid waren. Später fielen ihr etwa ein Dutzend Herren auf, die wohl zur Familie der Andervilliers' gehörten.

Ihre Fräcke [...] schienen aus weicherem Tuch, und ihre Haare, in Locken gegen die Schläfen gekämmt, schienen von feineren Pomaden zu glänzen. [...] In ihren gleichgültigen Blicken lag die Ruhe täglich befriedigter Leidenschaften; und hinter ihren sanften Manieren lauerte jene besondere Brutalität, die von der Herrschaft über nicht schwer zu erlangende Dinge kommt, an denen die Kraft geübt und die Eitelkeit befriedigt wird, vom Umgang mit Rassepferden und mit leichtlebigen Frauen.[23]

Seit dem Ball auf Vaubyessard verwechselte Emma in ihrer Sehnsucht »den Sinnenreiz des Luxus mit den Freuden des Herzens«[24]. Ihr Traum war Paris. Emma schrieb dieser Stadt alle Wunder zu, die sie sich vorstellen konnte: Premieren, Rennen, Abendgesellschaften, die neueste Mode, die Oper, die Welt der Diplomaten, Salons voller Spiegel, Roben mit Schleppen, Samtdecken mit Goldfransen. Da Paris für sie nicht in Frage kam, versuchte Emma, ihr langweiliges Leben in Tostes mit ein paar Kleinigkeiten aus Rouen aufzuheitern. Sie kaufte Berlocken für ihre Uhr, ein Necessaire aus Elfenbein mit einem vergoldeten Fingerhut und zwei große Vasen aus blauem Glas für den Kamin. Dieser dürftige Hauch von Luxus half aber nicht. Wie konnte sie ihrem Gefängnis in Tostes entkommen? Manchmal verfiel sie plötzlich in einen Zustand völliger Erstarrung und sprach kein Wort. An manchen Morgen weinte sie. Sie litt unter Herzklopfen. Sie nahm ab.

Um Emma von ihrem Nervenleiden zu heilen, zieht Charles, obwohl seine Stellung in Tostes sich gerade zu festigen beginnt, mit seinem Haushalt in das Marktstädtchen Yonville um und übernimmt dort eine Praxis. Dort trifft Emma auf Monsieur Lheureux, den Modewarenhändler.

> Er war ein gewitzter Mann, dieser Krämer. [...] Man wußte nicht, was er früher gewesen war; Hausierer nach den einen, Bankier in Routot nach den anderen. Sicher war nur, daß er die kompliziertesten Kopfrechnungen machen konnte, so daß es selbst Monsieur Binet [dem Steuereinnehmer] nicht mehr geheuer war. Höflich bis zur Unterwürfigkeit ging er stets halbgebückt, als wollte er jemand grüßen oder einladen.[25]

An dem Abend, als Emma ihn zum erstenmal empfängt, breitet er ein halbes Dutzend bestickte Kragen, drei algerische Schärpen, Strohpantoffeln, englische Nadeln und vier Eierbecher, die von Zuchthäuslern aus Kokosnußschalen geschnitzt worden waren, vor ihr aus. Er spürt, daß Emma sich für die Schärpen interessiert, und schnippt mit den Fingern gegen die Seide. Schließlich fragt Emma:

> »Was kosten sie?«
> »Eine Kleinigkeit«, antwortete er, »eine Kleinigkeit. [...] Wir sind keine Juden! [...] Mit den Damen habe ich mich noch immer gut gestellt [...] Ich wollte nur sagen, [...] daß es mir nicht auf das Geld ankommt [...] Ich gäbe Ihnen sogar welches, wenn Sie es brauchten.«[26]

Lheureux verkauft ihr nichts, und Emma gratuliert sich dazu, seinen Versuchungen widerstanden zu haben. Aber seine Beute ist ihm sicher. Er vertraut auf Emmas Neigung, zur Entschädigung für die Leere in ihrem Leben Güter zu konsumieren. Tanner erkennt wiederum sehr genau die Beziehung, die zwischen Emmas Sehnsüchten und dem Warenfetischismus ihrer Welt besteht: »Emma wird bald unfähig sein, zwischen den verschiedenen Arten von Bedürfnissen,

Trieben, Wünschen und Sehnsüchten zu unterscheiden und wird zunehmend versuchen, ihre emotionale Unzufriedenheit mit einer Übersättigung durch *marchandises* zu kompensieren.«[27] Als Léon nach Paris abreist, kauft Emma die schönste der algerischen Schärpen, ein blaues Kaschmirkleid aus Rouen, für vierzehn Francs Zitronen für ihre Fingernägel, ein italienisches Wörterbuch, eine italienische Grammatik und einige historische und philosophische Schriften. Seinem Versprechen getreu, fragt Lheureux nie nach Geld. Er plaudert über die neue Mode aus Paris und all die Kleinigkeiten, für die Frauen sich interessieren. Er steht Emma immer zu Diensten und befriedigt all ihre Launen. Sie kauft Geschenke für Rodolphe, eine Reitpeitsche mit einem Knauf aus vergoldetem Silber, ein Siegel mit der Inschrift *Amor nel cor*, eine Schärpe, die er als Halstuch gebrauchen kann, und eine Zigarrentasche ähnlich der, die dem Vicomte auf Vaubyessard gehört hatte. Als Lheureux schließlich mit einer Rechnung über 270 Francs erscheint, kann Emma nicht bezahlen. Der gewitzte Händler schlägt ihr vor, auf das Geld zu warten und nur die Reitpeitsche von ihrem Gatten zurückzuverlangen. Emma erschrickt: »›Nein, nein!‹ sagte sie hastig. ›Ah! jetzt hab ich dich!‹ dachte Lheureux.«[28]

Ohne auch nur im geringsten an die Konsequenzen zu denken, nimmt Emma den Lohn ihres Mannes an sich und bezahlt Lheureux. Er gibt ihr zwei Stücke zu hundert Sous als Wechselgeld heraus, und sie nimmt sich vor zu sparen. Doch die geplante Flucht mit Rodolphe kostet sie wiederum einen Mantel, zwei Koffer, eine Reisetasche und eine Reihe von Gegenständen, die sie gar nicht bestellt hat, die Lheureux ihr aber trotzdem auf die Rechnung setzt.

Während der Nervenkrise, in die Rodolphes Wortbruch sie gestürzt hat, kehrt Emma für kurze Zeit zur Frömmigkeit ihres Klosterlebens zurück. Sie kauft sich Rosenkränze und trägt Amulette. Als sie glaubt, im Sterben zu liegen, bittet sie um die Kommunion. »Emma öffnete, ganz schwach von einer überirdischen Freude, die Lippen, um den Leib des Herrn entgegenzunehmen«.[29] Jetzt, da sie keine sündige Ehebrecherin mehr ist, versenkt Emma sich in die heiligen Freuden der Demut. Der Pfarrer ist über ihre

Inbrunst erstaunt und fürchtet, daß ihre Frömmigkeit zu Ketzerei,
vielleicht sogar zu Überschwenglichkeit führen könnte. Er bestellt
Erbauungsschriften für sie. Doch Emma, die nach unbefleckter
Reinheit verlangt, hat nicht viel Geduld mit diesen anklagenden
Schriften. Auch im Kloster hatte sie sich schließlich gegen die
Disziplin, die Gebete, Exerzitien, Novenen, Predigten und Vor-
schriften für die Zucht des Leibes und das Heil der Seele aufgelehnt.
Und so, wie sie sich dem Einfluß der Schwestern entzogen hatte,
braut sie sich nun auf der Suche nach Vergessen und Reue aus den
Pamphleten – *Denke daran, Der Weltmann zu Füßen Mariae, Die
Irrlehren Voltaires zum Gebrauch für die Jugend* – ihre eigene
Mischung zusammen. Sie versenkt sich in die Bücher, bis sie von
katholischer Melancholie erfaßt ist. Wenn sie auf ihrem gotischen
Betstuhl kniet, richtet sie »an Gott dieselben zärtlichen Worte, die
sie einst ihrem Geliebten in ihrer Leidenschaft zugeflüstert hatte«[30].
Emma sieht nichts Falsches darin, den Glauben so zu beschwören,
wie sie Charles, Léon und Rodolphe beschworen hat. Sie vergleicht
sich mit einer jener großen Damen der Vergangenheit, die »vor
Christi Füßen alle die Tränen eines vom Leben verwundeten Herzens«[31] ausschütteten. Emma wird wohltätig. Sie näht den ganzen
Winter über Kleider für die Armen, schickt den Wöchnerinnen
Brennholz und lädt Obdachlose ein, an ihrem Küchentisch Suppe
zu essen. Als sie jedoch nach ihrer Genesung Léon wiederbegegnet,
erwacht auch ihr Hunger nach Luxus von neuem.

Darauf hat Lheureux gewartet. Geduldig macht er sie mit einigen
grundlegenden Prinzipien der Finanzwelt und ein paar beeindruk-
kenden Fachausdrücken vertraut und erklärt ihr, es wäre das beste,
wenn ihr überarbeiteter Mann seine finanziellen Angelegenheiten
ihr, seiner Frau, überlassen und ihr eine Vollmacht geben würde.
»Das wäre bequemer, und wir könnten unsere kleinen Geschäfte
miteinander abmachen.«[32]

Emma fällt es nicht schwer, Charles von Sinn und Nutzen dieser
Vollmacht zu überzeugen. Bevor sie weiß, wie ihr geschieht, hat sie
an die zweitausend Francs Schulden bei Lheureux. Sie könnte die
Schulden aus dem Erlös eines Häuschens in Barneville, das sie

heimlich verkauft hat, bezahlen, aber als sie Lheureux das Geld geben will, hält er sie zurück: »Ehrenwort, es tut mir leid, daß Sie eine so *schöne* Summe gleich wieder aus der Hand geben sollen.«[33] Nun sieht Emma die Banknoten in neuem Licht. Sie denkt an die unendlich vielen Rendezvous, die sie bedeuten. Von Lheureux' Rechnerei verwirrt, unterschreibt sie vier Wechsel zu je tausend Francs und bekommt dafür zweitausend Francs Bargeld. Die »Ohren klangen ihr, wie wenn Goldstücke aus ihren Säcken gesprungen und rings um sie her klingend auf den Boden gefallen wären«[34]. Was die Umstände ihr verwehrt hatten, wird das Gold ihr jetzt verschaffen.

Was für ein Überschwang, am nächsten Donnerstag in ihrem Zimmer, mit Léon! Sie lachte, weinte, tanzte, sang, ließ Sorbets heraufbringen und wollte Zigaretten rauchen; sie schien ihm zwar ein bißchen überspannt, aber anbetungswürdig, wunderbar.

Er wußte ja nicht, was sie mit ihrem ganzen Wesen mehr denn je dazu trieb, sich in die Freuden des Lebens zu stürzen. Sie wurde reizbar, naschhaft und wollüstig; und sie ging mit erhobenem Kopf an seinem Arm in den Straßen der Stadt spazieren, ohne Angst, sich zu kompromittieren, wie sie sagte.[35]

Flauberts Schilderung von Emmas Untergang ist Vorläufer eines Bestsellers von Frank Norris, *McTeague*, eines Romans, der Ende des letzten Jahrhunderts erschien. Die triebhafte, goldgierige Trina zerstört schließlich den Helden McTeague. Flaubert empfand jedoch eine tiefe Sympathie für Emmas Notlage und betrachtete sich selbst nicht als frei von ihren Leidenschaften und dem Einfluß der sozialen Bedingungen, die zu ihrem traurigen Ende führten. Er verdammte, zumindest bewußt, nicht Emma oder ihre Leidenschaften, sondern die sozialen Bedingungen, die sie in der Rolle einer erniedrigten Frau festhielten. Um die Jahrhundertwende waren Schriftsteller, die sich von den Entartungen weiblichen Verlangens angezogen fühlten, jedoch eher darauf bedacht, die bedrohliche Frau bewußt und bestimmt zu verwerfen. Außerdem fand Norris' Bild vom Mannweib inzwischen Unterstützung von seiten der Wissenschaft. Alle Frauen, die Mutterschaft und hausfrauliche Pflichten aufgaben, um ihr sexuelles Verlangen zu befriedigen, hungerten nach männlicher Macht, deren materielles Symbol das Gold ist. Während Männlichkeit nie zu erlangen ist, kann das Gold, das für Männlichkeit und männliche Macht steht, gestohlen, geraubt, weggeschnappt und aufgesaugt werden. Wie Flauberts Emma, für die physische Bedürfnisse, sehnsüchtige Gefühle, sexuelle Begierde und das Verlangen nach materiellen Gegenständen austauschbare Empfindungen sind, die austauschbar befriedigt werden können, kann auch Norris' Trina nicht zwischen der männlichen Macht, nach der es sie verlangt, und den sinnlichen Qualitäten des Goldes unterscheiden.

> Es verging kein Tag, an dem Trina es nicht herausnahm, um es anzusehen und zu berühren. Eines Abends hatte sie die Goldstücke sogar zwischen ihren Laken ausgebreitet und war dann zu Bett gegangen, hatte sich ausgezogen und die ganze Nacht auf dem Geld geschlafen. Die Berührungen der glatten flachen Stücke am ganzen Körper entlang bereiteten ihr ein seltsames, ekstatisches Vergnügen.[36]

Als Norris die kastrierende, goldhungrige Trina schuf, nahm er Abrahams 1920 entstandene Liste der Frauen mit Penisneid vorweg. 1986 zählte Trina zu den Mannweibern in Bram Dijkstras Liste der »jungfräulichen Huren von Babylon«[37] des neunzehnten Jahrhunderts. Dijkstra hebt in seinem Buch *Idols of Perversity* diese Bilder jedoch ins Licht, um Geist und Psyche der verängstigten Männer, die sie schufen, bloßzulegen. Er beginnt seine Überlegungen damit, daß er einige um die Jahrhundertwende weitverbreitete männliche Vorstellungen des Weiblichen aufzählt. Mit Eva hatte, wie jeder Mann weiß, der ganze verwirrende Kampf der Geschlechter begonnen. Als sie das Feigenblatt pflückte, um ihre Blöße zu bedecken, bedeutete das den Beginn ihrer Leidenschaft für teure Kleidung. Sie hatte ihren angeborenen Exhibitionismus nur mit falscher Sittsamkeit verkleidet. Pandora setzte die Tradition der weiblichen Falschheit fort, indem sie gutherzige, erdverbundene Naivität vortäuschte und die gierige Neugier verbarg, die sie zum Öffnen der Büchse trieb, die alle Übel der Welt enthielt.[38] Das waren die üblichen, seit langer Zeit bekannten Klagen über die Frau, die im neunzehnten Jahrhundert nur eine spezifische Färbung erhielten. 1895 gab es die Venus-Pandemos, die über alle »idealistischen Bestrebungen« des Menschen triumphierte; »sie verspottete die Keuschheit, die Familie, das Vaterland, das zukünftige Leben, das Drama und die Welt der Träume«[39]. Wedekinds Lulu war »geschaffen für jeglichen Mißbrauch, verlockt und vergiftet und verführt zu werden, ermordet zu werden, ohne die geringste Spur zu hinterlassen«[40]. Dann gab es die große Zahl der Frauen, die die Mutterschaft ablehnten, die rachsüchtig unfruchtbaren Frauen, deren klaffende Gebärmütter 1896 beschrieben wurden als »ein Lebensbrunnen, aus dem jeden Monat der Tod selbst herausfließt, in einer Flut von Trümmern, einem Scheitern, das sich ständig wiederholt – ein Blutstrom, der zum Gedenken an Schande und Unmenschlichkeit hervorbricht«[41]. Außerdem waren da noch die Danaerinnen, die wollüstig ihre Schenkel öffneten, damit Zeus' Goldregen sicher sein Ziel erreichte. Der verzerrten Mythologie der Zeit zufolge war nicht Zeus der Betrüger, weil er das Gold als seinen Samen ausgab, sondern die Danaerinnen, die den mächtigen Gott täuschten, indem sie Sehnsucht nach Mutterschaft vorgaben, aber nur Gold wollten.[42] In einer weiteren Veränderung der Mythologie wurde Judith, die edle, sich selbst opfernde Heldin der Bibel, 1900 als Kopfjägerin mit scharfen, gierigen Zähnen und bösen Augen dargestellt, ein lüsternes Raubtier, hungrig auf das Hirn des Mannes, ein wildes Geschöpf, das seine Klauen in den abgeschlagenen Kopf des Holofernes schlug.[43] Da gab es Delilah, die über die Locken ihres Samson strich, der bald entmannt werden sollte, die bestialischen Mänaden, die gegen Orpheus' Angriffe auf sexuell aktive Frauen protestierten, indem sie ihn zerfleischten, und Salome, die über dem abgeschlagenen Kopf Johannes des Täufers dummes Geschwätz von sich gab.

Trina, Salome, Judith, Lulu und ihre jungfräulich-hurenhaften Schwestern standen im neunzehnten Jahrhundert für das Bild von der Urfrau, einer Mischung aus Mittelschichtshausfrau, die Hausarbeit und Mutterschaft ablehnte und statt dessen den hart verdienten

Lohn ihres Mannes für Schmuck ausgab, und der syphilitischen
Prostituierten, die sich den Rest nahm und dann mit »starrenden
Schwertklingen in den blutroten Höhlungen« der »grausamen
Nidulariumblüte unter den dürren Schenkeln«[44] das Innere des
Mannes verschlang und sein Gehirn auskratzte. Was Flaubert mit
seiner ambivalenten Haltung Frauen gegenüber nur zum Teil erfas-
sen konnte, nämlich die Beziehung zwischen Emmas persönlicher
Zwangslage und den sich verändernden ökonomischen Strukturen,
formuliert Dijkstra mit aller Deutlichkeit:

> Der Masochismus des Mannes und seine Verwandlung des Bildes
> von der Frau in ein alles zerstörendes, tobendes Tier bedeutete am
> Ende des neunzehnten Jahrhunderts den Versuch, damit zurechtzu-
> kommen, daß die Männer an den Rand gedrängt und von den Sesseln
> der Macht in ihrer Gesellschaft entfernt wurden. [...] Die Frau, die
> um die Mitte des Jahrhunderts notwendigerweise als erste das Reich
> des Masochismus erforscht hatte, fand sich jetzt in die Rolle der
> Surrogatsadistin gedrängt, damit der Mann seiner aufgestauten Fru-
> stration in einer Orgie masochistischer Enthemmung Luft machen
> konnte. Mit ihrem offensichtlichen Hunger nach Gold, ihrer äußer-
> lichen Reinheit und inneren Lüsternheit, ihrer scheinbaren Unab-
> hängigkeit und blutrünstigen Jungfräulichkeit gab die Frau den per-
> fekten Hintergrund ab für den überall vorhandenen Masochismus
> der Künstler und Intellektuellen – der kulturellen Vermittler – der
> Jahrhundertwende. Wenn die Frau das Geld des Mannes ausgab,
> verschwendete sie, symbolisch gesehen, seinen Samen, und indem
> sie seinen Samen verschwendete, sorgte sie dafür, daß er die wert-
> vollste Nahrungsquelle für seinen erhabenen Intellekt verlor.[45]

Natürlich haben Frauen weder die Geldhandelswirtschaft erfunden, noch sind sie die einzigen, die die von ihr produzierten Warenfetische verehren. Warenfetische gibt es überall in der Sozialordnung. Sie sind Zeichen für unsere Entfremdung von der Natur und
von unserer eigenen Individualität. Und trotzdem stellen sie eine
Möglichkeit dar, unseren Ängsten, Notlagen, der schlimmen
Depression und dem Wahnsinn, die unsere Seelen überwältigen
könnten, zu entkommen. Ohne Illusionen würden wir alle verzwei-
feln. Das Problem der Illusion liegt nicht darin, daß sie uns betrügt.

Das ist ihre freundliche Absicht. Denn wer von uns könnte die harte Realität der zivilisierten Existenz ertragen, ohne eine Ahnung des Sanften, Tröstenden, Lindernden, Heilenden, eine Ahnung von der Milch und dem Honig des verlorenen Gartens Eden der frühen Kindheit? Zwischen Illusionen und Fetischen bestehen jedoch Unterschiede.

Um diese Unterschiede zu erfassen, brauchen wir uns nur einen Augenblick lang an die Unterschiede zwischen der Schmusedecke eines Kleinkindes, dem sogenannten Übergangsobjekt, und dem sexuellen Fetisch eines Erwachsenen zu erinnern. Beides sind greifbare, unbelebte Objekte, die mit magischen Eigenschaften ausgestattet wurden, die die Anstrengung, mit der Realität in Kontakt zu treten, verringern. Im Gegensatz zum Übergangsobjekt, das als Brücke zwischen dem Vertrauten und dem Unvertrauten dient, behindert der sexuelle Fetisch das Wachstum und verhindert jede weitere Erforschung der Realität. Das Übergangsobjekt dient als Polster und sicherer Hafen und ermöglicht dem kleinen Abenteurer auf diese Weise, die neuen Realitäten seiner sich erweiternden Welt zu prüfen. Wenn der Zweck der Schmusedecke erfüllt ist, kann sie aufgegeben werden. Der sexuelle Fetisch dagegen ist hart, unnachgiebig und Teil eines Rituals. Er ist ein Requisit, das niemals aufgegeben werden kann, weil der Bereich der weiblichen Sexualität auf immer ein unbekanntes und gefährliches Gebiet bleibt. Auf das Übergangsobjekt werden zärtliche Gefühle und die Aggressionen der Erweiterung und des Wachstums übertragen. Es sagt dem Kind, daß die äußere Welt nie verschwinden wird, ganz gleich, wie weit es geht oder wie sehr sein forschender Körper die Welt angreift oder in sie eindringt, und daß es nie allein sein wird. Im sexuellen Fetisch ist der Haß zu einem Gegenstand erstarrt, er ist aus einer Angst geboren, die nie gelindert werden kann. Der Fetisch sagt dem Perversen: »Ohne mich wirst du dich niemals sicher fühlen.« Ohne den Fetisch würde jedes Eindringen in die unbekannte Welt Mord und Tod mit sich bringen. Bei einer Perversion ist jedes Anschwellen ein Zum-Leben-Erwecken, jedes Abschwellen ein Töten.

Soziale Fetische – Götzenbilder, Amulette – sind irgendwo zwi-

schen dem Reich der gemeinsam geteilten Illusionen und dem Reich
der heimlichen Perversionen angesiedelt. Die Zuni zum Beispiel
glauben, daß »Sonne, Mond, Sterne, Himmel, Erde und Meer mit
all ihren Erscheinungen und Elementen und alle unbelebten
Objekte, ebenso wie Pflanzen, Tiere und Menschen, zu einem
großen System all-bewußten und miteinander verbundenen Lebens
gehören«[46]. Sie sind bekannt für die Kunstfertigkeit, mit der sie aus
natürlichen Materialien Fetische schaffen und aus Halbedelsteinen
Fetische schnitzen. Außer den geschnitzten Amuletten, die Wild,
Wassertiere und Raubtiere darstellen, haben sie den *mili* geschaffen,
eine Darstellung des Lebensatems, die aus einer makellosen Korn-
ähre besteht, die mit den Samen heiliger Pflanzen gefüllt und mit
Vogelfedern bedeckt ist. Die Regenpriester sind im Besitz von
Ettone, einer Darstellung der Mutter Erde. Sie besteht aus bemalten
Schilfrohren, die mit Samen und Wasser gefüllt und in ein Bündel
zusammengewickelt werden, an dem eine Pfeilspitze und mehrere
Perlen befestigt werden.[47] Für die Zuni liegt der Sinn der Fetische
darin, »dem Menschen, der verwundbarsten aller lebenden Kreaturen, bei der Lösung der Probleme zu helfen, die ihm während seines
Lebens begegnen«[48]. Die Fetische werden als lebende Wesen angesehen, um die man sich kümmern muß. Sie werden im Krieg, auf der
Jagd, zur Diagnose und Heilung von Krankheiten, bei Initiationsri-
ten, beim Spiel, zu Hexereien und zum Schutz vor Hexereien
benutzt. Der Fetisch der Zuni ist ein Heiligenbild, das auf einen
gemeinsamen Glauben verweist. Er ähnelt daher eher einem Übergangsobjekt als einem Fetisch. Der Warenfetisch ist ein Objekt, das
nur einen Ersatz für Glauben bietet und nur dazu dient, Verzweiflung und Gewalttätigkeit abzuwehren.

Heutzutage tragen Frauen und Männer auf der Fifth Avenue und
auf dem Rodeo Drive die Zuni-Ketten und sammeln die geschnitzten Tierfiguren, die für den modernen Zuni und für uns nur noch
Waren sind. Wie sehen unsere Heiligenbilder aus? Wir sind der
Natur und unserer Menschlichkeit so weit entfremdet, daß es heutzutage sehr schwer ist, zu entscheiden, ob unsere Amulette, Kreuze,
Flaggen, Uniformen und Kunstschätze Heiligenbilder oder falsche

Götzen sind, die, wie Fetische, nur als Glaubensersatz dienen. Ein echtes Heiligenbild soll es Gruppen und Gemeinschaften ermöglichen, zusammenzufinden, und weil die Gruppe gemeinsame Ideale und Illusionen hat, besteht eine stillschweigende Übereinkunft, diese Fiktionen nicht auf die Probe zu stellen. Diese Illusionen beruhigen uns und verschaffen uns gemeinsame Erfahrungsbereiche. Heutzutage wirken unsere sozialen Heiligenbilder, Uniformen, Flaggen, Kreuze und Kunstsammlungen wie Fetische. Sie führen uns nicht zusammen, sondern untergraben statt dessen heimtückisch unsere Fähigkeiten zu Gemeinschaft und menschlichen Beziehungen. Das fetischisierte Heiligenbild trennt die Menschen voneinander und wirkt wie ein eigenständiges Gesetz. Es wird zu einem Dogma, das Gehorsam und Unterwerfung verlangt. Statt uns zu trösten oder Zuflucht vor der harten Realität oder Schutz vor den unbekannten Kräften, die uns umgeben, zu bieten, führt das fetischisierte Heiligenbild zu einem ständigen Kampf ums Überleben. Es ist ein Requisit, das ständig ersetzt werden muß. Fetischisierte Heiligenbilder sind austauschbar, und solange sie sich ersetzen lassen, wiegen wir uns in dem Glauben, beschützt zu werden, uns zu amüsieren und am Austausch menschlicher Gefühle teilzuhaben.

Aufgrund unserer zunehmenden Entfremdung versuchen wir gar nicht mehr, unsere religiösen, sozialen, politischen und sexuellen Probleme zu lösen. Gustave Flaubert bemühte sich, das Wesen der sozialen Dogmen zu beschreiben, die Wissen und wahren Glauben ersetzen. Er meinte, Glaubenslehren wie Reformation, Aufklärung, Romantik, Realismus oder Industrialisierung hätten sich immer verändert und würden das auch weiterhin tun, er hoffte aber, daß sich der Glaube an »Amulette, heilige Brunnen, Weiheopfer [...] Priester, Mönche, Einsiedler, kurz, der Glaube an eine Macht, die über dem Leben steht, und die Notwendigkeit, sich unter den Schutz dieser Macht zu stellen« [49], niemals ändern würde. Es scheint jedoch so, als sei Flauberts Glaube an die Dauerhaftigkeit des Glaubens unangebracht gewesen. Vielleicht wäre er besser bei seinem zynischen Wunsch geblieben, auf jedem heiligen Wert herumzutrampeln. Ähnlich wie der Fetischist haben wir unsere Forschungen über das Wesen der Realität zum Stillstand gebracht. Mit blindem Eifer verehren wir unsere Götzenbilder, die Warenfetische, die Glauben und Gemeinschaftssinn ersetzen. Fetischisierte Heiligenbilder ersetzen den Prozeß, die schmerzhafte, harte Realität der Existenz zu bewältigen oder uns ihr zuzuwenden.

KAPITEL 10

Nur für Frauen

> *Der Mann in seiner Wollust hat lange ge-*
> *nug in dieser gesamten Frage des Ge-*
> *schlechtsverkehrs bestimmt. Möge nun die*
> *Mutter der Menschheit, deren besondere*
> *Aufgabe es ist, dieser Zügellosigkeit Gren-*
> *zen zu setzen, aufwachen und das ganze*
> *Thema einer gründlichen, furchtlosen Prü-*
> *fung unterziehen.*
>
> Elizabeth Cady Stanton, Brief an
> Susan B. Anthony, 1853[1]

Dem Durchschnittsmann nimmt der Anblick von ungeschmück-
tem, nicht in Szene gesetztem weiblichem Fleisch die Lust. Häufig
sieht er sich gern Hintern mit Grübchen und volle, feste Brüste mit
erigierten Brustwarzen an, doch von den weiblichen Genitalien
selbst wendet er den Blick ab. Otto Weininger, ein Philosoph des
Fin de siècle, verkündete, eine völlig nackte Frau könne man als
Ganzes nicht schön finden, und er fügte hinzu: »Aber das Weib ist
auch im einzelnen nicht durchaus schön, selbst wenn es möglichst
vollkommen und ganz untadelig den körperlichen Typus seines
Geschlechtes repräsentiert. Was hier theoretisch am meisten in
Betracht kommt, ist das weibliche Genitale.«[2] Für den besonders
furchtsamen Liebhaber sind die pelzigen Falten des Vorhofes, die
zur erhabenen, aber gefürchteten Vagina führen, leichter zu überwinden, wenn sie durch Spitzenhöschen und schwarze Strumpf-
bänder nur angedeutet sind. Ein anderer Mann behauptet, ein direkter Blick auf den gespaltenen Biber, den geöffneten Muff, die
geschwollenen Lippen sei das Allerbeste. Doch selbst dieser tapfere
Abenteurer gesteht, daß er ein wenig Schutz braucht. Wenn das

bedrohliche Sprachrohr der weiblichen Begierde durch Beleuchtung, Kostümierung, Pose und Bühnenbild verschleiert wird, wenn der Blick des Abenteurers durch die Ästhetik der pornographischen Fotografie, der Zeitschriften, Videos, Peep-Shows und Filme, die »nur für Männer« bestimmt sind, abgeschirmt wird, dann und nur dann erfaßt ihn sexuelle Erregung.

Viele der Schöpfer von Pornographie für Männer behaupten, sie würden in ihren Produkten die Schönheit des Frauenkörpers preisen und auf diese Weise Frauen aus den Ketten falscher Scham und Tugendhaftigkeit befreien. Diese Phantasie von der Befreiung sexuell unterdrückter Frauen ist jedoch mit der Phantasie der Pygmalions, beschädigte Frauen zu reparieren, gleichzusetzen. In der Pornographie kommt die unbewußte Feindseligkeit allerdings noch unverhüllter zum Ausdruck. Ebenso wie die Modetrends, die die Modeschöpfer unter den Pygmalions schaffen, um Frauen zu reparieren, gleichen auch pornographische Darstellungen den verstümmelten Füßen der Chinesin. Die Ästhetik der männlichen Pornographie entsteht aus der Erniedrigung der Frau und aus der Furcht vor und dem Haß auf den weiblichen Körper.[3]

Pornographie ist eine männliche Erfindung, eine Literatur der Prostitution, die dazu dient, den weiblichen Körper zu reinigen und zu reparieren. Und so werden, mit dem erklärten Ziel, in Männern erotisches Verlangen zu wecken und Frauen aus den Fesseln sexueller Unterdrückung zu befreien, weibliche Körper ausgezogen, vornübergebeugt, gespreizt, gestreckt und verdreht. Schamlippen werden durchstochen, Brüste mit Lassos zusammengezogen, bis sie zu enormer Größe anschwellen, und Brustwarzen mit Wäscheklammern eingeklemmt. Brüste schwangerer Frauen werden gezeigt, aus denen Ströme von Milch fließen. Pobacken werden gebrandmarkt. Die Genitalien vorpubertärer Mädchen werden von Hunden geleckt. Nymphomaninnen werden zu Tode befriedigt. Lesbierinnen befriedigen sich gegenseitig. Jungfrauen werden erotischen Praktiken unterworfen, die aus ihnen kriecherische Nymphomaninnen machen.

Ist auch eine Pornographie »nur für Frauen« denkbar? Würden

Frauen beim Anblick entwürdigter, gequälter männlicher Körper sexuelle Erregung verspüren? Oder ist schon die Vorstellung von einer »weiblichen« Pornographie ein Widerspruch in sich? In dieser Frage gibt es zwei entgegengesetzte Meinungen. Einerseits wird argumentiert, daß Frauen eine weibliche Pornographie schaffen könnten, wenn sie lernen würden, erotische Darstellungen zu gestalten, die ihrer eigenen, fließenderen, diffuseren, sanfteren, romantischeren Sexualität entsprechen. Auf gegnerischer Seite wird versichert, das sei genau der falsche Ansatz, denn jede Verherrlichung dieser stereotypen Vorstellungen von der weiblichen Begierde würde als Kapitulation vor den patriarchalischen Werten mißverstanden, die jahrhundertelang die Unterwerfung und Erniedrigung der Frauen gestatteten. Statt dessen müßte es eine Gegen-Pornographie geben, eine Pornographie, in der die Frau den Mann erniedrigt.

»Befreite Frauen publizieren ihre faszinierten Blicke auf Männerhosen und Penisse; sie fordern nicht nur gleiche Rechte, sondern auch gleiche Triebe«[4], sagt Robert Stoller, der das Pin-up-Girl Olympia interviewte, der die Transvestitin Sally therapierte und der eine Autorität auf dem Gebiet der Erforschung der Varianten, Abweichungen und Irrwege des erotischen Lebens ist. Angenommen, so fragt er sich, Frauen würden auf ihrer Suche nach sexueller Gleichberechtigung beginnen, unter den gleichen sexuellen Ängsten zu leiden wie Männer. Wäre es nicht furchtbar, wenn sie in die Falle gerieten, ihre Feinde nachzuahmen, jene mitleiderregenden Perversen, die ihrem Penis und den Zwängen ritualisierter erotischer Aufführungen sklavisch ausgeliefert sind? Voll Freude berichtet Stoller, daß Frauen nicht auf die traurigen Bilder angewiesen sind, die Männer erregen: »Es gibt tatsächlich eine Pornographie nur für Frauen!«[5]

Stoller spielt auf die Romane an, die in der Branche als »bodice rippers« [bodice = Mieder, d. Ü.], nach den reißenden Händen des lechzenden Helden, oder als »bodice busters«, nach der mitfühlend erregten Leserin, die den wogenden Busen, die aufgerichteten Brustwarzen und die zurückgebogene Wirbelsäule der Heldin

nachempfindet, bezeichnet werden. Diese Verführungsgeschichten
erzählen von einer unabhängigen Heldin mit starkem Willen, die
»aber trotzdem« ganz und gar weiblich ist und sich traut, die
sexuellen Abenteuer zu erleben, von denen normale Hausfrauen,
Sekretärinnen, Rechtsanwältinnen, Internistinnen, Kellnerinnen,
Verkäuferinnen, Krankenschwestern, Lehrerinnen und Psychothe-
rapeutinnen nur träumen können.

Die männliche Pornographie der verrenkten Körper mit fachge-
recht zur Schau gestellten Brüsten und dezent beleuchteten Schamlippen ist unübersehbar ein Produkt, das der sexuellen Erregung
dienen soll. Die Werbung ist hier ehrlich. Der Verbraucher weiß
genau, was er für sein Geld bekommt. Erotik für die Frau wird
jedoch in süßer Umhüllung angeboten. Gerichte, Öffentlichkeit
und die Millionen von Frauen, die sich von »bodice rippers« erregen
lassen, sind sich nicht ganz im klaren darüber oder wollen sich nicht
eingestehen, daß sie es mit Pornographie zu tun haben – oder, wie
die weibliche Übersetzung lautet, mit Erotika. »Bodice rippers«
gibt es in vielen Formen: Science-fiction, Krimis, historische
Romane, Familiensagas, Fotoromane, Schicksalsromane. Am beliebtesten ist der »romantische« Roman, der Liebesroman. In einer
Reihe allein – die den Namen *Harlequin* trägt und allgemein als
Ursprung dieser Art von Literatur angesehen wird – werden jedes
Jahr mehr als fünfzig Titel veröffentlicht, die von etwa zweihundert
Millionen Leserinnen gelesen werden.[6] Die Durchschnittsleserin ist
zwischen fünfundzwanzig und neunundvierzig Jahre alt und gibt
im Monat dreißig Dollar für Liebesromane aus. Vierzig Prozent der
Leserinnen haben einen College-Abschluß. Die *Harlequin-*
Romane werden in mehr als hundert Ländern in einundzwanzig
Sprachen veröffentlicht. In *The Harlequin Story* wird berichtet:
»Wenn man alle Wörter aus allen Harlequin-Büchern, die letztes
Jahr verkauft wurden, aneinanderreihen würde, würden sie eintau-
sendmal um die Erde oder dreiundneunzigmal zum Mond reichen.
Das ist ein Viertel der Entfernung zur Sonne.« In Japan, wo weder
Reader's Digest noch *TV Guide* den Markt erobern konnten, wurde
Harlequin schnell zu einem festen Begriff.

Ursprünglich galt als das Rezept für die *Harlequin*-Liebesro-
mane: »saubere, leicht lesbare Liebesgeschichten über Menschen
von heute an aufregenden, exotischen Schauplätzen«. In den letzten
beiden Jahrzehnten erweiterte das Unternehmen mit der Ausdehnung seines Marktes auch seine Auffassung von romantischer
Anmache. Inzwischen bietet *Harlequin* für jede Nuance des weiblichen erotischen Geschmacks etwas und versorgt seine Leserinnen
mit einem einladenden Angebot romantischer Genüsse. Die Basis-
reihe der Liebesromane legt Wert auf eine saubere, unverdorbene
Einstellung zum Sex. Die Heldinnen sind zu Beginn buchstäblich
unschuldig, und nach der Verführung bleiben sie im übertragenen
Sinne unschuldig; sexuelle Spannungen werden unterdrückt, und
erotische Sprache wird auf ein Minimum beschränkt. Ein Stückchen
weiter oben auf der Skala erotischer Spannung hält eine weitere
Harlequin-Reihe sich stolz ihren Realismus zugute, »in dem die
sinnlichen Szenen sich ganz natürlich ergeben und gemeinsame
Gefühle und Sehnsüchte widerspiegeln, die für das sexuelle Engagement der Charaktere von zentraler Bedeutung sind«. In der Reihe
»Superromance« begegnen wir dann reifen Helden und Heldinnen,
die eher die »leidenschaftliche Leserin« ansprechen. Eine weitere
Reihe hält sich an zeitgenössische Werte, und die Romane enthalten
daher intensive Empfindungen und sehr aggressive Heldinnen; wiederum eine andere »liefert Spannung und Romantik in vollendeter
Harmonie«. Eine sehr sinnliche Gruppe von Liebesromanen, die
für die »Frau von heute« geschrieben sind, wirbt mit »verspricht
Liebe – garantiert Befriedigung«. Die Reihe »Special Edition« wendet sich den Schattenseiten der Erotik zu und geht kühn »sensible
Fragen« an, während sie gleichzeitig dem traditionellen »romantischen Ideal« treu bleibt, daß »Liebe tatsächlich alles überwinden
kann«. Und um Frauen nicht zu vernachlässigen, die ihre Liebesromane immer noch mit traditionellen Werten verbrämt haben möchten, gibt es eine Serie, die der Leserin »das Wunder und den Zauber«
der Entdeckung einer Liebe vorstellt, »die ein ganzes Leben lang
währt«.

Obwohl die Leserin heute aus einer großen Bandbreite an Liebesromanen auswählen kann, hat sich das Grundkonzept der *Harle-quin*-Reihen kaum verändert. Viele der Heldinnen sind keine Jungfrauen, und manche nehmen gerne die obere Position ein. Ihre Seelen sind jedoch im Grunde weiblich und ewig jungfräulich. Zu Beginn des Romans wird die Heldin auf den muskulösen Körperbau des Mannes aufmerksam, dem sie sich bald hingeben wird. Die Leserin erlebt mit, wie die Jungfrau geduldig die vielen Schichten phallischer Härte abschält, bis sie schließlich zum weichen Kern seines Wesens gelangt – dem fürsorglichen, beschützenden, liebenden *Ehemann*.

Auch Romanzen haben moralische Grundsätze. Eine Frau, die ihren *Ehemann* bekommen hat, sollte sich nicht weiter mit sexuellen Abenteuern belasten. Inzest, Ehebruch, Abtreibung und das Stehlen von Ehemännern sind tabu. Wenn Emma Bovary nicht verheiratet gewesen wäre und nicht noch dazu Ehebrecherin, hätte sie die ideale Heldin für eines dieser banalen Verführungs-Szenarios abgegeben. Jedenfalls wäre Emma eine eifrige *Harlequin*-Leserin gewesen. Ihrem erotischen Geschmack sehr entgegengekommen wäre die Serie »Intimate Moments«, die verspricht, »die Leserin in eine Welt zu entführen, in der das Leben aufregend ist und Träume Wirklichkeit werden«[7].

Diejenigen, die am Schreiben und Veröffentlichen dieses Lesestoffs beteiligt sind, scheinen immerhin eine Ahnung davon zu besitzen, was sie tun. Sie geben zu, daß sie eine Form sexueller Erlösung in Gestalt einer unschuldigen Flucht aus der eintönigen Wirklichkeit liefern. Ein Verleger beschreibt seine Romane als »die Antwort der Verlage auf den Big Mäc«: »Sie sind saftig, billig, man weiß, was man bekommt, und sie werden in verblüffenden Mengen von Scharen treuer Fans verschlungen.«[8] Eine bekannte Autorin von Liebesromanen gab das Geheimnis ihrer Kunst preis. Held und Heldin seien voneinander besessen, und die Handlung würde einfach chronologisch ihre Zusammenkünfte und Abschiede »an einer schwindelerregenden Abfolge exotischer Schauplätze« schildern.[9] Viele der Heldinnen »reisen so viel herum, daß sie praktisch aus dem Koffer leben.«[10]

Obwohl die Schauplätze Yonville-l'Abbaye und Rouen nicht sonderlich exotisch sind und Emma nicht aus dem Koffer lebt, überwindet sie, manchmal unter beträchtlichen Anstrengungen, Entfernungen, um sich von ihrem Liebhaber in die Arme schließen lassen zu können. Emma ist so versessen darauf, ihre romantischen Illusionen Wirklichkeit werden zu lassen, daß sie in einem halben Dutzend Jahre mehr Kilometer verfährt, als die meisten Frauen ihrer sozialen Schicht und ihrer Stellung in ihrem ganzen Leben.

Als Rodolphe sich auf der Jahresversammlung der Landwirte mit Emma unterhält, faßt er ihre Hand, eine Hand, die »zittert wie eine gefangene Taube, die fortfliegen möchte«[11]. Das ist die erste Szene in Rodolphes Verführungs-Szenario. Die Taube wird freigelassen, aber nur für eine Weile. Der erfahrene Rodolphe beschließt, sechs Wochen verstreichen zu lassen, bevor er Emma zu Hause besucht. Dann reiten sie zusammen durch die Wälder von Yonville, und er führt seinen Plan aus. Sie steigen ab und gehen ein Stück zu Fuß, und Rodolphe betrachtet »zwischen dem schwarzen Stoff des Kleides und den schwarzen Schuhen die Feinheit ihres weißen Strumpfes, der ihm als ein Stück ihrer Nacktheit erschien«[12]. Später umklammert er ihr Handgelenk, »lächelte [...] seltsam, näherte sich ihr, den Blick starr auf sie gerichtet und mit zusammengebissenen Zähnen, und streckte die Arme nach ihr aus«[13]. Um Emmas letzten Widerstand zu überwinden, begleitet er seinen Annäherungsversuch mit zärtlichen Worten: »Sie thronen in meinem Herzen wie eine Madonna auf einem Piedestal, hoch oben, unbeweglich und rein. Aber ich kann ohne Sie nicht leben! ohne Ihre Augen, Ihre Stimme, Ihre Gedanken! Seien Sie meine Freundin, meine Schwester, mein Engel!«[14] Jetzt legt er den Arm um sie, und Emma macht einen schwachen Versuch, sich zu befreien. Sie protestiert: »›Es ist Wahnsinn, Sie anzuhören.‹ [...] sie bog ihren weißen Hals zurück, dem ein Seufzer entstieg, und halb ohnmächtig, tränenüberströmt, mit einem langen Erbeben ihres ganzen Körpers und mit den Händen vor dem Gesicht gab sie sich hin.«[15]

Pferde und Kutschen spielen auch weiterhin eine wichtige Rolle in Emmas Liebesaffären, ähnlich wie Limousinen und Yachten in

den Affären der Heldinnen von heute. Emma gibt sich ihrer Leidenschaft für Léon zum ersten Mal in einer Kutsche hin, die ihre
Runden durch die Straßen von Rouen dreht. Léons Ausspruch »In
Paris ist das üblich!«[16] hatte auf sie wie ein unwiderlegbares Argument gewirkt.

Das einzige Stück weiblichen Fleisches, das der Leser während
der ganzen Kutschfahrt zu sehen bekommt, ist Emmas »weiße
Hand«, die die Überreste ihres nun überflüssigen, tugendhaften
Abschiedsbriefes an Léon fortwirft. Sie »kam [...] unter dem gelben
Fenstervorhang zum Vorschein und warf ein paar Papierschnitzel
hinaus, die im Wind davonflatterten und sich dann wie weiße
Schmetterlinge auf ein Feld von blühendem rotem Klee setzten«[17].
Die Straßen, Plätze und Boulevards, die die Droschke auf ihrer
stundenlangen Fahrt immer wieder passiert, werden in der Reihenfolge ihres Auftauchens und Verschwindens aufgezählt. Die bloße
Hand, die flatternden weißen Schmetterlinge, die gewundenen Straßen und Gäßchen vermitteln größere erotische Intensität als jeder
saftige Big-Mäc-Liebesroman. Rouen ist jedoch nicht Paris, und
»an allen Ecken machten die Bürger große Augen beim Anblick
dieses für die Provinz außerordentlichen Schauspiels: ein Wagen
mit vorgezogenen Vorhängen, der immer wieder vorbeikam, ver-
siegelt wie ein Grab und schwankend wie ein Schiff«[18].

Als die Engländer von Emma Bovarys Treiben erfuhren, waren
sie ebenfalls verblüfft und staunten mit großen Augen. Der Kritiker
der *Saturday Review* vom 11. Juli 1857 brauchte eine ästhetische
Rationalisierung, um seine literarische Würde zu bewahren.

Wir haben uns erst nach einigem Zögern dazu entschlossen,
Madame Bovary zu rezensieren [...] Obwohl es kein Werk ist, das
wir jedem Mann, geschweige denn jeder Frau zum Lesen empfehlen
können, erscheint sein Erfolg uns als eine Tatsache, die die Aufmerksamkeit all jener verdient, die sich für den Zustand der französischen
Gesellschaft interessieren [...] Der Band enthält tatsächlich nicht
wenige Passagen, die allein eine sehr deutliche Sprache rechtfertigen
würden, wenn die Gefahr bestünde, daß M. Flauberts Beispiel in
diesem Lande Schule machen oder daß sein Buch bei englischen
Lesern Erfolg haben könnte. Wir fühlen uns jedoch nicht genötigt,

uns einer besonders entrüsteten Ausdrucksweise zu bedienen. Es besteht keine Gefahr, daß unsere Romanschriftsteller den öffentlichen Anstand verletzen. Ihre Schwächen verbieten ihnen eine derart gefährliche Exzentrizität ebensosehr wie ihre Tugenden.[19]

Die französische Gesellschaft war nicht ganz so dekadent, wie der englische Kritiker annahm. Und selbst das Paris des späten neunzehnten Jahrhunderts war noch Ewigkeiten von unserer heutigen Welt entfernt, wo jedes und alles möglich ist und nur die krassesten Fälle erotischer Gewalt und weiblicher Erniedrigung als Pornographie erkannt werden können. 1857, in dem Jahr, in dem diese Rezension erschien, wurde Flaubert der Prozeß gemacht, weil *Madame Bovary. Sitten der Provinz* erstens ein Verstoß gegen die guten Sitten und zweitens ein Verstoß gegen die religiöse Moral sei.[20] Zu Beginn seiner Rede gab der Staatsanwalt listig zu bedenken, man sollte vielleicht den täuschend unschuldigen Untertitel durch das genauere *Die Geschichte der Ehebrüche einer Hausfrau aus der Provinz* ersetzen. Der Herausgeber der *Revue de Paris*, in der *Madame Bovary* als Fortsetzungsroman erschienen war, hatte den Abschnitt über Emmas Fehltritt in der Kutsche gestrichen, aber das reichte noch nicht. Die Kutschfahrt und die flatternden Papierschnitzel waren zwar ausgelassen worden, doch der Herausgeber hatte gestattet, daß der Leser von Léons unwiderstehlichem Argument »In Paris ist das üblich!« sofort zu den »Flitterwochen«, den drei herrlichen Tagen im Hotelzimmer, überging.

Der Verteidiger hatte eine Antwort parat. Er behauptete, die Streichung der Kutschfahrt sei der denkbar lächerlichste Ausweg gewesen, denn ohne diese Szene könne der Leser zu noch phantastischeren Höhenflügen seiner erotischen Vorstellungskraft angeregt werden. Er meinte, die Zensoren seien nicht nur dumm genug gewesen, die Kutschfahrt zu streichen, sondern sogar so dumm, das »zwei Worte zu spät«[21] zu tun, denn aus dem verbleibenden Text ginge nur allzu deutlich hervor, daß Emma mit Léon in die Kutsche gestiegen sei.

In seiner Zusammenfassung warnte der Staatsanwalt das Gericht, daß unzüchtige Details nicht durch ein moralisch vertretbares Ende

aufgehoben werden könnten, denn »sonst könnte man alle nur
denkbaren Orgien schildern, man könnte alle Verderbtheiten einer
Hure beschreiben, solange man sie nur auf einem Strohsack im
Armenhaus sterben läßt«[22]. Und wer seien schließlich die Unschuldigen, die von Monsieur Flauberts pornographischer Erzählung
vergiftet würden? Seien es Männer wie jene im Gerichtssaal, mit
starker Moral, Männer, die ihre »Instinkte von unten und ihre
Gedanken von oben«[23] erhielten? Der Staatsanwalt beantwortete
seine Frage selbst:

> Die leichtfertigen Seiten der *Madame Bovary* fallen in Hände, die
> sogar noch leichtfertiger sind, in die Hände junger Mädchen, manch-
> mal verheirateter Frauen. Nun denn! Wenn die Vorstellungskraft
> verführt worden ist, wenn diese Verführung ans Herz gegriffen und
> das Herz zu den Sinnen gesprochen hat, glauben Sie, daß ein ganz
> nüchternes Argument gegen diese Verführung der Sinne und der
> Gefühle sehr viel Wirkung zeigen wird?[24]

Sowohl der Staatsanwalt als auch der Verteidiger verwendeten den
schädlichen Einfluß von Liebesromanen als Argument für ihre
einander entgegengesetzten Schlußfolgerungen. Sie waren sich einig
über den Schaden, den die Literatur der Verführung in einem empfindsamen, unschuldigen weiblichen Geist anrichten könnte. Der
Verteidiger überraschte den Gerichtssaal jedoch, indem er die Verbindung zwischen der Literatur im Kloster und romantischer Lie-
besliteratur aufzeigte. Um das Gericht von der Tiefe der religiösen
Gefühle Flauberts zu überzeugen, machte er darauf aufmerksam,
wie gut der Autor die Gefahren der typischen Klostererziehung
dargestellt hätte, die mit ihrer Betonung von Flitterkram, Heiligen-
bildchen und Gefühlsduselei auf junge Mädchen ebensogut einen
verführerischen Einfluß haben könne wie ein Liebesroman. Der
Rechtsanwalt erklärte, französische Mädchen würden ins Kloster
geschickt, um die religiösen Pflichten zu erlernen, aber die materia-
listische Atmosphäre verleite sie zu einer religiösen Empfindsamkeit, die auf direktem Wege zum Roman führe. Ein Kloster könne
nie eine heilige Stätte sein für ein Landmädchen wie Emma, das das
Meer um der Stürme willen liebte, für ein Mädchen, das eher

sentimental als künstlerisch veranlagt sei und bewegende Gefühle suche, nicht aber stille Landschaften. Emma kniete möglichst lange im Beichtstuhl, die Gleichnisse vom himmlischen Bräutigam und der ewigen Hochzeit in den Predigten rührten sie, und sie »liebte das kranke Schaf, das von spitzen Pfeilen durchbohrte Herz Jesu und den armen Jesus, der unter seinem Kreuz hinstürzt«[25].

Dann zitierte der Verteidiger Passagen aus dem Roman, die Emmas Weg zu den Romanen schildern, die von einer altjüngferlichen Näherin heimlich an die Mädchen ausgeliehen wurden.

Da gab es nichts als Liebesabenteuer, Liebhaber und Liebhaberinnen, verfolgte Damen, die in einsamen Pavillons ohnmächtig, Postillone, die beim Pferdewechsel unweigerlich ermordet wurden, auf jeder Seite Pferde, die man zuschanden ritt, finstere Wälder, Herzensqualen, Schwüre, Schluchzen, Weinen und Küssen, Nachen im Mondschein, Nachtigallen in den Büschen, *Herren*, die tapfer wie Löwen und sanft wie Lämmer waren, tugendhaft wie es nicht möglich ist, immer schön angezogen und leicht zu Tränen zu rühren.[26]

Nachdem Emma sich sechs Monate lang die Hände »mit dem Staub der alten Leihbibliotheken« beschmutzt hatte, lernte sie Walter Scott und den historischen Roman kennen[27] und erfreute sich an den *keepsakes*, den Andenken, die ihre Mitschülerinnen von zu Hause mitbrachten und in den Schlafsaal einschmuggelten. Ob die Hersteller unserer heutigen Liebesromane die subtile Erotik der Illustrationen, die diese Bücher schmückten, zu schätzen wüßten? Junge Männer hielten weißgekleidete Mädchen in den Armen. Englische Damen fuhren in Kutschen, die von zwei kleinen Kutschern in weißen Hosen gelenkt wurden. Mädchen träumten auf Sofas, blickten zum Mond auf, liebkosten Turteltauben oder »zerpflückten, den Kopf lächelnd zur Schulter geneigt, mit spitzen, wie Schnabelschuhe gekrümmten Fingern eine Margerite«[28]. Die exotischen Landschaften, die tatarischen Minarette, »Sultane, mit langen Pfeifen, behaglich in einer Laube in den Armen der Bajaderen liegend«[29], wären zu fade für die Buchumschläge, die die zweihundert Millionen heutiger Emmas dazu verführen sollen, die Romane zu kaufen, die ihre heimlichen erotischen Begierden entfachen.

Obwohl Stoller für die Untersuchung der männlichen und der weiblichen Erotik eine Art Pionierarbeit geleistet hat, hat er die erotischen Verlockungen der Heftchenromane nicht als erster aufgedeckt. Bereits seit beinahe drei Jahrzehnten hatten feministische Schriftstellerinnen diesen Bereich erforscht und gesammelt, sortiert, zusammengestellt und enträtselt, was sie über die Pornographie des weiblichen und männlichen Begehrens entdeckt hatten. 1979 berichtete Ann Barr Snitow in ihrem Aufsatz »Der Liebesroman aus der Retorte: Pornographie für Frauen ist anders«:

> In einer weniger sexistischen Gesellschaft wäre eine andere Pornographie vorstellbar – anregender, expressiver, interessanter, vielleicht sogar wichtig als eine Form des sozialen Aufbegehrens, bar jener Eigenschaften, die der Rolle der Pornographie in unserer sexistischen Gesellschaft anhaften: Ablaßventil für Frauenfeindlichkeit und Metapher für eine streng geregelte Machthierarchie. Die sexistische Gesellschaft bringt zwei Sorten von Pornographie hervor, eine für Männer und eine für Frauen [...] Anders dagegen die Pornographie für Frauen: Sie sonnt sich in romantischer Liebe; von Sexualität selbst ist nicht die Rede, aber alles ist von ihr durchtränkt.[30]

Die beiden Formen der Pornographie unterscheiden sich sowohl inhaltlich als auch in ihrem Grad an offener Frauenfeindlichkeit. Die eine ist anschaulich, visuell, präzise; die andere ist phantasievoll, vage und nicht anschaulich. Die Positionen jedoch, die der Heldin und dem Helden zugewiesen werden, weisen bestimmte, beunruhigende Gemeinsamkeiten auf. In der Pornographie »nur für Männer« werden Frauen oder Kinder traditionell in unterwürfiger, erniedrigter Position dargestellt. Um dem Ganzen etwas Würze zu verleihen, wird das Kind oder die Frau beim Verkehr mit einem Tier gezeigt, vorzugsweise einem Tier mit gigantischem Penis. Wenn der Mann sich das Foto oder den Film ansieht, identifiziert er sich unbewußt mit der Person in der passiven, weiblichen, unterwürfigen Position, und gleichzeitig fühlt er sich in der Position des zuschauenden, verletzenden Machos sicher.

Erst in den späten siebziger Jahren wurden weibliche Pornostars ermutigt, mit der Zeit zu gehen und die obere Position einzunehmen. In Bordellen, Hotelzimmern und Schlafzimmern war es jedoch schon seit Jahrhunderten Tradition, daß der Mann, der bezahlte, die untere Position einnahm. Jede bezahlte Sadistin, jede Prostituierte, jedes Callgirl und jeder Strichjunge weiß, daß in den beliebtesten Szenarios derjenige, der bezahlt, gefesselt, stranguliert und gepeitscht werden will oder fordert, daß sein Herr für diesen Abend auf ihn uriniert und kotet. 1986 erklärte eine Prostituierte der vom Justizminister eingesetzten *Commission on Pornography:*

> Sie wünschten häufig, daß ich auf sie urinieren sollte. Das wurde goldene Dusche genannt.
>
> Und meine Kunden [...] kamen mit Zeitschriften oder Büchern mit vielen Beispielen, welche Art des Bondage sie wollten oder welche anderen Handlungen, von denen sie meinten, daß sie ihr sexuelles Verlangen befriedigen würden. Zum Beispiel sollte ich ihre Mutter spielen, Klistiere setzen, sie verhauen, oder sie wollten Damenwäsche oder Damenkleidung tragen.[31]

Die Lehrerin fesselt ihren Schüler an seinen Stuhl, bis er seine Fehler korrigiert hat. Die Krankenschwester verhaut ihren widerspenstigen Patienten, bis er um ein Klistier bittet. Die Nonne peitscht den sich krümmenden Büßer, bis er die Sünden bekennt, die ihm eine goldene Dusche einbringen. Die Mutter trampelt auf dem Brustkasten ihres bösen Jungen herum, bis ihre Pfennigabsätze ihm die Haut aufreißen. Tatsächlich spielt es kaum eine Rolle, wer in diesen infantilen Interpretationen von Sexualität und Autorität der Erwachsenen unten und wer oben ist. Das wesentliche Element in einem perversen Skript ist, daß ein Körper die untere, passiv-weibliche Position einnimmt und ein anderer die obere, aktiv-männliche. Ob sadomasochistische Szenarios nun in einem Bordell von einem bösen, unten liegenden Jungen und einer gemieteten sadistischen Mama oder auf einer Yacht mit einem *Harlequin*-Mädchen, das endlich von seinem phallischen Mann überwältigt wird, aufgeführt werden – immer sind sie triumphierende Verherrlichungen der altbekannten patriarchalischen Regel: Jeder Sklave sehnt sich nach einem Herrn; jedes Unten braucht ein Oben, und ein gutes Oben ist schwer zu finden.

Wenn Frauen eine eigene Pornographie bekommen sollen, sollten sie darin dann die Rolle der Unterwürfigen spielen, wie in den traditionelleren Heftchenromanen? Oder sollten sie die dominierende Position übernehmen, wie Emma es schließlich ihrem Sklaven Léon gegenüber tut? Könnte es einer weiblichen Pornographie, die erotische Vorlieben von Frauen zum Inhalt hat, gelingen, die sozialen Kategorien von unten–oben und Unterwerfung–Herrschaft zu unterminieren, oder würde sie letzten Endes auch nur die alten, abgenutzten Geschlechtsstereotypen widerspiegeln?

Die weiblichen, verhüllten erotischen Szenarios, die der männlichen Pornographie gegenübergestellt werden, schaffen es nicht, das Schema von Unterwerfung und Herrschaft zu durchbrechen. Die Verschleierung dient nur dazu zu verbergen, in welchem Maße Frauen sich einer Gehirnwäsche unterzogen und in ihre sexuellen und emotionalen Abhängigkeiten eingewilligt haben. Tatsächlich zeigen die meisten Versuche einer spezifisch weiblichen Pornographie, wie stark die meisten Frauen daran beteiligt sind, die sozialen Kategorien von Männlichkeit und Weiblichkeit aufrechtzuerhalten, die Frauen (und Männer) in einem Zustand der Unterjochung festhalten.

In ihren Tagebüchern der Jahre 1940 und 1941[32] berichtet Anaïs Nin von den Schwierigkeiten, auf die sie stieß, als sie versuchte, eine weibliche Pornographie zu schaffen, die den anonymen männlichen Sammler, der ihr für eine Seite einen Dollar bezahlte, zufriedenstellen würde. Da sie »nichts Selbsterlebtes preisgeben« wollte, beschloß sie, »eine Mixtur aus Gehörtem und Erfundenem zu fabrizieren, jedoch so zu tun, als stammten die geschilderten Episoden aus dem Tagebuch einer Frau«[33]. Nach diesen ersten Versuchen teilte der Sammler ihr telefonisch seine Kritik mit: »Es ist gut so. Aber lassen Sie die poetischen Stellen und die Beschreibungen weg, außer denen, die sich auf Sexuelles beziehen. Beschränken Sie sich auf Sex.«[34]

Ich fing deshalb an, mit heimlicher Ironie zu schreiben, exotisch, erfindungsreich zu werden und derart zu übertreiben, daß ich glaubte, er müsse bemerken, daß ich Sexualität karikierte. Doch ein

Protest erfolgte nicht [...] Ich verbrachte mehrere Tage in der Bibliothek mit dem Studium des *Kama Sutra*, ließ mir von Freunden ihre außergewöhnlichsten Abenteuer erzählen.[35]

Doch der Sammler forderte: »Weniger poetische Verbrämung [...] Gehen Sie mehr ins Detail.«[36]

Schließlich wurde Anaïs zur »Madame« eines »literarischen, snobistischen Schriftsteller-Bordells«[37]. Sie sammelte einige Dichterfreunde um sich, die ebenfalls Geld brauchten: für die Miete, um den Zahnarzt zu bezahlen, Papier zu kaufen oder die Schreibmaschine reparieren zu lassen. »Da wir den poetischen Drang, den lyrischen Aufschwung unterdrücken müssen und dazu verdammt sind, uns lediglich auf die Sensualität zu konzentrieren, erleben wir heftige poetische Ausbrüche. Indem wir Erotica schreiben, schreiten wir voran auf dem Wege zur Heiligkeit und nicht etwa zur Unzucht [...] Die Schüchternen schildern Orgien. Die Frigiden fabulieren über rasenden Genuß. Die Poetischsten frönen krasser Bestialität.«[38] Nach einer Weile war der Sammler den literarischen Prostituierten in Nins »Bordell« verhaßt.

Nachdem Nin die Erzählungen, die sie für *Das Delta der Venus*[39] ausgewählt hatte, noch einmal gelesen hatte, war sie erleichtert, daß sie ihre eigene Stimme nicht völlig unterdrückt hatte, daß es ihr doch gelungen war, Sexualität vom Standpunkt der Frau aus zu beschreiben.

Die Geschichten in *Das Delta der Venus* schildern die Sexualität, die der Sammler bestellt hatte, mit nachgiebigen Frauen unten und dominierenden Männern oben. Doch sie sind mit Beziehungen und Emotionen ausgeschmückt, die dem Geschlechtlichen »seine Farbe, seinen Geschmack, seinen Rhythmus, seine Intensität«[40] verleihen.

Der berühmteste Versuch, eine »weibliche« Pornographie zu schaffen, ist vielleicht *Geschichte der O*, 1954 in Frankreich veröffentlicht und angeblich von einer unbekannten Frau geschrieben, die sich Pauline Réage nannte.[41] Viele Frauen (und Männer) finden Réages Roman jedoch so frauenfeindlich, daß weiterhin Gerüchte umgehen, die pseudo-anonyme Pauline müsse ein Mann gewesen sein. Der Schriftsteller und Literaturkritiker Jean Paulhan geht in

»Das Glück in der Sklaverei«, seinem Vorwort zu *Geschichte der O*, kurz nach dessen Veröffentlichung er in die Académie Française gewählt wurde, detailliert auf die zarten weiblichen Züge des Buches ein, die ihm die weibliche Identität der Autorin bestätigen. Er gibt zu, daß er anfangs etwas verwirrt gewesen sei, weil die Heldin O in ihrer fanatischen Hingabe an die Sexualität in ihm den Verdacht erweckt hätte, daß sie ein männliches Idealbild anstrebte. Er kam jedoch zu der Überzeugung, daß Madame Réages Geschichte der freiwilligen sexuellen Abhängigkeit einer Frau, der mit ihrer Einwilligung stattfindenden allmählichen Versklavung und immer tieferen Erniedrigung, die verlorene Kindheit darstellt, nach der Männer sich sehnen und um die sie Frauen beneiden. »Die Frauen besitzen die Gabe, ihr ganzes Leben lang den Kindern zu gleichen, die wir waren.«[42] Réage war somit nicht nur eine Frau, sondern eine wirklich weibliche Frau.

André Pieyre de Mandriargues stellt in seiner Einleitung fest, daß Réage, obwohl sie die jahrhundertealten Standardrezepte der Pornographie verwendete – die einschnürenden Korsetts, das Brandmarken mit heißen Eisen, die Ketten, die Reitpeitschen[43] –, eigentlich »das tragische Aufblühen einer Frau durch den Verzicht auf ihre Freiheit, durch selbstgewollte Sklaverei, durch Erniedrigung«[44] beschrieb. Bewunderer der O finden immer wieder Gründe dafür, Réages Pornographie zu adeln. Die meisten Literaturkritiker haben versucht, eine soziale Botschaft in *Geschichte der O* zu finden, und sich daher auf die Methode konzentriert, die Réage anwendet, um den Leser mit der Dynamik der Beziehung zwischen Sklavin und Herr vertraut zu machen. Im Gegensatz zu den distanzierteren, intellektuelleren männlichen Schriftstellern wie Genet, die ebenfalls versucht haben, derartige Beziehungen auszuloten, konnte Réage in die Haut ihrer Heldin schlüpfen.

Da es tatsächlich stimmt, daß Sklave und Herr untrennbar miteinander verbunden sind, haben Réages Leser die Möglichkeit, sich mit der unterworfenen O *und* mit ihrem herrschenden Gebieter zu identifizieren. *Geschichte der O* zeigt, daß der Widerstand des Herrn dagegen, von der Sklavin, die er heimlich gern wäre, absorbiert zu werden, der Bereitwilligkeit der Sklavin entspricht, ihre eigene Existenz aufzugeben, um mit ihrem allmächtigen Herrn verbunden zu bleiben. *Geschichte der O* ist eine moralisierende Fabel, die Stollers Motto »Der weibliche Masochismus paart sich mit dem Machismo« veranschaulicht. Durch ihre fortschreitende Entmenschlichung, durch den fortschreitenden Verlust ihres Selbst, verwandelt O ihren Herrn und macht ihn zu dem allmächtigen, allwissenden anderen, in dessen Arme sie sich flüchten kann.

Den Herrn erregt die Unterwerfung der Sklavin. Die Sklavin wird von der Herrschaft ihres Meisters erregt. Den Leser erregt es, sich in die Lage sowohl der Sklavin als auch des Herrn hineinzuversetzen. Paulhan hat recht, wenn er sagt, daß Frauen zumindest das Recht haben, kindlich und gefügig zu bleiben, und daß Männer sie um dieses Privileg beneiden. Ich habe dargelegt, wie die Männer – Charles Bovary, Léon, Rodolphe, Fullerton, Mr. R. und Mr. B. – durch die Identifikation mit ihren weiblichen »Opfern« die weiblichen und infantilen Wünsche zum Ausdruck bringen, die ihnen verboten sind. Analog dazu identifizieren Frauen sich mit den Männern, denen sie die dominierende Position zugewiesen haben, um die ihnen verbotenen männlichen Wünsche auszuleben. Emma mußte ihre männlichen Strebungen unter einer Pose der Hörigkeit verstecken. Vielleicht hat Réage auf ihre subjektive, persönliche, »weibliche« Art nicht mehr und nicht weniger vollbracht als Flaubert mit seinem kalten, sezierenden, objektiven, »männlichen« Realismus. Flaubert war entschlossen gewesen, sein Werk von romantischen Extravaganzen freizuhalten, aber er verlieh ihnen Ausdruck durch seine Identifikation mit Emmas romantischen Exzessen und beleuchtete so das ewige Schicksal der Frau, sich stets von obskuren Begierden leiten zu lassen und immer durch die sozialen Zwänge, die ihr jedes Ausleben ihrer Sexualität verbieten, gefesselt zu werden, es sei denn, ihre unergründliche und gefährliche Sexualität wird von einem Herrn gesteuert und kontrolliert, oder sie übernimmt selbst die Rolle des dominierenden Herrn. O, die ihre bürgerliche Seele ablegt, um ihr wahres Selbst im Haus der Perversion zu finden, ist nichts anderes als die Emma unserer Zeit.

Und wie steht es mit Réage? Trotz all ihrer weiblichen Zartheit
scheint sie sich manchmal mehr mit den Sklavenhaltern zu identifizieren als mit O selbst. Die Tatsache, daß ein »Porno« von einer
Frau geschrieben wurde, ist keineswegs eine Garantie dafür, daß die
Pornographie weiblich ist. Wenn manche Frauen und viele Männer
sich von der Art, wie Os Sexualleben durch ihre Abhängigkeit,
Erniedrigung und fortschreitende Entmenschlichung zur Blüte
kommt, erregen lassen, dann unterscheidet sich Réages Pornographie, trotz all ihrer moralischen Intensität, im wesentlichen nicht
sehr von der üblichen männlichen Pornographie. Réage mag ein
literarisches Produkt geschaffen haben, das der Beachtung der *Académie Française* würdig ist, und sie mag der Welt eine moralische
Geschichte über die Abgründe menschlicher Erniedrigung und
Entwürdigung geschenkt haben, aber insofern, als ihr Roman tatsächlich sexuell erregt, bringt sie, trotz all ihrer boshaften Ironie,
eine sklavische Identifizierung mit ihren Herren zum Ausdruck –
genau wie ihre Heldin. Und die Herren, die männlichen Leser
nämlich, erregt wiederum ihre eigene Identifikation mit O, denn
nur sehr wenige würden gern die Bürde und die Verantwortung Sir
Stephens, des ständig virilen Herrn und Meisters der O, auf sich
nehmen.

Die Wirkung männlicher Pornographie beruht darauf, daß
Widerstände gebrochen werden und der menschliche Körper allmählich entmenschlicht wird. Wessen Körper es auch sein und auf
welche Art es auch geschehen mag, Pornographie befaßt sich mit
dem Abtöten von lebenden, atmenden und daher gefährlichen und
unberechenbaren Menschen. Die Entmenschlichung des weiblichen Körpers, die Réage in der Mitte des Jahrhunderts darstellte, ist
jetzt, im letzten Jahrzehnt dieses Jahrhunderts, an einem Punkt
angekommen, an dem die erotischen Unterströmungen, die nach
Ansicht ihrer Bewunderer der *Geschichte der O* einen moralischen
Beigeschmack verleihen, nicht mehr stark genug sind, um die primitive destruktive Aggression zurückzuhalten, die sich im Kern
pornographischer Unternehmungen verbirgt. Ob Réage nun eine
Frau war oder ein als Frau verkleideter Mann, sie täuschte sich,

wenn sie glaubte, Pornographie habe etwas mit erotischer Liebe zu tun. Pornographie hat stets Haß zum Inhalt, der durch ein erotisches Szenario maskiert und zurückgehalten wird. Heutzutage ist die Maske jedoch verschwunden. Vielleicht hat Réage eben das zum Ausdruck gebracht. Os erster Herr, ihr Liebhaber René, schickt sie in das Schloß Roissy, wo sie lernen soll, ihre Körperöffnungen jederzeit zur Verfügung zu halten. Als das geschehen ist, übergibt er sie dem kalten, berechnenden Sir Stephen, dessen Schläge, Brandmale und Fesseln ihren Körper weiter zeichnen. Réages Roman endet damit, daß O mitten in einem *öffentlich* zugänglichen Hof auf einem Tisch liegt, damit nacheinander René, Sir Stephen und der körperlich mißgestaltete Kommandeur sie besitzen können. Die Kette um ihren Hals und die Kette, die an den Ringen in ihren Schamlippen befestigt war, sind gelöst worden. Die Käuzchenmaske mit den Federn, die ihre Schultern und ihren Rücken bedeckte, ist entfernt worden. Jetzt, da Sir Stephen ihren Körper *öffentlich* präsentiert und einem anderen Mann zur Verfügung gestellt hat, hat O, die einmal ein blühendes sexuelles Wesen war, die Freiheit, ein Nichts zu sein – eine Null.

Drei Jahrzehnte nach Os sexueller Blüte, 1986, versuchte die *Commission on Pornography* des Justizministeriums der Vereinigten Staaten in der Welt der Pornographie etwas Ordnung zu schaffen. Diese Kommission war eine freimütige, aber finanziell ungenügend ausgestattete und schwache Antwort auf die unzulängliche, kurzsichtige gesetzgeberische Reaktion der Kommission von 1970 auf die relativ zahme Pornographie der fünfziger, sechziger und frühen siebziger Jahre. Die Kommission von 1970 hatte es versäumt, das historische Moment, das der beobachteten Entmenschlichung zugrunde lag, richtig einzuschätzen. Die Kommission von 1986 kommt in ihrem historischen Überblick über die Entwicklung der Pornographie in den Vereinigten Staaten zu dem Schluß:

Die pornographische Industrie hatte in den letzten dreißig Jahren ein beträchtliches Wachstum zu verzeichnen [...] die Branche ist von einem Gewerbe, das mit bescheidenem Gewinn im verborgenen ausgeübt wurde, zu einer unübersehbaren, jährlich mehrere Milliarden Dollar abwerfenden Industrie geworden. Davon können über fünfhundert Millionen Dollar allein dem Ladenverkauf im Gebiet von Los Angeles zugeschrieben werden. Die verbleibenden Materialien im Wert von Milliarden von Dollar sind über die Vereinigten Staaten und das Ausland verteilt. In den fünfziger Jahren waren pornographische Etablissements dunkle, schmuddelige Lokale und Theater, die in wenig anziehenden Stadtteilen lagen. Das Material aus dieser Zeit zeigte im allgemeinen Frauen in verführerischen Posen und war der Öffentlichkeit nicht ohne weiteres zugänglich [...] Die Frauen, die in den Filmen dargestellt wurden, waren oft im Brustbereich teilweise entblößt, und die Männer waren größtenteils vollständig bekleidet. Der erste dieser Filme, der zu einem größeren finanziellen Erfolg werden sollte, wurde 1959 für 24 000 Dollar produziert und handelte von einem Mann, der die Kleidung von Frauen ständig mit seinen Blicken durchdrang.[45]

In den frühen siebziger Jahren war dann offensichtlich, daß die pornographische Industrie sich schnell ausdehnte. Die Kommission von 1970 hatte bereits bemerkt, daß es in den jüngsten »Ausbeutungsfilmen« um »Perversion, Abtreibung, Drogenmißbrauch, widerspenstige Mädchen, Orgien, Frauentausch, Lasterhöhlen, Prostitution, Frigidität, Nymphomanie, Lesbierinnen« ging.[46] Nicht lange darauf wurden zunehmend Filme und Schundhefte verbreitet, die Paraphilien ansprechen sollten. Sadomasochismus, Bondage und Disziplin waren die Hauptthemen; Kinder, Tiere und Amputierte waren die wichtigsten Charaktere; Darstellungen von Ejakulation, Urinieren, Koten und Milch verspritzenden Brüsten bildeten Hauptartikel der Industrie. Zeitschriften wie *Moppets* und *Where the Young Ones Are* hatten Kinderpornographie zum Inhalt. Ein Drittel der beinahe drei Milliarden Dollar, die die Porno-Industrie umsetzte, stammte aus dem Geschäft mit Kinderpornos.

Nur fünfzehn Jahre später kam man im historischen Überblick des Justizministeriums zu folgendem Ergebnis:

In den achtziger Jahren ist es zu einer vollständigen Umwandlung des Gewerbes in einen Industriezweig mit Großhändlern, Theaterketten und technologischem Fortschritt wie Heimvideos, Pay TV,

Dial-A-Porn und Computersex-Abonnements gekommen. Vertriebshäuser sind zu großen Komplexen geworden, die von modernen Industriezentren aus operieren. Die Hauptverteiler besitzen ihre eigenen Verwaltungsgebäude und haben alle Aspekte der Produktion in ihr Gewerbe aufgenommen.[47]

Pornographie ist zu einem Industriezweig geworden, der für alle sozialen Kräfte und Institutionen steht, die Arme, Hilflose, Frauen *und* Männer ausbeuten. Unter dem Banner der freien Meinungsäußerung, ja sogar der sozialen Revolution hat die Porno-Industrie jedoch unter ihren Opfern einige ihrer stärksten Verteidiger gefunden. Einige radikale Feministinnen zum Beispiel machen sich weiterhin hinsichtlich des revolutionären Potentials der Pornographie etwas vor. In ihrem bereits erwähnten Aufsatz, der als Polemik gegen »Women Against Pornography« gedacht war, argumentierte Ann Snitow, daß Erotika für Frauen Geschlechtsstereotypen bewahren würden, während harte Pornographie *potentiell* eine Kraft sei, die die gegenwärtig gültigen Kategorien von männlich und weiblich sprengen könnte. Sie behauptete, die sanften, weichgezeichneten »Erotika« für Frauen ließen zuviel aus: »Vieles bleibt dabei einfach unberücksichtigt, das Infantile an Sexualität, die Reaktivierung frühkindlicher Wunschträume, die Grenzenlosigkeit und Omnipotenz kindlicher Wünsche und ihre wilde körperliche Lust.«[48] Snitow meinte, brave Erotika, die die aus masochistischer Unterwerfung herrührenden Hochgefühle und die Sprengung der Ich-Grenzen aussparen, würden zu einer weiteren Verringerung der sexuellen Erfahrungsmöglichkeiten für Frauen führen. Sie machte geltend, daß die verschleierten weiblichen Erotika menschliches Begehren ebensowenig wahrheitsgetreu wiedergeben wie die machthungrige, egoistische, frauenfeindliche Sexualität der harten Pornos. Wo »Hausangestellte mit ihren Herrinnen ficken, alte Männer mit jungen Mädchen, der Vormund mit seinem Schützling«, da »herrscht der Wunschtraum nach einem Zustand, in dem eine Flut sexueller Energie alle sozialen Zwänge hinweggespült hat […] Schicht, Alter, Brauchtum – alles wird der Sexualität mit großem Ergötzen zum Opfer gebracht.«[49]

Snitow schrieb unter dem Einfluß der sexualpolitischen Utopien der sechziger Jahre, als man glaubte, die sexuelle Befreiung sei die Wegbereiterin der sozialen. Zu jener Zeit ereignete sich in bezug auf sexuelle Werte und Einstellungen tatsächlich eine Revolution, und diese Revolution führte dazu, daß Frauen eine größere Palette erotischen Verhaltens ausprobieren konnten. Für mich ist es gar keine Frage, daß die größte Gefahr für Frauen, und auch für Männer, darin bestehen würde, zu der puritanischen sexuellen Sklaverei zurückzukehren, die Frauen dazu brachte, sich ihrer Körper zu schämen, und die die aktive Sexualität der Frauen im Grunde verneinte und leugnete. Ich glaube auch nicht, daß ein Verbot der Pornographie das Problem lösen könnte, welches darin besteht, daß pornographischen Machwerken Geschlechtsstereotypen zugrunde liegen. Die Lebensfähigkeit der Pornographie beruht auf den Geschlechtsstereotypen, die unsere Gesellschaftsordnung stützen. Und bevor wir nicht diese Strukturen und Institutionen in Frage stellen, werden erotische Literatur, Pornographie und die Erotik selbst das bleiben, was sie immer waren, sie werden weiterhin jene Strukturen widerspiegeln, sie aber niemals potentiell gefährden.

Auch die feministische Autorin Ellen Willis wandte sich gegen die brave, sterile Version der weiblichen Sexualität, die von der »Women-Against-Pornography«-Bewegung stillschweigend vorausgesetzt wurde. 1979, in demselben Jahr, in dem Ann Snitow ihren Aufsatz veröffentlichte, publizierte Willis den Aufsatz »Feminismus, Moralismus und Pornographie«[50]. Willis zufolge legt schon allein der Begriff *Erotika*, die euphemistische Bezeichnung des braven Mädchens für Pornographie, nahe, daß die körperliche Liebe frei von Vulgärem, Macht oder Aggression sein sollte. Willis behauptete, daß Pornographie das Produkt männlicher Phantasie und daher sexistisch sei, gestand ihr aber unter der Voraussetzung, daß jede Frau mit ihrem Körper tun und lassen könne, was sie wolle, eine Berechtigung zu. Wenn manche Frauen sich von den Bildern und Worten, die für die sexuelle Erregung von Männern bestimmt seien, erregen ließen, sollte ihnen diese Bereicherung ihres Sexuallebens nicht genommen werden.

Sowohl Ann Snitow als auch Ellen Willis vertraten kühn einen Standpunkt, der bei einigen ihrer konservativeren feministischen Kolleginnen unbeliebt war. Als sie die radikalen Impulse, die der Pornographie angeblich zugrunde liegen, bejahten, ließen sie sich jedoch selbst von der perversen Strategie täuschen. Nichts könnte repressiver und reaktionärer sein als die Darstellungen von Frauen (und Männern), die in Pornofilmen und pornographischer Literatur vermittelt werden. Indem radikale Frauen das Recht auf eine weibliche Pornographie nach dem Muster der männlichen Pornographie verteidigen, unterstützen sie unabsichtlich die Machtstrukturen, die Frauen, Kinder und Männer unterdrücken. Es ist zuwenig beachtet worden, daß es in der Literatur der Perversion, der Pornographie nämlich, wie in der Perversion selbst um Tod, Mord, primitive sadistische Aggression und Entmenschlichung geht. Das ist immer so gewesen. Bis vor kurzem noch waren jedoch, wie ich betont habe, die erotischen Elemente stark genug, um die Aggression einzudämmen, und Sexualität war im großen und ganzen eine private, persönliche Angelegenheit. Die *öffentliche* Zurschaustellung von Os Körper und die Reduktion ihres Körpers zu einer Null sind es, die unter der Maske der Liebe die grinsende Maske des Todes bloßlegen. Unser durch Massenmedien und Computer vermitteltes Konsumgut Sex ist eine demokratische Version der alten römischen Orgien, die ebenfalls Verstümmelung und Tod im Gewand erotischer Liebe verherrlichten. Wenn Sex öffentlich wird, sollte der Käufer sich in acht nehmen.

Da die Geschlechtsstereotypen für die hierarchische Struktur der meisten zivilisierten Gesellschaften grundlegende Bedeutung besitzen, unterstützt man, ob man nun für oder gegen die Pornographie ist, letzten Endes immer in irgendeiner Form eine repressive Sexualpsychologie. In den Vereinigten Staaten waren die verschiedenen Kommissionen, die eingesetzt wurden, um Untersuchungen über die Porno-Industrie anzustellen, nichts anderes als Aushängeschilder, die das Engagement der Regierung für den Schutz von Frauen und Kindern vor männlicher Ausbeutung demonstrieren sollten. Die Rechtsanwälte, Ärzte, Minister, Rabbiner, Psychologen, Erzie-

her, Sozialreformer und Feministinnen, die diesen Untersuchungen
ein beträchtliches Maß an Zeit und Energie widmeten, wollten ihre
besonderen Fähigkeiten für eine gute Sache einsetzen. Aber die
Diskussionen um Pornographie machen die Ironie deutlich, die in
einer Geschlechterpolitik liegt, welche selbst auf Geschlechtsstereotypen beruht. Wenn man die Berichte der Kommissionen sorgfältig liest, erkennt man schnell, daß die Bewegung »Women
Against Pornography« von jeder konservativen Regierung zur
Unterstützung repressiver Gesetzgebung eingesetzt werden kann
und eingesetzt werden wird – zur Aufhebung der Rechte auf
Schwangerschaftsabbruch, freie Meinungsäußerung und freie
Presse. Auf der anderen Seite verteidigen diejenigen, die aufgrund
der möglichen radikalen Anteile für die Pornographie eintreten, in
Wirklichkeit die jüngste Erscheinungsform repressiver Sexualität,
eine der alten Geschlechtstyranneien in neuer Verkleidung.

Pornographie leistet dem neuen Gesetz der USA Handlanger-
dienste, dem Gesetz des Konsumismus. Nach der Tyrannei der
Tabus, unter denen die weibliche Sexualität im neunzehnten Jahrhundert stand, sind wir jetzt im Begriff, uns von dem Konsumgut
Sex versklaven zu lassen. Eines schönen Tages in naher Zukunft
wird es uns allen freistehen, das nächste Einkaufszentrum aufzusuchen und dort für die ganze Familie die Garderobe für das nächste
Jahr einzukaufen, zum Friseur zu gehen, einen saftigen Burger mit
Fritten hinunterzuschlingen und uns eine Weile bei einer Peep-
Show aufzuhalten, bevor wir dann unsere Papierfähnchen, Plastik-
madonnas und Zuni-Fetische erwerben. Wenn wir anschließend
nach Hause kommen, beruhigt und bestätigt durch unsere Einkäufe
und den erotischen Kitzel, werden wir das Videogerät anschalten
und zusehen, wie die Unteren und die Oberen ihre bekannten
Positionen einnehmen.

Während die Theoretiker die gegenwärtigen und potentiellen
Vorzüge der Pornographie diskutieren, geht es Herstellern und
Vertreibern von Pornographie glänzend. Zudem profitieren sie von
der Zusammenarbeit mit Verbrechersyndikaten, die mit gewasche-
nen Geldern aus dem Pornogeschäft den internationalen Drogen-

handel finanzieren, und von deren Schutz.[51] Und da sind die Haus-
besitzer, die an Hersteller und Vertreiber von Pornographie Räume
vermieten, die Makler, die Immobiliengeschäfte mit ihnen abschlie-
ßen, die Bankiers, die ihre Devisengeschäfte abwickeln und ihnen
helfen, ihre Profite zu waschen, die Transportgesellschaften, die
obszöne Filme, Bücher, Magazine usw. transportieren und ver-
schiffen, die Akademiker, die als Gutachter auftreten, die Anwälte,
Richter, Ersteller von Bebauungsplänen und Vertreter der Gesund-
heitsbehörde, die alle ignorieren, daß an der Produktion von Pornographie das organisierte Verbrechen beteiligt ist.[52] Die Behandlung
derer, die gegen das Pornographie-Syndikat aussagen, erinnert an
die schlimmsten Szenarios eines zweitklassigen Pornostreifens.
Mehreren Zeugenaussagen vor der Kommission von 1986 zufolge
werden auch geringfügigere Verletzungen des pornographischen
Ehrenkodexes, wie Regelverletzungen in bezug auf Preise, Ver-
triebsregionen oder Nichtbezahlen der »Straßensteuer«, streng
bestraft.[53] Ein Informant bezeugte, daß ein Ungehorsamer vor einer
Wand festgehalten wurde, während ein Auto »mit der vorderen
Stoßstange gegen die Wand [fuhr] und ihm die Knie zertrümmerte.
Das ist eine gute Schule.«[54]

Wie zu erwarten gewesen war, haben auch die Telefongesellschaften eine Möglichkeit gefunden, mit Pornographie Geld zu
verdienen. Sie machten aus für sie nachteiligen Bedingungen einen
tollen Erfolg. 1982, nachdem die Regierung die traditionellen Ansagedienste wie Wetterbericht, Gebete, Witze und Sportnachrichten
freigegeben hatte, begannen die Telefongesellschaften mit den als
Dial-A-Porn [Wähl einen Porno] bezeichneten Bandansagen.[55] Als
Reaktion darauf, daß ihnen die Produktion solcher Ansagedienste
verboten wurde, veranstalteten sie in den Vereinigten Staaten Lotte-
rien, um die zukünftigen Anbieter auszuwählen, die verantwortlich
für Produktionskosten und Inhalt der Ansagen sein sollten, während die Telefongesellschaften weiterhin die offiziellen Übermittler
und, auf lange Sicht, finanziell die größten Nutznießer bleiben
sollten.

In New York verdient ein *Dial-A-Porn*-Anbieter pro Anruf zwei
Cents, und die Telefongesellschaft verdient 9,4 Cents. In Kalifornien
verdient die Anbieterfirma 1,26 Dollar pro Anruf, während die
Telefongesellschaft vierundsiebzig Cents verdient [...] Die Telefongesellschaft des Staates New York hat über *Dial-A-Porn* bis zu
fünfunddreißigtausend Dollar pro Tag eingenommen. Die Telefongesellschaft Pacific Bell schätzt, daß sie von Oktober 1984 bis Oktober 1985 durch *Dial-A-Porn*-Anrufe zwölf Millionen Dollar eingenommen hat.[56]

Es gibt zwei Typen von *Dial-A-Porn*-Ansagen. Bei der einfacheren,
persönlicheren Version spricht der Kunde mit einem bezahlten
Mitarbeiter oder einer Mitarbeiterin, der oder die sich in sexueller
Hinsicht so offen äußert, wie der Kunde oder die Kundin es
wünscht, und ihm oder ihr nötigenfalls hilft, während des Gesprä-
ches Sexualakte zu vollbringen. Bei der zweiten Version wird dem
Kunden eine Ansage auf Band vorgespielt. Diese vorgefertigten
Ansagen beschreiben Sexualakte, in denen Lesbierinnen, Analver-
kehr, Vergewaltigung, Inzest, Ausscheidungsvorgänge, Sodomie,
Sadomasochismus und Sex mit Kindern vorkommen. Eine *Dial-A-
Porn*-Nummer in Kalifornien bietet dem Anrufer die Wahl zwischen fünf »Freuden«, darunter sadomasochistische Mißhandlungen, Urinieren und Analverkehr.[57]
Kommerzielle Pornographie verkündet die Entmenschlichung,
die in weniger offen kommerzialisierten, persönlicheren perversen
Skripten ausgeblendet und verhüllt wird, laut und deutlich. Die
Werbeleute, die die Texte schreiben, die Show leiten, die Modelle
einstellen, die Fesselungen und Unterwerfungen inszenieren und
die Heftchen, Zeitschriften, Videos, Filme und Fotos verpacken,
vermarkten und verkaufen, sind sehr am Geschmack und an den
Phantasien ihrer Kunden interessiert. Diese decken sich oft mit
ihrem eigenen Geschmack und ihren eigenen Phantasien, die bei
aller scheinbaren Vielfalt so monoton und ewig gleich sind wie eine
Landschaft in der Provinz.
In jeder Industrie sind die Unternehmer dankbar für Massen-
ware, die sich lange hält, nach klassischen Modellen und im traditio-

nellen Stil hergestellt werden kann und zuverlässig Geld einbringt. Mehr noch als andere Branchen ist die Porno-Industrie von Monotonie und Gleichförmigkeit, Rigidität und Stereotypie gekennzeichnet. Doch auch hier werden Stilwechsel begrüßt, weil sie das Geschäft beleben. Es dauerte eine Weile, bis die Porno-Hersteller merkten, wie sehr ihre Versionen von Weiblichkeit, Bekleidungsstil und Make-up die Kaufhausreklamen und Schaufensterwerbung beeinflußten. Eine Zeitlang pflegten sie das sich wandelnde Frauenbild in Kaufhausprospekten, *Harper's Bazaar, Vogue* und *Cosmopolitan* nachzuahmen. Niemand wußte so ganz, wie es kam, aber eines Tages konnte man nicht mehr sagen, wer nun wen nachahmte. Es gab Saisons, in denen man zwischen einem Mädchen aus *Penthouse*, in schwarzen Lederstiefeln mit spitzen Absätzen und einem um die Brüste geschlungenen Seil, und einem Modell, das im *New York Times Magazine* für Unterwäsche warb, nicht mehr unterscheiden konnte. In einem Jahr waren es magere Modelle, im nächsten waren Lesben und androgyne Körper in Mode. Als Brooke Shields und Jodie Foster populär wurden, stellten vorpubertäre Modelle ihre Hintern in hautengen Designer-Jeans und ihre knospenden Brüste in verrückter Nachtwäsche zur Schau. Männer, die Kinder belästigten, sammelten Reklamefotos von Frauentypen wie Shields und Foster und zeigten sie ihren Opfern, um den Kindern zu versichern, daß nichts dabei sei, für Pornofotos zu posieren.

Als Kinderpornographie werden jeder Ablauf bezeichnet, in dem Kinder »vom Alter von einer Woche an bis zur Volljährigkeit dazu verleitet werden, sich an sexuellen Aktivitäten in irgendeiner Form zu beteiligen, und die Handlung, Kinder bei solchen Aktivitäten zu fotografieren«[58]. Bis feministische Gruppen die Kommission von 1970 davon überzeugen konnten, daß tatsächlich eine Gefahr bestand, bildete die Kinderpornographie einen Stützpfeiler der Pornographie nach dem Vietnamkrieg. Herausgeber von Zeitschriften und Filmproduzenten boten für ein Kindermodell zweihundert Dollar pro Tag und mehr. Manche Eltern, darunter Filmproduzenten und Techniker, posierten und agierten zusammen mit ihren Kindern. Andere vermieteten ihre Kinder, damit sie Oralverkehr

mit bezahlten erwachsenen Akteuren oder analen und genitalen Sex
mit erwachsenen Männern ausführen konnten – angeblich immer
simuliert, tatsächlich aber sehr oft nicht. Die Arbeit war Routine
und die Bezahlung gut. Die Titel der Filme und Bücher waren mehr
als eindeutig: *Infant Love, Children and Sex, Lust for Little Girls,
Little Girls, Lollitots, Uncle Jake and Cousin Paula, The Child
Psychiatrist.* 1982, als der Einsatz von Kindern zur Herstellung
pornographischer Filme und Fotos verboten wurde, ging die Kinderpornographie in den Untergrund. 1986 war die Produktion von
Kinderpornos zu einer Art Heimarbeit geworden, die von Leuten
betrieben wurde, die Kinder mißbrauchten, Kinder bei sexuellen
Handlungen fotografierten, die Fotos dann behielten, tauschten
oder auf dem verborgenen Mark für pädophile Erzeugnisse ver-
kauften.[59] Kommerziell produzierte Kinderpornographie in Form
von Zeitschriften, Filmen und Videos ist daneben immer noch
erhältlich und wird in vielen Geschäften, die sexuell freizügige
Materialien über Erwachsene verkaufen, unter dem Ladentisch
gehandelt. Die Regeln sind noch genauso simpel und leicht zu
befolgen: Man nehme Jungen zwischen sechs und dreizehn und
Mädchen zwischen sechs und fünfzehn Jahren und betone die Geilheit der Erwachsenen und die Unschuld der Kinder sowie deren
kindliche, unbehaarte Körper, ihre kleinen Geschlechtsteile und die
eben knospenden Brüste.[60]

Kinderpornos sind eine Variante des Motivs von Unschuld und
Lüsternheit, das in den meisten, wenn nicht sogar in allen, sexuellen
Phantasien, perversen Skripten und Softpornos latent vorhanden
ist. Die Verführung eines Unschuldigen durch einen lüsternen,
unersättlichen Mann ist eine der gängigen sexuellen Phantasien, die
sexuelle Begegnungen zwischen Männern und Frauen beleben. Die
grundlegende Phantasie wurzelt in den Vorstellungen kleiner Jungen und Mädchen von der Sexualität der Erwachsenen und beinhaltet, daß anständige Frauen jungfräulich sind und kein sexuelles
Verlangen haben, bevor dieses nicht dadurch erweckt wird, daß sie
verführt, zur Sexualität gezwungen oder vergewaltigt werden. Das
Kind nimmt an, daß der Vater auf die Mutter scharf sei, daß aber die

Mutter, die nur ihr anbetungswürdiges Kind begehre, nie an sexuelles Verlangen denke und es auch niemals verspüre. Sie ist die Torhüterin, die dafür sorgt, daß die Lust keinen Aufruhr anzettelt.

Diese fixierte infantile Phantasie über die Urszene, die von dem erniedrigten Kind zur Rettung seines Selbstwertgefühls erfunden wird, ist von der Sozialordnung immer zur Erhaltung ihrer Konventionen über das Verhalten der Geschlechter benutzt worden. Die Sozialordnung braucht ihr Oben und Unten, ihre hierarchische Struktur, und der infantile Geist in uns allen ist immer bereit, sich von diesen Strukturen ausbeuten zu lassen. Doch die Gesellschaft übersieht eine Abweichung von jener Norm, nach der Frauen unschuldig und Männer lüstern sein müssen. Wie bereits in häuslichen Schlafzimmern und gesetzlich zugelassenen Filmen ist es jetzt auch in Pornos gängige Praxis, Frauen zu gestatten, die aggressive, dominante Position einzunehmen – zumindest hin und wieder. Mit Hilfe der Massenmedien sind gegenwärtig ungewöhnlicher Sex zwischen Liebespaaren, Androgynie, Homosexualität und Video- und Telefonmasturbation Männern und Frauen aller Altersstufen zugänglich. Wenn manche Feministinnen diese Form der Freizügigkeit jedoch als Zeichen für die wachsende gesellschaftliche Toleranz der sexuellen Befreiung der Frau gegenüber ansehen, sind sie im Irrtum. Im Laufe der Geschichte ist immer dann, wenn es so aussah, als könnten die Frauen sich zu weit vom Herd oder aus ihrer unterlegenen Position entfernen, die vorgeschriebene archaische, altehrwürdige Normalität von weiblicher Unterwerfung und männlicher Dominanz, weiblicher Unschuld und männlicher Geilheit wieder durchgesetzt worden. Und wie immer wird sie von den Argumenten unterstützt, die zu diesem Zeitpunkt gerade zur Hand sind. Sehr oft bestand der erste Schritt darin, das Thema von Unschuld und Lüsternheit zu betonen. Und in diesem Sinne ist die Kinderpornographie *eines* der ästhetischen Medien gewesen, die Frauen an dem ihnen zugewiesenen Platz gehalten haben.

Während des späten neunzehnten und frühen zwanzigsten Jahrhunderts, als offensichtlich wurde, daß Frauen immer weniger bereit waren, Körper, Seele und Geist den häuslichen und sexuellen

Konventionen anzupassen, wie sie ihnen von Ehemännern, Vätern und Müttern nahegelegt wurden, war die geistige Gesundheit der Männer, deren Erektionen von der fetischistischen Fiktion der weiblichen Unschuld abhingen, bedroht. Bram Dijkstra betont in *Idols of Perversity*: »Da der Mann im späten neunzehnten Jahrhundert Angst vor dem Umgang mit solchen Frauen hatte, die stark und unabhängig waren und es wagten, Forderungen zu stellen, formte er das Kind zum Bild einer Frau um, die er handhaben konnte. Die Hilflosigkeit, Schwäche und passive Fügsamkeit der Unwissenheit, die er in Frauen nicht mehr finden konnte, begann er dem Kind zuzuschreiben.«[61]

Die sexuelle Revolution des späten zwanzigsten Jahrhunderts hat den Haß auf Frauen nicht ausgerottet. Das Wachstum der Porno-Industrie und ihre Ausdehnung bis in den Bereich der Kinderpornographie hinein waren nur allzu logische Reaktionen auf die Drohung, daß Frauen beginnen könnten, die volle Bandbreite und Tiefe ihrer Sexualität zum Ausdruck zu bringen. Doch was konnte an die Stelle der Kinderpornos treten, nachdem sie gesetzlich verboten worden waren? Wie sollten Männer die Schrecken mildern und die Brutalität im Zaum halten, die das Bild eines leibhaftigen, aktiv begehrenden weiblichen Körpers in ihnen hervorrief? Wenn Frauen versuchen, aus den für sie vorgesehenen, fetischisierten Formen auszubrechen, gibt es viele Möglichkeiten, sie wieder hineinzustoßen. Kinderpornos sind nicht der einzige Weg. In der jüngsten Geschichte haben wir erlebt, wie parallel zur sexuellen Befreiung der Frau ein allmählicher Übergang vom »frauenfreundlichen«, unschuldigen Porno des Zweiten Weltkriegs zum offen frauenfeindlichen Porno der Zeit nach dem Vietnamkrieg stattfand.

Kurz nachdem *Life* im Zweiten Weltkrieg die Pin-up-Fotos von Rita Hayworth, modelliert durch ein am Busen klebendes Satinunterkleid, Betty Grable im hautengen Spielhöschen und Chili Williams im gepunkteten, die Falten im Schritt nachzeichnenden Badeanzug veröffentlicht hatte, gab es plötzlich noch viele andere fetischisierte weibliche Körper, bei deren Anblick Männer sich befriedigen konnten. Es gab Zeitschriften – *Flirt, Titter, Wink, Eyeful, Giggles, Sir, Gala, Focus* und *Cuties* – und das beliebte vertrauliche *New York Times Magazine* mit seinen Anzeigen, die von spärlich bekleideten Frauen in Badeanzügen, Negligés und Unterwäsche bevölkert wurden. Wenn ein Mann Nacktheit brauchte, konnte er sie haben – »minus Schamhaar«, wie die Gerichte verlangten –, und zwar in der erdverbundenen, ästhetischen Realität der Nudisten- zeitschriften *Modern Sunbathing and Hygiene, Sunshine and Health* oder der exklusiveren *Art Photography*.

Im Dezember 1953 brachte Hugh Hefner dann die erste Nummer des *Playboy* heraus. Marilyn Monroe, die die Grenzen ihrer Exi- stenz durch die Fetischisierung des Gefäßes fand, das ihr Körper genannt wurde, erschien als erste nackt auf der Doppelseite in der Mitte des Heftes. Danach tauchte in jedem Monat in der Mitte von Hefners Männermagazin das Farbfoto einer nackten Frau auf. Außerdem gab es Tips für das Sexleben, Cartoons, Satiren und Artikel, die für Männer von Interesse waren. Innerhalb von zwei Jahren stieg die monatliche Auflage von 60 000 auf 400 000 Exem- plare. Millionen ganz normaler Männer aus der Mittelschicht und Studenten schien diese Auswahl anständiger, rein amerikanischer nackter Frauen und Mädchen im Bikini zu befriedigen. Dann, bevor irgend jemand wußte, was geschah, oder auch nur, warum es geschah, verwandelten sich diese zahmen, nahezu konventionellen, respektvoll langweiligen Onaniervorlagen in Darstellungen von Brutalität, Gewalt, Ausbeutung und offenkundiger Frauenfeind- lichkeit.[62]

Selbst abgehärtete Pornomodelle – jene, die den Weg vom hüb- schen Porno über den masochistischen Porno zum lesbischen Porno und weiter zum Tier- und Kinderporno gegangen waren – waren über diesen Trend in der Branche erschrocken. »Die haßer- füllte Art, in der Frauen dargestellt werden, ist so schnell eskaliert. Früher haben sie Angst gehabt, es überhaupt darzustellen, aber jetzt sieht man alles – Frauen, die aufgespießt werden, Frauen, die umge- bracht werden.«[63]

Der Höhepunkt dieser Bewegung vom »anständigen« Porno

zum frauenfeindlichen Porno war die Gattung des *Snuff*-Films, der seinen Namen nach den Filmen erhalten hat, in denen Pornostars vor der laufenden Kamera anscheinend ermordet, »ausgelöscht« [engl.: *snuffed out*] wurden. Ursprünglich, um 1975, waren es Filme aus dem Untergrund, die von Südamerika in die USA geschmuggelt wurden. Sie waren für ein ausgewähltes Publikum wohlhabender Männer bestimmt, deren abgestumpfte sexuelle Geschmacksnerven sich nur wieder zum Leben erwecken ließen, wenn die Männer zusahen, wie ein weiblicher Körper verstümmelt wurde. Ein Jahr später wurde in für Jugendliche verbotenen und privaten Kinos ein Film mit dem Titel *Snuff* vorgeführt, in dem ein Mann Stück für Stück einen Frauenkörper verstümmelt. Die Leinwand ist übersät mit Bildern von abgehackten Fingern und abgesägten Armen und Beinen, und das Blut sickert aus allen natürlichen und künstlich geschaffenen Öffnungen. Als die Produzenten und Vertreiber von *Snuff* vor Gericht gestellt wurden, verteidigten sie ihr Recht, als Künstler sexuelle Unterhaltung zu produzieren, und behaupteten, sie seien wegen Verbrechen angeklagt, die sie nicht begangen hätten. Die Vergewaltigungen, Folterungen, Verstümmelungen und Morde seien nur simuliert gewesen.[64]

Das »Auslöschen« hält den versagenden Penis aufrecht. Außerdem ist es eine unbewußte Strategie, den sexuell emanzipierten Frauen solche Angst einzujagen, daß sie in die Sicherheit des Heims, zu Küche und Kindern, zurückkehren. Vom niedlichen Porno bis zum *Snuff* – das Reizvolle an der Ware ist der Haß auf die Frau. Einige der Frauen, die der pornographischen Industrie den Kampf ansagen, mögen das auf zarte, »weibliche« Art tun. Wir sollten jedoch nicht überrascht sein, daß andere bei dieser Attacke in wenig freundlicher Art ihre Feinde nachahmen.

In *Ladies' Own Erotica*, einem gutmütigen literarischen Spaß, der um ein Haar beweist, daß eine Pornographie »nur für Frauen« unmöglich ist, stellten die Mitglieder der »Kensington Ladies Erotica Society of Los Angeles« 1984 eine Reihe von Skizzen, ganz kurzen Kurzgeschichten und Gedichten über das Wesen der weiblichen Empfindungen zusammen und mischten sie mit einer Auswahl bunter Rezepte für verschiedene erotische Fleischspeisen, Gemüse und Desserts.[65] Verglichen mit den harten männlichen Pornos, sind die Erotika der »Kensington Ladies« süßsaures Konfekt, so vornehm weiblich, daß die Leserin sich vielleicht plötzlich nach dem Geschmack der weniger stilvollen Bände der *Harlequin Temptations* sehnt. Die »Kensington Ladies« wollten zeigen, daß zwischen pornographischen und erotischen Phantasien ein wesentlicher Unterschied besteht, und wollten letztere zur einzig legitimen Grundlage sexueller Intimität zwischen Männern und Frauen machen. Sie wollten die prosaischen Treffen von Vorstadthausfrauen in magische Begegnungen der Seele verwandeln.

Sabina, die Vorsitzende und zukünftige Herausgeberin, gab Richtung und Ton an: »Wissen wir wirklich, was uns erregt, oder akzeptieren und befolgen wir einfach das, was männliche Schriftsteller für erotisch halten?«[66] Die Frauen der »Kensington-Gruppe« erkannten bald, wie sehr sie hinsichtlich der Hilflosigkeit und der Opferhaltung von Frauen indoktriniert worden waren. Die Frauen erforschten die Werke von Anaïs Nin, Henry Miller und Nancy Friday und »warfen sogar einen Blick« auf *Penthouse, Chic* und *Playgirl*. Was sie lasen und sahen, »erheiterte« sie nicht, und sie waren entschlossen, keine weitere *Geschichte der O.* zu produzieren. Aus diesen anfänglichen Erkenntnissen entstand ihre erste Regel: In den »Kensington-Erotika« würde es keine Opfer und keine Täter geben. Die »Kensington Ladies« würden der Welt beweisen, daß sexuelle Erregung nicht von den brutalen Opfer-Täter-Szenarios abhängig sein mußte, die von Männern erfunden wurden. Hier trafen sie den Kern der Sache. Implizit stellten sie die entscheidende Frage über Pornographie: Sind Brutalität und Erniedrigung für die sexuelle Erregung notwendig? Oder können Männer durch weibliche Pornographie etwas über die erotischen Zärtlichkeiten lernen, die Frauen erregen?

Ladies' Own Erotica ist kein männerfeindliches oder antifrauenfeindliches Pamphlet, eher ein prüdes Handbuch für nette Männer, das nützliche Hinweise darauf gibt, wie man eine Frau verführt. Der Leserin wird ein sinnenfrohes Geheimnis versprochen, *ähnlich* einer tatsächlichen Affäre. Kensington ist ein Wolkenkuckucks-

heim der Feinschmeckerfrühstücke zu zweit; der aufmerksamen,
ergebenen Gatten, die ihre Frauen nicht ein einziges Mal betrogen
haben, und der ebenso treuen Ehefrauen, die sich außereheliche
Affären nur vorgestellt haben; der finanzkräftigen Paare, die einander seit vierzig Jahren »leidenschaftlich« lieben und es immer noch
dreimal in der Woche miteinander treiben; der Enkel, die zum
Babysitten ins Haus stolpern, gerade als Großmama ihr schmutziges, klitorisfressendes Abenteuer mit, ausgerechnet, einem sehr
verblüfften Henry Miller beendet hat, der seine wohlverdiente
Strafe erhält, indem er fortgeschickt wird, ohne daß seine sexuellen
Gefälligkeiten erwidert werden.[67]

Zweifellos hätte der echte Henry Miller diese Zurückweisung
überlebt. Er hätte sein Mißgeschick vielleicht sogar zum Guten
gewendet, indem er die »Kensington-Großmutter« in ihren Bemühungen, erotische Literatur zu schaffen, unterstützt hätte. Wenn er
sie früher kennengelernt hätte, hätte er sie vielleicht dem Mäzen
seiner Geliebten, dem Sammler, vorgestellt. Doch die »Kensington
Ladies«, die dachten, sie könnten demokratische, sexuell erregende
Literatur schaffen, in der es keine Ungerechtigkeit und keine
Gewalt gibt, brachten schließlich brave, farblose weibliche Erotika
heraus, die kaum jemanden erregten. Der Sammler hätte ihnen für
ihre Bemühungen keinen Pfennig gezahlt.

Die größten Illusionen des Guten im Land der »Kensington
Ladies« sind die Tugenden eines reichgedeckten Tisches. Doch die
Ladies waren mit ihrer Mischung aus Rezepten und sexuellen
Erlebnissen einer Sache auf der Spur. Weil aber die Gutwilligkeit
guter Ehefrauen und die Großzügigkeit guter Mütter sie behinder-
ten, waren sie ratlos, als es um die Frage ging, wie man die Saftigkeit
eines gegrillten Lamms und die zuckrige Sinnlichkeit eines Schoko-
laden-Fondues in eine erotische Orgie verwandeln könnte. Der
Marquis de Sade auf der anderen Seite, der seine gesamte Ethik auf
der Austauschbarkeit der Körperöffnungen und der absoluten
Gleichwertigkeit von gastrointestinalen und genitalen Freuden aufgebaut hatte, hatte mit der engen Verbindung von sexuellen Orgien
und Freßorgien keine Probleme. Während der elf Jahre seiner letz-

S. 34: *Hervormde Kerk*, eine der niederländischen Staatskirche durch König Wilhelm I. 1816 aufgezwungene Neuorganisation, rief eine Gegenbewegung ins Leben, die diese von ihr so empfundene Abkehr vom wahren reformierten Glauben nicht mitmachen wollte. 1834 kam es zur Loslösung («afscheiding») einiger Gemeinden von der offiziellen Kirche. 1886 spalteten sich unter Führung von Abraham Kuyper weitere Gemeinden von der Staatskirche ab, die sich als «dolerenden» bezeichneten, weil sie unter dem Zustand der Kirche litten (von lat. *dolere* = Schmerz erleiden, klagen). Sie gründeten die *Nederduïts Gereformeerde Kerken*; diesen Akt nennt man auch «doleantie». 1892 schlossen sich die «Losgelösten» und die Dolerenden zu den orthodox-kalvinistischen *Gereformeerde Kerken in Nederland* zusammen.

S. 54: 1 Last = 2000 kg.

S. 144: Bataks, Bewohner des zentralen Nordsumatra.

S. 159: Antoon Adriaan Mussert (1894–1946), gründete 1931 die «Nationaal-Socialistische Beweging» (NSB); arbeitete nach 1940 mit den deutschen Besatzern zusammen und wurde 1942 zum «Führer des niederländischen Volkes» ernannt. Nach Kriegsende wurde Mussert verhaftet und zum Tode verurteilt.

S. 205: Die kürzeste und beste Darstellung von Leben, Wirken und Pathologie Adolf Hitlers ist Sebastian Haffner, *Anmerkungen zu Hitler*, Frankfurt 1981 (24. Aufl. 2003). Außerdem stütze ich mich auf Hitlers wichtigste Biographien: Joachim Fest, *Adolf Hitler. Eine Biographie*, Frankfurt 1973 (Neuauflage mit neuer Einführung 1995) und Ian Kershaw, *Hitler. 1889–1936*, Stuttgart 1998. Von großem Nutzen war für mich auch John Lukacs' Biographie der Biographien, *Hitler. Geschichte und Geschichtsschreibung*, München 1997.

S. 222: Justus van Maurik (1846–1904), Schriftsteller und Zigarrenfabrikant; schrieb zahlreiche Theaterstücke und humoristische Erzählungen aus dem Amsterdamer Volksleben.

Jacobus Jan Cremer (1827–1880), populärer Erzähler von Dorfgeschichten; seine Erzählung »Fabriekskinderen« (Fabrikkinder; 1863) beeinflusste die Gesetzgebung gegen Kinderarbeit.

Jacob van Lennep (1802–1868), schrieb historische Romane nach dem Vorbild von Walter Scott und Lord Byron.

Hildebrand (d. i. Nicolaas Beets; 1814–1903), veröffentlichte 1839 unter dem Titel »Camera obscura« eine Sammlung von Essays und Novellen, worin er auf humorvolle Weise das holländische Leben in der Biedermeierzeit darstellt.

S. 230: Diese auf den Grundlagen des Islam basierende Handelsvereinigung wurde 1911 gegründet, um die einheimische Batikindustrie vor den chinesischen Rohstofflieferanten zu schützen. Doch bald schon wurden ihre Ziele allgemeiner, und sie setzte sich verstärkt für die Rechte der Muslime ein. Daraufhin stieg die Zahl der Mitglieder rasch, und sie spielte eine wichtige Rolle in der indonesischen Unabhängigkeitsbewegung. Nach der Abspaltung der zum Kommunismus tendierenden Mitglieder verlor sie in den dreißiger Jahren an Bedeutung.

S. 231: Mohammed Hatta (1902–1980), indonesischer Unabhängigkeitskämpfer und Politiker; proklamierte 1945 zusammen mit Achmed Sukarno die Unabhängigkeit Indonesiens und wurde Vizepräsident der neuen Republik (bis 1956).

S. 242: Menno ter Braak (1902–1940), bedeutender Publizist und Literaturkritiker; nahm sich beim Einmarsch der deutschen Wehrmacht das Leben.

S. 324: Beriberi (singhales. = große Schwäche), Erkrankung infolge von Vitaminmangel; ihre Symptome sind Muskelschwäche, Ödeme und Herzinsuffizienz.

S. 337: Dysenterie, entzündliche Erkrankung des Dickdarms; Bakterienruhr.

S. 339: Pellagra, durch Mangel an Nicotinsäure und Nicotinamid verursachte Krankheit; endemisch in Ländern mit Mais und Hirse als Hauptnahrung. Beginnend mit Kopfschmerzen und Schlafstörungen, steigern sich die Symptome bis hin zu starkem Hautausschlag, erheblichen Beeinträchtigungen des Verdauungs- und Nervensystems.

S. 361:   Randstad, Ballungsgebiet im Westen der Niederlande mit den Städten Utrecht, Amsterdam, Haarlem, Leiden, Den Haag, Rotterdam, Dordrecht.

S. 408:   Meinoud Marinus Rost van Tonningen (1894–1945), von 1926 bis 1928 und von 1931–1936 Kommissar des Völkerbundes in Österreich, nach 1937 führendes Mitglied der NSB; stürzte sich 1945 aus einem Obergeschoss des Gefängnisses in Scheveningen.

S. 417:   Leo Vroman (1915), Biologe, Schriftsteller und Illustrator; Mai 1940 Flucht nach England und Weiterreise nach Ostindien, bis 1945 in japanischer Kriegsgefangenschaft, lebt seit 1946 in den USA. Sein Gedicht »Vrede« (Frieden) handelt davon, dass auch nach dem Ende des Kriegs die Erinnerung daran weiterlebt.

S. 419:   IJ, vor Amsterdam gelegener Teil der ehemaligen Uiderzee (heute: IJsselmeer).

S. 425:   Jan Wolkers (1925), Schriftsteller und Bildhauer; in seinem Roman »Turks fruit« (1963; dt. 1975 »Türkische Früchte«) schildert er sehr drastisch das Scheitern einer Beziehung und körperlichen Verfall.

S. 430:   Plopper, Verballhornung des malaiischen Wortes »pelopor« (= Anführer, Kämpfer für die indonesische Unabhängigkeit), die als beleidigende Bezeichnung für Indonesier benutzt wurde; ein »plopper« ist nämlich eine Gummisaugglocke, die man zum Reinigen von Abflüssen verwendet.

S. 511:   Anredeform: Bis weit in die zweite Hälfte des 20. Jahrhunderts hinein war es in vielen niederländischen Familien üblich, dass Kinder ihre Eltern und auch andere ältere Verwandte mit der Höflichkeits- und Distanzform des Anredepronomens (nl. U = Sie) anredeten; dieser Brauch hat sich in manchen Familien bis heute gehalten.

IRVIN D. YALOM

»Yalom stellt die seltene Kombination eines Wissenschaftlers dar, der über die Gabe der Phantasie und der Fabulierfreude verfügt.«

SAN FRANCISCO CHRONICLE

72330 / € 10,00 [D]

Irvin D. Yalom
Die rote Couch
Roman

Eine witzige Tour-d'hori-zon durch die Therapeu-tenseele, mit einem inno-vativen Hauptdarsteller und einer gerissenen Pa-tientin.

Irvin D. Yalom
Die Liebe und ihr Henker
& andere Geschichten
aus der Psychotherapie

72378 / € 9,00 [D]

Als die über siebzigjähri-ge Thelma ihrem Thera-peuten erzählt, dass sie heillos verliebt sei, glaubt dieser zunächst an eine harmlose Marotte. Dann bemerkt er, dass die Liebe Thelmas zu ihrem frühe-ren Therapeuten extrem obsessiv ist...

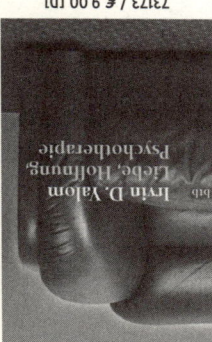

Irvin D. Yalom
Liebe, Hoffnung, Psychotherapie

73173 / € 9,00 [D]

Was hält uns gesund? Was macht uns krank? Best-sellerautor Irvin D. Yalom über therapeutische An-sätze und wie sie uns im täglichen Leben helfen können.

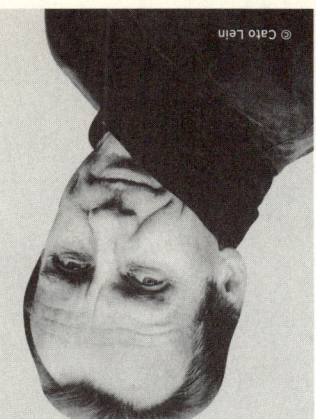

Hanns-Josef Ortheil

72476

Goethe in Rom: Der junge Tunichtgut Giovanni Beri heftet sich an seine Fersen und muss bald mit Schrecken feststellen, dass der geheimnisvolle Unbekannte ihm seine schöne Freundin Faustina ausspannen will...

Hanns-Josef Ortheil
Faustinas Küsse
Roman
btb

72477

Venedig im ausgehenden 18. Jh.: ein junger Künstler im Sog dieser faszinierenden und geheimnisvollen Stadt und im Bann seiner schönen Herrin, die ihn als Reisebegleiter engagiert hat.

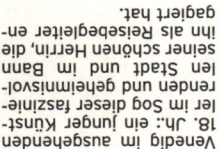

Hanns-Josef Ortheil
Im Licht der Lagune
Roman
btb

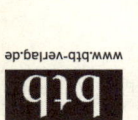

www.btb-verlag.de

72478

Genaue Detailkenntnis und raffinierte Komposition gepaart mit erzählerischer Eleganz und sinnlicher Erotik machen Ortheils Opernroman zum Lesevergnügen der ganz besonderen Art.

Hanns-Josef Ortheil
Die Nacht des Don Juan
Roman
btb

72798

Liebevoll und mit leichter Hand schildert Hanns-Josef Ortheil seinen Alltag zwischen Schreibtisch und Wickelkommode.

Hanns-Josef Ortheil
Lo und Lu
Roman eines Vaters
btb

ten Kerkerhaft entschädigte er sich für seine erzwungene sexuelle Enthaltsamkeit, indem er bei jeder Mahlzeit Essen für vier verschlang und seinen Körper zu einer monströsen Perversion menschlichen Fleisches mästete. Es kam der Zeitpunkt, als seine ungeheure Fettleibigkeit ihn daran hinderte, aufzustehen oder sich in seiner Zelle zu bewegen. Simone de Beauvoir erfaßte die Unversöhnlichkeit von de Sades destruktiver Aggression. Sie, die wußte, daß er niemals einen Körperteil mit tatsächlichem menschlichem Fleisch verwechseln oder sentimental menschliches Fleisch fälschlicherweise für ein bezauberndes Objekt halten würde, beschreibt, wie seine Austauschbarkeit der Lüste ihren Höhepunkt in seinen anthropophagischen Phantasien fand:

> Blut zu trinken, Sperma und Exkremente zu schlucken und Kinder zu fressen heißt, die Begierde durch die Zerstörung ihres Objektes zu stillen. Lust verlangt weder Austausch noch Schenken, noch Gegenseitigkeit, noch unbegründete Freigebigkeit. Ihre Tyrannei besteht in der Tyrannei der Habsucht, die das zerstört, was sie sich nicht einverleiben kann.[68]

Was de Sade nicht aufnehmen kann und was er zerstören möchte, ist jedes Wissen um die Unterschiede zwischen den Geschlechtern. Indem er alle Unterschiede zwischen den Körperteilen abschafft, indem er genitales Verlangen durch infantile Eßlust ersetzt, indem er die Geschlechtsidentität des begehrten Objektes zerstört und es zu einer Null aus verstümmeltem Fleisch reduziert, versucht er, über die Kränkungen der Urszene zu triumphieren. Aber das letzte Verbrechen, nach dem er strebt, kann nie vollzogen werden. Weil das Fleisch seiner Reduktion zu einem Nichts entgegensteht, ist der ideale pornographische Höhepunkt niemals zu verwirklichen. De Sades Held ist immer frustriert. Selbst die entsetzlichsten Verbrechen können an die absolute Zerstörung, die sein Held verlangt, nicht heranreichen. »Ach«, klagt Jérôme, einer seiner Sprecher, »wie viele Male habe ich mir, bei Gott, gewünscht, ich könnte über die Sonne herfallen, sie aus dem Universum herausreißen und eine allgemeine Finsternis herstellen oder mit diesem Stern die Welt in Brand setzen! Oh, das wäre ein Verbrechen.«[69]

Sicherlich gibt es auch Frauen, die von einem ähnlichen Haß auf
das menschliche Fleisch verzehrt werden und auch danach trachten,
alle Unterschiede zwischen Männern und Frauen, Kindern und
Erwachsenen auszulöschen. Der männlichen Pornographie am
nächsten kommt bis jetzt das Werk einiger Frauen, denen es gelungen ist, den Sadismus der männlichen Pornographie zu karikieren.
Sie haben auf die Frauenfeindlichkeit der Männer reagiert, indem sie
über die Verstümmelung und Zerstörung männlicher Körper
geschrieben haben. Diese Literatur, deren Effekt auf der Verstümmelung eines Menschen in der oberen, aktiven, dominanten, männlichen Position beruht, führt weder bei Frauen noch bei Männern
zu erotischer Erregung. Aber sie legt die grundlegende Täuschung
der männlichen Pornographie bloß, die uns weismachen will, ein
Akt des Hasses in künstlerischer Verkleidung sei ein Liebesakt.

Valerie Solanas entschloß sich, gegen die Macht des Penis zu
kämpfen, indem sie die Sonne vom Himmel riß und das phallozen-
trische Universum verbrannte. Sie brachte das *SCUM-Manifest*
(engl.: *scum* = Müll, Dreck; Abschaum [der Menschheit]) heraus,
das *Manifest der Gesellschaft zur Vernichtung der Männer*, die
Plattform ihrer »Society for Cutting Up Men«, einer Gesellschaft,
die nur aus ihr selbst bestand.[70] Im Juni 1968, nachdem Maurice
Girodias, ein Verleger, die mittellose Solanas überredet hatte, ihm
die Rechte an allen ihren Romanen, Theaterstücken und dem
SCUM für fünfhundert Dollar zu verkaufen, fühlte Solanas sich
übers Ohr gehauen und entschied, daß es nur fair sei, wenn sie als
Rache für diese Ungerechtigkeit einen Menschen tötete. Als Opfer
suchte sie einen Künstler und Filmregisseur aus, unter dessen Regie
sie einmal in einem Film gespielt hatte, nämlich Andy Warhol.
Warhol, der die fünf Kugeln, die sie in seinen Körper geschossen
hatte, mit Mühe und Not überlebte, zeigte mehr Sympathie für
Solanas als die offizielle Justiz und weigerte sich großherzig, sie
anzuzeigen. Solanas bekam nur eine kurze Gefängnisstrafe. Gira-
dias veröffentlichte einige Jahre später das *SCUM-Manifesto*.

In ihrem *Manifest der Gesellschaft zur Vernichtung der Männer*
stellt Solanas die Behauptung auf, der Mann sei ein biologischer

Unfall. Das männliche Y-Chromosom sei ein unvollständiges weibliches X-Chromosom: »[...] der Mann ist eine unvollständige Frau, eine wandelnde Fehlgeburt.«[71] Männlichkeit ist demnach ein organischer Mangel, und die einzigen ehrlichen Männer sind Transvestiten, denn der zentrale Wunsch eines jeden Mannes ist es, zu seinem wahren Selbst zu finden, indem er zu einer Frau wird. Die genetische Bestimmung eines Mannes wird durch seine frühe, vollständige erotische Abhängigkeit von der Mutter bestätigt. Natur und Genährtwerden haben sich verschworen, den Mann sein Leben lang an das Weibliche zu binden. Solanas faßt die Misere des Mannes zusammen und verleiht dabei einigen zeitgenössischen Vorstellungen über die Entwicklungsprobleme kleiner Jungen eine persönliche Note: »Jeder Junge möchte seine Mutter imitieren, sie selbst sein, sich mit ihr vereinigen.«[72] »Dem Mann wird niemals klar, daß er nicht ein Teil seiner Mutter ist, daß er eine eigene Person und sie eine andere ist.«[73] Um als Person existieren zu können, habe der Mann während der ganzen Menschheitsgeschichte seine beschämenden weiblichen Wünsche durch seine sexistische patriarchalische Philosophie kompensiert, deren Folgen Krieg, die Politik von Herrschaft und Unterwerfung, Geld, Prostitution, Geisteskrankheit, Kunst und Kultur waren.

Solanas zufolge gibt es zwei Arten von Frauen, nämlich die verkümmerten – die Kupplerinnen, die Papamädchen, die Großen Mamas – und die SCUM-Frauen, die ihr Leben der Vernichtung des männlichen Geschlechts und der väterlichen Macht widmen. Vorübergehend würden Frauen zur Reproduktion Sperma aus Samenbanken verwenden und nur Frauen gebären. Nach einer Weile, wenn Alter und Tod überwunden wären, wäre Reproduktion nicht mehr nötig. Jedes Lebewesen wäre dann ein XX, und die menschliche Rasse hätte ihre wahre Bestimmung erfüllt. Einige Männer, jene, die klug genug gewesen wären, um zu überleben, würden zur Vernunft kommen. Sie würden Frauen werden wollen. Sie würden biologische Forschung betreiben, um schließlich »mit Hilfe von Operationen am Gehirn und am Nervensystem Männer seelisch wie körperlich in Frauen zu verwandeln«[74]. Den wenigen verblei-

benden Männern, die zu dumm oder zu ängstlich seien, um ihren
Wunsch, Frauen zu werden, zuzugeben, würde man gestatten, sich
zu einem Selbstmordzentrum zu begeben, wo sie »unauffällig,
schnell und schmerzlos vergast«[75] würden.

SCUM ist eine Parodie auf das, was weibliche Pornographie sein
könnte, wenn sie sich nach männlicher Pornographie ausrichten
würde. Die männlichen Genitalien waren für Solanas, ebenso wie
die weiblichen für Weininger, das größte Hindernis, Männer als
theoretisch schön zu betrachten. Indem sie Männer und männliche
Geschlechtsorgane abschaffte, gelangte sie zum Kern der Ästhetik
de Sades, die darin bestand, alle Zeichen für Unterschiede zwischen
den Geschlechtern zu zerstören. In der abschließenden Orgie der
120 Tage von Sodom ließ de Sade fünfzehn Operationen an fünfzehn jungen Mädchen durchführen, Operationen, die die Geschlechtsunterschiede auslöschten. Solanas verwendete ihre mut-
willige Feder als Skalpell und spielte in weiblicher Ausgelassenheit
die Rolle der entmannenden Chirurgin.

In ihrer Pose als böse Hexe stellte Solanas stolz ihre trotzige,
aufrührerische Männlichkeit zur Schau. Sie blieb jedoch eine Frau,
und wie die meisten Frauen, die mit ihrer männlichen Kühnheit
prahlen, sehnte sie sich nach Mutterliebe. In der Tiefe ihres Herzens, nicht einmal ihr selbst bewußt, war Solanas die klügste der
guten Feen. *SCUM* ist eine Erweiterung des Grundtextes einer
fixierten Urszene, in der alle Kinder der Urmutter zurückgegeben
werden. Indem Solanas die männlichen Genitalorgane vernichtete,
erfüllte sie den infantilen Wunsch, alle Unterschiede zwischen den
Geschlechtern auszulöschen. Indem sie die Vaterschaft abschaffte,
minderte sie die Kränkungen, die aus den Unterschieden zwischen
der Generation der Kinder und der der Eltern entstehen. Allen
gekränkten Jungen und Mädchen erfüllte sie den Wunsch, die Rolle
des Vaters im Leben der Mutter zu leugnen. SCUM-Frauen können
die Mutter besser ficken als irgendein unvollständiger Papi, der mit
den Mängeln der Männlichkeit behaftet ist. Männer können mit der
Mutter verschmelzen, die Mutter sein, die Rolle der Mutter beim
Geschlechtsverkehr annehmen und durch eine Operation sogar die

Nerven, Muskeln und Genitalien von Frauen erlangen, und das alles straflos und ohne Scham. Die umgewandelten Männer können an der SCUM-Revolution teilhaben, sie können als Gleichgestellte an der Neuordnung einer Welt teilnehmen, in der schließlich keine Männer mehr vernichtet werden müssen, da das Y-Geschlecht der unvollständigen Frauen, der genetischen Irrtümer, nicht mehr besteht. Und selbst den Widerspenstigen will Solanas ihre magischen Kräfte nicht vorenthalten. Männern, die fehlerhafte XYs bleiben wollen, gewährt sie das letzte Auslöschen, die passive Hingabe, nach der sie sich sehnen, die sie aber fürchten – den wollüstigen *petit mort* der Gaskammer.

Solanas spürte intuitiv, daß die Verstümmelung, deren Zeuge der Mann in der Position des verletzenden Voyeurs wird, sehr wohl die Selbstverstümmelung sein könnte, nach der er sich unbewußt sehnt. Die Hersteller und Vertreiber von Pornographie sind Geschäftsleute, die die Grundlagen ihres simplen Handwerks gelernt haben – Lüsternheit und Unschuld, Herrschaft und Unterwerfung, Verstümmelung und Qual. Ihre stereotypen Texte besitzen jedoch größere symbolische Resonanz, als sie sich vorstellen.

Letzten Endes lieferte Valerie Solanas, die von fast allen als verrücktes Mädchen abgetan wurde, selbst die einfühlsamste *interprétation du texte*. Sie enthüllte der Welt die bösen Geheimnisse, die die freigebigen »Kensington-Ladies« nicht zu wissen wagten oder sich nicht vorzustellen erlaubten. Wie Simone de Beauvoir, die hinter de Sades Maske der Männlichkeit blickte und seine Mission offenlegte, das Objekt seines Begehrens zu zerstören, sich durch die Tyrannei der Habsucht Lustgewinn zu verschaffen, war Solanas auf die heimlichen Wünsche des Sammlers eingestimmt, der Anaïs Nins literarisches Schriftsteller-Bordell finanzierte.

Manche Männer sind verzweifelter als de Sade oder der Sammler. Sie überspringen die Formalitäten eines Skripts, welches ihrer Mission, alle Zeichen für Unterschiede zwischen den Geschlechtern zu vernichten, den Anschein von Erotik verleihen würde. Sie schreiben direkt auf ihre Körper, was die üblichen, stereotypisierten pornographischen Texte diskret verhüllen. Der Mann, der seinen Körper verstümmelt, ist für die mühsam erarbeiteten, im Zeitlupentempo vorgetragenen Texte zu ungeduldig. Mit seinen chirurgischen Werkzeugen – Messern, Glasscherben, Haken und Nadeln – übernimmt er selbst die Rolle des Chirurgen aus de Sades Werken und gleichzeitig die Rolle des zitternden Patienten. Er tut nicht so, als wäre er ein dominanter Mann, der sich heimlich mit der erniedrigten, unterwürfigen, ausgelöschten Frau identifiziert. Er ist sich selbst genug: In einem Körper ist er sowohl dominanter Mann als auch unterwürfige Frau, sowohl potenter Elternteil als auch erniedrigtes Kind, sowohl kastrierender Vater als auch kastrierte Mutter. Er stellt seine eng fixierte Urszenenphantasie direkt auf seinem Körper dar und löscht alle Unterschiede zwischen Penis und Vagina aus, vielleicht symbolisch, indem er einen Finger, einen Zeh oder ein Auge entfernt, vielleicht direkt, indem er seine Hoden und seinen Penis entfernt.

Selbstverstümmelung ist eine Form der Perversion, bei der die Schrecken und die beschämenden und verbotenen Wünsche aus der Zeit der Kindheit an die Öffentlichkeit gelangen, sie ist jedoch noch schwerer zu entschlüsseln als ein übliches perverses Skript, denn die gewohnten Merkmale von Handlung, Charakter und Schauplatz werden durch Gesten ausgedrückt, die sich der Interpretation widersetzen. Selbstverstümmelung ist die Pornographie des Stummen. Wie wir im nächsten Kapitel sehen werden, besitzen Menschen, die sich selbst verstümmeln, zwar noch Worte – manche schnitzen sie sogar aus ihrer Körperoberfläche heraus –, aber sie haben die Sprache der Begierde verloren.

Jede »normale« Frau macht in irgendeiner Weise den Versuch, ihren Körper zu dem Objekt der Begierde zurechtzuschnitzen oder zurechtzuformen, das Männer erregt. Diese Akte der Selbstverschönerung dienen dazu, die weiblichen Reize zu erhöhen. Sie beweisen der Welt und der Frau selbst, daß sie eine wirklich weibliche Frau ist. Die kleinen, alltäglichen kosmetischen Operationen sind ein wesentliches Element einer stereotypen, normalen Weiblichkeit, ebenso, wie genitale Leistung eine wesentliche Komponente stereotyper, normaler Männlichkeit ist. Für sich genommen, sind sie keine Perversionen. Wenn diese Schönheitsoperationen jedoch zur Hauptbeschäftigung werden und zur Lösung von Geschlechtskonflikten eingesetzt werden, wenn sie Angst und das Gefühl der Erniedrigung abschwächen sollen und als Tarnung für tief sitzende Angst und für Haß auf das menschliche Fleisch dienen, dann liegt eine Perversion vor. Bei den weiblichen Formen der Selbstverstümmelung sind Eltern und Kinder, Bräutigame und Bräute der infantilen Urszene als Rasierklingen und aufgeschnittenes menschliches Fleisch, als Pinzetten und ausgezupftes Haar, als Skalpelle und weggeschnitzter Knorpel verkleidet. Die Verzweiflung, die daraus resultiert, nur ein Geschlecht haben zu können, das Entsetzen über die Beschränkung, nur ein Leben zu leben, zu altern und zu sterben, die infantilen Ängste vor Vernichtung, Verlassenwerden, Trennung und Kastration, die normalerweise durch eine perverse Darstellung im Zaum gehalten werden, werden in den Perversionen der Selbstverstümmelung trotzig zur Schau gestellt. Bei der Selbstverstümmelung ist die Ästhetik des erotischen Begehrens, die traditionell die Maske des Todes maskiert, nur noch ganz flüchtig zu erkennen.

KAPITEL 11

Verstümmelungen

> Aus einem vielschichtigen Paket wickelt sie sorg-
> fältig eine Rasierklinge heraus. Die trägt sie immer
> bei sich, wohin sie sich auch wendet. Die Klinge lacht
> wie der Bräutigam der Braut entgegen. SIE prüft
> vorsichtig die Schneide, sie ist rasierklingenscharf.
> Dann drückt sie die Klinge mehrere Male tief in den
> Handrücken hinein, aber wieder nicht so tief, daß
> Sehnen verletzt würden. Es tut überhaupt nicht weh.
> Das Metall fräst sich hinein wie in Butter. Einen
> Augenblick klafft ein Sparkassen-Schlitz im vorher
> geschlossenen Gewebe, dann rast das mühsam gebän-
> digte Blut hinter der Sperre hervor.
>
> Elfriede Jelinek, *Die Klavierspielerin*[1]

Charles Bovary tritt als Wundheiler in Emma Rouaults Leben. Am
frühen Morgen reitet er den weiten Weg von Tostes nach Les
Bertaux, um das gebrochene Bein ihres Vaters zu versorgen. Sie hilft
ihm, indem sie kleine Polster für die Schienen näht. Dabei sticht sie
sich in den Finger. Als sie ihn in den Mund nimmt und daran saugt,
fallen Charles ihre Finger auf, und er freut sich an den schimmern-
den, fein geschnittenen, elfenbeinweißen Nägeln. Ihre Hand jedoch
stößt ihn ein wenig ab, denn sie ist zu lang, nicht blaß und nicht
weich genug und mager an den Knöcheln. Später fallen ihm an
Rouaults Tochter die Augen auf, die vollen Lippen, an denen sie
nagt, wenn das Gespräch stockt, ihr schwarzes Haar, das von einem
feinen Scheitel in zwei Teile geteilt wird und im Nacken in einem
schweren Knoten endet, ihre Ohrläppchen, ihre rosigen Wangen[2],
und schließlich bemerkt er noch, daß sie zwischen »zwei Knöpfen
ihres Mieders [...] wie ein Mann, ein Lorgnon aus Schildpatt« trug.[3]
Emmas Ehe mit Charles bestätigte, wie jede ihrer Illusionen, ihr

Selbstbild, daß sie nämlich ein Wesen mit hochfliegenden Plänen war, ihr aber Flügel fehlten, um sich emporzuschwingen. Seiner Neigung gemäß, das zu zerstören, was er offensichtlich verherrlichte, glorifiziert Flaubert erst Emmas Versuche, sich über die Mittelmäßigkeit ihrer Umgebung zu erheben, um ihr dann ihre romantischen Illusionen eine nach der anderen zu rauben. Emmas Illusionen, die ihr zuerst das Leben erträglich zu machen scheinen, erweisen sich ebensosehr als Spiegelung der fetischistischen Werte ihrer Sozialordnung wie die Konventionen, denen sie zu entkommen sucht.

In den Szenarios der Selbstverstümmelung, die ich diskutieren möchte, wird die perverse Strategie als Methode eingesetzt, dem während der Adoleszenz stattfindenden, den Erwartungen entsprechenden, emotional aber trotzdem schmerzhaften Prozeß des Trauerns um die verlorenen Illusionen der Kindheit zuvorzukommen. Die Pubertät bedeutet einen Aufruhr der Gefühle, einen Kampf zwischen dem ewigen Wunsch des Menschen, sich an die infantile Vergangenheit zu klammern, und dem gleichermaßen machtvollen Wunsch, sich von der Vergangenheit zu lösen und der Zukunft zuzuwenden. Ein Mädchen in der Adoleszenz kann erst dann sexuelle Nähe zu Menschen seiner eigenen Generation aufbauen, wenn es fähig geworden ist, langsam und allmählich die infantilen Bestandteile seiner Bindung an die Eltern aufzugeben. Der Sinn der Adoleszenz ist es, das Wertvolle in der Beziehung zwischen Eltern und Kind zu bewahren und von den infantilen Idealisierungen und Träumen von Vollkommenheit, die einer Verwirklichung der sexuellen und moralischen Potentiale des Erwachsenen im Wege stehen, Abschied zu nehmen. Indem das Mädchen in der Adoleszenz die Illusionen der Kindheit betrauert, erkennt es besser, wie die Eltern wirklich sind, gibt seine infantilen Idealisierungen der Eltern auf und gelangt damit zu einem menschlicheren und flexibleren Verständnis von Weiblichkeit und Männlichkeit. Indem das Kind also diese schwierige, gefühlsmäßige Trennung von den Eltern vollzieht, gewinnt es Zugang zu den sexuellen Kräften und der Fortpflanzungsfähigkeit des Erwachsenen. Auch für ein durchschnittliches

Mädchen ist es keine leichte Aufgabe, die gewaltigen physischen
Veränderungen der Pubertät, die in beiden Geschlechtern verbotene und beschämende gegengeschlechtliche Wünsche erwecken,
die Furcht vor unkontrollierbarer sexueller Erregung und die
Kastrationsangst zu bewältigen.

Eine Jugendliche, die sich selbst verstümmelt, hat bereits in der
Kindheit Verluste und Traumen erlitten, und wenn sie akzeptieren
würde, daß ihre Kindheit vorbei ist und daß es keine Möglichkeit
mehr gibt, die enttäuschten Hoffnungen dieser vergangenen
Lebensphase noch zu erfüllen, würde in ihr ein gewalttätiger Haß
auf diejenigen freigesetzt werden, die sie beraubt haben, und dieser
Haß würde jede Hoffnung auf eine versöhnliche Wiederverein-
gung mit diesen Menschen zerschlagen. Für dieses Mädchen ist
daher der emotional schmerzhafte Prozeß des Trauerns, mit seinen
Unterströmungen von Verlassenheit, Trennung und Kastration,
unerträglich. Da die Selbstverstümmlerin sich während ihrer Kindheit in ihrem Körper nicht aufgehoben fühlte, verbinden sich die
üblichen, während der Adoleszenz auftauchenden Ängste für sie zu
einer unerträglichen Verstümmelungsangst. Ihre aktiven, trotzigen
Gesten der Selbstverstümmelung sind ein sehr direktes Mittel, die
Konfrontation mit einer passiv erlittenen Verstümmelung zu vermeiden, aber sie sind auch eine Methode, der endgültigen geschlechtlichen Identität auszuweichen und zu leugnen, daß die
Illusionen, Hoffnungen und Träume, die das Leben erträglich
machten, für immer verloren sind – zumindest in diesem Leben.

Beginnend mit Emmas unbeabsichtigtem, leichtem Stich in den
Finger bis hin zu ihrer absichtlichen, grausamen Selbstauslöschung
kommt immer wieder die allmähliche Aushöhlung der Illusionen
und Träume ihrer Kindheit zum Ausdruck, wenn nicht durch tatsächliche Verwundungen *ihres* eigenen Körpers, so durch ihre Teilnahme an Zyklen von Kastration und Wiederherstellung mit ihren
Unterströmungen von Verlassenwerden und Wiedervereinigung,
Tod und Auferstehung.

Donnerstags abends, wenn Emma mit der Kutsche von Rouen,
wo sie Léon besucht hat, nach Yonville zu Charles zurückfährt,

taucht oft plötzlich ein blinder Bettler aus der Dunkelheit auf. Emma bemerkt die blutigen Höhlen anstelle der Augenlider, die Haut, die sich in roten Fetzen abschält, die Flüssigkeit, die aus seinen Wunden herausläuft und zu grünlichem Schorf gerinnt, und die schwarzen Nasenflügel. Sie lauscht seinem Lied über ein Mädchen, das von der Liebe träumt. »Emma war wie trunken vor Traurigkeit, schlotterte unter ihren Kleidern und fühlte ihre Füße immer kälter, ihre Seele immer unglücklicher werden.«[4] Emma hat begonnen, Léons Mittelmäßigkeit und die öde Alltäglichkeit ihrer einst so leidenschaftlichen Affäre zu entdecken. Daß sich die Haut des Blinden von seinem Gesicht abschält, ist ein Symbol für den Zerfall von Emmas Illusionen und für ihre wachsende Gewißheit, daß es bald überhaupt keine Hoffnung mehr geben wird, daß kein Traum sie mehr stärken oder ihr Leben erträglich machen wird. Und nur wenige Monate später wird sein Lied das letzte sein, was sie hört. Ihr schwarzes Haar, das sich in Augenblicken der Leidenschaft immer aus dem Knoten gelöst hatte, ist auch jetzt offen, und während ihrer letzten Atemzüge schreit sie: »Der Blinde!«[5]

Vorher, als Emma begann, den schlammigen Untergrund zu entdecken, über den sie sich von Rodolphes majestätischem Phallus hatte hinwegtäuschen lassen, suchte sie wieder bei Charles Rettung. Ihr Wunsch, die Frau eines berühmten Arztes zu sein, veranlaßt ihn zu einer monströsen Verstümmelung. Das Opferlamm ist ein Mensch, der sich, ähnlich wie Emma, bereits in der degradierten, weiblichen Position befindet und dessen körperliche Mißbildung repariert werden muß, der Stallknecht Hippolyte nämlich mit seinem Klumpfuß. Homais bleibt bei *seiner* Rolle als Arzt, der entschlossen ist, jede Anomalität zu etikettieren, zu kategorisieren und einzusperren, und wird so zur Muse des Apparates zum Geraderichten, der Hippolytes Affront gegen die Normalität einkerkern soll. Charles spielt *seine* Rolle eines Mannes, dessen sämtliche Bestrebungen darauf hinauslaufen, sich lächerlich zu machen, und sein Versuch, den körperlichen Defekt zu reparieren, führt zu einer gräßlichen Verstümmelung.

Es heißt, daß Flauberts Vater, Dr. Achille-Cléophas Flaubert, der idealistische Anhänger Bichats, einmal erfolglos versucht hätte, den Klumpfuß eines kleinen Mädchens zu kurieren, indem er diese Mißbildung in einen Apparat aus Metall und Holz einschloß.[6] Später, als er ein berühmter Arzt war, führte eine Operation, die sein älterer Sohn Achille an seinem Bein vornahm, zu einem Gangrän, an dem er starb. Charles Bovary beginnt seine Kur für Hippolytes Klumpfuß, indem er die Achillessehne durchtrennt. Dann schließt er den Fuß in eine acht Pfund schwere Konstruktion aus Metall und Holz ein, die er selbst entworfen hat. Homais kann nicht an sich halten und bringt das Wunder, das sich in Yonville zugetragen hat, an die Öffentlichkeit, bevor irgendein Ergebnis sichtbar ist. Sein Brief an die Tageszeitung in Rouen schließt mit dem Satz: »Ist das nicht ein Anlaß auszurufen: Die Blinden werden sehen, die Tauben werden hören, und die Lahmen werden gehen?«[7]

Fünf Tage später wird die Vorrichtung abgenommen. »Die Umrisse des Fußes verschwanden in einer riesigen Schwellung, und es schien, die ganze Haut werde gleich platzen«[8], und nach einigen weiteren Tagen in dem Apparat sieht das Bein noch schlimmer aus: »Das ganze Bein war angeschwollen und wies da und dort Blasen auf, aus denen eine schwarze Flüssigkeit sickerte.«[9] Der Brand steigt immer höher, und schließlich muß das Bein amputiert werden. Der Chirurg Canivet, der für die Amputation aus Neufchâtel geholt worden ist, schimpft mit Homais, weil er sich in medizinische Angelegenheiten eingemischt hat, und macht Bovarys sinnlose Operation lächerlich: »Klumpfüße umbilden zu wollen! als ob man krumme Glieder grad machen könnte! Das wäre dasselbe, wie wenn man einem Buckligen den Rücken geraderichten wollte!«[10]

Bovarys Torheit bestand in dem Versuch, etwas zu reparieren, und zwar mit dem Ziel, das Aussehen eines Menschen zu verschönern und ein vom Normalen abweichendes Körpermerkmal einzusperren. Es war eine kosmetische Operation, eine der Schönheitsoperationen, denen sich viele Frauen aller Altersstufen bereitwillig unterziehen, um ihre Körper in jugendlich aussehende Objekte der Begierde zu verwandeln.

Täglich bearbeiten pubertierende Mädchen und erwachsene

Frauen um der Schönheit willen ihren Körper: Enthaarungen, Abmagerungskuren, Haarschnitte, Dauerwellen, Gesichtspeeling und Abreiben mit Säure, Zurechtschneiden von Fingernägeln und Nagelhaut, Fettabsaugungen, Herausschneiden von Knochengewebe, Operationen an Brüsten, Hüften und Nase. Sind diese alltäglichen Handlungen, die bewußt dazu bestimmt sind, den Körper zu reparieren und zu verschönern, unbewußte Selbstverstümmelungen, gleichzusetzen der Verstümmelung eines Körpers, also Perversionen? Immer wenn lebendiges Fleisch – der lebende Körper oder ein Körperteil – zu einem fetischistischen Objekt abgetötet wird, müssen wir vermuten, daß die perverse Strategie am Werk ist.

Nicht das Verhalten an sich bestimmt, ob eine Handlung eine Perversion ist, sondern die mentale Strategie, die zu der Handlung befähigt, und die unbewußten Phantasien, die sie begleiten. Zum Beispiel ist, wie ich in Kapitel 8 betont habe, der Unterschied zwischen echter Weiblichkeit und einer Maskerade nie ganz deutlich. Der Verdacht, daß eine Verhaltensweise pervers sein *könnte*, ist nur gerechtfertigt, wenn sie dazu dient, Angst und Scham zu mildern. Wenn das Verhalten außerdem ein Racheakt gegen die beraubenden Allmächtigen der Kindheit, die Eltern, ist und zum Ausdruck verbotener oder beschämender gegengeschlechtlicher Bestrebungen führt, besteht nicht nur theoretisch die Möglichkeit, daß die Aktivität perverser Natur ist. Auch die Atmosphäre von Risiko, Heimlichkeit und Verbotenem, die das Verhalten umgibt, ist ein Hinweis auf seine perverse Natur. Bei der Überlegung, ob eine übliche, alltägliche Verhaltensweise als Ausdruck der perversen Strategie bezeichnet werden *könnte*, besteht die Schwierigkeit wie gewöhnlich in der abschreckenden Wirkung des Begriffs *Perversion* mit seiner Nebenbedeutung von Sünde und Verstoß gegen die Moral. Wenn wir jedoch bedenken, daß jeder Mensch für die Wünsche, Ängste und Kränkungen, die der Perversion zugrunde liegen, anfällig ist, sollten wir uns durch die Tatsache, daß unsere täglichen Unterwerfungen unter Pinzetten, Gesichtspeeling und dergleichen mehr möglicherweise normalisierte Varianten einer Perversion sind, nicht beleidigt fühlen, sondern sie sollte uns auf ein wichtiges

Merkmal unserer gemeinsamen menschlichen Misere aufmerksam
machen. Im Gegensatz zu dem, was viele Ärzte gern glauben möchten und was sie uns gern glauben machen würden, gibt es keine klare
Trennlinie zwischen dem Gesunden und dem Kranken oder zwischen dem sogenannten normalen und dem anormalen Verhalten.
Außerdem schützt eine erfolgreich wirkende Perversion auch die
Sozialordnung, ihre Institutionen, die Strukturen des familiären
Zusammenlebens und den Verstand des Perversen vor Verzweiflung und Zersplitterung. Denn so grauenerregend Selbstverstümmelung auch sein mag, die perverse Strategie, die dieses Verhalten
ermöglicht, zielt darauf ab, noch Schlimmeres zu verhindern –
Mord, tiefste Depression, Wahnsinn. Und obwohl die Maske des
Eros, die normalerweise die grinsende Maske des Todes verhüllt,
bei der extremen Selbstverstümmelung *kaum* noch erkennbar ist,
existieren doch immer noch ein erotisches Element und ein Verlangen, die eigenen Illusionen von Perfektion in die Wirklichkeit
umzusetzen, ein Wunsch nach Wiedervereinigung mit einer allmächtigen Person, die erst Liebe gab und sie dann nahm.

Manche Frauen fügen ihren Körpern bewußt Wunden zu. Diese
außergewöhnlichen Fälle von absichtlicher Selbstverstümmelung
geben uns einen Hinweis darauf, was unter der Oberfläche unserer
täglichen Akte der Verschönerung vor sich gehen *könnte*, *wann* und
ob diese Handlungen Aspekte einer perversen Strategie sind, die
dazu dient, die Ängste vor Verlassenheit, Trennung und Kastration
unbewußt zu halten, weil sie sonst unerträglich werden könnten.

Eine seltene Störung, auf die man fast nur bei Frauen stößt, vor
allem bei Mädchen in der Adoleszenz, aber auch bei Frauen aller
Altersstufen, ist mit der harmlos klingenden Bezeichnung *leichte
Selbstverstümmelung* [*delicate self-cutting*] versehen worden.[11]
Jede Pubertierende hat in der Adoleszenz mit den gleichen emotio-
nalen Problemen zu kämpfen wie das Mädchen, das unter leichter
Selbstverstümmelung leidet. Dazu gehören die Trennung von den
Eltern, vor allem von der Mutter, der Versuch, mit den unkontrol-
lierbaren physischen Veränderungen der Pubertät fertig zu werden,
die die Jugendliche unwiderruflich in eine erwachsene Frau mit der

Fähigkeit zu Sexualität und Fortpflanzung verwandeln, vor der sie aus ihr unbekannten Gründen Angst hat, und der Verlust der Kindheitsillusionen und damit der Träume von Vollkommenheit und Selbstvervollkommnung. Manchmal zwingt die Jugendliche diese Ängste und Kränkungen dazu, vorübergehend in den Hintergrund zu treten, indem sie an ihrer Nagelhaut reißt, sich die Haut von den Fußsohlen abreibt, sich Augenbrauen auszupft, die gespaltenen Haarspitzen noch weiter aufspaltet, sich Haarbüschel ausreißt und sich sogar manchmal in die Haut sticht, bis Blut kommt, oder sich einen feinen Schnitt am Handgelenk beibringt. Obwohl die Jugendliche bei diesen Handlungen von fern das Gefühl hat, etwas zu tun, das nicht ganz recht, ja sogar sündhaft ist, kann sie sich in dieser Beschäftigung mit ihrem Körper ganz verlieren und die Ängste, die sie sonst überkommen würden, vergessen. Die kleinen Verstümmelungen nehmen sie ganz in Anspruch und helfen ihr, vorübergehend den beängstigenden Folgen zu entkommen, die der Prozeß der Verwandlung in eine Frau mit der sexuellen und moralischen Verantwortung einer Erwachsenen nach sich zieht. Der Unterschied zwischen dem Mädchen, das unter leichter Selbstverstümmelung leidet, und der durchschnittlichen Jugendlichen, die sich von dem adoleszenten Aufruhr der Gefühle erholen wird und die ihre Beschäftigung mit dem eigenen Körper, die das Wesen ihrer Ängste zum Ausdruck bringt, gleichzeitig aber auch davon ablenkt, aufgeben wird, besteht darin, daß die Selbstverstümmlerin eine Kindheit erlitten hat, in der sie diese typischen Probleme der Adoleszenz als Bedrohungen ihrer Existenz erlebt hat. Dieses Mädchen ist im Geiste viel zu sehr damit beschäftigt, die Traumen der Kindheit erneut zu durchleben und zu bewältigen, als daß es die sexuellen und moralischen Begleiterscheinungen des Erwachsenwerdens ertragen könnte.

Das Adjektiv *leicht* dient dazu, eine typisch weibliche Störung von einem analogen Ritus der Selbstverstümmelung abzugrenzen, den man als *schwere Selbstverstümmelung* [*coarse self-cutting*] bezeichnet. Der männliche Selbstverstümmler leidet stärker unter seiner Verstümmelungsangst und den verbotenen gegengeschlechtlichen Wünschen und fügt seinem Körper daher in der Regel größeren Schaden zu. Während der Adoleszenz führen viele Jungen selbstverstümmelnde Handlungen aus, zum Beispiel binden sie sich Bindfäden um Finger und Zehen, bis diese blau anlaufen und beinahe abfallen, reißen an den Nagelhäutchen, bis sie bluten, drücken an ihren Aknepickeln herum, bis sie zu offenen Wunden und Geschwüren werden, und lassen sich Arme und Beine tätowieren oder auf andere Weise einritzen. Und diese Beschäftigungen mit dem Körper sind, sosehr sie auch sichtbarer Ausdruck der Verstümmelungsangst des Jungen sein mögen, zudem ein Mittel, sich von anderen, zu erwartenden Problemen der Adoleszenz abzulenken, zum Beispiel von der Trauer über den Verlust der Illusionen der Kindheit, von der Trennung von den Eltern und von den Ängsten davor, Schuld abzubüßen und ein Mann mit den sexuellen Fähigkeiten und der Fortpflanzungsfähigkeit eines Erwachsenen zu werden.

Obwohl der Mann, der unter schwerer Selbstverstümmelung leidet – ebenso wie die Frau, die leichte Selbstverstümmelungen an sich vornimmt –, nach Befreiung von seiner Verstümmelungsangst und von seinen sexuellen und mit seinem Geschlecht verbundenen Problemen sucht, kann die Heftigkeit seiner Angriffe auf seinen eigenen Körper schließlich eben jene Kastration zur Folge haben, die er abwehren will, und manchmal sogar den Tod. Bei der schweren Selbstverstümmelung wird ein Messer oder ein anderes Werkzeug verwendet, um durch die Hautoberfläche bis hinunter zu Sehnen, Venen, Arterien und Knochen in den Körper einzudringen. Sie kann zu Abtrennung oder Amputation von Körperteilen führen. In diesen Fällen lautet die diagnostische Bezeichnung *Selbstamputation*.

Für die Amputation kommt jeder Körperteil in Betracht. Die weniger Ängstlichen unter den Selbstamputierern werden ihre Verstümmelungen auf symbolische Ersatzorgane des männlichen Genitales beschränken, auf Hände, Finger und Zehen. Manche der Männer, die sich Finger und Zehen abtrennen, machen aus ihren Aktivitäten ein Hobby und schließen sich geheimen Gesellschaften an, die sich den Praktiken und Idealen der Amputation verschrieben haben.[12] In der Sicherheit dieser therapeutischen Gemeinschaften können sie mit anderen »Hobbyisten« Erinnerungen an ihre ersten Experimente mit der Selbstamputation austauschen oder sich auf die in der Kindheit liegenden Ursprünge ihres fetischistischen sexuellen Verlangens nach weiblichen Amputierten zurückbesinnen. Hier können sie gemeinsam ihre Fotosammlungen von Amputierten und von Verstümmelungen studieren. Hier können sie einander die Amputationsphantasien mitteilen, die die Masturbationsrituale ihrer Kindheit begleiteten. Besonders gern erinnern sie sich an die unwissenden Ärzte, die ihnen als jungen Patienten den ersten Unterricht in Operationstechnik gaben, indem sie ihre verpfuschten, halbherzigen, unvollständigen experimentellen Selbstamputationen professionell zu Ende führten.[13]

In den Leserbriefspalten verschiedener einschlägiger Zeitschriften können »Hobbyisten« sich um Sexualpartner bemühen und Vorstellungen und spezielle Vorlieben austauschen. *Amputee Love*, ein erotisches Comic-Heft mit begrenzter Auflage und ausgewählter Leserschaft, widmet sich ganz der Liebe zwischen Selbstamputierern und Amputierten.[14]

Ein Selbstverstümmler, Monsieur M., bezahlte andere Männer, um sich von ihnen verstümmeln zu lassen. Sie waren keine professionellen Chirurgen und folgten nur seinen Anweisungen. Als Monsieur M. gegen Ende seines Lebens zu einer ärztlichen Konsultation bei einem Psychiater erschien, war seine rechte Brust praktisch nicht mehr vorhanden, sie war mit einem heißen Eisen verbrannt und ausgerissen worden. In seine Rückenhaut waren Streifen geschnitten worden, die die Haken hielten, an denen er sich aufhängen ließ, so daß er in der Luft schaukelte, während er von einem Mann penetriert wurde. Flüssiges Blei hatte seinen Nabel in einen Krater verwandelt. Sein Rektum war zur Form einer Vagina erweitert worden. In seine Hoden waren Grammophonnadeln gesteckt worden. Die Spitze seines Penis war mit einer Rasierklinge aufgeschnitten worden, um so eine weitere Pseudovagina zu bilden.[15]

Monsieur M. hatte seinen Verstümmlern auch Anweisungen gegeben, seine gesamte Körperoberfläche, mit Ausnahme von Gesicht und Händen, zu tätowieren. Auf seinen Hintern waren Sätze tätowiert, die einige der verbotenen gegengeschlechtlichen Phantasien und beschämenden weiblichen Wünsche enthüllten, die seinen Selbstverstümmelungen zugrunde lagen:

> Ich bin eine dreckige Hure, ich werde gefickt, lang lebe der Masochismus, ich bin ein lebendes Stück Scheiße, ich lasse Leute in meinen Mund scheißen und pissen und schlucke das mit Lust. Ich liebe es, auf jeden Zentimeter meines Körpers geschlagen zu werden; schlagt mich hart. Ich bin eine Hure, fickt mich. Ich bin eine Prostituierte. Bedient euch an mir wie an einem Tierweibchen. Es wird euch gefallen. Ich bin der König der Arschlöcher. Mein Mund und mein Arsch sind offen und warten darauf, herrliche Schwänze zu empfangen.[16]

In Monsieur M.s Fall arbeitete die perverse Strategie nicht so, wie sie sollte. Die unbewußten Wünsche und der Wahnsinn, die in einem perversen Szenario normalerweise getarnt werden, traten hier ganz offen zutage. Doch so grausig das symbolische Werk Monsieur M.s auch sein mag, andere Männer leiden unter noch größerer Angst und können sich in keiner Weise ausdrücken. Die stummen Selbstverstümmler sind Einzelgänger; weder schließen sie sich Amputierten-Klubs an, noch bezahlen sie professionelle Verstümmler. Sie bleiben in ihrer privaten, wahnhaften Welt. Ihnen reichen Finger und Zehen nicht als Ersatz für die Genitalien, die sie amputieren wollen. Ein wahnhafter Selbstverstümmler könnte den Schein einer Symbolisierung aufrechterhalten und sich die Augen ausstechen. Sehr oft aber ist der gestörte Geist überhaupt nicht in der Lage, einen Kompromiß zu finden. Der Mann schneidet, reißt oder hackt sich die Hoden ab, möglicherweise auch den Penis. Einem Mann gelang es, seine Genitalien intakt zu halten, indem er die hormonale Ursache seiner sexuellen Spannungen direkt anging und sich die Nebennieren herausschnitt.[17]

Manche Transsexuelle, Männer also, die glauben, sie seien in Männerkörpern eingesperrte Frauen, können die offiziell genehmigte Operation, die ihre Genitalien entfernt, durch pseudoweibliche Genitalien ersetzt und so die Frau in ihnen befreit, nicht mehr erwarten und kastrieren sich selbst. Vor drei Jahrzehnten, als der Begriff der Transsexualität erstmals in den Schlagzeilen auftauchte und Operationen zum Zweck der Geschlechtsumwandlung zur Modeerscheinung wurden, dachten nur wenige der auf diese Operationen spezialisierten Ärzte daran, die Frage zu stellen, ob sie vielleicht den unbewußten Wunsch des Patienten, kastriert zu werden, ausführten. Die Ärzteschaft erkannte nicht, daß nur ein kleiner Prozentsatz der Patienten, die eine Geschlechtsumwandlung beantragten, echte Transsexuelle waren. Weder Ärzten noch Patienten war bewußt, daß sie an einer Operation im Sinne de Sades teilnahmen, an einem perversen Doktor-Patient-Szenario.[18]

Die Männer, die ihre Amputationsphantasien anderen »Arzt-Patient-Hobbyisten« mitteilen, und die Männer, die sich obszöne Wörter und Sätze auf ihre Körper tätowieren lassen oder Schlangen und Schwerter, die ihre Kastrationswünsche nur andeuten, oder Liebchen und Cupidos, die auf ihr unbewältigtes und in der Folge verzerrtes sexuelles Verlangen nach der Mutter hinweisen, vermitteln uns eine Ahnung von den Geschlechtskonflikten und den Ängsten, die zu ihren Akten von Selbstverstümmelung oder Selbstamputation führen. Häufiger jedoch wird das Phantasieleben der Männer, die unter grober Selbstverstümmelung leiden, gar nicht aufgedeckt. Der Übergang von Angst zu Selbstverstümmelung geschieht so unmittelbar, daß diese Männer nur den Impuls verspüren, sich etwas abzuschneiden. Auch weibliche Selbstverstümmler neigen eher zum Handeln als zum Nachdenken über ihre emotionale Notlage.

Eigentlich muß jeder Akt der Selbstverstümmelung als »schwer« angesehen werden. Die »leichte« Selbstverstümmelung wird jedoch so bezeichnet, weil die Schnitte nicht tief sind und die Selbstbeschädigung kontrolliert stattfindet. Ein Mann, der unter schwerer Selbstverstümmelung leidet, bringt seinem Körper hastige, gewaltsame, tiefe Einschnitte bei oder entfernt Organe, während mit den kontrollierten, feinen Schnitten bei der leichten Selbstverstümmelung kaum die obersten Hautschichten durchtrennt werden. Normalerweise werden die Schnitte auf der Innenseite des Handgelenks angebracht, manchmal aber auch an Armen oder Beinen, auf dem Rumpf oder im Gesicht. Die Schnitte werden sorgfältig ausgeführt und folgen bestimmten Mustern. Manchmal sind es einfach parallele Linien, manchmal aber auch Rechtecke, Kreise, Initialen oder sogar blütenähnliche Formen.[19] Wenn nach einer Weile die Verzweiflung der jungen Frauen wächst, nehmen sie schwerere Selbstverstümmelungen vor. Sie verbrennen sich die Haut mit Zigaretten und heißen Eisen, zerkratzen sich das Gesicht mit Glasscherben oder schneiden sich mit Messern Fleischstücke aus dem Körper.[20] Eine Frau, die unter leichter Selbstverstümmelung leidet, ist nicht völlig stumm, aber die Verbindung zwischen ihren Handlungen und der Sprache der Begierde ist ihr verlorengegangen.

Das Symptom der leichten Selbstverstümmelung tritt typischerweise zum ersten Mal einige Monate nach der ersten Menstruation auf. Danach dienen die Schnitte und Verbrennungen oder das Zerkratzen dazu, die Ängste und Spannungen, die prämenstruell oder während der Menstruation auftreten, zu lindern. Bis zu dem Moment, da die Selbstverstümmlerin darauf aufmerksam gemacht wird, ist ihr nicht bewußt, daß zwischen den Kränkungen, die sie ihrem Körper zufügt, und dem Gekränktsein, mit dem sie auf ihren Menstruationszyklus reagiert, ein Zusammenhang besteht. Nur wenige der jungen Frauen können sich an eine traumatische Reaktion auf ihre erste Menstruation erinnern, aber die meisten erinnern sich deutlich daran, daß sie auf die Menstruation nicht vorbereitet waren und daß weder ihre Mütter noch sonst irgend jemand ihnen Ratschläge gegeben oder ihnen erklärt hatte, was es für ein Mädchen bedeutet, eine Frau zu werden.

Obwohl diese jungen Mädchen und erwachsenen Frauen von dem gefühlsmäßigen Zusammenhang zwischen ihrer ersten Menstruation und ihrer ersten Selbstverstümmelung nichts mehr wissen, können sie sich daran erinnern, daß sie irgendwann im Alter zwischen zwölf und vierzehn Jahren mit ihren »Experimenten« begannen. Manche Selbstverstümmlerinnen erinnern sich, während

sie ihrer Therapeutin die Einzelheiten dieser frühen, noch halbherzigen Experimente mitteilen, plötzlich an einen beängstigenden,
schmerzhaften Unfall, der ihnen mit etwa zwölf Jahren zustieß und
Knochenbrüche, Bänderrisse und starke Blutungen zur Folge hatte.
Auf diese Weise lassen sie eine Erinnerung ins Bewußtsein gelangen, die den Schock der Menstruationsblutung enthüllt und gleichzeitig verdeckt.[21]

Normalerweise haben bereits einige Jahre vor der Menstruation
der erste Anblick der hervortretenden Brustwarzen, der erste
Brustansatz und das flaumige, noch nicht gekräuselte Schamhaar
die Alarmglocken läuten lassen. Zu diesem Zeitpunkt begannen
Mädchen, die vorher brav und gehorsam gewesen waren, Zigaretten
zu rauchen, sich mit irgendwelchen Typen herumzutreiben, die
ganze Nacht fortzubleiben, Rauschgift zu nehmen und ab und zu
daran zu denken, sich selbst zu schneiden oder Selbstmord zu
verüben.

Zusätzlich zu diesen ersten äußerlichen Anzeichen für die Pubertät haben unliebsame Veränderungen innerhalb des Körpers stattgefunden. Diese unsichtbaren, rätselhaften Veränderungen sind,
weil sie so geheimnisvoll sind und so machtvolle Auswirkungen
haben, noch beängstigender als die hervortretenden Brustwarzen
und das flaumige Schamhaar. Die Geschehnisse innerhalb des Körpers verstärken eine emotionale Desorganisation, die die Mädchen
bis zu diesem Zeitpunkt kontrollieren konnten. Der Schock, der
durch den Menstruationsfluß ausgelöst wird, ist nur die endgültige
Erniedrigung, die letzte Beleidigung des Behälters, der Körper
genannt wird.

Die Östrogene aus den Nebennieren und den Eierstöcken, die die
ersten Anzeichen für die Pubertät hervorgerufen haben, haben in
aller Stille weitere Veränderungen der gesamten äußeren Körperoberfläche und auch der inneren Oberfläche und der Organe
bewirkt. Zusammen mit den von den Nebennieren gebildeten
Androgenen regen diese weiblichen Hormone den Wachstumsschub an, der den Körper des Mädchens nun in einen Frauenkörper
umgestalten wird. Auf Hüften und Oberschenkeln sammelt sich

nun schnell Fett an, und ein rasantes Wachstum von Handgelenken, Becken, Herz, Bauchorganen, Schilddrüse, Milz und vor allem der langen Röhrenknochen der Beine, der Arme und des Rumpfes findet statt. Mädchen, die bereits Angst haben, daß sie ihre Erregung nicht unterdrücken, ihre Spannungen nicht lösen und keinen Trost finden können, erschreckt die Ausdehnung, die durch diesen Wachstumsschub verursacht wird.

Bald nimmt auch die Vagina an Breite und Länge zu. Im Schambereich entwickelt sich Fettgewebe, verdickt die äußeren, großen Schamlippen und führt dazu, daß sie über die kleineren, inneren Schamlippen wachsen, die nun leicht hervortreten. Die Klitoris wird doppelt so lang und doppelt so dick und, wie die Brustwarzen, erektionsfähig. Die Bartholinschen Drüsen sondern eine schleimige Substanz ab, die bei der Selbstbefriedigung, beim Petting und beim Koitus die Schamgegend befeuchtet. Der Uterus, der in der Beckenhöhle liegt, wächst fast zum Dreifachen seiner vorherigen Größe an. Unter dem Einfluß von Östrogenen neigt die Beckenhöhle sich nach vorn, und der Gebärmutterhals verkürzt sich. Der Uterus verliert durch die Anpassung an die veränderte Beckenform seine zylindrische Gestalt und wird birnenförmig. Die Uterustuben werden länger und öffnen sich weiter. Die Stärke des Endometriums, der Gebärmutterschleimhaut, nimmt beträchtlich zu. Mit fortschreitender Pubertät differenzieren sich die Zellen des Endometriums. Zur ersten Abstoßung von Zellen des Endometriums, zur Menarche, kommt es bei der durchschnittlichen Amerikanerin mit etwa dreizehn Jahren.[22]

Für ein »durchschnittliches« Mädchen ist die Menstruation ein Erlebnis, das in Übereinstimmung mit der allmählichen Verweiblichung des Körpers die sich verändernde psychische weibliche Identität festigt. Bis zur Menarche war die deutlicher zu verspürende Erregbarkeit von Klitoris, Harnröhre, Schamlippen und Scheideneingang der Grund dafür, daß diese Körperzonen als Quellen sexueller Erregung und Abfuhr bevorzugt wurden. Wie ich in Kapitel 3 ausgeführt habe, haben wir guten Grund zu der Annahme, daß Mädchen im Säuglings- und Kleinkindalter eine intuitive Kenntnis von ihren inneren Genitalien besitzen, daß sie diese aber aus psychischen Gründen bald unterdrücken und sich den leichter zu steuernden, sichtbaren äußeren Genitalien zuwenden. Bis zur Menstruation ist es für ein Mädchen sehr schwer, wenn nicht unmöglich, Vagina, Uterus und andere innergenitale Organe in sein Körperschema zu integrieren – ganz gleich, wie gut es die Litaneien aus dem Sexualkunde-Unterricht herunterbeten kann. Die Menstruation lenkt die Aufmerksamkeit nun auf die inneren Genitalien, und zwar auf eine Weise, die es äußerst schwierig macht, diese zu ignorieren oder zu leugnen. Daher bringt die Menstruation den Bruch mit der genitalen Organisation der Kindheit mit sich. Die Folge sind Schock und mentale und physische Desorientierung, selbst für ein gut darauf vorbereitetes, weniger angstvolles und weniger konfliktbeladenes Mädchen. Doch das durchschnittliche Mädchen kann sich davon erholen.[23]

In Jäger- und Sammlergesellschaften, in denen das Überleben von der engen Verbindung zu den geheimnisvollen, unkontrollierbaren Naturgewalten abhängt, existiert die Vorstellung, daß soziale Riten die Natur steuern können. Wie ein Kind zur Frau oder zum Mann heranwächst, wird nicht dem Zufall überlassen. Der Körper des Jugendlichen wird wie ein Stück Holz behandelt, dessen Oberfläche zurechtgeschnitten, durchbrochen und beschrieben werden kann und dessen unregelmäßige Auswüchse zu dem zurechtgeschnitzt werden können, was die Gesellschaft als weiblich oder männlich bestimmt hat.[24]

In manchen Gesellschaften erhalten Mädchen bestimmte Botschaften darüber, was es bedeutet, eine Frau zu sein. Während der Menarche können Nesseln und Gras in die Vagina eingeführt werden, um die Blutung zu »verursachen«. Oder das Mädchen lernt, seine Schamlippen zu vergrößern, indem es daran zieht und darüberstreicht, oder es bekommt die Anweisung, pflanzliche Reizmittel, wie Kräuter oder Blätter, in die Vagina zu stecken. Auch eine ältere Frau kann die Schamlippen des Mädchens vergrößern, indem sie sie dehnt und an mehreren Stellen leicht in das vaginale Gewebe hineinsticht.

Bei fast allen rituellen Initiationen finden Verstümmelungen statt, die sowohl die Unterschiede zwischen den Geschlechtern als auch die bevorstehende Trennung von der Welt der Kindheit anzeigen: Ein Zahn wird gezogen, ein kleiner Finger über dem letzten Glied abgehackt, ein Ohrläppchen wird abgeschnitten oder durchbohrt, oder die Nasenscheidewand wird durchbohrt, Gesicht, Brust, Rücken, Arme und Beine werden eingeritzt, die Klitoris wird herausgeschnitten, das Jungfernhäutchen wird perforiert, der Penis eingeritzt oder die Vorhaut entfernt. Zusammen mit diesen mehr oder weniger dauerhaften Verstümmelungen werden vorübergehende körperliche Veränderungen vorgenommen, die, symbolisch gesehen, dieselbe Bedeutung haben: Der Körper wird mit Menstruationsblut oder Samen bemalt, die Fingernägel werden beschnitten, Kopfhaar wird ausgerissen, oder einige Haarsträhnen werden abgeschnitten.[25]

In modernen Gesellschaften sind die wenigen übriggebliebenen Initiationsrituale Zeichen einer Konformität, die weder von der Jugendlichen noch von ihren Eltern besonders ernst genommen wird. Wir geben nicht vor, die biologischen Veränderungen der Pubertät steuern zu können. Statt dessen halten einige unserer Ältesten die gleichermaßen verhängnisvolle Vorstellung aufrecht, daß der Prozeß der Menarche, der sich über mehrere Jahre erstreckt, das Mädchen irgendwie allmählich zur Frau machen wird, daß er es ihm ermöglichen wird, sich von den Eltern zu lösen, daß er die männlichen Wünsche des Mädchens unter Kontrolle bringt und sicherstellt, daß das Mädchen sich schließlich einer sozial genormten Version von Weiblichkeit anpaßt. Die Menarche verursacht jedoch, sosehr sie auch das Körperbild und die Geschlechtsidentität des Mädchens festigt, einen heftigen Aufruhr der Gefühle. Ein Mädchen braucht in dieser Lebensphase soviel Hilfe wie möglich, vor allem dann, wenn es die Erregungen und Spannungen, die aus seinem Körperinneren aufsteigen, bis zu diesem Zeitpunkt nur als verwirrend empfunden hat. Die Pubertätsriten der Jäger und Sammler, so unangebracht, beängstigend und schmerzhaft sie auch sein mögen, schenken dem Mädchen und den Veränderungen, die sich in ihm ereignen, zumindest einige Aufmerksamkeit und ermöglichen ihm, sich als geachtetes Mitglied einer Sozialordnung zu fühlen, die es immer schützen und führen wird. Und so unberechenbar seine natürliche Umwelt ihm auch manchmal erscheinen mag, das Mädchen hat das Vertrauen, daß die Stammesgesetze Ausdruck einer größeren kosmischen Ordnung sind, die den Menschen nährt und hält.

»Halten« bedeutet all das, was eine nährende Umwelt dem Säugling gibt, das, was ihn erhält und zu einem Gefühl körperlicher Ganzheit und Integration führt.[26] Wenn die Umwelt des Babys sich seinen angeborenen Energien, Gesten und Bewegungen anpaßt, hält sie das Baby. Für das Baby existiert keine Umwelt ohne die Mutter, die diese interpretiert. In den ersten Lebenswochen nimmt es Augen, die in die seinen blicken, die Brustwarze im Mund und die Liebkosungen auf der Haut nur verschwommen war. Jede dieser bemutternden Gesten hält das Baby. Der suchende Mund des Säuglings findet die Brustwarze, der winzige Körper paßt sich dem Körper der Mutter an, der so riecht und sich so anfühlt wie der eigene. Baby und Mutter erziehen sich gegenseitig durch Signale. Dem Baby steht ein ganzes Repertoire an Grunzern, Seufzern, Glucksern, Griffen, Kopfbewegungen, Schreien und Lauten der Verärgerung zur Verfügung, das der Mutter eine gewisse Ahnung davon vermittelt, wie sie es halten sollte. Die Mutter hat eine psychische Vergangenheit, die sie darauf vorbereitet hat, zu verstehen, was das Baby ihr zu sagen versucht. Sie bewegt ihren Körper so, daß das Baby sich verstanden fühlt. Wenn sie das nicht ganz richtig macht, verändert das Baby seine Haltung so lange, bis die Mutter versteht. Das Baby beginnt, ein Gefühl der Macht über sein kleines Universum zu entwickeln.

Mit jeder ausreichenden Interpretation von seiten der Mutter nimmt das Baby eine fürsorgliche Anwesenheit von Ganzheit und Vollständigkeit in sich auf. Es verbindet Sicherheit und Ganzheit mit der Gegenwart der Mutter, und allmählich verinnerlicht es diese fürsorgende Gegenwart. Mit drei Monaten ist ein Säugling, der sich gehalten fühlt, weniger in die Zyklen von innerer Anspannung und

Entspannung verstrickt. Selbst wenn das Baby sich unwohl fühlt oder seine Begierden und Gelüste es übermäßig erregen, kann es den Geruch der Mutter, ihre Berührung, ihren Blick, ihre ganze beruhigende Gegenwart innerlich vorwegnehmen. Sein Körper füllt sich mit lustvoller Vorfreude. Es kann warten. Es vertraut darauf, daß Hilfe kommen wird. Die Erregungen, die aus dem Körperinneren stammen, sind nicht mehr so furchteinflößend.

Eine Tochter, deren Mutter auf verständliche, emphatische Weise reagiert hat, wenn das Baby frustriert war, wenn durch Hunger, Zahnen oder Bauchschmerzen hervorgerufene körperliche Spannungen das kleine Mädchen quälten oder wenn es sich bei dem unberechenbaren Kommen und Gehen der Eltern allein und hilflos fühlte, kann die desorganisierenden physischen und emotionalen Erfahrungen der Adoleszenz eher mit der Überzeugung durchstehen, daß die Desorganisation vorübergeht und daß es verständliche, gangbare Wege gibt, Gefühle auszudrücken, und verläßliche Methoden, innere Spannungen loszuwerden. Trotz ihres Gefühls der Desorganisation wird sie von der Gewißheit geschützt, daß sie nicht fallen und zersplittern wird. Sie fühlt sich gehalten und zusammengehalten. Jemand wird sie verstehen. Es wird Hilfe kommen.

Auf der anderen Seite hat fast jede junge Frau, die wegen Selbstverstümmelung ins Krankenhaus eingewiesen wird oder eine Therapie beginnt, in ihrer Kindheit stark unter fehlender Bemutterung und Fürsorge gelitten. Die typische Mutter der typischen Selbstverstümmlerin war distanziert, teilnahmslos, mit sich selbst beschäftigt und, als Folge ihrer eigenen starken Konflikte mit dem Frausein, nur wenig mütterlich; sie war nicht fähig, mit ihrem Säugling in einen emotionalen Prozeß von Geben und Nehmen einzutreten.*

---

* Ich möchte den Leser daran erinnern, daß ich von *typischen* Fällen leichter Selbstverstümmelung und *typischen* Interaktionen von Mutter und Kind spreche, die diesem Symptom vorausgehen. Wie immer, wenn man sich als Autor auf typische Fälle bezieht, strebt man Klarheit an und schließt daher unvermeidlich die vielen Ausnahmen von der Regel aus. Wenn ich an späterer Stelle in diesem Kapitel über Trichotillomanie, eine weitere Form der Selbstverstümmelung, spreche, gilt das gleiche. Ich habe nämlich auch Fälle von Selbstverstümmelung beobachtet und von

Die Mutter verhielt sich besonders wenig annehmend, was so weit ging, daß sie das, was ihr Baby ihr mitzuteilen versuchte, verzerrte und abwehrte. Diese Unstimmigkeit zwischen der Mitteilung des Säuglings und der Geste der Mutter war oft an der Art zu erkennen, wie die Mutter das kleine Mädchen hielt. Der Hautkontakt und andere taktil-kinästhetische Erfahrungen, die die inneren und äußeren Körperoberflächen des Babys zum Leben erwecken, waren entweder minimal oder bedrängend und überstimulierend. Eine Mutter prahlte, daß sie ihre Tochter stillen konnte, ohne sie jemals berühren zu müssen.[27] Eine andere reagierte auf die Atemnot ihrer acht Monate alten Tochter mit der Gewöhnung an das Trinken aus der Tasse und einer Sauberkeitserziehung, die durch zahlreiche Klistiere unterstützt wurde. Wenn die Mutter die Bedürfnisse des Kindes nicht spürt und nicht darauf eingeht, bringt sie das Baby dazu, frühreif und unangemessen zu reagieren, weil es verzweifelt versucht, sich selbst die fehlende mütterliche Fürsorge zukommen zu lassen. Solche tiefen Eingriffe in den Prozeß der allmählichen Verinnerlichung einer bemutternden Präsenz verwandeln die üblichen Erfahrungen von Hunger, Bauchschmerzen, Zahnweh oder dem Wunsch, gehalten zu werden, in körperliche Erfahrungen eines »In-Stücke-Gehens« oder »Ewig-Fallens«. Die Zuversicht, daß Hilfe kommen wird, die sich im durchschnittlichen Kind langsam und verläßlich entwickelt, kann nicht entstehen. Wenn ein Kind, das dieses Gefühl zuversichtlicher Erwartung nicht entwickelt hat, sprechen lernt, hat es keine Hoffnung, seine emotionalen Bedürfnisse oder Wünsche mitteilen zu können. So, wie die Mutter auf die

Fällen gehört, in denen die Eltern ihre Töchter sowohl während der Kindheit als auch während der Adoleszenz sehr fürsorglich behandelten. In diesen atypischen Fällen von Selbstverstümmelung gingen der Störung der Jugendlichen oder der Erwachsenen schmerzhafte Krankheiten oder unvermeidliche, schmerzhafte Operationen in der Kindheit voraus. Das Mädchen gibt für den Schmerz, den es in der Kindheit erfahren hat, vielleicht immer noch der Mutter die Schuld, weil die Mutter versäumt hat, es davor zu schützen. Tatsächlich aber haben Mutter und Vater alles nur mögliche getan, um das Kind zu beschützen und zu beruhigen. Außerdem waren diese Mütter und Väter in der heutigen, aktuellen Situation viel besser in der Lage, sich mit ihren Töchtern zu verständigen als die Eltern der typischeren Fälle von Selbstverstümmelung oder Trichotillomanie.

physischen Gesten des Säuglings nicht angemessen reagierte, reagiert sie auch auf die Versuche sprachlichen Kontaktes eher abwehrend als bestätigend. Eine grundlegende Abneigung gegen und ein
Gefühl der Hilflosigkeit beim Einsatz von Sprache zur Mitteilung
von Kummer und Wünschen, Traurigkeit, Erregung oder Freude
führen dazu, daß das Mädchen sich eher auf motorische Aktivitäten
als auf Gedanken, Phantasien und Worte verläßt, wenn es darum
geht, Spannungen zu lösen oder auszudrücken. Handeln bringt
Trost. Auf die Ergebnisse von Denken oder Sprechen zu warten
bringt nur noch mehr Spannung und weitere Desorganisation.

Wenn das kleine Mädchen sich an den Vater wandte, um das zu
bekommen, was die Mutter ihm nicht gab, verschlimmerte dessen
Reaktion die alptraumhafte Situation nur. Normalerweise war er
nicht anwesend oder aber kalt und distanziert, unfähig oder gewalttätig und unbeherrscht und behandelte Mutter und Tochter brutal,
vergewaltigte sie sogar manchmal. In manchen Fällen finden sich
sogar alle diese Merkmale. Später bekommt die Mutter für alles die
Schuld zugewiesen, weil das Mädchen in seiner Abwehr den Vater
und Männlichkeit idealisiert hat. Für das Kind ist die Mutter die
zuständige Pflegeperson, die Sicherheit und Schutz gewährleisten
soll. Außerdem neigen vor allem Töchter dazu, sich mit der fürsorglichen Haltung der Mutter zu identifizieren, selbst wenn die eigentliche Pflegeperson ein freundliches Kindermädchen oder eine Gouvernante war und die Mutter nie in die Nähe des Kinderzimmers
kam, außer von sechs bis acht Uhr abends und am Sonntagnachmit-
tag. Ein gutes Kindermädchen kann viel dazu beitragen, die Auswirkungen einer gleichgültigen Haltung der Mutter abzuschwächen, aber wenn ein Kind spürt, daß es von der Mutter vernachlässigt wird, wird es nur schwer lernen, seinen Körper fürsorglich zu
behandeln. Da die typische Selbstverstümmlerin von niemandem
Hilfe erwartet, sucht sie erst dann eine Therapie auf, wenn sie selbst
oder ihre Eltern über ihre zunehmend schweren Selbstverstümmelungen bereits tief verzweifelt sind. Ihr Hilferuf muß zu einem
Schrei werden, bevor jemand ihr Aufmerksamkeit schenkt.[28]

Von den sich selbst verstümmelnden Mädchen, die allmählich

gelernt haben, daß sie ihre Gefühle getrost einer Therapeutin anvertrauen können, erfahren wir etwas darüber, warum Selbstverstümmelung bei menstruellen Spannungen und den innergenitalen Erregungen, die die Veränderungen der Pubertät begleiten, Erleichterung bringen kann: »Ich habe gefühlt, wie das Schlechte in mir herausging«[29], oder: »Es ist wie Kotzen – einem ist schlecht, und man spuckt das Schlechte aus.«[30] Für ein Mädchen war der Anblick des Blutes, das durch »den Spalt in der Haut«[31] sickerte, wie eine beruhigende Stimme, die sagte: »Jetzt ist alles vorbei, Schätzchen. Hab keine Angst, alles wird gut werden.«[32] Ein anderes Mädchen verglich das Blut, das langsam aus dem selbstgemachten »Reißverschluß«[33] herausfloß, mit einem köstlichen warmen Bad, »das, während es sich über die Hügel und Täler meines Körpers ausbreitete, seine Konturen nachzeichnete und seine Form modellierte«[34].

Die Selbstverstümmlerin behandelt ihre Haut ganz bewußt gleichgültig, ähnlich, wie manche Chirurgen gelernt haben, den menschlichen Körper zu behandeln – als wäre er tot. Unbewußt jedoch erlebt sie das unbefriedigte Verlangen der Kindheit nach und befriedigt es. Während das abgetötete Stück Fleisch durch den Schnitt einer Rasierklinge und den Anblick von Blut zum Leben erweckt wird, drückt das Mädchen auch die verwirrende Komplexität seiner Identifikationen mit der Mutter aus.[35] Es ist erleichtert, wenn das »Mutter-Blut« warm über seinen Körper fließt. Für die abgetötete Mutter und die abgetötete Tochter bedeutet der Akt der Selbstverstümmelung Auferstehung und Wiedervereinigung. Dadurch, daß das schlechte, schmutzige Blut herausfließt, befreit sich die Tochter von der inneren, »bösen« Mutter. Gleichzeitig identifiziert sie sich als Bluterin mit der erniedrigten, kastrierten, blutenden Mutter. Außerdem wird die befürchtete, passiv erlittene Kastration durch die Menstruation in eine selbstbestimmte, aktive Kastration verwandelt.

Daß die Hautoberfläche für die Verstümmelung gewählt wird, ist zum Teil eine Kompensation für den fehlenden Hautkontakt in der Kindheit. Es kommt jedoch hinzu, daß das Mädchen seine Haut als Gefäß für die gefährlichen Substanzen und Organe im Körper und die unerträglichen Erregungen im Körperinneren ansieht. Während die Körperöffnungen – Mund, Nase, Augen, Ohren, Anus, Scheideneingang – vor Angreifern von innen und außen nicht geschützt sind, kann die Haut etwas zusammenhalten oder auslaufen lassen oder die befürchteten angreifenden Erregungen in kontrollierter Form abwehren. Anstelle der gefürchteten Vernichtung, bei der das ganze Innere und Äußere des Körpers kannibalisch verschlungen wird, geschieht eine lokale, konzentrierte, *leichte* Verstümmelung.

Wenn die sich selbst verstümmelnden Mädchen erwachsen werden, können sie sich nicht vorstellen, daß es für menstruelle Spannungen oder die sexuellen Erregungen, die durch die körperlichen Veränderungen der Pubertät entstehen, Abhilfe geben könnte. Während der Adoleszenz sind sie von dem Bedürfnis besessen, ihre Körpergrenzen zu definieren und zu schützen. Das Menstruationsblut wird als häßliche, dämonische Substanz erlebt, die aus dem Körper herauslaufen und die ganze Welt zudecken könnte, wenn sie nicht zurückgehalten würde. In ähnlichem Sinne sind für die Selbstverstümmlerin auch Gefühle wie Traurigkeit, Wut, Freude und Liebe dämonische Substanzen, die kontrolliert und dann wie Tränen, Erbrochenes, Nasenschleim, Urin, Kot oder Menstruationsblut vom Körper ausgestoßen werden müssen.[36] »Das ganze Problem war, daß ich mich leer und allein fühlte.« »Ich war wütend und konnte es nicht mehr aushalten.« »Ich war frustriert – so als könnte ich überhaupt nichts tun.« »Alles wurde ganz beschissen, die Leute haben mich richtig angekotzt.«[37] »Ich hab mich beschissen gefühlt.«[38] »Ich war so gespannt, daß ich etwas tun mußte.«[39] Wenn die Körpergrenzen nicht deutlich nachgezeichnet würden, könnte alles herauslaufen – die Tränen, die Fäzes, das Menstruationsblut, die Wut. Weil die Selbstverstümmlerin nicht gelernt hat, ihre Gefühle anders als in den infantilen Begriffen von verschlingender Verstümmelung oder auslaufenden Körpersäften auszudrücken, verbindet sie weiterhin jede Art innerer Erregung mit einer Erfahrung des Verschlungenwerdens oder des Auslaufens. Außerdem verwechselt sie die inneren Erregungen miteinander und hält daher Wut für sexuelle Erregung und sexuelle Erregung für Wut.

Das prämenstruelle Ödem, das für die meisten Mädchen in der Adoleszenz etwas unangenehm ist und leicht verwirrend wirkt, ruft in der Selbstverstümmlerin überwältigende Gefühle von Platzen und Schwindel hervor, als wären fremde Mächte in den Körper eingedrungen, Angreifer, die eingeschlossen werden müssen, und eine quälende, unerträgliche erotische Erregung. Daher neigt sie besonders zu der Vorstellung, daß ihre Genitalien leicht angegriffen und verstümmelt werden könnten. Außerdem hat sie große Angst vor genitaler Penetration, die in ihren Augen gleichbedeutend ist mit der totalen Vernichtung des Körpers. Als Säugling fühlte sie sich nicht zusammengehalten und nicht vor den Einflüssen der Außenwelt geschützt. Jetzt, da die Menstruation sie zwingt, ihre inneren Genitalien zur Kenntnis zu nehmen, ist sie verzweifelt und außer sich, weil nie Hilfe kommen und ihr Körper in ein Nichts zersplittern wird.

Das Mädchen, das unter leichter Selbstverstümmelung leidet, ist überzeugt, daß es nur sich selbst und den Gegenständen, die es mit der Macht ausstattet, Trost und Erleichterung zu bringen, vertrauen kann. Noch lange nach Ende der Kindheit klammern sich die meisten dieser jungen Frauen an Stofftiere und flauschige Bademäntel, sogar an Stoffstücke aus Samt oder Satin. Daß sie sich diese tröstenden Gegenstände bewahrt haben, heißt, daß sie nicht völlig vernachlässigt wurden. Sie wurden gehalten, aber nur ab und zu und normalerweise zur falschen Zeit und am falschen Ort und immer mit einer Liebe, die gewährt und dann genommen wurde, ohne daß sie darin einen Sinn erkennen konnten. Daher werden Trost und Verletztwerden und die Überzeugung, daß sie böse, schmutzige Kinder sind, die bestraft werden müssen, von diesen Mädchen immer miteinander verwechselt. Sie hängen nicht nur an ihren kuschligen Stofftieren, sondern auch an den schneidenden Rasierklingen, den kratzenden Sicherheitsnadeln, den kneifenden Wäscheklammern, den schürfenden Glasscherben – den zärtlich-verletzenden, fürsorglichen Gegenständen, die beruhigen und trösten und bei körperlichen Spannungen Hilfe bringen können.[40]

Viele der Selbstverstümmlerinnen haben in der frühen Kindheit zusätzlich zu dem Mangel an elterlicher Fürsorge unter einer Vielzahl von physischen Krankheiten und Verletzungen gelitten. Zweifellos waren viele dieser Leiden die direkte Antwort des Körpers auf die gefühllose Pflege, während andere auf Unfälle zurückgingen, die die indirekte Folge der elterlichen Vernachlässigung waren. Die physischen Störungen reichten von schweren Koliken, Ekzemen und anderen Hautentzündungen, hohem Fieber, Atemnot und motorischen Anfällen bis zu Wunden, die genäht werden mußten, Verletzungen, die Gipsverbände erforderlich machten, und operativen Eingriffen. In einer Studie hatten sechzig Prozent der Mädchen vor Vollendung des fünften Lebensjahres Operationen durchgemacht, waren mit schweren Krankheiten in Krankenhäuser eingeliefert worden oder hatten Verletzungen erlitten, die genäht werden mußten.[41] Eine Selbstverstümmlerin war mit sechs Wochen aus dem Kinderwagen gefallen und von einem Auto überfahren worden. Sie erlitt mehrere Knochenbrüche und innere Verletzungen.[42] Eine andere, die mit drei Jahren eine Zahnspange mit Stacheln tragen mußte, die sie von ihrem ständigen Daumenlutschen abhalten sollte, verstümmelte sich mit vierzehn, indem sie Fleischstücke und Haut von ihren Fingern abbiß.[43] Ob sie nun rein organischen Ursprungs sind oder die Folge von Unfällen, Verletzungen, Unvorsichtigkeit oder Versagen der Eltern – diese passiv erlittenen Qualen überzeugen ein kleines Mädchen davon, daß es seine Bemutterung selbst in die Hand nehmen muß und niemals mehr passiv ein Eindringen in seinen Körper dulden darf. Während der Adoleszenz sucht es verzweifelt nach einer Möglichkeit, den menstruellen Spannungen aktiv abzuhelfen und in die desorganisierende Erfahrung, eine Frau zu werden, etwas Ordnung zu bringen. Die leichte Selbstverstümmelung ist eine Handlung, die schnell und sicher Erleichterung verschafft.

Die ersten, »experimentellen« Verstümmelungen sind kaum zu sehen. Doch bald verletzen die Mädchen sich häufiger und stärker. Die zurückbleibenden Narben sind Zeichen des Trotzes, die manche Mädchen später stolz zur Schau stellen. Andere lassen die Narben einfach unbedeckt, so daß sie für jeden sichtbar sind. In

jedem Fall ist die Verstümmelung selbst jedoch eine schuldbewußte, heimliche und einsame Handlung. Oft geht ihr ein Telefon-
anruf voraus, bei dem sich niemand gemeldet hat, ein Abschied von
Freundin, Liebhaber oder Therapeutin, ein liebevolles Gesicht, das
sich abwandte. Diese Trennungen rufen erschreckende Gefühle
und Emotionen hervor, die unbewußt sind und nicht ausgedrückt
werden können – außer durch die perverse Darstellung. Die Angst,
von dem Menschen, von dem das eigene Überleben abhängt, verlassen zu werden, wird durch die Schrecken der gefürchteten körperlichen Zersplitterung noch vergrößert.

»Die Patientin fühlte sich sehr angespannt, ohne den Grund dafür
zu kennen«, berichtet ein Analytiker, »nach einer Phase der
Anspannung beschloß sie, allein zu sein; während sie allein war,
stieg die Spannung; sie entdeckte, daß sie sich bereits geschnitten
hatte.«[44] Die Selbstverstümmlerin setzt die bewußte Wahrnehmung
ihrer selbst und der Welt um sich herum zeitweise außer Kraft. Der
denkende und fühlende Teil in ihr schläft, so daß die Tatsache, daß
sie ein denkender Mensch mit einem Körper aus Fleisch und Blut
ist, sie bei ihrer Handlung nicht behindert: »Als wenn ich es gar
nicht wäre. Ich gucke nur zu. Ich habe das Gefühl, daß ich es gar
nicht bin, die das tut.«[45] Das beobachtende Selbst der jungen Frau
hat sich von ihrem erlebenden Selbst gelöst. Sie ist entpersönlicht.
Aber der Teil ihres Geistes, der handelt, ist aufmerksam und kontrolliert. Wenn eine unerträgliche, aber nicht zu lokalisierende
Spannung sie zu überwältigen droht, stumpft sie ab oder geht in
einen anderen Bewußtseinszustand über. In diesem regredierten,
halb entpersönlichten Zustand ritzt sie die feinen Inschriften in ihre
Haut, die den geheimnisvollen Erregungen, die gegen die inneren
Wände ihres Körpers fließen, flackern und pochen, einen äußeren
Brennpunkt und einen Sinn geben.[46] Der Anblick des fließenden
Blutes verschafft ihr Erleichterung. Sie kann jetzt besser denken
und fühlen und ist ruhiger, weil es ihr wieder einmal gelungen ist,
die Phantasien, Gedanken und Emotionen, die zu ihrer Selbstverstümmelung geführt haben, zu unterdrücken.

Die Zersplitterung des Selbst, die den kleinen, feinen Schnitten vorausgeht, soll zwar die Angst außer Kraft setzen, sie dient aber auch dem Bemühen, die Aggression von den geliebten Menschen abzuwenden, die verschwunden sind, sich abgewandt haben, in Urlaub gefahren sind, vergessen haben, Liebe gewährt und wieder genommen haben, die einen Säugling verlassen haben, der sich nach liebevoller Umarmung sehnte.

Einer der Gründe, warum das Mädchen seine Angst und Wut und seine Wünsche nicht sprachlich mitteilen kann, ist, daß es gelernt hat, seinen Eltern niemals mit unangenehmen Gedanken oder Gefühlen zur Last zu fallen. Bis die ersten Anzeichen der Pubertät sich bemerkbar machten, waren einige dieser Mädchen stille, folgsame, ausgezeichnete Schülerinnen, die die Eltern nie mit ihren Sorgen und Kümmernissen belästigten. Kurz nach der ersten Menstruation jedoch kratzte sich eine dieser Jugendlichen mit einem Messer das Wort LOVE in den Oberschenkel. Die Schnitte waren sauber, exakt und gerade so tief, daß das Blut die Buchstabenfolge LOVE tiefrot färben konnte. Sie erzählte ihrem Therapeuten, daß sie eigentlich den Drang verspürt hätte, bis hinunter auf den Knochen zu schneiden. Als sie die Geste, die ihren ursprünglichen Impuls beschrieb, nachspielte, wurde ihr sonst hübsches, unschuldiges Gesicht von »einem fast mit Händen zu greifenden Haß« verdunkelt. Sie erkannte, daß sie in Wirklichkeit HATE in den Knochen ihres Schenkels ritzen wollte. Sie hatte sich zurückgehalten, weil Haß kein netter Gedanke und kein schönes Gefühl war und erst recht nicht in Worte gefaßt werden sollte.[47]

Diese Selbstverstümmlerin war eines der netten, braven Mädchen, eine Karikatur der Weiblichkeit, ein Blumenkind. Ihr Körper war schlank und zart wie der eines Kindes, und sie war kindlich unbefangen, oft in Gedanken versunken, passiv und freundlich. Sie sprang barfuß auf dem Krankenhausgelände herum, umarmte ab und zu einen Baum oder hockte sich ins Gras, um an den Blumen zu schnuppern. Diese konventionelle Fassade bezaubernder Unschuld konnte sich plötzlich in eine Traurigkeit verwandeln, die ebensosehr eine Vortäuschung von Gefühlen war wie die weibliche Euphorie. Beide Fassaden dienten als Masken für das Gefühlsvakuum, für die Leblosigkeit im Innern, für ihre Verwirrung bezüglich dessen, was sie fühlen durfte oder konnte. Ein zufälliger Beobachter hätte angenommen, dieses liebe, nette Mädchen sei keiner aggressiven Handlung und keines bösen Gedankens fähig. Wie viele andere Selbstverstümmlerinnen war sie außerdem magersüchtig und litt gelegentlich unter Bulimie. Bevor sie ins Krankenhaus kam, benutzte sie heimlich bewußtseinsverändernde Drogen, die das Gefühl innerer Leere überwinden sollten.[48]

Andere Selbstverstümmlerinnen sind nicht so liebe Mädchen. In ihrer Art, mit den Eltern abzurechnen, kommt der Haß unmittelbarer zum Ausdruck. Das sind die »Punks«, die sich mit einer männlichen Fassade schmücken. Sie kostümieren sich mit zerrissenen, dreckigen Jeans und stinkenden Sweatshirts, hängen mit Typen herum, fahren frisierte Motorräder und treffen sich mit ihren Leuten in den Kneipen in der Nähe. In dem Augenblick, als diese Mädchen ihren Brustansatz und die ersten Schamhaare erblickten, waren sie entschlossen, sich von ihren dummen, deprimierten Müttern so deutlich wie möglich zu unterscheiden. Sie waren männlicher und härter als ihre Brüder und konnten den größten von ihnen zusammenschlagen, wenn sie wollten. »Sie haben mir immer gesagt, daß ich aggressiv sei und daß mein Bruder Angst vor mir hätte.«[49] Manche prahlten damit, daß sie der Liebling des Vaters seien, das Kind, das sich um die bemitleidenswerte Mutter und die ungeliebten Geschwister kümmern sollte, während der Herr des Hauses sich auf einer seiner häufigen Geschäftsreisen befand. »Ich war meinem Bruder ein besserer Vater und meiner Mutter ein besserer Mann, als der alte Paps das jemals hätte sein können.«[50]

Die unbewußte Absicht dieser Karikaturen von Weiblichkeit und Männlichkeit besteht darin, der Herausforderung, zu einer Frau mit einem weiblichen Körper heranzuwachsen, auszuweichen. Außerdem leugnen verängstigte Mädchen mit Hilfe dieser Methoden, daß sie sich immer noch wie hilflose Kleinkinder fühlen, die sich nach der mütterlichen Umarmung sehnen. Wie wir bereits gesehen haben, kann das Mädchen auf diese beruhigende, haltende Umarmung nicht vertrauen, außer im Akt der blutigen Vereinigung mit der guten Mutter. Und auch mit seinen Identifikationen mit der »bösen« Mutter kann es sich nur als erniedrigte Bluterin aussöhnen.

Ein durchschnittliches Mädchen lernt im Laufe des Erwachsenwerdens immer besser, seine individuellen, komplexen, vielfältigen weiblichen und männlichen Identifikationen und die weiblichen und männlichen Aspekte beider Eltern zu integrieren. Die Selbstverstümmlerin jedoch bleibt bei einer infantilen Entweder-oder-Version von Weiblichkeit und Männlichkeit stehen. Die meisten Selbstverstümmlerinnen bestätigen offen und trotzig ihre Identifikation mit Männern, wobei sie Weiblichkeit abwehrend abwerten, weil sie diese mit degradierender Bedürftigkeit gleichsetzen. Einige verstecken ihre verbotenen und beängstigenden männlichen Identifikationen unter dem Deckmantel einer Karikatur der Weiblichkeit.

In der Therapie kommen die Brüchigkeit und Oberflächlichkeit beider Geschlechtsidentifikationen zum Vorschein. Innerhalb einer Stunde wird das Mädchen zu einer passiven, abhängigen, tränenseligen, hilflosen Version seiner verhaßten, entwürdigten Mutter, und wenige Augenblicke später erklärt es in Gestalt einer Karikatur seines verhaßten, aber idealisierten Vaters heftig seine Unabhängigkeit. So, wie Gefühle und Stimmungen der Selbstverstümmlerin schnell wechseln, so, wie sie innerhalb weniger Sekunden von Gelächter zu Tränen übergeht, vom erregten Fließen der Gefühle zu einem schützenden Zustand der Leere und Leblosigkeit, von Hochstimmung zu Depression, ebenso unbeständig wechselt sie auch zwischen den männlichen und weiblichen Geschlechtsstereotypen hin und her. Immer ist deutlich sichtbar, daß sie, ob sie nun ein infantiles weibliches oder ein infantiles männliches Ideal zu verkörpern sucht, Angst vor der allmählichen und unwiderruflichen Verweiblichung ihres kindlichen, hinsichtlich des Geschlechts uneindeutigen Körpers hat und sich dieser mit Gewalt widersetzt.

Die im Drama der Selbstverstümmelung auftretenden Personen sind auf einer Ebene Kind und Mutter, und in der Urszene geht es um die Richtigstellung einer gestörten Mutter-Kind-Beziehung.

Hier wird die Rasierklinge als vertrauenswürdige Pflegeperson erlebt und die Haut als das Kind, das darauf wartet, versorgt zu werden und Hilfe zu bekommen. In der anschließenden Blutung ist ein Kind wieder mit seiner guten Mutter vereint worden. Auf einer anderen Ebene existiert, wie in den meisten perversen Skripten, eine unbewußte Urszene, in der eine Braut und ein Bräutigam auftreten. Anders als die meisten Jugendlichen, die bis zur Adoleszenz dahin gelangen, den Geschlechtsverkehr eher als zärtlich und liebevoll zu interpretieren, hat die Selbstverstümmlerin immer noch die Vorstellung, daß »es tun« mit dem Zerschneiden und der Verstümmelung der Braut verbunden ist. Ihre Selbstverstümmelung ist eine heimliche, schuldbewußte Teilnahme an einer Urszene von primitiver Gewaltsamkeit. Das ausgeschlossene Kind ist jeder, der sie verletzt oder erniedrigt hat, jeder, der Liebe gegeben und sie dann entzogen hat. Ihre Mutter, ihr Vater, ihre Therapeutin, die Krankenschwester, die Freundin, die am Telefon aufgehängt hat, müssen jetzt hilflos Zeugen der Gewalt sein, die sie ihrem Körper antut.

Die Rasierklinge, die die zärtliche Pflegeperson darstellt, dient unbewußt auch als lächelnder Bräutigam. Bei den halbbewußten Vorbereitungen für die Selbstverstümmelung, beim Auswickeln der Rasierklinge, in dem stillen, atemlosen Moment, bevor die Schneide in die Haut eindringt, erlebt das Mädchen einen Zustand gespannter Erwartung, der an sexuelle Erregung erinnert. Die gespannte, erotisch aufgeladene Erregung verdeckt die Angstgefühle, die es sonst vielleicht verspüren würde. Wenn das Blut dann aus den Schnitten herausfließt, ist die Jugendliche sich einer ungeheuren Erleichterung bewußt. Sie versichert sich erneut, daß sie niemals das *passive* Opfer einer gewaltsamen Penetration ihres Körperinneren sein wird.

Die Selbstverstümmlerin besitzt auch ein reales Sexualleben. Die Sexualität, die sie zuläßt, besteht allerdings ebenfalls aus einer Art von Verstümmelung. Als sie als kleines Kind die anatomischen Unterschiede zwischen den Geschlechtern entdeckte, sah sie in der Tatsache, daß sie dort ein Loch hatte, wo Jungen etwas anderes hatten, ein weiteres Zeichen für ihren Mangel, ihre Beschädigung, ihre Fehlerhaftigkeit – einen weiteren Grund dafür, daß niemand sie lieben oder für sie sorgen konnte. Wenn sie nun zur Frau heranwächst, betrachtet sie ihre Menstruation als Bestätigung dafür, daß ihre Sexual- und Fortpflanzungsorgane beschädigt sind und weiter verstümmelt werden können. Auf der anderen Seite ist der Penis ein Zeichen für Gewalt, Unversehrtheit und Macht.[51] Bald nachdem das Mädchen mit seinen Verstümmelungsexperimenten begonnen hat, sucht es nach einem Mann, der seine erschreckenden, diffusen innergenitalen Empfindungen bündelt, indem er es vergewaltigt oder auf andere Weise brutal mit dem Sexualakt bekannt macht.[52] Manche dieser Mädchen haben bereits bei einem Vater oder Bruder gelernt, der ihnen, wenn sie bei ihm Trost suchten, statt dessen Petting oder Geschlechtsverkehr anbot. Aber die meisten Selbstverstümmlerinnen kommen ganz von selbst auf die Idee, in einer gewaltsamen Defloration Erleichterung zu suchen. Dabei geht es darum, aktiv und kontrolliert etwas zu erreichen, das, wenn es passiv erlitten werden müßte, erschreckend wäre. Die Erleichterung, die das Mädchen bei seinen früheren Experimenten mit der Selbstverstümmelung erfahren hat, regt es dazu an, auf Autobahnen oder einsamen Landstraßen zu trampen, um einen Lastwagenfahrer anzuhalten, der es vergewaltigt. Andere suchen in schmierigen Kneipen nach einem harten Burschen, einem gewalttätigen, sadistischen Mann, der seinen Penis wie eine Rasierklinge einsetzen wird. Manche Selbstverstümmlerinnen sind vier- oder fünfmal von verschiedenen Männern vergewaltigt worden. Obwohl diese Mädchen sich selten, wenn überhaupt, passiv orgastischer Lust hingeben können, verschaffen ihnen diese Akte, bei denen sie sich einer gewaltsamen Penetration ihrer Vagina aussetzen, die gleiche Erleichterung, Beruhigung und Entspannung wie die Kränkungen des Körpers, die sie sich selbst zufügen.[53]

Da die Selbstverstümmlerin verworrene Phantasien über den Penis hat, ihn abwechselnd als verstümmelndes Organ, als machtvollen Heiler der Vagina oder als Gegenstand betrachtet, der den Körper zusammenhalten und vor die auslaufenden Gefühle einen

Stöpsel setzen kann, ermutigt sie den Mann zu der brutalen Penetration ihrer Vagina, die sie fürchtet. Obwohl sie so passiv und erwartend erscheint wie ihr ungeschütztes Handgelenk, steuert sie den Penis und seinen Besitzer genauso, wie sie die Rasierklinge oder die Glasscherbe beherrscht, ihren sanften Tröster, ihren freundlichsten Bräutigam.

Wenn Selbstverstümmlerinnen nicht so häufig unter lang anhaltenden Blutungen, Ausbleiben der Regel und drogenbedingten Menstruationsstörungen leiden würden[54], würden sie vielleicht häufiger schwanger werden, als es tatsächlich der Fall ist. Viele Selbstverstümmlerinnen werden von den Jungen und Männern, die ihrer Einladung zur machohaften Penetration nachkommen, geschwängert. Wenn diese Mädchen merken, daß sie schwanger sind, sind ihre Gefühle gegenüber diesem kleinen Leben, das in sie eingepflanzt wurde, ebenso zwiespältig wie die ihren Eltern oder der Tatsache gegenüber, daß sie die Fortpflanzungsorgane einer Frau besitzen. Die schmerzhaften und beängstigenden Schwangerschaftsabbrüche, denen sie sich unterziehen, bringen jedoch die gleiche Ruhe und Erleichterung wie die Verstümmelungen, die sie sich selbst zufügen. Für eine Weile ist dann das Bedürfnis nach erotischen Abenteuern, die den Trost einer aktiv gesteuerten, gewaltsamen Penetration bringen, weniger stark.

Wenn wir die Krankengeschichten von Selbstverstümmlerinnen betrachten, entdecken wir, daß sie auch noch lange nach der Säuglingszeit und frühen Kindheit weiter unter Krankheiten oder Verletzungen litten, die schmerzhafte medizinische Eingriffe erforderten. Abgesehen von den »Anfällen« von Blinddarmentzündung und starker Verstopfung, die zu unnötigen medizinischen Eingriffen, manchmal sogar zu Operationen führten, und den zahlreichen Tennis-, Ski-, Surf- und Motorradunfällen mit Knochenbrüchen, waren die meisten dieser Krankheiten mit gynäkologischen Problemen verbunden: Eierstockzysten, vaginale Infektionen und Menstruationsbeschwerden – besonders lange Dauer der Menstruation oder besonders starke Blutung (Hypermenorrhöe), zu häufige Menstruation (Polymenorrhöe), längere Uterusblutung außerhalb der

Menstruationen (Metrorrhagie), Vorkommen von Gebärmutterschleimhaut an anormalen Orten im Körper (Endometriose). In der
Vergangenheit neigten Gynäkologen dazu, auf diese nicht ganz
unüblichen Beschwerden Jugendlicher je nach Diagnose mit laufen-
der Verabreichung oraler Kontrazeptiva, mit Pillen, die die Funktion der Eierstöcke unterdrückten oder den Eisprung durch Gona-
dotropine anregten, mit endometrischen Implantationen und operativen Eingriffen von der partiellen Entfernung der Keimdrüsen
bis zur Hysterektomie zu reagieren.[55]

Die Ärzteschaft, mit anderen Worten, kollaborierte unabsichtlich mit dem Wunsch der Selbstverstümmlerin nach einer aktiven
genitalen Verstümmelung. Glücklicherweise versuchen Gynäkologen heutzutage alles, um radikale Eingriffe in die Funktion der
Sexual- und Fortpflanzungsorgane junger Frauen zu vermeiden.
Wann immer möglich, beschränken sie sich bei der Behandlung der
Menstruationsstörungen von Jugendlichen auf Medikamente, die
den Menstruationsfluß entweder zeitweise unterdrücken oder anregen. Aber selbst diese relativ »konservativen« medizinischen Vorgehensweisen erfüllen das Bedürfnis der Selbstverstümmlerin,
Menstruation und sexuelle Erregung aktiv zu kontrollieren.

Als ich über die Krankengeschichten der Selbstverstümmlerinnen nachdachte und über die Art, wie sie Ärzte manchmal dazu
bringen, mit ihren unbewußten Wünschen zu kollaborieren, fiel
mir ein weiteres Doktor-Patient-Szenario ein, das als Münchhausen-Syndrom bezeichnet wird. Es wurde 1951 nach dem berühmten
Schwindler und Geschichtenerzähler des achtzehnten Jahrhunderts, Baron Karl Friedrich von Münchhausen, benannt.[56] Münchhausen beider Geschlechter sind, medizinisch gesehen, Hochstap-
ler, die ebenso kunstfertig Symptome produzieren und Ärzte
dadurch zu Operationen veranlassen, wie Schwindler, Scharlatane,
Zauberer oder Gurus ihre »Opfer« von etwas überzeugen, das jene
aus eigenen Motiven heraus glauben möchten. Wenn eine unnötige
Operation stattfindet, nehmen zwei Personen an dem Spiel teil – ein
Patient und ein Chirurg. Bereits 1934 machte Karl Menninger, der
inzwischen verstorbene Direktor der Menninger-Klinik, auf die

Beweggründe des Arztes aufmerksam, der bereit ist, mit dem von Menninger als »Operationssucht« [*polysurgical addiction*] bezeichneten Symptom des Patienten zu kollaborieren.[57]

Natürlich wird das Verhalten des Chirurgen in bezug auf die Durchführung der Operation nicht weniger durch unbewußte Motive bestimmt als das Verhalten des Patienten, der sich der Operation unterzieht. Eine Untersuchung der unbewußten Motive von Chirurgen im allgemeinen würde zu weit führen, obwohl wir kurz auf den naheliegenden Schluß hinweisen möchten, daß Chirurgie eine sehr direkte Sublimierung sadistischer Impulse ist [...] Doch wenn Chirurgie eine echte Sublimierung ist und nicht nur eine neurotische Maskierung, bestimmen, was den Chirurgen betrifft, allein objektive Faktoren, z. B. die Tatsache der Infektion, Mißbildung, Blutung usw., ob operiert wird oder nicht. Leider jedoch muß uns schon die oberflächlichste Überprüfung der chirurgischen Praxis von dieser optimistischen Sichtweise abbringen [...] Wir erkennen, daß viele chirurgische Eingriffe Merkmale aufweisen, durch die sie sich als unverhüllter Sadismus zu erkennen geben.[58]

Glücklicherweise sind die Chirurgen heute darauf trainiert, vor dem Münchhausen-Patienten, der auf der Suche nach einem bereitwilligen Chirurgen von einem Krankenhaus zum anderen wandert, auf der Hut zu sein. Heutzutage ist es den Ärzten mit Hilfe ausgefeilter Diagnosetechniken möglich, den Münchhausen zu entdecken, bevor eine unnötige Operation stattfindet. Trotzdem entgehen einige medizinische Schwindler immer noch der Entlarvung, und es gibt immer Ärzte, die unbewußt bereit sind, die unbewußten Wünsche des Münchhausen-Patienten zu erfüllen.

Dem durchschnittlichen Menschen, der Schmerz möglichst vermeidet, mag es unglaublich erscheinen, daß ein Mensch sich freiwillig unnötigen Operationen unterzieht und außerdem noch seinen Körper dazu veranlaßt, physische Symptome zu produzieren, die so überzeugend sind, daß ein Arzt bereit ist, den Körper aufzuschneiden, um die entsprechenden Körperteile zu reparieren oder zu entfernen. Menninger bezeichnete das Münchhausen-Syndrom zwar als Operations*sucht*, doch allein schon die sadomasochistische Natur des Syndroms legt die Vermutung nahe, daß hier die perverse

Strategie am Werk ist. Münchhausen-Patienten werden von eben
dem Wiederholungszwang getrieben, der den Kern jeder Perversion ausmacht. Jedesmal, wenn sie ein Symptom produzieren, das
einen Chirurgen dazu bringt, eine chirurgische »Verstümmelung«
vorzunehmen, spielen sie unbewußt den Zyklus von Verlassenwerden und Wiedervereinigung, Kastration und Wiederherstellung,
Tod und Auferstehung durch. Ist der bereitwillige Chirurg nur ein
unfreiwilliger Partner, ein unschuldiges Opfer, das getäuscht
wurde, um den Forderungen des Patienten nachzugeben? Oder ist
der Chirurg ein Marquis de Sade, der von der Ästhetik der Chirurgie so besessen ist, daß er die Verstümmelungen, um die seine
Patienten bitten, ausführen muß?

Die unbewußten Motive des Münchhausen-Patienten sind deutlicher. Offensichtlich sucht er sich die Operation aus, um einer
Strafe zu entgehen, die er mehr fürchtet als die Operation. Die
Operation repräsentiert eine Methode, das Gewissen zum Schweigen zu bringen, die in vielen Konversionsneurosen und psychosomatischen Erkrankungen Ausdruck findet. Die Patienten phantasieren, daß sie ein Verbrechen verübt haben oder eins verüben
wollten. Wenn der Körperteil, der in der Phantasie für das Verbrechen verantwortlich ist, durch eine Lähmung unbeweglich gemacht
wird oder durch starke Schmerzen ausreichend bestraft wird, hat
der Leidende oder die Leidende für das Verbrechen gebüßt.[59]
Krankheiten, die chirurgische Eingriffe erforderlich machen, besitzen anderen psychosomatischen Erkrankungen gegenüber bestimmte Vorzüge, die sie in den Bereich der Perversionen rücken. In
beiden Fällen wird jemand anders dazu verleitet, die Verantwortung für die Verstümmelung zu übernehmen. In dieser Hinsicht
unterscheiden die Chirurgen sich nicht von den strengen Gouvernanten, den Hohenpriesterinnen oder den Dominas mit spitzen
Absätzen und Peitsche, die dafür bezahlt werden, den sexuellen
Masochisten symbolisch zu kastrieren. Er bezahlt diesen Preis gern,
um einem schlimmeren Schicksal zu entgehen. Dabei übernimmt er
nicht die Verantwortung für seinen Wunsch nach Demütigung und
Kastration und bringt sein Gewissen zum Schweigen, indem er sich

passiv demütigen und kastrieren läßt – jedoch nur symbolisch und von dem anderen, der nun die Verantwortung trägt –, und das alles im Namen der Liebe.

Ein weiteres wichtiges Motiv des Münchhausen-Patienten hängt unmittelbarer mit Liebe zusammen. Die Eindringlichkeit, Macht und Stärke des Arztes rufen im Patienten oder in der Patientin die Abhängigkeit eines Kindes hervor. Menninger bemerkte:

> Zu denen, die sich nach Vaterliebe sehnen und sich sogar einer Operation unterziehen, um sie zu erlangen, müssen wir jene hinzuzählen, bei denen die Annahme der Liebe des Vaters masochistisch geprägt ist, so daß sie nur solche Vaterliebe annehmen können, die in Form von Schmerz übermittelt wird.[60]

Als Menninger vor sechs Jahrzehnten diese Worte schrieb, sprachen die Analytiker noch ausschließlich von Vaterliebe. Heute würden die meisten Analytiker auf die Sehnsucht nach Mutterliebe aufmerksam machen, die durch eine unnötige Operation gestillt werden soll. Das verzweifelte Verlangen nach mütterlicher Fürsorge ist für die Selbstverstümmlerin, die eine mütterliche Umarmung nur in der Form einer Verstümmelung ihres Körpers annehmen kann, mit Sicherheit ein bedeutsames Motiv.

Manche Mädchen in der Adoleszenz und manche erwachsenen Frauen betrachten die Geburt eines Kindes als Verstümmelung des weiblichen Körpers und knüpfen damit an die Geburtsphantasien der Kindheit an. Eine Jugendliche, die unter starker, schmerzhafter Verstopfung litt, wollte sich operieren lassen. Sie behauptete, daß sich in ihrem Darm etwas bewege, das entfernt werden müsse. Nachdem ein kluger Internist ihr nahegelegt hatte, eine Psychotherapie sei in ihrem Zustand eher angebracht als eine Operation, eröffnete sie ihrem Therapeuten bald, sie sei überzeugt, daß ein Baby in ihr wäre, das nur durch das Rektum oder durch einen Schnitt in ihrem Bauch freikommen könnte.[61]

Menninger berichtet von einer Frau, die sich in dreizehn Jahren dreizehnmal operieren ließ. Sie erfüllte sich ihren Kindheitswunsch und heiratete einen Arzt. Unbewußt wählte sie dabei einen Chirurgen mit ethischen Grundsätzen, die ebenso schwankend waren

wie seine Einstellungen zum weiblichen Körper. Es war nicht
schwer, ihn dazu zu überreden, Operationen an ihrem Körper
vorzunehmen. Kurz nach ihrer Verlobung operierte er sie am
Blinddarm, einige Monate später, nach der Hochzeit, nahm er ihr
die Mandeln heraus. Danach folgten in kurzen Abständen eine
Operation wegen einer ektopischen Schwangerschaft, eine Perine-
orrhaphie, um die geringfügigen Dammrisse, die sie während einer
Geburt erlitten hatte, zu beheben, das Aufschneiden eines Abszes-
ses in der Brust, die Entfernung eines infizierten Zehennagels und
eine weitere Korrektur des Perineums. Dann wurden ihr von einem
Zahnarzt drei leicht impaktierte Weisheitszähne gezogen. Anschließend ließ sie sich von ihrem Mann ein zweites Mal an den
Mandeln operieren, dann folgten eine weitere Operation wegen
einer ektopischen Schwangerschaft, ein Schwangerschaftsabbruch,
eine Ausschabung und schließlich die Entfernung des Fettgewebes
in der Bauchgegend.[62]

Manchmal führen diese aktiv angestrebten Verstümmelungen
nur zu einer symbolischen Kastration. Die Chirurgen entfernen
Gliedmaßen, Mandeln, Blinddärme, Zehennägel und Zähne. Es gibt
jedoch auch Fälle, in denen es den Patienten gelingt, die Chirurgen
zu überreden, ihnen Hoden oder Eierstöcke zu entfernen, selbst
wenn diagnostische Tests zeigen, daß diese Organe gesund sind.
Man mag sich fragen, wie ein Arzt es vor sich selbst oder seinen
Kollegen verantworten kann, eine Operation an Hoden oder Eierstöcken eines Patienten oder einer Patientin vorzunehmen, wenn
doch offensichtlich sein sollte, daß der Grund für den Operations-
wunsch nicht eine physische Krankheit, sondern eine starke Angst
ist. Oft kommen Ärzte der Bitte um eine Operation, ganz gleich,
wie bizarr sie ist, unter dem Deckmantel vertretbarer medizinischer
Praxis nach. In noch nicht allzu ferner Vergangenheit wurden Entfernung der Hoden, Hysterektomie oder partielle Entfernung der
Eierstöcke als Therapie für manische Depression, Schizophrenie,
neurotische Ängste, Masturbation, Exhibitionismus, Pädophilie,
Vergewaltigung, Homosexualität, Transsexualität und Tuberku-
lose empfohlen.[63]

Bei kosmetischen Operationen scheinen die Dinge anders zu liegen. Schließlich möchten Patienten, die sich einer Schönheitsoperation unterziehen wollen – zu achtzig Prozent Frauen –, doch nur ihr Aussehen verbessern. Dieser Wunsch kann wohl kaum unter die Kategorie der aktiv angestrebten Verstümmelungen fallen. Die Forderung, jeder Mensch müsse die körperlichen Mängel, mit denen die Natur ihn ausgestattet hat, ertragen, wäre puritanisch. An einer de Bergeracschen Nase, einem Klumpfuß, schweren Oberschenkeln, schiefen Zähnen oder Schielaugen ist nichts Heiliges oder Edles, und eine große Zahl dieser Verletzungen des Selbstwertgefühls eines Menschen kann durch eine Operation geheilt werden. Das fanatische Beharren darauf, daß man sich aus moralischen Gründen den Gesetzen der Natur zu unterwerfen habe, könnte auch ein Versuch sein, die Götter zu verführen und zu besänftigen, eben jene Art von Phantasie, die ein Aspekt der perversen Strategie ist.

Trotzdem ist zutreffend, daß *manche* Frauen (und Männer) Schönheitsoperationen als Methode verwenden, ihre Kastrationsängste zu lindern. Die Operation gibt ihren diffusen Ängsten vor körperlicher Beschädigung einen Bezugspunkt und repariert oder entfernt noch dazu die körperlichen Mängel, die die Frau unbewußt als sichtbare, äußere Zeichen ihrer mangelhaften und beschädigten Genitalorgane betrachtet. Diese unbewußte Angst in bezug auf die Sexualorgane wird besonders deutlich, wenn eine Jugendliche oder eine erwachsene Frau mit großen Brüsten diese auf »normale« Größe zurechtschneiden läßt, denn diese Schönheitsoperation verringert die erotische Sensibilität der Brüste und die Erektionsfähigkeit der Brustwarzen. Manchmal werden sogar die Milchdrüsen entfernt.

1986 berichtete die »American Society of Plastic and Reconstructive Surgeons«, ihre Mitglieder hätten beinahe 600 000 Schönheitsoperationen durchgeführt, etwa 150 000 mehr als im Jahre 1984. Wir werden natürlich nie feststellen können, wie viele dieser Operationen unbewußt als Verstümmelungen interpretiert wurden. Zwar unterziehen sich Frauen und Männer aller Altersstufen in wachsendem Maße Schönheitsoperationen, am häufigsten jedoch werden sie von Mädchen in der Adoleszenz und von Frauen vor und nach der Menopause verlangt. In beiden Lebensphasen macht der weibliche Körper hormonelle Umwälzungen und Stoffwechselveränderungen durch, die das Wachstum der Sexual- und Fortpflanzungsorgane direkt beeinflussen. Ebenso wie die Selbstverstümmlerin sehen auch viele andere junge Frauen die Menstruation als Beweis dafür an, daß ihre Sexual- und Fortpflanzungsorgane beschädigt sind. Die prämenstruellen Spannungen und der Fluß des Menstruationsblutes sind Anzeichen für die gefürchteten Verstümmelungen, die noch bevorstehen – genitale Penetration und Gebären. Die Menopause andererseits kündigt den Abschluß der fruchtbaren Lebensphase an, die allmähliche Degeneration der inneren Organe und endlich den Tod. Manche Frauen interpretieren diese unausweichlichen Veränderungen, die in uns allen Ängste hervorrufen, als endgültige Verstümmelung und Zeichen dafür, daß die Götter sie bald völlig verlassen werden. Um die Götter zu versöhnen, unterwerfen sie sich Operationen, die ihre Furcht vor körperlichem Verfall vorübergehend abstellen.

Eine weitere Störung, die sich in Selbstverstümmelung äußert und bei Mädchen und Frauen aller Altersstufen beobachtet wird, ist die Trichotillomanie, der Haarrupftick.[64] Schätzungen zufolge beträgt die Zahl der Amerikanerinnen, die unter Trichotillomanie leiden, zwischen zwei und acht Millionen. Es sind fast ausschließlich Frauen. Bis jemand erkennt, daß diese Frauen und Mädchen unter einer psychischen Störung leiden, werden sie mit ultravioletten Strahlen, Vitaminspritzen, Schilddrüsenhormonen und lokalen und parenteralen Steroiden behandelt. Und selbst wenn Ärzte sehen, daß die Störung psychischer Natur ist, schieben sie jeder weiteren Untersuchung ihrer tieferen Bedeutung einen Riegel vor, indem sie das Verhalten als »Zwangsverhalten« abstempeln, was nur das aussagt, was die Patientin selbst bereits allzu gut weiß – daß sie dem Drang, sich die Haare auszuzupfen oder auszureißen, nicht widerstehen kann. Diese Kategorisierung der Trichotillomanie entspricht der Bezeichnung einer Perversion als Paraphilie – man sagt damit nichts weiter, als daß der Betroffene sich zu abweichendem sexuellem Verhalten hingezogen fühlt und sich nicht zurückhalten kann, wenn ihn der Drang danach überkommt.

Trichotillomanie ist zwar weniger dramatisch und weniger erschreckend als die feinen Schnitte in die Haut, aber das Haarrupfen kann einen Körperteil genauso verstümmeln. Typischerweise wird das Kopfhaar ausgerissen, die Verstümmelungen können aber auch Augenbrauen, Wimpern, Gesichtshaar, Haare auf Beinen, Brüsten und Bauch und das Schamhaar betreffen. Ein Grund, warum diese Akte der Verstümmelung uns zunächst weniger erschrecken, liegt darin, daß wir Haare als Körperteile ansehen, die keinen Schmerz empfinden können. Dabei vergessen wir aber, daß die Hautoberflächen, aus denen die Haare herausgerissen werden, sehr wohl schmerzempfindlich sind. Außerdem ist das Haarrupfen seiner psychologischen Bedeutung nach eine gewaltsame Hautverstümmelung und führt oft zu vorübergehenden oder bleibenden Narben.

Die junge Frau, die unter Trichotillomanie leidet, reißt oder reibt sich die Haarbüschel nicht in einem Anfall von Raserei oder Verzweiflung aus. Ihre Methoden sind einfallsreich und exakt. Charakteristisch ist, daß jedes Haar oder jede dünne Haarsträhne einzeln ausgerissen wird. Einige junge Frauen sind vor allem damit beschäftigt, »überflüssige« Haare an Schenkeln, Oberlippe, Bauch und Brüsten auszuzupfen, die meisten aber wählen Kopfhaare und Augenbrauen für ihre Schönheitsoperationen. Einzelne Kopfhaare können in unterschiedlichen Längen abgebrochen werden. Diese Störung nennt man Trichokryptomanie. Die Kopfhaut kann so lange gerieben werden, bis kleine Haarsträhnen ausfallen. Haarsträhnen können um einen Kamm oder eine Bürste gewickelt und mit den Wurzeln ausgerissen (epiliert) werden. Einige Mädchen berichteten, wieviel Vergnügen ihnen das leise Ploppgeräusch bereitete, das anzeigt, daß die Wurzel sich aus der Haut gelöst hat. Manche Mädchen saugen an den Haaren, die sie ausziehen, ausreißen oder ausreiben, oder kauen darauf herum (Trichophagie).

Gespaltene Enden werden so weit wie möglich weiter aufgespaltet,
an einem Haar nach dem anderen, bis aus jedem gespaltenen Haar
zwei Haare geworden sind. Die Zeit vom ersten Impuls, das Haar
auszureißen, aufzuspalten oder zu epilieren, bis zum Abschluß der
Handlung kann einige Minuten, eine Stunde oder mehrere Stunden
betragen. Wenn das Mädchen einmal mit dem Ausrupfen begonnen
hat, kann es nur schwer wieder aufhören. Es ist nicht ungewöhnlich, daß ein Mädchen, so vorsichtig es auch sein will, schließlich
große kahle Stellen auf dem Kopf hat und eine Perücke tragen
muß.[65]
Manche unter Trichotillomanie leidenden Frauen und Mädchen
erinnern sich voller Wut daran, daß ihr langes Haar von der Mutter
abgeschnitten oder in einem Frisiersalon modisch kurz geschnitten
wurde, trotz ihrer tränenreichen Proteste und zu einer Zeit, als
lange Zöpfe oder ein Pferdeschwanz ihnen halfen, sich sicher,
intakt, vollkommen, schön und liebenswert zu finden. Fast alle
diese jungen Frauen sind in gleichem Ausmaß mit ihrem Überge-
wicht und mit Abmagerungskuren beschäftigt wie mit dem Haarerupfen. Sie machen Hungerkuren, leiden unter starken Gewichts-
schwankungen, manchmal auch unter Bulimie. Bewußtes Ziel bei
diesen verschiedenen Akten der Selbstverstümmelung ist es, eine
schöne, begehrenswerte Frau zu werden. Unbewußt jedoch protestieren diese jungen Frauen gegen die Anzeichen der Verweiblichung ihres Körpers. Ihre Köpfe stecken voller beängstigender
infantiler Phantasien über die Verstümmelungen, die mit Geschlechtsverkehr und Gebären zusammenhängen. Die Aussicht,
sich emotional oder physisch von den Eltern – vor allem von der
Mutter – zu trennen, würde eine überwältigende Angst hervorrufen, wenn an deren Stelle nicht ein Symptom treten könnte. Dieses
Symptom muß die unbewußten Phantasien, die die Angst produzieren, zum Ausdruck bringen. Das Haarerupfen tritt an die Stelle
der furchtbaren Angst, weil die junge Frau, während sie sich die
Haare ausreißt, alles andere vergißt. Außerdem ist das Haareausreißen, wie wir noch sehen werden, symbolischer Ausdruck für Trennung, Kastration und Trauern.

Die Familiensituation der typischen Trichotillomanin unterscheidet sich von der der typischen Selbstverstümmlerin, und dieser Unterschied erklärt vielleicht, warum die Verstümmelungen an verschiedenen Körperstellen stattfinden. Ein Mädchen, das unter Trichotillomanie leidet, ist von seiner Mutter nicht vernachlässigt worden, hat aber eine besonders konfliktreiche Bindung an eine dominierende, besitzergreifende Mutter hergestellt. Der Vater war möglicherweise nicht verfügbar, um dem Mädchen bei der Trennung von der Mutter zu helfen. Typischerweise ist er ein strenger und distanzierter, aber trotzdem sanfterer und fürsorglicherer Mann als der Vater des Mädchens, das unter leichter Selbstverstümmelung leidet. In der Familienstruktur kommt seine Anwesenheit nicht deutlich genug zum Ausdruck. Wenn er versuchte, seiner Tochter nahezukommen, konnte die Mutter nicht zulassen, daß ihr Mann und ihre Tochter sich ihre gegenseitige Zuneigung zeigten. Der Vater kann ein erfolgreicher, berühmter Mann sein. Die Mutter sieht sich jedoch als Konkurrentin und setzt seine Fähigkeiten ständig herab. Dieses Verhalten der Mutter ruft bei dem Mädchen den Eindruck hervor, daß die Kräfte des Vaters etwas Beneidens- und Erstrebenswertes seien, obwohl ihm nie gestattet wird, sie im Herrschaftsbereich der Königin einzusetzen.[66] Es ist klar, daß die Mutter ihre emotionale Macht über das Mädchen nicht aufgeben kann und sich wünscht, es möge für immer ihr persönliches Eigentum bleiben. Sie behandelt es wie ein Kleinkind und vereitelt seine Versuche, selbständig zu werden. Gleichzeitig übermittelt sie der Tochter die unbewußte Botschaft, daß sie als Gesandte der Mutter hinaus in die Welt gehen und deren Ambitionen und Wünsche verwirklichen soll. Das Mädchen soll zu einer freien, emanzipierten Frau werden, damit es die unerfüllten »männlichen« Wünsche der Mutter befriedigen kann. Es soll für seine Mutter die Elternrolle übernehmen, indem es ihre unbefriedigten Bedürfnisse nach Abhängigkeit befriedigt, gleichzeitig wird jedoch von ihm erwartet, daß es auf kindliche, unterwürfige Art an seine Mutter gebunden bleibt. Es ist nicht allzu schwer, einzusehen, daß die Spannungen, die durch diese unvereinbaren Forderungen erzeugt werden, jeden Menschen dazu bringen würden, sich die Haare zu raufen. Das Haareausreißen wird zu einer idealen Strategie, um diese Konflikte auszuagieren und sie gleichzeitig zu tarnen. Indem die ganze Familie, besonders aber die wütende Mutter, sich auf die Trichotillomanie der Tochter konzentriert, gelingt es ihr, die unbewußte Bedeutung des zugrundeliegenden perversen Szenarios zu verbergen.

> Als das Symptom auffälliger wurde, beschäftigte die Mutter sich endlos mit allen Einzelheiten des Problems der Tochter; oft verhielt sie sich so, als sollte das Haareausreißen nur dazu dienen, sie zu schockieren und zu provozieren. Manchmal deuteten die Handlungen der Tochter darauf hin, daß das tatsächlich der Fall war. Die beiden ergingen sich in unaufhörlichen Zankereien und Machtkämpfen über die Folgen des Symptoms: Ob die Perücke im Haus getragen werden müsse, wie man anderen den Haarverlust erklären sollte und ähnliches [...] Der Vater übernahm eine ähnliche Rolle wie bei anderen Familienangelegenheiten: Er stand hilflos daneben, während die Frauen des Hauses es untereinander auskämpften.[67]

Um zu verstehen, warum ich Trichotillomanie als Perversion betrachte, die hinsichtlich ihrer psychologischen Bedeutung der leichten Selbstverstümmelung gleichkommt, müssen wir unter die Oberfläche dieser manifesten Erscheinung blicken, die man einfach als dramatischen, gewalttätigen Ausdruck eines typischen Ringens einer Jugendlichen um Individuation ansehen könnte. Während die Trennungskonflikte relativ dicht unter der Oberfläche liegen, sind die sexuellen und die Geschlechtskonflikte bei der Trichotillomanie weniger augenfällig.

Untersuchungen der Rituale, die mit Haareschneiden zusammenhängen, bestätigen, daß das Abschneiden von Haar Trennung symbolisiert. In einigen Jäger-Sammler-Gesellschaften war es zum Beispiel Brauch, ein Fest zu feiern, wenn der erstgeborene Sohn abgestillt wurde. Bei dieser feierlichen Entwöhnung, die etwa im Alter von zwei Jahren stattfand, wurde das Haar des Jungen zum erstenmal geschnitten, und er bekam einen Namen. Diese Ereignisse sollten deutlich machen, daß er eine eigene Identität besaß und vom Körper der Mutter getrennt war. Später, beim Herannahen der Pubertät, wurde dem Jungen eine Haarsträhne abgeschnitten. Wenn sie so lang nachgewachsen war, daß man sie in einen Zopf einflechten konnte, wurde der Junge als Mann betrachtet, der bereit war, männliche Pflichten zu übernehmen.[68]

Zu allen Zeiten ist Haar als Symbol von Stärke, Männlichkeit und Energie betrachtet worden. Gleichzeitig besteht auch seit langem die Tradition, Haar als gleichbedeutend mit weiblichen Tugenden anzusehen – mit Fügsamkeit, Unschuld und Schönheit. Haar wird, weil es der Seele oder dem Kopf am nächsten ist, als Symbol für alles Edle, Heilige und Reine betrachtet. Gleichzeitig wird es, weil das Schamhaar dem Anus so nahe ist, manchmal mit allem Befleckten, Profanen und Unreinen in Zusammenhang gebracht. Diesen verschiedenen Assoziationen zu Haar ist gemein, daß ein Stück weit unklar bleibt, ob Haar geschätzte oder verachtete menschliche Eigenschaften repräsentiert. Da beide Geschlechter Haar, sowohl Haupt- als auch Schamhaar, haben, eignet es sich vorzüglich dazu, Geschlechtskonflikte dorthin zu verlagern.

Im Namen der Sauberkeit, aber auch in dem Glauben, daß sich im Haar die Quelle der sexuellen Kräfte der Frau und ihre Anziehungskraft auf Männer verkörpern, müssen sich die Frauen bei den orthodoxen Juden vor der Hochzeit den Kopf scheren und dann für immer eine Perücke tragen. Zweifellos dient dieses Haareschneiden auch dazu, Unabhängigkeit und Selbstsicherheit der jüdischen Braut – ihre männlichen Tendenzen – zu unterdrücken. Bei der Nonne soll die Zeremonie des Haareabschneidens die geistige Ehe mit Gottvater und Gehorsam und Respekt gegenüber den Regeln der Kirche sicherstellen.[69] Daß das Haar einer Frau für ihre potentiell gefährliche Sexualität stand, kommt überdeutlich in der Vorstellung von der Medusa zum Ausdruck, deren Haare in der Bildhauerei und in der Malerei als lange, sich ringelnde Schlangen dargestellt werden.[70] Da man glaubte, daß Hexen ihre bösen Kräfte ihren langen Haarsträhnen verdankten, schor man ihnen die Köpfe, bevor man sie den Folterknechten übergab, die ihnen die Geständnisse abpressen sollten.[71]

Für unseren Zweck, nämlich die Konflikte bezüglich des eigenen Geschlechts und der Sexualität zu verstehen, die in der Trichotillomanie zum Ausdruck kommen, brauchen wir uns nur daran zu erinnern, daß Fellstückchen und Haar selbst zu den beliebtesten Fetischen perverser Männer zählen. Der *coupeur des nattes* zum Beispiel fügt der Frau eine symbolische Kastration zu und hat dabei die beruhigende Vorstellung, daß Haar im Gegensatz zu Genitalien nachwachsen kann. Indem er den Teil des weiblichen Körpers verstümmelt, der die weibliche Sexualität symbolisiert, bringt er seinen Neid auf die Frau zum Ausdruck. Aus Angst vor Vergeltung ist er dann aber auf ewig gezwungen, Entschädigung zu leisten. Er muß beschädigte Frauen reparieren, entweder direkt mit seinem Penis oder indem er ihnen die Haare schneidet und frisiert und damit Schönheitsoperationen vornimmt.

Mr. R., der triumphierende Haareabschneider, dem wir in Kapitel 5 begegneten, konnte nur zu einem befriedigenden Orgasmus gelangen, wenn er seiner Frau eine Haarsträhne abschnitt. Als seine Frau sich schließlich weigerte, sich weiter Haare abschneiden zu lassen, rasierte Mr. R. sich selbst alle Körperhaare ab. Bis seine Haare nachgewachsen waren, hatte er Schwierigkeiten, zu einer Ejakulation zu gelangen, und war zeitweise ganz impotent. Zu jener Zeit bezeichnete er sich scherzhaft als einen Samson, der ohne sein Haar kraftlos sei. Seine Analyse brachte seinen Neid auf die Gebärfähigkeit der Frauen zum Vorschein und ließ ihn zu dem beunruhigenden Schluß gelangen, daß sich in seiner Perversion seine bisexuellen Konflikte ausdrückten, seine Wünsche, sowohl eine kastrierte Frau, eine Frau ohne Haar, als auch ein phallischer Mann, ein Samson mit Haar, zu sein.

Auch bei der Trichotillomanie erfüllt das unbewußte Skript, das sich im Haareausreißen manifestiert, den Wunsch, beide Geschlechter gleichzeitig zu sein. Analytische Untersuchungen des Haarrupfticks lassen einen unguten Kompromiß zwischen den weiblichen und den männlichen Wünschen der jungen Frau sichtbar werden, zwischen Bestrebungen, die bis in die Adoleszenz und ins Erwachsenenalter hinein von den infantilen Gleichsetzungen zwischen kastriert und weiblich einerseits und phallisch und männlich andererseits gefärbt sind. In der Rolle des herausfordernden, aktiven Mädchens, das durch Haareausrupfen die Beachtung und das Interesse der Mutter ganz auf sich konzentriert, demonstriert die Jugendliche, daß sie ein mächtiger, phallischer Mann ist. Indem sie aber passiv ihrem zwanghaften Bedürfnis nachgibt und die ästhetische Verstümmelung an sich selbst vollzieht, wendet sie die mütterliche Rache ab, denn sie beweist damit, daß sie eigentlich ein machtloses, kastriertes weibliches Geschöpf ist, das sich auf dem Gebiet der Sexualität und der Fortpflanzung niemals tatsächlich mit der Mutter wird messen können.

Was wir manchmal vergessen, ist die Tatsache, daß der Wunsch eines Mädchens, herausfordernd, stark und dominierend zu sein, dem Bedürfnis entspringt, die Liebe der Mutter zu gewinnen. Hin und wieder phantasiert jedes kleine Mädchen, daß es, wenn es ein machtvolles, phallisches Wesen wie sein Vater wäre, die Wünsche der Mutter befriedigen und für immer ihr Liebhaber sein könnte. Für ein Mädchen, das seine infantile Bindung an die Mutter während der Adoleszenz nicht aufgeben kann, behält diese infantile Phantasie eine außerordentliche Kraft. Die Trichotillomanin möchte sich verzweifelt aus ihrer Abhängigkeit von der Mutter befreien und wünscht sich doch immer noch, sie könnte irgendwie mächtig genug sein, um die Wünsche und Sehnsüchte der Mutter zu erfüllen. Zudem setzt das Mädchen sein jugendliches Streben nach Individuation mit einer rücksichtslosen Zerstörung der Mutter gleich. Unter diesen Umständen wäre es für beide Seiten gefährlich, wenn das Mädchen seine Aggression direkt ausdrücken würde. Daher scheint es für die Tochter die beste Lösung zu sein, wenn sie ihre unbewußte Aggression der besitzergreifenden, dominierenden Mutter gegenüber zum Ausdruck bringt, indem sie ihre eigene Schönheit zerstört und jene Teile ihres Körpers ausrupft, die von der Mutter anscheinend als äußere Zeichen für eine brave, gehorsame Tochter, eine wirklich weibliche Frau angesehen werden. Da Haar symbolisch sowohl für die Bindung an die Mutter als auch für die Loslösung von ihr stehen kann, ist der Haarrupftick ein ideales

Symptom, um die Individuationskonflikte der Adoleszenz zum
Vorschein zu bringen. Wie bei jeder Perversion sind die Konflikte,
die die Tochter (oder der Sohn) bei der Individuation und der
Loslösung von der Mutter erlebt, eng mit ihren (oder seinen)
Geschlechtskonflikten verbunden.

Jede Perversion wirft Licht auf den einen oder anderen Aspekt der
perversen Strategie. Doch so verschieden die manifesten Erschei-
nungsbilder auch sein mögen, in jeder Perversion ist latent jeder
Aspekt der perversen Strategie erhalten, wenn auch nur als geflüsterte Anweisung oder als Hintergrundtönung. Bei der leichten
Selbstverstümmelung, bei einigen Formen von Operationssucht
und bei der Trichotillomanie geht es besonders um die emotionalen
Probleme, die mit der physischen Reifung der Sexual- und Fortpflanzungsorgane zusammenhängen. Wir können beobachten, wie
durch diese aktiv kontrollierten Verstümmelungen die Ängste und
Konflikte, die der psychische Prozeß des Erwachsenwerdens mit
sich bringt, im Zaum gehalten werden.
    Eine Perversion wird erst in der Pubertät zu einer Perversion,
dann nämlich, wenn das Inzesttabu eine Modifizierung der noch
ungefestigten Geschlechtsideale und der weiblichen und männlichen Identifikationen, die in der Kindheit erreicht wurden, erforderlich macht. Während der Adoleszenz stellen Verweiblichung
oder Vermännlichung des Körpers zusammen mit der genitalen
Reifung normalerweise die einfacheren, dichotomer geprägten
Geschlechtsideale der Kindheit in Frage. Durch eine Perversion
wird dieser Angriff auf die infantilen Geschlechtsideale jedoch
abgewehrt. Während die Leidenschaften des Familienlebens in größere kulturelle Zusammenhänge übertragen werden, lernt die
durchschnittliche Jugendliche allmählich, sexuelle Nähe zu Partnern aufzubauen, die nicht dem Inzesttabu unterstehen. In einer
Perversion jedoch wird unbewußt eine Urszene dargestellt, in der
eine inzestuöse Verbindung mit dem gleichgeschlechtlichen Elternteil stattfindet. Indem die Perversion Probleme erwachsener Sexualität als infantile Fragen von passiv und aktiv, sauber und schmutzig,

phallisch und kastriert darstellt, gelingt es ihr, das Inzesttabu zu umgehen. So gelangt der Erwachsene, physisch gesehen, zu sexueller Reife, behält aber auf der psychischen Ebene die dichotomen Geschlechtsideale der Kindheit bei.

Wir sollten nicht vergessen, daß die Jugendliche durch die üblichen, absehbaren Umwandlungen der infantilen, strikt zweigeteilten Geschlechtsideale Abschied von der Kindheit nimmt und unbewußt um ihre kindlichen Illusionen und die infantilen Idealisierungen der Eltern trauert. Wenn ein Elternteil das Kind während der Kindheit oder Adoleszenz vernachlässigt, nicht zuverlässig verfügbar ist oder die Individuation des Kindes nicht zuläßt, muß der Prozeß des Trauerns verschoben werden, manchmal auf unbestimmte Zeit. Auch wenn ein Elternteil tatsächlich stirbt oder wegen einer schweren Depression oder wegen einer Scheidung verschwindet oder die Familie verläßt, ist es wahrscheinlich, daß der übliche Prozeß des Trauerns abgekürzt wird. Wenn dann nicht ein sensibler Erwachsener dem »verlassenen« Kind hilft, den Verlust zu verstehen, geschieht es häufig, daß das Kind nie lernt, wie man trauert, auch dann nicht, wenn es erwachsen wird. Anstatt, daß die Tochter allmählich ihre kindlichen Bindungen und die Illusionen und Hoffnungen auf Vollkommenheit, die Aspekte dieser Bindungen sind, aufgibt, trägt sie die tote oder deprimierte Mutter, oder die Mutter, die sie verlassen hat (oder den Vater), ständig mit sich herum, verliert sie immer wieder und sucht in allen nachfolgenden Bindungen die Umarmung einer idealisierten, allmächtigen Mutter.

Im Neuen und im Alten Testament gibt es viele Hinweise darauf, daß Menschen sich zum Zeichen der Trauer das Haar raufen oder es nicht mehr pflegen. In alten Zeiten reichte es oft nicht aus, daß die Hinterbliebenen einen Toten beweinten. Sie schnitten sich Gesichter und Arme auf und rissen sich an den Bärten und langen Haaren. Um zu zeigen, wie groß ihr Schmerz war, warfen manche Trauernden die blutigen Strähnen, die sie sich aus der Kopfhaut gerissen hatten, auf die Leiche. In späteren, zivilisierteren Formen dieser alten Gedächtnisrituale zeigten die Lebenden ihre Liebe zu dem Toten, indem sie sich Andenken aus seinem Haar machten.

Emma Rouault wird mit dreizehn ins Kloster geschickt. Dort erfährt sie vom Tod ihrer Mutter. In der Hoffnung, dadurch Trost zu finden, läßt sie sich eine Haarsträhne der Verstorbenen einrahmen und bittet ihren Vater in einem Brief darum, später im selben Grab wie ihre Mutter bestattet zu werden.[72] Sie findet ihren inneren Frieden zwar schließlich wieder, hat ihre Mutter aber nicht vergessen. Einige Wochen nach dem Tod seiner ersten Frau, als Charles seine Besuche bei den Rouaults wiederaufnimmt, zeigt sie ihm das Gartenbeet, aus dem sie jeden ersten Freitag im Monat Blumen für das Grab ihrer Mutter pflückt.[73] Nachdem sie sich in Rodolphe verliebt hat, denkt sie wieder an ihre Mutter. Sie besteht darauf, daß Rodolphe und sie sich Haarsträhnen abschneiden. Sie erzählt Rodolphe von ihrer Mutter und fragt ihn nach der seinigen, die bereits seit zwanzig Jahren tot ist. Sie ahmt eine zärtliche Mutter nach und tröstet Rodolphe, als wäre er ein verlassenes Kind. Sie blickt zum Mond empor und sagt: »Ich bin sicher, daß sie beide [die Mütter] dort oben unsere Liebe billigen!«[74]

Als Rodolphe sich zwei Jahre später weigert, ihr das Geld zu leihen, das sie aus den Fängen Lheureux' gerettet hätte, verläßt Emma ihn bitter enttäuscht. Sie wendet sich noch einmal um, sieht das gleichgültig wirkende Schloß inmitten der Gärten liegen und erstarrt. Der Boden unter ihren Füßen gibt nach, und die Ackerfurchen scheinen zu ungeheuren braunen Wogen zu werden. In ihrer Panik vergißt sie, daß der Grund ihrer Misere eine Geldangelegenheit ist, und leidet nur noch unter ihrer unglücklichen Liebe zu Rodolphe. Sie »fühlte, wie ihre Seele sie durch diese Erinnerung verließ, wie Verwundete das Leben durch ihre blutenden Wunden entströmen fühlen«[75]. Da Emma die Endgültigkeit des Verlustes der Illusionen und Träume ihrer Kindheit nicht ertragen kann, nimmt sie statt dessen Arsen und erleidet die Qualen der Zerstörung ihres Körperinneren.

Nach Emmas Tod wird ihr Körper weiter verstümmelt. Auf Charles' Anordnung hin wird sie in ihrem Hochzeitskleid mit ihrem Brautkranz und ihren weißen Schuhen begraben. Als Félicité den Kopf der Toten anhebt, um ihr den Kranz aufzusetzen, quillt ihr eine schwarze Flüssigkeit aus dem Mund. Am nächsten Tag verlangt Charles eine Locke von Emmas Haar. Homais, der sich bereiterklärt, Emma die Haarsträhne abzuschneiden, zittert beim Anblick der Leiche so sehr, »daß er ein paarmal die Haut an der Schläfe ritzte. Endlich unterdrückte er seine Aufregung und schnitt blindlings zwei- oder dreimal zu, so daß an mehreren Stellen das Weiß des Kleides durch dieses schöne schwarze Haar hindurchschimmerte.«[76] Als Charles stirbt, findet die kleine Berthe ihn. Sein Kopf lehnt an der Gartenmauer, und er hält eine lange Strähne vom Haar ihrer Mutter in der Hand.

KAPITEL 12

Das Heil im Kind

> *Wenn aber [...] Mitgefühl und Mutterliebe fehlen,*
> *wenn hierzu die aus intensivem Erotismus entsprin-*
> *genden starken Leidenschaften und Bedürfnisse kom-*
> *men, sowie genügend entwickelte Muskelkraft und*
> *höhere Intelligenz, um das Böse zu planen und aus-*
> *zuführen, so ist es klar, daß aus dem halbkriminaloi-*
> *den Wesen, als welches wir schon das normale Weib*
> *kennengelernt haben, eine geborene Verbrecherin*
> *entstehen muß, furchtbarer als jeder männliche Ver-*
> *brecher.*
> C. Lombroso und W. Ferrero, *Das Weib als Verbre-*
> *cherin und Prostituierte*[1]

Wie sehr ihre Vorstellungen von normaler Weiblichkeit auch voneinander abweichen mögen, die Experten für weibliches Begehren
sind sich einig darüber, daß die perverse Seite der Frau am deutlichsten in der Mutterschaft zum Vorschein kommt. Allein dadurch,
daß eine Frau als weibliches Wesen geboren wird, ist sie in irgendeiner Weise zu Perversitäten bestimmt – entweder entscheidet sie sich
für die Mutterschaft oder dagegen, entweder wiegt, hätschelt und
küßt sie ihr Kind, oder sie tut es nicht. Gegen Ende des neunzehnten
Jahrhunderts hieß es, wenn eine Frau Freude am Sex habe, die
Mutterschaft aber verweigere, sei sie schlimmer als ein wildes Tier.
Man warnte uns vor dem Bösen, das aus der Büchse der Pandora
hervorquellen könnte, wenn das sexuelle Feuer und die mörderischen Kräfte der Frau nicht durch die zarten erotischen Regungen
der Mutterschaft im Zaum gehalten würden.

August Forel schreibt in seinem Buch *Die sexuelle Frage*, das
kurz nach der Jahrhundertwende erschien, die Tendenz der Nord-

amerikanerin, Landarbeit zu scheuen, die Lasten der Mutterschaft zu vermeiden und sich statt dessen möglichst lange jugendfrisch zu erhalten, sei ungesund und führe zu sozialer Entartung und schließlich allmählich zum Aussterben der Rasse.[2]

Jetzt, gegen Ende des zwanzigsten Jahrhunderts, heißt es, auch eine Mutter solle ein aktives, blühendes Sexualleben führen. Mit ihrer »vollständigen weiblichen Entwicklung« ist nun noch eine weitere Pflicht verbunden: Sie soll ihrem Kind vermitteln, daß ihr Begehren sich nicht darauf beschränkt, auf seine Wünsche mit einem sanften »Ja« oder auf seine Verfehlungen mit einem frustrierenden »Nein« zu antworten. Von Anfang an muß sie dem Kind ihr Verlangen nach dem Phallus zeigen, selbst wenn sie es stillt, ihm den Po abwischt oder ihm klarmacht, wann und wo es essen oder sein Geschäft verrichten soll. Die Aufgabe des Vaters besteht darin, dem Kind und der Mutter seine phallische Funktion sichtbar zu machen.[3] Der Vater soll nicht einfach eine weitere liebevolle Brust darstellen, denn diese rührselige Version des Vaterbildes würde ihn kastrieren. Auch soll er nicht nur der sein, der Babys schenkt. Er schenkt sexuelle Lust. Wie eine britische Analytikerin kürzlich feststellte: »Welche Funktion hat der Vater? Aber natürlich, er soll die Mutter ficken.«[4] Kurz, das jüngste Rezept zur Verhinderung mütterlicher Entartung lautet, daß »eine ›gefickte Frau‹ einen Phallus hat und es nicht nötig hat, ihr Kind als Phallus zu behalten«[5]. Wenn der Vater die Mutter nicht richtig fickt, wendet sie sich mit ihren unbefriedigten erotischen Wünschen dem Kind zu, und indem sie das Kind und seine infantilen Bedürfnisse zum Mittelpunkt ihres eigenen Lebens macht, steht sie seiner sexuellen und moralischen Entwicklung im Wege. Außerdem wird sie sich, wenn sie ihr erotisches Verlangen auf das Kind konzentriert, früher oder später für ihr verpfuschtes Leben rächen, indem sie das Kind quält. Um letzte Zweifel an dem Zusammenhang zwischen der sexuellen Frustration einer Ehefrau und ihren Perversitäten als Mutter auszuräumen, haben zeitgenössische französische Analytiker eine abschreckende Warnung verfaßt:

Wenn das Bild durch die Unfähigkeit der Frau, die von der Sexualität diktierten Bedürfnisse zu befriedigen, noch verschlimmert wird, oder wenn sie das Objekt der Befriedigung nicht erhält, dann wird ihr Kind teilweise die Funktion des Liebesobjektes erfüllen. Auf dieses reale Objekt wird dann der Impuls gerichtet, in diesem Fall ein perverser Impuls mit einem oralen oder analen Muster, dessen sadistische Nuancen nicht zu vernachlässigen sind, selbst wenn sie in die Geschichten, die regelmäßig auf den letzten Seiten der Zeitungen erscheinen, nicht öffentlich eindringen [*sic!*].[6]

Dieser Betonung der phallischen Funktion des Vaters liegt zwar die bewußte Absicht zugrunde, das aktive Sexualleben der Mutter anzuerkennen, aber auf unbewußter Ebene wird die alte Tyrannei in einem neuen Gewand aufrechterhalten. Das »Objekt der Befriedigung«, das die Mutter erhalten soll, ist offensichtlich der Penis. Die jüngste Anweisung zur Erlangung und Bewahrung normaler Weiblichkeit hält die Frau also als Empfängerin phallischer Güter an ihrem Platz und unterläßt es, strategisch durchaus geschickt, ihre Ambitionen und Bestrebungen außerhalb des familiären Netzwerks auch nur zu erwähnen. Wenn ein Kind kein Gefühl für den Unterschied zwischen dem Begehren der Erwachsenen und dem infantilen Begehren entwickelt und ihm nicht von beiden Eltern deutlich die Botschaft vermittelt wird, daß es nicht Mittelpunkt des mütterlichen Universums ist, wird ihm jede Möglichkeit genommen, Neid, Kränkung, Eifersucht und Wut, die durch die Erkenntnis der Unterschiede zwischen den Generationen in ihm geweckt werden, zu bewältigen. Es muß bei einer infantilen Version der Urszene stehenbleiben, die die bekannten infantilen Geschlechtsdichotomien aktiv-passiv, sauber-schmutzig, unterwürfig-dominant und phallisch-kastriert enthält. Und es stimmt auch, daß eine Mutter, wenn sie ihre Hoffnungen und Ambitionen ganz auf ihr Kind konzentriert, seine sexuelle und moralische Entwicklung behindert.

Daraus folgt aber nicht, daß der Ausweg für mütterliche Perversitäten darin besteht, daß die Frau sich dem Gesetz des Phallus unterwirft. Eigentlich ist das nichts Neues. Die Struktur des Familienlebens, so, wie es uns vertraut ist, beruht auf der Voraussetzung, daß es Pflicht der Ehefrau ist, die Virilität ihres Gatten zu bestätigen und ihren Kindern die phallische Funktion des Vaters zu vermitteln. Doch eine Mutter mißbraucht ihre Kinder nicht, weil ihr ein Phallus fehlt, sondern weil sie überzeugt ist, daß sie ohne ein machtvolles, phallisches Wesen in ihrem Leben ein Nichts sei, und aufgrund der Wut, die durch diese Idealisierung geweckt wird. Wenn die Bedingungen des Familienlebens der Frau keine andere Wahl lassen, als ihr Heil in Kindern, Ehemann oder Liebhaber zu suchen, entsteht Gewalttätigkeit. »Ohne dich bin ich nichts« – das ist ein Echo aus der infantilen Vergangenheit, ein perverser Refrain, der lediglich den Mißbrauch und die Seelenmorde der Kindheit wiederholt.

Die Vorstellung von der festen familiären Einheit von Mutter, Vater und Kindern entwickelte sich zusammen mit der Entdeckung oder, wie man den Prozeß auch bezeichnet hat, der Erfindung der Kindheit. Die Kindheit wurde im achtzehnten Jahrhundert als Reaktion auf die menschenverachtenden Tendenzen der industriellen Revolution erfunden. Als im neunzehnten Jahrhundert Künstler begannen, sich als entfremdete Wesen zu sehen, die in einer menschenunwürdigen sozialen Umwelt gefangen waren, wurde das Kind zum Retter der Menschheit, zum Symbol für ungebundene Phantasie und das natürliche Gute. Blake und Wordsworth und kurz darauf Dickens und Twain beschäftigten sich ausgiebig mit der Unschuld der Kindheit. Das Bild des Kindes wurde dem Bild von der Zivilisation als einem Gefängnis gegenübergestellt. Der Künstler hoffte, durch den Blick in die Seele des Kindes einen erhabenen Zustand seines eigenen Selbst wiederzufinden, jenes ursprünglichen, wahren Selbst, das begraben wurde, als der Mensch zu einem sozialen Wesen wurde. Alles, was edel, rein und gut am Menschen war, war im Kind zu finden.[7]

In den Jahrzehnten, in denen diese Idealisierung der Kindheit ihren Höhepunkt erreichte, begannen die Eltern, wie Künstler zu argumentieren. Sie betrachteten sich als von Gott eingesetzte Bildhauer, Pygmalions für die Seele des Kindes. Ihre Aufgabe war es, ihren Wert und ihre Vollkommenheit unter Beweis zu stellen, indem sie ein wertvolles, vollkommenes Kind formten. Der Theorie zufolge ließ sich das Gute, das die Eltern verloren hatten, im Kind wiederfinden. So sucht Emma Bovary, als ihr Verlangen nach Léon sich nicht erfüllen läßt, Zuflucht bei ihrer Tochter Berthe, und je heftiger sie von ihren wollüstigen Gedanken an Léon gequält wird, desto mehr widmet sie sich ihrem Haushalt. Sie geht zur Kirche, sie beaufsichtigt das Dienstmädchen strenger, und Charles findet nach getaner Arbeit seine Hausschuhe angewärmt neben dem Kamin. Seine Nachtmützen liegen zusammengefaltet und ordentlich gestapelt im Schrank, und an seinen Hemden fehlt kein Knopf mehr.[8]

Wenn Besuch kommt, läßt Emma Berthe herunterbringen, zieht sie selbst aus, um zu zeigen, wie gut sie gewachsen ist, und ergeht sich in lyrischen Ergüssen: »Sie erklärte, sie bete Kinder an, sie brächten ihr Trost, Freude und Seligkeit.«[9]

Emmas mütterlicher Eifer und ihre hausfraulichen Tugenden werden jedoch bald relativiert:

> Innerlich aber war sie voller Begierden, Wut und Haß. Ihr Kleid mit den geraden Falten verbarg ein sturmbewegtes Herz [...].
> So kam es, daß ihre fleischliche Begierde, ihre Geldschwierigkeiten und die Schwermut ihrer Leidenschaft in einem einzigen schmerzlichen Gefühl zusammenflossen; – sie bekämpfte es nicht, im Gegenteil, sie gab sich ihm ganz hin, übertrieb noch ihr Leid und suchte überall danach. Ein unsorgfältig aufgetragenes Gericht oder eine halboffene Tür brachte sie auf, sie jammerte über den Samt, den sie nicht hatte, das Glück, das ihr fehlte, die Träume, die sich nicht verwirklichen ließen, und das Haus, das zu eng war.[10]

Emma staunt über die Ruhe, die von Möbeln und Gegenständen im Zimmer ausgeht, während in ihr selbst das Chaos herrscht. Sie läßt ihr Unbehagen an Berthe aus. Als das kleine Mädchen auf sie zustolpert und versucht, an ihren Schürzenbändern zu ziehen, schiebt sie Berthe fort und sagt: »Laß mich!«[11]

Berthe aber kann dem Drang, dem Objekt ihrer Begierde nahe zu sein, nicht widerstehen. Sie stützt sich auf den Schoß der Mutter, sieht sie mit großen blauen Augen an, und aus ihrem Mund tropft etwas Speichel auf Emmas seidene Schürze. Emma ist gereizt, und ihr Gesichtsausdruck erschreckt das Kind, so daß es zu weinen beginnt. Emma befiehlt dem Mädchen, sie in Ruhe zu lassen, und stößt es mit dem Ellbogen zurück, so daß es gegen einen Waschtisch fällt und sich die Wange aufritzt. Der Anblick des Blutes erschreckt Emma. Charles beruhigt sie, aber ihre Angst legt sich erst allmählich.

Als Berthe dann eingeschlafen ist, bereut Emma, daß sie sich so aufgeregt hat. Sie betrachtet Berthes Gesicht: »Zwei dicke Tränen hingen ihr noch in den Augenwinkeln, und zwischen den Wimpern der halbgeschlossenen Lider sah man zwei blasse, tiefliegende Pupillen; das auf die Wange geklebte Heftpflaster verzog die Haut. ›Merkwürdig‹, dachte Emma, ›wie häßlich das Kind ist!‹«[12]

Auf der anderen Seite des Ozeans suchte Bronson Alcott in seinen Kindern das Heil.[13] Er war der Vater von Louisa May und ihrer älteren Schwester Anna, und seine Experimente auf dem Gebiet der Kindererziehung stellten eine exotische Mischung aus liberalisiertem calvinistischem Perfektionsstreben und visionärem transzendentalem Gewährenlassen dar. Daß er Annas Finger über züngelnde Flammen hielt, um sie Vorsicht zu lehren, und daß er sie ermutigte, nackt herumzulaufen, war für ihn kein Widerspruch, und beides vertrug sich mit seiner Einstellung zur Kindererziehung. Manchmal gab Alcott zu, daß die Botschaften, die er seiner Tochter übermittelte, verwirrend seien. Er vertraute jedoch darauf, daß durch die hingebungsvolle Beschäftigung mit den unschuldigen Kindern das Gute in seine Seele gelangen würde:

Wahrlich, wäre ich nicht berufen gewesen, mit Kindern zu verkehren [...] Ich hätte nie den heiteren Gemütsfrieden, den standhaften Glauben, die lebendige Hoffnung gefunden, die jetzt Glanz und Würde über meinen bescheidenen Lebenspfad gießen. Die Kindheit hat mich *Gerettet*. Einst habe ich mich eine kleine Wegstrecke vom himmlischen Königreich entfernt, aber die süße, heilige Stimme der Kindheit hat mich zurückgerufen, und nun bin ich eins mit ihnen in diesem selben Königreich, ein erlöstes Kind.[14]

Etwa zur selben Zeit, zu der Bronson Alcott in Amerika seine
verlorene kindliche Unschuld wiederfand, indem er zum pädagogi-
schen Reformer wurde, schrieb in Deutschland Dr. Daniel Gottlob
Moritz Schreber eine Reihe von Büchern über gesunde Kindererer-
ziehung. 1853 erschien *Die schädlichen Körperhaltungen und
Gewohnheiten des Kindes* und fünf Jahre später *Kallipaedie oder
Erziehung zur Schönheit durch naturgetreue und gleichmäßige För-
derung normaler Körperhaltung*. Diese Erziehungslehre enthielt
Zeichnungen von Turnübungen und Apparaten, die Kinder vor
schlechter Körperhaltung bewahren sollten.

In ihrem Bestreben, ihr persönliches Heil in der Elternschaft zu
suchen, unterschieden Bronson Alcott und Daniel Schreber sich
nicht von zahllosen anderen Müttern und Vätern. Merkwürdiger-
weise wurde traditionell die Beziehung zwischen Mutter und Kind
als Brutstätte möglicher Perversitäten angesehen, während man
hingegen die Beziehung zwischen Vater und Kind bis vor kurzem
selten unter diesem Gesichtspunkt betrachtete. Jahrhundertelang
hatte man stillschweigend zugelassen, daß Väter ihre Frustrationen
an Frau und Kindern ausließen, sie schlugen und mißbrauchten, ja
sogar ermordeten, wenn sie nicht ihre eigene Willenskraft und
Macht widerspiegelten. Wenn wir für einen Augenblick einräumen,
daß die Pflichten und die sinnlichen Momente des gängigen Mutter-
daseins Frauen ausreichend Möglichkeiten und zugleich Entschul-
digungen für das Ausleben ihrer perversen Neigungen bieten, so
müssen wir dabei doch immer noch die patriarchalischen Werte im
Auge behalten und hinterfragen, die die Mutterschaft in dieser
spezifischen Weise geformt haben. Auch wenn manche gern das
Gegenteil glauben würden – mütterliches Verhalten ist nicht
instinktiv, sozusagen naturgegeben. Es wird gelernt, und leider
wird der Unterricht in den meisten Fällen im Sinne der primitiven
sozialen Geschlechtsstereotypen von Weiblichkeit erteilt, vor allem
im Sinne des am weitesten verbreiteten und beständigsten Stereotyps – daß nämlich eine normale Frau ihr wahres Selbst, ihr persönliches Heil in der Mutterschaft findet.

Nach den bürgerlichen Moralvorstellungen des neunzehnten

Jahrhunderts sollte eine gute Mutter sich wie Homais' Ehefrau verhalten. Madame Homais' Aufgabe ist es, dafür zu sorgen, daß ihr Mann in seinen Kindern die Ordnung seiner eigenen Seele widergespiegelt findet. Napoléon, der Älteste, hilft Homais im Laboratorium, Athalie bestickt ihm Käppchen, Irma schneidet Kreise aus Pergamentpapier für die Einmachgläser aus, und der kleine Franklin sagt wie am Schnürchen das Einmaleins auf.[15] Mit Ausnahme von Künstlern wie Flaubert, der *la famille Homais* als Symbol für die Dekadenz und die fetischistischen Werte der modernen Welt darstellt, hätte niemand die Geschlechtsstereotypen, nach denen Madame Homais ihre Kinder formte, als Zeichen von Perversität angesehen. Ohne Zögern hätten die meisten Menschen zu jener Zeit, und heute wahrscheinlich ebenso, die Ehebrecherin Emma Bovary als diejenige identifiziert, die die Werte der Familie mit Füßen tritt und ihre mütterlichen Pflichten vernachlässigt – als Perverse also.

Emma beschränkt sich mit ihren impulsiven Versuchen, in der Mutterschaft ihr Heil zu finden, auf Berthe. Obwohl sie es wagt, den Konventionen, die sie einschränken, die Stirn zu bieten, ist sie letzten Endes doch darin gefangen und hat nicht die Macht, über ihr Leben oder gar über den Lauf der Welt zu bestimmen. Die Kinderzimmer von Alcott und Schreber jedoch stellten Versuchslabors dar, in denen die Erziehungsmethoden an den eigenen Kindern ausprobiert werden konnten, bevor sie auf die Kinder der Welt angewandt wurden. Diese Kinderzimmer waren tatsächlich Brutstätten der Perversion. Für Alcotts Töchter war es ein Glück, daß sie eine Mutter hatten, die zwar die seltsamen Vorstellungen ihres Ehegatten hinnahm, sich in ihrem Verhalten aber nicht von diesem stören ließ und ihren mütterlichen Pflichten sehr inkonsequent und, wie ihr Mann klagte, mit »der Liebe und Furchtsamkeit ihres Herzens«[16] nachging. Für Schrebers Ehefrau galt das nicht. Die Mutter von fünf Kindern akzeptierte das patriarchalische Gesetz ihres Mannes und wurde so zur Zeugin des Seelenmordes an ihren beiden Söhnen.

Alcotts Philosophie bestand darin, die Natur des Kindes zu

respektieren und mit ihr zusammenzuwirken, und zwar in »Übereinstimmung und Harmonie mit den Gesetzen seiner Konstitution«[17]. Schrebers Erziehungsmethoden dagegen beruhten auf der Vorstellung, die rohe Natur des Kindes müsse bekämpft werden. Die Eltern sollten vom Moment der Geburt an das Kind beherrschen und dafür sorgen, daß dieses andernfalls wilde und rebellische Wesen bis zum fünften oder sechsten Lebensjahr einen Zustand vollkommener Fügsamkeit erreiche. Oberflächlich betrachtet, waren Bronson Alcott und Daniel Schreber völlig verschiedene Väter. Aber beide besaßen einen Plan zur Vervollkommnung der Menschheit, und jeder sah sich als fleischgewordenen Apostel, wenn nicht sogar als den Messias selbst.

Alcott verkündete, »der Vater sollte, wie Gott selbst, über all die Verhältnisse in der Sphäre, in der er sich bewegt, eine besondere Aufsicht führen«[18]. Eine weise Gottheit, die das natürliche Gute im Kind zum Vorschein bringen wollte, würde es nicht schlagen. Vor den physischen Qualen, die die Calvinisten seiner Zeit befürworteten, wollte Alcott Kinder zwar bewahren, aber auf moralischer Ebene übte er auf seine Töchter einen Druck aus, der sich, hätte seine Frau seine Prinzipien der Kindererziehung nicht so nachlässig gehandhabt, viel zerstörerischer hätte auswirken können als eine gelegentliche Tracht Prügel. Alcotts Methoden sollten vor allem dazu dienen, den Eltern dauerhaft Zugang zur Seele des kleinen Kindes zu verschaffen. Er erwartete von seinen kleinen Töchtern eine moralische Vollkommenheit, die auf Selbstverleugnung beruhte: »Nach und nach werdet ihr mich so lieben, daß ihr eure Wünsche stets aufgebt.«[19]

Eines Nachmittags ergänzte er seine Predigt über den Zusammenhang zwischen Nächstenliebe und Selbstverleugnung, indem er die dreijährige Anna überredete, ihrer achtzehn Monate alten Schwester Louisa ihren Schaukelstuhl zu schenken. »Ganz liebe kleine Mädchen geben ihre eigenen Wünsche zugunsten der Wünsche ihrer kleinen Schwestern auf, die sie lieben.«[20]

Kennzeichnend für Alcotts Methoden war, daß sie keine besondere pädagogische Ausstattung erforderlich machten. Er benutzte einfach die kleinen Ereignisse des häuslichen Lebens oder manipulierte alltägliche Situationen ein wenig, um seine Lektionen zu erteilen. Er war immer wachsam, immer auf der Hut für den Fall, daß eine moralische Krise auftreten sollte. Wenn sich an einem Tag von selbst keine Krise ergeben wollte, hatte er sich im Geiste eine zurechtgelegt. Etwa zur selben Zeit wie die Geschichte mit dem Schaukelstuhl erfand er die Prüfung mit dem Apfel.

Eines Abends legte Alcott einen Apfel vor Anna und Louisa auf den Tisch und verwickelte sie dann in ein sokratisches Gespräch über die moralischen Verpflichtungen kleiner Mädchen. »Würdet ihr, ohne zu fragen, einen Apfel nehmen, der jemand anders gehört?« fragte er. Anna antwortete mit einem pflichtbewußten »Nein«, und Louisa echote stürmisch und enthusiastisch: »Nein!«

Doch Alcott war ein geduldiger Vater, der das launenhafte Wesen des kindlichen Gewissens wohl einzuschätzen wußte, und daher ging sein Versuch ganz so aus, wie er erwartet hatte. Er ließ die Mädchen mit dem Apfel allein, während er zum Abendbrot ging. Als er zurückkam, war von dem Apfel nur noch das Kerngehäuse übrig. Er ging auf den Tisch zu, und Anna erkannte sofort, daß sie ertappt worden war. Aber sie erleichterte sich ihre Beichte, indem sie ausführlich Louisas Rolle als Mitverschwörerin beschrieb. Der Vater gewährte ihr seine Vergebung nicht sofort, sondern entlockte ihr erst noch das Geständnis, sie habe nicht auf ihr Gewissen gehört, sie habe gehandelt, obwohl sie gewußt habe, daß sie etwas Unrechtes tue. Schließlich versprach Anna, daß sie das nächste Mal auf ihr Gewissen hören würde, und Louisa tat das gleiche.

Anna, die mit den moralischen Prüfungen von seiten ihres Vaters bereits einige Erfahrung hatte, war auf der Stelle vom Apfelstehlen kuriert. Louisa aber konnte nicht widerstehen. Am nächsten Tag erschien wieder einer der Äpfel des Vaters. In Gegenwart ihrer Mutter sagte Louisa: »Vaters Apfel nicht nehmen. Böse! Böse!« Als die Mutter das Zimmer jedoch für einige Minuten verließ, verschlang Louisa den ganzen Apfel und erklärte später: »Kann nichts dafür. Mußte ich essen.«[21]

Als erhabene Gottheit predigte Alcott, man solle die Seelen der

Kinder für die physischen und sinnlichen Wunder ihrer Umwelt
offen und empfänglich halten. Sein puritanischer Zug mit dem
Schwergewicht auf der Selbstverleugnung befand sich allerdings
eher im Einklang mit der Marktmentalität und dem alltäglichen
Materialismus, der bald für die Aufrechterhaltung amerikanischer
Wirtschaft und Lebensweise erforderlich werden sollte. Für Kinder
würde immer weniger Zeit bleiben, kleine Kinder zu sein, da sie zu
kleinen Frauen und kleinen Männern des Marktes werden mußten.

Trotz seines Bemühens, Kinder vor physischer Brutalität und
geistigen Qualen zu schützen, war Alcott bei der Erziehung seiner
eigenen Kinder ein Großinquisitor, ein allgegenwärtiger Wächter,
dem man nicht entgehen konnte, ein »Rundum-Vater«, der die
Bewohner seines Hauses ständig beaufsichtigte.[22] Glücklicherweise
waren die Beobachtungen, die er in seine Tagebücher eintrug,
manchmal viel zu abstrakt und an anderen Tagen wieder viel zu sehr
mit den Einzelheiten von Annas Folgsamkeit und Louisas kleinen
Übeltaten angefüllt, um für andere Eltern interessant zu sein oder
praktische Hilfestellung zu leisten.

Dr. Schrebers Bücher über Kinderaufzucht hingegen erlangten
unglücklicherweise, wenn schon nicht Berühmtheit, so doch
zumindest die allgemeine Anerkennung von seiten deutscher Mütter und Väter. Schrebers Anweisungen waren voller praktischer
Ratschläge, und weil sie rigide, streng gegliedert und exakt zusammengestellt waren und keinen Platz für Abweichungen, Phantasien
oder Launen ließen, konnten Eltern sich den von ihm empfohlenen
Methoden vollkommen anvertrauen. Sie brauchten nur hartnäckig
und wachsam seine Regeln anzuwenden. Schreien, Weinen, Lau-
nenhaftigkeit und Eigensinn konnten dem Kind schon im ersten
Lebensjahr ganz und gar abgewöhnt werden. Jede Aktivität des
Kindes konnte gesteuert und kontrolliert werden. Schreber war
nicht abgeneigt, alltägliche Ereignisse zu manipulieren, um seiner
Moralphilosophie Nachdruck zu verleihen.[23]

Zum Beispiel mußte das Kind während der ersten Lebensjahre
lernen, Versagungen zu ertragen. Die Übung dazu war einfach und
effizient.[24] Die Kinderfrau, die das Kind auf dem Schoß hielt, sollte

nach Belieben essen oder trinken, die oralen Bedürfnisse des Kindes jedoch durften außerhalb der regelmäßigen Mahlzeiten keinesfalls befriedigt werden. Schreber sah natürlich nicht, daß gerade diese Art, ein Kind zu reizen, sadistische und masochistische Reaktionen weckt. Seiner Theorie zufolge lernte das Kind, indem es Verzicht übte, die Unterwerfung unter die Autorität der Eltern. Man stelle sich Schrebers Entsetzen vor, als eine der Kinderfrauen den Bitten eines seiner Kinder, das auf ihrem Schoß saß, nicht widerstehen konnte und ihm von der Birne, die sie gerade aß, ein Stückchen abgab. Die Kinderfrau wurde auf der Stelle entlassen. Der Vorfall sprach sich schnell bei allen Kinderfrauen Leipzigs herum, und Schreber hatte, wie er schrieb, »seitdem nie wieder, weder bei diesem, noch bei den späteren Kindern eine solche Entdeckung gemacht«[25].

Dr. Schreber erkannte, daß manche Eltern bei der Disziplinierung ihrer Kinder vielleicht Übereifer an den Tag legen würden. Obwohl er in der Masturbation die größten Gefahren sah, hätte er nicht gebilligt, wenn Mütter oder Väter ein Kind, das in dieser Hinsicht ungehorsam war, körperlich *mißhandelt* hätten. Körperliche Züchtigung jedoch war ein wichtiges Element in der Kindererziehung. Fügsamkeit und Verzichthaltung mußten durch Schuldgefühle gefestigt werden. Das Ziel der Strafe war nicht einfach, das unerwünschte Verhalten abzustellen, sondern sie mußte so angewendet werden, daß das Kind seine Schuld einsah. Nach der Bestrafung mußte das Kind dem Strafenden die Hand geben.[26]

Dr. Schreber begann seine Karriere als Orthopäde, als Pygmalion, der die Körper deformierter Kinder reparierte. Er konstruierte Apparate, die ihre Muskeln und Knochen stärken und geraderichten sollten. Doch bald erkannte er, daß diese Apparate auch dem normal gewachsenen Kind zugute kommen könnten, das seinen Körper durch Trägheit und schlaffe Körperhaltung schädigte. Wesentlich für seine Theorien über die Heranbildung eines gesunden Körpers war der Grundsatz, daß Kinder aller Altersstufen sich immer geradehalten müssen – beim Stehen, Sitzen, Gehen, Spielen, Liegen und auch beim Schlafen.

Um ein symmetrisches Wachstum von Unter- und Oberkiefer, Kinn und Zähnen zu gewährleisten, erfand Dr. Schreber den *Kopfhalter*, der aus einer Art Helm aus gekreuzten Lederbändern mit einem Kinnband bestand. Der *Geradhalter*, eine T-förmige Metallvorrichtung, die zu Hause oder in der Schule an den Tisch geschraubt werden konnte, sollte verhindern, daß das Kind während der Schularbeiten in sich zusammensackte. Die horizontale Stange drückte gegen die Schlüsselbeine des Kindes, damit es sich nicht nach vorn beugen oder krumm sitzen konnte. Die lange vertikale Stange, an der die horizontale Stange befestigt war und die wiederum am Tisch festgeschraubt wurde, drückte gegen den Schoß des Kindes und hielt es so davon ab, die Beine zu kreuzen oder zusammenzupressen.[27]

Dr. Schreber versicherte der Öffentlichkeit, daß seine Apparate immer zuerst an seinen eigenen Kindern ausprobiert würden. Soweit bekannt ist, überstanden die Töchter die hygienischen Maßnahmen des Vaters relativ unbeschadet. Die beiden Söhne des berühmten Arztes und Erfinders der Schrebergärten und Schrebervereine jedoch wurden als Erwachsene von Geisteskrankheiten befallen. Gustav, der ältere, erschoß sich im Alter von achtunddreißig Jahren, kurz nach seiner Ernennung zum Gerichtsrat.[28] Der andere Sohn, Daniel Paul Schreber, verbrachte einen großen Teil der letzten siebenundzwanzig Jahre seines Lebens in Nervenheilanstalten und Sanatorien.

Daniel Paul Schreber beschrieb die quälenden und erniedrigenden körperlichen Leiden, die die »göttlichen Strahlen« ihm während seiner Krankheit zufügten, ausführlich in seinen *Denkwürdigkeiten eines Nervenkranken*, die er mit einundsechzig Jahren veröffentlichte.[29] Die Verbindung zwischen seinen geistigen und körperlichen Qualen und den Apparaten seines Vaters ist offensichtlich. Er erinnert sich in seinem Werk an das »Engbrüstigkeitswunder«, das den Brustkasten zusammenpreßte und dadurch eine Atemnot verursachte, die im ganzen Körper spürbar war.[30] Wohl »das abscheulichste aller Wunder« war eine »Kopfzusammenschnürungsmaschine«, mit der »kleine Teufel« seinen Kopf zusammenpreßten, so daß er eine längliche, »fast birnenförmige Gestalt gewann«.[31] Selbst kurz vor seiner Entlassung aus dem Sanatorium litt Schreber noch fast ununterbrochen unter Kopfschmerzen, die »mit gewöhnlichen Kopfschmerzen kaum zu vergleichen« waren.[33] Ein weiteres Wunder war das »Steißwunder«:

> bei diesem waren die untersten Rückenwirbelknochen in einem [...] knochenfraßartigen schmerzhaften Zustande begriffen. Der Zweck war, mir auch das Sitzen oder Liegen unmöglich zu machen. Ueberhaupt wollte man mich in keiner Stellung oder bei keiner Beschäftigung lange dulden: wenn ich ging, suchte man mich zum Liegen zu zwingen und wenn ich lag, von dem Lager wieder aufzujagen. Daß ein thatsächlich nun einmal vorhandener Mensch doch *irgendwo sein müsse*, dafür schienen Strahlen kein Verständniß zu haben.[33]

In seinen *Denkwürdigkeiten* drückt Schreber wiederholt seine ambivalente Haltung gegenüber dem geheimnisvollen Gott aus, der nie zu begreifen schien, daß er sein Zusammendrücken, Geraderichten und andere »Wunder« an einem leidensfähigen Menschen mit Körper und Seele vollbrachte. In diesem Zusammenhang macht Schreber sich Gedanken über den tyrannischen Egoismus des Wesens, das die Welt regiert: »Diese egoistische Handlungsweise ist mir gegenüber jahrelang mit äußerster Grausamkeit und Rücksichtslosigkeit geübt worden, so wie nur irgend etwa ein Raubthier mit seiner Beute zu verfahren pflegt.«[34] Anscheinend hatte sein Vater, Dr. Schreber, nicht begriffen, daß er seine Streckwunder an einem kleinen Kind mit menschlichen Gefühlen verübte.

Dr. Schreber stand mit seinem missionarischen Eifer nicht allein. Wenn es darum ging, Vorrichtungen zu erfinden, um die moralische und physische »Geradheit« des Kindes sicherzustellen, hatten selbst die nüchternsten Eltern phantastische Einfälle. Vor allem die Masturbation inspirierte zu immer neuen Ideen. Nachts wurde das Kind mit Riemen, Ketten oder Handschellen ans Bett gefesselt, so daß es sich nicht bewegen konnte. Tagsüber konnte der Unterleib des Kindes in einen Apparat aus Metall eingeschlossen werden, der als Unterwäsche diente. Reiche Eltern befahlen den Gouvernanten und Hauslehrern, denen sie ihre Kinder anvertrauten, jede notwen-

dige Maßnahme zu ergreifen, um das Kind vom Masturbieren abzuhalten. Es war nicht ungewöhnlich, daß die Kinder von ihren Gouvernanten sexuell gereizt und dann mit Lederriemen oder Ketten
festgebunden wurden, damit sie nicht masturbierten. Wie wahre
Heilige wurden die Kinder in Versuchung geführt und dann durch
quälendes Verzichtenmüssen erniedrigt.

Seit der Entdeckung der »wahren Natur« des Kindes war die
Masturbation in den Köpfen der Erwachsenen zu einem Schreckge-
spenst geworden. Seit mindestens zwei Jahrhunderten waren den
Ärzten verschiedene Krankheiten bekannt, die angeblich durch
Onanie hervorgerufen werden konnten – Hysterie, Asthma, Epi-
lepsie, Lähmungen, Melancholie, Geisteskrankheiten. In der zweiten Hälfte des neunzehnten Jahrhunderts und im frühen zwanzigsten Jahrhundert jedoch ging man von eher sanften Behandlungs-
methoden zur völligen Unterdrückung der Masturbation über.
Mechanische Vorrichtungen, schwere Strafen und Operationen
gehörten zu den anerkanntesten medizinischen Gegenmaßnahmen.

Ärzte verschrieben Mutterkorn, Sexine-Tabletten und Paris Vital
Sparks und empfahlen Zugpflaster, die Entfernung von Nerven und
Beschneidung. Es gab alle möglichen Vorrichtungen aus Gummi
und Draht sowie Metallfedern, mit denen der ungebärdige Penis
umwickelt werden konnte, und Katheter und Tuben, die in ihn
eingeführt werden sollten. Mit elektrischen Gürteln und Suspenso-
rien wurden Vermögen verdient, und viele dieser Gegenstände
erweckten erotische Phantasien, auf die das Kind oder der Jugendliche von selbst nie gekommen wäre, und reizten damit zu noch
ausgeklügelteren Masturbationsmethoden.

Zudem war es nun, da viele Eltern der Mittelschicht begannen,
die Verantwortung für die tägliche Erziehung des Kindes selbst zu
übernehmen, beinahe unmöglich, noch weiter zu leugnen, daß auch
Mädchen von der »Todsünde« befallen waren. Wenn ein Mädchen
sündigte, endete es allerdings nicht im Irrenhaus oder auf dem
Friedhof, sondern im Bordell. Viel schlimmer als Wahnsinn oder
Tod waren in diesem Fall Nymphomanie, Prostitution, Unfrucht-
barkeit oder das Gebären mißgebildeter Kinder. Die Klitoridekto-

mie, bei der das Organ des Anstoßes entfernt wurde, war glücklicherweise nur eine kurze Modeerscheinung. Verätzung der Oberschenkel und Genitalien, »Begraben« der Klitoris unter den Schamlippen, Kauterisation und Infilibration der äußeren Schamlippen wurden jedoch häufig empfohlen.[35]

Die sentimentale Verfälschung der wahren Natur des Kindes, mit der die Entdeckung der Kindheit begann, führte zu Grausamkeiten und Kindesmißhandlungen, die als Maßnahmen zur Unterstützung der Sozialisierung und Aufrechterhaltung der geistigen Hygiene getarnt werden konnten. Eltern hatten das unbestrittene Recht, ein Kind für Faulheit, Ungehorsam, Frechheit, Stehlen, Alkoholkonsum und Masturbation zu bestrafen, ja sogar gelegentlich zu schlagen. Diese Strafaktionen mußten tödlich enden, bevor zugunsten des Kindes eingegriffen wurde.

Im November 1899 veröffentlichte die *Neue Freie Presse* in Wien einen Artikel über einen Fall von Kindesmißhandlung, bei dem das Kind zu Tode gequält worden war.[36] In dem Artikel wurden die Hautabschürfungen, Quetschungen, Wunden, Schnitte und Knochenbrüche der fünfjährigen Anna Hummel aufgezählt, die die Eltern dem Kind beigebracht hatten, bis der Tod sich seiner erbarmt hatte.[37] Die Eltern wurden angeklagt, und vor Gericht stellte sich heraus, daß sie sich gemeinsam weitere Quälereien ausgedacht hatten. Sie hatten Anna an eine Truhe gebunden und ihr Essen so vor sie hingestellt, daß sie es sehen, aber nicht erreichen konnte; sie hatten sie im Winter barfuß in eiskaltem Wasser stehen lassen; sie hatten ihr ihre Exkremente in den Mund geschmiert.

Zuerst versuchten Wiener Bürger ihr Entsetzen zu zügeln, indem sie sich sagten, die Hummels seien unwissende Eltern aus der Unterschicht, und Kinder aus Unterschichtsfamilien seien immer Opfer der Sittenlosigkeit und Lasterhaftigkeit ihrer Eltern. Diese tröstende Rationalisierung half aber nicht mehr, als die Einzelheiten bekannt wurden. Der leidenschaftliche Eifer, mit dem Annas Eltern sie langsam zu Tode gequält hatten, schien eine neue Spielart menschlicher Verworfenheit zu offenbaren.

Gegen Ende eines jeden Jahrhunderts machen die Menschen sich über die moralischen Aussichten für das nächste Jahrhundert Gedanken. Daher fragte sich das Wiener Bürgertum beunruhigt, welche weitreichendere Bedeutung der Mord an der kleinen Anna haben könnte. War dieses perverse elterliche Szenario ein Omen? Erwartete die Menschheit im zwanzigsten Jahrhundert ein apokalyptischer Sadismus? Wie konnten eine Mutter und ein Vater sich solche Leiden für ihr Kind ausdenken, wie konnten sie Torturen erfinden, die manchmal an »Dantes Hölle«[38] erinnerten? In seinem Schlußplädoyer fand der Staatsanwalt genau die richtigen Worte, um das Entsetzen auszudrücken, das alle erfaßt hatte:

> Wenn in unserer von Zweifel und Spottsucht zerfressenen Zeit noch etwas gilt, so ist es der Glaube an die Mutter. Alles beugt sich vor der Macht der Mutterliebe; sie ist das reinste Gefühl, aber sie ist auch stärker als alles, sie überwindet alles. Diese Mutter hatte auch ein Kind, und sie hat es gemordet, nein, nicht gemordet, sondern unter grausamen Qualen hingeschlachtet. Ihre That ist ein Hohn auf alles, was den Menschen heilig ist, man wird schier an der Allgewalt der Mutterliebe irre.[39]

Zwei Wochen später brachte derselbe Staatsanwalt die Mörderin einer weiteren kleinen Anna vor den Richter. Diese Anna war die elfjährige Tochter Rudolf Kutscheras gewesen, eines ordentlichen Postbeamten aus der Mittelschicht, und von ihrer Stiefmutter, Maria Kutschera, zu Tode gequält worden. Nach einem kurzen, aber manchmal verwirrenden Prozeß, in dem die Stiefmutter ihre brutalen Praktiken als Erziehung zum Gehorsam verteidigte, wurde die Stiefmutter zum Tod durch den Strang verurteilt. Ihr Mann, Annas Vater, der mit ihr unter einer Decke gesteckt, ihre Handlungen gebilligt und nie zugunsten seiner Tochter eingegriffen hatte, kam mit einer milden Strafe davon.[40]

Maria Kutschera hatte ihre sieben Stiefkinder alle physisch mißhandelt, aber die anderen Kinder hatten überleben können. Offensichtlich hatte Anna für Maria Kutschera die größte Herausforderung dargestellt. Als sie gefragt wurde, ob sie ihre Stiefkinder geliebt habe, bejahte sie und meinte, besonders habe sie Anna geliebt, sie sei ihr Schatz gewesen.

Sie beschuldigte Anna, das Kind, das an ihren disziplinarischen Maßnahmen gestorben war, des Ungehorsams, der Unehrlichkeit, des Alkoholkonsums, des Diebstahls und der sexuellen Sittenlosigkeit. Anna mußte regelmäßig Schläge auf die Finger bekommen, die immer den Schnaps stahlen. Der Staatsanwalt beschrieb dem Gericht die Peitsche, mit der alle Kinder irgendwann geschlagen worden waren, eine russische Peitsche mit eisenbeschlagenen Riemen, die an einem kurzen ledernen Stiel befestigt waren. Maria Kutschera beharrte jedoch bis zum Schluß darauf, sie hätte die Kinder zwar geschlagen, aber nicht mißhandelt, nur bestraft.[41]

Gegen Ende des neunzehnten Jahrhunderts bot die unscharfe Trennung zwischen Bestrafung und Mißhandlung Schlupflöcher für alle möglichen elterlichen Perversitäten. Seit Entstehung des Menschengeschlechts waren Kinder von den Erwachsenen, denen sie anvertraut waren, ermordet, ausgesetzt, spartanisch erzogen, verletzt und sexuell mißbraucht worden. Nun aber, da Kindheit und Mutterschaft zu Symbolen für die edelsten Strebungen des Menschen geworden waren, wurde Kindesmißhandlung im Namen des Fortschritts der Menschheit gerechtfertigt.

Indem Eltern sich darauf beriefen, zum Wohle des Kindes zu handeln, konnten sie die brutalsten physischen und psychischen Strafmaßnahmen begründen. Wir können jedoch davon ausgehen, daß Vater oder Mutter, wann immer sie physische oder psychische Quälereien einsetzen, um das Verhalten eines Kindes zu korrigieren, in Wirklichkeit ihr eigenes Heil suchen.

Das zwanzigste Jahrhundert wird als »Jahrhundert des Kindes« bezeichnet. 1959 wurde eine »Declaration of the Rights of the Child« verfaßt und unter den Experten, die mit der Wahrung der Rechte von Kindern betraut waren – Richtern, Rechtsanwälten, Polizisten, Erziehern, Lehrern, Sozialarbeitern, Psychologen, Politikern –, in Umlauf gebracht. Zwanzig Jahre später feierten die Sachwalter der Rechte des Kindes das »Jahr des Kindes«. Zu diesem Zeitpunkt waren die Experten auf das »Syndrom des mißhandelten Kindes« aufmerksam geworden und begannen sich mit der Psy-

chologie der Mütter und Väter zu beschäftigen, die ihre Kinder
physisch mißhandeln.[42]

Typischerweise haben beide Eltern eines mißhandelten Kindes
ähnliche Lebensgeschichten. Viele sind mißhandelte Kinder, die,
physisch gesehen, erwachsen geworden, psychisch gesehen, jedoch
Kinder geblieben sind, die sich danach sehnen, eines Tages vielleicht
doch noch geliebt zu werden, und die heimlich immer noch rasen
vor Wut über die physischen Schmerzen, die sie still ertragen mußten. Auch wenn sie nicht ständig physischen Qualen ausgesetzt
waren, so wuchsen sie doch in Haushalten auf, in denen sie fortwährend kritisiert und ihre Wünsche und Gefühle immer bagatellisiert
oder mißachtet wurden.

In den Statistiken über *bekanntgewordene* Fälle von Kindesmißhandlung spiegelt sich die Rollenverteilung in der modernen Familie wider. Säuglinge und Kleinkinder werden hauptsächlich von
Müttern, ihren wichtigsten Pflegepersonen, mißhandelt. Im Alter
zwischen fünf und zwölf, wenn die Kinder die schützende Wärme
des Kinderzimmers verlassen und lernen müssen, sich in der Welt
zurechtzufinden, mißhandeln vor allem Väter, die Gesetzgeber.

Vom Standpunkt des mißhandelten Kindes aus wird die Brutalität der Mutter vernichtender erlebt als die des Vaters. Und selbst
wenn es der Vater ist, der prügelt oder Faustschläge verteilt, fühlt
sich das Kind von der Mutter verraten, weil sie es nicht vor den
Angriffen des Vaters schützt. Ganz gleich, was die Bronson Alcotts
oder Daniel Schrebers vielleicht tun oder wie weit ihr messianischer
Arm reichen mag – es sind die Emma Bovarys, die aller Wahrscheinlichkeit nach der Grausamkeit bezichtigt werden. Der Vater ist der
Gesetzgeber, er legt fest, was als Verbrechen gilt, und bestraft
Gesetzesübertretungen. Es ist fast so, als würden wir davon ausgehen, daß die Väter, die nach unserem Rollenverständnis die Gesetze
der Gesellschaft durchsetzen müssen, das Recht haben, so hart wie
nötig oder sogar brutal vorzugehen, wenn das Kind sich der Sozialisation widersetzt. Die Mütter jedoch sind für Pflege, Schutz, Nähren, Trost und Güte zuständig.

Das drei oder sechs Monate alte Baby, dem das Schlüsselbein

gebrochen wurde, weil es zu laut geschrien hat, weiß noch nichts von diesen kulturellen Stereotypen. Es unterscheidet noch nicht zwischen den jeweiligen Zuständigkeitsbereichen von Vater und Mutter. Erst wenn das Kind zwei oder drei Jahre und damit alt genug ist, Phantasien über die Mißhandlungen zu entwickeln, die seinem Körper von der Mutter *oder* vom Vater zugefügt wurden, wird es finden, daß die gute, nährende Mutter es hätte beschützen müssen. Meistens jedoch ist das mißhandelte Kind der Meinung, es selbst müsse der Schuldige sein, denn nur sehr böse Kinder würden so furchtbare Strafen verdienen. Und daher wird es sich bis zu seinem Tod nach einer Mutter mit liebevollen Armen, mit einem Lächeln voller Bewunderung, Lob, Zärtlichkeit und Güte sehnen, nach einer Mutter, deren liebevoller Blick ihm bestätigt, daß es liebenswert sei. Durch dieses ungestillte Verlangen, als wertvoller Mensch angesehen zu werden, wird die Kindesmißhandlung von einer Generation auf die nächste übertragen. Die Mutter, die als Kind mißhandelt wurde, sucht in den Augen ihres Babys den Beweis für ihren eigenen Wert. Später, wenn der als Kind mißhandelte Vater die weitere Sozialisierung des Kindes übernimmt, soll das Kind ihm beweisen, daß er ein wichtiger, respektierter, männlicher Mann ist, indem es seinen Befehlen und Geboten gehorcht, und zwar bis ins Kleinste und ohne Widerrede.

Wenn in einer Gesellschaft Mutterschaft als heilige Pflicht betrachtet wird, ist es verständlich, daß eine Mutter das Kind als Spiegel ihres eigenen Wertes ansieht. Eine mißhandelnde Mutter, eine Frau, die sich immer noch nach der mütterlichen Fürsorge sehnt, die ihr nie zuteil wurde, neigt noch stärker als eine durchschnittliche Mutter dazu, ihren eigenen Wert an ihrer Fähigkeit, die Bedürfnisse des Kindes zu befriedigen, zu messen. Wenn das Kind zu ihrer Milch, ihren Umarmungen, ihren tröstenden Gesten, ihren Befehlen und Verboten »ja« sagt, fühlt sie sich bemuttert und genährt. Wenn es »nein« sagt, ungezogen ist oder nicht fröhlich aussieht, fühlt die Mutter sich an das unglückliche, ungeliebte Kind erinnert, das sie selbst einst war. Stillschweigend wird vorausgesetzt, daß das Kind dazu da sei, für die Eltern zu sorgen. »Mich hat nie jemand geliebt. Als das Baby geboren wurde, dachte ich, es würde mich lieben. Wenn es geschrien hat, hieß das, daß es mich nicht geliebt hat. Also habe ich es geschlagen.«[43]

Eine mißhandelnde Mutter fand eine Aufziehpuppe, die gehen und sprechen konnte und die ihr als perfektes Kind erschien. Sie konnte nur wenige Worte sprechen, aber diese waren genau richtig: »Hallo, ich liebe dich. Hallo, ich liebe dich. Hallo, ich liebe dich.«[44] Auch der zweieinhalbjährige Timmy war ein perfektes Kind. Er wusch immer ab, saugte im Wohnzimmer Staub und konnte sogar für seine Mutter Kuchen backen, wenn er die richtige Teigmischung hatte. Timmy machte nie Schwierigkeiten. Er sorgte für sich selbst. Er konnte sich selbst die Schuhe zubinden und allein seinen Mantel anziehen und zuknöpfen. Zwar entging er nicht ganz den Drohungen, Klapsen, Fausthieben und wütenden Blicken seiner Mutter, aber er kam viel besser davon als sein einjähriger Bruder, dem die Arme gebrochen wurden und dessen Ohr beinahe abgerissen wurde, weil er zuviel schrie und in die Hosen machte.[45]

Der fünf Monate alte Harry provozierte seine Mutter, indem er immer versuchte, den Löffel festzuhalten, während sie ihn fütterte. Er spielte gerne mit seinem Essen herum, bevor er es in den Mund steckte. Seine Mutter berichtete, daß sie ihm immer wieder auf die Finger geschlagen hätte, bis er gelernt hatte, sie nicht in sein Essen zu stecken. Als er acht Monate alt war, saß er mit erhobenen Armen in seinem Hochstuhl, beobachtete ängstlich das Gesicht seiner Mutter und schluckte jeden Bissen, den sie ihm gab, schnell hinunter.[46]

Mißhandelte Kinder lernen schnell. Die sechzehn Monate alte Annie wußte, daß sie sofort zu kommen hatte, wenn ihr arbeitsloser Vater, der sich offiziell um Haushalt und Kinder kümmerte, es befahl. »Wenn sie nicht gleich kommt, wenn ich sie rufe, ziehe ich sie ein bißchen am Ohr.« Als Annie mit Quetschungen und blauen Flecken im Gesicht und an Kopf ins Krankenhaus eingeliefert wurde, war ihr Ohr zerrissen und beinahe vom Kopf abgetrennt. Gleichzeitig wurde ihr drei Monate alter Bruder Donald mit Schlüsselbeinbrüchen und Hämatomen an den Oberschenkeln und unter der Hirnhaut eingewiesen.[47]

Manche mißhandelten Kinder werden nie so hart geschlagen, daß sie ins Krankenhaus müssen. Sie werden nur Tag für Tag mit Tadel, Erniedrigung, Klapsen, Schlägen, Püffen und Kneifen gequält. Manchmal werden sie mit Zigaretten verbrannt oder mit Haushaltsgeräten verletzt. Ihre Körper weisen blaue Flecken, Verbrennungen und geringfügigere Schnittwunden auf, jedoch niemals Knochenbrüche. Andere Kinder sind zeitweise so heftigen Attakken von Zerren, Schlagen und Boxen ausgesetzt, daß sie Knochenbrüche, Quetschungen, größere Fleischwunden und lebensgefährliche innere Verletzunger erleiden. Ihre Körper sind oft mit Striemen von Gürteln und Kabeln bedeckt und mit Verbrennungen, die von elektrischen Geräten herrühren. Zwischen diesen Attacken wird oft relativ gut für die Kinder gesorgt.

Die Mütter, die ihre Kinder mißhandeln, empfinden oft großes Mitleid mit dem Kind. Sie betrachten das Kind als Teil ihrer selbst und erleben daher unmittelbar mit, was das Kind erlebt. In ihrem Kind, das Schmerzen hat, erkennen sie das Kind mit den Schmerzen wieder, das sie selbst einst waren. Und während sie damals aus Angst vor weiterer Bestrafung nicht zu weinen wagten, lassen sie jetzt ihre Tränen fließen. »Als ich Johnny geschlagen hatte, habe ich mich neben sein Bettchen gesetzt und geweint und geweint. Ich habe mich gefühlt, als hätte ich mich selbst geschlagen.«[48]

Die Erinnerungen einer Mutter an ihre Kindheit bestehen aus zwei Gruppen: die eine enthält die Erinnerungen daran, was es für ein Gefühl war, Kind zu sein, und die andere die Erinnerungen daran, wie ihre Eltern für sie sorgten. Diese beiden Erinnerungsstränge bestimmen ihr Verhalten ihrem eigenen Kind gegenüber. Die durchschnittliche Mutter kann eine ganze Reihe von Kindheitserinnerungen in sich wachrufen. Sie umfassen eine große Bandbreite von Ereignissen und reichen von den guten Zeiten, wenn sie ein gehorsames, keckes, schönes, kluges, liebenswertes und geliebtes Kind war, bis zu den entmutigenden und kränkenden Momenten, in denen sie voller Haß war, stank, schmutzig war und nichts taugte und daher ihren Eltern nicht gefiel und ihre Bedürfnisse, Wünsche und Anforderungen nicht erfüllte. Eine Mutter jedoch, die ihr Kind mißhandelt, hat eine sehr beschränkte Vorstellung von ihrer Kindheit. Sie stellt sich vor, daß sie immer ein schreckliches Wesen war, das nur selten, wenn überhaupt, seinen Eltern gefallen oder sie zufriedenstellen konnte. Sie erinnert sich, daß die Stimme ihrer Mutter immer forderte, tadelte und strafte und daß der Vater sie nie vor den Mißhandlungen und Qualen, die die Mutter ihr zufügte, schützte. Sie erinnert sich, daß, als sie älter wurde, der Vater das Fordern, Tadeln und Bestrafen übernahm und die Mutter sie nie vor der Brutalität des Vaters schützte und ihr nie half, zu verstehen, daß sie nicht an seiner Wut schuld war. Wenn sie jetzt vor der Aufgabe steht, sich um ihr eigenes winziges, hilfloses Baby zu kümmern, erscheint es ihr als heilige Pflicht, eine gute Mutter zu sein, denn wenn sie eine gute Mutter sein kann, wird sie vielleicht von ihrer Schuld freigesprochen; vielleicht wird ihre Mutter sie dann lieben. Sie setzt das Baby als Mittel ein, um ihren eigenen Wert zu beweisen, und ihr engstirniger, zwanghafter Ehrgeiz kommt jeder realistischen Einschätzung dessen, was ein Baby leisten kann, zuvor.[49] Sie möchte nur eine gute Mutter sein und ihrem Kind bestimmt keine Schmerzen zufügen, es nicht verletzen oder gar töten. Was aber verleitet diese besonders pflichtbewußte Mutter dann dazu, ihr Kind immer wieder anzugreifen und jedesmal beinahe ums Leben zu bringen?

Das unbewußte perverse Szenario, das furchtbare Schauspiel, daß ein Kleinkind von seiner Mutter geschlagen wird, beginnt damit, daß das Baby unfähig ist, den Wünschen der Mutter Folge zu leisten. Es reicht nicht aus, daß es tut, was sie möchte, sondern es darf noch dazu nicht schreien, darf seinen Kopf nicht so oder anders herumdrehen, darf nicht »nein« sagen und muß seinen Körper ihren mütterlichen Gesten anpassen – und das alles mit glücklichem und zufriedenem Gesicht. Wenn es das nicht tut oder nicht kann, fühlt sie sich verletzt und kritisiert. »Wenn das Baby immer weiterschreit, hört sich das an, als ob meine Mutter mich anschreien und mich kritisieren würde.«[50] Das Baby wird von seiner Mutter nicht als hilfloses Kind, sondern als lieblose, tadelnde Mutter gesehen. Daher erweckt es in der Mutter die hilflose Wut, die sie selbst erlebte, als sie ein kleines Kind war, das immer wieder versuchte, die brave Aufziehpuppe zu sein, die die Mutter so nötig brauchte. Diese Wut, die sie als Kind nie äußern konnte und sich nicht einmal zu spüren erlaubte, vermittelt der Mutter wieder das Gefühl, ein böses, stinkendes, häßliches, dummes Kind zu sein. Die Heftigkeit der Wut und die Unsicherheit, wessen Wut es ist und woher sie kommt, das Gefühl, ein unartiges Kind zu sein, das gleich wieder auf Gott weiß welche Art bestraft wird, schaltet jede Vernunft und Zurechnungsfähigkeit aus. Die Mutter kann sich jetzt nur noch in Sicherheit bringen, indem sie sich mit den Strafenden identifiziert, indem sie den Erwartungen der furchtbaren *Stimme*, die sie immer im Kopf mit sich herumträgt, nachkommt. Alle Vernunft ist fort, und die *Stimme* erteilt jetzt die Erlaubnis, das böse Kind zu zerstören. In dieser Angst und dieser grenzenlosen Wut, in der keine Stimme zu hören ist, die einer Mutter den Mord an ihrem Kind verbietet, liegt eine dämonische Macht, die sich in Ertränken in heißem Wasser, Verbrennungen mit Zigaretten, Fausthieben ins Gesicht, Schlägen auf Finger oder Hintern oder Reißen am Ohr äußert.

In diesem perversen Szenario stehen die Stimme des Gewissens und das Gefühl der Mutter, sündhaft und wertlos zu sein, im Mittelpunkt. Auf diese Weise wird, wie immer in einem perversen Szenario, das Bewußtsein, etwas Unrechtes zu tun, in den Vordergrund gerückt, um der Person zu helfen, die unerträglichen Ängste und Kränkungen zu lindern, die sonst bewußt werden würden. Die Verstümmelungsangst und das beschämende Gefühl, ein wertloses, untaugliches Kind zu sein, das die Wünsche der Mutter niemals befriedigen kann, werden im Zaum gehalten, weil die Stimme des Gewissens durch eine kontrollierte Verstümmelung beschwichtigt wird. Das ungehorsame Baby ist schließlich aus dem Bauch der Mutter gekommen und von ihrem eigenen Selbst noch nicht zu unterscheiden. Wenn sie es verstümmelt, wird sie vor den von der Stimme angedrohten Verstümmelungen sicher sein. Und da in diesem Szenario drei Generationen vereinigt sind – das ungehorsame Baby der Gegenwart, die strafende Mutter der Vergangenheit und das wertlose, böse Kind der Vergangenheit –, ist die wütende Rache

der in der Gegenwart mißhandelnden Mutter unbewußt gegen die
allmächtige Mutter der Vergangenheit gerichtet. Schmerzlich zu
spüren bekommt sie aber das hilflose Baby der Gegenwart. Ein
weiterer Aspekt der perversen Strategie, der in diesem Szenario zum
Ausdruck kommt, ist die Sehnsucht der mißhandelnden Mutter
nach Wiedervereinigung mit der guten, allmächtigen Mutter, von
der ihr Überleben einst abhing und von der es immer noch abhängt.
Denn trotz all ihrer dämonischen Wut sehnt sich die schlagende
Mutter immer noch nach Anerkennung, Schutz und einer liebevollen Umarmung. Trotz ihrer Erinnerungen an die Mißhandlungen
der Mutter und an die Kollaboration des Vaters muß sie versuchen,
das Bild der liebenden, beschützenden Eltern lebendig zu erhalten.
Und diese Sehnsucht, wieder mit den guten Eltern vereint zu sein,
erscheint in jedem perversen Szenario.

In einem Szenario der Schuld, wie Schreber es schuf, muß das
Kind, das von den Eltern gequält wird, eben diese Eltern um Hilfe,
Rettung und Vergebung bitten. Es muß seine tatsächlichen Erlebnisse verleugnen und aufgrund seiner Situation als hilfloses, abhängiges Kind die mißhandelnden Eltern als gut ansehen. Denn nur die
Vorstellung von guten Eltern kann dem Kind helfen, die Wut und
die Furcht zu bewältigen, die die direkten Folgen seiner quälenden,
schmerzhaften Erfahrungen sind. Um sein ungeheures Entsetzen
und seine Wut ertragen zu können, muß das Kind sich irgendwo
den Irrglauben an gottähnliche Eltern bewahren und die Illusion
und die Hoffnung aufrechterhalten, daß Schrecken, Schmerz und
Haß eines Tages in Liebe verwandelt werden. Die Stimme des
strafenden Elternteils sorgt jedoch dafür, daß das Kind jedesmal,
wenn es die Arme nach Liebe ausstreckt, im Namen der Liebe Haß
erfährt.

Die Sehnsucht nach Bindung ist ein Grundzug menschlichen
Daseins. Ein kleines Kind schließt sich emotional an den Menschen
an, von dem es versorgt wird, ganz gleich, in welcher Weise das
geschieht. Und ein Kind bindet sich emotional auch an die Art der
Fürsorge, die es empfängt. Wenn das mißhandelte Kind dann groß
wird und sich umsieht, um sich ein eigenes Leben mit neuen Mög-

lichkeiten zu gestalten, kann es die Vergangenheit nicht abschütteln. Unbewußt ist es der Überzeugung, es könne sich nur in einer Beziehung mit einem mißhandelnden Elternteil sicher und wertvoll fühlen.

Der Mensch, den die junge Frau sich als Liebhaber oder Ehemann aussucht, sieht nicht grausam oder tyrannisch aus. Auf bewußter Ebene wird sie von seiner zärtlichen Sorge um ihr Wohlergehen angezogen. Unbewußt spürt sie jedoch, daß dieser Mann darauf angewiesen ist, in ihren Augen Bewunderung und Verehrung zu lesen – und zwar immer, unter allen Umständen, ohne Widerrede und besonders dann, wenn er das Gefühl hat, er sei eigentlich gar nicht viel wert. Die großartige Vorstellung, nur sie allein habe die Macht, ihren Ehemann oder Liebhaber glücklich zu machen, erscheint ihr vertraut, wie ein Echo aus der Vergangenheit. Und jedesmal, wenn sie ihn glücklich machen kann, fühlt sie sich sicher und geliebt, fast so wie in den seltenen schönen Momenten damals, wenn es ihr gelang, die liebste kleine Aufziehpuppe ihrer Mutter zu sein. Wenn die Flitterwochen vorbei sind, weiß sie ganz genau, daß er sie schlagen wird, wenn er mit seinen Kumpanen einen saufen war, wenn sein Chef ihn beleidigt hat, wenn seine Kollegen sich auf seine Kosten einen Scherz erlaubt haben oder wenn er beim Rennen seine Wette verloren hat. Trotzdem wird sie weiterhin versuchen, diesen Mann glücklich zu machen, denn sie hofft, daß er für sie sorgen und sie beschützen wird. Das drückte ein mißhandeltes Kind als mißhandelnde Frau so aus: »Mich schlecht zu fühlen ist etwas, das ich kenne, es ist sicher, es riecht nach zu Hause.«

Das Jahrhundert des Kindes geht mit einem bedenklichen Unterton zu Ende. Kaum waren die Entwicklungspsychologen darauf aufmerksam geworden, daß manche Eltern ihre Kinder physisch mißhandeln, als eine weitere elterliche Perversion, eine weitere Mißachtung der Unterschiede zwischen Kinder- und Elterngeneration, zu offensichtlich wurde, als daß man sie hätte ignorieren können.

Neben all den vielen anderen faszinierenden Neuigkeiten über das Sexualleben von Frauen, die im Kinsey-Report 1948 veröffentlicht wurden, wurde der Tatsache, daß beinahe 20 Prozent der befragten Frauen berichteten, sie hätten als kleine Mädchen sexuelle Beziehungen zu erwachsenen Männern gehabt oder wären dazu aufgefordert worden, kaum Beachtung geschenkt. In den späten siebziger Jahren jedoch gab es dann eine Fachzeitschrift, das *International Journal of Child Abuse and Neglect*, die jedes Jahr eine Reihe von Artikeln über den sexuellen Mißbrauch von Kindern veröffentlichte. Jahr für Jahr gewöhnte die Öffentlichkeit sich mehr daran, von sexuellem Mißbrauch von Kindern zu erfahren – die Täter waren Pädophile, Kidnapper, Erzieher und Familienmitglieder. Als am 25. August 1985 die *Los Angeles Sunday Times* berichtete, daß mindestens 22 Prozent der erwachsenen US-Bürger als Kinder Opfer von sexuellem Mißbrauch gewesen seien, waren die Leser schockiert, die Nachricht traf sie jedoch nicht ganz unvorbereitet.[51]

Die Statistik war das Ergebnis einer bundesweiten Untersuchung, die von I. A. Lewis durchgeführt worden war, einem Reporter, der große Erfahrung mit Umfragen hatte. Von den 2627 Personen, die von Lewis' Mitarbeitern befragt worden waren, berichteten 27 Prozent der Frauen und 16 Prozent der Männer, sie seien als Kinder sexuell mißbraucht worden. 55 Prozent der Opfer gaben an, sie hätten als Kinder Geschlechtsverkehr mit einem Erwachsenen gehabt, und 18 Prozent davon berichteten, daß physische Gewalt oder Drohungen angewandt worden seien, um sie zum Mitmachen zu zwingen. Die andere Hälfte der Opfer war mit dem konfrontiert worden, was als weniger gravierender sexueller Mißbrauch angesehen wird – Streicheln, exhibitionistische Handlungen und Posieren für Nacktfotos. Das häufigste Alter der Opfer war zehn Jahre, und der typische Täter war etwa zwanzig Jahre älter als das Opfer.

Obwohl es in dieser Beziehung keine allgemeingültigen Regeln gibt, kann man doch sagen, daß ein vier- oder fünfjähriges Kind, das von einem Erwachsenen sexuell mißbraucht wird, schwerer traumatisiert und dauerhafter emotional geschädigt wird als ein Teenager, dem ähnliches widerfährt. Die meisten nordamerikanischen

Bundesstaaten unterscheiden zwischen dem *statutory rape*, dem Geschlechtsverkehr mit Mädchen, die noch nicht im einwilligungsfähigen Alter sind – wobei das einwilligungsfähige Alter zwischen dreizehn und achtzehn Jahren schwankt –, und dem gravierenderen sexuellen Mißbrauch vorpubertärer Kinder. Es ist tatsächlich wichtig, diese Unterschiede zu machen. Aber wie alt oder jung ein Kind auch gewesen sein mag und in welcher Art es auch sexuell mißbraucht worden ist, ein Erwachsener hat den Körper des Kindes für seine eigenen emotionalen Bedürfnisse gebraucht oder mißbraucht, ohne auf die Gefühle des Kindes Rücksicht zu nehmen. Das Kind war für ihn ein Fetisch, ähnlich wie eine Haarsträhne, ein Samtmorgenrock, ein Pferd oder eine Leiche. Der Erwachsene schien überhaupt nicht begriffen zu haben, daß der Körper, den er mißbrauchte oder vergewaltigte, ein lebendes, atmendes Kind war.

Es ist klar, daß jeder Erwachsene, der ein Kind sexuell mißbraucht, darauf aus ist, die Unterschiede zwischen der Kinder- und der Erwachsenengeneration zu leugnen. Er ist in eine Perversion verstrickt. Für das mißbrauchte Kind kann seine Perversion unterschiedliche Folgen haben. Der sexuelle Mißbrauch kann ein einmaliges Ereignis sein oder über Jahre hinweg immer wieder verübt werden. Selbst ein einmaliges Ereignis, zum Beispiel eine fast zufällige sexuelle Begegnung zwischen einem Kind im Ferienlager und einem älteren Lagerleiter, kann, je nach Gemütszustand des Kindes und Einstellung und Verhalten des Erwachsenen, ein unauslöschliches Trauma hinterlassen. Sexueller Mißbrauch kann in einer gewalttätigen oder in einer »zärtlichen« Atmosphäre verübt werden. Ein Mädchen, das auf Spielplätzen und U-Bahnhöfen wiederholt Opfer exhibitionistischer Handlungen geworden ist, wird nicht in gleicher Weise leiden wie ein Mädchen, das wiederholt zum Geschlechtsverkehr mit einem Erwachsenen gezwungen wurde, oder ein Mädchen, das immer wieder von seinem Vater, den es liebt und bewundert, verführt wird. Wenn das Kind von den Eltern oder von anderen Familienangehörigen mißbraucht wird, besteht das Verbrechen in inzestuösem sexuellem Mißbrauch. Und bei inzestuösen Handlungen sind die psychischen Belastungen für das Kind

sehr unterschiedlich, je nachdem, ob es von einem Elternteil oder
von Tante, Onkel oder Großvater oder von Schwester, Bruder oder
Vetter derselben Generation mißbraucht wurde. Wiederum scheint
es von der Gemütsverfassung des mißbrauchten Kindes und der
Haltung des inzestuösen Erwachsenen dem Kind gegenüber abzu-
hängen, ob eine inzestuöse Beziehung traumatisierend wirkt oder
nicht.

Gegenwärtige Untersuchungen ergeben zwar, daß manche Mütter, Tanten, Nachbarinnen und jugendliche weibliche Babysitter
jüngere männliche Jugendliche und Kinder sexuell mißbrauchen,
doch in der großen Mehrzahl der Fälle sind es männliche Personen,
die Kinder, vor allem Mädchen, mißbrauchen. Viele dieser erwachsenen Männer, vor allem die Pädophilen, fühlen sich aber auch
besonders zu Knaben hingezogen. Wenn der Erwachsene das Kind
nicht kennt, besteht die Wahrscheinlichkeit, daß er pädophil ist, ein
Mann also, der seine Perversion zu einer Tugend erhebt, indem er
vor aller Welt verkündet, daß er sein kindliches Opfer in Liebe und
Sexualität einweihe.

Der Pädophile ist auf Kinder »fixiert«. Das bedeutet, daß er sich
zwanghaft zu Kindern hingezogen fühlt, keine andere Möglichkeit
hat, seine Sexualität zu leben, und von Kindheit an zum sexuellen
Mißbrauch von Kindern neigt. Viele Pädophile wurden als Kinder
sexuell mißbraucht, und die anderen waren anderen Arten des
physischen und psychischen Mißbrauchs von seiten der Eltern
ausgesetzt. Üblicherweise sagt man zwar, der Pädophile fühle sich
zu Kindern hingezogen, tatsächlich aber wird er, wie alle perversen
Männer, vom weiblichen Körper abgestoßen und möchte nicht gern
an die Unterschiede zwischen den Geschlechtern erinnert werden.
Der Körper eines Kindes, vor allem der eines Jungen, hält diese
unliebsamen Informationen verborgen. Außerdem sind Pädophile,
offensichtlicher als andere Perverse, damit beschäftigt, alle Unterschiede zwischen der Generation der Kinder und der der Erwachsenen auszulöschen.

Das Leben des Pädophilen wird aufgezehrt von einer unbewußten Wut auf die heiligen Werte der Gesellschaft und einer bewußten

Verachtung für alle sozialen Unterschiede, die ihn an seine Verbannung aus dem Garten Eden erinnern. Wenn er nicht direkt vorpubertäre Kinder mißbraucht, macht er Nacktfotos von ihnen, sammelt Fotos von nackten und halbnackten Kindern und pornographische Texte über Lust mit Kindern und tauscht sie mit anderen Pädophilen. Manche Kinder entwickeln eine Zuneigung zu den Erwachsenen, die sie mißbrauchen, und verraten sie unter keinen Umständen. Andere haben Angst, etwas zu sagen, und wenn sie dann doch sprechen, kann es sein, daß man ihnen nicht glaubt. Ein Pädophiler muß normalerweise »auf frischer Tat« ertappt werden, damit man ihn überführen kann.

In etwa achtundneunzig von hundert Inzest-Fällen ist ein Vater der Täter und eine Tochter das Opfer. Im Gegensatz zu Pädophilen, die sich für Angehörige einer sexuellen Elite halten, sind Väter, die ihre Töchter mißbrauchen, nicht stolz auf ihre Taten und versuchen alles, um ihre Handlungen geheimzuhalten. Wenn die Tochter schließlich den Mut hat, ihrer Mutter von den sexuellen Übergriffen des Vaters zu erzählen, wird der Vater das Mädchen als Lügnerin hinstellen, und es besteht die Möglichkeit, daß die Mutter ihm glaubt.

Wie im Jahre 1899 die Bürger Wiens, die sich von Anna Hummels schrecklichem Tod distanzierten, indem sie die Ursache dafür in ihrer Herkunft aus der Unterschicht suchten, glauben im Jahr 1990 die meisten braven Amerikaner nur allzugern, daß Inzest nur in Unterschichtfamilien in den Slums und Ghettos der Großstädte und in den finstersten Winkeln der Appalachen vorkommt. Ein großer Teil der Inzest-Familien gehört jedoch der Mittelschicht an und wirkt völlig normal. Die Nachbarn sind schockiert, wenn sie erfahren, daß der nette, schwer arbeitende Familienvater mit drei Kindern, zwei Autos, einem Hund und einem gepflegten Rasen, der seiner ergebenen, aufopferungsvollen, Kuchen backenden und in der Elternvertretung der Schule engagierten Ehefrau immer treu war, seine beiden Töchter von früher Kindheit an sexuell mißbraucht hat. An den Familien der Ober- und Mittelschicht, in denen Inzest verübt wird, fällt auf, daß sie die Geschlechtskarikaturen

nachahmen, die in TV-Familienserien wie »Ozzie and Harriet«,
»The Cosby Show«, »The Wonder Years«, »Major Dad« und
»Roseanne« verherrlicht werden. In diesen stereotypen Fernseh-
Haushalten benehmen die Mütter und die Mädchen sich genau wie
Mädchen und die Väter und die Jungen genau wie *Jungen*, und alle
lachen und weinen und sehen genau im richtigen Moment besorgt
oder erschrocken aus, aber emotional geschieht nichts. Niemand
fühlt sich wirklich in Empfindungen oder Gedanken des anderen
ein, und die Kinder werden, genau wie der Hund und das Barbecue,
als Requisiten für dieses Bilderbuch-Familienleben benutzt.

Die Ehefrauen von inzestuösen Vätern würden eher ihre Tochter
für ihre angeblichen Lügen bestrafen, als Schritte zu unternehmen,
um das Mädchen vor dem Mißbrauch durch den Vater zu schützen.
Die Frau ist eher daran interessiert, den Anschein von idealem
Familienleben aufrechtzuerhalten und die Beziehung zu ihrem
Mann zu schützen, als den Brötchenverdiener und Herrn des Hauses ins Gefängnis wandern zu sehen. In vielen kleinen, fest zusam-
menhaltenden Gemeinden, in denen Fälle von Inzest bekannt werden, lösen Familien und Nachbarn das Problem lieber in aller Stille,
ohne Eingreifen des Gesetzes. Es gibt in allen Schichten viel mehr
Inzestfälle, als bekannt wird.

Männer, die ihre Töchter sexuell mißbrauchen, hungern typischerweise nach liebevoller Bestätigung, und wenn die abhängigen,
narzißtisch gekränkten Frauen, die sie geheiratet haben, auch nur
ein Fünkchen von Unabhängigkeit entwickeln, wenden sie sich in
panischer Angst ihren Töchtern zu. Psychologische Studien über
Inzest-Familien zeigen häufig, daß Vater und Tochter sich von der
Mutter vernachlässigt fühlten, daß beide sich nach Zuneigung und
Zärtlichkeit sehnten. Es ist nicht ungewöhnlich, daß die Tochter
zusammen mit dem Vater eine Version des Inzest-Szenarios entwickelt, in der die Schuld auf die Mutter geschoben wird. Der Vater
beklagt sich über die Reserviertheit und gefühlsmäßige Unzugäng-
lichkeit der Mutter, und die Tochter sagt, auch sie habe unter dem
Mangel an Mutterliebe gelitten. Sie sagt, daß sie sich nur in den
Armen des Vaters wertvoll und sicher fühlte. Diese Version ent-

spricht zum Teil der Wahrheit. Die Frau eines inzestuösen Vaters spielt die *Rolle* der hingebungsvollen Mutter, aber sie ist mehr damit beschäftigt, durch Unterstützung des Narzißmus ihres Ehegatten ihre eigene Selbstachtung zu retten, als sich um das Wohlergehen der Kinder zu kümmern. Den Bedürfnissen ihrer Kinder gegenüber ist sie emotional blind, aber auf die Bedürfnisse des Mannes hat sie sich eingestellt. Wenn sie ihren bewundernden Blick von ihm abwendet und aufhört, Kuchen zu backen, regrediert er und begeht Inzest.

Im Gegensatz zum fixierten Pädophilen wird der inzestuöse Vater als »regressiv« betrachtet, als »normaler« Mann, der durch Streß auf einen Zustand emotionaler Bedürftigkeit zurückfällt, der ihn dazu bringt, sich seiner Tochter sexuell zu nähern. Fast immer ist ein Vater, der seine Kinder sexuell mißbraucht, seit dem Tag, an dem er seine mitleiderregend abhängige Frau kennengelernt hat, seinerseits völlig von ihr abhängig. Er braucht die Bestätigung, daß sie ihn als mächtigen Herrn betrachtet, als das Wichtigste in ihrem Leben, und daß sie ihre emotionale Befriedigung ganz aus der Beziehung zu ihm schöpft. Sie muß ihm vermitteln, daß sie ohne ihn ein Nichts wäre. Solange das Paar diese Rollenteilung aufrechterhält, tritt der Vater vielleicht nicht mit sexuellen Absichten an seine Kinder heran. Seine Regression auf den Inzest wird typischerweise durch eine Veränderung in der Beziehung zu seiner Frau ausgelöst. Das kann eine lange Krankheit der Frau sein oder ihr Tod oder Trennung, Scheidung oder Zeichen von Eigenständigkeit ihrerseits – daß sie abnimmt, ihre Frisur oder ihren Kleidungsstil ändert, eine Ausbildung beginnt oder bei bezahlter oder ehrenamtlicher Arbeit Überstunden macht. Auch der Streß, der mit dem Verlust des Arbeitsplatzes oder des beruflichen Ansehens verbunden ist, besonders, wenn als Folge solcher Ereignisse die Ehefrau Arbeit annehmen und der Mann sich um den Haushalt kümmern muß, kann ein auslösender Faktor sein. Es ist nicht ungewöhnlich, daß der Ehemann und Vater dann zur Flasche greift oder drogensüchtig wird. Wenn er vorher versucht hat, jeden Impuls, sexuelle Beziehungen zu seinen Kindern aufzunehmen, zu unterdrücken, werden

Alkohol und Drogen, die anfangs seine Bedürfnisse befriedigten und seine Ängste milderten, nun enthemmend wirken. Manchmal geschieht die erste sexuelle Annäherung beinahe zufällig, wenn der Mann betrunken ist und das Kind schläft. Dieses erste Erlebnis, das ungeheuer erotisch und narzißtisch befriedigend ist, quälende Schuldgefühle weckt und außerdem als Ventil für die unterdrückte Wut der Kindheit dient, enthält alle emotionalen Bestandteile, die zur Entstehung einer Perversion notwendig sind. Alle Perversionen haben suchterzeugenden, zwanghaften Charakter, und beim Inzest ist die Droge immer zur Hand, weil ein Kind die Annäherungsversuche des Vaters nur selten abwehren wird.

Während der letzten Jahre wurde ein weiterer Typ beschrieben, der Kinder sexuell mißbraucht, nämlich der pädophil-inzestuöse Vater. Diese pädophilen Männer suchen sich geschiedene oder verwitwete Frauen mit Kindern aus oder heiraten Frauen, die die zukünftigen Mütter ihrer zukünftigen kindlichen Geliebten sein sollen. Sie leben in gesetzlicher Ehe mit diesen Frauen und gehen dabei von der Pädophilie zum Inzest über. Humbert Humbert, der Held von Nabokovs *Lolita*, heiratet Mrs. Haze, obwohl ihr aufreizendes, kokettes Wesen ihn eher abstößt, um Zugang zu ihrer Tochter, dem »Nymphchen« seiner Träume, zu gewinnen. Doch Lolitas Mutter muß erst sterben, bevor Humbert an das Mädchen herankommt. Er beklagt die Ungerechtigkeit der Gesetze gegen Pädophilie und Inzest:

> In unserem aufgeklärten Zeitalter sind wir nicht mehr von kleinen Sklavenblumen umgeben, die nebenher, zwischen Termin und Therme, gepflückt werden können, wie es in den Tagen der Römer an der Tagesordnung war; und anders als würdevolle Orientalen in noch üppigeren Zeiten liebkosen wir zwischen Hammel und Rosensorbet keine dienstbaren Kinder von vorn und hinten. Es ist doch so, daß neue Sitten und neue Gesetze die alte Verbindung zwischen der Erwachsenen- und der Kinderwelt vollständig zerrissen haben.[52]

Eine Inzest-Mutter ist eine Frau, die sich von Männern angezogen fühlt, die bewundert werden wollen, von Männern, von denen sie glaubt, daß sie ihr intellektuell und sozial weit überlegen sind. Die

Frauen, die Pädophile oder solche heterosexuellen Männer heiraten, die eines Tages Inzest begehen, werden Inzest-Mütter genannt, weil sie ein untrügliches Gespür für Männer haben, die potentiell inzestuöse Väter sind. Wie ich bereits gesagt habe, sehen diese Männer nicht wie Teufel oder Dämonen aus. Eher wirken sie normaler und distinguierter als der Durchschnittsmann. Sie erwecken die Vorstellung vom idealen Vater, vom idealen Familienoberhaupt. Die Inzest-Mutter erkennt jedoch unbewußt den Männertyp, den sie zu ihrem eigenen Heil braucht, so, als hätte sie emotionale Antennen, die sie geradewegs zu dem gesuchten Mann führen.

Ein Mann, der mit der bewußten oder unbewußten Absicht heiratet, sein Kind sexuell zu mißbrauchen, wird das Kind von Geburt an darauf vorbereiten. Er zählt zu den Vätern, von denen jedes kleine Mädchen träumt. Er badet und wickelt es voller Zärtlichkeit, kauft ihm schöne Kleider, zieht es jeden Morgen an, massiert es, bürstet ihm die Haare, nimmt es mit auf Erwachsenen-Partys und gibt ihm das Gefühl, daß die Mutter ein Niemand sei, eine Frau, die er nur als Haushaltssklavin betrachtet. Ein Kind entwickelt Zuneigung zu jedem, der starke, leidenschaftliche Gefühle in ihm erweckt. Und was könnte für ein kleines Mädchen aufregender sein, als von seinem Papa, Opa oder Stiefvater, einem Mann jedenfalls, den es als eine Art Gott betrachtet, zu seinem Liebling, seinem besonderen kleinen Frauchen erwählt zu werden? Und wenn dieser Gott es außerdem noch versteht, seine kleinen Brüste zu reiben und seine Genitalien zu streicheln, und ihm beibringt, ihm einen zu blasen, wird die sowieso schon stürmische Zuneigung, die ein Kind zu seinem Vater empfindet, noch durch die erotische Spannung verstärkt, die dadurch entsteht, daß es etwas hinter dem Rücken der Mutter tut.

Erst wenn das Mädchen zum Teenager wird und erkennt, daß alle Freundinnen gleichaltrige Freunde haben, kommt ihm zu Bewußtsein, daß etwas an seinem Vater oder der Beziehung zu ihm nicht stimmt. Unbewußt hat die Tochter natürlich schon immer unter Schuldgefühlen gelitten, weil sie wußte, daß sie der Mutter ihren Platz streitig machte und daß die besondere Liebe, die sie für ihren

Vater empfand, ihrer beider kleines Geheimnis war, das sie niemals verraten durfte.

Als Erwachsene wird sie sich stark mit der Mutter identifizieren, deren Existenz und Selbstwertgefühl auf der Beziehung zu einem gottähnlichen Mann basieren. Sie wächst mit einem tiefen, unbewußten Haß auf Männer auf, ist aber trotzdem überzeugt, daß nur ein bestimmter Typ Mann, der Mann, der die sklavische Ergebenheit der Frau braucht, sie sexuell erregen kann. Und genau dieser Typ Mann wird vielleicht ihre Kinder sexuell mißbrauchen. So beginnt eine Ehe zwischen einer emotional bedürftigen Kind-Frau und einem emotional bedürftigen Kind-Mann, so entsteht eine Familienstruktur, in der weder Mutter noch Vater fähig sind, sich in ein bedürftiges, abhängiges Kind einzufühlen.

Ein Mädchen, das sein ganzes Leben lang systematischem, regelmäßigem sexuellem Mißbrauch, Quälereien und Vernachlässigung ausgesetzt war, wird von seinen Traumen überwältigt. Es wird von Gefühlen und Wahrnehmungen überflutet, die auf normale, menschliche Weise nicht zu bewältigen sind. Das durchschnittliche Kind, das unter den üblichen, erwartbaren Kindheitstraumen leidet, bearbeitet und heilt diese Traumen mit Hilfe seines Phantasielebens. Das Kind jedoch, das unter schweren, wiederholten Traumatisierungen leidet, benötigt massive Abwehrmechanismen, die sein Gefühlsleben verarmen lassen. Diese bewußtseinsverzerrenden Abwehrmechanismen sind der Grund für bestimmte irreversible Deformationen des menschlichen Denkens und Fühlens. Wenn die in der Kindheit erlittenen Qualen solche massiven Abwehrmaßnahmen notwendig machen, damit das Kind psychisch überleben kann, wird das Kind nicht nur durch die physischen und psychischen Qualen, die es erlitten hat, geschädigt, sondern auch durch die Überlebenstaktiken, die es anwenden mußte, um weiter denken und fühlen zu können. Das Kind lebt weiter, aber seine Seele ist gemordet worden.

Der Begriff »Seelenmord« wurde zum erstenmal 1832 in einem Buch über Kaspar Hauser verwendet, den Findling, der siebzehn

Jahre lang in Dunkelheit und fast ohne Kontakt zu Menschen aufgezogen wurde.[53] Der Autor des Buches, Anselm Ritter von Feuerbach, zu seiner Zeit ein bekannter Richter, beschuldigte den Pflegevater des Seelenmordes. Er schrieb:

> Gleichwohl wird Niemand verkennen, daß es hauptsächlich der verbrecherische Eingriff in das Seelenleben dieses Menschen, der Frevel an seiner höhern geistigen Natur ist, welcher die empörendste Seite der an ihm verübten Handlung ausmacht. Das Unternehmen, einen Menschen durch künstliche Veranstaltung von der Natur und andern vernünftigen Wesen auszuschließen, ihn seiner menschlichen Bestimmung zu entrücken, ihm alle die geistigen Nahrungsstoffe zu entziehen, welche die Natur der menschlichen Seele zu ihrem Wachsen und Gedeihen, zu ihrer Erziehung, Entwickelung und Bildung angewiesen hat: solches Unternehmen ist, ohne alle Rücksicht auf seine Folgen, an und für sich schon der strafwürdigste Eingriff in des Menschen heiligstes, eigenstes Eigenthum, in die Freiheit und Bestimmung seiner Seele.[54]

Da Kaspar Hauser seine Kindheit und Jugend genommen wurden, schrieb Feuerbach, er sei zum Objekt eines »partiellen Seelenmordes« geworden.

Die meisten Frauen und Männer, die in der Kindheit einen unbewußt geplanten Seelenmord oder systematischen physischen und sexuellen Mißbrauch erleiden mußten, ziehen sich weder aus der Welt zurück, noch werden sie psychotisch.[55] Wenn ein Kind von Gefühlen oder Wahrnehmungen überwältigt wird, besteht eine typische Abwehrreaktion darin, daß es jede emotionale Reaktion abstellt, bis die Situation, die diese Gefühle oder Wahrnehmungen auslöst, vorüber ist. Es ist fast so, als würde das Kind denken: »Was mir jetzt gerade geschieht, ist so entsetzlich, daß ich es nicht fühlen und nicht geistig aufnehmen darf.« Natürlich denkt das Kind in diesen traumatischen Situationen nicht und kann auch nicht denken. Als einzige Möglichkeit bleibt ihm, die Realität auszublenden. Wenn diese Situationen sich wiederholen oder regelmäßig auftreten, wird auch die Abwehr durch Ausblenden der Wirklichkeit oder völliges Abstumpfen chronisch und irreversibel.[56] Wenn das mißbrauchte oder mißhandelte Kind überhaupt überleben will, bleibt

ihm kaum etwas anderes übrig, als zu einem mechanisch reagierenden, gehorsamen Automaten zu werden. Je weniger es denkt oder
fühlt, desto besser.

Ein wichtiger Aspekt in diesem Szenario ist die Beziehung zwischen Opfer und Täter. Pädophile, inzestuöse Väter oder Mütter,
die ihre Kinder mißhandeln, klagen, daß sie später wegen ihres
brutalen, unmenschlichen Verhaltens einem unschuldigen, hilflosen Kind gegenüber von Gewissensbissen gequält werden. Sie verwandeln den Seelenmord in eine Seelenrettung. Sie behaupten, es sei
nicht Sadismus gewesen, sondern ihr Gewissen hätte sie gezwungen, »die Seele des Kindes zu retten«. Welche bessere Methode gäbe
es, die Seele eines Kindes zu retten, als es selbst seine Schuld
bekennen zu lassen, es zu zwingen, seinem Peiniger die Hand zu
reichen und um Verzeihung zu bitten, den sündhaften kleinen
Körper in Stücke zu hacken und zu vergraben oder zu verbrennen
und die Asche in alle Winde zu streuen? Was diese manischen
Seelenretter in Lokalzeitungen und Boulevardblättern über den
traurigen Zustand ihrer eigenen Seelen von sich geben, schockiert
uns. Aber jetzt, da *wir* den Tatsachen ins Auge gesehen, Licht auf
die Wirklichkeit geworfen und erkannt haben, daß physischer und
sexueller Mißbrauch von Kindern nicht nur eine allgegenwärtige
Kindheitsphantasie ist, sondern daß diese Ereignisse jedes Kind
tatsächlich betreffen können, sind wir nicht mehr ganz so überrascht.

Trotzdem spielen auch hier die Kindheitsphantasien eine Rolle.
Das Kind, das einen Seelenmord erleidet, hat seinen Geist abge-
schaltet, aber etwas Phantasieleben bleibt ihm noch, gerade genug,
um sich selbst zum Schuldigen zu machen. Warum spielt das Kind,
wenn es die körperlichen Qualen und den Seelenmord überlebt, so
bereitwillig im Szenario seines Peinigers mit? Das Kind, das sich
bereits seiner bösen sexuellen Empfindungen und der furchtbaren
Wut, die es nicht ausdrücken kann, schämt, ist nicht in der Lage zu
erkennen, wer der Schuldige ist. Der mächtige Erwachsene muß der
Gute und das Kind muß schlecht, schmutzig und sündhaft sein.
Aus dieser Verwirrung entsteht eine dauerhafte Verwechslung von

Opfer und Täter, gut und schlecht, Unschuld und Schuld, Sexualität und Sünde. Nach einer Weile verschwinden die Grenzen zwischen Täterschaft und Opfersein fast völlig.

Als Erwachsene verspüren diese gequälten Kinder dann den Zwang, den erlebten Mißbrauch von anderen Peinigern wiederholen zu lassen. Jedesmal haben sie die Hoffnung: »Vielleicht liebt er mich diesmal und sorgt für mich.«[57] Sehr oft findet ein Rollentausch statt, und das früher gequälte oder sexuell mißbrauchte Kind wird zum Peiniger. »Jetzt bin ich der Vater (oder die Mutter), und ich mache es besser.« Wie wir gesehen haben, werden die Quälereien und der Seelenmord oft dort wiederholt, wo sie ursprünglich begannen – zu Hause im Kinderzimmer. Manche Frauen, die als Kinder sexuell mißbraucht und mißhandelt worden sind, möchten nur das Gute in sich wiederfinden, indem sie beweisen, daß sie gute Mütter sind. Andere scheinen unbewußt das Ausmaß ihrer mörderischen Wut zu erkennen und schützen ihre ungeborenen Kinder, indem sie sie nie zur Welt bringen. Bei ihren Fehlgeburten und Abtreibungen erleben sie ein seltsames Gefühl der Erleichterung. Zumindest müssen sie nun nicht zur Peinigerin eines hilflosen Kindes werden.

Kleine Mädchen wie Olympia (in Kapitel 8) wurden zu Pornostars, Hollywood-Sternchen, Go-go-Girls, Pin-up-Girls, Mannequins nach Art der Eliza, Callgirls oder Prostituierten – nun werden ihre Körper von vielen Männern (und Frauen) bewundert und verehrt. Manche Frauen, die als Kinder mißbraucht wurden, besitzen anscheinend ein »instinktives« Talent, das sie befähigt, die richtigen disziplinarischen Maßnahmen für einen Mann zu erkennen, der Erniedrigung und Mißhandlung braucht, um zu Erektion und Ejakulation zu gelangen. Wenn die Frau in solchen sadomasochistischen Szenarios die Oberhand hat, ist sie gleichzeitig der mißhandelnde und der gute Elternteil, der es dem hilflosen Kind endlich recht machen und der es zufriedenstellen kann – und sie wird diesen Mann, der das hilflose Kind letzten Endes ja nur spielt, nie tatsächlich ermorden.

Geschützt durch die starre Organisation und die festgelegten

Regeln, die in einem zuverlässigen Sadomaso-Haus herrschen, hat
man zahllose Möglichkeiten, das verlorene Gute der Kindheit in
sich wiederzufinden. Alle Erlebnisse einer qualvollen Kindheit
können hier abgesichert wiederholt werden, kontrolliert, in Umge-
bungen und versehen mit Requisiten, die jede sozial akzeptierte
Verkleidung, in der Eltern-Kind-Rollen gespielt werden dürfen,
ermöglichen. Es gibt da Operationstische in Operationssälen, Arzt-
praxen mit Untersuchungstischen, Schulzimmer, Gerichtssäle,
Altäre und andere religiöse Requisiten, Harems, Gefängnisse, mit-
telalterliche Folterkammern und sogar Kinderzimmer mit Bettchen
und Laufställchen. Man kann aus einer Sammlung spezieller Geräte
wählen: Stöcke, lange und kurze Peitschen, die geflochten, geknotet
oder mit Nägeln besetzt sind, Rohrstöcke, Ketten, Nägel und
Nadeln, Speere und Pfeile, Messer und Rasierklingen, chirurgisches
Besteck, Ketten, Drähte und Seile, um den Körper aufzuhängen
oder zu strecken, Gestelle, um den Körper auseinanderzuziehen,
Klebeband und Godemichés, um den Mund damit zu verstopfen,
Kleidungsstücke und Stoffe, um den Körper einzuwickeln, Ver-
bandszeug, Ledermäntel, Regenmäntel, heiße Eisen und heißes
Wachs zum Brandmarken und Verbrennen. Man kann sich peitschen, mit dem Stock schlagen oder in Verbände einwickeln oder
ersticken lassen, sich pudern, streicheln, mit der Flasche füttern
oder stillen lassen. Bei Verwendung dieser Schauplätze und Requisiten kann jedes Kindheitstrauma in einen Triumph des Erwachsenen verwandelt werden.[58]

Wenn die Frau in ihrer Rolle als strenge Gouvernante, strenge
Mutter, peitschende Reiterin oder Spritzen setzende Ärztin geübt
ist, wagt sie es vielleicht, sich auf das Abenteuer einzulassen, selbst
die Sklavin, die Schülerin oder das hilflose Baby zu spielen. Wenn
sie erkannt hat, daß innerhalb der Grenzen eines festgelegten Szenarios Schmerzen gefahrlos zugefügt werden können, vertraut sie
ihren Körper vielleicht den Disziplinarmaßnahmen eines »Lehrers«
oder den Operationstechniken eines »Arztes« an. Auf diese Weise
findet eine Frau, die sich nie auf eine liebevolle Beziehung eingelas-
sen hat, schließlich die schmerzhafte Beziehung zu ihrer Mutter

wieder, aber diesmal bringen Schmerz und Strafe Liebe und Vergebung. Sie wird sich die Schamlippen und die Brustwarzen von einem erfahrenen Herrn durchstechen lassen, der genau weiß, wie man Lust zufügt, genau weiß, wie man den Körper einer Frau in genau der richtigen Weise bestraft. Auf diese Weise werden die beiden Wesen vereinigt, die beiden Seelen werden zu einer. Das Kind wird mit der guten, liebenden Mutter vereint. »Jetzt war ich wieder das Kind, und meine Mutter hat es richtig gemacht.«

In jedem dieser perversen Szenarios, ob die Teilnehmer nun als Arzt und Patient oder Richter und Gefangener verkleidet sind, gibt es einen Elternteil, ein Kind sowie eine symbolische Wiederholung einer perversen elterlichen Handlung. Im Gegensatz zu den Phantasien und spielerischen Darstellungen der Urszene, die Bestandteil jeder sexuellen Beziehung sein könnten, sind diese Darstellungen rigide und zwanghaft. Es sind Beschäftigungen, die das Leben der Beteiligten beherrschen. Die Seelenmorde, die diese erwachsenen Männer und Frauen in der Kindheit erlitten haben, bestehen unter anderem in einer Verletzung der Generationsunterschiede. Manche wurden als Kinder vergewaltigt und sexuell mißbraucht, andere wurden ins Bett des Vaters eingeladen, während die Mutter ausgeschlossen blieb; wieder andere wußten von frühester Kindheit an, daß von ihnen erwartet wurde, daß sie die elterliche Fürsorge für ihre Eltern übernehmen würden. Sie konnten nie sicher sein, wer die Eltern waren und wer das Kind war. Gleichgültig, ob die Beteiligten also die Rolle des hilflosen Kindes oder die Rolle der fürsorglichen oder gesetzgebenden elterlichen Person spielen, sie identifizieren sich mit beiden Rollen und hoffen jedesmal, daß die Traumen geheilt werden, die sie als Kind passiv durch die Hände eines Vaters oder einer Mutter erlitten, deren eigenes Leben von einer Perversion ihrer elterlichen Rollen dominiert wurde. »Vielleicht wird es diesmal gut.«

Nicht jedes sadomasochistische Szenario enthält Geschlechtsverkehr. Nicht jedes sadomasochistische Szenario bringt physischen Schmerz mit sich. Sadomasochisten unterscheiden zwischen SM und BD, »bondage-discipline«. Sie behaupten, in BD käme das

wahre Wesen des Sadomasochismus zum Vorschein. Jemandem
Schmerzen zuzufügen oder Schmerzen zu empfangen mache nur
einen bestimmten Teil des umfassenderen Dramas von Herrschaft
und Unterwerfung aus:

> »Bondage« bedeutet, daß eine Person einer anderen, »dominanten«
> Person »ergeben« ist, oder in extremeren Fällen, daß sie »Sklave«
> eines »Herrn« ist, oder in der extremsten Form, daß sie sich tatsäch-
> lich physisch »in Bondage« befindet: daß sie von der anderen Person
> gefesselt oder zusammengebunden worden ist. »Disziplin« beinhal-
> tet a), daß die ergebene Person von der dominanten Person Befehle
> erhält, die sie ausführen soll, und b), daß sie, wenn sie nicht gehorcht
> oder den Befehl nach Ansicht des Herrn nicht gut genug ausführt, in
> irgendeiner Weise bestraft wird. Diese Tatsache kann entweder als
> Drohung verwendet werden, um die Bereitschaft zum Gehorsam zu
> erhöhen, oder dazu, das Schuldbewußtsein und die Strafe selbst zu
> verschärfen.[59]

Die Ähnlichkeiten zwischen elterlichen Strafmaßnahmen und dem
»Bondage-Disziplin«-Szenario sind offensichtlich. Der SM-Salon
mit seinen Requisiten für Folterung und Bondage ist ein stereotypi-
siertes Kinderzimmer. In gewissem Sinne stellt der SM-Salon ein
ungefährlicheres und sozialisierteres Kinderzimmer dar als die
häuslichen Kinderzimmer, in denen echte Väter und Mütter echte
Kinder mißhandeln.

Wenn die Eltern aus ihren elterlichen Rollen fallen, nimmt diese
Perversion elterlichen Verhaltens leicht die Form einer Travestie an,
einer Entweihung aller elementaren sozialen Werte. Dieser Gewalt-
akt richtet sich gegen die grundlegenden Strukturen der gesellschaftlichen Ordnung. Beim physischen oder sexuellen Mißbrauch
eines Kindes durch Vater oder Mutter geht es viel weniger um
erotisches Verlangen oder den Reiz abweichender sexueller Handlungen als um den Ausdruck einer unbewußten, dämonischen Wut,
die sich gegen die grundlegenden Strukturen der Gesellschaftsordnung richtet. Wenn nämlich in der Kindheit die Mutter das Kind
nicht vor dem Vater oder der Vater das Kind nicht vor der Mutter
geschützt hat, wird das Kind später, wenn es erwachsen geworden ist, die Gesellschaft selbst verstümmeln und zerstören

wollen, weil sie nichts unternommen hat, um es vor den Eltern zu schützen.

Die Lebensform jeder menschlichen Gesellschaft ist von der Verantwortung der Erwachsenengeneration gegenüber der Generation der Kinder abhängig. Humbert Humbert hatte recht, wenn er sagte, daß in bestimmten aristokratischen Gesellschaften der Antike die Grenzen zwischen Kinder- und Erwachsenengeneration oft verletzt wurden. In den meisten Gestaltungen menschlichen Zusammenlebens kommt jedoch dem Vater die Rolle zu, die moralische Ordnung aufrechtzuerhalten und in seiner Person die Weltordnung zu repräsentieren. Der Mutter wird die Rolle zugewiesen, ihren Kindern die Erfahrung der moralischen Ordnung so zärtlich, gütig und einfühlsam zu vermitteln, daß die Kinder ihren Garten Eden verlassen und das landesübliche Gesetz akzeptieren können, was immer das auch sein mag. Wenn der für das Gesetz zuständige Vater seine Kinder physisch mißhandelt oder sexuell mißbraucht, verletzt er die Rolle, die ihm von seiner Gesellschaft zugewiesen wurde, und wird als Verbrecher angesehen und entsprechend behandelt. Wenn die fürsorgliche, beschützende Mutter ihre Kinder mißbraucht oder wegschaut, wenn der Gesetzgeber ihre Kinder mißbraucht, erfüllt sie ihre mütterliche Rolle nicht und wird als Mannweib angesehen und behandelt, das seine heiligen Pflichten verletzt hat.

Bis vor kurzem galt eine Faustregel für die Rechte des Vaters. Väter durften ihre Kinder und Frauen schlagen, solange das Werkzeug, das sie für Mißhandlung und Mord benutzten, nicht dicker war als ihr Daumen. Obwohl wir diesen Maßstab der Gerechtigkeit heutzutage nicht mehr akzeptieren und schockiert und entsetzt sind, wenn wir erfahren, daß ein Vater seine Kinder oder seine Frau mißhandelt oder ermordet hat, besteht immer noch das Vorurteil, daß Brutalität und Sadismus zu Männern passen. Wir sind zwar schockiert, aber unser Glaube gerät nicht völlig ins Wanken. Wenn jedoch eine Mutter ihr Kind mißhandelt oder ermordet, sind wir bis in unsere Grundfesten erschüttert. Wir reagieren auf diese Grausamkeit so, wie ein mißhandeltes Kind reagiert: »Mutter hätte mich

schützen sollen.« Oberflächlich betrachtet, haben unsere modernen
Gesellschaften eine Verschiebung der Rollen von Mutter und Vater
zugelassen. Unbewußt haben wir uns jedoch nicht sehr weit von der
Sichtweise entfernt, die der mit dem Fall Hummel betraute Staatsanwalt 1899 zum Ausdruck brachte. Er erklärte zwar, daß der Vater
mit diesem brutalen Mord die Gesetze seiner Gesellschaft verletzt
habe. Aber was ihn eigentlich entsetzte, war, daß die Mutter ihre
heiligen Pflichten verletzt hatte: »Ihre That ist ein Hohn auf alles,
was den Menschen heilig ist, man wird schier an der Allgewalt der
Mutterliebe irre.«[60]

In der Beziehung zwischen Mutter und Kleinkind herrscht eine
Art Allmacht. Aber darum ging es dem Staatsanwalt im Fall Hummel nicht. Die Sehnsucht nach Bindung ist die stärkste menschliche
Kraft, sie ist so stark, daß kaum eine Mißhandlung, die einem Kind
zugefügt wird, diese Bindung zerstören kann, wenn sie einmal
hergestellt worden ist. Wenn eine Mutter ihr Kind wiegt, küßt und
streichelt, füttert, badet, aus- und anzieht, wird das Kind durch
diesen alltäglichen sinnlichen Austausch dazu verleitet, in der Welt
zu leben und ihre Gesetze und Werte anzuerkennen. Nach wenigen
Jahren wird dieser sinnliche Austausch durch das, was das Kind in
ihn hineinzuphantasieren beginnt, mit erotischer Bedeutung und
Erregung aufgeladen. Die Anwesenheit des Vaters im Leben der
Mutter zeigt dem Kind, daß es ein Gesetz gibt, das mächtiger ist als
die zärtlichen Gesetze des Kinderzimmers.

Während das Kind diese unliebsame Nachricht von einer moralisch höherstehenden Ordnung, die auf dem Unterschied zwischen
den Geschlechtern und den Generationen beharrt, langsam und
widerwillig verarbeitet, erhalten die mit Sexualität und Fortpflanzung verbundenen Rollen, die das Kind in der Familie lernt, eine
zentrale Bedeutung dafür, wie es die in der ihn umgebenden Gesellschaft herrschenden sozialen Rollen interpretiert. Das Kind deutet,
wie wir wissen, die sozialen Rollen der Erwachsenen nur allzu
bereitwillig in infantiler Weise im Rückgriff auf die Kategorien
sauber-schmutzig,   unterwürfig-dominant,   kastriert-phallisch,
rein-mannhaft. Und wenn unsere Sozialordnung diese infantile

Dichotomie dann unterstützt und fortbestehen läßt, werden die Perversionen elterlichen Verhaltens in unseren modernen Gesellschaften die Form annehmen, die sie üblicherweise annehmen und immer angenommen haben.

Wenn ein kleines Mädchen von dem Menschen, den es als Gesetzgeber betrachtet, mißbraucht wird, wird es diesen Repräsentanten einer höheren Moralordnung mit allen Mitteln, die seinem kindlichen Geist zur Verfügung stehen, verteidigen. Da es ihn immer noch als Schutz braucht, wird es sich selbst für die Böse, die Sünderin halten. Wenn Jungen und Mädchen von Pflegepersonen physisch mißhandelt werden, verteidigen sie diese Sinnbilder der Güte und des Mitleids und halten sich lieber selbst für das häßliche, dumme Kind, das Zärtlichkeit und Fürsorge nicht verdient. Mißhandelte und mißbrauchte Kinder suchen immer nach jemandem, der sie von ihrer Schuld freispricht, nach jemandem, der ihnen das Gefühl gibt, wertvoll zu sein. Wenn sie Eltern werden, suchen sie ihr Heil in ihren eigenen Kindern. Wenn sie kinderlos bleiben, wenden sie sich ihren Ehegatten, Liebhabern oder den dominanten Oberen in einem SM-Salon zu.

Es gibt eine Macht, die der Allmacht der Liebe zwischen Mutter und Kind beinahe gleichkommt (sie noch übertrifft, würden manche behaupten). Diese Macht ist die Allmacht der Wut, der feindseligen, destruktiven Aggression. Mißhandelte oder mißbrauchte Kinder suchen auch immer nach einem Ort, an dem sie die Wut loswerden können, die sie unterdrückt haben, um die gottähnlichen Bilder der pflegenden und gesetzgebenden Personen, von denen schließlich ihr Überleben abhing, zu bewahren. Und wie ließe sich dieser unterdrückte und daher vulkanische Haß besser ausdrücken als in der Verkleidung eines Liebesaktes! Wie könnte man dieser hilflosen Wut besser Luft verschaffen als durch das Lächerlichmachen von Mannhaftigkeit und Reinheit! Die Verbrechen, die diese Kinder als Erwachsene begehen, und die perversen Handlungen, die sie ausführen, karikieren die männlichen und weiblichen Tugenden oder kehren, wie die Perversionen elterlichen Verhaltens, die Urmuster guten elterlichen Verhaltens um – verkehren väterliche

Mannhaftigkeit und mütterliche Reinheit ins Lasterhafte. Der gesetzgebende Vater trampelt auf dem Gesetz herum und entweiht es. Die liebevolle Mutter zeigt weder Mitleid noch Erbarmen, und damit besudelt sie alles, was in ihrer Gesellschaft als heilig angesehen wird.

KAPITEL 13

Kleine Seelenmorde:
reine Mädchen
und mannhafte Knaben

Wenn wir die Geschichte eines Seelenmordes hören, sind wir entsetzt. In jeder Minute geschehen jedoch überall zahllose kleine Seelenmorde, und zwar weder in SM-Salons noch in Nervenheilanstalten, in Konzentrationslagern, in Gefängnissen oder durch Eltern, die ihre Kinder mißhandeln und sexuell mißbrauchen, sondern in anscheinend ganz normalen Kinderzimmern, wo die Eltern bewußt nichts anderes als richtig weibliche kleine Mädchen und richtig männliche kleine Jungen aufziehen wollen.

Weil Kinder hilflos und völlig abhängig sind von denen, die für sie sorgen, fühlen sie sich geborgen, geliebt und wertvoll, wenn sie sich den Rollenstereotypen anpassen können, die nach Ansicht ihrer wohlmeinenden Eltern gut angepaßte, normale Kinder aus ihnen machen. Durch diese Spur von Seelenmord wird das Kind von einem Teil seiner persönlichen Identität abgeschnitten, der sich vielleicht weiterentwickelt hätte, oder von einer Gefühlsreaktion, die sich vielleicht zu Freude, Wehmut, Betroffenheit, Dankbarkeit, Güte, Mitleid, erotischer Lust, Passivität, Überlegenheit, Sinnlichkeit, Traurigkeit oder der Fähigkeit, sich in eine Person des anderen Geschlechts einzufühlen, entfaltet hätte.

Indem ein Mädchen eine weibliche Identität annimmt, gibt es einen kleineren oder größeren Teil der Eigenschaften, Tugenden und Talente, die in seiner Gesellschaft als männlich definiert werden, auf. Wir können nicht wissen, welche Art Frau vielleicht aus ihm geworden wäre, wenn es in einer anderen Sozialordnung und einer anderen Familienstruktur mit anderen Eltern aufgewachsen wäre. Während die meisten dieser Spuren von Seelenmord selbst in einer idealen Sozialisierung unvermeidlich sind und gewisse Geschlechtskonflikte im Kind hervorrufen werden, entstehen schwerwiegende, zerstörerische Konflikte dann, wenn Eltern sich aus Angst vor ihren eigenen gegengeschlechtlichen Wünschen sehr ausgeprägt mit der Geschlechtskonformität ihrer Kinder beschäftigen. Solche Mütter und Väter erzeugen in Gestalt ihrer Töchter oder Söhne Karikaturen weiblicher Reinheit oder männlicher Mannhaftigkeit. Diese kleinen Seelenmorde gelingen jedoch niemals vollständig, denn die Aspekte der kindlichen Psyche, die unterdrückt wurden und denen der Ausdruck verwehrt wurde, werden weiterhin nach Ausdrucksmöglichkeiten suchen, bis die schwelenden Begierden möglicherweise eines Tages, vielleicht in der Adoleszenz oder im mittleren Lebensalter, in einer Perversion oder, schlimmer, im Wahnsinn zum Ausbruch kommen.

Ein Baby ist überaus gern bereit, so zu sein, wie die Mutter es haben möchte. Die trällernde Stimme und die leuchtenden Augen der Mutter sagen dem Baby: »Oh, was bist du für ein schönes Baby. Du bist das allerbeste Baby. Sieh nur, wie meine Augen aufleuchten, wenn ich dich in den Armen halte.« Das Baby schaut der Mutter tief in die Augen, gurrt und gluckst in harmonischem Einklang mit ihrer Stimme und sieht in ihren Augen all das Sensationelle und Mächtige gespiegelt, das ein allerbestes Baby ist. Von diesem Zeitpunkt an gibt das Baby, um an der Herrlichkeit und der Macht eines spiegelnden anderen teilhaben zu können, etwas von seinem eigenen Selbst auf: Vielleicht ist es nur eine Spur, vielleicht auch ein beträchtlicher Teil von der Ausdrucks- und Handlungsstärke, mit der es geboren wurde. Von diesem Zeitpunkt an hält die Angst, von dem spiegelnden anderen getrennt zu werden, die Allmachtsgefühle des Babys in Schach. Wenn es sich verletzlich fühlt, wenn es sich als weniger fühlt, als es eigentlich sein möchte, bekommt es Bestätigung. Wenn es das allerbeste Baby ist und nicht nach dem Löffel greift und mit dem Brei herummatscht, wenn es einfach sein Mündchen aufmacht und schluckt und gurrt, dann leuchtet das spiegelnde Ja auf: »Du bist so ein wunderbares Baby. Du bist das allerbeste Baby, das perfekte kleine Mädchen.«

Anorexia nervosa, Magersucht, ist das Ergebnis eines dieser kleinen Seelenmorde in der Kindheit, bei dem das kleine Mädchen Aspekte des Selbst, das es hätte werden können, aufgibt und statt dessen zu einem spiegelnden Anhängsel der allmächtigen anderen wird, von der sein Leben abhängt. Um die Mitte des neunzehnten Jahrhunderts herum bemerkten die Ärzte, daß viele der jungen Frauen, die ihnen vorgestellt wurden, am Verhungern waren. Sie waren die allerbesten Babys, die perfekten kleinen Mädchen gewesen, aber jetzt, in der Pubertät, brachten sie Mütter und Väter zur Verzweiflung und bereiteten ihnen die Qual, hilflos mit ansehen zu müssen, wie ihr Kind dahinsiechte. Die meisten dieser jungen Frauen waren die Töchter solider, wohlhabender Eltern aus der oberen Mittelschicht. Sie kamen aus Elternhäusern, in denen weder an Nahrung noch an Liebe oder Aufmerksamkeit Mangel herrschte. Trotzdem schienen die Mädchen keinen Appetit zu haben und starben an Unterernährung. Keiner der Jungen in diesen Familien war von einem ähnlichen Leiden befallen, und die anderen Töchter hatten dicke rote Backen und waren mit dem Leben zufrieden.

Die Bezeichnung *Anorexie*, Appetitlosigkeit, erhielt die Störung zuerst 1873 von Ernest Laseque in Frankreich und 1874 von Sir William Gull in England. Gull betonte die nervöse Angst, die den Appetitverlust begleitet – daher *Anorexia nervosa*. Laseque betrachtete die Störung als Spielart der Hysterie, einer ebenfalls typisch weiblichen Störung, und nannte sie daher *Anorexie hystérique*. Einige Jahre später meldete ein anderer französischer Arzt, Henri Huchard, Zweifel am hysterischen Ursprung der Anorexie an und empfahl die umfassendere Bezeichnung *Anorexie mentale*, unter der die Störung seitdem in Italien und Frankreich bekannt ist. In Deutschland wird die Störung als *Pubertätsmagersucht* bezeichnet, als zwanghafte, pubertäre Auszehrung also. Damit liegen die Deutschen richtig. Der Begriff Anorexie deutet zwar darauf hin, daß es der Kranken an Appetit fehlt, aber tatsächlich hängt die Störung mit zwanghafter Selbst-Aushungerung zusammen. Die Mädchen und Frauen, die davon befallen sind, beschäftigen sich überwiegend mit Essen und sind ständig hungrig.

Bis zur Mitte des neunzehnten Jahrhunderts gab es nur sporadische, isolierte Beschreibungen von Krankheiten, die der Anorexie
ähnelten – im dreizehnten Jahrhundert litt ein Mönch, im sechzehnten Jahrhundert eine Prinzessin an einer ähnlichen Krankheit. Im
zwanzigsten Jahrhundert, als immer mehr Fälle bekannt wurden,
waren Ärzte und Psychologen frustriert, weil sie die Rätsel, die
diese seltsame Störung ihnen aufgab, nicht lösen konnten. Weil die
Ärzte ihre Aufmerksamkeit auf das deutlichste und auffälligste
Symptom des Syndroms der Anorexia nervosa richteten, nämlich
auf die Verweigerung der Nahrungsaufnahme, konzentrierten ihre
Theorien sich auf die »orale« Komponente der Störung. Die Ärzte
brauchten mehrere Jahrzehnte, um den Täuschungen, die unter der
Oberfläche der Strategie der Anorexie verborgen lagen, auf die Spur
zu kommen. Wir werden sehen, daß diese Strategie die Tarngeschichte einer bewußten Beschäftigung mit Essen und Appetit, die
Freßlust, als Tarnung für unbewußte genitale Lust benutzt. Und
schließlich, erst in den achtziger Jahren dieses Jahrhunderts, begannen einige wenige Ärzte zu vermuten, daß es sich bei dieser typisch
weiblichen Störung um eine Perversion handeln könnte.[1]
  Während die Ärzte überlegten, wie man diese Störung klassifizie-
ren und bezeichnen könnte, stellte sich heraus, daß etwa 15 Prozent
der unter Anorexia nervosa leidenden Mädchen starben, und diese
Tatsache trug, weil sie die Ängste der Familien und Ärzte der
betroffenen Mädchen vergrößerte, dazu bei, daß die der Magersucht zugrundeliegende Bedeutung verdeckt wurde. Wenn man
mit ansehen muß, wie ein Mensch, den man liebt, stirbt, macht man
sich um zugrundeliegende Bedeutungen keine Gedanken. Und
wenn diese Frau verhungert, ernährt man sie zwangsweise durch
Magensonden; man verabreicht ihr eine Insulintherapie, die
Schweißausbrüche, Schwindel, Angst und schließlich Hunger hervorrufen soll; man überredet sie, Chlorpromazin zu schlucken, das
ihre Angst vor dem Essen reduzieren soll; man narkotisiert sie,
damit man an ihrem Gehirn einen neurochirurgischen Eingriff vornehmen kann, die Leukotomie, die sie zwar zum Essen bringt, aber
dann Bulimie verursacht.[2] Während all dieser Maßnahmen fühlt

sich das magersüchtige Mädchen unbewußt als Siegerin, denn diese Kränkungen ihres Körpers wirken mit ihrem unbewußten perversen Szenario zusammen.

Als Psychologen mit den Einzelheiten des Prozesses von Loslösung und Individuation vertraut wurden, nahm man an, die Mutter-Kind-Beziehung sei der Schlüssel zu den Geheimnissen der Anorexia nervosa. Manche behaupteten, die Magersüchtige sei ein Mädchen, dem es während der frühen Kindheit nicht gelang, sich von der Mutter zu lösen. Jetzt, während der Pubertät, wenn sie mit der Notwendigkeit konfrontiert werde, sich von der Mutter zu trennen, könne sie sich eine Existenz ohne die spiegelnden Augen der Mutter nicht vorstellen. Diese Sehnsucht nach Einssein mit der Mutter mache es für das Mädchen unmöglich, sich den Konflikten der Adoleszenz zu stellen. Andere Psychologen konzentrierten sich auf den von Liebe und Haß geprägten Kampf zwischen der Magersüchtigen und ihrer Familie, besonders auf die Ambivalenz der Gefühle zwischen Tochter und Mutter. Sie sprachen von einer Regression des Mädchens auf die Stufe der Wiederannäherungsphase, die den Abschluß der Ablösungsphase bildet; das Mädchen klammere sich an die Mutter und versuche gleichzeitig, sich von ihr zu befreien, ähnlich wie ein Kleinkind in der Wiederannäherungsphase.[3]

Diese Deutungen der infantilen Ätiologie und der Triebkräfte der Anorexia nervosa haben sicher einiges für sich. Solche gutgemeinten Interpretationen können aber die wesentliche Tatsache verschleiern – und tun das auch häufig –, daß mit der Magersucht Probleme gelöst werden sollen, die mit der Entwicklung des Mädchens zu einer Frau zusammenhängen. Die Magersüchtige ist kein Kleinkind, das sich mit den Problemen der Loslösung und Individuation herumschlägt, sondern eine Jugendliche oder Erwachsene, die versucht, mit ihrer Genitalität und ihrer weiblichen Geschlechtsidentität zurechtzukommen. Die Illusion, sie sei nur ein unschuldiges Kind, das sich mit infantilen Konflikten herumplagt, eine Heilige, die weder sexuelles Verlangen noch beschämende körperliche Lust kennt, ist ein zentraler Aspekt der perversen Strategie der

Magersüchtigen. Die Magersüchtige präsentiert sich der Welt als geschlechtsloses Kind, als Karikatur frommer Weiblichkeit. Hinter dieser Karikatur eines gehorsamen, tugendhaften, sauberen, fügsamen, braven kleinen Mädchens steht eine äußerst trotzige, ehrgeizige, getriebene, dominierende, kontrollierende, mannhafte Karikatur von Männlichkeit. Bewußt wünschte die Mutter sich zwar ein perfektes, liebes kleines Mädchen, aber eben durch die mit diesem Wunsch verbundene Entschlossenheit, Rebellion und aktives sexuelles Verlangen auszumerzen, übermittelte sie ihrer Tochter ihre eigenen unterdrückten intellektuellen und sexuellen Bestrebungen, die sie während ihrer Kindheit und Jugend und im Erwachsenenalter als verbotene männliche Wünsche betrachtet hatte. Und diese unbewußten Wünsche der Mutter werden jetzt von der Magersüchtigen erfüllt und symbolisch ausgeführt.

Wie bei jeder Perversion oder jeder anderen mentalen Strategie kann man mit dem Ursprung oder der Ätiologie der Anorexia nervosa nur sehr wenig erklären, außer der Feststellung, so hat wahrscheinlich alles angefangen. Biologischen Organismen ist, ganz gleich, auf welch niedriger Stufe, wo oder wie der Organismus zu existieren begann, nicht vollständig vorherbestimmt, wie sie im Reifezustand aussehen werden. Je höher eine Pflanze oder ein Tier auf der *scala natura* angesiedelt ist und je länger der Reifeprozeß dauert, desto mehr Möglichkeiten hat die Umwelt, die ursprüngliche oder frühe Form des jeweiligen Organismus zu verändern. Das menschliche Kind wächst und entwickelt sich auf immer neue und oftmals überraschende Art, und seine Umwelt wandelt sich ständig und entlockt ihm fortwährend neue Reaktionen. Daher sind wir immer überrascht, daß es manchen Kindern trotz der schlimmsten Kindheitserlebnisse, die man sich vorstellen kann, gelingt, ihre Traumen zu bewältigen und als Erwachsene ein relativ freies und unabhängiges Leben zu führen, während Kinder, deren Säuglingsalter und frühe Kindheit »idyllisch« waren, in der Jugend und als Erwachsene manchmal von schweren geistigen Störungen befallen werden.

Die typische Magersüchtige war *wahrscheinlich* eins dieser per-

fekten, braven kleinen Mädchen. Trotzdem wird nicht jedes perfekte, brave kleine Mädchen, an dem in dem Sinn ein kleiner Seelenmord verübt wurde, als daß es ein spiegelndes Anhängsel der Mutter zu sein hatte, in der Pubertät magersüchtig. In den dazwischen-
liegenden Jahren können Veränderungen der emotionalen Konstel-
lation der Familie – die Geburt eines weiteren Kindes, stärkere
Beteiligung des Vaters im Haushalt, die melancholische Reaktion
der Mutter auf den Tod ihrer Mutter, ein Umzug, beruflicher
Abstieg des Vaters – und, was am bedeutsamsten ist, das Aufblühen
künstlerischer und intellektueller Eigenschaften, die während der
infantilen Periode ruhten, dazu beitragen, daß die pathogenen Möglichkeiten, die durch den kleinen Seelenmord im Kleinkindalter
geschaffen wurden, abgeschwächt, modifiziert, potenziert oder
vergrößert werden.

Ich möchte noch einmal auf meine Analogie zwischen der
menschlichen Entwicklung und einer Häkelarbeit zurückkommen.
Wir wissen, daß die Adoleszenz zu den entscheidenden Phasen der
Lebensgeschichte zählt, die zu einem Rückgriff auf die infantile
Vergangenheit zwingen. Während der Adoleszenz bemerkt das
Mädchen jeden Tag neue Anzeichen dafür, daß es im Begriff ist, eine
Frau zu werden – genau wie die Mutter. Bald wird es kein Kind
mehr sein, das von den Geheimnissen der Sexualität ausgeschlossen
ist. Es wird zur Generation der Erwachsenen gehören und die
sexuellen und moralischen Verpflichtungen einer Erwachsenen
wahrnehmen müssen. Bei ihren Bemühungen, sich in ihrer eigenen
Sexualität zurechtzufinden, beurteilt jede junge Frau die Sexualität
der Eltern neu. Dieses jugendliche Bemühen, die Vergangenheit neu
einzuschätzen und zu revidieren, macht deutlich, daß die infantile
Beziehung der Magersüchtigen zu ihren Eltern pathologisch war.
Für ein kleines Mädchen, das sein ganzes Selbstwertgefühl aus dem
Glauben bezieht, es sei ein spiegelndes Anhängsel der Mutter, ist die
Vorstellung von der Mutter als einem sexuellen Wesen, das Verlan-
gen nach dem Vater hat, besonders schwer zu ertragen. Bis die
Jugendliche gezwungen wird, die Veränderungen wahrzunehmen,
die in und auf ihrem eigenen Körper stattfinden, kann sie leugnen,

daß Männer die Geschlechtsteile haben, die in Frauen Verlangen
erwecken, und daß Frauen die Geschlechtsteile haben, die in Männern Verlangen erwecken. Mit ihrem geschlechtslosen Körper und
ihrer abschreckenden Auszehrung verspottet die Magersüchtige die
Macht der Sexualität der Erwachsenen.

Als Verbindungsglied zwischen Kindheit und Erwachsenenalter
ist die Adoleszenz immer der Ort, an dem Vergangenheit und
Zukunft um die Seele des Individuums kämpfen. Bei der Magersüchtigen führt die Notwendigkeit, die genitalen Funktionen in die
Geschlechtsidentität zu integrieren, zu einer Regression, die das
Individuum in der Vergangenheit festhält und jede potentielle
Bewegung auf das Erwachsenenalter hin verhindert. Wenn die biologischen Veränderungen der Pubertät nicht stattgefunden hätten,
hätte die Krankheit des Kleinkindalters sich vielleicht gar nicht
gezeigt. Wenn die psychischen Belastungen der Adoleszenz nicht
gewesen wären, hätten wir vielleicht nie erfahren, daß an diesem
allerbesten kleinen Mädchen, das von seiner auf bewußter Ebene
wohlmeinenden Familie mit allen nur denkbaren Vergünstigungen
bedacht wurde, ein kleiner Seelenmord verübt und daß es seines
eigentlichen Wesens beraubt wurde.

Bis die Magersüchtige von ihrem sich verändernden Körper
gezwungen wird, sich den Problemen, die beim Übergang von der
Kindheit ins Erwachsenenalter auftreten, zu stellen, war das Pathologische in ihrer Kindheitsgeschichte kaum erkennbar. Sie war
sogar, wie ihre Eltern jedem stolz verkündeten, brav, sauber,
ordentlich, höflich, sanft, fröhlich und reizend, benahm sich gut
und war auf pflichtbewußte, gehorsame Weise klug, aber nie trotzig, und sie widersprach nie – der vollkommene weibliche Typus.

Vor dem Alter von elf Jahren bricht die Magersucht bei Frauen
praktisch nie aus. Ältere Frauen können zwar magersüchtig werden, wenn ihre Kinder in die Schule kommen, ihre Männer sie
verlassen oder ihre Mütter sterben, aber bei Frauen über fünfundzwanzig ist ein erstmaliger Ausbruch der Anorexia nervosa selten.
Ein Mädchen, das für Magersucht anfällig ist, ist von frühester
Kindheit an in seiner physischen und intellektuellen Entwicklung

relativ frühreif. Pubertät und Menarche setzen wahrscheinlich ein bis zwei Jahre früher als im Durchschnitt ein. Aber ob ihre Pubertät früh mit zehn Jahren oder spät mit vierzehn Jahren beginnt, die potentielle Magersüchtige wird erst dann magersüchtig, wenn sie versucht, mit den Problemen fertig zu werden, die sich aus ihrer Entwicklung hin zu einer sexuell aktiven Frau ergeben.[4]

Wenn die Magersüchtige 30 Prozent ihres Gewichts verloren hat, ist eine der ersten Erscheinungen, daß ihre Menstruation entweder gar nicht erst einsetzt oder völlig aufhört. Dann ragen, nachdem fast das gesamte Fett von Hüften, Oberschenkeln und Bauch verschwunden ist, die Knochen ihrer Schamgegend hervor. Anschließend wächst auf Armen, Beinen, Gesicht und Brust flaumiges Haar, weil durch das Hungern ein hormonelles Ungleichgewicht eintritt. Das behaarte, maskuline, phallische Aussehen macht der Magersüchtigen nicht zu schaffen. Heimlich entwickelt sie jetzt die rebellischen, aktiven, phallischen, maskulinen Eigenschaften, die auf ihrem Weg, das perfekte, tugendhafte, beste kleine Mädchen der Welt zu werden, verlorengegangen waren.

Eine Frau, die schließlich genesen war, erinnerte sich an den Moment, als sie das Stadium der Perfektion erreicht hatte. Die Zwangsernährung und das Chlorpromazin hatten ihr nicht geholfen, beides hatte sogar ihre Auflehnung und ihr erotisches Verlangen verstärkt. Sie war dem Tode nahe. Ihr war gleichgültig geworden, was ihre Eltern oder Ärzte über ihren Geisteszustand oder ihre äußere Erscheinung dachten. Sie brauchte nur ihren Spiegel, um sich der Perfektion, um die sie sich bemüht und die sie schließlich erlangt hatte, zu vergewissern. »Mein Wunsch, ein drittes Geschlecht zu sein, sowohl Junge als auch Mädchen, wurde erfüllt. Als ich vor dem Spiegel stand, sah ich eine schöne, attraktive Frau. Mein anderes Selbst, der Körper, der nicht im Spiegel zu sehen war, war ein junger Mann, der auf das Mädchen im Spiegel scharf war und es verführen wollte. Ich unterhielt eine Liebesbeziehung mit mir selbst.«[5]

Es galt traditionellerweise als ganz normal, daß Frauen ihr ganzes Leben lang in einem Zustand kindlicher Abhängigkeit blieben.

Richtige Mädchen sollten über die Unterschiede zwischen den Geschlechtern gar nicht allzuviel wissen. Nur Männer und gefallene Frauen sollten an sexueller Lust Interesse haben. Der Begriff *Jugend* war für Männer reserviert, und nur Männer hatten die Probleme des Erwachsenwerdens zu tragen. Wenn das pflichtbewußte Mädchen im Wolkenkuckucksheim der Kindheit hätte bleiben können, wäre vielleicht eine Kindbraut aus ihm geworden, die ihren Ehrgeiz befriedigt hätte, indem sie die Rolle der tüchtigen, aber oberflächlichen Ehefrau gespielt hätte, die von ihrem Mann gebraucht worden wäre, damit er sich als starkes, unabhängiges, kluges, heldenhaftes männliches Wesen hätte hervortun können. Von den Freuden des Essenkochens und Kinderkriegens hätte sie reizend pausbäckig werden können. Oder sie hätte ein mustergültiges Mitglied einer utopischen Gesellschaft werden können, eines Nonnenklosters, einer Kommune oder eines landwirtschaftlichen Kollektivs. Dort hätte sie mit Begeisterung die triste Uniform und die Nummer angenommen, die man ihr zugewiesen hätte. Die Bevormundung hätte sie aufblühen lassen. Sie hätte ihren ausgeprägten Ehrgeiz, ein perfektes, braves kleines Mädchen zu sein, befriedigen können, indem sie die Regeln besser befolgt hätte als jede andere. Die körperlichen Kränkungen, die fromme Askese oder die puritanische Selbstaufopferung hätten die perfekte Verkleidung für ihre sexuellen Begierden abgegeben.

Die potentiell Magersüchtige hat, wie die meisten Mädchen aus Ober- und Mittelschicht, die in westlichen Gesellschaften in der letzten Hälfte des zwanzigsten Jahrhunderts aufwachsen, die Erlaubnis erhalten, ihre Talente zu nutzen, ihre intellektuellen Ziele zu verfolgen, alles zu tun, was ein Mensch im Laufe eines Lebens tun soll. Sie hat die Genehmigung bekommen, ihren sexuellen Bedürfnissen auf jede Weise nachzugehen, die sie für richtig hält, und mit jedem Menschen, der ihr begehrenswert erscheint. Auf die meisten Mädchen und Jungen wirkt diese plötzliche neue Freiheit beängstigend. Sie kommt ein bißchen zu schnell, als daß sie ohne große Konflikte umgesetzt werden könnte. Einem allerbesten kleinen Mädchen jedoch, dessen moralische Grundsätze vor der Adoleszenz auf absolutem Gehorsam und Unterwerfung unter Regeln und Vorschriften beruhten, jagt erotische und moralische Freiheit Entsetzen ein.

Der Beginn der Pubertät trieb das Mädchen aus seinem ordentlichen, harmonischen, häuslichen Kokon heraus. Sobald es sich außerhalb des Kokons befand, auf einer Fahrradtour durch Europa, während seiner ersten Monate auf einer neuen High School oder bei seinem Eintritt ins College, wurde es von Entsetzen gepackt. [6] Es war im Begriff, sich von seinen Eltern zu trennen und zu einer unabhängigen, sexuell agierenden Erwachsenen zu werden. Das bedeutete, daß es die unbewußte Phantasie, der zufolge zwischen den Geschlechtern oder zwischen der Generation der Kinder und der Eltern keine echten Unterschiede bestehen, aufgeben mußte. Was sollte das Mädchen jetzt tun? Die unliebsamen Neuigkeiten drängten sich ihm auf, und es konnte sich vor der Herausforderung, eine erwachsene Frau zu werden, nicht mehr verstecken. Wie konnte es plötzlich zugeben, daß Sex etwas zählte, wenn es sich selbst und allen anderen doch immer wiederholt hatte, es habe Sehnsucht und Verlangen abgestellt?

Die Art, wie die Eltern der Magersüchtigen miteinander umgehen, trägt dazu bei, die infantile Phantasie, es gäbe keine Unterschiede zwischen den Geschlechtern, aufrechtzuerhalten. Der Vater der Magersüchtigen interessiert sich anscheinend viel mehr für seine Arbeit und seine Stellung in der Welt als für Sex. Die Mutter scheint sich ausschließlich um ihren Haushalt und die Kinder zu kümmern. Die Väter magersüchtiger Mädchen sind normalerweise im Beruf sehr ehrgeizig und zu Hause erstaunlich passiv und emotional nicht verfügbar: »Ach, da müssen Sie meine Frau fragen. Sie ist für Gefühle zuständig.« Diese Väter erwarten von Frauen und Kindern glänzende Leistungen, aber sie sind es zufrieden, wenn ihre Frauen zu Hause schalten und walten, über die so unerheblichen Gefühle herrschen und das unordentliche Kinderzimmer aufräumen. Von einem Verlangen zwischen den Eltern ist nirgends eine Spur zu sehen.

Eine weitere Verwirrung entsteht durch das Versäumnis der Eltern, die Unterschiede zwischen der Generation der Eltern und

der der Kinder deutlich zu machen. Sie haben im Gegenteil sogar ihr
Bestes getan, um diese Unterschiede zu verwischen, wenn vielleicht
auch nicht bei allen Kindern, dann sicherlich aber bei dem Mädchen, das magersüchtig wird. In dem Familiensystem, welches
Anorexia nervosa erzeugt, haben die Eltern das Mädchen als dritte
Partei in ihrem Eheleben benutzt. Das Mädchen steht zwischen
ihnen. Ihre Angst und ihre verbotenen und beschämenden gegengeschlechtlichen Wünsche haben es Mutter und Vater unmöglich
gemacht, Sexualität gemeinsam zu genießen und sexuelle Spannungen, die zwischen ihnen auftraten, zu lösen. Wenn dann dieses
perfekte kleine Mädchen erscheint, ist es die Lösung für ihre sexuellen Probleme. Als kleines Mädchen soll es glauben, es sei der Mutter
ein und alles, und dem Vater gehe es nur darum, die Ordnung
aufrechtzuerhalten und im Beruf vorwärtszukommen. Wenn es
dann die Pubertät erreicht und sein Körper sich in einen sexuell
funktionsfähigen Erwachsenenkörper verwandelt, reichten der
Anblick und schon allein der Gedanke an die knospenden Brüste
und die Menstruation, um in den Eltern erneut erotische Phantasien
wachzurufen. Das heißt, diese Phantasien würden geweckt werden,
wenn just zu diesem Zeitpunkt nicht etwas höchst Dramatisches in
der Familie geschähe, das die Eltern ablenkt. Die ganze Familie ist
sich einig, daß das Problem des Mädchens der Hunger, die *Freßlust*,
oder deren Nichtvorhandensein ist. Das Mädchen kommt den
Eltern zu Hilfe, indem es ihre Aufmerksamkeit auf seine Eßstörungen lenkt. Nun braucht niemand in der Familie mehr die Sexualität
des Mädchens oder seine eigene Sexualität anzuerkennen.

Auf ihre Weise haben beide Eltern Angst vor unbezähmbaren
sexuellen und aggressiven Bedürfnissen. Sie haben nur den Wunsch
»auszurotten, mit Gewalt in konventionelle Formen zu zwängen
oder für immer einzusperren, was immer außerhalb jener Kategorien und Normen zu existieren sich erdreistet«[7]. Der Bruder der
Magersüchtigen mag das Einmaleins vorwärts und rückwärts aufsa-
gen können, und ihre Schwester mag hübsche Zeichnungen anferti-
gen, die ihr Vater sich im Büro an die Wand hängt. Doch beide
Eltern haben, mehr, als ihnen bewußt ist, dieses Kind zu demjeni-

gen ausersehen, das ein Stadium der Perfektion erreichen muß –
beim Einmaleins, bei künstlerischen Zeichnungen und in allen
anderen Dingen. Für den Vater muß das Mädchen die erstklassige
Schülerin sein, die alle Regeln befolgt und alle historischen Daten
und mathematischen Gleichungen im Kopf hat. Für die Mutter muß
es das perfekte kleine Mädchen sein, das gehorcht und nie etwas
falsch macht. Von beiden Eltern erhält dieses auserwählte Mädchen
Belohnungen in Form von Liebe und Bewunderung für seine Fähigkeit, Regeln zu befolgen und seine Bedürfnisse zu kontrollieren.
Was soll dieses Mädchen tun, wenn es die Pubertät erreicht und
jeder Anblick, jedes Geräusch und jede Bewegung es an seine
sexuellen Bedürfnisse erinnern?

Das *bête noir* der Magersüchtigen ist ihr erwachendes erotisches
Verlangen. Wenn ihre Wünsche an die Oberfläche kämen, würde die
ganze Familie zerstört. Es gibt eine Lösung. Wenn es vielleicht *kein*
Verlangen in ihr gäbe? Vielleicht könnte dieser physische Körper
mit seinen Sehnsüchten, die von der Welt der Erscheinungen ständig neu geweckt werden, abgetötet oder ausgelöscht werden?
Durch ihr alles beherrschendes Interesse an Essen und Nichtessen
täuscht die Magersüchtige vor, daß sie sich für Sex und Genitalien
nicht im mindesten interessiert. Dieses sich selbst verleugnende
Kind ist viel zu tugendhaft, um erotische Gedanken oder Gefühle
zu besitzen. Da die Eltern ihr Verlangen leugneten und angestrengt
jeden Hinweis darauf, was es mit ihren Genitalien auf sich haben
könnte, verbargen, fragte sich die Magersüchtige als Kind immer
wieder, was zwischen ihren Eltern vor sich ging. Sie wußte, daß ihr
Körper trotz all ihrer Perfektion im Vergleich zu den Körpern der
Eltern klein und unfähig war, und sie war über diese Anzeichen
ihrer Untauglichkeit so gekränkt wie jedes andere Kind. Sie wußte,
daß ihre genitale Unreife sie von etwas ausschloß. Aber Hinweise
auf sexuelles Verlangen waren nicht vorhanden – was also konnte es
sein? Sie nahm an dieser geheimnisvollen Urszene teil, indem sie die
Körper ihrer Eltern heimlich betrachtete, sie anstarrte und sich
fragte, was die mächtigen Riesen wohl mit diesen Körpern taten
oder nicht taten.

Jetzt, als Jugendliche, kehrt sie die Richtung dieses Pfeils des Verlangens um. Jetzt, da sie am Verhungern ist, betrachtet jeder jeden Tag ihren Körper, starrt ihn an, mustert ihn und fragt sich, ob sie ihrem Verlangen nachgeben wird oder nicht. Obwohl ihre Eltern jedes Interesse an Körpern leugnen, betrachten sie den Körper der Magersüchtigen ständig. Die medizinischen Spezialisten, die aufgeboten werden, um sie zu heilen, ziehen sie aus und untersuchen jedes ihrer Körperteile. Alle sind nur damit beschäftigt, wie dünn oder dick ihr Körper aussieht und ob sie gegessen hat oder nicht. Selbst ihre Therapeutin, die weiß, daß die Untersuchung der Phantasien, die den Grund für die Magersucht bilden, lebenswichtig ist, wird dazu verleitet, sich mehr darum zu kümmern, ob die Magersüchtige ißt oder nicht, und mustert ständig ihren ausgezehrten Körper. Die Magersüchtige beneidet die Eltern nicht mehr um ihre Macht über sie. Sie beneidet auch die Therapeutin nicht mehr um ihre Macht zu heilen. Nicht das Mädchen begehrt und beneidet die anderen, sondern die anderen sind es, die das Mädchen begehren. Sie beneiden die Magersüchtige um ihre Macht, sie zu erniedrigen und zu besiegen. Ja, selbst ihre Therapeutin hat sie auf diesen Neid reduziert. Die Magersüchtige weiß das, und die Therapeutin wird, wenn sie ehrlich ist, zugeben, daß auch sie zu infantilen Reaktionen fähig ist. Auf diese Art erlebt die Therapeutin den bitteren Neid, der dem Hungern ihrer Patientin zugrunde liegt, an sich selbst. Im Alltagsleben erfährt die Magersüchtige sich als untüchtig und nicht fähig, den Erwartungen ihrer Eltern, Lehrer, Freunde und ihrer Therapeutin gerecht zu werden. Aber durch ihren Auftritt als Hungerkünstlerin erlangt sie ungeheure Macht.[8]

Anorexia nervosa ist für das allerbeste kleine Mädchen wie eine Preisverleihung. Das Publikum ist entsetzt, starrt aber wie gebannt, was in der Hungerkünstlerin wiederum den Wahn von Allmächtigkeit hervorruft. Aus seiner Sicht ist das Mädchen eine vollendete Künstlerin. Je länger die Krankheit dauert, desto mehr beschäftigt sich das Mädchen mit sich selbst. Es ist wachsam, ständig in Bewegung und schläft nachts nur wenige Stunden. Es fühlt sich schwindlig, matt vor Hochstimmung und begeistert von dem Gefühl der

absoluten Einstimmung auf die Welt ringsum. In seiner mystischen
Einheit mit der physischen Umgebung braucht das Mädchen keinen
anderen. Es hat einen Gipfel der Transzendenz erreicht. Der ständige Hunger und die unablässige körperliche Bewegung versetzen
die Magersüchtige in einen Rauschzustand. »Zu hungern wirkt
ähnlich wie Rauschgift, und man hat das Gefühl, außerhalb seines
Körpers zu stehen. Man steht tatsächlich neben sich, und damit
befindet man sich in einem anderen Bewußtseinszustand und kann
Schmerzen ertragen, ohne darauf reagieren zu müssen. So bin ich
mit dem Hunger umgegangen.«[9]

Theologen sind die moralischen Exzesse durch Schmerzen ausge-
löster physischer Ekstasen vertraut. Sie wissen um die spirituellen
Täuschungen, die während des Hungerns entstehen, und um deren
sexuelle Untertöne. »Es wächst das Bewußtsein der geistigen
Macht, und die Gefahr, das Maß des Zugewiesenen, die Grenzen
des eigenen endlichen Seins, seiner Würde und seines Vermögens
nicht mehr klar zu sehen, wird dringlich: die Gefahr der Überhe-
bung, der Magie, der spirituellen Selbstdrehung.«[10] Eine der Prüfungen für den Heiligen liegt darin, zwischen echter spiritueller
Ekstase und irdischen Rauschzuständen unterscheiden zu lernen.
Und es ist leicht, diese Geisteszustände zu verwechseln, denn in
spiritueller Ekstase glaubt der Fromme sich mit dem Allmächtigen,
der als Geliebter, Braut, Bräutigam oder Himmlische Brust
bezeichnet wird, vereinigt. Schon eine flüchtige Lektüre der
Lebensläufe Heiliger enthüllt, daß die Ekstasen der Selbstkasteiung
als Methode eingesetzt werden können, um ein verbotenes Sexualleben zum Ausdruck zu bringen.

Teresa von Avila[11] kämpfte ihr ganzes Leben lang darum, zwischen echter frommer Verzückung und spiritueller Schwelgerei[12] zu
unterscheiden. Als Novizin war sie zu übermäßiger Selbstkasteiung
gezwungen worden, und als Nonne bezog sie ihre Anregungen aus
dem *Hohenlied* und schrieb von der bräutlichen Liebe der Seele
zum himmlischen Bräutigam: »Erwacht sie aber wieder von diesem
Schlafe und dieser himmlischen Trunkenheit, so ist sie wie starr vor
Erstaunen und von heiliger Torheit ergriffen. Dabei scheint sie mir

die Worte sprechen zu können: ›Deine Brüste sind lieblicher als der Wein.‹«[13] Als sie Mutter Teresa geworden war, ermahnte sie die Schwestern, zu unterscheiden zwischen *arrobamiento*, der Ekstase, und *abobamiento*, einer törichten Benommenheit, einem exhibitionistischen Schwindel, der nur die Gesundheit ruiniere und das Werk Gottes verspotte.[14] Eine von Teresas Priorinnen bemerkte zu einer Laienschwester, die sich ständig mit ihren Ekstasen brüstete: »Wir brauchen Sie hier nicht wegen ihrer Verzückungen, sondern zum Geschirrabwaschen.«[15]

Der Rauschzustand der Magersüchtigen ist eine betrügerische Ekstase, und ihre Aushungerung ist kein Sieg über die Leidenschaften des Körpers, sondern eine exhibitionistische Zurschaustellung dieser Leidenschaften. Die Selbstkasteiung der Magersüchtigen ist ihr Stolz, ihr zweifelhafter Triumph über die Allmächtigen, die jede Spur von Machtanspruch und Rebellion in ihr unterdrücken wollten. In ihrem trotzigen Sichselbstaushungern ist sie endlich sich selbst treu, ihren inneren Stimmen, den Kräften, die sie aufgab, um das allerbeste kleine Mädchen zu sein.

Wenn die Magersüchtige jedoch schließlich den veränderten Bewußtseinszustand erreicht hat, der durch die ständige Bewegung und das Hungern herbeigeführt wird, ist sie wieder das perfekte kleine Baby, das mit der allmächtigen Mutter, der himmlischen Brust, vereinigt ist. »Oh, was bist du für ein schönes Baby. Sieh nur, wie meine Augen aufleuchten, wenn ich dich in den Armen halte.« Aber jetzt ist sie natürlich kein Baby mehr. Während ihrer ganzen Kindheit lebte sie mit der familiären Fiktion, daß es kein Verlangen gäbe, und jetzt, in der Adoleszenz, soll ihr behaarter, fleischloser, geschlechtsloser Körper einen Beweis für das Nichtvorhandensein irdischer Leidenschaften darstellen. Aber entgegen der Fiktion, daß es kein Verlangen gibt, ist die Magersüchtige einfach eine Jugendliche mit dem erwachenden erotischen Verlangen einer Jugendlichen, welches immer ein unbewußtes erotisches Verlangen nach dem gleichgeschlechtlichen Elternteil einschließt. Daher ist diese Wiedervereinigung von Baby und Mutter, trotz aller Frömmigkeit, eine verkappte erotische Vereinigung – in gewisser Weise. Durch den

Trotz ihrer Hungerkunst, die die ganze Welt verleitet hat, neidisch auf ihren Körper zu starren, hat die Magersüchtige die verborgenen männlichen Wünsche der Allmächtigen befriedigt, von der ihr Überleben abhing, und dadurch hat sie ihr Gewissen dazu verleitet, ihr einen inzestuösen Wunsch zu erfüllen – und das alles unter dem Deckmantel des frommen, braven kleinen Mädchen und weiblicher Vollkommenheit. Da sie immer als Dritte zwischen ihren Eltern und deren Verlangen gestanden hatte, hatte sie erfaßt, daß der Weg zu Ruhm und Perfektion über die Fiktion führte, sie sei ihrer Mutter ein und alles. Und mit allen Mitteln, wenn nötig, durch den Tod selbst, wird sie ihrer Mutter die Perfektion liefern, nach der sie verlangt hat, und auf diese Weise darf sie für immer an Mutters Schürzenbändern hängenbleiben.

In diesen verwirrenden Fragen von Gottes Wegen, von einer geheimnisvollen Ordnung der Welt, die wir in unserer modernen Aufgeklärtheit Gewissen nennen, ist Daniel Paul Schreber, der Senatspräsident beim Oberlandesgericht in Dresden, ein Führer, der der Verzwicktheit der perversen Strategie würdig ist. Die Adoleszenz ist *eine* der Lebensphasen, die den Menschen unausweichlich dazu zwingen, auf die Vergangenheit zurückzugreifen und sie zu revidieren. Heirat, Elternschaft, der Tod eines Elternteils, die Lebensmitte und das Erreichen eines Alters, in dem Fortpflanzung unmöglich wird, sind weitere kritische Punkte in der Lebensgeschichte, die die Vergangenheit in die Gegenwart hineintragen und manchmal neue Möglichkeiten, einen plötzlichen Energieschub und eine bessere Deutung der eigenen Geschichte mit sich bringen. Manchmal jedoch drängen sich an diesen kritischen Punkten die infantilen Traumen und die kleinen Seelenmorde der Kindheit in den Vordergrund, die den Menschen bis dahin nicht daran gehindert hatten, ein halbwegs friedliches, sogar produktives, erfolgreiches Leben zu führen, und fordern die Seele, die sich der Macht der Gerechtigkeit so klug entzogen hatte. In diesen entscheidenden Momenten im Lebenszyklus beginnen Teile des Selbst, die im Interesse des geistigen Gleichgewichts und der sozialen Angepaßtheit unterdrückt worden waren, zu rebellieren und eine Umwälzung des

Identitätsgefühls und der Persönlichkeit in Gang zu setzen. Aspekte des Selbst, die in diesen Momenten einer Lebenskrise hinterfragt und zur Revision vorgelegt werden, sind die weiblichen und männlichen Geschlechtsidentifikationen, die man, anscheinend ohne größere Konflikte, während der Kindheit und der Adoleszenz vornahm.

Daniel Paul Schreber[16], der jüngere Sohn Dr. Schrebers, verhielt sich als Patient im Sanatorium Sonnenstein an einem Tag wie ein brüllender Säugling und am nächsten wie ein stummer Fötus. Schreber, der inzwischen ein geachteter, bedeutender Richter war, erdachte für sich geistige Qualen, die nur ein kluger, gesetzestreuer Erwachsener, der mit Korruption und Gerechtigkeit vertraut war, erfinden konnte. Trotzdem war er in mancher Hinsicht immer noch weniger als ein Kind. In drei verschiedenen Jahren kam er im November, in dem Monat, in dem sein Vater gestorben war, in psychiatrische Anstalten. Es besteht kein Zweifel, daß die Ereignisse, die seiner ersten Erkrankung, die als schwere Hypochondrie diagnostiziert wurde, und den beiden folgenden Anfällen von Paranoia vorausgingen, direkt mit seiner ambivalenten Vaterbeziehung zusammenhingen. Seine körperlichen Krankheiten und der Inhalt seiner Halluzinationen und Wahnvorstellungen spiegelten die Behandlung wider, die er von seinem Vater erfahren hatte.

Der ersten Erkrankung, Hypochondrie und hartnäckiger Schlaflosigkeit, gingen die Niederlage als Kandidat bei der Reichstagswahl voraus und die weitere Erniedrigung durch die spöttische Schlagzeile in der Presse: »Wer kennt überhaupt den Dr. Schreber?«[17] Schreber erholte sich von dieser Krankheit relativ schnell, nämlich innerhalb eines Jahres, und verlebte anschließend zusammen mit seiner Frau acht ruhige und zufriedene Jahre. Er beschrieb diese im ganzen glücklichen Jahre als »auch an äußeren Ehren reiche und nur durch die mehrmalige Vereitelung der Hoffnung auf Kindersegen getrübte« Zeit.[18] Seine Frau hatte sechs Fehlgeburten, und Schreber konnte daher nicht Vater werden. Die zweite Erkrankung, von Schreber in seinen *Denkwürdigkeiten eines Nervenkranken* beschrieben, begann im November 1893 und dauerte über neun

Jahre an. 1902 war seine Gesundheit soweit wiederhergestellt, daß
er mit Erfolg den Entmündigungsbeschluß anfechten und die Richter überzeugen konnte, daß er seine Angelegenheiten selbst besor-
gen könne. Er wurde auf eigenen Antrag hin aus dem Sanatorium
entlassen. Zweifellos half ihm die Niederschrift der *Denkwürdigkeiten*, mit der er 1900 begann, bei der Wiederherstellung seiner
Fähigkeit, am Leben außerhalb der Landesheilanstalt teilzunehmen.

Diese zweite Erkrankung begann scheinbar am 1. Oktober 1893,
als Schreber einundfünfzig geworden war und der Todestag seines
Vaters, der im Alter von dreiundfünfzig Jahren im November 1861
gestorben war, sich näherte. Schreber war gerade zum Senatspräsident beim Oberlandesgericht in Dresden ernannt worden. Die
Belastung durch diese berufliche Verpflichtung war umso größer
und »stellte auch an den Takt im persönlichen Verkehr umso größere Anforderungen, als die Mitglieder des (Fünfrichter-) Kolle-
giums, in dem ich den Vorsitz zu führen hatte, mir fast sämmtlich
im Alter weit (bis zu 20 Jahren) überlegen«[19] waren. Die ehrfurchtgebietende Aufgabe, die Leitung dieser Vaterfiguren zu übernehmen, war Schreber übertragen worden, als er eben versuchte, sich
damit abzufinden, daß seine Frau keine Kinder bekommen konnte.
Dieses Zusammentreffen der Umstände weckte alle Dämonen seiner Vergangenheit und stürzte ihn in eine tiefe Psychose. Während
der ersten Jahre im Sanatorium verhielt sich Schreber so antisozial,
gewalttätig und zerstörerisch, daß er nachts gelegentlich in eine
gepolsterte Zelle eingeschlossen und auf seinen Nachmittagsspa-
ziergängen durch den Park des Sanatoriums von drei Wärtern
begleitet wurde. Teilweise wurde er zwangsernährt. Während langer Phasen war er unzugänglich und bewegte sich nicht, er unternahm wiederholt Selbstmordversuche, litt unter Schlaflosigkeit und
hatte Halluzinationen und Wahnvorstellungen, die seinen Körper
und seine Umgebung betrafen. Dieser Zustand hielt fünf Jahre an,
bis Schreber den höheren Sinn seiner geistigen Qualen erkannte.

In der Verkleidung eines Transvestiten nahm Schreber den Kontakt zur Außenwelt wieder auf. Seine Genesung begann, als er

anfing, sich für eine wollüstige Frau zu halten, die dazu bestimmt
sei, von Gott geschwängert zu werden. Die Wahnvorstellungen und
Halluzinationen der Paranoia, die als Tarnung für die unbewußten
weiblichen Wünsche gedient hatten, wurden durch einen wahnhaften Transvestismus ersetzt. Phantasien, die für das Gewissen des
Richters Daniel Paul Schreber weniger akzeptabel und diesem
weniger zugänglich gewesen waren, wurden befreit – darunter auch
der Wunsch, eine wollüstige Frau zu sein, deren Gebärmutter bereit
ist, von Gottvater befruchtet zu werden.

Eine Psychose ist häufig eine Tarnung für verbotene gegengeschlechtliche Wünsche. Auf der anderen Seite ist eine Perversion,
die diesen verbotenen Wünschen immer in gewissem Maße Ausdruck verleiht, oft das Sicherheitsventil, das die Qualen des völligen
Wahnsinns verhindert oder zumindest möglichst gering hält.
Außerdem ist es wesentlich angenehmer, sich einer Perversion hinzugeben, als für immer in den Abgründen des Wahnsinns zu versin-
ken. Schrebers Genesung vom äußersten Wahnsinn konnte erst
beginnen, als er sein Sicherheitsventil gefunden hatte, das darin
bestand, seine lange unterdrückten, beschämenden weiblichen
sexuellen Wünsche bewußt werden zu lassen. Wenn auch die transvestitische Lösung weder Schrebers verkrüppelte Seele ganz heilte,
noch seine Psychose kurierte, so bereitete sie doch wenigstens
seinen schlimmsten Qualen ein Ende. Und das begriff Schreber sehr
gut. Er war, wie er es ausdrückte, »vor die Wahl gestellt, entweder
ein blödsinniger Mensch mit männlichem Habitus oder ein geistrei-
ches Weib zu werden«[20]. Schreber entschied sich für letzteres und
meinte, wohl niemand würde sich anders entscheiden. Als er sich
einmal mit den Vorzügen seiner Weiblichkeit versöhnt hatte, verbesserte sich sein Gesundheitszustand, und er verließ die Landesan-
stalt im Schutz seiner unerschütterlichen Überzeugung, daß seine
persönliche »Entmannung« jetzt dem Zweck der Erschaffung neuer
Menschen dienen könne. Schreber hatte in der Beziehung zu Gott
endlich einen gangbaren Weg gefunden.

Bis ihm die perverse Strategie zu Hilfe kam, hatte Schreber in der
Landesheilanstalt sieben Jahre lang geistige Qualen ertragen, denn

er hatte versucht, ein männlicher, aufrechter Bürger zu sein, wie sein Vater es ihn gelehrt hatte. Doch schon zu Beginn seines Aufenthalts in Sonnenstein hatten die Gottesstrahlen ihn verhöhnt, indem sie ihn als »Miss Schreber« angesprochen hatten.[21] Während der ersten fünf Jahre erlebte Schreber seine drohende Entmannung als Schmach. Entmannung bedeutete, daß sein Körper geschlechtlich mißbraucht werden könnte. Ursprünglich erlebte er bewußt die Phantasie, daß sein Körper in einen weiblichen Körper verwandelt, dem Mißbrauch der Wärter und der Gottesstrahlen ausgesetzt und dann einfach liegengelassen würde. Dr. Flechsig, sein behandelnder Arzt, war sein neuer Gottvater geworden. Schreber dachte, er würde ohne Kleider an sein Bett gefesselt, damit er für die wollüstigen Empfindungen des Frauseins empfänglicher würde. Diese Empfindungen wurden von den Wollustnerven erregt, die seiner Vorstellung nach bereits begonnen hatten, in seinen Körper einzudringen. Wenn auch einige Strahlen heuchlerisch an sein »männliches Ehrgefühl« appellierten, so setzte sich die »Seelenwollust« doch durch.[22]

Der von Schreber phantasierte Prozeß der Entmannung schritt methodisch voran und schien sich unabhängig von den anderen quälenden »Wundern« zu vollziehen, die seinem Körper zugefügt wurden. Schreber fühlte, daß seine männlichen Organe sich zurückzogen und weicher wurden. Manchmal kam die Erweichung einer völligen Auflösung nahe. Durch Kontraktion der Wirbelsäule und der Oberschenkelknochen schrumpfte er auf die Größe einer Frau zusammen. Die Seelenwollust wurde so stark, daß er an den Beinen, am Busen und an anderen Körperteilen den Eindruck eines weiblichen Körpers hatte. Seine inneren Sexualorgane wurden in weibliche Sexualorgane umgewandelt.

Nachdem Schreber diese phantasierten körperlichen Veränderungen einige Tage lang beobachtet hatte, wurde ihm bewußt, »daß mir [...] *aus Vernunftgründen* gar nichts anderes übrig bleibe, als mich mit dem Gedanken der Verwandlung in ein Weib zu befreunden. Als weitere Folge der Entmannung konnte natürlich nur eine Befruchtung durch göttliche Strahlen zum Zwecke der Erschaffung

neuer Menschen in Betracht kommen.«[23] Die verächtlichen Bemerkungen der Strahlen, wie »Das will ein Senatspräsident gewesen
sein, der sich f..... läßt?«[24], kümmerten ihn nicht mehr.

Schreber bemerkte daraufhin: »Ich habe seitdem die Pflege der
Weiblichkeit mit vollem Bewußtsein auf meine Fahnen geschrieben«.[25] Er erklärte sich bereit, seinen Körper für eine ärztliche
Untersuchung zur Verfügung zu stellen, die seine neue Weiblichkeit feststellen sollte. In dieser Untersuchung sollte überprüft werden, ob seine Behauptung zutreffe, daß sein »ganzer Körper vom
Scheitel bis zur Sohle mit Wollustnerven durchsetzt ist, wie dies
sonst nur beim erwachsenen weiblichen Körper der Fall ist, während beim Mann, soviel mir wenigstens bekannt ist, Wollustnerven
nur am Geschlechtstheile und in unmittelbarer Nähe desselben sich
befinden«[26].

Schreber behauptete, sein nackter Brustkorb mache, besonders,
wenn er mit etwas weiblichem Aufputz geschmückt sei, unzweifel-
haft den Eindruck eines weibliche Oberkörpers. Er fühlte unter
seiner Haut »Gebilde von faden- oder strangartiger Beschaffen-
heit«, und zwar »da, wo beim Weibe der Busen ist [...] hier mit der
Besonderheit, daß an ihren Enden zeitweise knotenartige Verdik-
kungen wahrnehmbar werden«[27].

Als Schreber seine perverse Lösung akzeptiert hatte, ging er
halbnackt in seinem Zimmer in der Heilanstalt umher, stellte sich in
einem mit bunten Bändern geschmückten Unterhemd vor den Spiegel und betrachtete seinen vermeintlich weiblichen Busen. Er besah
Bilder von nackten Frauen und zeichnete sie möglicherweise auch.
Er rasierte sich den Bart ab, kaufte Nähzeug und weibliche Toilet-
tenartikel und meinte, für sein körperliches Wohlbefinden seien
Arbeiten wie Nähen, Staubwischen und Bettenmachen am besten
geeignet.[28] Seine weiblichen Bedürfnisse wuchsen: »Ich glaube
[...], daß Gott niemals zu einer Rückzugsaktion verschreiten
würde [...], wenn es mir möglich wäre, *immer* das in geschlechtli-
cher Umarmung mit mir selbst daliegende Weib zu spielen, meinen
Blick *immer* auf weiblichen Wesen ruhen zu lassen, *immer* weibliche Bilder zu besehen u.s.w.«[29] Als Schreber mit der Niederschrift

der *Denkwürdigkeiten eines Nervenkranken* begann, ging sein Wunsch nach Befruchtung durch Gott in Erfüllung. Die Seelenwollust hatte seinen Körper ganz durchdrungen und ihn bereit gemacht, zu empfangen und schwanger zu werden. Er war sicher, daß er zweimal bereits »einen wenn auch etwas mangelhaft entwickelten weiblichen Geschlechtstheil«[30] gehabt und die ersten Lebensregungen eines Embryos gespürt hätte und schloß daraus: »Durch göttliches Wunder waren dem männlichen Samen entsprechende Gottesnerven in meinen Leib geworfen worden.«[31] Die Befruchtung hatte stattgefunden.

Schreber war zweifellos mit der Moral des Fin de siècle vertraut. Es war für den Senatspräsidenten nicht zu akzeptieren, daß er entmannt, in eine Frau verwandelt werden sollte, nur um den Geschlechtsverkehr zu genießen. Wenn die Entmannung nicht von Befruchtung begleitet worden wäre, hätte das bedeutet, daß er den weiblichen Körper nur für sexuelle Zwecke und sexuellen Mißbrauch bekommen hätte. Außerdem war es Gott selbst, der »*beständiges Genießen*« von ihm verlangte: »Es ist meine Aufgabe, ihm dasselbe [...] in der Form ausgiebigster Entwickelung der Seelenwollust zu verschaffen; soweit dabei für mich etwas von sinnlichem Genusse abfällt, bin ich berechtigt, denselben als eine kleine Entschädigung für das Übermaß der Leiden und Entbehrungen, das mir seit Jahren auferlegt ist, mitzunehmen.«[32]

Um nicht mißverstanden zu werden, muß ich hierbei bemerken, daß ich mit der mir sozusagen zur Pflicht gewordenen Pflege der Wollust *niemals eine geschlechtliche Begehrlichkeit gegenüber anderen Menschen* (Frauenspersonen) *oder gar einen geschlechtlichen Umgang* mit solchen meine, sondern mich selbst als Mann und Weib in einer Person, mit mir selbst den Beischlaf vollziehend, vorzustellen, mit mir selbst irgendwelche auf geschlechtliche Erregung abzielende – vielleicht sonst als unzüchtig geltende – Handlungen vorzunehmen habe u.s.w., wobei natürlich jeder Gedanke an Onanie oder dergleichen ausgeschlossen ist.[33]

Diese Kultivierung seiner Weiblichkeit waren Daniel Pauls Triumph über die Seelenmorde seiner Kindheit und ein angemessenes Denkmal für seinen Vater. Erst jetzt, als seine Gesundheit teilweise wiederhergestellt war, erinnerte Schreber sich daran, wie alles begonnen hatte. Er erinnerte sich, daß es weder seine durch die Umstände vereitelte Vaterschaft noch seine Ernennung zum Senatspräsidenten mit den sich daraus ergebenden Verpflichtungen gewesen waren, die ihn in den Wahnsinn getrieben hatten. Beängstigender als diese Tatsachen waren die schlimmen Phantasien und beschämenden Wünsche, die diese Midlife-crisis in ihm geweckt hatte. Die Wiederkehr der weiblichen Wünsche, die er seit seiner Kindheit zu unterdrücken vermocht hatte, war es, die Daniel Paul Schreber in diese furchtbare Psychose trieb.

Er erinnerte sich, daß er eines Morgens, kurz nach seiner Ernennung zum Senatspräsidenten, als er noch im Bett lag, eine seltsame Empfindung gehabt hatte: »Es war die Vorstellung, daß es doch eigentlich recht schön sein müsse, ein Weib zu sein, das dem Beischlaf unterliege.«[34] Die Wahnwelt, die Schreber aufbaute, um sich vor diesem entsetzlichen Gedanken zu schützen, spiegelte seine verzweifelte Suche nach einer makellosen, von weiblichen Wünschen unberührten Männlichkeit wider. »Diese Vorstellung war meiner ganzen Sinnesart so fremd; ich würde sie, wie ich wohl sagen darf, bei vollem Bewußtsein mit [...] Entrüstung zurückgewiesen haben«.[35]

Wenn wir unser Wissen über die üblichen Kindheitsphantasien und Schrebers spätere Wahnvorstellungen zusammenfügen, können wir ein Bild der Kindheitsphantasien konstruieren, die die Grundlage für die geistigen Qualen des Erwachsenen bildeten. Nicht anders als die meisten Männer muß sich Daniel Paul als kleiner Junge ab und zu gewünscht haben, in der Lage seiner Mutter zu sein und sich vom Vater das antun zu lassen, was jener der Mutter zufügte. Außerdem war es viel zu erniedrigend für ihn, sich vorzustellen, daß seine bewunderte Mutter Paulina sexuelles Verlangen nach dem großartigen Dr. Schreber haben könnte, daß sie den Gott der Kinderstube mehr begehren könnte als ihren lieben kleinen

Daniel Paul. Viel befriedigender war es da, den Gedanken an die beiderseitige sexuelle Erregung der Eltern fortzuzaubern. Viel besser war es, sich eine passive Mutter vorzustellen, die sich einem gewalttätigen, aggressiven Vater unterwarf, der beständiges Genießen verlangte. Diese Strategie wendet ein kleiner Junge, der aus dem elterlichen Schlafzimmer ausgeschlossen wurde, häufig genug an, um sein Selbstwertgefühl zu retten. Aber in Daniel Pauls Fall wurde diese übliche Kindheitsphantasie von der ergebenen Mutter und dem beherrschenden Vater durch das tatsächliche Verhalten von Mutter und Vater und die vorherrschenden Geschlechtsstereotypen im Deutschland um die Mitte des neunzehnten Jahrhunderts unterstützt.

Während seiner ganzen Kindheit forderte Daniel Pauls Vater absolute Geradheit, körperliche Tüchtigkeit und sexuelle Reinheit von seinem Sohn.[36] Seine absolute Unterwerfung unter den allmächtigen Vater und Paulinas Unfähigkeit, ihren Sohn vor dem von ihr verehrten, gottähnlichen Arzt, Orthopäden und Erzieher zu schützen, machten es dem Jungen unmöglich, seine weiblichen Bestrebungen mit seiner männlichen Identität in Einklang zu bringen. Für Schwaches, Kindliches oder Weibliches war im Männlichkeitskult seines Vaters kein Platz. Und Paulina war zwar eine hingebungsvolle Mutter, aber in ihren Vorstellungen von mütterlicher Fürsorge hatte Ungehorsam gegen den Vater keinen Platz. Die einzige Lösung für den kleinen Daniel Paul Schreber bestand darin, sich dem Mord an seiner Seele zu unterwerfen und zu versuchen, alle Spuren seiner Seelenwollust auszulöschen.

In seinem einundfünfzigsten Lebensjahr kehrten mit der psychotischen Regression, die dem Gedanken folgte, »daß es doch eigentlich recht schön sein müsse, ein Weib zu sein, das dem Beischlaf unterliege«, alle Vorstellungen und Gefühle, die von seinem Vater so unbarmherzig erstickt worden waren, mit Macht zurück. Vielleicht hätten diese verbotenen weiblichen Wünsche relativ still bleiben können und ihre Anwesenheit auf andere, weniger bedrohliche Weise zum Ausdruck bringen können – verkleidet als bestimmte körperliche Schwächen wie die Schlaflosigkeit und die eingebildeten Krankheiten, unter denen Schreber während seines ersten Nervenzusammenbruches litt, oder wie die Spannungskopfschmerzen, Geschwüre und Rückenprobleme, die all jene Männer (und Frauen) befallen, die Zärtlichkeit, Tränen und Weichheit zurückhalten. Vielleicht drückte sich Schrebers unbewußter Wunsch, wie eine Frau gefickt zu werden, schon in seinem Mißtrauen seinen Konkurrenten gegenüber aus, in flüchtigen Ahnungen, daß Intrigen gegen ihn im Gange seien, in seinem Hang zum Zweifel und einer gewissen Willenslähmung. Die Krisen der Lebensmitte jedoch hatten seine eingeschlossenen weiblichen Wünsche zu einer mörderischen Rebellion aufgewiegelt. Alles konnte geschehen, wenn seine Richterkollegen seine Schwächen entdecken würden. Was würden diese Vaterfiguren ihm antun, wenn sie seine Impotenz, den Beweis für seinen Mangel an Männlichkeit, entdecken würden? Der arme Schreber benötigte täuschendere Strategien als eingebildete Krankheiten oder Kopfschmerzen. Er begab sich wieder in das Sanatorium, in dem er wegen seiner Hypochondrie behandelt worden war. Er nahm seine Behandlung bei Dr. Flechsig wieder auf, der ihn sofort eine Schlafkur machen ließ, die wiederum Schrebers Verdacht verstärkte, daß Flechsig böse Absichten hätte, daß er seinen Widerstand brechen und seinen Körper sexuell mißbrauchen wollte.

Drei Monate später, nachdem Schreber sich Flechsigs Vorhaben, ihn einzuschläfern und seinen Körper zu penetrieren, erfolgreich widersetzt hatte, geschah etwas, das seinen endgültigen Abstieg in die Hölle beschleunigen sollte. »Entscheidend für meinen geistigen Zusammenbruch war namentlich eine Nacht, in welcher ich eine ganz ungewöhnliche Anzahl von Pollutionen (wohl ein halbes Dutzend) in dieser einen Nacht hatte.«[37] Was sollte der masturbierende Richter tun? Hatte sein Vater nicht erklärt, daß nur »ständige Wachsamkeit« von Eltern und Erziehern nötig sei, da »diese schleichende Pest der Jugend [...] die Unglücklichen dumm und stumpfsinnig, lebensmüde, für Erkrankungen weit empfänglicher, namentlich zu zahllosen Unterleibsleiden und Nervenkrankheiten geneigt, sowie gar bald zeugungsunfähig« mache?[38] Sicherlich war

Kastration die einzig gerechte Strafe für ein derartig abscheuliches Verbrechen. Und vielleicht würde Gott ihn für immer verlassen. Nach der Nacht, in der Schreber mehrere Pollutionen hatte, traten die ersten Anzeichen für den Verkehr mit übersinnlichen Kräften auf. Und wie es sein Vater vorhergesagt hatte, leiteten die Pollutionen die erste Phase seiner Entmannung, seiner Verwandlung in eine Frau, ein.

Schließlich fand Schreber eine perfekte Methode, seine niederträchtigen, verachtenswerten weiblichen Wünsche mit den höheren Befehlen Gottes in Einklang zu bringen. Jetzt würde Gott ihn niemals verlassen. Die Gottesstrahlen würden ihn weiter quälen, indem sie seine inneren Organe auflösten, ihn daran hinderten, sich zu erleichtern, und seine Brust und seinen Kopf zusammendrückten. Später erkannte er, daß Gott von ihm forderte, er müsse bestrebt sein, »wenigstens zu gewissen Tageszeiten den Eindruck eines in wollüstigen Empfindungen schwelgenden Weibes«[39] zu vermitteln. Gott *forderte* »beständiges Genießen«, und es war Schrebers Pflicht, ihm die höchste Form der Seelenwollust zu liefern.

Daniel Paul, der in seiner Kindheit Paul gerufen wurde, war von seinem Taufnamen her dazu bestimmt, eine Mischung aus Daniel, seinem Vater, und Paulina, seiner Mutter[40], zu werden. Der Name allein hätte keine Verwirrung gestiftet, wenn der kleine Junge die Mutter deutlich als von seinem Vater getrenntes Wesen hätte wahrnehmen können. Aber Paulina trat ihren Söhnen gegenüber immer als Stellvertreterin des Vaters auf. Sie übernahm die Empfehlungen ihres Mannes für die Kindererziehung und stellte sie nie in Frage. Schreber erwartete von Paulina, daß sie zu ihren Söhnen ebenso streng sei wie er selbst.

Da Paulina bei der Erziehung ihrer Töchter eher freie Hand gelassen wurde, fanden sie sich im Leben besser zurecht.[41] Während Schreber darauf bestand, daß seine Söhne sich zu starken, moralisch gefestigten, gesunden Männern entwickelten, tolerierte er bei seinen Töchtern körperliche Zartheit, Kindlichkeit und weibliche Eigenschaften. Er betrachtete es als ausreichend, daß seine Töchter aufrecht gingen und saßen, daß sie in gerader Haltung einschliefen, daß sie seine Prüfungen in Selbstverleugnung bestanden und nicht masturbierten.

Anna, Sidonie und Klara Schreber entgingen dem Schicksal, das schließlich ihre Brüder ereilte. Der entscheidende Faktor dabei war, daß sie sich mit ihrer Mutter Paulina identifizieren konnten, ja sogar dazu ermutigt wurden. Paulina war nicht nur in ihrer unmittelbaren Umgebung hoch angesehen, sondern auch eine mustergültige deutsche Ehefrau. Man erwartete von ihr, daß sie der Ehre und dem Wohlergehen ihres Gatten vor den Bedürfnissen und dem Wohl der Kinder den Vorrang gab. Paulina war keine emanzipierte, männliche Frau. Aber sie idealisierte die Macht der Männer. Sie war in eine Familie berühmter Männer hineingeboren worden, darunter ihr Großvater, der Juraprofessor gewesen war, und ihr Vater, Professor der Medizin. Sie selbst erhielt eine ausgezeichnete Ausbildung. Ihre Schwestern und sie wurden zu Hause von einem Privatlehrer unterrichtet. Obwohl Paulina selbst für Gelehrsamkeit nicht soviel übrighatte, war sie doch stolz auf ihr intellektuelles Erbe und machte keinen Hehl aus ihrer Hochachtung vor bedeutenden, intellektuell begabten Männern. Während ihrer Kindheit und Jugend in Leipzig war sie sich sehr wohl im klaren darüber, daß ihre Eltern einige der bedeutendsten Ärzte und Rechtsanwälte Deutschlands bei sich zu Hause empfingen. Bis zu ihrem Tode mit zweiundneunzig Jahren rühmte sie sich ihrer Verbindung zu Felix Mendelssohn-Bartholdy und Franz Schubert.

Dr. Schreber war der Meinung, er würde die weiblichen Schwächen seiner Söhne ausmerzen, tatsächlich aber erweckte er in ihnen den Wunsch, auf infantile Weise an die Mutter gebunden zu bleiben, und verstärkte ihre Tendenzen, sich mit der Weiblichkeit der Mutter zu identifizieren. Auf diese Weise hatten die männlichen Geschlechtsstereotypen, die in der Schreberschen Kinderstube regierten, genau die gegenteilige Wirkung auf die Söhne. Unter Dr. Schrebers Bevormundung und Herrschaft wurde die übliche, völlig alltägliche Jungenphantasie, sich »dem Vater so zu unterwerfen, wie eine Mutter es tun würde«, zu einem mächtigen und schließlich nicht mehr zu unterdrückenden erotischen Verlangen. Die beiden Jungen wurden der freundlichen Brust der Kinderstube nicht allmählich entwöhnt und nach und nach in die Bedeutung von Knabenalter und Mannesalter eingeführt. Statt dessen wurden sie abrupt und entschieden fortgerissen, damit ihr Vater ihnen seinen Männlichkeitskult aufzwingen konnte. Daniel Pauls Körper fügte sich der Männlichkeit, zu der sein Vater ihn zwang, aber in seiner Seele, die nur einem partiellen Seelenmord ausgesetzt gewesen war, blieb ein immerwährendes Verlangen zurück, von einer nährenden weiblichen Brust nicht zu unterscheiden zu sein, ein Wunsch, den er sich in Sonnenstein schließlich erfüllte. Und so waren Schrebers Söhne, wie viele Söhne und Enkel jenes Vaterlandes, in dem der Grundsatz körperlicher und geistiger Geradheit die Weltordnung bewahren sollte, niemals sicher in ihrer männlichen Identität verankert. Jeden Augenblick konnten sie von den Gottesstrahlen penetriert werden. Daher wurden die Söhne des Vaterlandes von dem Bedürfnis verzehrt, selbst um den Preis von Selbstmord oder Psychose, Verstümmelung oder Massenmord, jedes Fünkchen weiblicher Wollust zurückzuweisen.

Die Phantasien des Richters Schreber von körperlicher Verstümmelung waren auf individueller Ebene Vorboten von Auschwitz und Buchenwald. Der Männlichkeitskult, der Dr. Schreber dazu veranlaßte, an seinen eigenen Söhnen Seelenmord zu verüben, war Teil einer Gesinnung, die in Leipzig und im ganzen Deutschen Reich herrschte. Vor dem Hintergrund dieser Gesinnung war es möglich, daß Hitlers utopische Visionen vom Vaterland in den dreißiger Jahren so viele deutsche Jugendliche, Jungen wie Mädchen, zu fesseln und zu begeistern vermochten. Die emanzipierte deutsche Frau, die in den zwanziger Jahren Zugang zu Berufen gewonnen hatte, die vorher Männern vorbehalten gewesen waren, die mit ihren feministischen Anliegen durch die Straßen gezogen war und die Männer mit ihren männlichen Neigungen erschreckt hatte, wurde an den Herd zurückbefohlen. Wenn das Gesetz des Vaters weiter Gültigkeit haben sollte, mußte das Interesse der Frau sich auf Kinder, Küche und Kirche beschränken.

Die Themen von körperlicher Verstümmelung und moralischer
Qual, die Schreber in seinen *Denkwürdigkeiten eines Nervenkranken* bewußt zum Ausdruck bringen konnte, bleiben bei denjenigen,
die für ihre geistigen Leiden eine perverse Lösung wählen, normalerweise unbewußt. Perverse spüren, daß die Perversion eine
unklare Angst mildert. Sie spüren, daß die Perversion die Angst
irgendwie durch das Hochgefühl ersetzt, wertvoller und mächtiger
zu sein als ein gewöhnlicher Sterblicher. Nach einer perversen
Aufführung schämen sie sich vielleicht, weil sie der Versuchung
nachgegeben haben, oder sie haben eine vage Befürchtung, daß ein
Verhängnis drohen könnte, aber sie kennen die Gründe für diese
schmerzhaften Affekte nicht. Sie ahnen nicht, daß sie einen schrecklichen Handel mit den allmächtigen Peinigern abgeschlossen haben,
die sie traumatisiert, beraubt, verlassen, erniedrigt und den großen
und kleinen Seelenmorden der Kindheit unterworfen haben.

Trotz der rachsüchtigen Wut, trotz des als Liebe verkleideten
Hasses muß es in einer Perversion auch Raum für einen Anreiz
geben, der den quälenden Angreifer in einen Geliebten verwandelt.
Das unbewußte Problem würde lauten: »Welche verbotene Handlung *darf* ich ausführen? Was würde meinem Peiniger gefallen?«
Eine Perversion ist eine Strategie, die der Besänftigung Gottes, des
gesetzgebenden Vaters, der beschützenden Mutter oder des Gewissens dient, jener inneren Stimme, die die Macht der Götter vertritt.

Es ist nicht schwer einzusehen, daß eine Perversion eine Möglichkeit bietet, eine Vielfalt von verbotenen und beschämenden
Wünschen auszudrücken, und daß sie die Macht besitzen kann,
einer gequälten Seele Erleichterung zu verschaffen. Weniger leicht
zu verstehen ist allerdings, daß eine Perversion, eine Handlung, die
die Gesetze des Gewissens zu verletzen scheint, das Gewissen
beschwichtigen und ihm sogar gefallen kann. Aber wenn man diesen Handel vom Standpunkt eines Kindes aus betrachtet, das dem
Seelenmord ausgesetzt ist, oder eines Erwachsenen, der immer noch
unter den Auswirkungen der Kindheitstraumen leidet, sind solche
korrupten Geschäfte mit dem Gewissen plausibel, ja unvermeidlich. Daß unser Gewissen uns lieben sollte, weil wir etwas Verbote-

nes tun, ist nicht weniger einleuchtend als alles andere, was mit Perversionen zusammenhängt.

Da jeder Teil des menschlichen Geistes an der Konstruktion einer Perversion beteiligt ist, muß auch das Gewissen dazu verführt werden, seine Zustimmung zu erteilen. Denn wie sonst könnte eine Perversion uns Erleichterung verschaffen und uns trotzdem ausreichend für unsere Schlechtigkeit quälen? Indem ich über die Rolle des Gewissens wieder auf die perverse Strategie zurückkomme, kehre ich zum Anfang zurück.

Eine Perversion ist tatsächlich eine Suche nach Ekstase. Aber diese stellt eine Karikatur der spirituellen Ekstase dar und soll eine moralische Autorität, die verehrt und idealisiert wird, zur Liebe verführen. Gleichgültig, ob es unser Gewissen oder eine andere gottähnliche Autorität ist, die wir dazu verleiten, uns diese Liebe zu schenken – Methode und Ergebnis sind gleich. Die perverse Strategie erlaubt es uns, einen Aspekt des Verlangens zuzulassen, der ein göttliches Ideal zum Ausdruck bringt – zum Beispiel Mannhaftigkeit oder Unterwürfigkeit –, während sie die Rebellionen gegen das Geschlecht und die Fehltritte, derentwegen die Autoritäten uns bestrafen und erniedrigen könnten, vor dem Gewissen versteckt hält. Außerdem verleitet der Perverse, indem er diesen unbewußten Handel abschließt, der den Ausdruck einer verbotenen, beschämenden Ekstase gestattet und verzeiht, den Allmächtigen zu einer verschleierten, inzestuösen Belohnung. Wie erhält ein Transvestit, ein Mann, der sich im alltäglichen Leben besonders männlich verhält, von seinem Gewissen die Erlaubnis, Frauenkleider zu tragen? Wie erhielt der Richter Schreber, dessen Familie von den Männlichkeitsidealen seines Vaters beherrscht wurde, von seinem Gewissen die Erlaubnis, eine Frau zu sein, die unterliegt?

Um die Erlaubnis zu bekommen, die Qualen einer Psychose durch eine Perversion zu ersetzen, mußte Schreber zuerst sein Gewissen, den allmächtigen Gottvater in ihm, eben den Vater, den er als Kind gleichzeitig gehaßt und geliebt hatte, überzeugen, daß er seinen Pflichten nachkam. Er stellte sich vor, seine heiligste Pflicht sei es, Gottes Forderung nach beständigem sexuellem Genuß zu erfüllen. Wenn er Gott auf diese Weise zufriedenstellen konnte, konnte er sicher sein, daß Gott ihn nie verlassen und seinen Körper nie verstümmeln würde. Schon als Kind hatte Daniel Paul Schreber intuitiv gespürt, daß unter der rücksichtslosen Entschiedenheit, mit der der Vater versuchte, Weiblichkeit auszulöschen, die unbewußten weiblichen Wünsche des allmächtigen Gottes verborgen lagen. Jetzt, als Transvestit, unterwarf er sich dem Allmächtigen genauso, wie eine Frau es getan hätte, und schenkte damit seinem Vater die Mannhaftigkeit, die er selbst so nötig gebraucht hatte. Als er den Zustand weiblicher Wollust erreicht hatte, konnte er Gott jeden Beweis für *Seine* Mannhaftigkeit liefern. Indem er Gott die Befriedigung Seiner männlichen Wünsche versprach, verführte er Ihn dazu, ihm einen inzestuösen Wunsch zu erfüllen. Der Richter Schreber liebte seinen Vater und wußte nur zu gut, wonach er selbst sich heimlich sehnte.

Im Wahnsinn gießt der Allmächtige das ganze Ausmaß seines Zorns über Körper und Seele aus. Und die Seele leidet ständig unter der Qual, nicht herausfinden zu können, was Er will. In der Perversion hat die Person die Ekstase, nach der Er verlangt, gefunden.

Heinrich Seuse (Heinrich Suso)[42], der deutsche Mystiker des vierzehnten Jahrhunderts, war fast wahnsinnig über den Versuch geworden, herauszubekommen, was Gott von ihm verlangte.

> Ich hieß doch einst seine liebe Braut – oh weh, weh, und immer weh!
> – ich bin nicht würdig, daß ich nun seine arme Wäscherin heiße. Vor
> bittrer Scham getraue ich mir nimmermehr, meine Augen zu erheben. [...] Wer gibt mir des Himmels Breite zum Pergament, des
> Meeres Tiefe zur Tinte, Laub und Gras zu Federn, auf daß ich mein
> Herzeleid und den unstillbaren Jammer voll beschreibe, den das
> leidvolle Scheiden von meinem Geliebten über mich gebracht hat!
> Weh mir, daß ich je geboren wurde! Was kann ich nun anderes tun,
> als mich selbst in den Abgrund der unglückseligen Verzweiflung
> werfen?[43]

Seuse erzählt in seiner Lebensbeschreibung »Des Dieners Leben«, daß er ein härenes Hemd und eine eiserne Kette trug, bis »das Blut wie aus dem Brunnen von ihm floß und er es ablegen mußte«[44].

Dann ließ er sich ein härenes Unterkleid mit Riemen machen, in die hundertfünfzig spitze Nägel eingeschlagen waren. Seine Wunden lockten Ungeziefer an, und im Schlaf schob er das Hemd fort, um sich zu kratzen. Dann fand er schließlich die Lösung:

> Er ließ sich zwei lederne Handschuhe machen [...] und ließ sich von einem Spengler daran messingne spitzige Stiftlein um und um machen; und diese Handschuhe legte er des Nachts an. Er tat das, damit ihn die Stifte in den Leib stächen, wenn er im Schlafe das härene Unterkleid von sich werfen oder sonstwie gegen die nagende Pein, die ihm das Ungeziefer antat, sich selbst helfen wollte; und das geschah auch.[45]

Dr. Daniel Gottlob Moritz Schreber, ein kleiner Mann, der in seiner Jugend körperlich unterentwickelt und von schwacher Gesundheit gewesen war, widmete sein Erwachsenenleben dem Beweis seiner Mannhaftigkeit.[46] Er heilte verkrüppelte Kinder von ihren Mißbildungen. Er war der Herr seiner Kinder, vor allem seiner Söhne, die er von ihren weiblichen und infantilen Schwächen heilte. Vielleicht würde man sich eines Tages an ihn als den Herrn aller Kinder im Deutschen Reich erinnern. Wie sollte Dr. Schreber verstehen, daß er durch seine Zurückweisung jeglicher Schwäche und jeder Spur von Weiblichkeit letzten Endes jene Teile seines eigenen Selbst auf seine Söhne verlagerte, die er als niedrig, roh, schwach und wollüstig betrachtete? Doch sein Sohn Daniel Paul hinterließ der Welt eine kritische Begutachtung der verzerrten Erfahrungswelt eines Kindes, das zum Opfer dieser väterlichen Projektionen ausersehen wurde. »[...] ich habe [...] in dem von Gott wider mich geführten Kampfe Gott selbst auf meiner Seite gehabt.«[47]

KAPITEL 14

Weiblich, männlich:
die Kodes der Perversion

> *Ich bin nämlich der Ansicht, daß die Vorstellungen*
> *vom Trennen, Reinigen, Abgrenzen und Bestrafen*
> *von Überschreitungen vor allem die Funktion haben,*
> *eine ihrem Wesen nach ungeordnete Erfahrung zu*
> *systematisieren. Nur dadurch, daß man den Unter-*
> *schied zwischen Innen und Außen, Oben und Unten,*
> *Männlich und Weiblich, Dafür und Dagegen scharf*
> *pointiert, kann ein Anschein von Ordnung geschaffen*
> *werden.*
>
> Mary Douglas, *Reinheit und Gefährdung*[1]

Mit dem Sternenhimmel schuf Gott ein Meisterwerk, »aber was das
Gewissen betrifft, so hat Gott hierin ungleichmäßige und nachläs-
sige Arbeit geleistet«[2]. Wie fortschrittlich unsere Moral auch sein
mag, unser Gewissen ist niemals frei von den frühesten Elternbil-
dern aus unserer infantilen Phase. Diese idealisierten, gottähnlichen
Eltern werden nie ganz zu Menschen. Sie widerstehen jedem Versuch, sie durch humanere Prinzipien von Schutz und Gerechtigkeit
zu ersetzen. Neben unseren fortschrittlichsten moralischen Errungenschaften stehen die frühen Götter, bedrohlich überwachend und
mit Maßstäben, die eine nicht zu erlangende Perfektion verlangen.
Obwohl wir nie sicher sind, was diese verbietenden Stimmen, prüfenden Augen und ausgestreckten Zeigefinger eigentlich von uns
wollen, tun wir unser Bestes, um ihnen zu gefallen und sie zu
beschwichtigen.

Alle Kinder stellen sich vor, eine sichere Methode, den Schutz
und die Bewunderung der allmächtigen Geliebten zu erringen,
bestünde darin, deren Erwartungen in bezug auf die Geschlechter-

rollen zu entsprechen. Als Erwachsene möchten sie diese unversöhnlichen Götter vielleicht umstürzen, aber das verängstigte Kind in ihnen ist vorsichtig. Wenn sie sich als Männer weiterhin mit den infantilen Karikaturen von Männlichkeit und als Frauen weiterhin mit den infantilen Karikaturen von Weiblichkeit kostümieren, werden die Götter sich vielleicht nicht weiter dafür interessieren, weil diese Karikaturen nur den Anschein erwecken, als hätten sie vor, die Zügel zu ergreifen. Wenn die erwachsenen Männer und Frauen sich als machtlose Kinder verkleiden, die sich nur für infantile Freuden, Freßlust, Koten und Urinieren, Exhibitionismus und Voyerismus und Herrschaft und Unterwerfung interessieren, werden die Götter vielleicht keinen Aufstand befürchten. Nie gab es eine Zeit, in der Menschen kein Gewissen besaßen oder nicht mit moralischen Ängsten und Scham rechnen mußten. Aber in den frühesten Zeiten der Menschheitsgeschichte, als die Natur als so wenig fürsorglich und so hart erschien, so ehrfurchtgebietend wild und unbezähmbar und die von den Menschen errichteten Gesellschaften so wenig tun konnten, um ihre Mitglieder vor Hungersnöten, Dürren, Stürmen, Erdbeben, Vulkanausbrüchen und Blitzeinschlägen zu schützen, wurden auch die inneren Stimmen der Autorität und des Schutzes als wenig fürsorglich und zu hart erlebt, als daß sie als Teil des eigenen Selbst hätten ertragen werden können. Mit den Stimmen des Gewissens war leichter umzugehen, wenn man sich vorstellen konnte, daß die strafenden und liebenden Kräfte einer äußeren Macht innewohnten. Totems, mythische Götter, der Gott der Christen oder der feudale Herrscher konnten leichter kontrolliert und manipuliert werden. Der rachsüchtige Zorn dieser Allmächtigen konnte durch Fetische, Zaubertränke, Menschen- und Tieropfer, Flagellantentum, Sünder, die auf dem Scheiterhaufen verbrannt wurden, und Inquisitionsgerichte, die die Heiligen von den Sündern trennten, beschwichtigt werden. Liebe und Schutz konnten durch Maisfeste, Regen- und Sonnentänze und Gralssuche angelockt werden.

Erst als wir das Gefühl hatten, die Naturgewalten besser beherrschen zu können, und als wir erkannten, daß Gesellschaft ein

Gebilde ist, das wir selbst schaffen und das uns dienen und schützen soll, und nicht umgekehrt, konnten wir einsehen, daß die strafenden und beschützenden Götter ebensosehr Teil unseres eigenen Selbst sind wie die wilden Begierden und unbezähmbaren Leidenschaften, die wir mit Entsetzen und Ehrfurcht betrachten.

Manche Dinge ändern sich. Für diejenigen von uns, die nur ihren »gerechten« Anteil an den üblichen Traumen abbekommen haben, sind die verbietenden Stimmen nachsichtiger und die prüfenden Blicke wohlwollender geworden. Doch andere Aspekte des Gewissens, die Idealvorstellungen von Vollkommenheit, nach denen wir streben, vor allem die primitiven Geschlechtsideale, scheinen sich niemals zu verändern. Wir leben schon so lange mit ihnen, daß wir sie immer noch, selbst heute noch, für unser Schicksal, für gottgegeben, für den Willen der Natur halten. Manche unter uns sind davon überzeugt, daß jeder Protest gegen diese Ideale die Götter beleidigen, Erdbeben und Flutwellen hervorrufen würde, die den Planeten auseinanderbrechen und überschwemmen und alle heiligen Grenzen zwischen oben und unten, gut und böse, sauber und schmutzig, männlich und weiblich zerstören würden. Wenn wir die Wirkungsweise des Gewissens in der modernen Welt betrachten, fragen wir uns vielleicht, ob diese jüngste Form der Autorität – diese verinnerlichten Vorstellungen von Rechtmäßigkeit und Schutz – mit menschlichen Seelen freundlicher oder gerechter umgeht als die Donnergötter und feudalen Tyrannen früherer Gesellschaften.

Die sozialen Kräfte, die für die Vorschriften über Sexualität und Geschlechtskonformität verantwortlich sind, haben sich verändert.[3] Und für den einzelnen Menschen besteht sicherlich ein großer Unterschied darin, ob für die Durchsetzung der Geschlechtskonformität die Stammesältesten, die Kirche oder die Gemeinde zuständig sind, oder ob sie, so wie heute, dem einzelnen Menschen selbst überlassen bleibt, der sich dann nur mit seinem eigenen Gewissen auseinandersetzen muß. Trotzdem unterscheiden sich die Geschlechtsideale der freien Männer und der freien Frauen, die in den modernen Industriestaaten leben, nicht bemerkenswert von den Idealvorstellungen von männlicher Virilität und weiblicher

Reinheit, die einstmals die Stammesältesten durchsetzten. Es wäre schwer, in der Menschheitsgeschichte einen Zeitabschnitt zu finden, in dem die Ideale von männlicher Virilität und weiblicher Reinheit nicht vorherrschend waren. Wenn diese Geschlechtsideale jedoch in Form von Einritzungen und Verstümmelungen, die von den Stammesältesten festgelegt wurden, in den Körper eingeschrieben werden, gelangt der einzelne sicherer und konfliktfreier zu seiner Geschlechtsidentität. Die Einritzungen und Verstümmelungen werden von den Stammesmitgliedern als sichtbarer Beweis für moralischen Gehorsam und für die Schönheit und den Adel eines Jugendlichen betrachtet. Die Konflikte und Probleme, die den Jugendlichen vielleicht bedrängt haben, werden in den formalen Eigenheiten der Einritzungen gelöst: Linie-Kreis, oben-unten, sauber-schmutzig, männlich-weiblich, Vorfahren-Nachkommen, Vergangenheit-Zukunft.

Als die Kirche für Sexualität und Geschlecht zuständig war, konnte der Sünder gegen die Vorschriften verstoßen und dann beichten oder je nach Geschlechtszugehörigkeit durch bestimmte Qualen erniedrigt und bestraft werden. Zu manchen Zeiten wurden Hexen und Ketzer verbrannt oder ertränkt. Meistens waren es Frauen, hinzu kamen einige verdächtig weibliche Männer. Politische Aufrührer wurden gehenkt, geköpft, gestreckt oder geviertelt. Meistens waren es Männer, und hinzu kamen einige männlich rebellische Frauen. Wenn die Regeln für Sexualität von einer Gemeinschaft, einem Großgrundbesitzer oder einem Dorf aufgestellt wurden, war die Situation insofern ähnlich, als die Geschlechtskonformität von einer sozialen Institution durchgesetzt wurde, die nach festgelegten Grundsätzen von Gerechtigkeit und Strafe handelte. Keine dieser ordnenden Kräfte konnte allerdings lange fortbestehen, wenn ihr System der Gerechtigkeit die politisch-ökonomischen Strukturen der Gesellschaft nicht mehr unterstützte.

Die Volkswirtschaften des achtzehnten und neunzehnten Jahrhunderts brauchten eine andere Art ordnender Kraft. Das System der Gerechtigkeit mußte durch eine persönlichere Institution aufrechterhalten werden, nämlich durch emotional unmittelbar wirksame mütterliche Liebe und väterliche Macht. Stets war eine wie auch immer geartete Familienstruktur dafür zuständig, daß dem Kind die sozialen Geschlechtsideale vermittelt wurden. Erst seit kurzer Zeit jedoch, etwa seit dem Ende des siebzehnten Jahrhunderts und nur in einigen Teilen der westlichen Welt, hat die Familie von Kirche und Gemeinde das Recht und die Macht übernommen, Sexualität und Geschlecht zu kontrollieren. In diesen modernen Gesellschaften mußte die Mannhaftigkeit der Männer freigesetzt werden, damit sie die Natur ohne allzuviel Scham oder moralische Bedenken ausbeuteten und sich stolz die männlichen Tugenden der Habgier und der Gewinnsucht aneigneten, die sie eines Tages vielleicht zu Herrschern des Marktes machen würden.

Die Frauen andererseits sollten zu Hüterinnen des Herdes werden. Von Ehefrauen und Müttern wurde erwartet, daß sie Tugendhaftigkeit und Unschuld verkörperten, während die Männer auf den Markt hinausgeschickt wurden, um aus ihrem unbewußten Handel mit dem Gewissen echtes Gold zu machen. Die Frauen wußten, daß sie die Prinzipien sexueller Reinheit, die die Stabilität der Familie gewährleisten sollten, in sich selbst aufrechterhalten mußten. In diesem System der Gerechtigkeit war es Konvention, daß die Prostituierten sich aus den Frauen der Unterschicht rekrutierten und daß weibliche Dienstboten aller Altersstufen sich zur Verfügung stellten, um die sexuellen Bedürfnisse von Ehegatten der Mittel- und Oberschicht zu befriedigen, die mit Haushaltsnonnen verheiratet waren, deren Sexualität im Dienste der Reproduktion stand.

Verbrennen und Ertränken waren nicht mehr nötig. Abweichende Aspekte weiblicher Sexualität konnten durch die innere Ordnungsmacht des Gewissens im Zaum gehalten werden. Es reichte aus, daß die Hüterinnen des Herdes mit der Erfahrung des inneren Konflikts zwischen ihrem aktiven erotischen Verlangen und ihren Fortpflanzungs- und Haushaltspflichten aufwuchsen. Das Arbeitsethos der industriellen Warengesellschaften des achtzehnten und neunzehnten Jahrhunderts verlangte, daß Kinder von sich aus solche Wünsche und solche Aspekte ihrer Identität verleugneten, die einen Jungen zu einem sexuell passiven, unterwürfigen, weichherzigen, fürsorglichen Mann oder ein Mädchen zu einer sexuell aktiven, beherrschenden, hartherzigen, gesetzgebenden Frau machen konnten. Zum Ausgleich für diese Verleugnungen, für diese gängigen kleinen Seelenmorde der Kindheit, versprach die bürgerliche Familie ihren Kindern ein erfolgreiches, produktives Leben und einen angemessenen Anteil an den Waren, die auf dem Markt angeboten wurden. Eine Zeitlang waren die Anteile des Selbst, die in der Kindheit aufgegeben wurden, und die Belohnungen, die im Erwachsenenalter dafür geboten wurden, zumindest scheinbar gleichwertig. Das Gewissen schien auf der Seite derjenigen zu stehen, die gehorchten. Gewissen schien sich auszuzahlen.

Es lag jedoch etwas anderes in der Luft, das drohte, die starr zweigeteilten Geschlechtsideale, die dieses System unterstützen sollten, zu unterminieren. Die anscheinend unzerstörbare Verbindung zwischen weiblicher Sexualität und weiblichen Fortpflanzungsfunktionen, die jedermann für eine gottgegebene biologische Tatsache gehalten hatte, löste sich auf. Der wissenschaftliche Fortschritt, der die Technisierung der modernen Industrie ermöglicht hatte, hatte auch, zumindest körperlich gesehen, Frauen und Kindern ihr Los erleichtert.[4] Für Familien der Mittel- und Oberschicht entwickelte sich eine bessere medizinische Betreuung. Als die Kindersterblichkeit sank, brauchten Frauen nicht mehr so viele Jahre ihres Lebens dem Kinderaustragen, der Kinderaufzucht und dem Begraben von Kindern widmen. Die verbesserte medizinische Versorgung schützte Frauen auch vor Krankheiten und Tod während der Schwangerschaft und im Wochenbett. Frauen wurden etwas vertrauter mit der Anwendung kommerzieller Kontrazeptiva und mit traditionellen Methoden der Geburtenkontrolle. In Zeitschriften und Boulevardblättern wurden Medikamente und Geräte zum Schwangerschaftsabbruch ebenso freizügig angeboten wie Rezepte zur Verhütung der Masturbation, und manchmal wurde das erstere listig als das letztere angepriesen. Zusammen mit dieser technischen Kontrolle darüber, was ihren Körpern zustieß oder nicht zustieß, ergab sich für Frauen die Möglichkeit zu größerer erotischer Lust, zu einer Sexualität, die relativ frei war von der Furcht vor dem Tod und den Lasten der Fortpflanzung. Und es dauerte nicht lange, bis in dieser neuen erotischen Freiheit eine Bedrohung für die Weltordnung gesehen wurde.

Frauen der Mittel- und Oberschicht besaßen nun Freizeit, die sie nicht mit Haushaltspflichten verbringen mußten. Mädchen erhielten eine Erziehung, die es ihnen möglich machte, Romane und Rousseau zu lesen. Manche begannen sogar, über die sozialen Verhältnisse nachzudenken, unter denen Frauen lebten, und sich öffentlich über den Platz der Frau in der Menschheitsgeschichte zu äußern. Es hatte immer Momente gegeben, in denen Frauen ihr Schweigen über ihre Körper, ihre Intelligenz, ihre Ziele und ihre Rechte kühn unterbrochen hatten. Es hatte immer einige mutige, mächtige Frauen gegeben, die den Geschlechtskonventionen trotzten. Aber erst im achtzehnten und mehr noch im neunzehnten Jahrhundert begann es zu einer alltäglichen Erscheinung zu werden, daß Frauen für sich sprachen.

Doch schon allein der Klang der weiblichen Stimmen schockierte die Männer zutiefst. Selbst in früheren Zeiten, als Frauen noch relativ wenig Verfügungsgewalt über ihr Leben besaßen, hatten die weibliche Stimme, der weibliche Körper und die weibliche Sexualität in Männern immer Angst vor Tod und Kastration hervorgerufen. Sosehr man die Reinheit der Frau verehrt hatte, so sehr hatte man ihre Sexualität gefürchtet. Jetzt, da Frauen den Mund aufmachten, war die Furcht vor ihren sexuellen Kräften gerechtfertigt. So jedenfalls stellten der mannhafte Mann und seine tugendhaften Haushaltsnonnen es sich vor.

Je mehr Frauen nämlich aus den starr dichotomen Rollen von Hure und Heilige, Straßenmädchen und Haushaltsnonne, Hexe und Engel befreit werden, desto freundlicher und weniger tyrannisch wird sowohl das Gewissen der Männer als auch das der Frauen. Bis auf den heutigen Tag jedoch wird die weibliche Stimme als Ruf der Sirene verstanden, und wann immer Frauen sich offen äußern, finden Männer neue Methoden, mit denen sie die Frauen erniedrigen und ihnen Angst einjagen, so daß sie sich schnell in den

Schutz der Mutterschaft und der sexuellen Reinheit zurückziehen. Frauen sind es nicht gewohnt, über ihre Körper und ihre Schicksale selbst zu bestimmen, und daher zittern sie auch vor den rätselhaften Kräften, die sie in sich selbst entdecken. Selbst die Frauen, die es wagen, sich öffentlich Gehör zu verschaffen, ziehen sich anschließend zurück, weil sie Angst davor haben, die ganze Bandbreite ihrer Fähigkeiten und Wünsche offenzulegen. Manchmal untergraben die Kühnsten unter ihnen jene Anliegen, die sie anscheinend vertreten.

Im November 1817, drei Jahrzehnte, bevor Monsieur Rouault seine dreizehnjährige Tochter Emma der Klosterschule anvertraute, übergab Madame Dupin de Francueil, die sonst überzeugte Agnostikerin war, ihre widerspenstige dreizehnjährige Enkelin Aurore den frommen englischen Nonnen des Couvent des Anglaises. Aurores Vater war Berufssoldat gewesen und gestorben, als sie vier Jahre alt gewesen war. Vor seinem Tod war er für die kleine Aurore eine schattenhafte Gestalt gewesen, und die Gründe für sein Kommen und Gehen hatte sie nie durchschaut. Die Mutter, die Aurore als kleines Mädchen verehrt hatte, hatte sich von der reichen, dominierenden Großmutter väterlicherseits ihre mütterliche Autorität rauben lassen. Diese Großmutter hatte Aurores Mutter, die der Unterschicht entstammte, überredet, ihr die Enkelin zu überlassen, damit sie ihr eine gute Erziehung angedeihen lassen könnte. Doch Aurore, die sich danach sehnte, wieder mit ihrer geliebten Mutter in einer Mansarde zu leben und mit ihr zusammen hübsche Hüte anzufertigen, hielt ihre Großmutter zum Narren. Sie glaubte an Gott auf die einfache Weise ihrer Mutter, einer Putzmacherin aus der Arbeiterklasse, und weigerte sich, eine Dame zu werden.[5]

Wie Emma Rouault verbrachte auch Aurore Dupin drei Jahre ihrer Jugend in einem Kloster. Sie begann ihr Klosterleben, indem sie sich mit den *diables* verbündete, den Teufeln, jenen Mädchen, die heimlich mit vom Pförtner eingeschmuggeltem Obst Picknicks veranstalteten und andere Streiche verübten. Bald wurde sie die

wildeste dieser *madcaps* und bekam von den anderen *diables* den
Namen *Calipan*. Diesen Spitznamen gab man ihr, weil sie sich einen
ganz besonderen Unfug ausgedacht hatte. Sie schrieb ausführliche
Briefe und ließ sie in den Klassenräumen und in der Kapelle unter
ihren Mitverschwörerinnen herumgehen, die über den Klatsch in
der geheimen Literatur ihres *Calipan* entzückt waren. Was die
anderen *diables* im traditionellen, klösterlichen *diable*-Stil vollführ-
ten, tat Aurore mit einer ruhigen Sicherheit, die die Nonnen reizend
fanden. Mit fünfzehn jedoch, als sie in die Oberklasse gekommen
war und eine eigene Zelle bekommen hatte, wurde Aurore des so
offensichtlich Unerlaubten müde und ging zu einer verschlageneren
Art der Verdorbenheit über, zu einer sinnlicheren Weise, die Götter
zu täuschen und zu verführen. Je mehr ihre Sexualität erwachte,
desto intensiver vertiefte sie sich in die Lebensläufe von Einsiedlern
und Märtyrern. Sie liebte Gott und konnte sich jetzt in direkter
Verbindung mit seinen Werken die Ideale der Gerechtigkeit, des
Mitgefühls und der Frömmigkeit, die Er verkörperte, ganz zu eigen
machen. Auf ihr letztes Jahr im Kloster zurückblickend, berichtete
sie: »Jetzt fühlte ich endlich, daß diese Verbindung plötzlich hergestellt war, als wenn ein unsichtbares Hindernis zwischen der Quelle
der unendlichen Glut und dem unterdrückten Feuer in meiner Seele
entfernt worden wäre.«[6] Ihre Freundinnen, frühere *diables* auf dem
Weg zu anständigen jungen Damen, fragten sich, was aus ihrem
Calipan geworden sei. Sie machten die neue Aurore zur Heiligen,
und bald wurde »Sankt Aurore« zu einer Teresa von Avila. Da sie so
in ihr frommes Leben vertieft war, mußte sie sich Sünden ausdenken, wenn sie beichten wollte. Sie schrubbte den Boden der Kapelle.
Sie schlief nicht mehr und ging wie in Trance umher. Sie aß nur
winzige Bissen völlig geschmackloser Nahrung. Ihr rosiger, gesunder Körper wurde bleich und schrumpelte ein. Sie kasteite sich
durch das Tragen einer Filigrankette mit scharfen Rändern. Die
Abschürfungen verursachten ihr keine Schmerzen, und als die wunden Stellen so tief wurden, daß sie bluteten, verstand sie, was Gott
von ihr wollte. »Mit einem Wort, ich lebte in Ekstase, mein Körper
war gefühllos. Ich existierte nicht mehr.«[7] Als Erwachsene blickte

Aurore auf ihre *maladie sacrée* zurück und erkannte deren enge
Beziehung zu ihrer erwachenden Sexualität. Sie verstand nun, daß
die Liebe zu Gott und zu Christus nur in Lebensphasen ungefähr-
lich ist, in denen die Leidenschaften schweigen. Sie erkannte, daß
während der Adoleszenz, wenn die Seele für die Verdorbenheit des
Körpers so empfänglich ist, die Liebe zur Frömmigkeit und zu den
Heiligen im Dienste einer perversen Strategie stehen kann. Als
Jugendliche hatte sie jedoch diesen korrupten Handel, bei dem einer
Heiligen, die herausbekommt, was Gott von ihr will, eine verbotene
Ekstase gewährt wird, nicht durchschaut. Sie hatte nur ihren spiri-
tuellen Hunger und die Krankheit der Frömmigkeit gesehen, die sie
zeitweise überkommen hatten.

Als Aurore aus dem Kloster zurückkehrte, war sie von ihrem
religiösen Eifer geheilt. Sie schockierte die Nachbarn, indem sie sich
mit Geologie, Mineralogie, Medizin und Osteologie beschäftigte.
Ein gutaussehender junger Medizinstudent lieh ihr Arm- und Bein-
knochen und Schädel, die sie abzeichnete, und half ihr abends in
ihrem Zimmer bei ihren medizinischen Studien. Der Arzt lieh ihr
ein menschliches Skelett, damit sie die Anatomie in allen Einzelheiten studieren konnte. Sie setzte es auf ihre Kommode. Sie lernte
schnell, eine Pistole abzufeuern und im Herrensitz zu reiten, und sie
genoß es, Hosen, Westen und Sombreros zu tragen.

Die Großmutter starb, als Aurore siebzehn war. Damit war sie
frei, sich einen Ehemann nach ihren Wünschen auszuwählen. Casimir Dudevant, ein halb im Ruhestand lebender Offizier von acht-
undzwanzig Jahren, war kein romantischer Held und hatte keine
große Mitgift, aber er konnte zärtlich und verspielt sein, und seine
offene, unbeschwerte Art erinnerte Aurore an ihren Halbbruder
Hippolyte. »Ich habe hier einen Kameraden, den ich sehr gern mag,
mit dem ich umhertolle und lache wie mit dir.«[8] Als sie Casimir
Dudevant heiratete, hatte sie die Absicht, eine gute Ehefrau zu
werden. Sie wußte, daß sie die Seele einer Künstlerin besaß, aber sie
begnügte sich damit, Miniaturen auf Tabaksdosen zu malen und sie
an die Nachbarn zu verkaufen. Casimir versuchte, ein guter und
fürsorglicher Ehemann zu sein, er konnte jedoch Aurores Klavier-

spiel nicht ertragen, und wenn er versuchte, die Bücher zu lesen, die sie ihm empfahl, döste er nach wenigen Abschnitten in seinem Sessel ein. Philosophie, Dichtung und Moral konnte er nichts abgewinnen. Die Ehe zerbrach aus Mangel an gemeinsamen Interessen. Casimir suchte in den Armen einer Dienstmagd Trost. Aurore verliebte sich in Jules Sandeau, einen neunzehnjährigen Poeten, und traf sich mit ihm in Paris und Bordeaux, wann immer ihre beiden Kinder ihr dazu Zeit ließen. Schließlich brach sie ganz mit Casimir und ging zu ihrem Geliebten nach Paris. Sie versprach, jedes Jahr für sechs Monate zurückzukommen, um mit ihren Kindern zusammenzusein. Sie erfüllte dies Versprechen auch mehr oder weniger, je nach dem Stand ihrer Liebesbeziehungen.

Die Pension von dreitausend Franc, die Aurore bezog, konnte sie im Paris von 1830 kaum ernähren. Sie bestand aber auf ihrem Recht auf sexuelle Leidenschaft und auf der Freiheit, herauszufinden, wer und was aus ihr werden sollte. Aurore Dupin Dudevant und Jules Sandeau arbeiteten zusammen an einem Roman über eine Schauspielerin und eine Nonne, der die sexuelle und die tugendhafte Seite der Natur der Frau darstellen sollte. Ihr Verleger empfahl ihnen, den Namen »J. Sand« als gemeinsames Pseudonym zu verwenden. Der Roman wurde vom Publikum gut aufgenommen, von Kritikern aber wegen seines übertriebenen Symbolismus und seiner Rührseligkeit bespöttelt. Aurore entschloß sich zu dem Versuch, ihre Begabung ohne die Mitwirkung von Sandeau unter Beweis zu stellen, und schrieb allein einen Roman. Dieser Roman, *Indiana*, wurde sowohl vom Publikum als auch von der literarischen Kritik gefeiert. Aurore verwendete nun den Buchstaben G. als Pseudonym. Bald wurde daraus Georges, nach dem griechischen *georgias*, das »Bauer« bedeutet. Als anerkannte Bestseller-Autorin ließ Aurore das *s* dann aus Rücksicht auf ihre englischsprachigen Leser fort und wurde zu George Sand.

Innerhalb von vierzig Jahren schrieb sie sechzig Romane, mehrere Dutzend Theaterstücke, von denen fünfundzwanzig aufgeführt wurden, dreißig- bis vierzigtausend Briefe und zahllose Essays. Elizabeth Barrett Browning hatte das Gefühl, sich ihrem

Mann gegenüber für ihre Hochachtung vor der männlichen Frau Sand rechtfertigen zu müssen: »Im Guten wie im Schlechten bewundere ich [sie] unendlich mehr als alle anderen genialen Frauen der Gegenwart oder der Vergangenheit.«[9] Doch George Sand hatte auch Kritiker. Baudelaire, der einige Jahre später als erster die männliche Ader in Emma Bovary entdeckte, erkannte unter den Hosen des sozialen Rebellen George Sand sofort die bürgerliche *femme évaporée.* »Sie hat den bekannten flüssigen Stil, den die Bürger lieben. Sie ist dumm. Sie ist umständlich, sie ist langatmig; was moralische Vorstellungen angeht, so hat sie das gleiche Urteilsvermögen und das gleiche Feingefühl wie Concierges oder Mätressen.«[10]

Im Alter von einundsechzig Jahren, als sie bereits dreifache Großmutter war und immer noch mit müheloser Leichtigkeit und beneidenswerter Geschwindigkeit Romane, Essays und Briefe produzierte, wurde George Sand die enge Freundin von Gustave Flaubert. Er war dreiundvierzig und begann gerade mit seiner siebenjährigen Arbeit an *Die Erziehung des Herzens*, bei der er, genau wie bei der Arbeit an *Madame Bovary*, über jedem einzelnen Wort schwitzte. Während ihrer zehnjährigen Freundschaft besuchten diese beiden Antagonisten sich gelegentlich, umarmten sich herzlich, wenn sie sich trafen, und erklärten sich in ihren Briefen immer wieder ihre gegenseitige Bewunderung. Sie liebten sich aus der Ferne, und ihre umfangreiche Korrespondenz zeigte, daß ihre Vertrautheit miteinander langsam wuchs. Flaubert war weltfremd geworden, er war verbittert und trostbedürftig. George Sand stand ihm, wie es ihre Art war, mit ihrem warmen Herzen und ihrem Enthusiasmus zur Verfügung. Er beharrte darauf, daß die Menschheit von Natur aus schlecht sei. Sie glaubte an das Gute im Menschen. Für sie war Kunst ein Mittel, um der Welt Anstöße zu geben und sie zu verändern. Für ihn war Kunst der Weg, dem Chaos der Existenz zu entkommen. Sie war durch und durch Romantikerin, er dagegen ein erklärter Realist, der immer gegen seine subversiven romantischen Tendenzen ankämpfte. Sie setzte sich bei ihren Lesern für politischen und sozialen Fortschritt ein und glaubte fest an die Ideale der

Demokratie, selbst in der heuchlerischen, unvollkommenen Demokratie Napoleons III. Er betrachtete alles, was die industrielle Revolution betraf, mit Mißtrauen und konnte scheinheilige Vertreter des
Fortschritts oder die banalen Ideen Napoleons III., die sie verkündeten, nicht ertragen. Sie versuchte immer, ihn zu einer wohlwol-
lenderen Ansicht über die Menschheit zu verleiten. Er wollte sie
von seiner Art, die Welt zu sehen, überzeugen und riet ihr, ihre
Illusionen und ihren Glauben an das Gute aufzugeben. »Ach, lieber, guter Meister, wenn Sie hassen könnten! Das hat Ihnen gefehlt,
der Haß! [...] Trotz Ihrer großen Sphinxaugen haben Sie die Welt
in goldenem Licht gesehen. [...] Vorwärts doch! schreien Sie! don-
nern Sie! [...] Besprengen Sie uns mit den Blutstropfen der verwundeten Themis.«[11] Sand druckte ihre Antwort in *Réponse à un ami*
ab. »Und was wollen Sie von mir? Daß ich aufhöre zu lieben?
Wollen Sie, daß ich sage, ich hätte mich mein ganzes Leben lang
geirrt, man müsse die Menschheit verachten und hassen, und daß
das immer so gewesen sei und immer so bleiben würde? [...]
Menschlichkeit ist kein leeres Wort. Unser Leben besteht aus Liebe,
und nicht zu lieben heißt aufhören zu leben.«[12]

Der unbeschwerte Umgang dieser beiden Antagonisten miteinander stellte die Kritiker vor ein Rätsel. Natürlich, sagten sie sich,
wenn man wissen wollte, was mit einer Frau geschah, die George
Sands Romane las, brauchte man sich nur das Schicksal Emma
Rouault Bovarys anzusehen. Die ehebrecherischen, leidenschaftlichen Frauen aus Sands Romanen – Valentine, Indiana, Lelia – waren
Vorbilder für die Figur der Emma. Flaubert, der die Bourgeoisie
verspottete, hatte sich von Sand, der Muse des Ehebruchs, dem
Geist der Bourgeoisie von 1840, zu einem Buch inspirieren lassen.

Zwischen Sand und Flaubert bestanden Vertrautheit, großer
Respekt und beständige Liebe. Als Sand mit zweiundsiebzig Jahren
starb, weinte Flaubert an ihrem Grab: »Ich habe bei ihrem Begräb-
nis geweint wie ein Kind, und das zweimal: erst, als ich ihre Enkelin
Aurore umarmte (deren Augen an jenem Tag derart den ihren
glichen, daß es wie eine Wiederauferstehung war), und dann, als der
Sarg an mir vorbeigetragen wurde.«[13] Turgenjew schrieb Flaubert

einen Beileidsbrief: »Sie hat uns beide geliebt, Sie aber über alles, was nur natürlich war. Was hatte sie für ein goldenes Herz! Wie fremd waren ihr kleinliche, gemeine oder falsche Gefühle. Welch ein kühner Mann sie war und welch eine gute Frau!«[14] Nachdem Flaubert sich von seinem Verlust erholt hatte, faßte er seine Gefühle zusammen: »Man mußte sie kennen, wie ich sie gekannt habe, um zu sehen, wieviel Weibliches in diesem großen Mann steckte, welch ungeheure Empfindsamkeit sich in diesem Genie fand.«[15]

Sand, die ihrer eigenen und späteren Generationen als Musterbeispiel für eine freie Frau galt, hat nie eingesehen, wieviel Weibliches in ihren männlichen Maskeraden steckte. Sie betrachtete sich immer als Ausnahme, als Frau zwar, aber als Frau, die von der Last des Frauenlebens verschont blieb. Ihr ganzes Leben lang war sie eine elitäre Feministin, die die Geschlechterrollen ihrer Zeit verteidigte. Trotz gelegentlicher Flirts mit anderen genialen Künstlerinnen, die, wie sie selbst, Ausnahmen waren, zog sie die Gesellschaft, das Gespräch und die Aufmerksamkeiten von Männern vor. Für weniger hervorragende Künstlerinnen zeigte sie wenig Sympathie. Über die Dichterin Louise Colet, die nach ihrer Affäre mit Flaubert eine Beziehung zu dem von Sand verlassenen *enfant terrible* Alfred de Musset aufnahm, sagte Sand: »Manche streben danach, daß man in einer bestimmten Weise über sie spricht, andere streben danach, daß überhaupt über sie gesprochen wird, gleich auf welche Weise. Die einen lieben Ruhm, die anderen lieben Lärm. Louise Colet gehörte zu der zweiten Gruppe.«[16]

Mit Ende Dreißig äußerte Sand ihre Ansichten zur »Frauenfrage« in *Lettres à Marcie*, sechs Briefen, die an eine fiktive, unverheiratete Frau von fünfundzwanzig Jahren gerichtet waren. Sand meinte, eine Frau solle nicht durch die Ehe an einen Mann gebunden bleiben, der sie nicht respektierte. Das war bereits eine ihrer radikalsten Stellungnahmen in bezug auf die Rechte der Frau. Sie verurteilte die zu jener Zeit gängige Philosophie der freien Liebe und der sexuellen Freizügigkeit als ein perverses Heilmittel für das Leiden an einer korrupten Gesellschaft. Frauen sollten Männer weder nachahmen, noch sollten sie versuchen, auf irgendeinem Gebiet deren Macht an sich zu reißen. Es war die Pflicht der Frau, ihre Weiblichkeit zu kultivieren und auf weibliche Art über weibliche Themen zu sprechen. Um die Gesellschaft zu einem besseren Ort für alle Menschen zu machen, sollten Frauen in sich selbst die weiblichen Ideale bewahren, die sie als reinere und, moralisch gesehen, den Männern überlegene Wesen kennzeichneten. Wenn sie überhaupt am gesellschaftlichen Leben teilhätten, sollten sie Dichterinnen, Malerinnen, Schauspielerinnen und Musikerinnen sein, aber bestimmt nicht Politikerinnen. Auch sollte eine Frau Haushaltspflichten nicht als erniedrigend betrachten. »Die Frau hat die Last des Haushaltens, der Mann jene der Versorgung – zwei verschiedene, aber gleichermaßen notwendige und daher gleichermaßen edle Weisen, für die Familie zu arbeiten.«[17] Es ist sehr gut möglich, daß Sand ihr ganzes Leben lang nach der Umarmung einer zärtlichen Mutter gesucht hat, daß sie sich immer noch nach der unterhaltsamen Mutter ihrer Kindheit sehnte, daß sie ihrer Mutter nie vergab, daß sie nicht hart genug gekämpft hatte, als die dominante Großmutter ihr das kleine Mädchen stahl. Sie glaubte an die Frau als Mutter, als Frau voller Gelassenheit, Freundlichkeit und Heiterkeit. Sie sprach sich gegen die Frau als Liebhaberin aus, gegen jenes leidenschaftliche, unstete Wesen, das den Frieden des Familienlebens zerstörte. Sie wandte sich auch gegen die Frau als Gesetzgeberin. Sie predigte:

> Die Rolle eines jeden Geschlechts ist festgelegt, seine Aufgaben wurden ihm zugewiesen, und die Vorsehung gibt jedem die Werkzeuge und Hilfsmittel, die ihm anstehen [...] Frauen beklagen sich darüber, daß sie grausam geknechtet, schlecht erzogen, schlecht beraten, schlecht geführt, schlecht geliebt und schlecht verteidigt werden. All das ist leider wahr. Aber welches Vertrauen könnten Frauen erwecken, wenn sie als Entschädigung weder häuslichen Frieden noch die Freiheit mütterlicher Zuneigung verlangen würden, sondern das Recht, mit Helm und Schwert auf dem Forum aufzutreten, das Recht, Menschen zum Tode zu verurteilen?[18]

Als Jugendliche verbarg Aurore Dupin ihr erotisches Verlangen unter einer Maske der Frömmigkeit. George Sand, die Erwachsene, war eine Feministin, die ihre weiblichen Wünsche unter einem

Mantel männlicher Kühnheit versteckte. Trotzdem suchte sie ihr wahres Selbst immer in den Armen eines Mannes, dem sie phallische Vollkommenheit zuschrieb. Und insofern, als sie sich Locken abschnitt, um ihren Liebhabern damit ewige Treue zu schwören, oder sich vor ihnen demütigte, wenn sie sich bereit erklärte, sie zu verlassen, oder wenn sie drohten, sie ihrerseits zu verlassen, benahm sie sich wie die typische hörige Frau. Obwohl George Sand eine Rebellin war, die sich weigerte, die Verpflichtungen der guten Hausfrau und Mutter auf sich zu nehmen, akzeptierte sie die sexuellen Mythen ihrer Zeit und pflegte sich Sorgen zu machen, daß sie ihre Liebhaber mit ihrer sexuellen Gier erschöpfen und verbrauchen könnte. Gleichzeitig übernahm sie diesen mißmutigen, kränkelnden, unselbständigen, selbstgefälligen Poeten und Musikern gegenüber die Rolle der nährenden Mutter. Je bedürftiger sie waren, desto großzügiger übersah sie ihre Schwächen und desto fester war sie entschlossen, ihnen die zärtliche und machtvolle Mutter zu sein, nach der sie sich sehnten. Mehrere Monate lang widerstand Sand dem hübschen, aber ausschweifenden und unzuverlässigen, dreiundzwanzig Jahre alten George Musset. Eines Tages fand er zufällig den Schlüssel zu ihrem Herzen. In einem Abschiedsbrief schrieb er: »Lieben Sie solche, die zu lieben wissen; ich verstehe nur zu leiden [...] Adieu, George, ich liebe Sie wie ein Kind.«[19] Beim nächsten Treffen wurde sie seine Geliebte. Er zog bald zu ihr, und sie spielte für ihn Haushälterin und kümmerte sich um ihren neuen kleinen Jungen.

Und so erging es Feministinnen und feministischen Anliegen im neunzehnten und frühen zwanzigsten Jahrhundert allgemein. In feministischen Essays über Frauenrechte kamen gewöhnlich die ungelösten Spannungen zwischen den weiblichen und den männlichen Bestrebungen der Autorinnen zum Vorschein. In der einen oder anderen Weise spiegelten die Lehren der Feministinnen die infantile Dichotomie der Geschlechter wider, von der sie einst unterdrückt worden waren. Manche waren Revolutionärinnen, die mit ihren radikalen Brüdern in den Krieg zogen und auf die Barrikaden gingen; dabei wiesen sie häufig den Weg, und die Männer folgten ihnen. Am nächsten Tag dann empfahlen sie ihren geknechteten Schwestern die Tugenden der Mütterlichkeit. Frauen, die sich nach Bemutterung sehnten, posierten als Große Papis, und Frauen, die beherrschen und erobern wollten, fanden sich in der Rolle der alles erduldenden Heiligen und in Großen Mamis wieder. Es war alles sehr verwirrend, man könnte sagen, pervers. Und in gewissem Maße ist es das immer noch.

In den zwanziger Jahren dieses Jahrhunderts war es für erfolgreiche berufstätige Frauen zur Regel geworden, sich als Karikatur von Weiblichkeit zu kostümieren, um verbotene männliche Bestrebungen zu verbergen. Joan Rivieres Patientin (in Kapitel 8 erwähnt) schloß unbewußt einen Handel mit ihrem Gewissen ab und fand einen Weg, dieses erbarmungslose, unversöhnliche Gewissen dazu zu bewegen, ihr zu gestatten, den Ehrgeiz und die intellektuellen Bestrebungen, die von ihrer Sozialordnung als männlich bezeichnet wurden, zum Ausdruck zu bringen. Ihr unbewußter Plan war einfach. Zuerst zeigte sie ihrer »Mutter«, daß »Vater« auf ihrer Seite war und sie vor dem Zorn der Mutter schützen würde. Sie ließ sich von ihren älteren männlichen Kollegen bestätigen, daß sie Tribut verdiente. Dann verkleidete sie sich als aufopfernde, sich selbst erniedrigende, unterwürfige Frau, damit diese Kollegen sie nicht für eine dieser schrecklichen Emanzen hielten und ihr ihren Intellekt stahlen. Außerdem fand sie in ihrer Sozialordnung eine Übereinstimmung vor zwischen ihren infantilen Lösungen von Geschlechtskonflikten und den Kompromissen, die eingesetzt worden waren, um die Weltordnung vor der emanzipierten Frau zu schützen. Ihr Gewissen war zwar gegen sie, aber immer noch hinreichend auf ihrer Seite, um ihr die Angst zu nehmen, daß sie zur Strafe für die Zurschaustellung ihrer gestohlenen Trophäen verlassen oder verstümmelt werden könnte.

Heute, ein halbes Jahrhundert später, gibt es, trotz aller scheinbaren Veränderungen, trotz aller Fortschritte, die Frauen bei der Veränderung der Rollenstrukturen ihrer Gesellschaften gemacht haben, mehr Frauen wie jene Janet, die ich in Kapitel 8 beschrieben habe, als zu Rivières Zeiten. Manche Dinge haben sich nicht verändert. Die infantilen Phantasien einer Janet finden in der Welt der Erwachsenen immer noch ein warmes Plätzchen. Für eine Frau ist es nach wie vor angemessener, sich als vollkommen weibliche Frau zu verkleiden, als offen mit Männern zu konkurrieren. Man sieht diese Frauen täglich in den Praxen der Analytiker. Es sind sehr kluge Frauen, die in ihren Berufen erfolgreich und angesehen und auf dem Gebiet der weiblichen Künste Virtuosinnen sind. Doch sie deuten ihre Begabungen und Erfolge als gestohlene Trophäen. Janets infantile Strategie, ihre Begabungen unter einer Maskerade, einer Karikatur der Weiblichkeit, zu verstecken, paßt ausgezeichnet in die Weltordnung, und daher macht ihr Gewissen, das auch Teil dieses Systems ist, ihr kaum zu schaffen. Warum sollte eine Janet oder irgend jemand anders die Frau, die sie geworden ist, in Frage stellen, solange die Welt mit ihrer Maskerade einverstanden ist und sie sogar noch darin unterstützt?

Wenn manche Dinge sich auch niemals ändern, so gibt es doch glücklicherweise eine Kraft, die diesen reaktionären, die Seele verkrüppelnden Lösungen entgegenwirkt. Es gibt etwas im menschlichen Geist, das wachsen und sich verändern möchte. Manche Frauen haben zu große Angst vor den Kräften, die sie in sich selbst entdecken, und ziehen sich in den altvertrauten Schutz der Reinheit und der nährenden Mütterlichkeit zurück. Doch andere überarbeiten die alten Skripts und schreiben sie um. Sie stellen die Stereotypen der Weiblichkeit in Frage, und wenn sie merken, daß sie in ihren eigenen Leben am Werk sind, nehmen sie das Argument, man könne gegen diesen traurigen Stand der Dinge nichts tun, nicht mehr hin.

Die Janets unserer heutigen Zeit sind in einer wesentlich glücklicheren Lage als die Sallys, Lillians und Olympias, als jene Frauen, für die Transvestismus, Homöovestismus und die Nachahmung von Weiblichkeit die bestmöglichen Alternativen zu dem Wahnsinn sind, nie zu wissen, was von einem verlangt wird. Die kleinen Seelenmorde in der Kindheit einer Janet sind vergleichsweise geringfügig und alltäglich, sie sind nicht so bedeutend, daß sie den Einsatz so massiver Abwehrstrategien wie Ausblenden der Wirklichkeit und völliges Abstumpfen erfordern würden. Und Janets Gewissen verlangt auch nicht, daß sie sich in bestimmter Weise herausputzt oder ihren Körper schmückt, als wäre er ein Gefäß für verbotene Wünsche, daß sie ihren Körper wie einen Fetisch behandelt oder daß sie sich zu Tode hungert, weil sie ihre rebellische Männlichkeit nicht anders zum Ausdruck bringen kann. Die perverse Lösung einer Janet, ihr korrupter Handel mit ihrem Gewissen, spielt sich innerhalb ihrer Charakterstruktur ab. Die Lösung des Geschlechtskonfliktes findet innerhalb ihrer Persönlichkeit statt, und niemand merkt etwas von dem, was in ihr vorgeht, auch Janet selbst nicht. Ihre Charakterperversion gestattet ihr ein lohnendes intellektuelles Leben und ein Sexualleben, das ihr das angemessene bißchen Lust verschafft, sie zahlt dafür jedoch den Preis, sich an ein Geschlechtsstereotyp von Weiblichkeit anpassen zu müssen, dem es gelingt, ihr Gewissen auf ihrer Seite zu halten – meistens. Sie erscheint sich selbst und allen anderen völlig normal.

Bis Janet sich zu fragen begann, warum sie nach ihren brillanten, bedeutenden Vorträgen immer den Zwang verspürte, sich wie ein albernes Mädchen zu benehmen, machte ihr Gewissen ihr keine großen Schwierigkeiten. Ab und zu heftige Rückenschmerzen, ein paar demütigende Wutausbrüche, nach jedem großen Auftritt eine schlaflose Nacht – das war alles. Für ihr Selbstwertgefühl war es viel beunruhigender und bedrohlicher, dies alles zu hinterfragen und zu analysieren, als Rückenschmerzen oder Ängste zu ertragen. Die Maske der Weiblichkeit abzuschälen machte ihr angst, und es tat weh, die infantilen Täuschungen und das, was sie verbargen, aufzudecken, besonders jene korrupten Geschäfte mit dem Gewissen. Als der Große Papi Janet sich entschloß, die Frau, die er geworden war, zu erforschen, mußte er die demütigende Entdeckung machen, daß er *nur* eine Frau war, genau wie die Mutter, die Schwestern und die vom Schicksal weniger begünstigten Kolleginnen. Um dieses kränkende Wissen fernzuhalten, wurde Janet zeitweilig zur Kleptomanin, die den Zwang verspürte, bedeutende Bücher aus ihrer Universitätsbibliothek zu stehlen. Nachdem dieses Symptom abgeklungen war, folgten einige schlimme Monate, in denen Janet ihr schönes langes Haar kürzer und kürzer schnitt, zu Frisuren, die ihr überhaupt nicht standen. Sie erwog auch, sich wegen ihrer Rückenschmerzen operieren zu lassen, bis sie schließlich erkannte, daß diese Selbstverstümmelungen und Verstümmelungsphantasien Versuche waren, Vergeltungsmaßnahmen für ihre »Verbrechen« abzuwenden. Kurz, als Janet ihre Charakterperversion in Frage stellte, zerfiel sie in eine Anzahl typisch weiblicher Perversionen.

Janets Intelligenz, ihr Mut, ihre Entschlossenheit und die Hartnäckigkeit, mit der sie sich den Lügen, die unter ihrer Maskerade verborgen lagen, stellte, gestatteten ihr schließlich, eine größere Palette ihrer Fähigkeiten und Wünsche zu erfahren und zu genießen. Allmählich wuchs in ihr die Überzeugung, daß diese Besitztümer ihr selbst und niemand anderem gehörten. Der Ruhm, den sie erworben hatte, war keine gestohlene Trophäe, sondern er gehörte ihr. Als sie sich im Bett nicht mehr so verzweifelt beweisen mußte, konnte sie alle Mehrdeutigkeiten und Unbestimmtheiten weiblicher *jouissance* in ihrem erotischen Skript zulassen. Sie brauchte nicht mehr unter einer Maske von aufopferndem Masochismus für das zu bezahlen, was sie war. Sie hatte nicht mehr das Bedürfnis, ihr Gewissen dadurch zu beruhigen, daß sie sich wie eine erniedrigte Frau verhielt. Und zu ihrer Überraschung entdeckte Janet, daß ihr Gewissen sowieso auf ihrer Seite war – und nicht mehr so sehr gegen sie wie früher.

Nie hat es eine Sozialordnung gegeben, und es wird auch nie eine geben, die von einem weiblichen Kind nicht auf irgendeine Weise Anpassung an ein wie auch immer geartetes Geschlechtsideal von Weiblichkeit verlangt. Die sozialen Institutionen, die diese Anpassung steuern sollen, haben sich immer im Wandel befunden und werden sich weiterhin ändern, ebenso, wie sich die sozioökonomischen Strukturen der Gesellschaft ändern. Wie ich bereits gesagt habe, hat die Familie, historisch gesehen, bis vor ganz kurzer Zeit nicht die volle Gewalt über den Prozeß der Anpassung an die Geschlechtsnormen gehabt. Trotzdem war sie, sosehr sich das Familiensystem auch geändert hat oder soviel oder sowenig Gewalt die Familie über das Schicksal des Kindes gehabt hat, zu allen Zeiten diejenige soziale Institution, die zwischen der rohen, ungeformten Natur des Kindes und der Gesellschaft vermittelte.

Biologisch gesehen, werden wir als männliche oder weibliche Wesen geboren, und vom Augenblick der Geburt an und vielleicht sogar schon im Mutterschoß werden uns die Merkmale von Weiblichkeit und Männlichkeit, die in unserer Sozialordnung vorherrschen, durch die Familie übermittelt. Trotzdem ist die Familie nicht nur Handlangerin der Gesellschaft. Die Familie hat eigene Interessen, die tiefer gehen als die vorübergehenden, oberflächlichen, praktischen Interessen der Gesellschaft. In ihrer Rolle als Mittlerin zwischen Kind und Gesellschaft hat die Familie es immer als ihr wichtigstes Ziel angesehen, die emotionale Vertrautheit ihrer Mitglieder untereinander zu vertiefen und so den einzelnen gegen Übergriffe von seiten der Gesellschaft zu schützen. Das ist der Grund, weswegen in utopischen Gesellschaften, von Platons *Staat* bis hin zu Zamjatins *Wir*, vom mittelalterlichen Kloster bis zum israelischen Kibbuz, die erste und wichtigste Regel lautete, das Kleinkind dem subversiven, persönlichen Einfluß der Familie zu entziehen. Die Gesellschaft ihrerseits interessiert sich fast überhaupt nicht für das Gefühlsleben ihrer Mitglieder. Wenn die Emotionen des Familienlebens die Weltordnung bedrohen, unterstützen die sozialen Autoritäten dieses Familiensystem nicht mehr, in der Annahme, daß es dann von selbst zugrunde geht; das hoffen sie jedenfalls.

Gesellschaften werden von Menschen geschaffen, aber einmal etablierte Gesellschaften sind entpersönlicht, und ihr einziges Interesse gilt dem Bewahren und der Aufrechterhaltung ihrer eigenen Strukturen. Eines der wirkungsvollsten und stärksten Mittel der Sozialisierung ist die Geschlechtskonformität. Mit Hilfe der Idealvorstellungen von Weiblichkeit und Männlichkeit prägt die Gesellschaft ihren Mitgliedern ihre Strukturen ein. Glücklicherweise ist die Familie bei der Abwehr dessen, was ihren stärker auf die Einzelperson bezogenen Interessen abträglich ist, nicht ganz machtlos. Sie kann die vorherrschenden Konventionen über die Geschlechterrollen unterstützen oder versuchen, sie zu unterlaufen. Aber trotz dieser Macht kann keine Mutter und kein Vater ein Kind einfach in irgendeine sozial anerkannte weibliche oder männliche Geschlechtsidentität hineinzwängen, selbst wenn sie oder er diesen kleinen Seelenmord gern versuchen würden. Die Geschlechtsidentität eines Kindes wird von Tag zu Tag geformt und entsteht durch die vielen Interaktionen zwischen Kind und Mutter, Vater, Geschwistern, Großeltern, Tanten, Onkel und durch die Identifikationen mit diesen Familienmitgliedern, vor allem aber durch die Identifikationen mit den gesetzgebenden oder fürsorglichen Funktionen der Eltern. Außerdem war, wie wir im Fall Schreber gesehen haben, der Kult der Männlichkeit, den Dr. Schreber seinen Söhnen bewußt aufzwang, den unbewußten weiblichen Wünschen, die er ihnen unbewußt vermittelte, nicht gewachsen. Der Muskelprotz, der seinen Sohn ständig einschüchtert und hänselt, ihn ins Schwimmbecken wirft, »damit er ein richtiger Mann wird«, macht ihn damit mit ebenso großer Wahrscheinlichkeit zu einem ängstlichen Mamajungen wie zu einer weiteren Imitation eines richtigen Mannes. Denn jeder Vater, dem soviel daran liegt, seine Männlichkeit zu beweisen, hat mit Sicherheit mehr als nur ein wenig Angst vor seinen weiblichen Sehnsüchten und Wünschen. Die Mutter der Magersüchtigen mag sich sehr darum bemühen, aus ihrem Kind ein gehorsames, züchtiges kleines Mädchen zu machen, doch das Mädchen wird die verbotenen intellektuellen und erotischen Wünsche der Mutter wahrnehmen und ihnen durch sein trotziges Hungern, das weibliche Reinheit lächerlich macht, Ausdruck verleihen. Welche Geschlechtsideale Eltern ihren Kindern auch aufzudrängen versuchen, sie können durch die unbewußten, verdrängten Bestrebungen der Eltern leicht unterminiert werden.

Außerdem ist die Geschlechtsidentität eines Menschen nicht nur eine Sache der bewußten und unbewußten Identifikationen, die im Kontext des Familienlebens erworben werden. Manche Psychologen würden die Komplexität der Geschlechtsidentität gern auf interpersonale Beziehungen und Identifikationen innerhalb der Familie reduzieren und damit die Rätsel umgehen, die die menschli-

che Sexualität und die Rolle, die sie für die Geschlechtsidentität
spielt, aufgeben. Die Sexualität ist jedoch eine der mächtigsten,
subversiv wirksamsten Kräfte im Kind und in der Familie.
Unsere Sexualität ist von besonderer Art und hat keine Parallele
im Tierreich. Die Einzigartigkeit unserer Sexualität macht es möglich, daß wir weder von der Gesellschaft noch von der Natur
beherrscht werden müssen. Im Gegenteil, uns bleibt, da wir beiden
zum Teil untertan sind, die Erbarmungslosigkeit der ausschließli-
chen Herrschaft einer der beiden erspart. Die Gesellschaft stellt sich
der Tyrannei der Natur entgegen, während die Natur, insbesondere
die naturgegebene Flexibilität unserer Sexualität, uns vor der
Alleinherrschaft der Gesellschaft schützt. Andere Säugetiere sind
biologisch vorprogrammiert durch Instinkte, die sie in eine Gesellschaft hineinpassen lassen, welche sich niemals oder nur leicht von
einer Generation zur nächsten verändert. Sie sind mit sexuellen
Instinkten geboren, die heterosexuelle Paarungen sicherstellen, die
nur zu einer bestimmten Zeit und an einem bestimmten Ort stattfinden dürfen. Und wenn diese Instinkte nicht die Möglichkeit
finden, sich an etwaige Veränderungen der Umwelt anzupassen,
stirbt die Spezies aus. Wir Menschen dagegen sind fähig, selbst
tiefgreifende Veränderungen in unserer sozialen und natürlichen
Umgebung vorzunehmen. Dazu gehört auch unsere Sexualität, die
viele Formen annehmen kann.
Die menschliche Sexualität ist *polymorph*, das bedeutet, daß sie
verschiedene Formen annehmen kann. Die polymorphe Qualität
der menschlichen Sexualität, die vor allem ein Ergebnis der besonders langen Phase der Abhängigkeit in der frühen Kindheit ist und
zum Teil auch mit unserem reichen Phantasieleben zusammenhängt, macht uns zu einer Tierart, die ein Reservoir für eine Vielfalt
weiblicher und männlicher Qualitäten besitzt, die vom biologischen Geschlecht relativ unabhängig sind. Unsere Sexualität kann
viele verschiedene Ursprünge im Körper haben; unsere Sexualität
kann auf viele verschiedene Weisen und mit Hilfe jedes körperlichen Organs Erfüllung suchen; unsere Sexualität kann an alle Personen oder Objekte gebunden sein, auf die wir unser erotisches

Begehren richten. Es ist wirklich sehr schwer für Menschen, all diese Komponenten der Sexualität, all diese Möglichkeiten der Befriedigung, zusammenzubringen und mit einem Partner des anderen Geschlechts die sogenannte Normalität des genitalen Sex zu erreichen. Außerdem geht die sexuelle Anziehungskraft, auch wenn wir es uns, besonders wenn wir verliebt sind, lieber anders vorstellen, nicht vom Objekt der Begierde, dem Geliebten, aus. Nur der Liebende oder Begehrende selbst kann jemanden oder etwas mit dieser so besonderen Anziehungskraft ausstatten. Der Mann mit dem goldblonden Haar und den spielenden Armmuskeln, das Nymphchen, die Haut, die Biegung des Halses oder der schwarze Strumpfgürtel sind nicht von sich aus schön oder erregend. Diese potentiellen Objekte der Begierde sind erst dann sexuell reizvoll, wenn jemand sie mit erotischer Bedeutung und mit begehrlichen Phantasien versieht. Da menschliche Sexualität stärker von der Vorstellungskraft und der Phantasie als von biologischen Faktoren abhängt, ist nichts, das mit unserer Sexualität zusammenhängt, festgelegt. Allein aus diesem Grund kann die sexuelle Intimität, die während der langen Phase der Abhängigkeit des Kindes in der Familie entsteht, die Geschlechtskonventionen, die die Strukturen menschlicher Gesellschaft aufrechterhalten, unterminieren.

Gesellschaften funktionieren auf der Grundlage einer genauen Differenzierung der Geschlechter, aber daran ist nichts Natürliches oder Gottgegebenes. Geschlechterrollen werden gelernt und stellen einen Versuch der Gesellschaft dar, Sexualität zu kanalisieren und zu steuern. Bei Menschen bietet die Tatsache, daß sie als männliche oder weibliche Wesen geboren werden, keine Garantie für die Entwicklung einer männlichen oder weiblichen Geschlechtsidentität oder für heterosexuelle Paarung. Die Liebe einer Frau zu einem Mann ist, biologisch gesehen, nicht natürlicher oder zwingender als die Liebe einer Frau zu einer anderen Frau. Es ist nicht menschlicher, erotisches Verlangen nach einer Person zu verspüren, als das erotische Verlangen auf ein Fetischobjekt zu richten. All diese Ausdrucksformen des menschlichen Sexual»instinkts« sind möglich. Die polymorphe menschliche Sexualität schafft für alle Menschen

Probleme und mißliche Situationen und hat spannungsgeladene Beziehungen zu den Gesellschaften zur Folge, in die sie hineingeboren werden. Es heißt oft, Menschen, die nicht fähig sind, die Genitalien als die hauptsächlichen Geschlechtsorgane und den Koitus als das hauptsächliche Ziel erotischer Erregung anzusehen, seien polymorph *pervers*. Wie wir jedoch in dieser Untersuchung der Perversion gesehen haben, sind Männer und Frauen andererseits fähig, Penisse, Vaginas und heterosexuelles Verhalten einzusetzen, um alle möglichen Arten des Begehrens zu befriedigen und alle möglichen Formen von Angst und Leiden zu lindern. Unsere polymorphe Sexualität verursacht zwar beträchtliche Konflikte, aber sie ist Teil des spezifisch Menschlichen, welches den einzelnen vor der Diktatur der Sozialordnung bewahrt.

Der Gesellschaft ist abweichendes sexuelles Verhalten ihrer Mitglieder immer verdächtig – von ihrem Standpunkt aus zu Recht. Aus der Perspektive der Gesellschaft gesehen, ist es am besten, wenn männliche Kinder sich das männliche Verhalten aneignen, das die Gesellschaftsstrukturen erhält, und weibliche Kinder sich das weibliche Verhalten aneignen, das die Gesellschaftsstrukturen erhält. Soziale Geschlechtskonventionen sollen die ihrem Wesen nach schädlichen Kräfte der menschlichen Sexualität zügeln und steuern. Unterdrückung, Zurückhaltung und Katalogisierung sind jedoch nicht die einzigen wirksamen Methoden der Indoktrination im geschlechtlichen Bereich.

Die polymorphe Qualität der menschlichen Sexualität ist einerseits ein Schutz gegen die Bildung von Geschlechtsstereotypen. Auf der anderen Seite läßt die Sexualität sich eben aufgrund der Flexibilität und der potentiellen Vielfalt der sexuellen Verhaltensweisen des Menschen für alle sozialen Zwecke einspannen. Die Sexualität, und damit das Geschlecht, kann so manipuliert werden, daß sie jede politische und ökonomische Struktur unterstützt. Heimtückischer, weil schwerer zu identifizieren und zu bekämpfen, sind jene Methoden der Indoktrination im geschlechtlichen Bereich, die Konformität hervorrufen, indem sie vorgeben, Vielfalt zu begünstigen. Die Gesellschaft kann ihr Ziel, jeden an seinem Platz zu halten, zum Beispiel dadurch erreichen, daß sie die Sexualität trivialisiert und diese trivialisierte Sexualität dann als erotische Freiheit hinstellt. Die Sozialordnung hat die Macht, wann immer die Geschlechtsnormen in Frage gestellt werden, sexuelle Orgien zuzulassen, bei denen alles erlaubt ist, oder kirchliche Festtage einzurichten und Karnevalsfeiern zu gestatten, bei denen Männer sich als Frauen und Frauen sich als Männer verkleiden und Kinder sich wie Erwachsene und Erwachsene sich wie Kinder benehmen dürfen. Die Ziele, nämlich Geschlechtskonformität und Unterdrückung der Sexualität, werden durch Popularisierung und Kommerzialisierung abweichenden sexuellen Verhaltens heutzutage ebensogut erreicht wie zu Beginn dieses Jahrhunderts durch die offensichtlicheren und direkteren Methoden der sexuellen Unterdrückung. Sex als Konsumgut ist nichts anderes als ein weiteres Produkt des Gesetz des Konsumismus, des Warenfetischismus, der perversen Strategie, die die politischen und sozioökonomischen Strukturen der modernen Welt durchdringt.

In dieser Studie über die weiblichen Perversionen habe ich untersucht, welchen Einfluß die sozialen Geschlechtsideale von Weiblichkeit und Männlichkeit in modernen industrialisierten Warengesellschaften auf die perversen Szenarios von Männern und Frauen haben. Was das zwanzigste Jahrhundert von vorhergehenden Jahrhunderten unterscheidet, ist nicht die Tatsache, daß Perversionen überhaupt existieren oder daß die perversen Skripts, die uns am geläufigsten sind, von Männern zum Zweck der Aufrechterhaltung des Männlichkeitskultes verfaßt wurden. Nein, der Unterschied liegt, oder liegt scheinbar, in der paradoxen Art, wie die polymorphe Sexualität des Menschen jetzt eingesetzt wird, um die ökonomischen und politischen Strukturen unserer modernen Welt zu bewahren. Etwas, das in anderen Jahrhunderten latent vorhanden war, ist im zwanzigsten Jahrhundert manifester geworden. Die weiblichen und männlichen Rollen, die in einer Perversion gespielt werden, stellen in dramatischer Form eben jene Geschlechtsstereotypen und Rollenkonventionen dar, die die Perversion scheinbar untergräbt. In einem perversen Szenario liegen, wie wir wissen, viele Täuschungen verborgen.

Eine dieser Täuschungen ist, daß Perversionen revolutionäre Kräfte seien, Methoden, mit denen man Geschlechtsstereotypen zerstören und neue Möglichkeiten für die menschliche Sexualität schaffen könnte. Indem sie alle heiligen Grenzen zu verletzen scheinen, bewahren Perversionen jedoch gerade die konservativsten und reaktionärsten Züge des menschlichen Geistes. Die Geschichte der Perversion im zwanzigsten Jahrhundert begann mit etwas, das nach einem Versuch aussah, alle sexuellen Verhaltensweisen, die nicht mit den Geschlechtskonventionen der modernen westlichen Gesellschaften in Einklang standen, zu unterdrücken. Am Ende des zwanzigsten Jahrhunderts steht eine geniale Methode, die Mehrdeutigkeiten im Bereich der Geschlechtlichkeit, die das Los der Menschen ist, zu unterdrücken und zu kontrollieren. Die Ärzteschaft ist immer noch damit beschäftigt, sexuelle Abweichungen ständig neu zu katalogisieren. Sexologen versuchen immer noch, jedem impotenten Mann zu Potenz und jeder frigiden Frau zum vaginalen Orgasmus zu verhelfen. Wurde Sexualität in vergangenen Zeiten eingesetzt, um Fortpflanzungsrate, Frömmigkeit, Zärtlichkeit, Intimität und Romantik zu erhöhen, so dient sie jetzt dem erotischen Vergnügen und der sogenannten erotischen Freiheit. Die Leitgedanken moderner westlicher Gesellschaften schließen, zusammen mit den Rechten auf freie Meinungsäußerung und Pressefreiheit, die Idealvorstellung ein, daß jeder Bürger nicht nur das Recht auf die gleichen Waren, sondern auch auf gleichermaßen erfüllende Lebenserfahrungen hat – auf Würde, Gleichheit und das Streben nach Glück. Ein freies erotisches Leben ist zu einem Ideal dieser Demokratisierung der Erfahrungen geworden, zu einem Gebot, das Menschen zwingt, in sexuellen Angelegenheiten frei zu sein. Auf der anderen Seite besteht die Angst vor einer ungezügelten Sexualität, die die Sozialordnung zerstören könnte. Offensichtlich gibt es in Sachen sexuelle Freiheit einige Konflikte.

Manche Dinge ändern sich, darunter auch unsere Fähigkeit, unser eigenes Bewußtsein zu beobachten, unser zunehmend huma-

neres Gewissen, unser Glaube an die moralische Perfektionierbar-
keit der menschlichen Rasse – all jene Aspekte der menschlichen
Evolution, die uns befähigt haben, den Tyranneien der Vergangenheit zu widerstehen. Heutzutage versuchen die meisten Eltern aus
allen sozialen und ökonomischen Schichten ganz bewußt, ihren
Kindern Respekt für das andere Geschlecht einzuflößen, ein Feingefühl und eine fürsorgliche Zuneigung, die die entmenschlichen-
den und sadistischen Aspekte der Aggression abschwächen sollen.
Solche behüteten und wohlversorgten Kinder haben jeden Tag
Kontakt mit den Kindern der Armut, mit Kindern wie sie selber,
davon abgesehen, daß jene Kinder kein Zuhause haben und daß sie,
wie viele Kinder aus besseren Verhältnissen, drogen- und alkohol-
abhängig und Opfer des sexuellen Mißbrauchs und der Mißhandlungen der Erwachsenen sind, die für sie sorgen. Unter den behüteten Kindern befinden sich jene, die bereits abhängig sind von einem
Hardrock-Sadismus, der Frauen erniedrigt, von Filmen, in denen
Frauen und Kinder ausgelöscht werden, von pornographischen
Comicbook-Versionen von Wonder Woman und Batman und von
Videospielen mit sadistischem Beigeschmack, die darauf program-
miert sind, die männlichen Tugenden – Machtausübung, Kontrolle
und Ausbeutung – einzuimpfen. Alle Kinder in unserer Gesellschaft sind von Medien umgeben, die sadomasochistische Sexualität
verherrlichen. Eros wird für die Zwecke des Konsums eingespannt.
Mit offenen oder unterschwelligen erotischen Botschaften sollen
Kleidung, Kosmetika, Parfüm, Autos, Nahrungsmittel und Wasch-
pulver verkauft werden. Und die Erotik selbst wird jetzt mit der
gleichen fanatischen Hingabe vermarktet, die früher auf die Vermarktung von Haushaltswaren verwandt wurde. Jetzt kann jeder
aufgeklärte Erwachsene und jedes Kind das Fernsehgerät einschal-
ten oder eine Telefonnummer wählen und an jedem gewünschten
sexuell abweichenden Verhalten teilhaben, vorausgesetzt, die Sen-
dung ist nur unanständig und nicht tatsächlich obszön.

Sex ist zu einer Ware geworden, und wie bei jeder Ware erfreuen
sich die ungeheuerlichsten Formen bald großer Beliebtheit. Das
industrielle Wirtschaftssystem, das ursprünglich von den Ge-

schlechtskonformitäten der bürgerlichen Familie seine größte Unterstützung erhielt, wendet seine Energien jetzt der massenhaften
Vermarktung sexueller Perversionen zu. Das zwanzigste Jahrhundert endet mit einer Konformität in sexueller Abweichung, die die
Bedeutung erotischer Freiheit trivialisiert. Das Ideal der Perversion
ist die Austauschbarkeit von Körperteilen untereinander, von Personen untereinander und von Objekten und Personen. Das ist jedoch keine erotische Freiheit. Unsere polymorphe Sexualität läßt
uns Freiheit in unseren erotischen Reaktionen. Bei einer Perversion
spielt jedoch Freiheit keine Rolle, sondern nur Zwanghaftigkeit,
rigide Anpassung an ein Geschlechtsstereotyp und als erotisches
Ideal hingestellter Haß. In einem sozialen Klima, das von einer
strikten Stereotypisierung der Geschlechter geprägt ist, bei der die
Geschlechtsideale der Mannhaftigkeit und der sexuellen Leistung
zum Maßstab für erotische Freiheit erklärt werden, kann wirkliche
erotische Freiheit weder existieren noch gedeihen. Jahrhundertelang haben wir, indem wir die Natur der weiblichen Sexualität
verleugneten, weniger als die Hälfte der Wahrheit über die menschliche Sexualität erkannt. Weil wir uns ausschließlich auf Perversionen bei Männern konzentriert und die relative Seltenheit des Auf-
tretens solcher Perversionen bei Frauen nicht bezweifelt haben,
sind wir auf die Lügen der perversen Strategie hereingefallen und
haben so die Bedeutung erotischer Freiheit mißverstanden.

Die stärkste Anziehungskraft der Perversionen liegt in ihrem
Vermögen, einzelnen Menschen beim Auftauchen beunruhigender
Affekte und Emotionen Erleichterung zu verschaffen. Während der
perversen Darstellung leidet die Person vielleicht unter Anwand-
lungen von Furcht, und hinterher schämt sie sich unter Umständen,
daß sie wieder einmal diesem verwirrenden Impuls nachgegeben
hat, doch diese nur wenig schmerzhaften Affekte sind nichts im
Vergleich zu dem unbewußten Gefühl der Kränkung, der furchtbaren Angst und den Schuldgefühlen, unter denen der Mensch sonst
leiden würde. Zudem erfüllen Perversionen einen gesellschaftlichen
Zweck, indem sie Gewalttätigkeit und sadistische, destruktive
Aggression steuern. Doch Perversionen vereiteln auch jede Mög-

lichkeit, mehr über die Motive für Angst und Schuldgefühle oder die Gründe für menschliche Gewalttätigkeit und sadistische Wut zu verstehen. Mit der massenhaften Vermarktung sexuell abweichenden Verhaltens hat jeder die Möglichkeit bekommen, psychisches Leid zu betäuben, indem er an Aufführungen teilnimmt, in denen er selbst oder jemand anders die Rolle eines hilflosen, abhängigen, erniedrigten Kindes oder einer passiven, erniedrigten, gedemütigten Frau spielt. Mit dieser Zustimmung des sozialen Gewissens zu Unterwerfung und Beherrschung entsteht die Illusion erotischer Freiheit. Und jede Empfindung oder beunruhigende Emotion, die uns ermuntern könnte, gegen diese allgemeine Unterwerfung und Beherrschung zu rebellieren, wird von der Ware Sex besänftigt.

Niemand braucht sich mehr mit der Misere der Menschheit zu befassen. Und vielleicht ist es kein Zufall, daß Perversion gerade jetzt zu einem heimlichen sozialen Ideal wird, da unsere menschliche Misere sich auf die Möglichkeit globaler Umweltkatastrophen erstreckt, die in ihren Auswirkungen weniger kontrollierbar sind als die Hurrikane, Vulkanausbrüche, Hungersnöte und Dürrezeiten, die seit jeher Furcht und Schrecken einflößten, und die ebenso entsetzlich sind wie die Völkermorde und die Atombombenabwürfe in der ersten Hälfte unseres Jahrhunderts. Obwohl sich in den Fassaden unserer politischen und sozioökonomischen Strukturen viel verändert hat, unterscheidet sich die Verbindung zwischen Geschlechtsstruktur und sozialer Struktur in modernen, postindustriellen Gesellschaften nicht von der in traditionellen Gesellschaften von Jägern und Sammlern. Wenn wir wirksam gegen die Geschlechtsstereotypen, die die Seelen von Männern und Frauen gefangenhalten, vorgehen wollen, dürfen wir nicht annehmen, wir könnten dabei etwas erreichen, ohne die Lügen aufzudecken, die in die ökonomischen und politischen Strukturen unserer modernen postindustriellen Gesellschaften eingebettet sind.

Bei den meisten weiblichen Perversionen läßt sich ohne weiteres ein Zusammenhang zwischen dem Versuch der persönlichen Bewältigung von Kindheitstraumen und einem Geschlechtsstereotyp von Weiblichkeit erkennen. Bei der Kleptomanie, jener Perversion, die von vielen Analytikern als Prototyp weiblicher Perversionen vorgeschlagen wurde, ist dieser Zusammenhang am deutlichsten. Hier werden materielle Güter als Entschädigung für alle möglichen Arten der Beraubung in der Kindheit eingesetzt. Der impulsive Diebstahl materieller Güter steht immer in Verbindung mit einer persönlichen Erfahrung des Beraubtwerdens. Die gestohlene Trophäe – das Buch aus der Bibliothek, das Kleid, die Kette, das Steak, die Schokoladentorte, die Pelzjacke, der Smaragd, das Auto, der Füllfederhalter – kann unbewußt mit einer Brust, einem Penis, einem liebenden Vater oder einer schützenden Mutter gleichgesetzt werden. Der Diebstahl ist außerdem Ausdruck von rachsüchtigem Haß und Neid auf die beraubende Umwelt, die durch die Bibliothek oder das Kaufhaus symbolisiert wird. Wenn der Frau in der Wirtschaftsordnung nicht ein marginaler Status zukäme und sie aufgrund ihrer Geschlechterrolle in dieser Wirtschaftsordnung nicht die wichtigste Konsumentin wäre, könnte die Kleptomanie kein typisch weiblicher Triumph über die Traumen der Kindheit sein. Kleptomanie und ihre sozial anerkanntere, aber gleichermaßen perverse Variante, das zwanghafte Einkaufen, haben ihre Wurzeln in infantilen Erniedrigungen und Seelenmorden. Aber wie bei allen Perversionen finden diese infantilen Traumen in der Sozialordnung eine Entsprechung.

Kleptomanie, zwanghaftes Einkaufen und Ladendiebstahl sind die psychischen Reaktionen einer Frau darauf, daß ihr in einer Gesellschaft, in der die mit Penissen Ausgestatteten die Quelle und den Fluß der ökonomischen Güter beherrschen, keine ökonomische Macht zugestanden wird. Was ich jetzt betonen möchte und worauf ich in diesem Buch immer wieder hingewiesen habe, ist die Tatsache, daß die Anpassung der Frau an ihre, vom gesellschaftlichen und ökonomischen Standpunkt her gesehen, notwendige Geschlechterrolle die perverse Strategie der Kleptomanie und alle anderen perversen Strategien, die für Frauen typisch sind, unterstützt.

In seinen Anfängen konnte der Warenfetischismus moderner Industriegesellschaften gedeihen, weil das Betätigungsfeld von

Frauen auf ihre häuslichen Pflichten begrenzt war und weil Frauen von Kindheit an dazu erzogen wurden, die Befriedigung aller ihrer Wünsche in materiellen Gütern zu finden. In ihrer Rolle als tüchtige Ehefrauen und gute Mütter bekamen Frauen die Macht, den Haushalt zu führen. Ihnen wurde gestattet, den Einkauf von Lebensmitteln und Kleidung zu beaufsichtigen, Mahlzeiten zu planen und zu servieren, das Wohnzimmer mit Sofas und Sesseln zu möblieren, Spitzengardinen vor die Fenster zu hängen und das Kaminsims mit Nippes und Kunstgegenständen zu schmücken. Man erwartete von ihnen, daß sie die Dekorationen und Ornamente, die Männeraugen gefielen, in ihre Körper einritzten. Männer waren die Herrscher des Marktes, und Frauen waren die Hauptkonsumenten der Güter des Marktes. Wenn Frauen die ihnen zugewiesene Geschlechterrolle weiterspielen sollten, war es am besten, wenn sie nicht zuviel dachten und nicht zu tief fühlten. Jede beunruhigende Emotion und jeder moralische Zweifel konnte durch materielle Güter beseitigt werden. Jeder soziale Ehrgeiz und alle sexuellen Wünsche konnten durch materielle Güter befriedigt werden. Jede Gefühlsregung, die Frauen dazu hätte ermutigen können, sich gegen ihre häusliche Gefangenschaft aufzulehnen, konnte durch eine Ware besänftigt werden.

Lheureux, Flauberts Glückshändler, der aus dem Nichts auftaucht, um der sexuell eingekerkerten Emma Bovary das illusorische Glück algerischer Schärpen und bestickter Kragen zu verkaufen, wußte instinktiv, was die Glückshändler unserer Supermärkte und Einkaufszentren jetzt bewußter erkennen und berechnend einsetzen. Nicht, daß Lheureux zur Berechnung unfähig gewesen wäre. Er war ein Meister darin, genau einzuschätzen, wieweit er Emmas sexuelles Verlangen in ein Verlangen nach materiellen Gütern umformen konnte. Das Prinzip, nach dem die polymorphe menschliche Sexualität in eine »spezifische Gier nach einer Unzahl unnötiger Waren«[20] umgewandelt werden kann, hätte er nicht begriffen, aber er verstand es ganz konkret, aus den ungestillten Sehnsüchten Emma Bovarys handfesten Profit zu schlagen.

Als Zwischenschritt zwischen Lheureux' Handel von Mann zu

Frau und den monolithischen Einkaufszentren des Glücks in unserer Zeit entstand das Kaufhaus mit seiner Fülle von ähnlich unnötigen Waren, die auf ähnliche Weise für unbefriedigte erotische Wünsche entschädigen konnten. Das Kaufhaus war die ökonomische Institution, die die Mechanisierung des Verlangens, die im neunzehnten Jahrhundert stattfand, sehr deutlich widerspiegelte. Männer waren zu Ware produzierenden Maschinen geworden und Frauen zu Kaufmaschinen, die dafür sorgten, daß die Männer fleißig weiterproduzierten. Um 1870 erregte der ungezügelte Konsumismus der guten Hausfrau die Aufmerksamkeit feministischer Schriftstellerinnen.

> In der Mehrzahl scheinen die Frauen anzunehmen, daß sie ausschließlich zum Zweck der Ausstellung von Textilien in die Welt gesandt worden sind; und nur wenn diese Frauen die Rolle eines lebenden Hutstocks spielen, haben sie das Gefühl, daß sie die Mission, zu der sie berufen sind, erfüllen.[21]

Viele Schriftstellerinnen waren zwar in der Lage, die Korruptionen zu erkennen, die unter dieser weiblichen Konformität verborgen lagen, aber solange die meisten Frauen ihre Rolle der tüchtigen Hausfrau und guten Mutter akzeptierten, wurden sie als normal betrachtet. 1987 wies Bram Dijkstra in *Idols of Perversity* darauf hin, daß in der bereitwilligen Anpassung der Frauen an ihre geschlechtsspezifische Rolle als dressierte Seehunde einer Konsumgesellschaft eine unbewußte Feindseligkeit Männern gegenüber zum Ausdruck kam. Weil sie, abgesehen vom Ausschmücken des Heims, mit ihrem Leben wenig anfangen konnten, »verwandelten die Mittelschichtfrauen im neunzehnten Jahrhundert die charakteristischen Verzierungen, die ihre Randstellung im produktiven Leben ihrer Zeit schmückten, in das Rohmaterial für einen Frontalangriff auf die Männer, die sie in den goldenen Käfig der aus Prestigegründen verschwenderischen Lebensführung gesetzt hatten«[22]. Die Gesetzgeber und Haushaltsvorstände wurden durch die verschwenderische Lebenshaltung ihrer Frauen und ihrer Töchter, die vom Tag ihrer Geburt an zu Käuferinnen erzogen wurden, geknechtet. Trotzdem gaben sich alle so lange mit dieser auf Gegen-

seitigkeit beruhenden Feindseligkeit in der freundlichen Verkleidung der normalen Geschlechterrollen zufrieden, bis die Frauen
eines Tages den Wunsch verspürten, auf dem Markt mit den Männern zu konkurrieren. Sie fingen an, nach echtem Gold und echter
Macht zu verlangen. Sie fingen sogar an zu denken. Sie fingen an,
ihre Stellung in der Gesellschaft in Frage zu stellen. Und erst zu
diesem Zeitpunkt wurden sie als pervers betrachtet.

So, wie Frauen erwachten und die Lügen erkannten, die ihrer
erniedrigenden Randstellung zugrunde lagen, erkannten Männer,
daß die ökonomische Macht, die sie erlangt zu haben glaubten,
ebenfalls eine Lüge war. All das Verzichten in der Kindheit zahlte
sich doch nicht aus. Der Kaufmann aus der Mittelschicht, der einst
geglaubt hatte, er würde die Gesellschaft in Bewegung halten und
aufrütteln, spielte nur noch eine Nebenrolle, er war zu einem
Akkordarbeiter geworden, einem bezahlten Angestellten der großen Handelsorganisationen, Monopole und Konzerne, die den
Markt der Jahrhundertwende beherrschten. Dijkstra schreibt:

> Nur jene mit einer wahrhaft rücksichtslosen Gier nach Gewinn
> konnten führende Rollen spielen, nur sie konnten am Kopf der Tafel
> sitzen während des großen Festmahls der imperialistischen Aneig-
> nung, das überall stattfand und von dem auf materieller Ebene
> sowohl die Aristokratie als auch die Mittelschicht zweifellos
> beträchtlich profitierte.[23]

Trotz aller finanziellen Gewinne, die dieses Wirtschaftssystem der
hemmungslosen Habgier einbrachte, verspürten die Menschen, vor
allem jene, die davon profitierten, ein vages Gefühl, betrogen worden zu sein. Um Machtpositionen zu erlangen, hatten sie sich
bereitwillig mit einer sozialen Randstellung abgefunden, durch die
sie sich nun statt dessen in Positionen versetzt sahen, die denen der
Frauen, Sklaven und Arbeiter, die in ihren Fabriken und Warenhäu-
sern für sie arbeiteten, nicht unähnlich waren. Wenn diese wohlha-
benden und wohlerzogenen oder zumindest wohlgenährten und
wohlbehausten Männer sich nach jemandem umsahen, dem sie die
Schuld für ihre Randstellung in die Schuhe schieben konnten, fiel
ihr Blick zuerst auf die emanzipierte Frau, die Goldgräberin, die

versuchte, Männer zu kastrieren, indem sie sich ihr Gold und ihre Macht aneignete. Dijkstra bringt die Erscheinung, daß der durchschnittliche Mittelschichtsmann ökonomisch an den Rand gedrängt wird, mit dem Aufblühen seines sexuellen Masochismus in Zusammenhang. Wenn der skrupellose Kapitalist der sadistische Henker war, der tyrannische Motor, der die wirtschaftliche Entwicklung anderer Männer kontrollierte und beschränkte, und wenn der durchschnittliche Unternehmer der Mittelschicht und der Akademiker, der Aristokrat und der Künstler nur seine erniedrigten Gehilfen waren, dann wurde die unbewußte infantile Phantasie, eine unterwürfige Frau zu sein, die von einem mächtigen, dominierenden Vater gefickt wird, zu einer nur allzu bewußten Realität des Erwachsenenlebens. Wie konnte ein Mann mit Selbstachtung sich seiner Mannhaftigkeit versichern und dabei die ökonomischen Machtstrukturen aufrechterhalten, aus denen er großen Nutzen zog?

Um die Jahrhundertwende war es dann zum Gemeinplatz geworden, zu behaupten, die Frau in ihrem Hunger nach Gold sei für die Art und Weise verantwortlich, in der das wirtschaftliche Umfeld sich zu wandeln schien. Sie wurde als die heimliche Macht angesehen, die vielen, deren Väter anscheinend ihre finanzielle Zukunft noch unbesorgt selbst gestaltet hatten, die Zügel der ökonomischen Eigenständigkeit aus den Händen genommen hatte. Mutmaßungen dieser Art machten sie für die vielen masochistischen Henkersgehilfen unter den Männern der Mittelschicht um die Jahrhundertwende zu einem idealen Ersatzhenker. Die Frau war für den sich selbst bemitleidenden, an den Rand gedrängten Mann jener Periode der bevorzugte Peiniger geworden. Indem er sie zum Schuldigen machte, konnte er die Suche nach anderen Gründen aufgeben, und indem er sie als Ersatzhenker einsetzte, konnte er sich seiner Lust hingeben, den mutmaßlich Manipulierenden selbst zu manipulieren.[24]

Vor dem Hintergrund von Dijkstras Argumentation kann der Mythos, daß das wesentliche psychologische Motiv der Kleptomanie Penisneid sei, als Antwort der Ärzte aus der Ober- und Mittelschicht auf ihre eigene ökonomische und soziale Randstellung verstanden werden. Bevor sie die ökonomischen und sozialen Strukturen, die ihnen weiterhin eine gewisse Position und finanziell ein recht gutes Auskommen sicherten, in Frage stellten oder angriffen, führten sie ihre untergeordnete Position lieber auf die Habsucht der sie um ihren Penis beneidenden Frau zurück. Außerdem gilt das, was Dijkstra über die dem sexuellen Masochismus der Männer zugrundeliegende Strategie sagt, für alle Perversionen, sowohl für die männlichen als auch für die weiblichen. *Perversionen sind psychische Strategien, die sich sozial verankerter Geschlechtsstereotypen bedienen, um die Suche nach den Wurzeln unserer gemeinsamen menschlichen Leiden und Nöte zu umgehen.*

Wenn eben diese Geschlechtsstereotypen zu biologischen Merkmalen erklärt werden, die Männer von Frauen unterscheiden, können wir *in statu nascendi* alle sozialen Kräfte beobachten, die aus Männern und Frauen weniger machen wollen, als sie tatsächlich sein könnten. Immer die leichteste, aber sicherlich niemals die weiseste Lösung der Probleme, die mit den Geschlechtern zusammenhängen, besteht darin, sich irgendeiner Variante des biologischen Determinismus zu bedienen, vorzugsweise der Philosophie, daß Männer und Frauen von ihrer biologischen Veranlagung her männlich oder weiblich seien. Ich sehe sehr wohl, daß die Tatsache, daß überwiegend Männer sich zu den abweichenden sexuellen Verhaltensweisen hingezogen fühlen, die wir traditionell als Perversionen bezeichnen, ein gutes Argument zur Unterstützung dieser Theorie ist. Die Statistiken über Perversionen und selbst meine Beschreibungen männlicher perverser Szenarios und männlicher Pornographie eignen sich nur allzu gut zur Unterstützung der Legende, daß Männer von Geburt an dazu bestimmt seien, brutal und sexuell verrückt zu sein und den weiblichen Körper zu verstümmeln. Warum sollte ich mir die Mühe machen, gegen diese augenscheinlichen »Tatsachen« zu argumentieren, wenn ich sie doch statt dessen zur Aufrechterhaltung der Legende einsetzen könnte, daß Frauen von ihrem Wesen her edler und reiner seien als Männer?

Wenn wir aktuelle Diskussionen über die Berechtigung männlicher Pornographie verfolgen, können wir beobachten, wie der Standpunkt, daß Männlichkeit oder Weiblichkeit angeboren sei, ein besseres Verständnis der Geschlechter verhindert. Wir hören zum Beispiel, daß der Übeltäter, der Männer dazu veranlaßt, sich sexuellen Perversionen und Pornographie zuzuwenden, der drängende, fordernde Penis sei. Die moralische Überlegenheit und sexuelle Zurückhaltung der Frauen dagegen hätten ihren Ursprung in der empfangenden, weniger anspruchsvollen Vagina. Frauen werden als Opfer der Sozialordnung dargestellt, während es von Männern, den Rohlingen, die Frauen schikanieren, heißt, sie würden so geboren. Jeder, der behauptet, Masochismus sei ein Ausdruck der weiblichen Natur, ist ein Frauenhasser. Weiblicher Masochismus ist, wie jeder weiß, das Ergebnis der Sozialisation von Frauen in einer patriarchalischen Gesellschaft. Andererseits heißt es, Sadismus und sadistische Phantasien von Männern seien die *natürlichen* Folgen der angeborenen Gewalttätigkeit und des angeborenen Sadismus des Mannes. Männliche Sexualität sei »der Stoff, aus dem der Mord ist, nicht die Liebe«. Weibliche Sexualität sei eine Mischung aus liebevoller Teilnahme und Fürsorge. Alles Komplizierte, Interessante und potentiell Aufrührerische wird auf die Macht der Androgene und die unergründlichen Methoden reduziert, die die Menschen mit der Androgen-Macht anwenden, um diejenigen mit der Östrogen-Gestagen-Schwäche herumzukommandieren.

Alice Echols, die 1983 den Redstocking-Begriff *Kulturfeminismus* übernahm, um sich auf diese verwässerte Version des Radikalfeminismus zu beziehen, enthüllte die reaktionären Geschlechtsstereotypen, die unter der Oberfläche der Theorie von der Wesensverschiedenheit der Geschlechter lagen. »In der Definition der Kulturfeministinnen«, schrieb Echols, »erscheinen männliche und weibliche Sexualität als polare Gegensätze. Männliche Sexualität ist triebhaft, verantwortungslos, genital fixiert und potentiell zerstörerisch. Weibliche Sexualität ist sanft, diffus und personenbezogen. Männer gieren nach Macht und orgastischer Abfuhr, während Frauen Wechselseitigkeit und Nähe suchen.«[25] Dieser Theorie zufolge ist es Art der Frauen, Liebe, Zärtlichkeit und Hingabe zu betonen.

Männliche Sexualität dagegen ist selbstsüchtig und gewalttätig. Weibliche Sexualität ist eher spirituell als sexuell. Die Sexualität des genitalen Kontaktes spielt im Leben einer Frau keine zentrale Rolle. Männer haben es dringend nötig, daß sie ihre Penisse in Vaginas stecken können, aber Frauen kommen sehr gut ohne diese Art von Sex oder sogar ohne jeglichen Sex aus.

Wie Echols würde ich auf die ernsthaften Gefahren hinweisen, die in politischer und emotionaler Hinsicht für Frauen entstehen könnten, wenn sie sich als Reaktion auf die Herrschaft der Männer für eine separatistische, weibliche Gegenkultur entscheiden würden. Trotzdem hat mich die Untersuchung der weiblichen Perversionen dazu gebracht, einigen Aspekten der kulturfeministischen Position zuzustimmen. Die sexuellen Energien einer Frau äußern sich nicht durch ein einziges Sexualorgan, noch werden sie von einem einzigen Sexualorgan beherrscht, und daher wird ihre Erotik nicht durch einen einzelnen Körperteil und nicht einmal notwendigerweise durch den Körper kanalisiert. Man könnte sogar mit einiger Berechtigung behaupten, daß der Grund dafür, daß die Frau so entsetzenerregend ist und so oft als Bedrohung für die Weltordnung dargestellt wird, in ihrer Fähigkeit zu einer rätselhaften, nicht festgelegten und daher bösartig polymorphen Sexualität liegt. Der Gedanke, daß eine gründlicher erkundete weibliche Sexualität möglicherweise eine Kraft wäre, die die Sozialordnung angreifen könnte, hat etwas für sich. Es muß so sein, denn sonst würden wir die weibliche Sexualität nicht so entschieden verneinen, leugnen und unterdrücken. Außerdem würde ich zustimmen, daß Männer, deren Leben von zwanghafter Sexualität, von einer Perversion, beherrscht wird, dieser Perversion aufgrund ihrer zwanghaften, abwehrenden und, man möge mir den Neologismus verzeihen, *monomorphen* Konzentration auf den Penis unterworfen sind. Für jene Männer hat der geschwollene *oder* schlaffe Zustand des Penis die Bedeutung von lebendig *oder* tot, Ganzheit *oder* Zersplitterung, Identität *oder* Nichtidentität, phallisch *oder* kastriert.

Daraus folgt jedoch nicht, daß, wie die extremeren Kulturfeministinnen behaupten, der Geschlechtsverkehr eine männliche Erfindung ist, die dazu dient, Frauen unten zu halten. Ich widerspreche, wenn einige Kulturfeministinnen von der Gesellschaft geschaffene psychische Unterschiede zwischen Frauen und Männern mit den anatomischen Geschlechtsunterschieden gleichsetzen und dann psychosoziale Merkmale zu biologischen Notwendigkeiten machen; wenn sie den ausbeuterischen sozialen Nutzen dieser sogenannten natürlichen Unterschiede aus den Augen verlieren; wenn sie mit ihren Argumenten für kulturelle Mythen eintreten, die die Feindseligkeit und den Kampf zwischen den Geschlechtern nur unterstützen.

Nicht nur Frauen vertreten den Standpunkt, daß die Geschlechter sich von Natur aus unterscheiden. Vor einigen Jahren warnte Ellen Willis Frauen vor den männlichen »guten Polizisten«, die die weiblichen Tugenden rühmen und verkünden, daß weibliche Erotik eher ein Feuer im Herzen und in der Seele als im Perineum sei. Die »guten Polizisten«, schreibt Willis, versichern uns eilig, »wir seien den Männern wahrhaftig moralisch überlegen, und unsere wahre Stärke liege in unserer Sanftheit und Gewaltlosigkeit (man lese: Passivität und Machtlosigkeit)«[26]. Die guten Polizisten stellen dem Drängen der steifen Penisse der Männer die größere Fähigkeit der Frauen gegenüber, selbst wenn sie erregt sind, zu warten, zu verzichten oder, wenn nötig oder angemessen, den Geschlechtsverkehr ganz zu verweigern. Es stimmt, daß die meisten Frauen es nicht annähernd so nötig haben wie Männer, ihr Selbstgefühl und ihre Identität durch genitale Potenz zu bestätigen. Trotzdem bestätigt jedes Argument, das die Unterschiede zwischen weiblicher und männlicher Sexualität hervorhebt und übertreibt, letztendlich die sozialen Geschlechtsstereotypen, die die größte Bedrohung für die erotische Freiheit darstellen und die ironischerweise Kern und Fundament der perversen Strategie sind. Wenn ein Mann die Uniform des guten Polizisten anlegt, bestätigt er unweigerlich, was viele sexuell unterdrückte Frauen hören wollen. Und was er sagt, klingt so wie jeder andere Trick, mit dem Frauen an ihrem Platz gehalten werden sollen. Die guten Polizisten erzählen uns immer, weibliche Sexualität sei weitaus edler und humaner als männliche Sexualität.

Das sollte uns freuen und uns schmeicheln. Doch die Argumente dieser guten Polizisten schmecken nach der Theorie von der angeborenen Wesensverschiedenheit der Geschlechter, die zwischen Männern und Frauen hoffnungslose Feindseligkeit hervorruft. Indem sie behaupten, »wahrhaft weiblichen« Frauen sei mehr an Beziehungen als an Sex gelegen, empfehlen uns die guten Polizisten, die sich als unsere Freunde ausgeben, die infantilen Geschlechtsstereotypen von weiblicher Reinheit und Unschuld zu übernehmen, die Perversion und Pornographie gedeihen lassen.

Nicht das »abartige« sexuelle Verhalten, dessen sich jeder Erwachsene zur Belebung des Sexualaktes ab und zu bedienen mag, ist es, das eine Perversion zu einer Perversion macht, sondern Perversionen sind jene psychischen Strategien, die Geschlechtsideale von Mannhaftigkeit oder Reinheit einsetzen, um die Grenzen zwischen den Körperteilen, den Geschlechtern und den Generationen aufzuheben und, wenn nötig, zu zerstören. Daß Frauen dazu neigen, diese infantilen Formen von Sexualität und Zeugung durch Perversionen von Reinheit auszudrücken, während Männer sie eher durch Perversionen von Mannhaftigkeit ausdrücken, hat wesentlich mehr mit primitiven Geschlechtsstereotypen als mit irgend einer angeborenen biologischen Bestimmung von Frauen und Männern zu tun.

Es stimmt, daß die meisten Merkmale, die wir für naturgegeben weiblich oder naturgegeben männlich halten, soziale Geschlechtskonventionen sind, die über lange Perioden der menschlichen Geschichte weit verbreitet waren. Wir können viele Vermutungen darüber anstellen, wie Frauen oder Männer sich vielleicht unter zuträglicheren und humaneren sozialen Umweltbedingungen entwickelt hätten. Aber was dieses »hätte vielleicht« bedeutet, können wir erst in Erfahrung bringen, wenn wir unsere gegenwärtigen sozialen Strukturen in Frage stellen. Die Behauptung, das biologische Geschlecht bringe angeborene Eigenschaften von Weiblichkeit und Männlichkeit mit sich, ist ebenso absurd wie die Behauptung, Frauen seien zu Sammlerinnen und Männer zu Jägern bestimmt gewesen, und alles, was in der sozialen Entwicklung der Menschheit folgte, sei eine ungeheure Perversion der menschlichen Bestimmung. Soziobiologen argumentieren, daß bestimmte Züge von Männlichkeit und Weiblichkeit dem Menschen in Fleisch und Blut übergegangen seien, da Tausende von Generationen in Jäger-Sammler-Gemeinschaften lebten. Doch selbst wenn es wahr wäre, daß, wie manche Wissenschaftler behaupten, nur solche Männer diese Jahrhunderte der sozialen Evolution überlebten, die dominant, aggressiv und sadistisch waren, und daß nur solche Frauen, die gefügig und passiv waren, sich weitervermehren und Familien haben konnten, würde das noch nicht die Dauerhaftigkeit der sozialen Geschlechtsstereotypen erklären. Wir wissen zum Beispiel, daß Menschen auf jede Veränderung der sozialen Geschlechtskonventionen sehr stark reagieren und daß sie gierig nach jeder Möglichkeit greifen, die ihnen größere erotische Freiheit bietet. Wir wissen ebenfalls, daß eine soziale Gruppe, die jahrhundertelang auf der Basis starrer Geschlechterrollen existiert hat, innerhalb von zwei oder drei Generationen zu einer Urhorde verkommen kann, die ihre Säuglinge aussetzt, damit sie von Leoparden verschlungen werden, und die den Alten und Kranken die Nahrung vom Mund weg stiehlt. Auf der anderen Seite hat der Brauch einiger traditioneller Ackerbau-Gesellschaften, Neugeborene bis zum Alter von zwei oder drei Jahren in Tragetücher zu wickeln, Generationen abgestumpfter, phantasieloser, leblos starrender Kinder hervorgebracht, die wenig Begeisterung für die Veränderung ihrer Gesellschaft aufbringen. Wenn solche Kleinkinder jedoch mehr Anregungen bekämen, würden sie zu wacheren und rebellischeren Eltern heranwachsen, deren eigene Kinder schon in der zweiten Generation zu eifrigen Lesern, begabten Musikern, Physikern und führenden Politikern werden würden.

Außer der Augenfarbe und der Blutgruppe gibt es am Menschen nur sehr wenig, das nicht zu verändern ist. Wir Menschen haben die Natur und den Planeten, auf dem wir leben, stark verändert; wir haben sogar die technischen Fähigkeiten erworben, um mit Raketen zu anderen Planeten zu fliegen; wir haben die Jäger-Sammler-Kulturen zerstört und den großen Alk, das Bison, den Wildesel, das

Mammut, das Wollnashorn und den irischen Elch ausgerottet: Wir müssen uns fragen, warum wir uns nicht bemüht haben, die Stereotypen zu verändern, die den Geschlechterrollen zugrunde liegen.

Ich spreche mit einigem Zögern über die Gesamtheit der menschlichen Geschichte, da ich meine diesbezüglichen Kenntnisse aus zweiter und dritter Hand von Historikern und Sozialanthropologen habe, die sich untereinander über die Entwicklung des Menschen nicht einig sind. Im Kontext des begrenzten Abschnittes der menschlichen Geschichte, der mir am besten vertraut ist, spreche ich jedoch voller Überzeugung über Perversionen. Dieser Abschnitt umfaßt für mich die moderne Geschichte, die Geschichte unserer westeuropäischen industriellen Warengesellschaften. Aus ganz verschiedenen Perspektiven haben Flaubert und Marx unabhängig voneinander auf die bürgerlichen Revolutionen und die industrielle Revolution reagiert, indem sie die psychische Entfremdung, die durch den Warenfetischismus der bürgerlichen Gesellschaften hervorgerufen wurde, identifizierten. In diesem sozioökonomischen Kontext der industriellen Revolution und ihrer Nachwirkungen habe ich die sozialen Geschlechtsideale erkundet, die den männlichen und den weiblichen Perversionen zugrunde liegen.

Perversionen hat es immer gegeben. Ich habe mich mit den perversen Szenarios von Männern und Frauen befaßt, die ich in meiner psychoanalytischen Praxis beobachtet habe. Als ich mich mit den verschiedenen Kostümierungen weiblicher Geschlechtsidentität befaßte – dem seltenen Transvestismus, dem alltäglicheren Homöovestismus und der Nachahmung von Weiblichkeit –, habe ich aufgezeigt, wie die Modebranche und die Kosmetikindustrie bei der Fetischisierung des weiblichen Körpers und der Trivialisierung des geistigen und sexuellen Lebens der Frau zusammenarbeiten. In meinem Bemühen um ein Verständnis der weiblichen Perversionen bin ich zu der Auffassung gelangt, daß jedes perverse Szenario einen engen Bezug zu den sozialen und ökonomischen Strukturen unserer westlichen Industriegesellschaften aufweist. Die sozialen Geschlechtsstereotypen, die in den Perversionen zum Ausdruck kommen, spiegeln diese Strukturen wider.

Flaubert verfaßte *Madame Bovary* in den viereinhalb Jahren zwischen dem Herbst 1851 und dem Frühjahr 1856. Die Chronologie der Ereignisse bis zu Emma Bovarys Selbstmord umfaßt das Jahrzehnt von 1837 bis 1847 und endet damit kurz vor der politischen Umwälzung (Flaubert hätte gesagt »Katastrophe«), die das Zeitalter Homais', des Benenners und Kategorisierers, einleitete. Für Flaubert zeigte die Machtübernahme Napoleons III. das Ende von Hoffnung, Magie, Glauben und dem Philosophieren über Leben und Tod an, das die medizinische Wissenschaft Bichats, des Mentors seines Vater, gekennzeichnet hatte. Er schimpfte auf die entstehenden Fabriken und Eisenbahnen und sah in diesen technischen Errungenschaften das Ende der Natur, wie er sie kannte und liebte. Flaubert mißtraute dem gesellschaftlichen Fortschritt, vor allem aber den Technologien und ökonomischen Strukturen, die der Begriff *Fortschritt* implizierte. Zu Beginn seines Jahrhunderts hatte Jean Baptiste Fourier Vermutungen über die Auswirkungen der Verbrennung fossiler Brennstoffe auf die Erdatmosphäre angestellt und die Metapher vom »Treibhauseffekt« verwendet. Zu Beginn des zwanzigsten Jahrhunderts hatte Svante Arrhenius Fouriers mathematische Spekulationen in die nüchternen mathematischen Berechnungen der physikalischen Chemie umgesetzt und vorausgesagt, daß, wenn die Produktion von Kohlendioxyd auf das Doppelte der Menge aus vorindustrieller Zeit ansteigen würde, die durchschnittliche Temperatur auf der Erde um fünf Grad ansteigen, daß Hitzewellen in den mittleren Breiten Temperaturen um 55 Grad erreichen und daß die Ernten verdorren würden.[27] Es war etwas daran, wenn Flaubert den blinden Fortschritt der industriellen Revolution fürchtete. Für ihn war die industrielle Revolution die Quelle eines neuen Elends der Menschen, eines Elends, das noch genau beschrieben und definiert werden mußte.

Flaubert war von den sozialen Zwängen, die menschliche Wünsche einengen, persönlich betroffen. Emmas Not und ihre Probleme standen in seinen Augen für die Probleme aller Menschen, sowohl der Frauen als auch der Männer. Flaubert wählte einen bestimmten Frauentyp als Protagonistin, weil er glaubte, Frauen litten besonders unter den Konventionen, unter denen auch er selbst litt. In Emma sehen wir eine Frau, die gegen die Konformität der Madame Bovary, in die sie eingezwängt ist, ankämpft. Sie hat sich den Regeln des häuslichen Lebens nicht unterworfen, doch in ihrer Auflehnung gegen die Vorschriften für normale Frauen träumt sie sich in eine Anzahl anderer Stereotypen der Weiblichkeit hinein – die unzufriedene Ehefrau, die wahnsinnige Hausfrau, die verführte Hausfrau, die romantische Ehebrecherin, die hörige Frau, die warenhungrige Kleptomanin, die entmannende Versucherin, die Hexenmutter. In diesen weiblichen Stereotypen findet Emma sich wieder, und währenddessen erfährt sie sich als ablösbares, ersetzbares Objekt, das von einem Mann zum nächsten wandert.

Jacques de Lacretelle erklärt seinen Lesern in seinem 1950 erschienenen Vorwort zu *Madame Bovary*, Flauberts Heldin habe bereits einer psychischen Erscheinung den Namen gegeben. *Bovaryismus* sei der geistige Zustand eines Menschen, der sich unter dem Einfluß von Phantasie und Tagträumen für jemand anders hält, als er ist, und schließlich die Realität aus seinem Leben verbannt. Es sei eine Art verdichteter, verdrängter Romantizismus, der nicht ausgelebt werden könne und häufig in totalem Nihilismus enden würde.[28]

Kurz bevor in der Oper in Rouen Léon wieder in Emmas Leben tritt, denkt sie über ihr Leiden nach, versucht, einen Sinn in ihrem Leben zu sehen, und fragt sich, warum sie nicht glücklich geworden ist. Sie stellt sich vor, daß eine große Liebe ihr ein Glück hätte schenken können, bei dem Tugend und Zärtlichkeit, Wollust und Pflicht ineinander übergegangen wären. Doch dann sagt sie sich: »Aber dieses beständige Glück war ja nichts als eine Lüge, ausgedacht als unerreichbares Vorbild für das Verlangen.«[29] Emma versucht, ihre Gedanken von den Leidenschaften abzulenken, doch da erscheint Edgar Lagardy auf der Bühne, ein Tenor, der bekannt dafür ist, daß ihm die Frauen zu Füßen liegen.

Der gewandte Gaukler ließ sogar in den Anzeigen der Zeitungen immer einige poetische Wendungen über seine faszinierende Persönlichkeit und seine empfindsame Seele einflechten. Eine schöne

Stimme und eine unbeirrbare Selbstsicherheit, mehr Temperament
als Verstand, mehr Pathos als lyrisches Empfinden vollendeten die
Ausstattung dieser bewundernswerten Schwindlernatur, in der
etwas von einem Friseur und etwas von einem Toreador steckte.[30]

Emma läßt sich von der Poesie seiner Worte und dem Feuer seiner
Gesten mitreißen. Wenn das Schicksal es gewollt hätte, hätte sie an
seinem Leben teilhaben können. »Mit ihm wäre sie durch alle
Königreiche Europas gereist, von Hauptstadt zu Hauptstadt, hätte
mit ihm die Mühen und den Ruhm geteilt, hätte die Blumen aufgele-
sen, die man ihm zuwarf, und seine Kostüme eigenhändig geflickt.«[31]

Einen Augenblick lang ist Emma in ihrer Begeisterung davon
überzeugt, daß Lagardy sie ansieht. »Es trieb sie, sich in seine Arme
zu stürzen, sich in seiner Kraft zu bergen wie in der Verkörperung
der Liebe selbst, ihm zu sagen, ihm zuzuschreien: ›Entführ mich,
nimm mich mit, laß uns fliehen! Dir gehör ich, dir! Meine Leidenschaft, all meine Träume gehören dir!‹«[32]

Emma ist von der Vorstellung besessen, sie könnte ihre Realität
ändern und ein neues Selbst in den Armen eines mächtigen Mannes
finden. Emmas Illusion, daß ein magischer Phallus sie reparieren
und transformieren könne, ist meiner Meinung nach die häufigste
Manifestation einer Perversion bei Frauen und bezeichnet den
Grund für alle anderen Perversionen weiblichen Begehrens. Diese
Illusion, diese besondere Methode, die Realität zu mißachten und
zu vereinfachen, ist ein psychisches Äquivalent zu den fetischistischen Perversionen von Männern.

Eine Frau, die mit allem, was die reale Welt ihr geboten hat,
unzufrieden ist und ihre diesbezüglichen Illusionen verloren hat, ist
von der Vorstellung besessen, daß eine bestimmte Art von Mensch
die Macht habe, sie zu reparieren – ein Vater, ein Priester, ein
Ehemann, ein Lehrer, ein Liebhaber, ein Friseur, ein Torero, ein
Kurzwarenhändler, ein Filmstar, ein Chirurg, ein Analytiker, ein
Sohn oder eine Tochter oder eine weibliche Geliebte, die sie mit
phallischer Macht ausstattet –, daß dieser Mensch ihre Illusionen
wahr machen und ihr frustriertes Verlangen befriedigen könne. Er
wird sie für alle Erniedrigungen ihrer Kindheit entschädigen und

die Kränkungen, die ihr aufgrund ihrer weiblichen Stellung zugefügt worden sind, wiedergutmachen. Wenn die Frau diesen Menschen – das phallische Wesen an sich – gefunden, das heißt erfunden und erschaffen hat, nimmt das erotomanische Streben nach seiner fiktiven phallischen Kraft eine Gewalt und Intensität an, die schließlich alle Bestrebungen und Ambitionen der Frau aufbraucht. Ja, dem erotomanischen Streben nach phallischer Perfektion gelingt es tatsächlich, Realität zu umgehen und zu unterminieren. Das Streben nach illusorischer moralischer und physischer Perfektion wird jedoch unvermeidlich zu einer weiteren Methode, sich mit den Bedingungen von Sein und Besitzen, Unterwerfen und Dominieren abzufinden. Die Perversionen von Sexualität und Geschlecht, die so oft als Auflehnung gegen die Konventionen verherrlicht werden, enden immer als trauriger Ausdruck der Beziehungen zwischen Herr und Sklave, die die Strukturen der Sozialordnung aufrechterhalten.

Wann immer die Sklavin der Liebe zu große Angst davor hat, ihre Schätze vor der Welt zu zeigen oder auch nur vor sich selbst das Ausmaß ihrer Verstandeskräfte zuzugeben, benutzt sie die sozialen Konventionen ihrer Zeit, um die Gitterstäbe vor dem Fenster ihres Gefängnisses zu verhängen. Emma Bovary sieht sich ständig in ihrer Welt um, um die Gründe für ihr Elend zu entdecken. Sie hat nicht die Fähigkeit, in sich selbst nach sich selbst zu suchen, und so bleibt ihr keine andere Wahl, als in einem Stereotyp von Weiblichkeit danach zu suchen, wer sie ist.

In jeder einzelnen Frau gibt es jedoch eine Kraft, die es ihr potentiell ermöglicht, zu einer gemäßigteren Version von Frausein zu gelangen, die vielleicht von Emmas flüchtiger Vorstellung von Glück gar nicht so weit entfernt ist. Dazu bedarf es des nicht unbeträchtlichen Mutes, die verschiedenen Aspekte der Weiblichkeit, die wir als die Menschen, die wir sind, als gegeben hingenommen haben, in Frage zu stellen. Bei dieser schmerzhaften Überprüfung der Korruptionen unseres Geistes ist es außerdem notwendig, die Geschäfte, die wir mit unserer sozialen Umwelt gemacht haben, genau zu untersuchen.

Auf dem Weg zu einem normalen und sozial akzeptierten Frausein lassen wir viele unserer möglichen Leben am Wegrand liegen. Aber sie sind immer noch vorhanden und verfolgen uns in dem Leben, für das wir uns entschieden haben. Manchmal stellen wir uns, wie Emma Bovary, vor, unser tatsächliches Leben sei das Leben, das wir nicht geführt haben. Wir spüren, wie uns namenlose Gefühle überkommen, und fragen uns, was sie besagen könnten. Wir stellen uns vor, daß wir einst so viele Rollen in der menschlichen Komödie hätten spielen können, daß wir einst uns selbst und unseren Kräften treu waren. Heute wie zu Emmas Zeiten würde es wer weiß welche Risiken mit sich bringen und wer weiß welche wahrhaft revolutionären Veränderungen der sozialen Bedingungen, die Frauen erniedrigen und einzwängen, zur Folge haben, wenn eine Frau ihre Sexualität, ihre Ambitionen, ihre emotionalen und intellektuellen Fähigkeiten, ihre sozialen Verpflichtungen und ihre sanften Tugenden ganz und gar erforschen und leben würde. Sie kann aber weiterhin versuchen, sich der Weltordnung anzupassen und sich dadurch für immer in die Sklaverei eines Stereotyps normaler Weiblichkeit begeben – einer Perversion, wenn Sie so wollen.

Anmerkungen

Auf die folgenden Werke beziehe ich mich in diesem Buch an vielen Stellen. Sie haben meine Interpretationen der weiblichen und männlichen Perversionen wesentlich beeinflußt.

Abraham, Karl, »Äußerungsformen des weiblichen Kastrationskomplexes« (1920), in: *Psychoanalytische Studien zur Charakterbildung und andere Schriften*. Gesammelte Werke in 2 Bänden. Hrsg. u. eingel. von Johannes Cremerius (Frankfurt am Main: S. Fischer, 1969–71), Bd. 2, S. 69–99.

Dijkstra, Bram, *Idols of Perversity* (New York: Oxford University Press, 1986).

Flaubert, Gustave, *Madame Bovary. Sitten der Provinz* (1885). Deutsch von René Schickele und Irene Riesen. Mit den Rezensionen von Sainte-Beuve, Jules Barbey d'Aurevilly und Charles Baudelaire und einem Nachwort von Heinrich Mann (Zürich: Diogenes Verlag, 3., verb. Aufl., 1987).

Flaubert, Gustave, *Briefe*. Herausgegeben und übersetzt von Helmut Scheffel (Zürich: Diogenes Verlag, 1977).

Flaubert, Gustave, *Correspondance* (Paris: Louis Conard, 1926 [Bd. 1], 1927 [Bd. 4]), Band 1 und 4.

Freud, Sigmund, *Studienausgabe* (Frankfurt am Main: S. Fischer, 1982).

–, »Fetischismus« (1927), in: *Studienausgabe*, a. a. O., Bd. 3, S. 381–388.

Kestenberg, Judith, *Children and Parents* (New York: Aronson, 1975).

–, »Outside and Inside, Male and Female«. *Journal of the American Psychoanalytic Association* 16, S. 457–519.

Kohon, Gregorio, »Fetishism Revisited«. *International Journal of Psychoanalysis* 68, S. 213–228 (1987).

Stoller, Robert, *Observing the Erotic Imagination* (New Haven: Yale University Press, 1985).

Tanner, Tony, *Adultery in the Novel* (Baltimore: Johns Hopkins University Press, 1979).

Vargas Llosa, Mario, *Die ewige Orgie. Flaubert und ›Madame Bovary‹*. Deutsch von Maralde Meyer-Minnemann (Reinbek bei Hamburg: Rowohlt Taschenbuch Verlag, 1980).

Prolog
Das Doktor-Patient-Spiel

Die unmittelbare Anregung für die Interpretation der vier Ärzte in Flau
berts Roman bildete Tony Tanners Essay über *Madame Bovary* in *Adul
tery in the Novel*. Tanner hat vielleicht den bedeutendsten Einfluß au
meine Gedanken zu den fetischistischen Unterströmungen in *Madam
Bovary* ausgeübt. Ich danke Frau Professor Barbara Williamson dafür, da
sie mich auf seine Schriften aufmerksam gemacht hat.

1 *Madame Bovary*, a. a. O., S. 14.
2 Ebd., S. 17.
3 Tanner, *Adultery in the Novel*, a. a. O., S. 283.
4 *Madame Bovary*, a. a. O., S. 371.
5 Tanner, a. a. O., S. 320, Fußnote, zitiert nach François Jacob, *The Logi
  of Life* (New York: Pantheon Books, 1973), passim.
6 Ebd.
7 Tanner, a. a. O., S. 321, Fußnote. Tanner bezieht sich auf Michel Foucault, *Die Geburt der Klinik* (Frankfurt am Main: S. Fischer, 1988).
  Foucault bezieht sich auf Bichat, *Anatomie Générale*, Avant-propos,
  S. xcix.
8 Ebd.
9 *Madame Bovary*, S. 372.
10 Institut für Sozialforschung, *Soziologische Exkurse. Nach Vorträgen
  und Diskussionen*. Mit einem Vorwort von Max Horkheimer und
  Theodor W. Adorno (Frankfurt am Main: Europäische Verlagsanstalt,
  1956), S. 117f. Ich danke meinem Freund und Kollegen Professor Joel
  Whitebook dafür, daß er mich auf die Schriften des Frankfurter Insti-
  tuts für Sozialforschung hingewiesen hat.

Kapitel 1
Was ist eine Perversion?

1 Zur perversen Strategie: Meine Interpretationen der perversen Strategie
  sind von folgenden Werken beeinflußt: Hans Sachs, »On the Genesis of
  Perversion« (1923), übersetzt von Ruth B. Goldberg, *Psychoanalytic
  Quarterly* 50 (1986). Sachs betont, daß das Element der infantilen

Sexualität, welches ins Bewußtsein gelangt, ein Detail ist, das eine ganze Geschichte kindlicher Sexualität, vor allem die inzestuösen Wünsche in Zusammenhang mit dem Ödipuskomplex, im Unbewußten hält. William Gillespie, »A Contribution to the Study of Fetishism«, *International Journal of Psychoanalysis* 21 (1940), und »The General Theory of Sexual Perversion«, *International Journal of Psychoanalysis* 37 (1956). Victor N. Smirnoff, »The Fetishistic Transaction«, in: *Psychoanalysis in France*, herausgegeben von Serge Lebovici und Daniel Widlocher (New York: International University Press, 1980). Jean LaPlanche und J. B. Pontalis, »Fantasy and the Origins of Sexuality«, *International Journal of Psychoanalysis* 49 (1968).

2 Bei meiner Diskussion der Paraphilien in *DSM* II und *DSM* III-R beziehe ich mich vor allem auf Ethel S. Persons Kapitel »Paraphilias and Gender Identity Disorders«, in: *The Personality Disorders and Neuroses*, Bd. 1 von *Psychiatry*, herausgegeben von Robert Michels, M. D., und Jesse O. Cavenar, Jr., M. D. (Philadelphia: Lippincott, 1985). Person ist es, obwohl sie auf die Darstellung des behavioristischen Ansatzes des *DSM* beschränkt war, auf bemerkenswerte Weise gelungen, die zentrale Bedeutung des Phantasielebens für die Strukturierung einer Perversion darzustellen. Ich möchte Dr. Person auch für weitere wertvolle Hinweise danken, die sie mir gegeben hat.

Bei der psychoanalytischen Betrachtung der Kategorien der männlichen Perversionen beziehe ich mich in erster Linie auf Otto Fenichel, »Perversionen und Impulsneurosen«, in: *Psychoanalytische Neurosenlehre*. Aus dem Amerikanischen von Klaus Laermann (Olten: Walter, 1975), Bd. II, Kapitel XVI, S. 186–271.

3 Leopold von Sacher-Masoch, *Venus im Pelz* (1870). Mit einer Studie über den Masochismus von Gilles Deleuze (Frankfurt am Main: Insel, 1968), S. 87.

4 Marquis de Sade, »Die 120 Tage von Sodom«, in: *Ausgewählte Werke*. Herausgegeben von Marion Luckow (Hamburg: Merlin Verlag Andreas J. Meyer, 1962 bis 1965), Bd. 1, S. 104–433. Die abschließende Orgie: S. 420–425.

5 Zu der Art, wie der Pädophile den weiblichen Körper wahrnimmt: Charles Socarides, *The Preoedipal Origin and Psychoanalytic Therapy of Sexual Perversions* (Madison, CT: International Universities Press, 1988), S. 455 u. 464.

6 Fetischismus als exemplarisches Beispiel für Perversion: Viele meiner Überlegungen zum Fetischismus und zur perversen Strategie verdanke ich einem Gespräch mit Dr. Allan Bass am 27. Juni 1987.

7 Vgl. Tanner, *Adultery in the Novel*, a. a. O., S. 287 f.

8 Dazu Allan Bass, »On the History of a Mistranslation and the Psycho-
   analytic Movement«, unveröffentlichtes Referat vor der New York
   Psychoanalytic Society, Februar 1984. Bass zitierte aus folgenden Wer-
   ken: Sigmund Freud, »Eine Kindheitserinnerung des Leonardo da
   Vinci« (1910), *Studienausgabe*, a. a. O., Bd. 10, S. 87–159; Hilda C.
   Abraham und Ernst L. Freud (Hrsg.), *Sigmund Freud – Karl Abraham,
   Briefe 1907–1926* (Frankfurt am Main: S. Fischer, 1965); und William
   McGuire, *Sigmund Freud – C. G. Jung: Briefwechsel*. Hrsg. v. William
   McGuire und Wolfgang Sauerländer (Frankfurt am Main: S. Fischer,
   1974).

9 Bass, a. a. O., S. 27.

10 Karl Marx, »Der Fetischcharakter der Ware und sein Geheimnis«, in:
   Das Kapital (Berlin: Dietz, 1962), Erster Band, S. 85–98.

11 Vgl. Robert Stoller, *Observing the Erotic Imagination*, a. a. O., S. 16 f.
   Stoller war der erste amerikanische Psychiater, der sich ernsthaft mit
   dem Problem sexueller Perversionen bei Frauen beschäftigt hat. Stollers
   realistische Art, die psychologische Bedeutung der Perversionen in der
   »realen« Welt, also außerhalb der psychoanalytischen Situation in der
   Klinik, zu beurteilen, war mir von unschätzbarem Wert. In den Kapiteln 8 und 9 beziehe ich mich auf einige seiner Fallgeschichten. Ich
   danke Dr. Stoller für seine intellektuelle Großzügigkeit und die Bereitschaft, seine Erkenntnisse mit mir zu teilen.

12 Zur Darstellung der männlichen Adoleszenz vgl. Louise J. Kaplan,
   Abschied von der Kindheit. Eine Studie über die Adoleszenz (Stuttgart:
   Klett-Cotta, 1988), und Kestenberg, *Children and Parents*, a. a. O.,
   S. 371–376.

13 Janine Chasseguet-Smirgel, *Kreativität und Perversion* (Frankfurt am
   Main: Nexus/PRO, 1986).

KAPITEL 2

Ein Denkmal für den
Kastrationsschreck

1 Francis D. Baudry, »Adolescent Love and Self-Analysis as Contributors to Flaubert's Creativity«, in: *Psychoanalytic Study of the Child*
   (New Haven: Yale University Press, 1980) 35, S. 380–381. Das Flau-
   bert-Zitat stammt aus Flaubert, *Briefe*, a. a. O., S. 14.

2 Brief an Ernest Feydeau, undatiert (Anfang Februar 1859), in: Flaubert, *Correspondance*, a. a. O., Bd. 4, S. 312.

3 Sigmund Freud, »Fetischismus« (1927), a. a. O., S. 385.

4 Sigmund Freud, *Drei Abhandlungen zur Sexualtheorie*. »I Die sexuellen Abirrungen« (1905), Studienausgabe (Frankfurt am Main: S. Fischer, 1975), Bd. 5, S. 56, Zusatz (Fußnote) 1915.

5 Ebd.

6 Ebd.

7 Ebd., S. 79 f.

8 Sigmund Freud, »Fetischismus«, a. a. O., S. 383 f.

9 Metapher von der Häkelnadel: Ich danke meiner Lektorin, Nan Talese, für ihren Hinweis. Sie hat dies alles schon verstanden, als wir zusammen an *Die zweite Geburt. Die ersten Lebensjahre des Kindes* (1977), mit einem Nachwort von Margaret S. Mahler, aus dem Amerikanischen von Hainer Kober (München: Piper & Co., Neuausgabe 1983), gearbeitet haben.

10 Die Altersangaben, die ich in meinen Diskussionen der Entwicklung des Kindes verwende, sind nur ungefähre Anhaltspunkte. Es gibt bei Kindern große Abweichungen in bezug auf das Alter, in dem sie Entwicklungsstufen erreichen.

11 Zur Urszene: Joyce McDougall, »Scène Primitive et la Scènario Pervers«, in: *La Sexualité Perverse* (Paris: Payot, 1972). McDougalls Aufsatz hat auch meine Interpretationen der Fallstudien in Kapitel 5 beeinflußt.

12 Sigmund Freud, »Fetischismus«, a. a. O., S. 385.

13 Zu den Interviews mit Prostituierten: Ich danke Louis Gould dafür, daß sie mich an ihren Untersuchungen über die »abartigen« Kleidungsstücke, die Prostituierte nach den Wünschen ihrer männlichen Kunden tragen sollen, teilhaben ließ.

14 Die Schmusedecke: Ich beziehe mich vor allem auf D. W. Winnicotts ausführliche Schriften über das Übergangsobjekt, besonders auf »Übergangsobjekte und Übergangsphänomene«, in: *Vom Spiel zur Kreativität*. Aus dem Englischen von Michael Ermann (Stuttgart: Ernst Klett, 1973), S. 10–36.

15 Vgl. dazu Phyllis Greenacre, »Perversions: General Considerations Regarding Their Genetic and Dynamic Background« (1968), in: *Collected Papers*, vol. 1 (New York: International University Press, 1971); »The Fetish and the Transitional Object« (1969) und »Transitional Object and the Fetish: With Special Reference to the Role of Illusion« (1970), *Collected Papers*, vol. 1; M. Wulff, »Fetishism and Object Choice in Early Childhood«, *Psychoanalytic Quarterly*, vol. 15 (1946).

KAPITEL 3
Der weibliche Kastrationskomplex

1 Luce Irigaray, *Das Geschlecht, das nicht eins ist.* Aus dem Französischen von Gerlinde Koch und Monika Metzger (Berlin: Merve, 1979), S. 22.
Es gibt noch ein weiteres Wortspiel, das ich im Text nicht erwähne: Irigaray sagt, daß das Sexualorgan der Frau nicht eins, sondern mehrere, Mehrzahl, ist.

2 Karl Abraham, »Äußerungsformen des weiblichen Kastrationskomplexes«, a. a. O., S. 69.

3 Das Theaterstück mit den drei Zigarren: vgl. ebd., S. 72. Ich habe diese Geschichte und das spätere Schicksal der kleinen Dramaturgin recht frei interpretiert, aber meine Interpretation entspricht dem Geist von Abrahams Aufsatz.

4 Hilda C. Abraham und Ernst L. Freud (Hrsg.), *Sigmund Freud – Karl Abraham, Briefe 1907–1926* (Frankfurt am Main: S. Fischer, 1965), 3. Dezember 1924, S. 349.

5 Kestenberg, »The Development of the Young Child from Birth through Latency as Seen Through Bodily Movement«, Kapitel 12 aus *Children and Parents*, a. a. O. Die innergenitale Phase wird auf den Seiten 246–253 beschrieben.

6 Ebd., S. 320.

7 Ebd., S. 321.

8 Wie ich bereits in Kapitel 2 erklärt habe, sind die Altersangaben, die ich in meinen Diskussionen der kindlichen Entwicklung gebe, nur ungefähre Anhaltspunkte.

9 Margaret S. Mahlers umfangreiche Forschungen und theoretische Schriften wurden zusammengefaßt in *Die psychische Geburt des Menschen* (1975) (Frankfurt am Main: S. Fischer, 1978). Aus dem Amerikanischen von Hilde Weller. Als Koautoren wirkten mit Fred Pine und Anni Bergman. Mahlers Interpretationen des Loslösungs-Individuations-Prozesses sind von Daniel Stern kritisiert worden. Aber tatsächlich erweisen seine Forschungsergebnisse sich als Bestätigung ihrer Beobachtungen. Aus philosophischen Gründen zieht Stern es vor, anzunehmen, daß das Kind von einem Zustand der Trennung zu einer immer größeren Einheit mit der Mutter oder Bindung an die Mutter gelangt. Wie ich jedoch in *Contemporary Psychoanalysis* 23, S. 27–44, erläutert habe, hat Stern den von Mahler beschriebenen Prozeß, der von

Geburt an aus zwei miteinander verflochtenen Entwicklungssträngen –
Bindung und Loslösung – besteht, falsch interpretiert. Meine Darstellung des Loslösungs-Individuations-Prozesses findet sich in: *Die
zweite Geburt. Die ersten Lebensjahre des Kindes* (1977). Mit einem
Nachwort von Margaret S. Mahler. Aus dem Amerikanischen von
Hainer Kober (München: Piper & Co., Neuausgabe 1983). Ich verwende dort einige von Sterns früheren Beobachtungsstudien, die in *The
First Relationship* (Cambridge: Harvard University Press, 1977)
zusammengefaßt wurden.

10 Die Abschnitte über das weibliche genitale Bewußtsein, den weiblichen
Kastrationskomplex und die Deutungen der Urszene gründen sich auf
meine beobachtenden Studien an Säuglingen, Kleinkindern und ihren
Familien, auf Kestenbergs Beobachtungen, auf Folgeuntersuchungen,
die Mahler mit den Familien ihrer ursprünglichen Untersuchung
durchgeführt hat, und auf meine klinische Praxis mit weiblichen Kindern, Jugendlichen und Erwachsenen. Außerdem empfehle ich Eleanor
Galenson und Herman Roiphe, *Infantile Origins of Sexual Identity*
(New York: International Universities Press, 1981). Nachdem die
Autoren ausführlich ein genitales Bewußtsein bei männlichen und
weiblichen Kleinkindern beschrieben haben, stellen sie auf den Seiten
251–253 fest, daß ihre Beobachtungen nahelegen, aber nicht eindeutig
bestätigen, daß ein derartiges Bewußtsein ein innergenitales Bewußtsein, insbesondere bei weiblichen Kleinkindern, einschließt.

Viele weibliche Psychoanalytiker haben die traditionelle Sichtweise
des weiblichen Kastrationskomplexes in Frage gestellt. Ich erwähne
hier einen Aufsatz, weil die Beobachtungen der Autorin sich mit meinen eigenen Forschungsergebnissen und meiner klinischen Erfahrung
decken, wenn auch ihre Interpretationen sich von meinen stark unterscheiden: Doris Bernstein, »Female Genital Anxieties, Conflicts, and
Typical Mastery Modes«, *International Journal of Psychoanalysis* 71,
S. 151–165 (1990).

Bernstein stellt der traditionellen Interpretation der weiblichen
Kastrationsangst – »den Ängsten und Phantasien über verlorene,
beschädigte oder fehlende Körperteile« (S. 153) – eine Gruppe von
Genitalängsten – Zugang, Penetration, Diffusion – gegenüber, die sie
eher für Bedrohungen der körperlichen Integrität halten möchte als die
Kastrationsangst. Diese Ängste und Phantasien, die sich auf die weiblichen Genitalien beziehen, sind bei Frauen auffällig, und ich habe sie in
diesem Kapitel beschrieben. Ich meine jedoch, daß sie tatsächlich
Aspekte des weiblichen Kastrationskomplexes sind, und ich finde, daß

man nichts dadurch gewinnt, daß man sie anders bezeichnet, einfach nur um sie von der traditionellen Deutung des Penisneides abzusetzen. Noch entschiedener aber widerspreche ich Bernsteins Standpunkt, weil er symptomatisch für die Theorie von der biologisch bedingten Wesensverschiedenheit der Geschlechter ist, die versteckt frauenfeindlich ist. Ich war traurig, als ich von Dr. Bernsteins Tod im Januar 1990 erfuhr, denn ich finde ihre Arbeit interessant und hätte die Gelegenheit begrüßt, unsere verschiedenen Sichtweisen zu diskutieren.

KAPITEL 4
Andere Denkmäler:
der männliche Kastrationskomplex

1 Sigmund Freud, »Die infantile Genitalorganisation« (1923), *Studienausgabe*, a. a. O., Bd. 5, S. 238, Anmerkung.
2 Anita A. Bell, »Some Observations on the Role of the Scrotal Sac and Testicles«, *Journal of the American Psychoanalytic Association* 9 (1961), S. 261–286.
3 Ebd., S. 262.
4 Ebd., S. 273.
5 Ebd., S. 271.
6 Ebd.
7 Ebd.
8 Zu Schöpfungslegenden und kulturellen Assoziationen zu den Hoden vgl. Bell, S. 278–279. Die Kronossage: W. H. Auden (Hrsg.), *The Portable Greek Reader* (New York: Viking Press, 1948), S. 53–54; Joseph Campbell, *The Masks of God: Occidental Mythology* (New York: Viking Press, 1964).
9 Bell, a. a. O., S. 278.
10 Kestenberg, »Outside and Inside«, a. a. O., S. 463.
11 Freud, »Fetischismus«, a. a. O., S. 387.
12 Ebd., S. 388.
13 Ebd., S. 387.
14 Sigmund Freud, *Die Traumdeutung*, Vorwort zur 2. Auflage (1908), *Studienausgabe*, a. a. O., Bd. 2, S. 24.

KAPITEL 5
Perverse Szenarios

1 Gay Talese, *Thy Neighbor's Wife* (Garden City, New York: Doubleday, 1980), S. 115 f.

2 Zu den Fallstudien: Ich habe mich auf die Kindheitserlebnisse konzentriert, die in den perversen Szenarios zum Vorschein kamen, und daher die Diskussion anderer unbewußter Themen und eine Reihe wichtiger technischer Ausführungen außer acht gelassen. Für diese Einzelheiten, die ein besser abgerundetes Bild von der Komplexität eines perversen Szenarios geben, verweise ich den Leser auf die Fallberichte selbst.

3 James Glover, »On an Unusual Form of Perversion«, *International Journal of Psychoanalysis* 8, S. 10–24 (1924).

4 Ebd., S. 10.

5 Ebd.

6 Ebd., S. 16.

7 Ebd., S. 11.

8 Ebd.

9 Ebd.

10 Ebd., S. 13.

11 Ebd., S. 15.

12 Ebd., S. 23.

13 Ebd., S. 18.

14 Richard von Krafft-Ebing, *Psychopathia Sexualis*. Mit besonderer Berücksichtigung der konträren Sexualempfindung. Eine medizinisch-gerichtliche Studie für Ärzte und Juristen. 16. u. 17., vollständig umgearbeitete Auflage von Dr. Albert Moll (Stuttgart: Verlag von Ferdinand Enke, 1924), S. 131–143.

15 Ebd., S. 132.

16 Ebd., S. 137.

17 S. Nacht, F. Diatkine und J. Favreau, »The Ego in Perverse Relationships«, übersetzt von Joyce McDougall, *International Journal of Psychoanalysis* 55, S. 404–413 (1956).

18 Otto Kernberg, »Malignant Narcissism and Its Relation to Perversion«, unveröffentlichtes Manuskript, vorgetragen anläßlich der 27. jährlichen Sandor Rado Lecture des Columbia University Center for Psychoanalytic Training and Research, am 4. Juni 1984, S. 26 f.

19 May E. Romm, »Some Dynamics in Fetishism«, *Psychoanalytic Quarterly* 99, S. 137–153 (1947).

20 Ebd., S. 138.
21 Meine Wiedergabe von Romms theoretischen Darstellungen der unbe-
    wußten Phantasien, die dem Haarschneide-Szenario ihres Patienten
    zugrunde lagen. Vgl. ebd., S. 138 f.
22 Ebd., vgl. die vorhergehende Anmerkung.
23 Ebd., S. 145.
24 Robert Bak, »Fetishism«, *Journal of the American Psychoanalytic Asso-
    ciation* 1, S. 285–298 (1953).
25 Ebd., S. 295.
26 Ebd., S. 286.
27 Ebd., S. 294.
28 Ebd., S. 296.
29 Gregorio Kohon, »Fetishism Revisited«, a. a. O.
30 Ebd., S. 220.
31 Ebd.
32 Ebd., S. 225.

KAPITEL 6

Weibliche Stereotypen und
die weiblichen Perversionen

1 Karl Abraham, »Äußerungsformen des weiblichen Kastrationskomple-
    xes« (1920), a. a. O., S. 75.
2 Zur rachsüchtigen Braut: ebd., S. 76 f.
3 Ebd., S. 78.
4 Ebd., S. 79 und S. 81.
5 Ebd., S. 83. In bezug auf den Unterschied zwischen der neurotischen
    und der perversen Strategie hat Abraham in einer Hinsicht recht. Der
    Mann, der seinen Penis öffentlich zur Schau stellt, hat das Gefühl, daß
    er etwas Schlechtes tut, während die Frau mit der geschwollenen Nase,
    dem starren Blick oder dem Sonnenschirmchen möglicherweise das
    Gefühl hat, daß sie etwas tut, das gut und der Mühe wert ist. Da einige
    weibliche Perversionen durch die weiblichen Stereotypen von Tugend-
    haftigkeit und Reinheit ausgedrückt werden, erlebt die Frau, die diesen
    Stereotypen gerecht wird, den gleichen Stolz wie der Mann, der seine
    Virilität unter Beweis stellt.
6 Vgl. ebd., S. 86.
7 Vgl. ebd., S. 86 f.

8 Ebd., S. 91.

9 Vgl. ebd., S. 88–91.

10 Karl Abraham, »Über Ejaculatio Praecox« (1917), in: *Schriften zur Theorie und Anwendung der Psychoanalyse. Eine Auswahl.* Herausgegeben von Johannes Cremerius (Frankfurt am Main: Athenäum Fischer, 1972), S. 51–66.

11 Ebd., S. 52.

12 Ebd., S. 53.

13 Ebd., S. 63 f.

14 Ebd., S. 55.

15 Abraham, »Äußerungsformen des weiblichen Kastrationskomplexes«, a. a. O., S. 89.

16 Ebd., S. 90.

17 Ebd., S. 70 f.

18 Karen Horney, »Zur Genese des weiblichen Kastrationskomplexes«. Vortrag gehalten auf dem VII. Intern. Psa. Kongreß in Berlin, September 1922; erstmals erschienen in: *Internationale Zeitschrift für Psychoanalyse,* 1923, Bd. IX, H. 3, S. 12–26.

19 Susan Quinn, *A Mind of Her Own* (New York: Summit, 1987), S. 201.

20 Karen Horney, »Zur Genese des weiblichen Kastrationskomplexes«, in: *Die Psychologie der Frau* (Frankfurt am Main: S. Fischer, 1984), S. 10–25, S. 10 f.

21 Einige zu Horneys Zeiten bekannte Werke über naturgegebene Weiblichkeit wurden von einem ihrer Lehrer, dem Soziologen Georg Simmel, verfaßt: *Weibliche Kultur* (1902) und später Schriften wie *Psychologie der Koketterie* (1909) und *Das Relative und das Absolute im Geschlechterproblem* (1911). Diese und andere Essays finden sich in dem Band Georg Simmel, *Schriften zur Philosophie und Soziologie der Geschlechter.* Herausgegeben und eingeleitet von Heinz-Jürgen Dahme und Klaus Christian Köhnke (Frankfurt am Main: Suhrkamp, 1985). Simmel wiederum war, wie viele Soziologen der Jahrhundertwende, beeinflußt von Karl Bachofen, *Das Mutterrecht* (1861).

Gegenwärtige Mythen von angeborener Weiblichkeit und Proteste gegen diese Mythen erscheinen in beinahe jedem zeitgenössischen feministischen Sammelband. Die folgenden möchte ich wärmstens empfehlen: Toril Moi, *Sexus – Text – Herrschaft.* Feministische Literaturtheorie. Aus dem Englischen von Elfi Hartenstein, Sylvia James und Ellen Schlochz (Bremen: Zeichen und Spuren Frauenliteraturverlage, 1989); Elaine Marks und Isabelle de Courtivron (Hrsg.), *New French Feminisms* (Amherst: University of Massachusetts Press, 1980); Toril Moi

(Hrsg.), *French Feminist Thought* (Oxford: Basil Blackwell, 1987); Ann Snitow, Christine Stansell und Sharon Thompson (Hrsg.), *Die Politik des Begehrens. Sexualität, Pornographie und neuer Puritanismus in den USA* (Berlin: Rotbuch Verlag, 1985); Carole S. Vance (Hrsg.), *Pleasure and Danger* (London: Routledge and Kegan Paul, 1984).

Eine ausgezeichnete Gegenüberstellung der Sichtweise Horneys und traditioneller psychoanalytischer Darstellungen über die weibliche Entwicklung ist der Aufsatz von Zenia Odes Fliegel, »Feminine Psychosexual Development in Freudian Theory«, *Psychoanalytic Quarterly* 42, S. 385–409 (1973).

22 Helene Deutsch, *Psychologie der Frau*, 2 Bände (Bern: Hans Huber, 1948), 1. Band, S. 265.

23 Wladimir Granoff und François Perrier, »The Problem of Perversion in Women and Feminine Ideals«, und Victor N. Smirnoff, »The Fetishistic Transaction«, in: *Psychoanalysis in France*, hrsg. von Serge Lebovici und Daniel Widlocher (New York: International Universities Press, 1980). In bezug auf ihre Sichtweise der weiblichen Sexualität stimme ich Granoff und Perrier zwar nicht zu, aber ich halte ihre Argumentationsweise zum Thema der weiblichen Perversion allgemein für geistesverwandt mit meinen theoretischen und klinischen Standpunkten.

KAPITEL 7

Die Versuchungen der Emma Bovary

1 *Madame Bovary*, S. 327.

2 Flaubert, Brief an Ernest, Dezember 1838, in Francis D. Baudry, »Adolescent Love and Self-Analysis as Contributors to Flaubert's Creativity«, *Psychoanalytic Study of the Child* 35, S. 380–381 (1980). Übersetzung aus Flaubert, *Briefe*, a. a. O., S. 18.

3 Flaubert an Louise Colet, 5. September 1856, in: *Correspondance*, a. a. O., Bd. 1, S. 365.

4 Flaubert an Louise Colet, 8. Februar 1852, in: *Briefe*, a. a. O., S. 187.

5 Flaubert an Ernst Feydeau, undatiert (Anfang 1859), in: *Correspondance*, a. a. O., Bd. 4, S. 312.

6 Flaubert an Louise Colet, 13. April 1854, in: *Briefe*, a. a. O., S. 324.

7 Flaubert an Louise Colet, 26. August 1853, in: *Briefe*, a. a. O., S. 289–291.

8 *Madame Bovary*, S. 155.

9 Ebd., S. 224.
10 Ebd.
11 Ebd.
12 Ebd., S. 225.
13 Edith Wharton an W. M. Fullerton, Anfang März 1908, in: *The Letters of Edith Wharton*, edited by R. B. Lewis and Nancy Lewis (New York: Scribner's, 1988), S. 134.
14 Ebd., S. 135, Wharton an Fullerton, Anfang März 1908.
15 Ebd., S. 152, Wharton an Fullerton, 10. Juni 1908.
16 R. W. B. Lewis, *Edith Wharton: A Biography* (New York: Fromm, 1985), S. 30.
17 Ebd., S. 31.
18 Ebd., S. 218.
19 *Madame Bovary*, S. 192.
20 Ebd.
21 Ebd., S. 201.
22 Ebd.
23 Richard von Krafft-Ebing, *Psychopathia Sexualis*. Mit besonderer Berücksichtigung der konträren Sexualempfindung. Eine medizinisch-gerichtliche Studie für Ärzte und Juristen von Dr. R. v. Krafft-Ebing. 16. u. 17. vollständig umgearbeitete Auflage von Dr. Albert Moll (Stuttgart: Verlag von Ferdinand Enke, 1924), S. 258.
24 Ebd., S. 257.
25 Ebd., S. 256.
26 Ebd., S. 266.
27 Ebd., S. 268.
28 Ebd., Fall Nr. 388, S. 743.
29 Ebd., Fall Nr. 389, S. 745.
30 Ebd., S. 745 f.
31 Annie Reich, »A Contribution to the Psychoanalysis of Extreme Submissiveness in Women« (1940), und »Narcissistic Object Choice in Women« (1953), in: *Psychoanalytic Contributions* (New York: International Universities Press, 1973). Reich übersetzt Hörigkeit mit »extreme submissiveness«, also extreme Unterordnung oder extreme Unterwürfigkeit.
32 Karl Abraham, »Äußerungsformen des weiblichen Kastrationskomplexes«, a. a. O., S. 75.
33 *Emma Bovary*, S. 225.
34 Vgl. Sigmund Freud, »Jenseits des Lustprinzips« (1920), *Studienausgabe*, a. a. O., Bd. 3, S. 224–226.

35 R. W. B. Lewis, *Edith Wharton: A Biography*, a. a. O., S. 26.

36 Ebd., S. 24.

37 Wharton an W. M. Fullerton, Mitte April 1910, in: *The Letters of Edith Wharton*, a. a. O., S. 208.

38 Ebd., S. 281, Wharton an Fullerton, Oktober 1912.

39 Ebd., S. 151, Wharton an Fullerton, 8. Juni 1908.

40 Ebd., S. 281, Wharton an Fullerton, Oktober 1912.

41 Ebd., S. 161, Wharton an Fullerton, 26. August 1908.

42 R. W. B. Lewis, *Edith Wharton: A Biography*, a. a. O., S. 222.

43 Otto Fenichel, *Psychoanalytische Neurosenlehre*. Aus dem Amerikanischen von Klaus Laermann (Olten: Walter, 1975), Bd. 2, S. 225. Fenichel weist darauf hin, daß die extreme sexuelle Unterwürfigkeit – Hörigkeit – eine Perversion ist, die typischer für Frauen ist als für Männer. Er schreibt, daß sie einen Übergangszustand zwischen Verliebtheit oder Vernarrtheit und Masochismus darstelle (S. 224 f.). Wie Krafft-Ebing und Reich unterscheidet Fenichel die Hörigkeit vom Masochismus, stellt aber auch fest, daß sie bestimmte Züge trägt, die gleich sind. Die Literatur zum Thema Masochismus ist umfangreich. Ich möchte nur meine fünf Lieblingswerke zu dem Thema anführen, denn sie verdeutlichen, explizit oder implizit, diesen wesentlichen Unterschied zwischen Hörigkeit und sexuellem Masochismus:
William H. Grossman, »Notes on Masochism: A Discussion of the History and Development of a Psychoanalytic Concept«, *Psychoanalytic Quarterly* 15 (1986).
Theodor Reik, *Aus Leiden Freuden*. Masochismus und Gesellschaft (*Masochism in Modern Man* [1941]) (Hamburg: Hoffmann und Campe, 1977).
Otto Kernberg, »Clinical Dimensions of Masochism«, *Journal of the American Psychoanalytic Association* 36, 4 (1988).
Sigmund Freud, »Das ökonomische Problem des Masochismus« (1924), *Studienausgabe*, a. a. O., Bd. 3, S. 339–354.
Victor N. Smirnoff, »The Masochistic Contract«, *International Journal of Psychoanalysis* 50 (1969).

44 *Madame Bovary*, S. 322 f.

45 Ebd., S. 309.

46 Ebd., S. 328.

47 Ebd., S. 327.

48 Ebd., S. 14.

49 Ebd., S. 41.

50 Ebd., S. 45.

51 Mario Vargas Llosa, *Die ewige Orgie*, a. a. O., S. 143, Fußnote. Vargas Llosa zitiert eine Besprechung, die in *L'Artiste* vom 18. Oktober 1857 erschien und später in Baudelaires *L'Art romantique* nachgedruckt wurde.
52 Ebd., S. 139.
53 *Madame Bovary*, S. 225.
54 Ebd., S. 107.

KAPITEL 8
Maskeraden

1 Virginia Woolf, *Orlando* (1928). Aus dem Englischen übersetzt von Herbert und Marlies Herlitschka (Frankfurt am Main: Fischer TB, 1977), S. 221.
2 Nigel Nicolson, *Portrait einer Ehe. Harold Nicolson und Vita Sackville-West*. Aus dem Englischen übersetzt von Peter de Mendelssohn (München: Kindler, 1974), S. 121.
3 Ebd.
4 Zu Knole und Vitas familiärem Hintergrund: Victoria Glendinning, *Vita Sackville-West*. Eine Biographie. Aus dem Englischen von Hans J. Schütz (Frankfurt am Main: Frankfurter Verlagsanstalt 1990), passim.
5 Nicolson, *Portrait einer Ehe*, a. a. O., S. 43.
6 Ebd., S. 216.
7 Ebd., S. 216 f.
8 Ebd., S. 208.
9 Woolf, *Orlando*, a. a. O., S. 98.
10 Ebd., S. 99.
11 Ebd., S. 157.
12 Nicolson, *Portrait einer Ehe*, a. a. O., S. 213.
13 Ebd., S. 14.
14 Ebd., S. 16.
15 Ebd., S. 15.
16 Ebd., S. 65.
17 Stoller, *Observing the Erotic Imagination*, a. a. O., S. 154.
18 Stephen Greenblatt, *Verhandlungen mit Shakespeare*. Innenansichten der englischen Renaissance. Aus dem Amerikanischen von Robin Cakkett (Berlin: Klaus Wagenbach, 1990), S. 66.
19 Ebd.

20 Ebd.
21 Ebd., S. 74. Greenblatt bezieht sich auf: Jacques Duval, *Des Herm-
    aphrodits, Accouchements des Femmes, et Traitement qui est requis pour
    les releuer en santé, et bien eleuer leurs enfants* [Über Hermaphroditen,
    Entbindungen und die zur Wiederherstellung der Mütter und zur rech-
    ten Erziehung der Kinder erforderliche Behandlung] (Rouen, 1603),
    S. 404 f.
22 Ebd., S. 76 f. Greenblatt nimmt wieder Bezug auf Duval.
23 Vgl. David Underdown, *The London Review of Books*, 14. September
    1989, S. 12, Besprechung des Buches von Rudolf Decker and Lotte van
    de Pol, *The Tradition of Female Transvestism in Early Modern Europe*
    (New York: Macmillan, 1988). Der Rezensent und die Autoren ver-
    wenden den Ausdruck *transvestitisch* in seiner allgemein gebräuchli-
    chen Bedeutung von gegengeschlechtliche Kleidung tragen. Es ist
    jedoch unsicher und unwahrscheinlich, daß alle beschriebenen Frauen
    im eigentlichen Sinne Transvestitinnen waren.
24 Ebd.
25 Ebd.
26 »Transvestism in Women«, in: Stoller, a. a. O., S. 135–156.
27 Ebd., S. 147.
28 Ebd., S. 142.
29 Ebd., S. 143.
30 Ebd., S. 147.
31 Ebd.
32 Nicolson, a. a. O., S. 200.
33 Ebd., S. 17 f.
34 Ebd., S. 212.
35 George Zavitzianos gebührt nicht nur wegen seiner späteren Untersu-
    chungen über die bis dahin unerforschte Perversion des Homöovestis-
    mus Anerkennung, sondern auch für seine frühere, mutige psychoana-
    lytische Behandlung Lillians. Viele Analytiker hätten vielleicht ange-
    nommen, daß Lillian aufgrund ihrer Delinquenz und ihrer hochgradi-
    gen Charakterpathologie »nicht analysierbar« sei. Wenn Zavitzianos es
    nicht gewagt hätte, Lillian den einzigartigen Nutzen einer Analyse
    zugänglich zu machen, hätte sie mit allergrößter Wahrscheinlichkeit
    ihre antisozialen und perversen Verhaltensweisen, die ihr tieferliegen-
    des Leiden unbewußt hielten, beibehalten, und Zavitzianos hätte viel-
    leicht die Perversion Homöovestismus nicht entdeckt. Ich schulde
    Zavitzianos besonderen Dank für seine Einsichten über den Homöove-
    stismus, eine Perversion, die ich bei meinen weiblichen und männlichen

Patienten beobachtet hatte und bei der ich das Wirken der perversen Strategie wohl erkannt hatte, ohne aber, bevor ich Zavitzianos gelesen hatte, die Worte gefunden zu haben, die diesen Erkenntnissen ihre volle psychologische Bedeutung verliehen hätten. Ich danke meinem Kollegen und Freund Dr. William Grossman dafür, daß er mich auf Zavitzianos' Werk aufmerksam gemacht hat. Auch wenn ich bei meinen Bemühungen, die Fälle von Larry und Lillian kurz und in »erzählender« Form darzustellen, manchmal eine Spur meiner eigenen klinischen Deutung einfüge, bin ich doch dem Geist von Zavitzianos' Untersuchungen treu geblieben. Es war hier nicht möglich, das ganze Ausmaß seiner Originalität und der Vielseitigkeit seiner theoretischen Einsichten und therapeutischen Fähigkeiten wiederzugeben. Daher verweise ich den Leser auf diejenigen seiner Schriften, die mich am meisten beeinflußt haben. Sie sind alle zwischen 1967 und 1977 in *International Journal of Psychoanalysis* erschienen: »Problems of Technique in the Analysis of a Juvenile Delinquent«, 48, S. 439–447 (1967); »Fetishism and Exhibitionism in the Female and Their Relationship to Psychopathy and Kleptomania«, 52, S. 297–305 (1971); »Homeovestism: Perverse Form of Behaviour Involving the Wearing of Clothes of the Same Sex«, 53, S. 471–477 (1972); »The Object in Fetishism, Homeovestism, and Transvestism«, 58, S. 487–495 (1977).

36 Zavitzianos, a. a. O., 53, S. 473–475; 58, S. 489–490.

37 Zur Unterscheidung von Fetischismus, Transvestismus und Homöovestismus: Zavitzianos ist der Ansicht, daß es sich bei früheren Berichten über männlichen Fetischismus und Transvestismus, bei Freud (1972), Bak (1953), Gillespie (1940) und vielen anderen, eigentlich um Fälle von Homöovestismus handelte. Um Zavitzianos' diagnostische Unterscheidungen kurz wiederzugeben: Fetischismus stellt eine Verleugnung oder ein Abwehren einer primären Identifikation mit der kastrierten Mutter dar, Transvestismus stellt den Wunsch dar, die Identifikation mit der kastrierten Mutter zu verstärken und diesen Wunsch gleichzeitig nicht anzuerkennen; Homöovestismus stellt eine Identifikation mit dem idealisierten phallischen Elternteil gleichen Geschlechts dar, die die Überwindung der unbewußten Identifikation mit der kastrierten Mutter ermöglichen soll. (Vgl. Zavitzianos, a. a. O., 58, S. 492–493) Ich würde Homöovestismus beschreiben als eine Nachahmung des idealisierten phallischen Elternteils gleichen Geschlechts, die dazu dient, beschämende und beängstigende gegengeschlechtliche Identifikationen zu überwinden.

38 Zavitzianos, a. a. O., 53, S. 472 f.; 58, S. 491, 493.

39 Zavitzianos, a. a. O., 53, S. 472.
40 Ebd.
41 Zavitzianos, a. a. O., 48, S. 440–441; 53, S. 473.
42 Zavitzianos, a. a. O., 48, S. 440; 52, S. 301.
43 Zavitzianos, a. a. O., 48, S. 440.
44 *Madame Bovary*, S. 220.
45 Stoller, a. a. O., S. 87.
46 Ebd., S. 81.
47 Ebd., S. 84.
48 Ebd., S. 74 f.
49 Ebd., S. 75.
50 Ebd., S. 76.
51 Die Zitate aus der Modebranche stammen aus: Michael Gross, »Designers Reveal the Woman Behind the Fashions«, *New York Times*, 24. November 1987, S. B8.
52 Joan Rivière, »Womanliness as a Masquerade«, *International Journal of Psychoanalysis* 10, S. 303–313.
53 Ebd., S. 303.
54 Ebd., S. 305.
55 Ebd., S. 311.

KAPITEL 9

Gestohlene Güter

1 Karl Marx, *Texte zu Methode und Praxis II*. Pariser Manuskripte 1844. Mit einem Essay »Zum Verständnis der Texte«, Erläuterungen und Bibliographie herausgegeben von Günther Hillmann (Reinbek bei Hamburg: Rowohlt, 1966), S. 106.
2 Traditionell wird im psychoanalytischen Diskurs auf die Kleptomanie als auf eine weibliche Störung Bezug genommen, die durch »Penisneid« begründet ist. Gregorio Kohon bezieht sich zum Beispiel implizit auf diese Tradition, wenn er schreibt: »Wir finden zwei Gruppen spezifischer Perversionen, die ausschließlich bei einem Geschlecht auftreten: Kleptomanie, eine Perversion, die fast nur bei Frauen gefunden wird und durch den Neid auf den Penis begründet ist, den Wunsch, von einem Recht Gebrauch zu machen, etwas zu besitzen, was der Frau ihrem Gefühl nach verweigert wird; und Fetischismus und Exhibitionismus, fast ausschließlich männliche Perversionen, die als Reaktion auf

die Drohung der Kastration auftreten.« »Fetishism Revisited«, *International Journal of Psychoanalysis* 68, S. 219 (1987).

Es gibt zwar Fallstudien, in denen der impulsive Diebstahl materieller Güter Teil der Symptomatik der Patientin ist, ich war jedoch überrascht, bei einer Durchsicht der Literatur keinen einzigen Aufsatz zu finden, der ausschließlich der Kleptomanie gewidmet war. Karl Abraham stellt in »Äußerungsformen des weiblichen Kastrationskomplexes« Kleptomanie als eine neurotische Störung des Rachetypus dar. Die wohl beste Zusammenfassung der Dynamik der Kleptomanie erscheint in Otto Fenichels Kapitel »Perversionen und Impulsneurosen«, in: *Psychoanalytische Neurosenlehre* (Olten: Walter, 1975), Bd. 2, S. 250 f. Mit seiner charakteristischen Gründlichkeit gibt Fenichel für seinen anderthalb Seiten langen Eintrag über »Kleptomanie« achtzehn Quellen an (S. 250). Seine Quellenangaben beziehen sich jedoch auf Fallgeschichten, größtenteils auf französisch oder auf deutsch, und diese Aufsätze sagen uns im wesentlichen nicht mehr als Fenichels kurzer Abschnitt.

3 Tanner, *Adultery in the Novel*, a. a. O., S. 288.

4 Ebd.

5 Vargas Llosa, *Die ewige Orgie*, a. a. O., S. 137 f.

6 Marx, a. a. O., S. 106 f.

7 C. Lombroso und G. Ferrero, *Das Weib als Verbrecherin und Prostituierte*. Anthropologische Studien, gegründet auf eine Darstellung der Biologie und Psychologie des normalen Weibes. Autorisierte Übersetzung von Dr. med. H. Kurella (Hamburg: Verlagsanstalt und Druckerei A.–G. [Vorm J. F. Richter] Königlich schwedisch-norwegische Hofverlagshandlung, 1894), S. 350.

8 Ebd., S. 349.

9 Vgl. dazu Anne Campbell, *Girl Delinquents* (New York: St. Martin's, 1981), S. 36–64; Carol Smart, *Women, Crime, and Criminology: A Feminist Critique* (London: Routledge and Kegan Paul, 1976), S. 27–53. Ebenfalls Otto Pollak, *The Criminality of Women* (Philadelphia: University of Pennsylvania Press, 1950; New York: Barnes, 1961).

10 Siehe Pollak, a. a. O., S. 9.

11 Ebd., S. 10.

12 Ebd.

13 Ebd., S. 12.

14 Ebd.

15 Ebd., S. 139.

16 Ebd., S. 159.

17 Ebd., S. 75.
18 Ebd., S. 147.
19 Tanner, *Adultery in the Novel*, a. a. O., S. 297.
20 *Madame Bovary*, S. 51.
21 Ebd., S. 49.
22 Ebd., S. 39.
23 Ebd., S. 65.
24 Ebd., S. 74.
25 Ebd., S. 123 f.
26 Ebd., S. 125.
27 Tanner, a. a. O., S. 297.
28 *Madame Bovary*, S. 223.
29 Ebd., S. 250.
30 Ebd., S. 252.
31 Ebd.
32 Ebd., S. 296.
33 Ebd., S. 317.
34 Ebd.
35 Ebd., S. 320.
36 Dijkstra, *Idols of Perversity*, a. a. O., S. 368.
37 Ebd., S. 364.
38 Ebd.
39 Ebd., S. 358.
40 Ebd.
41 Ebd., S. 366.
42 Ebd., S. 369.
43 Ebd.. S. 376–379.
44 Ebd., S. 360.
45 Ebd., S. 374.
46 Frank Hamilton Cushing, *Zuni Fetishes*, Facsimile edition, edited by Tom Bahti (1880; Las Vegas: KC Publications, 1966).
47 Ebd., S. 6.
48 Ebd.
49 Vgl. John D'Emilio and Estelle B. Freedman, *Intimate Matters: A History of Sexuality in America* (New York: Harper and Row, 1988), S. 188 f.
50 Gustave Flaubert, zitiert von Jean-Paul Sartre, in: »La Conscience de Classe Chez Flaubert«, *Les Temps Modernes* (Juni 1966).

KAPITEL 10

Nur für Frauen

1 Zitiert von Laura Lederer, Hrsg., *Take Back the Night* (New York: Morrow, 1980), S. 21; hier zitiert nach Alice Echols, »Der neue Yin-Yang-Feminismus«, in: Ann Snitow, Christine Stansell, Sharon Thompson (Hrsg.), *Die Politik des Begehrens. Sexualität, Pornographie und neuer Puritanismus in den USA. Aus dem Amerikanischen von Pieke Biermann, Barbara Hahn, Cornelia Holfelder-von der Tann und Elisabeth Käsbauer (Berlin: Rotbuch 1985), S. 153–176, S. 164.

2 Otto Weininger, *Geschlecht und Charakter* (1903) (München: Matthes & Seitz, 1980), S. 319. Weininger, ein Jude, der sein Judentum als weibliche Schwäche betrachtete, war zwar nur ein »selbsternannter« Philosoph, aber er wurde im frühen zwanzigsten Jahrhundert von einer ganzen Reihe Intellektueller ernst genommen. Mit dreiundzwanzig Jahren beging er Selbstmord, kurz nachdem er *Geschlecht und Charakter*, das bald zu einer Bibel der Nazis werden sollte, fertiggestellt hatte.

3 Stoller, *Observing the Erotic Imagination*, a. a. O., S. 36 f.

4 Ebd., S. 37.

5 Ebd.

6 *The Harlequin Story: Harlequin Fun Facts* (Ontario: Harlequin, 1988).

7 Ebd., S. 10.

8 Stoller, a. a. O., S. 39, zitiert nach einem Artikel von Grover, in: *Wall Street Journal* (1980).

9 Stoller, a. a. O., S. 40.

10 Ebd.

11 *Madame Bovary*, S. 177.

12 Ebd., S. 188.

13 Ebd., S. 189.

14 Ebd., S. 190.

15 Ebd.

16 Ebd., S. 284.

17 Ebd., S. 286 f.

18 Ebd., S. 286.

19 *Saturday Review*, July 1, 1857, S. 40. Ich danke Peter Gay dafür, daß er mich auf diese Rezension aufmerksam gemacht hat.

20 »The Trial of *Madame Bovary*«, übersetzt von Evelyn Gendel, in: *Madame Bovary* (New York: New American Library, 1964), S. 325–403.

21 Ebd., S. 361.
22 Ebd., S. 345.
23 Ebd.
24 Ebd.
25 *Madame Bovary*, S. 47.
26 Ebd., S. 48 f.
27 Ebd., S. 49.
28 Ebd., S. 50.
29 Ebd.
30 Ann Barr Snitow, »Der Liebesroman aus der Retorte: Pornographie fü
    Frauen ist anders«, in: *Die Politik des Begehrens*, a. a. O., S. 63–88
    S. 79 f.
31 *United States Attornea General's Commission on Pornography*, U. S
    Department of Justice final report, 2 vols. (Washington, D. C.: Govern
    ment Printing Office, July 1986), 1, S. 793.
32 Anaïs Nin, *Die Tagebücher der Anaïs Nin*. Hrsg. von Gunther Stuhl
    mann. Aus dem Amerikanischen von Maria Dessauer (Hamburg: Chri
    stian Wegner, 1970), Bd. 3: 1939–1944.
33 Ebd., S. 71.
34 Ebd.
35 Ebd.
36 Ebd., S. 73.
37 Ebd., S. 167.
38 Ebd., S. 172 f.
39 Anaïs Nin, *Das Delta der Venus*. Erzählungen (München: Scherz,
    1980).
40 Nin, *Die Tagebücher der Anaïs Nin*, a. a. O., S. 194.
41 Pauline Réage, *Geschichte der O*. Übertragen aus dem Französischen
    von Simon Saint Honoré (Reinbek bei Hamburg: Rowohlt TB, 1977).
42 Ebd., S. 15.
43 Pauline Réage, *The Story of O*, translated by Sabine d'Estrée (New
    York: Ballantine, 1965), S. xvii.
44 Ebd., S. xvi.
45 *Commission on Pornography*, Bd. 2, S. 1353.
46 Ebd., S. 1362.
47 Ebd., S. 1366.
48 Snitow, a. a. O., S. 78.
49 Ebd., S. 79.
50 Ellen Willis, »Feminismus, Moralismus und Pornographie«, in: *Die
    Politik des Begehrens*, a. a. O., S. 179–190.

51 *Commission on Pornography*, a.a.O., Bd. 2, S. 1042–1053.

52 Ebd., S. 1043.

53 Ebd., S. 1057.

54 Ebd., S. 1057f.

55 Ebd., S. 1431–1436.

56 Ebd., S. 1433.

57 Ebd., S. 1431.

58 *Commission on Pornography*, a.a.O., Bd. 1, S. 405.

59 Ebd., S. 406–410.

60 Florence Rush, »Child Pornography«, in: *Take Back the Night*, a.a.O., S. 71–80.

61 Dijkstra, *Idols of Perversity*, a.a.O., S. 195.

62 Gay Talese, *Thy Neighbor's Wife* (Garden City, NY: Doubleday, 1980), S. 45–49, 68f.

63 Laura Lederer, »Then and Now: An Interview with a Former Pornography Model«, in: *Take Back the Night*, a.a.O., S. 69.

64 Beverly LaBelle, »Snuff: The Ultimate in Woman-Hating«, in: *Take Back the Night*, a.a.O., S. 273f.

65 The Kensington Ladies Erotica Society, *Ladies' Own Erotica* (New York: Pocket Books, 1984).

66 Ebd., S. 1.

67 Sabina Sedgewick, »Solo Virtuoso«, in: *Ladies' Own Erotica*, a.a.O., S. 234–239.

68 Simone de Beauvoir, »Must we Burn Sade?«. Einleitung zu Marquis de Sade, *The 120 Days of Sodom and Other Writings* (New York: Grove, 1966), S. 26. Zuerst veröffentlicht in: *Les Temps Modernes*, Dezember 1951 und Januar 1952.

69 Marquis de Sade, *The 120 Days of Sodom and Other Writings*, a.a.O., S. 32.

70 Valerie Solanas, *Manifest der Gesellschaft zur Vernichtung der Männer SCUM*. Aus dem Amerikanischen von Nils Lindquist (Reinbek bei Hamburg: Rowohlt Taschenbuch, 1983). Maurice Girodias war Verleger von Olympia Press. Die Geschichte über Warhol steht in seinem Vorwort zur amerikanischen Ausgabe sowie im Vorwort zur deutschen Ausgabe, das Paul Krassner verfaßt hat (S. 5–17).

71 Ebd., S. 21.

72 Ebd., S. 33f.

73 Ebd., S. 36.

74 Ebd., S. 67.

75 Ebd., S. 83.

KAPITEL 11

Verstümmelungen

1 Elfriede Jelinek, *Die Klavierspielerin* (1983) (Reinbek bei Hamburg, Rowohlt Taschenbuch, 1986), S. 45.
2 *Madame Bovary*, S. 22–25.
3 Ebd., S. 25.
4 Ebd., S. 311.
5 Ebd., S. 378.
6 Vargas Llosa, *Die ewige Orgie*, a. a. O., S. 107 f.
7 *Madame Bovary*, S. 210.
8 Ebd., S. 210 f.
9 Ebd., S. 211.
10 Ebd., S. 214.
11 Leichte Selbstverstümmelung: Der erste Fall wurde von L. E. Emerson beschrieben, der ihn als Perversion bezeichnete: »The Case of Miss A: A Preliminary Report of a Psychoanalytic Study of Self-Mutilation«, *Psychoanalytic Review* 1, S. 41–54 (1914).

Die Bezeichnung »leichte Selbstverstümmelung« *(delicate self-cutting)* stammt von Ping-Nie Pao, »The Syndrome of Delicate Self-Cutting«, *British Journal of Medical Psychology* 42, S. 195–205 (1969). Im selben Heft des *British Journal*: John S. Kafka, »The Body as Transitional Object: A Psychoanalytic Study of a Self-Mutilating Patient«, S. 207–212, und Edward M. Podvoll, »Self-Mutilation Within a Hospital Setting: A Study of Identity and Social Compliance«, S. 213–221.

Andere wichtige klinische Aufsätze sind die folgenden: Stuart Asch, »Wrist Scratching as a Symptom of Anhedonia: A Pre-Depressive State«, *Psychoanalytic Quarterly 40*, S. 603–617 (1971); L. Crabtree, »A Psychotherapeutic Encounter with a Self-Mutilating Patient«, *Psychiatry 30*, S. 91–100 (1967). Shelley Doctors untersuchte eingehend die Entwicklungsfragen, die mit der leichten Selbstverstümmelung in Zusammenhang stehen: Shelley Doctors, *The Symptom of Delicate Self-Cutting in Adolescent Females: A Developmental View*, Dissertation, Ferkauf Graduate School, Yeshiva University, 1979. Eine gekürzte Fassung von Doctors Arbeit erschien in: *Adolescent Psychiatry 9*, S. 443–460 (1981).

Da es außerhalb eines Krankenhauses für einen Psychoanalytiker unmöglich ist, eine ausreichend große Zahl von Mädchen und Frauen zu behandeln, die unter leichter Selbstverstümmelung leiden, um zu verallgemeinerbaren Folgerungen zu kommen, wendet der Kliniker sich zum Austausch von Erfahrungen und Erkenntnissen an seine Kollegen. Daher danke ich Dr. Pheema Englestein, Dr. Susan Scheftel, Dr. Shelley Doctors und Dr. Howard Shevrin dafür, daß sie mich an ihren theoretischen und praktischen Erkenntnissen teilhaben ließen.

12 P. Wakefield, A. Frank und R. Meyers, »The Hobbyist: A Euphemism for Self-Mutilation and Fetishism«, *Bulletin of the Menninger Clinic* 41, S. 539–552 (1977).

13 Ebd., S. 541.

14 Ebd., S. 547 f.

15 Michel d M'uzan, »Un Cas de Masochisme Pervers«, in: *La Sexualité Pervers* (Paris: Payot, 1972), S. 16–18.

16 Ebd., S. 18.

17 Karl Menninger, »A Psychoanalytic Study of the Significance of Self-Mutilations«, *Psychoanalytic Quarterly* 4, S. 408–466 (1935); zur genitalen Selbstkastration und zum Herausschneiden der Nebennieren: ebd., S. 445–452. Literatur zur Selbstkastration: ebd., S. 459.

18 Die beeindruckendste und überzeugendste Diskussion dieser Kontroverse über Operationen zur Geschlechtsumwandlung findet sich in Jon K. Meuers Aufsatz »The Theory of Gender Identity Disorders«, *Journal of the American Psychoanalytic Association* 3 (1982).

19 Beschreibungen von leichten Selbstverstümmelungen bei Pao, Kafka, Podvoll, Asch, Doctors. Außerdem: H. Grunebaum und G. Klerman, »Wrist-Slashing«, *American Journal of Psychiatry* 124, S. 527–534 (1967). Grunebaum und Klerman nannten das Symptom noch *Wrist-Slashing* (»Handgelenk-Aufschlitzen«), aber die Patientinnen, die sie beschrieben, waren die von Pao diskutierten Fälle, die unter leichter Selbstverstümmelung litten.

20 Grunebaum und Klerman, a. a. O., S. 528–529. Vgl. auch R. Rosenthal, C. Rinzler, R. Wallsh und E. Klausner, »Wrist-Cutting Syndrome: The Meaning of a Gesture«, *American Journal of Psychiatry* 128, S. 1363–1368 (1972).

21 Vgl. Doctors (1979), a. a. O., S. 45–47 u. 240–250.

22 Siehe dazu Louise J. Kaplan, *Abschied von der Kindheit*. Eine Studie über die Adoleszenz. Aus dem Amerikanischen übersetzt von Hilde Weller (Stuttgart: Klett-Cotta, 1988), besonders S. 229–231.

23 Psychische und kognitive Begleiterscheinungen der Pubertät: Kestenberg, *Children and Parents*, a. a. O.; Kestenberg, »Nagging, Spreading, Excitement, Arguing«, *International Journal of Psychiatry and Psycho-*

therapy 2, S. 265–297 (1973). Emotionale Reaktionen auf die Menarche: Kestenberg, *Children and Parents*, S. 290–299, 364–365.

24 Vgl. Kaplan, a. a. O., S. 29–33.
25 Ebd.
26 Louise J. Kaplan, *Die zweite Geburt*. Die ersten Lebensjahre des Kindes. Mit einem Nachwort von Margaret S. Mahler. Aus dem Amerikanischen von Hainer Kober (München: R. Piper & Co., Neuausgabe 1983), S. 89–99 passim, angeregt durch die Schriften von D. W. Winnicott.
27 Pao, a. a. O., S. 197.
28 Asch, Crabtree, Doctors (1979; 1981), Kafka, Grunebaum and Klerman, Pao, Rosenthal et al., a. a. O.
29 Grunebaum and Klerman, a. a. O., S. 529.
30 Meine klinische Forschung.
31 Rosenthal et al., a. a. O., S. 1367.
32 Meine klinische Erfahrung.
33 Kafka, a. a. O., S. 210.
34 Ebd., S. 209.
35 Asch, a. a. O., S. 614–617.
36 Zitate aus meiner klinischen Erfahrung und freie Wiedergabe von Doctors und Kafka.
37 Doctors (1979), a. a. O., S. 184.
38 Ebd., S. 185.
39 Peter Novotny, »Self-Cutting«, *Bulletin of the Menninger Clinic* 36, S. 505–514 (1972), S. 505.
40 Doctors (1981), a. a. O., S. 221.
41 Rosenthal et al., a. a. O., S. 1363.
42 Ebd.
43 Kafka, a. a. O., S. 209.
44 Pao, a. a. O., S. 197.
45 Doctors (1979), a. a. O., S. 190.
46 Asch, a. a. O., S. 608 f.
47 Ebd., S. 613.
48 Asch, a. a. O., S. 605. Gespräche mit Doctors, Englestein und Shevrin haben meinen Eindruck bestätigt, daß es zwei Typen von Selbstverstümmlerinnen gibt, die sogenannten braven Mädchen und die bösen Mädchen. Für Aschs Patientinnen schien meistens das Klischee vom braven Mädchen zuzutreffen.
49 Pao, a. a. O., S. 197.
50 Meine klinische Forschung.

51 Doctors (1981), a. a. O., S. 451; Doctors (1979), a. a. O., S. 196–200.

52 Asch, a. a. O., S. 604.

53 Doctors (1981), S. 450.

54 Rosenthal et al., a. a. O., S. 1364.

55 *The Merck Manual*, 15th edition (Rahway, N. J.: Merck Sharp and Dohme, 1987), S. 1687, 1698, 1700, 1701, 1723.

56 Der Begriff wurde geprägt von R. Asher, »Münchhausen's Syndrome, Special Articles«, *Lancet* 1, S. 927–933 (1957). Siehe auch B. Bursten, »On Münchhausen's Syndrome«, *Archives of General Psychiatry* 13, S. 261–268 (1965); die Geschichte von Münchhausen: H. Spiro, »Chronic Factitious Illness«, *Archives of General Psychiatry* 18, S. 569–580 (1968).

57 Karl Menninger, »Polysurgery and Polysurgical Addiction«, *Psychoanalytic Quarterly* 3, S. 173–199 (1934).

58 Ebd., S. 173. Ein weiterer klassischer Aufsatz über die sadistischen Motive von Ärzten ist Ernst Simmel, »The ›Doctor-Game‹: Illness and the Profession of Medicine«, *International Journal of Psychoanalysis* 7, S. 470–483 (1926).

59 Menninger, a. a. O., passim.

60 Ebd., S. 181.

61 Ebd., S. 182.

62 Ebd., S. 182 f.

63 Menninger, »A Psychoanalytic Study of the Significance of Self-Mutilations«, a. a. O., S. 451 Fußnote.

64 Zur Trichotillomanie: John T. Monroe and D. Wilfred Abse, »The Psychopathology of Trichotillomania and Trichophagy«, *Psychiatry* 26, S. 95–103 (1963); Harvey R. Greenberg and Charles A. Sarner, »Trichotillomania: Symptom and Syndrome«, *Archives of General Psychiatry* 12, S. 482–489 (1965); Sadie H. Zaidens, »The Skin«, *Journal of Nervous and Mental Disease* 113, S. 388–394 (1951a); Sadie H. Zaidens, »Self-Inflicted Dermatoses and Their Psychodynamics«, *Journal of Nervous and Mental Disease* 113, S. 395–404 (1951b). Ich habe die infantilen Formen der Trichotillomanie nicht diskutiert, weil es keinen überzeugenden Beweis dafür gibt, daß zwischen den infantilen und den adoleszenten Formen der Störung Kontinuität besteht. Siehe jedoch Edith Buxbaum, »Hair Pulling and Fetishism«, *Psychoanalytic Study of the Child* 15, S. 243–260.

65 Meine Beobachtungen und Greenberg and Sarner, a. a. O., S. 485.

66 Greenberg and Sarner, a. a. O., S. 485 f.; Monroe and Abse, a. a. O., S. 101 f; Zaidens (1951b), a. a. O., passim.

67 Greenberg and Sarner, a. a. O., S. 486.
68 Zur symbolischen Bedeutung von Haar: Hyman S. Barahal, »Psychopathology of Hair-Plucking (Trichotillomania)«, *Psychoanalytic Review* 27, S. 291–310 (1940); Charles Berg, »Unconscious Significance of
   Hair«, *International Journal of Psychoanalysis* 17, S. 73–78; James
   Georg Frazer, *Der goldene Zweig* (1922). Das Geheimnis von Glauben
   und Sitten der Völker. Aus dem Englischen von Helen von Bauer
   (Reinbek bei Hamburg: Rowohlt Taschenbuch, 1989); Menninger
   (1934; 1935), a. a. O.
69 Barahal, a. a. O., S. 301.
70 Meine Interpretation.
71 Frazer, a. a. O., S. 989.
72 *Emma Bovary*, S. 51.
73 Ebd., S. 32.
74 Ebd., S. 201.
75 Ebd., S. 363.
76 Ebd., S. 387.

Kapitel 12
Das Heil im Kind

1 C. Lombroso und W. Ferrero, *Das Weib als Verbrecherin und Prostituierte*. Anthropologische Studien, gegründet auf einer Darstellung der
  Biologie und Psychologie des normalen Weibes. Autorisierte Übersetzung von Dr. med. H. Kurella (Hamburg: Verlagsanstalt und Druckerei A.-G. [Vorm. J. F. Richter] Königlich schwedisch-norwegische
  Hofverlagshandlung, 1894), S. 412.
2 August Forel, *Die sexuelle Frage*. Eine naturwissenschaftliche, psychologische, hygienische und soziologische Studie für Gebildete (München: Ernst Reinhardt Verlagsbuchhandlung, 1905), S. 321 f.
3 Gregorio Kohon, »Fetishism Revisited«, a. a. O., S. 225.
4 Ebd.
5 Ebd.
6 Wladimir Granoff and François Perrier, »The Problem of Perversion in
  Women and Feminine Ideals«, in: *Psychoanalysis in France*, edited by
  Serge Lebovici and Daniel Widlocher (New York: International Universities Press, 1980), S. 259 f.
7 Zur Entdeckung der Kindheit: Patricia Coveney, »The Image of the

Child in English Literature«, in: *Rethinking Childhood*, edited by A. Skolnick (Boston: Little, Brown, 1976); Louise J. Kaplan, »Parenting: Alternatives and Continuities«, in: *Patterns of Supplementary Parenting*, vol. 2 of *Child Nurturance*, edited by Marjorie J. Kostelnik, Albert I. Rabin, Lillian A. Phenice, and Anne K. Soderman (New York: Plenum Press, 1982).

8 *Madame Bovary*, S. 127 f.
9 Ebd., S. 128.
10 Ebd., S. 129 f.
11 Ebd., S. 137.
12 Ebd., S. 138.
13 Charles Strickland, »A Transcendentalist Father: The Child-Rearing Practices of Bronson Alcott«, *History of Childhood Quarterly* 1, S. 4–51 (1973). Alcott hatte drei Kinder. Anna wurde im März 1831 geboren, Louisa achtzehn Monate später im Oktober 1832 und Elizabeth fast fünf Jahre später, im Jahr 1835.
14 *The Journals of Bronson Alcott*, selected and edited by Odell Shepard (Boston: Little, Brown, 1938), January 21, 1835, S. 55.
15 *Madame Bovary*, S. 401.
16 *The Journals of Bronson Alcott*, a. a. O., October 16, 1834, S. 47.
17 Strickland, a. a. O., S. 5.
18 Henry Ebel, »Commentary on Strickland's View of Alcott«, *History of Childhood Quarterly* 1, S. 55 (1973).
19 Strickland, a. a. O., S. 40, aus: Bronson Alcott, *Alcott Family Manuscripts*, transkribiert von Eyoke M. Strickland (Cambridge: Harvard University's Houghton Library), S. 276.
20 Strickland, a. a. O., S. 37, aus: *Alcott Family Manuscripts*, a. a. O., S. 200.
21 Das ist meine erzählende Version von der Prüfung mit dem Apfel, so, wie sie in: Strickland, a. a. O., S. 41 f., beschrieben wurde, aus: *Alcott Family Manuscripts*, a. a. O., S. 156–159.
22 Ebel, a. a. O., S. 54.
23 William G. Niederland, *Der Fall Schreber*. Das psychoanalytische Profil einer paranoiden Persönlichkeit. Übersetzt von Jeanette Friedeberg (Frankfurt am Main: Suhrkamp, 1978) (Literatur der Psychoanalyse), vor allem Kapitel 7: »Schreber: Vater und Sohn«, Kapitel 8: »Schrebers Vater« und Kapitel 9: »Schrebers ›angwunderte‹ Kindheitswelt«.
24 Die Prüfung mit der Birne wurde beschrieben von Dr. Daniel Schreber in: *Das Buch der Gesundheit* (Leipzig: Friedrich Volckmar, 1839), S. 64, hier zitiert nach: Niederland, a. a. O., S. 98.
25 Niederland, a. a. O., S. 98.

26 Dr. Daniel Schreber, *Kallipaedie oder Erziehung zur Schönheit*, S. 142, hier zitiert nach: Niederland, a. a. O., S. 79.

27 Niederland, a. a. O., S. 77 ff. (o. S.), mit Zeichnungen.

28 Niederland, a. a. O., S. 94. Zum Leben Daniel Paul Schrebers: Hans Israel, »The New Schreber Texts«, in: *Psychosis and Sexual Identity: Toward a Post-Analytic View of the Schreber Case*, edited by David B. Allison, Prado de Oliveira, Mark S. Roberts, and Allen S. Weiss (Albany: State University of New York Press, 1988), S. 209 f.

29 Daniel Paul Schreber, *Denkwürdigkeiten eines Nervenkranken*. Mit Aufsätzen von Franz Baumayer, einem Vorwort, einem Materialanhang und sechs Abbildungen, herausgegeben von Peter Heiligenthal und Reinhard Volk (Frankfurt am Main: Syndikat/EVA, 1985).

30 Schreber, *Denkwürdigkeiten*, a. a. O., S. 107.

31 Ebd., S. 112.

32 Ebd., S. 185.

33 Ebd., S. 112 f.

34 Ebd., S. 244.

35 Zu Maßnahmen gegen die Masturbation: G. Stanley Hall, *Adolescence* (New York: Appleton, 1904) 1, S. 453–463; Louise J. Kaplan, *Abschied von der Kindheit. Eine Studie über die Adoleszenz*. Aus dem Amerikanischen übersetzt von Hilde Weller (Stuttgart: Klett-Cotta, 1988); Mary S. Hartman, »Child Abuse and Self-Abuse: Two Victorian Cases«, *History of Childhood Quarterly* 1 (1974), S. 221–248; Stephen Kern, »Psychodynamics of the Victorian Family«, *History of Childhood Quarterly* 1 (1974), S. 437–462.

36 Larry Wolff, *Postcards from the End of the World* (New York: Atheneum, 1988), S. 50.

37 Ebd., S. 47.

38 Ebd., S. 51. Wolff zitiert aus: *Neue Freie Presse*, Wien, 15. November 1899.

39 Der Staatsanwalt im Fall Hummel, Dr. R. von Kleeborn, in: *Arbeiter-Zeitung*, Wien, 15. November 1899, S. 9. Vgl. Wolff, a. a. O., S. 67.

40 Wolff, a. a. O., S. 115 f.

41 Ebd., S. 122 und S. 115.

42 Zum Syndrom des geschlagenen Kindes: Meine wichtigste Quelle für die folgenden Passagen ist Brandt F. Steeles klassischer Aufsatz »Parental Abuse of Infants and Small Children«, in: *Parenthood: Its Psychology and Psychopathology*, edited by E. James Anthony and Therese Benedek (Boston: Little, Brown, 1970). Die Skizzen zur Kindesmißhandlung sind meine erzählenden Versionen von Steeles Fällen. Ich

habe den Kindern die Namen gegeben, und die Worte der Eltern sind freie Wiedergaben von Steeles Ausführungen. Zitiert als Steele.

Meine anderen Quellen sind Brandt F. Steele, »A Psychiatric Study of Parents Who Abuse Infants and Small Children«, in: *The Battered Child*, edited by Ray E. Helfer and C. Henry Kempe (Chicago: University of Chicago Press, 1968) (Deutsch: *Das geschlagene Kind* [Frankfurt am Main: Suhrkamp, 1978]). Seit Steele diese Aufsätze geschrieben hat, hat es zahllose Bücher und Rezensionen zum Thema physischer und sexueller Mißbrauch von Kindern gegeben. Zu den jüngsten zählen *The Battered Child*, 4th ed., edited by Ray E. Helfer and Ruth S. Kempe (Chicago: University of Chicago Press, 1987). Diese Ausgabe enthält eine auf den neuesten Stand gebrachte Fassung von Steeles Aufsätzen, die den Titel »Psychodynamic Factors in Child Abuse« trägt. Außerdem enthält sie Aufsätze über den sexuellen Mißbrauch von Kindern. Ebenfalls empfehle ich *Child Maltreatment*, edited by Dante Cicchetti and Vicki Carlson (Cambridge: Cambridge University Press, 1989), einen vollständigen Fachbericht über jüngere Forschungen zu Kindesmißhandlung und sexuellem Mißbrauch von Kindern.

43 Freie Wiedergabe von Steele, a. a. O., S. 455.
44 Nach Eda Le Shan, »The ›Perfect‹ Child«, *New York Times Magazine*, August 27, 1967, zitiert von Steele, a. a. O., S. 451.
45 Freie Wiedergabe von Steele, a. a. O., S. 466.
46 Ebd., S. 463.
47 Ebd., S. 472.
48 Ebd., S. 427.
49 Ebd., S. 470 f.
50 Ebd., S. 471.
51 Lois Timnick, »22 % in Survey Were Child Abuse Victims«, *Los Angeles Times*, August 25, 1986, S. 8, 32. Heutzutage sind Berichte über den sexuellen Mißbrauch von Kindern nicht mehr nur auf den letzten Seiten von Zeitschriften, Zeitungen und Boulevardblättern zu finden, und es gibt zahlreiche Bücher über das Thema. Eine jüngere Veröffentlichung, die sich weitgehend mit meinen klinischen Erkenntnissen deckt, ist eine ausgezeichnete, nicht fachwissenschaftliche, aber psychologisch kluge Zusammenfassung jüngerer Forschungsergebnisse über sexuellen Mißbrauch von Kindern, die Psychologie der Opfer und der Täter, rechtliche Probleme und Behandlungsmöglichkeiten: John Crewsdon, *By Silence Betrayed* (Boston: Little, Brown, 1988; New York: Harper and Row, 1989). Ich empfehle diesen Band sehr. Hier wird genauer auf die

Unterschiede zwischen dem fixierten, dem regredierten und dem pä-
dophil-inzestuösen Pädophilen und auf die Psychologie der typischen
Inzest-Familie und der Inzest-Mutter eingegangen.

Außerdem empfehle ich Ramon C. Ganzarain and Bonnie J. Buchele,
Fugitives of Incest (Madison, CT: International Universities Press,
1988), wegen der Darstellung eines psychoanalytisch orientierten
Gruppentherapieprozesses, der die Punkte, die ich in diesem Kapitel
diskutiert habe, zum Vorschein bringt.

52 Vladimir Nabokow, *Lolita* (1955) (Reinbek bei Hamburg, Rowohlt,
1989). Ges. Werke, Bd. VIII, hrsg. v. Dieter E. Zimmer, S. 202 f.

53 Ich beziehe mich auf einen klassischen Aufsatz über Seelenmord: Leo-
nard L. Shengold, »Child Abuse and Deprivation: Soul Murder«, *Journal of the American Psychoanalytic Association 27*, S. 533–560 (1979).

54 Anselm Ritter von Feuerbach, *Kaspar Hauser*. Beispiel eines Verbrechens am Seelenleben des Menschen (Ansbach: J. M. Dollfuß, 1832),
S. 57. Vgl. Shengold, a. a. O., S. 535.

55 Shengold, a. a. O., S. 537–542.

56 Ebd., S. 538–542.

57 Freie Wiedergabe von Shengold, a. a. O., S. 542.

58 Anregung zu den Beschreibungen der Schauplätze und Geräte waren
unveröffentlichte Aufsätze, die Robert J. Stoller bei psychoanalytischen
Tagungen vorgestellt hat.

59 »Larry S.« pseud., »S and M and the Revolution«, *Come Out*, 1987.

60 *Arbeiter-Zeitung*, Wien, 15. November 1899, S. 9. Vgl. Wolff, a. a. O.,
S. 67.

Kapitel 13

Kleine Seelenmorde:
reine Mädchen und mannhafte Knaben

1 Geschichtlicher Überblick zu Anorexia nervosa: John Sours, *Starving
to Death in a Sea of Objects* (New York: Jason Aronson, 1980),
S. 207–213; Hilde Bruch, *Eating Disorders: Obesity, Anorexia Nervosa,
and the Person Within* (New York: Basic Books, 1973), S. 211–215; Jack
L. Ross, »Anorexia Nervosa: An Overview«, *Bulletin of the Menninger
Clinic 41* (5), S. 418–436 (1977); Mara Selvini Palazzoli, *Magersucht.
Von der Behandlung einzelner zur Familientherapie. Aus dem Ameri-

kanischen übersetzt von Hilde Weller (Stuttgart: Klett-Cotta, 1982) (Konzepte der Humanwissenschaften), S. 17–26.

2 Sours, a. a. O., S. 360–377; Hilde Bruch, *Der goldene Käfig. Das Rätsel der Magersucht. Mit einem Vorwort von Helm Stierlin. Aus dem Amerikanischen von Willi Köhler* (Frankfurt am Main: S. Fischer, 1980), S. 91–105.

3 Ross and Charles Chediak, »The So-called Anorexia Nervosa«, *Bulletin of the Menninger Clinic* 41 (5), S. 453–474 (1977).

4 Center for the Study of Anorexia and Bulimia, *The Eating Disorder Bulimia and Anorexia Nervosa* (New York: Institute for Contemporary Psychotherapy, 1982); Sours, a. a. O., S. 336–338; Bruch, *Eating Disorders*, a. a. O., S. 155–251.

5 Bruch, *Eating Disorders*, a. a. O., S. 98.

6 Vgl. Bruch, *Der goldene Käfig*, a. a. O., S. 57–76, und *Eating Disorders*, a. a. O., S. 255–261.

7 Tanner, *Adultery in the Novel*, a. a. O., S. 283.

8 Abgeleitet aus meinen klinischen Erfahrungen, Besprechungen mit Kollegen und vor allem Harold N. Boris, »On the Treatment of Anorexia Nervosa«, *International Journal of Psychoanalysis* 65, S. 435–443 (1984), und »On the Problem of Anorexia Nervosa«, *International Journal of Psychoanalysis* 65, S. 303–311 (1984). Boris stellt nicht ausdrücklich fest, daß Anorexia nervosa eine Perversion ist, aber er beschreibt ausdrücklich, wie die ständige Beschäftigung mit Nahrung und Nahrungsaufnahme und die Obsessionen und Rituale, die damit verbunden sind, zeitweilig die Angst und die Scham außer Kraft setzen, unter denen die Magersüchtige leiden würde, wenn »Verlangen, Libido und Einsamkeit« ihr bewußt werden würden.

9 Bruch, *Der goldene Käfig*, a. a. O., S. 37.

10 Palazzoli, a. a. O., S. 96. Palazzoli zitiert hier Romano Guardini.

11 *Sämtliche Schriften der hl. Theresia von Jesu.* Neue deutsche Ausgabe, übersetzt nach der spanischen Ausgabe des P. Silverio de S. Teresa C. D. von P. Aloysius Alkofer, Ord. Carm. Disc. (München: Kösel, 5. unveränderte Aufl. 1973).

12 Stephen Clissold, *St. Teresa of Avila* (London: Sheldon Press, 1979), S. 115.

13 Theresa von Avila, »Gedanken über die Liebe Gottes« (ca. 1570), in: *Die Seelenburg der hl. Theresia von Jesu, Sämtliche Schriften*, a. a. O., Bd. 5, S. 273.

14 Clissold, a. a. O., S. 115.

15 Ebd.

16 Der Fall Schreber: Daniel Paul Schreber, *Denkwürdigkeiten eines Nervenkranken*. Mit Aufsätzen von Franz Baumayer, einem Vorwort, einem Materialanhang und sechs Abbildungen, herausgegeben von Peter Heiligenthal und Reinhard Volk (Frankfurt am Main: Syndikat/ EVA, 1985). Während seines ganzen Aufenthalts in der Nervenheilanstalt machte Daniel Paul Schreber sich Notizen, die er später für seine *Denkwürdigkeiten* verwendete. Aber erst im Jahre 1900 war seine geistige Gesundheit soweit wiederhergestellt, daß er einen zusammenhängenden Bericht von seinen geistigen Qualen geben konnte. Die *Denkwürdigkeiten* wurden von Februar bis September 1900 niedergeschrieben. Die erste Folge der Nachträge wurde zwischen Oktober 1900 und Juni 1901 verfaßt und die zweite Folge der Nachträge Ende 1902, als er die Begründung zur von ihm eingelegten Berufung gegen das Entmündigungsurteil schrieb. Siehe auch Zvi Lothane, »Vindicating Schreber's Father: Neither Sadist nor Child Abuser«, *Journal of Psychohistory* 16, S. 263–288. Lothane kritisiert frühere Übersetzungen der Schriften von Dr. Schreber, die dazu neigen, seine Grausamkeit zu übertreiben. Er schildert Dr. Schreber als gewissenhaften und behutsamen Arzt und als einen der milderen Väter seiner Zeit.

17 William G. Niederland, *Der Fall Schreber*. Das psychoanalytische Profil einer paranoiden Persönlichkeit. Übersetzt von Jeanette Friedeberg (Frankfurt am Main: Suhrkamp, 1978) (Literatur der Psychoanalyse), S. 22.

18 Schreber, *Denkwürdigkeiten*, a. a. O., S. 30.

19 Ebd., S. 31.

20 Ebd., S. 124.

21 Ebd., S. 91.

22 Ebd., S. 123–125. Schreber kam mit einundfünfzig Jahren in die Klinik. Auf seine körperlichen Veränderungen wurde er zum erstenmal mit dreiundfünfzig aufmerksam, im November 1895, zum vierunddreißigsten Todestag seines Vaters.

23 Ebd., S. 123.

24 Ebd., S. 124. Schreber schrieb dazu, er zitiere nur die Worte der Strahlen (S. 132).

25 Ebd., S. 124.

26 Ebd., S. 189.

27 Ebd., S. 190.

28 Ebd., S. 202 (vgl. S. 186, 270, 276).

29 Ebd., S. 195.

30 Ebd., S. 10, Anm. 1.

31 Ebd., S. 31.
32 Ebd., S. 194.
33 Ebd.
34 Ebd., S. 30
35 Ebd.
36 Niederland, a. a. O., S. 91, S. 77–80.
37 Schreber, *Denkwürdigkeiten*, a. a. O., S. 36.
38 Zitiert nach Niederland, a. a. O., S. 101.
39 Schreber, *Denkwürdigkeiten*, a. a. O., S. 193.
40 Hans Israels, »The New Schreber Texts«, in: *Psychosis and Sexual Identity: Toward a Post-Analytic View of the Schreber Case*, edited by David B. Allison, Prado de Oliveira, Mark S. Roberts, and Allen S. Weiss (Albany: State University of New York Press, 1988), S. 207–210. Israel übersetzt ein Gedicht, das Richter Schreber 1905 zu Ehren des neunzigsten Geburtstags seiner Mutter geschrieben hat (S. 232–266). Das Gedicht feiert Paulina (Louise Paulina Haase Schreber) und beschreibt die wichtigen Ereignisse in ihrem Leben. Siehe auch Robert B. White, »Der Mutter-Konflikt in Schrebers Psychose«, in: Niederland, a. a. O., S. 197–201.
41 Zum Schicksal von Anna, Sidonie und Klara Schreber vgl. Israels, a. a. O., S. 204–214.
42 *Deutsche Schriften von Heinrich Seuse.* Ausgewählt und übertragen von Anton Gabele (Leipzig: Insel, 1924).
43 Heinrich Seuse, »Das Büchlein der Ewigen Weisheit«, in: *Deutsche Schriften von Heinrich Seuse*, a. a. O., S. 162–164, S. 178 f. Vgl. Frank Tobin, ed. and trans., *Henry Suso: The Exemplar, with Two German Sermons*, with an Introduction by Frank Tobin (Mahwah, N. Y.: Paulist Press, 1989), S. 220.
44 Heinrich Seuse, »Des Dieners Leben«, in: *Deutsche Schriften von Heinrich Seuse*, a. a. O., S. 5–160. S. 35.
45 Ebd., S. 37. Vgl. Frank Tobin, a. a. O., S. 88.
46 Niederland, a. a. O., S. 89–91.
47 Schreber, *Denkwürdigkeiten*, S. 47, Anm. 35.

KAPITEL 14

Weiblich, männlich:
die Kodes der Perversion

1 Mary Douglas, *Reinheit und Gefährdung*. Eine Studie zu Vorstellungen von Verunreinigung und Tabu. Übersetzt von Brigitte Luchesi (Frankfurt am Main: Suhrkamp Taschenbuch, 1988), S. 15 f.

2 Vgl. Sigmund Freud, »Neue Folge der Vorlesungen zur Einführung in die Psychoanalyse (1933 [1932]), 31. Vorlesung: Die Zerlegung der psychischen Persönlichkeit, *Studienausgabe*, a. a. O., S. 496–516, S. 500.

3 John D'Emilio and Estelle B. Freedman, *Intimate Matters* (New York: Harper and Row, 1988), S. 15–52.

4 Ebd., S. 59–61.

5 Curtis Cate, *George Sand* (Boston: Houghton Mifflin, 1975).

6 Ebd., S. 65.

7 Ebd., S. 66.

8 Ebd., S. 90.

9 Ebd., S. ix.

10 Zitiert ebd., S. xv.

11 Flaubert, Gustave, *Briefe an George Sand*. Deutsch von Else v. Hollander, mit einem Essay von Heinrich Mann. (Weimar: Gustav Kiepenheuer, 1956), S. 118.

12 *The George Sand-Gustave Flaubert Letters*, translated by Aimee L. McKenzie (New York: Boni and Liveright, 1921), S. xxxv and 210.

13 Flaubert, *Correspondance*, Bd. 7, S. 311; zitiert nach André Maurois, *Das Leben der George Sand*. Übersetzung aus dem Französischen von Wilhelm Maria Lüsberg (München: Paul List, 1977), S. 439.

14 Cate, a. a. O., S. 731.

15 Ebd., S. xxv und 732.

16 Ebd., S. 651.

17 Zitat aus *Lettres à Marcie*, ebd., S. 419.

18 Ebd.

19 Maurois, a. a. O., S. 165.

20 Tanner, *Adultery in the Novel*, a. a. O., S. 288.

21 Dijkstra, *Idols of Perversity*, a. a. O., S. 355. Dijkstra zitiert Abba Goold Woolson, *Women in American Society* (Boston, 1973), S. 103.

22 Dijkstra, a. a. O., S. 355.

23 Ebd., S. 354.

24 Ebd., S. 371.

25 Alice Echols, »Der neue Yin-Yang-Feminismus«, in: Ann Snitow, Christine Stansell, Sharon Thompson (Hrsg.), *Die Politik des Begehrens. Sexualität, Pornographie und neuer Puritanismus in den USA.* Aus dem Amerikanischen von Pieke Biermann, Barbara Hahn, Cornelia Holfelder-von der Tann und Elisabeth Käsbauer (Berlin: Rotbuch, 1985), S. 153–178, S. 166. Der Begriff *Kulturfeministin [cultural feminist]* stammt ursprünglich aus der Veröffentlichung der *Feminist Revolution* der neugebildeten Redstockings (reissued; New York: Random House, 1978).

26 Ellen Willis, »Feminismus, Moralismus und Pornographie«, in: *Die Politik des Begehrens*, a. a. O., S. 179–190, S. 186.

27 William McKibben, *The End of Nature* (New York: Random House, 1989), S. 8 f., 19.

28 Ich danke meiner Kollegin Dr. Sonia Riha dafür, daß sie mich auf Lacretelles Vorwort aufmerksam gemacht hat. Jacques Lacretelle, New Foreword to 1857/1873 edition, *Madame Bovary* (Norwalk, CT: Easton Press, 1950), S. viii.

29 *Madame Bovary*, S. 264.

30 Ebd., S. 262.

31 Ebd., S. 265.

32 Ebd.

Namenregister

ein (l) bezeichnet literarische Figuren

ANNE WILSON SCHAEF

Die Flucht vor der Nähe

Warum Liebe, die süchtig macht, keine Liebe ist

Sexsucht, Romanzen- und Beziehungssucht durchdringen
die Verbindungen zwischen Frauen und Männern bis in die
intimsten Bereiche und hindern die Menschen daran, wirkliche Liebe und Partnerschaft zu erleben.

Allen diesen Süchten ist ein Merkmal gemeinsam: Sie fordern
die Flucht vor der Nähe zu einem anderen Menschen. Bezie-
hungssüchtige glauben immer wieder, sie würden durch ihre
Sexualität oder ihre Gefühle Nähe herstellen – und vermeiden
wirkliche Intimität doch gerade durch romantische Wunsch-
vorstellungen, übersteigerte Emotionen oder besitzergreifen-
des Verhalten.

Die bekannte Therapeutin beschreibt anhand vieler Beispiele,
wie die Beziehungssüchte die Menschen gefangenhalten. Sie
zeigt aber auch eindrucksvoll auf, wie gesunde Beziehungen
aussehen: Jemanden wirklich zu lieben heißt, immer bei sich
selbst zu bleiben und gemeinsam mit dem anderen das eigene
Leben zu leben

240 Seiten, Broschur

HOFFMANN UND CAMPE

SARA GILBERT

Morgen werde ich schlank sein

Diät und Psyche

Die englische Psychologin Sara Gilbert faßt in ihrem Buch alle derzeit verfügbaren psychologischen und sozialen Erkenntnisse zum Thema zusammen. Sie beschreibt, wie schwere Eßstörungen entstehen, woran Diäten scheitern, welche psychischen Probleme hinter dem Dickwerden stekken können. Aber sie erklärt ebenso, wann eine Diät sinnvoll sein und wie man sie mit Aussicht auf Erfolg angehen kann.

200 Seiten, Broschur

HOFFMANN UND CAMPE

PATRICIA LOVE/JO ROBINSON

Wenn Kinder unter Liebe leiden
Beziehungsfalle Familie

Was den Kindern, die „zu sehr geliebt werden", widerfährt, beschreibt die erfahrene Familientherapeutin Patricia Love. Sie berücksichtigt dabei wichtige aktuelle gesellschaftliche Veränderungen wie z. B. alleinerziehende Mütter oder Familien, in denen Mutter und Vater arbeiten. Aus vielen Blickwinkeln werden die unterschiedlichen Eltern-Kind-Beziehungen dargestellt: vom strahlenden Sieger bis zum ständigen Sündenbock. Wie sehr diese Kinder später unter Furcht vor Zurückweisung, unter Minderwertigkeitsgefühlen oder Identitätsproblemen leiden, wie schwierig es für sie wird, vertrauensvoll eine Beziehung aufzubauen und sie als beständig zu erleben – das wird mit Beispielen aus dem Familienalltag dargestellt.

Im zweiten Teil des Buches wird sorgfältig dargelegt, wie man die „Beziehungsfalle Familie" vermeiden kann, was psychisch gesunde und der kindlichen Entwicklung förderliche Familien auszeichnet und wie man eventuell auftretende Konflikte und Störungen in den Eltern-Kind-Beziehungen produktiv lösen kann.

336 Seiten, gebunden

HOFFMANN UND CAMPE